湖南省文史研究馆馆员文库

伍新福 文选

伍新福

著

民主与建设出版社

·北京·

图书在版编目（CIP）数据

伍新福文选 / 伍新福著. --北京：民主与建设出
版社，2023.11

ISBN 978-7-5139-4383-3

Ⅰ.①伍…　Ⅱ.①伍…　Ⅲ.①中国历史－文集　Ⅳ.
①K207-53

中国国家版本馆CIP数据核字（2023）第196279号

伍新福文选
WU XINFU WENXUAN

著　　者	伍新福	
责任编辑	金　弦	
封面设计	谢俊平	
出版发行	民主与建设出版社有限责任公司	
电　　话	（010）59417747　59419778	
社　　址	北京市海淀区西三环中路10号望海楼E座7层	
邮　　编	100142	
印　　刷	三河市天润建兴印务有限公司	
版　　次	2023年11月第1版	
印　　次	2023年12月第1次印刷	
开　　本	710毫米×1000毫米　1/16	
印　　张	33.25	
字　　数	500千字	
书　　号	ISBN 978-7-5139-4383-3	
定　　价	108.00元	

注：如有印、装质量问题，请与出版社联系。

1960 年，自湖南师范学院（今湖南师大）历史系毕业，留校任教，遂与史学结下终身"不解之缘"，迄今已六十余载！

前二十年，大体以史学进修和教学工作为主。先在林增平先生指导下进修中国近代史，参与《中国近代史》的重修和增订，负责书稿第一章的执笔；继以专业配置和教学需要，转而师从谢德风先生，从事世界古代史和史学要籍的教学。随后，调入湘潭大学，主持筹办历史系，亲自承担《世界古代史》《世界中世纪史》和《马克思主义经典著作选读》等课程的教学任务。又曾受聘于中共湖南省委党校，为干训班讲授《中国史》和《世界史》。显然，正是这一段踏踏实实的进修与繁重的多课程的教学实践，为后来的史学专业研究，铺垫了广博而又坚实的理论和知识基础。

1980 年，根据个人意愿，调入湖南省社会科学院历史研究所。从此，专注于史学研究。四十多年来，寒暑交替，春去秋来，锲而不舍，笔耕不辍，先后撰写和出版了《苗族史》、《中国苗族通史》、《苗族文化史》、《湖南民族志·苗族篇》、《苗族史研究》、《湖南通史》（古代卷）、《湖南通鉴》（古代卷）、《湖南民族志》（苗族篇）、《湖南民族关系史》、《湖南文化史》等 10 余部专著；编纂和出版《明实录南方民族研究史料》（五卷本）、《楚南苗志》、《苗疆屯防实录》、《五溪蛮图志》、《抚苗录》、《红苗归流图册》等古籍史料。同时，进行了大量的专题研究，发表了数以百计的专题论文。总计，由个人独自撰写、编纂和出版、发表的著作近 1000 万字。

本人生长于湘西"苗疆"，体内流淌着苗族的血液，自幼耳濡目染，对苗族的历史和文化情有独钟。在进入专业研究之初，即确立了主攻苗族史的方向。

苗族，是中国古老的、历史极为悠久、传统文化特别丰富的民族。但苗族又只有民族语言，而没有自己的文字和文献，而且分布地域相当广，内部支系和方言繁多，所以研究苗族史的难度相当大。本人在研究实践中，一方面广泛收集和查阅各类典籍、方志等汉文的历史文献，钩沉发微、去伪存真，积累大量的第一手文字资料；另一方面，特别注重田野调查。在 20 世纪八九十年代，多次跋山涉水，深入湘西和湘西南、黔东南、黔南、黔西北和滇东北、滇南、桂北、桂西北、川南、渝东南及鄂西等苗族聚居地区，作实地考察访问，搜集了丰富的民族学、民俗学、语言学和苗族社会历史调查研究资料及各种口碑资料。在此基础上，对苗族历史发展中的一系列问题，进行开拓性的和深入的研究，撰就《中国苗族通史》《苗族文化史》等专著和《论蚩尤》《从东夷、南蛮到苗族》《苗族历史大迁徙》等专题论文，对五千年的苗族历史和文化发展作出系统的梳理，构建起科学的体系，填补了中华民族史和苗族史研究领域的空白，而且发前人之所未发，提出和阐明许多新的学术观点和独到的见解。如首次确定和论证蚩尤为苗族先祖，也是中华民族的人文始祖之一；"楚人"与苗族系"同源异支"，建立楚国的楚民族与苗族的先民均源于"三苗"和"荆蛮"；苗族历史上的五次大迁徙，及其对苗族社会历史发展的影响；有关苗族支系、姓氏和"生苗""熟苗"历史形成的探讨与科学阐明；对湘黔边"苗疆"军事堡哨、"边疆"的实地考证及其性质与历史作用的分析论证，指出"南方长城"之说的讹误，等等，均具有开拓性和重要的学术价值。

由于历任湖南省社科院历史研究所的副所长、所长，在自己主攻苗族史的同时，注重发挥地方研究所的优势和特点，积极主持和参与湖南地方史和区域文化的研究。从 20 世纪 80 年代后期开始，组织所内相关研究人员，历时近 8 年，研究、撰写和出版了 180 余万字的三卷本《湖南通史》。其中，古代卷由本人主编统纂，并亲自撰写 35 万字的书稿；作为该项目的负责人，还执笔撰写了全套书的总绪言。继之，进一步扩大与深化研究范围，又独自先后撰写和出版了《湖南民族关系史》和《湖南文化史》等专著。同时，在中央和地方刊物发表了《五溪蛮考释》《长沙蛮初考》《湖南居民和民族的历史变迁》《湖南古代历史发展概述》《湖湘文化发展概论》等文章。这些专著和文论，亦不乏开拓与创见。如首次为湖南古代史建立起系统的和科学的体系，并根据湖南历史发展的特点，将湖南地区的先秦史，划分为"先楚时代"和"楚国时代"；提出和论证了湖南地区和湖南的土著居民，并未经过奴隶社会阶段，而是从原始氏族社会解体直接进入封建社会。还有对"五溪蛮""长沙蛮"和"梅山蛮"的考释，对湖南汉民族的形成和"湖南人"的历史变迁和演化，以及湘西十八土司的形成及其特点等，也均有开拓性的探讨和精辟论断。学术界对于这些研究成果和学术观点给予了肯定和积极评价。

在对民族史和地方史进行专业性研究的过程中，还曾涉足史学理论与方法，对史学研究中的某些重要问题作过探讨。如：20 世纪 70 年代末和 80 年代初，先后发表《略论社会历史发展的动力》《略论封建专制主义的基础》《关于历史上爱国主义的几个问题》等文章，以求在史学领域"拨乱反正，正本清源"；随后，又相继发表《试论马克思主义"社会形态"学说》《略论奴隶社会发展的规律性与多样性》等论文，参与国内史学界和理论界就"社会形态"问题掀起的大讨论，成为讨论中的一家之言和一方观点的代表。同时，对于毛泽东史学思想与研究史学的唯物辩证法、中外史学家和史学名著等，也发表有多篇论文，作了研讨和评述。

2001 年，受聘为湖南省文史研究馆馆员，研究工作中多得省文史馆历任领导的关心和支持。近年，省文史馆为收藏和传承馆员们的研究成果，启动馆员个人文选编辑出版工程。特遵嘱，从历年撰写和刊发的各类文章中选择出 41 篇具有代表性的作品，按"苗学研究""湖南历史文化""理论与方法"三大类，总编成册。这些文章，积数十年治史之精华，比较集中地反映了本人的史学观点和学术思想，对于后学者的研究和中国史学、苗学的发展，或能有所启迪和裨益。

2022 年 8 月盛暑，撰就于浏阳大围山蓝天宾馆

注：本书所引用同一著作仅在第一次详细标明，此后则简要标明文章名或著作名。

目录

第二编 湖南历史文化

第三编 理论与方法

第一编

苗学研究

苗族史研究述评

苗族，是祖国多民族大家庭中一个具有悠久历史的民族，现在共有五百多万苗族人生活在包括湘西、鄂西和川东在内的大西南山区。苗族历史和文化的研究，早已引起中外学者们的极大兴趣。本文拟就几十年来，特别是近几年来，苗族史研究的几个主要方面，作一综述，并适当予以评论，以供苗族史的专门研究者和广大爱好者参考。

一、苗族族源

关于苗族的来源，中外学者至今说法不一。举其大者，有"三苗说""髳人说""蛮说"。

"三苗说"，自古有之。最早直接论证"苗"同古"三苗"关系的，是南宋朱熹。元明清官、私著述中多持此说。如，据《明实录》记载，朱元璋在"敕"中多次将湘黔苗民称为"三苗"。明郭子章《黔记》和杨慎《滇程记》，分别说："苗人，古三苗之裔也"，"苗者，三苗之裔"。近代以来，中外学者亦多有持"三苗说"的。如20世纪20年代曾深入贵州苗区进行调查的日本学者鸟居龙藏即认为，他所考察的苗族，"盖三苗之遗也""彼辈曾于长江畔建设一大三苗国"，后来由于各种原因"三苗南下"，进入中国西南部和印度支那地区，成为今天的苗族。近代与"三苗说"并行，开始出现了"髳人说"和"蛮说"（"蛮"即"武陵五溪蛮"或"盘瓠蛮"）。章炳麟在其《检论·序种姓》中提出"今之苗，古之髳也……与三苗异"，并认为，"髳"音变为"苗"。《贵州通志》说："髳乃苗族，髳即苗也。"凌纯声、芮逸夫在《湘西苗族调查报告》中，对"髳人说"更作了进一步阐述。他们认为，"髳"或"髦"即春秋时的"茅戎"，其地望应在今河南陕县和山西平陆县境，春秋以后"渐由晋豫而迁巴蜀，后又由巴蜀而迁越嶲"，"又由越嶲而入今之贵州"。并认为苗族自称"蒙"，与"髦"音极相近，实为"髦"或"髳"的音变，而"汉人不知其即古代的'髦'或'髳'"，以其自称之音近"猫""苗"，故即用以命名。

殷周之后，"三苗""有苗"或"苗民"的称呼，从文献记载中消失，逐渐代之以"蛮"。至秦汉出现"五溪蛮""武陵蛮"等称呼。自东汉应劭《风俗通》和晋干宝《晋纪》记载盘瓠传说后，"五溪蛮"和"武陵蛮"又开始被称为"盘瓠蛮"。宋朱辅在《溪蛮丛笑》中第一次明确地从"五溪蛮"和"盘瓠蛮"中分出"苗"。据此，近代以来一些学者，认为苗族来源于"五溪蛮"或"盘瓠蛮"，如林惠祥所著《中国民族史》即持此说。

以上诸说往往又有互相交错和结合的情况。如，范文澜在其《中国通史简编》中提出，荆楚来源于"三苗"，而"苗"即"髳"，以熊绎的祖先为代表的，归附文王和从武王伐纣的"髳"，就是来自"三苗"的一部分苗族。这样，范老就把"髳人说"同"三苗说"统一起来了。又如吕思勉的《中国民族史》认为，"苗"来自"蛮"，而"蛮"又来自"九黎三苗"。

中华人民共和国成立以后，我国史学界和民族学界各说并存，但倾向于"三苗"之说者多。特别是近几年来，"三苗说"的观点得到了进一步阐述和发挥。在这方面，应首推《贵州民族研究》1979年第1期发表的侯哲安《三苗考》。该文所引用的有关"三苗"的文献资料应该说是目前最完整最全面的。文中不仅以大量的资料阐述了"三苗"的由来变迁，"三苗"与九黎蚩尤、驩兜的关系，"三苗"活动地域、发展阶段及其同炎黄和华夏族的争战，而且第一次从"髻首"（即椎髻）、祖先崇拜（陶祖）和巫教三方面，将远古"三苗"的风俗同近代以来苗族风俗对比，阐明苗和"三苗"的联系。此后，刊物上陆续发表了一批持"三苗说"观点的文章，如顾永昌《古代苗族迁徙问题初探》、张岳奇《试论"三苗"与苗族的关系》、王慧琴《关于苗族的族源问题》，等等。这些文章对"三苗说"作了进一步阐述，其论点可归纳如下：

第一，据文献记载，"三苗"活动的地域同以后"蛮荆""南蛮"，以及"武陵五溪蛮"的地望相合或相近，故殷周秦汉的"蛮"应来自"三苗"。

第二，苗族的自称和"苗""髳""蛮"发音相似或相同，这绝非巧合。因此，古代"三苗"与殷周以后的"蛮"，实际上包括了今日的苗族先民。

第三，根据苗族的《古老话》和其他传说资料，证明现在西南地区的苗族，确是"三苗"的子孙。如，苗族群众世代相传，他们的祖先住在湖河地区，即洞庭湖和江淮一带，后来因战争等原因，逐步由东向西迁徙。又如，苗族中一直有蚩尤崇拜，认为蚩尤（或称"尤公"）是古代苗族的首领。

第四，尧舜"窜三苗于三危"和"分北三苗"之后，古代苗族先民被分成了东西两支。"窜"于"三危"的"三苗"，后从今天甘陕一带南下四川，再移居黔滇，形成今天苗族的西支。这与贵州威宁一带苗族关于其祖先原住浑水河北岸冰天雪地的地方，后来才南迁的传说大致相合。留在长江中下游一带的"三苗"集团，一部分经楚国统治而逐渐融合到汉族里去了，一部分向湘西武陵、五溪地区和黔东南迁徙，形成今天苗族的东支。

近二三十年来所发表的论文，已无单纯的"髳人说"。一般均沿袭范文澜的观点，极力将"髳人说"与"三苗说"结合起来，认为跟随周武王伐纣的"髳"人，即古"三苗国"的后裔，而"髳"即"苗"。王慧琴《关于苗族的族源问题》，对"髳人"与古"三苗国""三苗"的关系作了更具体的说明。该文认为，是"窜"到西北去的那部分"三苗"，以后入居川黔成了"髳"人，并引章炳麟的论述为据。章氏曾说，"今之苗，古之髳也"，"凡俚㑉诸族分保牂牁上下者谓之髳，音变为苗"。应该指出，章氏"髳人说"，除说"髳""苗"音变之外，未拿出其他任何材料，而章氏又是反对"三苗"说的。故"三苗—髳人"说者，沿引章氏的论述是不足为据的，还应有直接的材料证明。

近年来有几篇文章，进一步阐发了"蛮说"，即苗族来源于"五溪蛮"和"盘瓠蛮"的观点。《思想战线》1980年第6期刊发的张永国《试论苗族的来源和形成》一文，很有代表性。该文指出，"从历史文献记载，结合民族学资料来看，'盘瓠'确是苗瑶语族民族先民的图腾崇拜，'盘瓠蛮'这个图腾集团确是苗瑶语民族先民的总称"，"苗族来源于'五溪蛮'，即来源于'盘瓠蛮'"。其主要论据是，自《后汉书》以来的许多历史文献均把"盘瓠"说成江汉和武陵五溪地区居民自古以来的崇拜对象，而"盘瓠蛮"历史非常悠久，自唐虞以至秦汉一直构成这些地区居民的基本成分。作者极力否定"三苗说"，认为根据文献记载，"三苗"是华夏集团的"诸侯"，"南蛮"是"三苗国"诸侯统治范围的若干部落集团的总称。"三苗"与"南蛮"往往还同时出现，这也说明它们是"两个集团，而且是有矛盾的"。如，《史记·五帝本纪》载："三苗在江淮荆州数为乱……放骥兜于崇山，以变南蛮。"

侯绍庄《"盘瓠"源流考》一文，对张文提出了异议。侯文首先对"盘瓠"崇拜（即犬图腾崇拜）的源流进行了考证，认为"盘瓠"崇拜最早起源于西北的犬戎，自西周以后，随着戎狄南迁，传入江汉江淮和荆州一带。而这些地区土著苗瑶集团先民本有"盘古"传说。因此，自晋郭璞以后，遂把"盘瓠"与"盘古"混同起来。其实，"盘瓠"并非苗瑶语族先民的原始图腾崇拜。作者还认为，所谓"盘瓠蛮"指的是包括"板楯蛮"在内的一支氐人。苗族在形成的过程中也可能融合了这支崇拜"盘瓠"习俗的民族，因此湘西和川黔鄂交界地区的苗族，唐宋以来还保留有崇拜"盘瓠"的习俗。但苗族的主要来源不是"盘瓠蛮"，而是"三苗"集团。其次，侯文对"南蛮"与"三苗"的关系也作了考订和论证，认为二者并不是两个并列的甚至矛盾的集团。史籍中所说的"南蛮"，实际上就是"三苗"。如关于"尧战于丹水之浦，以服南蛮"，在《汉学堂丛书》收录的汉代无名氏所辑的"六韬"中，就又记作"尧与有苗战于丹水之浦"。可见与尧舜集团在丹水作战的"南蛮"，就是"三苗"。而"放骥兜于崇山，以变南蛮"，则指的是骥兜（即丹朱）后裔同"三苗"的融合。故《山海经·大荒北经》说："颛顼生骥兜，骥兜生苗民。"

苗族族源，作为苗族史的一个基本问题，还有待进一步研究解决。

二、苗与楚、苗与巴的关系

楚国曾是春秋战国时期南方大国，有长达八百多年的历史，而楚的境域又正是古"三苗国"故地和"南蛮"之乡，故楚与苗的关系问题，早已为史学界和民族学界所注目。

苗与楚的关系问题，实际上主要是如何认识楚的来源和族别问题。按传统的看法，楚人应是华夏族南下的一支。这在各种史籍中也不乏记载。范文澜在其《中国通史简编》中，提出了另一种说法，即认为楚人即"髳"人，是"三苗"的后裔，楚国是苗族所建立的国家。范老对这一说法，并未作进一步论证，在过去二三十年中也未为学术界所接受。

《学术月刊》1981 年第 7 期发表的龙海清、龙文玉《屈原族别初探》一文，认为屈原是苗族文学家，实际肯定"楚族"即苗族，楚国即苗国。其主要论据归纳起来有这样几点：

（1）范老说楚人即"髳"人，而"髳"为"三苗"后裔，故楚国即苗国；（2）楚人的发祥地在秭归，这一带历来在"三苗"的活动范围之内，秭归是"苗区"，楚人应是苗族；（3）重黎为楚人的祖先，而重黎的"黎"即"九黎"，"三苗复九黎之德"，"三苗"也是来自九黎，故楚与苗同祖同源，即都来自"黎氏"；（4）从姓氏看，楚王族祖鬻熊，芈姓，以熊为氏，现在湘西的苗族还自称"果雄"，"熊"与"雄"读音相似；（5）楚辞中许多方言，实际就是苗音、苗语。如，方言"窈"，作为苗族语言看待，正是美丽的意思；"闾阖"，《说文》解释，"楚人名门曰闾阖"，作为苗音，也正是门的意思。

接着龙海清又发表了《屈原族别再探》《苗族族名及自称考释》，对苗、楚同祖同源说进一步作了补充。

龙海清、龙文玉的文章发表后，在国内学术界引起了争论。《江汉论坛》1982 年第 5 期发表夏剑钦《也谈屈原的族别问题》一文，同龙海清、龙文玉商榷。夏文首先对"楚人"即"'髳'人"表示了不同意见。认为据《史记》《汉书》记载，鬻熊称鬻子，是古代有名的政治家，是辅助文王父子统一事业的导师之一。将"文王之师"看成是跟随武王伐纣的"髳"人军队，把鬻熊说成"髳"人军队的首领，是一种误解。加之，"髳"人在巴蜀，而楚人先祖在江汉荆山，二者相隔甚远。作者认为，"楚人的先祖与夏代禹部落是同祖同时同部落联盟的，都是原处西北的黄帝族的南下分支，只是因为殷商征讨才被迫避居荆山，沦为后来的'荆蛮'"。实际上楚人本是华夏族的一个组成部分。作者还进一步论证，由于楚人为夏之"遗民"，所以楚人对夏代历史情况的了解，远比当时齐、鲁、三晋诸国为多。楚国史官能通晓"三坟、五典、八索、九丘",认为"皆本之夏政"。而在屈原的辞赋中,所传的夏史也最为详尽。

对于《楚辞》中的某些词语和反映的习俗与今天苗族相似的问题,夏文认为,楚人向南发展,统治了包括苗族在内的南方"蛮夷",楚与苗长期相处在一块,有可能染上苗族信巫崇鬼、招魂祭祀的习俗。上通先祖史籍和夏代神话传说,下谙各族民间风俗和地方风情的屈原,是能够熔汉、苗文化于一炉,而创造出《离骚》这样的文学作品的。但我们不能据此判定,屈原的作品说明他是尚未完全汉化的苗族。作者还援引美籍华裔语言学家梅祖麟等人的研究成果,证明楚语属汉语古方言,是夏代的夏民族的"遗音",认为把楚方言说成是尚未完全汉化的"苗音、苗语",是不恰当的。屈原作品中可能有些苗语的借词,但哪些是夏代古语,哪些是苗语借词,应通过苗汉古音进行历史比较才能搞清。如果单凭某字苗族今读某音,正像屈赋中某字的汉语今音,就说其是"苗语",不仅不符合语言研究的历史比较原则,而且往往会上偶然巧合的当。夏文认为,如湘西苗族自称中的"雄",与古楚姓"熊"读音相近,就完全是巧合。

舒之梅《三苗与楚"祖源相同"说质疑》,唐嘉弘《楚与三苗并不同源》等文章,均从不同的角度,论证了楚人为中原华夏族的分支,与"三苗"或今天苗族并不同祖同源的观点。

苗与巴的关系,过去几十年中未见专文论及。1982年第2期《贵州民族研究》发表的田玉隆《从史学结合民族学看巴国与苗族关系》一文,开始专门探讨了这一问题。该文认为,巴族和苗族先民是同一个民族,巴国是苗族建立的国家。其主要论据如下:

第一,黔东南苗族的习俗与《世本》所记载的巴人相同。如,台江、剑河等地苗族都崇拜"白虎",称为"片甫",土司时代苗族土官还杀人祭祖,这与"巴氏以虎饮人血,遂以人祠焉"的祭祖活动完全相同。又如,黔东南苗族服饰尚土红和黑色,这应与"巴族"生于赤、黑二穴有关。

第二,中部方言的苗族分布,符合"巴族"的分布范围。"巴族"的中心地涪陵,古为"黑苗"聚居区,两宋时苗族势力还很大,以后才逐步汉化了。这有两点依据：（1）民国初年，涪陵县长官举行迎春大典时，还保持"苗妇四人，排轿吹芦笙，迎春至暑"的"夷俗"；（2）《蜀道驿程记》所载宜宾、重庆、涪陵、遵义这块地区的语汇约三百个，与苗语中方言相同的占百分之五十以上。

第三，苗族与组成"巴族"的"廪君蛮""板楯蛮"有共同语言和习俗。例如，都把赋税叫作"賨"；"板楯蛮"以板凳舞而得名，至今黔东南苗族还盛行板凳舞，文献记载的"巴族"歌舞与今天苗族唱歌、跳芦笙舞完全相同；巴人行"椎髻"，苗族先民也行"椎髻"；等等。

颜哈《对古代巴人与苗族关系的几点看法》一文对田玉隆的观点提出了商榷意见。作者肯定，田文以民族学资料印证历史文献的方法研究问题，是值得提倡的，但由于对"本质联系欠于深入查考，以致不少论述流于牵强附会"。颜文着重考辨了这样几个问题：

（1）关于白虎崇拜问题。据颜文考证，苗族祭祀白虎并无祖先崇拜的含义，并且是来源于中原的华夏文化，与巴人的白虎崇拜并无关系。从语言看，"片甫"亦非苗语中的固有词汇，而属外来借词。在苗语的固有词汇中有"虎"和"老虎"，而无"片甫"或"白虎"。"片甫"与"白虎"读音相近，可能是转音。

（2）苗族中服饰尚红尚黑问题。颜文认为这与巴氏子出于赤、黑二穴根本无关。苗族人口较多，分布广泛，支系繁复，从服饰看，红、黑、白、花、青各色都有，在族属关系和社会意义上都无什么特殊含义。而巴人祖先的巴氏子生赤穴，其余四姓生黑穴，赤、黑二色，在这里是含有统治与被统治的意义的。

（3）对于语言习俗方面的问题，颜文也进行了考辨。如，"迎春仪式"问题，颜文认为今涪陵一带自古为苗瑶语族先民"三苗"、壮傣语族先民"僚人"，以及后来融入汉族中的巴人等杂居区，各族习俗难免相互渗透、影响。"苗妇排轿吹笙"的"迎春仪式"有可能是汉人从苗人那里吸收过来的。关于语言比较问题，作者提出，苗族本身无文字，在同汉族和其他民族长期杂处中，吸收了大量的外来语汇；而四川宜宾、重庆、涪陵至贵州遵义一带，自古就是民族杂居区，有相当数量的苗族生息于此，至今遵义的苗族尚有三万多人。苗族吸收汉语，汉人学会苗语，都是可能的。因此，三百来个词汇相同，不足为证。此外，颜文认为，据一些学者研究证明，古代巴人的语言，总体趋势是"颇与华同"，与"秦、晋、齐、楚一样，基本上属于一个系统"，并无特殊可言，田文的比较就更失去了价值。

苗与楚、苗与巴的关系比较复杂，还有待进一步研究。但问题的解决，不仅要靠对苗族史本身的探讨，而且有待楚史和楚文化、巴史和巴蜀文化的研究的结合。由于汉文献资料的不足，运用语言学和民俗学材料进行比较研究，确为值得提倡的方法。而日益增多的考古发掘资料将更有助于问题的解决。

三、关于苗族社会发展的研究

过去中外学者对苗族的研究，多侧重于人类学、民族学和民俗学方面，对其社会历史发展的规律性的探求，基本上是中华人民共和国成立以后才开始的。特别是近几年来，史学界和民族学界在这方面做了不少工作，对有关问题开展了认真的研究和讨论。

（一）苗族的形成

关于民族的形成问题，我国学术界在理论认识上并未完全统一，但大多数人倾向于有近代的资产阶级民族，也有古代的民族，民族的形成大致与阶级社会的产生同时，在原始社会还只有氏族、部落和部落联盟，还只存在形成民族的某些因素。据此，研究者一般认为，苗族的形成应是在原始社会解体，向阶级社会过渡的时候。但具体年代，却说法不一。

贺国鉴《略谈苗民族形成的几个问题》一文提出，苗族作为资本主义以前的民族，形成于宋代。作者认为，宋代，苗族在聚居区处于原始社会末期的农村公社阶段，在杂居区处于外族封建领主和封建郡县地主统治之下，"苗族内贫富分化，逐渐演变为阶级对立"，"各个公社之间为了保卫共同的利益……进一步发展为部落联盟，从而促进部落之间经济、文化联系的加强"，于是形成了"资本主义以前的民族"。贺文还就语言、地域特征和共同心理素质等方面，进一步作了论证。但就其论点和论据来看，有不少值得商榷的地方。如，贺文肯定"苗族早在春秋、战国时，由长江中游向西南分散迁徙"，经过漫长岁月，"从原始部落语言逐渐分化演变为不同的方言"，宋代以前已形成苗语的几个方言区。这就是说，今天的苗族是宋代以后，分别在不同方言区形成的。这在理论上和史实上都值得商榷。一个民族，必须首先形成共同的语言，才成为一个民族，然后由于迁徙分散各地，相互的隔阂，才又产生不同的方言。如果说苗族先民是在分散各地形成各种方言之后，才开始民族形成过程，那么所形成的就只能是各个不同的民族，而不会是单一的民族。

张永国《试论苗族的来源和形成》一文所持观点，略有不同。由于作者在族源问题上是主"盘瓠蛮说"的，故关于苗族的形成也是从"盘瓠蛮"讲起的。认为从"盘瓠蛮"形成苗族"开始于魏晋南北朝民族大融合时期，完成于唐宋"。从时间看，较贺国鉴的说法早些，并且认为是在"五溪及其周围"这一地域范围内形成的。此外张文还强调了两点：（1）"正当苗族形成之际，由于各种原因，就逐步开始离开原来的地区，向四周扩展"，这是"造成各地苗族经济、语言、文化习俗差异较大的原因之一"；（2）"苗族在形成过程中，已产生了共同的语言"，在"分离迁徙后，使方言的差别扩大"。显然，作者力图解决作为单一民族的苗族与各地区、各方言的差异的矛盾。但苗族什么时候形成共同的语言，什么时候从五溪地区向西南扩散，文中尚缺乏明确的阐述。

族源问题上持"三苗说"的有关文章，均未明确论及苗族形成的时间。但从整个观点来看，时间应该更早，即在尧舜时候已开始了苗族形成的过程。因为持"三苗说"的同志一般认为，自尧舜"窜三苗于三危"和"分北三苗"以后，"三苗"就分成了西支和东支各部分，在此基础上形成苗族的西支（西部方言）和苗族的东支（中部方言和东部方言）。西支苗族至今仍传说他们来自北方冰雪之乡，而不是东部的江湖地区。这就说明，苗族作为一个单一的民族，有共同特征（语言和心理素质等）应是在"三苗国"时期，即在被"窜"、被"分"之前形成的。否则，分散以后，就不可能再形成一个统一的民族。

（二）苗族古代社会形态

同其他民族一样，依循人类历史发展的共同规律，苗族先民也曾经历了漫长的原始氏族社会阶段，贺国鉴《苗族原始社会的探讨》一文，根据民俗学方面的材料，参证文献资料，对苗族的原始社会阶段发展的概况，作了较系统的论述。对此，学术界并不存在什么大的分歧。问题在于：（1）苗族的原始社会是什么时候解体的？（2）进入阶级社会后，苗族的社会形态如何？是否经历过奴隶制社会阶段？如果未经过的话，原因何在？苗族的封建社会又是如何发展的？几十年来，正面回答和专门探讨这些问题的文章极少。《民族研究》1960 年第 5 期发表了苗原《古代与近代时期的苗族社会经济》一文，该文的基本观点，在 1963 年由中国科学院民族研究所印发的《苗族简史简志合编》（以下简称《合编》）中，得到了更系统、更具体的表述。此书虽未公开出版发行，但在国内影响较大。

《合编》一书所描述的苗族古代社会发展的脉络大致如下："约当秦、汉以前，苗族还处于原始社会时期。"由秦代到隋代，苗族由五溪迁居黔南、黔西北以及川南等地，"都先后向封建制过渡"，阶级分化进一步明显，"表现出初期封建领主制的特征"。由唐至宋，"苗族地区封建领主制也获得进一步的发展，元明是领主制占统治地位，但有些落后地区（如湘西腊尔山，黔东南雷公山、古州地区等），有的还处于从原始农村公社向封建领主制过渡时期"。明中叶到清中叶，"在各种内外因素促成下，苗族地区领主经济日益走向衰落，地主经济获得了迅速的发展"，"改土归流"后，地主经济占了优势。至 19 世纪初，"当苗族地区的封建地主经济正向上发展的时候，西方资本主义侵略势力步步深入"，"苗族地区和全国一样，逐渐地半殖民地半封建化"。

近几年发表的一些文章（如上引张永国《试论苗族的来源和形成》，贺国鉴《略谈苗民族形成的几个问题》等），一般都认为苗族由于受汉民族的影响，在原始公社瓦解后，跳过了奴隶社会，而直接进入封建社会，而苗族的封建社会是由领主制发展为地主制的。但在某些具体观点方面，特别是年代界限问题仍存在明显分歧。如贺国鉴认为，宋代，苗族社会是处于阶级社会的形成时期，是"封建制初期"。张永国则说，宋代，"五溪苗族地区已出现土地买卖，产生了封建地主经济"，当然存在不平衡现象，有的地方可能还处于原始社会末期。

从贵州和湘西几次苗族史讨论会的情况来看，对于苗族是否经过奴隶社会仍然是存在分歧的。讨论中一般都认为苗族内部未出现过奴隶和奴隶主的阶级分化，但有部分同志提出苗族有相当部分曾处于他族奴隶主的统治和奴役之下，这也可以说苗族经过了奴隶社会。如果认为楚国就是苗国，楚国曾是一个奴隶制大国，苗族当然经过了奴隶社会。对于苗族是否经过领主制阶段也有不同看法。认为苗族经过领主制阶段的同志，主要是以苗族曾处于土司统治之下为据，他们把土司土官与领主等同起来。这值得商榷：第一，土司土官是否就是封建领主，不能一概而论；第二，大多数苗族（特别是所谓"生苗"）都是处于他族土司统治下，这些汉族大姓或其他族土司的统治主要是军事镇压和掠夺的性质，并未直接干预苗族社会内部的生产关系和社会结构，把土司与被统治的苗族说成是领主和农奴的关系，未必妥当。苗族古代社会形态问题，实际上还很值得进一步研究。

（三）关于苗族内部社会组织的研究

宋代以来记载苗族的文献资料多说："有族属无君长"，"不相统属"，谓之"苗"。表面看来，确是如此。但苗族内部是不是完全没有组织呢？不是。苗族历史上从北到南、从东往西的大迁徙，为反抗压迫和掠夺在苗族地区所掀起的一次又一次的大规模斗争，都反映了苗族内部的高度的组织性。是什么因素在起作用呢？苗族社会内部是靠什么组织起来的呢？这一问题，早就引起了研究者们的注意。如 20 世纪 40 年代，就发表有姚鉴《关于苗胞社会的几点意见》、王璞《花苗的社会组织》（均载《边锋月刊》）等文章。但这些作者一般都是汉人，由于语言和习俗等方面的隔阂，还只能接触到一些表面现象，未能洞悉苗族内部的实际状况。

1980 年以来，李廷贵、酒素对这一问题进行了有益的探讨。他们先后发表了《苗族"鼓社"调查报告》《略论苗族古代社会结构的"三根支柱"——鼓社、议榔、理老》《苗族"习惯法"概论》等文章，提出了如下基本观点：（1）"鼓社"（苗语称"江略"）是由同宗的一个村或几个村组成的苗族古代社会的基层单位，是苗族社会进入个体家庭以后的社会组织体制；（2）"议榔"

（苗语称"构榔"），由一个村、一个鼓社或几个鼓社，甚至整个地区进行，是一种立法形式，源于原始公社末期有了私有财产的时候，所议条款具有"习惯法"效力；（3）"理老"（苗语称"候奴"或"娄方"），由选举产生，根据习惯法解决财产、婚姻等问题上的纠纷。总的来说，他们认为政教合一的基层组织——"鼓社"，制定法律的立法会议——"议榔"，依法（依理）仲裁的司法"机关"——"理老"，是"苗族古代社会上层建筑的有机组成部分，是三根重要的支柱"。

李廷贵、酒素提出的观点引起了一些争论。《贵州社会科学》1983 年第 2 期发表的韦启光《关于苗族的"习惯法"问题》，提出了不同的意见，其基本看法是：（1）"鼓社"是起源于母系氏族社会，"或母系氏族社会向父权制完全过渡以前的时代"，而不是源于原始公社末期开始有了私有财产的时候；（2）"议榔"所议规约，是社会公约，不属法的范畴，不是苗族的习惯法。《贵州社会科学》1984 年先后又发表了李廷贵、酒素《答"关于苗族的'习惯法'问题"》和韦启光《再论苗族鼓社、议榔的起源和性质》，双方围绕上述基本观点进一步展开了争论。《贵州民族研究》1983 年第 2 期刊发了一组关于鼓社和议榔研究的文章，其中有张永国、吴爱平《论苗族议榔的社会属性和作用》，杨昌文、雨田《苗族古代社会的氏族制和"议榔"制》等，这些文章使问题的研究更深入了一步。从基本观点看，与李廷贵、酒素和韦启光均有异同。如张、吴的文章认为，"议榔"是由苗族远古的氏族议事会发展而来的，但它不是氏族组织，更不是阶级社会的立法机关，而是属于具有二重性的农村公社的社会组织；其所议"榔规"，是苗族社会中的习惯法，对内组织生产、防止偷盗、处理婚姻纠纷等，对外反对封建王朝的民族压迫和阶级压迫。杨、雨的文章认为，"议榔"制组织是农村公社的残余，保有"农村公社的外壳形式，行阶级社会的社会职能"，应该肯定，"在阶级压迫、民族压迫的漫长年代里，它对维持苗族的生存、发展及内部团结，对苗族民族特点的保持是起了特殊历史作用的"。

尽管看法不一致，但有一点是共同的，即他们都看到和肯定了"鼓社"和"议榔"制在苗族社会发展中的重要作用。这一问题的深入研究，无疑将有助于揭示苗族社会状况和发展规律。

四、关于苗族历史上的重大事件和重要人物的研究

早在 20 世纪 50 年代，我国史学界和民族学界对苗族的有关历史事件和人物，已开始进行研究，并取得了一定成绩。如 1956 年，马少侨出版了小册子《清代苗民起义》，王竹楼、马少侨还先后发表了《一七九五年的苗民大起义》《清代乾隆嘉庆间的苗族大起义》等文章。但总的来说，研究的课题较狭窄，主要还只限斗争史。近几年来，不仅对苗族斗争史的研究进一步深入了，而且研究的范围明显地扩大了，涉及了政治、经济、文化、思想等各方面的事件和苗族历史上的一些杰出人物。

苗族人民斗争史方面，《贵州民族研究》1979 年第 1 期王慧琴《清代乾隆嘉庆年间苗族农民的大起义》，同刊 1980 年第 2 期贺国鉴《石柳邓传》、第 3 期胡起望《乾嘉苗民起义参加人供单简述》，《吉首大学学报》（社会科学版）1982 年第 2 期吴荣臻《论乾嘉苗民起义的根本原因》等文章，一方面，引用和提供了不少新的文献资料和实地调查材料；另一方面，从理论上对乾嘉起义爆发的原因、性质及意义作了更为系统的分析和阐明。

有不少文章对苗族人民近代以来的一些重大斗争做了初步研究。例如，侯哲安等《太平天国革命时期的贵州各族农民大起义》、程昭星《咸同时期贵州人民的反教斗争》、杨国仁和陆大宗整理的《咸同"六洞"起义歌（侗族叙事歌）》等文章中，对咸同年间，包括苗族在内的贵州各族人民的反压迫、反剥削斗争，进行了探讨。杨通儒《王宪章参加辛亥革命事略》、伍新福《湘西苗族人民辛亥反清起义始末》等文章，对苗族人民在辛亥革命中的英勇斗争事迹和杰出贡献，作了记述和阐明。吴荣臻《"布将帅"运动纪略》、伍新福《湘西"革屯"运动述评》分别就湘西苗族人民在国民党统治时期所掀起的两次大规模的自发武装起义，第一次作了较系统、全面的阐述和评论。

翁家烈《苗族人民反帝斗争的光辉史章》，记述了项崇周领导抗法斗争的英雄事迹。项崇周，苗族人，出生于同越南交界的麻栗坡猛洞，中法战争期间，组

织领导了以苗族为主体的抗法武装，同入侵中国边境的法国侵略军，坚持了十二年斗争，最后将法军赶出了猛洞地区，粉碎了法帝国主义在灭亡越南之后继续北上，占领我云南的侵略计划，保卫了祖国领土主权的完整。

在其他历史问题的研究方面，伍新福《清代湘西苗族地区"屯政"纪略》和《试论清代"屯政"对湘西苗族社会发展的影响》二文，对清王朝镇压乾嘉起义以后，傅鼐在湘西苗区实行"屯田"制及其他有关措施的具体情况，进行了整理和考订，并就"屯政"对苗族社会内部土地制度的变革、经济关系和阶级关系的发展变化所产生的影响，作了初步探讨。笔者认为，"屯田"制实质上是封建统治阶级利用国家政权对生产关系的一种干预，在一定时期内延缓了苗区土地集中和封建地主土地制的发展过程；而与"屯田"相辅而行的"苗官"制、"义学"教育等，客观上有利于苗汉人民文化交流，但又促进了苗族社会内部的阶级分化。

岑秀文《试论基督教对威宁苗族的影响》一文，分析了19世纪末20世纪初，西方基督教在威宁石门坎一带苗族聚居区广泛传播的社会背景，对伯格里等传教士的传教活动所产生的影响，作了比较全面的评价。该文认为"外国传教士到威宁苗族地区传播基督教，并不是为了给苗族传播文化"，而是"为了发展殖民地的需要"，但是"在客观上促进了威宁苗族地区文化的发展"。

杨昌鑫《清朝在湘西苗区的封建科举教育漫谈》一文，对"改土归流"后，清王朝统治者在湘西苗区实行封建科举制、兴办教育事业的指导思想、具体措施和产生的影响，都作了初步探讨。作者认为，"清王朝在苗区开办学校教育对苗族社会的发展，文化的提高，风习的改变，是有着重大推进作用的"。这主要表现为：第一，引起"苗疆社会结构大改体，出现了一批苗族封建官僚地主阶层"；第二，"苗族智力得到大开发，出现了一个文化大发展的新局面"；第三，使"苗区学校大发展，教育事业与日俱新"。

对苗族历史人物的研究。近几年，除有关苗族斗争史的论文涉及一些苗族历史人物外，还有一些已发表的文章，对苗族的杰出人物专门进行了研究。如，郭必勋《略论张秀眉的军事思想》一文，专门研究了领导"咸同起义"的苗族英雄张秀眉的军事思想。该文从七个方面肯定了张秀眉的军事思想和指挥才能，即（1）善于宣传和发动群众，及时组织领导苗族起义；（2）采取"乘敌不备""深入疾归""攻占汛堡""消灭汛兵""先攻守营，后攻城市"等战略战术，最后夺取一系列城镇；（3）在攻坚战中，善于出奇计取胜，如智取岩门司等等；（4）重视根据地的建设；（5）"围魏救赵"，两次解荆竹园之围；（6）出击湘西，以牵制席宝田湘军的南犯；（7）在防御战争中，从容镇定，主动出击，以攻为守。作者认为，由于历史条件和阶级的局限，张秀眉在军事战略方面，仍不可避免地存在一些问题，如缺乏远大的奋斗目标、没有把握胜利的时机、没有建立统一的领导等等。

刘自齐《明代苗族教育家——吴鹤》，对吴鹤的生平事迹做了考证。《乾州厅志》等有关材料证明，吴鹤，为镇溪所（今吉首市）的苗族，今天三岔坪一带吴姓苗族即其直接后裔。王阳明路过辰阳时，吴鹤曾"从王阳明学"，王阳明调江西后"复千里追随"，与钱德洪、王畿同为"阳明先生高弟"。吴鹤"不乐仕途"，在家乡以授徒为业，为湘西苗族教育事业的发展，做出了贡献。镇溪所附近的鳌鱼峰上曾建有"吴鹤碑"，一直保存到近代。

丁中炎《关于沐英、兰玉原籍、原姓及族别问题的新探讨》，运用了大量地方史志族谱和实地调查资料，考证辅助朱元璋建立明王朝的沐英、兰玉均为湖南城步人。沐英本姓李，二人都是苗族。该文的主要根据是：（1）沐英、兰玉先祖于唐末宋初曾受封于"飞山蛮"杨再思，所封的地方元朝以来一直为苗地，李、兰二姓均以"苗"相称；（2）沐英先祖留在城步的后裔和兰玉在城步的后裔，都操城步苗语，风俗习惯与当地苗族群众无异；（3）他们的后裔在地方志中一直被称为"青衣苗"等等。作者还质疑了传统的沐英、兰玉"回族之说"，认为其缺乏根据。如沐英的祖坟在城步，据记载其"先茔"，"左有南岳庙，右有土王庙"，这非回族信仰；黔国府沐氏祭先祖时，"买办猪羊祭需等物"，这非回族习俗；沐氏在云南建立了许多寺观，未见建立清真寺，兰玉先祖曾在城步建普和佛寺，兰玉后裔仍信奉佛教；等等。

苗族历史，源远流长，内容极其丰富，许多问题尚未解决，不少领域有待开拓，本述评也恐是挂一漏万。但苗族本民族的、不少汉族及其他民族的专家、学者和广大爱好者不断努力，一定能将苗族史的研究工作一步步向前推进，一定能开创一个百花争艳的新局面。

（原刊《民族研究动态》，1984 年第 4 期）

略论苗族历史发展的特点

在数千年的岁月中，各种变迁和特有的历史遭遇，以及某些主观和客观因素的制约，给苗族历史发展打下了深刻的烙印，使其形成一些显著的特点。

第一，苗族历史发展的起点比较高，但后来却长期处于滞缓和后进状态。5000 多年前，最先生息于中国东部平原和黄河下游地区，过着农耕生活的是苗族先民，即以蚩尤为首的九黎集团。而大致同时发迹于黄河中上游高原地带以游牧为生的炎黄集团，逐步东迁，并通过"涿鹿之战"打败蚩尤，开始踞有东部平原和黄河下游地区，转入农业耕作。这明显晚于蚩尤九黎。据先秦文献记载，黄帝还借助于蚩尤，开发金矿，冶制剑、戟、戈、矛，以征服"诸侯"，统一"天下"。这说明苗族先民不仅是中国大地最早从事农耕稻作的民族，而且也是最先发明和使用金属器的民族。可见在登上历史舞台之初，苗族先民的社会生产力和经济发展水平和文明程度，完全不低于炎黄部落和汉族先民，在某些方面还居于领先地位。

自蚩尤败北于涿鹿之后，情况开始发生变化。苗族的经济社会发展，遭受挫折，愈来愈滞缓和后进。以至于到现在，我国大多数苗族地区在经济和文化发展方面，仍远远落后于内地汉族地区。对于造成这种状况的原因，我们必须加以历史的探究，作出客观的和科学的说明。当然，主客观的原因很多，但主要有以下三个方面：

其一，苗族被迫不断迁徙，离开肥沃的黄河下游和长江中下游平原故居，迁往南部山区和西南云贵川高原。并且大多数苗族，后来又被迫离开山区河谷与平坝地带，徙居山岭与半坡地。所处生态环境和自然条件恶劣，严重影响和制约了苗族经济社会的发展。

其二，连续的大迁徙和生活环境的不断变迁，打乱了苗族的发展进程。苗族历史上发生过数次大规模的族群迁徙，而每一次迁徙，均使在故地长期经营和积累起来的物质条件和经济基础，顷刻化为乌有。他们跋山涉水，来到新的居留地后，又"披荆斩棘"，一切从头开始。"筚路蓝缕，以处草莽"的情形，往往是周而复始。苗族同胞多次被迫走"回头路"。

其三，从炎、黄大战蚩尤，尧、舜、禹征"三苗"，商、周王朝"征伐""荆蛮"，到秦汉以后，历代封建王朝对苗民的"征讨"与镇压屠杀，均给苗族同胞带来惨重的灾难，造成苗族地区生产力和社会经济的大破坏。我们仅以贵州苗族地区为例。清咸同年间苗民大起义遭到清朝统治者的残酷镇压，结果，贵州"上下游废田不下数百万顷，流亡可复者仅十之二三"，"降苗所存户口，较前不过十之三"。（《平黔纪略》卷一九）原黔东南"新疆"六厅起义前，苗民"丁口约五六十万"，而起义被镇压后，"所存受抚苗民丁口不过数万"。（《平定贵州苗纪略》卷三六）近代以来贵州苗族一些主要聚居地区，生产力和社会经济发展的滞缓，甚至倒退，同清朝统治者的这次血腥镇压、屠杀，关系甚大。

第二，苗族在登上历史舞台的初期，从驰骋黄河下游和华北平原的蚩尤九黎，到雄踞大江南北的"三苗国"和"荆楚"，一直是中国领域内一个强盛的民族；楚、秦以后，却由强而弱，两千多年间基本上都处于他族统治的地位，成了备受统治民族和中央王朝压迫、奴役和剥削的民族。

同炎黄部落和华夏民族战争的失利，历代中原王朝的"征讨"、镇压、屠杀和驱赶，由此而带来的大破坏和惨重灾难，无疑是苗族由强而弱的一个主要原因。但除此之外，还有两个重要因素。其一，自迁入南部和西南各地后，由于生活地域的大分散和各聚居区、各支系相互间的山水阻隔，以及同其他民族的交错杂居，苗族难以在大范围内发展起自己民族相对稳定和雄厚的经济实力，未能形成相对独立和强盛的政治军事力量。即使在爆发大规模起义和反抗斗争时，也未能实现各聚居区、各支系的较大范围的联合。因此，苗族不仅再谈不上什么"饮马黄河""问鼎中原"，而且根本无力同任何中央王朝和统治民族抗衡，相反只得处于被统治和被奴役的地位。其二，苗族虽是长期生活在南部山区和云贵高原地区的民族，但大多不是最先徙入当地的居民。在不少地区，在苗族徙入之前，即已居住着其他民族，并且他们已在那些地区形成居统治地位的经济和政治势力。苗族迁来之后，不得不处于某种依附地位，承受其管辖、统治和奴役、剥削。这种情况在云南最为典型。徙入滇东北和乌蒙山区的苗族，一般均被迫依附于彝族奴隶主、封建主和彝族土司土目，受其奴役剥削；进入滇东南地区的苗族，多受壮族封建主和壮族土官土司的统治、剥削；徙居滇南红河流域的苗族，则多处于傣族、哈尼族封建主和土司土目的管辖和统治之下。

第三，哪里有压迫，哪里就会有反抗。史称苗族"三十年一小反，六十年一大反"。历代苗民起义和武装反抗，次数之多，规模之大，斗争之激烈，在中国和世界历史上都是少见的。宋、元以前，从伏波将军马援征"五溪蛮"开始，关于"五溪蛮""奖州蛮""酉阳蛮""黔阳蛮"等"蛮"族的起义斗争，即史不绝书。而这些"蛮"大多是指苗族，或主要是苗族。宋、元以后，汉文献更直接记载"苗"民的起义和反抗，其次数也更多。

如仅从拙著《苗族史》所收集的材料，即可看出：明代，洪武年间有贵州"大平伐苗"、镇远"鬼长箐等处苗民""作乱"，湖广"武冈苗""靖州嫩草坪苗""镇筸苗"等为"叛"；宣德正统年间，"镇筸苗"和贵州"铜仁平头苗"作"乱"，贵州"镇远蛮苗"金台称"顺天王"与"播州苗""相煽为乱"，湖广"新宁苗杨文伯乱"，等等；景泰年间，"播州苗"韦同烈称"苗王"，掀起大起义。到嘉靖二十一年（1542），以腊尔山区为中心，爆发了湖、贵、川三省边苗民大起义，吴黑苗等先后称"苗王"。明朝廷调动湖广、贵州两省10多万官兵"会剿"，起义一直坚持到嘉靖三十一年（1552），才最后失败。此后，苗民的起义和反抗，依然此起彼伏。如天启、崇祯年间，贵州"龙里诸苗""思州三山苗""黎平府属地青苗""定番镇宁苗"等相继为"叛"，湖广有"辰州苗酋张五保""镇筸苗""溆浦红苗"等"倡乱"。在明代近300年间，大大小小的苗民起义和反抗从来也没有停止过，可说是同明王朝的统治相始终。

清朝统治确立后，康熙初年，即有湖广"通道苗"吴老藩、"镇筸苗""乾州苗"等"作乱"；贵州"黎平归弓寨苗""定番苗"阿戎、"凯里苗""广顺州苗"，相继发生"苗变"和"苗乱"。自雍正实行"改土归流"和清廷使用武力

"开辟""苗疆"后，在近 200 年中，苗民先后掀起了三次大规模起义，即雍乾起义、乾嘉起义、咸同起义。其规模是前所未有的，直接震撼了清王朝的统治。而这三次苗民大起义，两两之间相隔正好为 60 年，均爆发于"乙卯"年，即公元 1735 年、1795 年和 1855 年。此外，还有一些较大的起义，如乾隆初年粟贤宇、杨清保领导的湘桂边苗、侗人民起义，道光年间湘西苗民在孙文明兄弟领导下掀起的"合款"抗租斗争等，都无不给清朝统治以沉重的打击。

第四，苗族富于反抗和斗争精神，同时也具有优良的爱国主义历史传统。

数千年来苗族一直生息繁衍于中国领域之内，同汉族及各兄弟民族长期共处，相互影响，相互吸收，结成了"你中有我，我中有你"的密切关系，成为祖国多民族大家庭中不可分割和不可或缺的一员，故俗话云："无苗不成国。"[参见石启贵《湘西苗族实地调查报告》（增订本）] 国家安危，民族兴亡，同苗族的切身利益息息相关。这使苗族在历史上对中国和中华，自然产生了一种强韧的向心力和内聚力。在一些关键时刻，为了国家和民族的利益，苗族人民一再同汉族及其他民族一道，并肩战斗，流血牺牲，为中国历史写下了许多光辉篇章。

早在明代，来自日本海上的倭寇，大肆侵扰东南沿海各地，给当地人民生命财产造成严重损失，而朝廷官兵与之战却屡战屡败。由苗族、土家族子弟组成的湖广"土兵"，奉调往援江浙，先后于常熟、无锡、嘉兴等地，连挫入侵之敌，阵斩倭寇数千，其首领徐海亦投海自尽，为害数十年的倭患始告平息。史称湖广"土兵""战功第一"。

在近代中法战争中，先是滇东南开化府（今文山州地区），以苗族、壮族为主体组成一支两千多人的"民族军"，由苗族陶英等人率领，进入北越，抗击法国侵略军；继而，出生于湘西乾州厅（今吉首市）的苗族将领杨岳斌，奉清廷诏令，在湘西乾州、凤凰等地招募了以苗族子弟为主体的"苗兵"十二营 6000 余人，赴闽援台，迫使法军退出基隆港，捍卫了对台湾的主权。

法国侵略者全面占领越南后，即以越南为基地，不断蚕食和强占云南平安厅（今麻栗坡县）一带领土。猛洞苗族青年首领项崇周等，组织边疆苗、汉各族人民，举起了抗法斗争大旗，多次击败法国侵略军，坚持 10 多年的战斗，粉碎了法国侵略者欲并吞猛洞地区的野心，用鲜血和生命捍卫了祖国的边界。

现代抗日战争中，以湘西凤凰、乾城（今吉首市）等县苗族官兵为骨干组成的一二八师，曾于上海外围嘉善一带英勇抵抗日本侵略军，付出了重大的牺牲。接着，永绥（今花垣县）、乾城、凤凰、保靖等县苗民，掀起大规模"革屯"抗日运动。在废除屯租后，八千苗民"革屯"军收编为暂五师、暂六师，开赴抗日前线，先后参加了"长沙会战""常德会战"和"衡阳会战"。最后，大多捐躯沙场，八千子弟伤亡殆尽。苗族人民的爱国精神和抗日业绩，堪与日月同辉！

第五，苗族历史还有一个鲜明特点，就是社会发展的不平衡性。

这种不平衡性，首先表现在苗族社会制度和社会形态的发展更替，与以汉族为代表的中国主流社会比较，既有共性和共同规律，但由于不同的历史遭遇，又形成不同的个性和差异。如：战争的失败和被迫不断地迁徙，打乱和打断了苗族先民自身固有的社会发展进程，原始氏族公社制度长期延续，其解体过程十分缓慢，直至秦汉以后大多数苗族聚居区才向阶级社会过渡；而在中国占统治地位的封建制度影响和中央封建王朝的统治下，大多数苗族在向阶级社会过渡时，又越过了奴隶制社会形态，直接进入了封建制社会。特别是在苗族几个主要聚居区（如原黔东南六厅和湘西三厅），封建化过程十分缓慢，土地集中和内部阶级分化的程度，直到中华人民共和国成立前仍远远低于汉族地区。

其次，这种不平衡性还表现于苗族的不同聚居区和不同支系之间，社会制度和社会形态发展更替也存在明显差别和不同特点。如：楚、秦以来即归入了中央王朝版籍和经制州县直接管辖的苗族，开始进入封建制社会的时间较早，而在一些所谓"生界"和"生苗"区，唐宋以至元明时期才开始向封建制社会过渡；唐宋和元明时期处于汉族（或其他民族）的大姓豪族和土官土司统治下的苗族，一般都经历了封建领主制的阶段，而既无流官治理又无土司管辖的"生苗"，多是越过封建领主制而直接产生和形成了封建地主经济。还有，元明以前迁入乌蒙山和凉山地区的苗族，曾不同程度地沦为依附于彝族奴隶主和彝族土司土目的奴隶，遭受过奴隶制的奴役和剥削；随着彝族社会向封建领主制过渡，这部分苗族才又由奴隶演化为农奴，进入封建制社会。

（原刊《苗侗文坛》，1999 年第 3—4 期。收入本文集时作了修订）

论蚩尤

按："蚩尤文化"和炎帝、黄帝、蚩尤"三祖"文化研究，是 20 世纪 90 年代在我国学术界开展起来的一个新的研究课题。其中涉及的一个主要问题，是如何冲破两千多年来所形成的片面贬低及丑化蚩尤的传统观念，对蚩尤给予正确评价和应有的历史地位。早在 20 世纪 80 年代初参与《苗族简史》编写和撰著《苗族史》时，笔者即将蚩尤尊奉为苗族的"英雄先祖"，第一次将其以正面形象记入史册。此后针对学术界在研究中出现的某些问题，又先后撰写和发表了《论蚩尤》[《中南民族学院学报》（哲学社会科学版）] 等论文。现将这一组文章收入本集，仅个别地方有所修订。它们对于深入研究蚩尤文化和"三祖"文化，逐步统一对一些基本问题的认识，会不无帮助。

近几年我国学术界、文化界提出，应该为蚩尤"平反"，将炎帝、黄帝、蚩尤三位同尊为中华民族人文始祖，并认为只提"炎黄子孙"有片面性。目前，这一观点已为许多有识之士所接受，但认识也还不尽一致。在《苗族史》中，笔者对蚩尤及其同苗族的关系有所论述，这里拟就有关问题再作些补充和阐发。

一、关于蚩尤的历史评价

距今 5000 多年前，长江以北、黄河下游平原地区，生活着一个庞大的氏族部落集团，即九黎部落，其首领名蚩尤。传说，蚩尤有兄弟 81 个，兽身人语、铜头铁额，造立兵杖、刀、戟、大弩，威震天下，势力非常强大。大致同时起源于黄河中上游甘陕黄土高原的炎帝、黄帝两大部落集团，势力发展，亦先后由西向东，迁徙到黄河下游平原。于是炎、黄、蚩尤三大部落集团汇聚和争逐于黄河下游以涿鹿为中心的华北大平原。为争夺生存空间和生息地，炎、黄、蚩尤三大部落之间，连续爆发多次战争，有黄帝与炎帝之战、蚩尤与炎帝之战、黄帝与蚩尤之战。最后以黄帝部落的胜利而告终，黄帝征服 50 多个"诸侯"，拥有天下，成为中国历史上第一个一统天下的"帝王"和最高统治者。

炎、黄、蚩尤所处的时代，为中国原始社会的末期；部落联盟的形成，强大的军事力量和军事首领的出现，各部落联盟之间的争战，是人类原始社会末期由原始氏族社会向文明时代过渡阶段所普遍存在的现象。各部落和各军事力量之间的战争，正如恩格斯说的，往往是十分激烈的和相当残酷的，但与进入文明时代即阶级根本对立的社会以后所发生的战争，性质依然是完全不同的，它没有什么"正义"和"非正义"之分，也谈不上谁是谁非、谁错谁对。而且述正是这种部落战争，揭示了文明时代到来的曙光，推动人类社会由"野蛮"走向"文明"，成为阶级、民族、国家形成的一种催化剂。在以往的汉文献典籍中，炎、黄、蚩尤三大部落集团之间的战争性质被曲解，涿鹿之战被看成是"正义"对"邪恶"的"讨伐"，是"仁德"战胜"暴虐"，"平定"蚩尤"作乱"被说成黄帝的伟大"功绩"。这完全背离了唯物史观和历史事实，是中国2000多年来的封建正统观念和"胜者为王，败者为寇"的传统思想的表现。

蚩尤被斥为倡"乱"者，成为"讨伐"的对象，始作俑者就是孔丘。《尚书》有所谓"蚩尤惟始作乱，延及平民"①。这是先秦文献中关于蚩尤倡"乱"的最早记载。《尚书》为春秋末孔子编选而成的，是孔子及其门徒所推崇和传播的"经典"，反映的无疑是孔子及其儒家的观点。考诸先秦文献，历史上第一个对蚩尤进行人身攻击、诬毁，加上种种具体"罪名"的也是孔子。如《大戴礼记》所引孔子语，大骂蚩尤为"庶人之贪者"，"及利无义"，"不顾厥亲，以丧厥身"，"惽欲而无厌者也"。② 此后，左丘明为《春秋》作传，吕不韦著《吕氏春秋》，司马迁写《史记》，孔颖达和马融等为《尚书》作传注，黄帝被定于一尊，黄帝及黄帝族系被奉为华夏和中国的正统，并且这种观念愈演愈烈，对蚩尤就更是一片骂声，所加给蚩尤的"罪名"也越来越多。如《吕氏春秋·孟秋纪》云，蚩尤"始作乱，伐无罪，杀无辜……为之无道"；《国语·楚语下》："九黎

---

① 《尚书·周书·吕刑》。
② 《大戴礼记·用兵》，引孔子《三朝记》。

乱德，民神杂糅"，"夫人作享，家为巫史"，"蒸享无度，民匮于祀"。特别是从《春秋左传》到宋代罗泌《路史·蚩尤传》，将孔子所诬毁蚩尤的"贪者""无厌者"加以引申和发挥，把蚩尤比于"饕餮"，描绘成长"肉翅""虎爪""食人肉"的贪婪的怪兽。

孔子及其门徒和后世儒家弟子所强加给蚩尤的种种"罪名"，其实完全都是莫须有的，并且恰好相反，还证明了这样一个历史事实：从人类社会发展的观点来看，蚩尤的所作所为是合乎历史进步潮流的，当时以蚩尤为首的九黎部落集团的发展水平高于炎、黄部落集团，他们率先突破了原始氏族社会的一些道德规范和习俗观念。正因如此，蚩尤被斥为倡"乱"，"乱德""无道"。如孔子所说的"及利无义""不顾厥亲"，就是指责蚩尤追逐财富，不讲血亲关系，正说明蚩尤九黎集团较早地产生了私有财产，原始的氏族血缘关系开始瓦解，按照人类社会发展规律，在当时完全是一种进步现象，但却遭到持保守立场的孔子的攻击。所谓"伐无罪，杀无辜""诛杀无道"，这种罪名也是不能成立的。如前所述，原始社会末期所出现的部落战争，本来就是相当残酷的，但从人类社会发展的规律来看又是不可避免的。如果要说"伐无罪，杀无辜"的话，那么首先应是黄帝。据记载，黄帝为征服和统治"天下"不断发动战争，"诸侯有不服者，从而征之，凡五十二战，而天下大服"①。黄帝战神农氏于阪泉，擒杀蚩尤于涿鹿，都只是由于他们不服从他的统治。孔子及其儒家门徒，不谴责黄帝，反而大骂蚩尤，这是毫无道理的。从文献记载看，蚩尤九黎部落最先使用金属兵器，拥有强大的军事力量，曾威震天下，"弦木为弧，剡木为矢"②，即还以木为兵的黄帝，最初处于劣势，对蚩尤也曾"九战九不胜"③，备尝战败的苦头。这显然是蚩尤被斥"诛杀无道"的一个重要原因。至于"民神杂糅""家为巫史""民匮于祀"等，说明巫教当时已开始在蚩尤九黎部落中产生，普通的人能借助巫师同神沟通，人人都可举行祭祀，各家各户都能进行巫术活动，人神交流，神已被人格

① ［晋］皇甫谧《帝王世纪》，见《丛书集成初编》。
② 同上。
③ ［宋］李昉、李穆、徐铉等《太平御览》卷十五。

化。这从人类意识和宗教观念的发展来看，也是一种进步的现象，但却遭到当时还完全处于原始信仰阶段的黄帝部落的反对，而后世正统观念的维护者则斥之为"乱德"。

实际上在先秦文献中，对蚩尤的述评也并不完全与孔丘苟同，当时就存在不同的观点。在《逸周书》《山海经》和管子、庄子、韩非子等人的著述中，对蚩尤及其九黎部落同炎、黄部落大战，都只是作比较客观的记述，并没有诬毁蚩尤。如《逸周书·尝麦解》载："昔天之初……赤帝分正二卿，命蚩尤宇于少昊，以临四方。""蚩尤乃逐帝，争于涿鹿之阿，九隅无遗。赤帝大慑，乃说于黄帝，执蚩尤，杀之于中冀。"又如《山海经·大荒北经》载："蚩尤作兵伐黄帝。黄帝乃令应龙攻之冀州之野。应龙畜水，蚩尤请风伯雨师，纵大风雨。黄帝乃下天女曰魃，雨止，遂杀蚩尤。""应龙已杀蚩尤，又杀夸父，乃去南方处之，故南方多雨。"特别是《庄子·盗跖》的记载，对黄帝倒颇有微词，更明显的是同情蚩尤。庄子云："神农之世，卧则居居，起则于于……耕而食，织而衣，无有相害之心，此至德之隆也。然而黄帝不能致德，与蚩尤战于涿鹿之野，流血百里。"又云："世之所高莫若黄帝，黄帝尚不能全德，而战涿鹿之野，流血百里。"儒家盛赞黄帝以"仁义"治天下，倍加推崇，但庄子却公开指责黄帝"不能致德""不能全德"，对蚩尤九黎部落进行杀戮，造成"流血百里"的惨状。二者的观点和态度，形成鲜明对比。

数千年流传于民间的关于蚩尤的种种传说，证明蚩尤在民间一直享有崇高的地位，同儒家文献所记载的截然不同。南朝梁任昉《述异记》记蚩尤逸事云："蚩尤能作云雾。涿鹿今在冀州，有蚩尤神……秦汉间说：蚩尤氏耳鬓如剑戟，头有角，与轩辕斗，以角抵人，人不能向。今冀州有乐名《蚩尤戏》，其民两两三三，头戴牛角而相抵。"又云："太原村落间，祭蚩尤神"，"汉武时，太原有蚩尤神昼见……逐为立祠"。《皇览·墓冢记》云："蚩尤冢，在东平郡寿张县阚乡城中，高七丈，民常十月祀之。"宋沈括《梦溪笔谈》卷三载："解州盐泽……卤色正赤，在版泉之下，俚俗谓之'蚩尤血'。"冀州即今河北，涿鹿即今河北省涿鹿县，太原即今山西省太原市，张寿县在今山东省东平县西南，解州即今山西省解县。可见，秦汉、唐宋间，在今河北、山西、山东等省的广袤的地域内，民间均崇拜蚩尤，将蚩尤奉为神加以祭礼，汉武帝的时候还专门为蚩尤立祠。

其实，黄帝自己也是非常重用和崇敬蚩尤的。据《管子·五行》载："昔者黄帝得蚩尤而明于天道，得大常而察于地利……黄帝得六相而天地治，神明至。蚩尤明乎天道，故使为当时。"由于蚩尤"明于天道"，即善于观测日月星辰的运行和变化，黄帝特将蚩尤列于六相之首，任"当时"之官，即掌管时序节令。《管子·地数》还载：黄帝"修教十年，而葛卢之山发而出水，金从之，蚩尤受而制之，以为剑、铠、矛、戟。是岁，相兼者诸侯九。雍狐之山发而水出，金从之，蚩尤受而制之，以为雍狐之戟、芮戈。是岁，相兼者诸侯十二"。又据《龙鱼河图》记载，黄帝得玄女之助，"制伏蚩尤"以后，"以制八方"，即依靠蚩尤征服各部落，统治天下。蚩尤死后，"天下复扰乱不宁，黄帝遂画蚩尤形象，以威天下，天下咸谓蚩尤不死，八方万邦皆为殄服"①。黄帝仅借助一幅蚩尤画像，即可震慑天下，使万邦臣服，这也足以证明，当时蚩尤在人们心目中威信之高和黄帝本人对蚩尤倚重之甚。

二、蚩尤与中华民族

长期以来，由于封建正统观念对蚩尤的全盘否定，人们谈论中华文明和中华民族的源流，都只提炎、黄二帝，而从不讲蚩尤，甚至还形成这样一种错误观念：似乎正是因为当年黄帝"平定"蚩尤"乱"，才能有今天的中华民族，中华文明才得以形成和发展。蚩尤被视为"贪婪""暴戾"的化身，"炎黄子孙"谁也不愿意同蚩尤沾亲带故。这完全背离了历史实际。

（一）蚩尤九黎与中华文明

蚩尤九黎部落是最先生活在我国东部黄河下游华北地区的居民，炎帝和黄帝部落则发迹于我国西部黄土高原，后来才逐步东迁至黄河中下游平原。这是学术

---

① 《太平御览》卷七十九。

界早已形成的定论,至今也并无分歧。正因为蚩尤九黎部落长期生活于大河流域平原地带,所以较早地进入农耕定居生活;炎、黄部落在西部高原地区大多过着逐水草而居的畜牧生活,东迁至黄河中下游平原后才完全转入农业耕作。蚩尤九黎部落是我国耕作农业的始创者。《管子》等先秦文献记载已证明了这一点。黄帝制伏蚩尤后,用蚩尤为"当时"之官,以明"天道",实际上也就是借助长期从事农业生产,具有丰富农事季节时序知识的蚩尤九黎部落,掌管天象,指导农事。20世纪50年代以来在黄河下游山东、淮北、河南东部一带考古发现的大汶口文化,年代属距今6000年至4000千年前,其居民以农业经济为主,过着定居生活,并发掘出大量窖藏粟粒,说明粮食产量较多,已有剩余。大汶口文化应该就是作为我国最早从事农耕稻作的蚩尤九黎部落所留下的文化遗存。

《管子》曾记载,蚩尤受黄帝之命,发葛卢、雍狐之金,制作金属兵器。此外,先秦文献还有不少有关蚩尤冶金作兵的记载。如《尸子》:"造冶者,蚩尤也。"《世本·作篇》:"蚩尤以金作兵",或云"蚩尤作五兵:戈、矛、戟、酋矛、夷矛"。在蚩尤以金作兵之前,炎帝、黄帝部落都还是以石为兵,以木为兵,所以历代公认蚩尤乃金属兵器之创始人。既然能冶金作兵,在日常生活和生产活动中无疑也会制作和使用金属工具。古代称"金",实际是指铜,说明蚩尤九黎部落早在五六千年前已使用青铜器,比炎、黄帝部落更早使用金属器物,这一点是完全可以肯定的。

巫教,或称巫鬼教,是中国民间一种古老的传统宗教,流传其广,至今在各地区特别是南方各民族群众中仍有相当深的影响。而就其最初的渊源看,也应追溯到蚩尤九黎。《管子》所载的蚩尤"明于天道"。还有《志林》所载"黄帝与蚩尤战于涿鹿之野,蚩尤作大雾"[①]。可能就同巫师"通达"上苍神明,以及相应的巫术祭祀活动有关。《国语》说得更清楚,所谓蚩尤九黎"民神杂糅""家为巫史""民匮于祀",即指崇奉巫师和巫术,借以沟通人神,鬼神众多,祭祀活动频繁。巫鬼教的这种基本特征,五六千年前已在蚩尤部落中初步形成。农

----

① 《太平御览》卷十五。

耕、金属器、巫教，均肇始于蚩尤九黎部落，也可以说是蚩尤的"三大发明"。正是蚩尤九黎所创始的这些文化因素，由炎、黄部落所吸收和发扬，为整个古老的中华文明的创造和发展奠定了最初的基石。

（二）蚩尤与苗族

在中国现有的 56 个民族中，有一个民族，逆反儒家正统观念，至今仍虔诚地崇奉蚩尤为自己的始祖神和远祖英雄，这个民族就是古老的苗族。

多年来，笔者在苗族各地区的实地考察中，曾发现和收集了不少关于蚩尤的古歌和传说。川南地区苗族传说，远古时苗族的首领名叫蚩尤，同黄帝本是兄弟。后因黄帝错怪蚩尤偷吃了"龙心"，双方发生战争。蚩尤先胜后败，被黄帝杀害。蚩尤手下的大将夸佛带领苗民由北向南转移，途中夸佛又被黄帝大兵用箭射死。夸佛身边的壮士被推举为"路师"，在埋葬蚩尤、夸佛的地方，吹芦笙、敲战鼓、吹牛角，祭奠和超度死者，然后又继续迁徙。

黔西北和滇东北苗族流传的关于蚩尤的古歌说，远古的时候，苗族居住在叫"甘扎地坝"的平原上，首领格蚩爷老（即蚩尤）带领大家开田种地，生活得很幸福。后来"沙召觉地望"（又叫"格炎爷老"，有说指炎帝，有说是黄帝），想抢占甘扎地坝平原，于是双方发生战争。格蚩爷老英勇善战，战争持续 13 年，未分胜负。最后沙召觉地望用欺骗手法，杀害了格蚩爷老。格蚩爷老的子孙被迫迁徙，迁到叫"斗南一莫"（意为"大江边"，有说即长江边）的地方。

贵州关岭自治县苗族流传有《蚩尤神话》。据神话说，远古时，苗民居住在黄河边上，共 81 寨，苗民称自己的寨子为"阿吾八十一"。他们的首领叫蚩尤，所以又称黄河边的平原为"蚩尤坝"。蚩尤和他的两位兄长除掉了危害苗民的"垂耳妖婆"，将家乡建设得很美丽，大家过着幸福的生活。后来妖婆的三个妖娃请来了赤龙公、黄龙公（即赤帝、黄帝）复仇，发动了战争。蚩尤率领苗民英勇奋战，累败赤、黄二公。后来赤、黄二公联合雷老五（即雷公），水淹苗兵，擒杀了蚩尤，焚毁了 81 寨，剩下的苗民被迫抛弃家园，告别"阿吾八十一"寨，渡过黄河，进行迁徙。

在云南、贵州、广西其他的一些苗族地区，也都有关于蚩尤的传说，内容多有相同之处。笔者在美国访问时发现，由老挝远徙美国的苗族，也有类似的传说。在明尼阿波利斯市苗人社团的一次座谈中，两位苗族老人说，他们的祖辈传下来，苗族的祖先原住在叫"涿"（或说"涿鹿"，均苗语音译）的地方，那里的山洞有许多燕子，后来同汉人皇帝打仗，打败了才被迫渡过大江大河，进行迁徙。所说的"涿"或"涿鹿"，应即是今天涿鹿县；山洞里有许多燕子，可能同河北涿鹿县附近的燕山有关。这些美国的苗族老人，既不懂英语，也不懂汉语，基本上是"文盲"，他们根本不知道中国有个涿鹿县，更不用说他们的前辈。所以老挝和美国苗族的传说肯定不会是后世什么人编造的，或附会中国什么汉文献的记载。

各苗族地区还有许多祭祀性活动同蚩尤有关。例如，据云南文山地区苗族传说，苗族的"踩花山"（或叫"扎山"）最初就是为了祭祀祖先蚩尤。花山场中所立的"花杆"，上面挂有一幅三尺六寸长的红布，叫"蚩尤旗"；立花杆时，主持人要念咒词，追述苗人祖先"蒙蚩尤"（"蒙"为西部方言苗族的自称），如何同汉人皇帝打仗，兵败被杀，苗人被赶跑，等等。又如，川南和云南威信地区的苗族，至今还流行一种叫"还泰山"的祭祀活动。每年冬天（一般在年尾），杀猪祭祖，在野外山林中进行。主持人所念咒词，也是叙述远古时蚩尤同黄帝如何打仗，失败后怎样进行迁徙，等等。

湘西及相邻黔、渝、鄂地区苗族，称"蚩尤"为"剖尤"。"剖"苗语是"公"（或"祖公"）、"剖尤"即"蚩尤公"。传说，"剖尤"是远古苗族一位英勇善战的领袖，苗族人杀猪祭祖时首先必须供奉"剖尤"。凡人丁不兴、重病缠身，先祭三十六堂神七十二堂鬼，如果仍未见效，最后可祭始祖神"剖尤"。黔东南、桂北融水等地苗族，每六年或十三年举行一次大型祭祖仪式"吃鼓脏"，也首先要祭始祖"姜尤"（即蚩尤，黔东南苗语音译）。

此外，苗族特别崇拜枫香树（即枫木），显然也同蚩尤有关。《山海经·大荒南经》载："枫木，蚩尤所弃桎梏，是为枫木。"郭璞注："蚩尤为黄帝所得，械而杀之，已摘弃其械，化而为树也。"即认为枫木是蚩尤的化身，象征蚩尤不死。湖南城步苗族有祭祀"枫神"为人驱除疫鬼的习俗。祭祀时，巫师装扮成

"枫神"，头上反戴铁三脚架，身上倒穿蓑衣，手持圆木大棒，颇类传说中"铜头铁额"的蚩尤。黔东南苗族将枫木奉为始祖树，传说苗族祖先是从"蝴蝶妈妈"的卵中孵化出来的，而"蝴蝶妈妈"最初又是从枫木树心里出来的。

从民俗学材料和各种口碑资料看，蚩尤同苗族的关系如此密切，绝非偶然，将苗族族源追溯到蚩尤九黎部落，确认今天的苗族是当年蚩尤九黎的直接后裔，是有充分根据的。蚩尤是国内外近千万苗族共同的始祖，是毫无疑义的。

(三) 汉族与蚩尤

其实，蚩尤九黎不仅是苗族的先民，而且也是形成汉族的最初的重要渊源。

汉族是中华民族大家庭的老大哥，是在数千年的历史发展中逐步形成发展起来的。从汉民族的发展史看，汉族的前身和主体是夏、商、周时代的中原华夏族。但华夏族系并不只是源于炎、黄部落集团，实际上最初是以黄帝部落集团为中心，由黄帝、炎帝、蚩尤九黎三大部落集团相互融合而形成的。以涿鹿、阪泉为中心的华北大平原的角逐和争战，正是三大部落集团融合的契机和起点。

黄帝先后战胜炎帝、蚩尤，战败的炎帝和蚩尤部落成员，都有大批逃离华北平原向南迁徙的。进行南迁的炎帝部落成员，曾越过黄河、长江，进入荆、湘，今天湖南省炎陵县的炎帝陵等就是他们留下的遗迹。这部分南迁的炎帝部落成员，后来融入了南方民族。大批的蚩尤九黎部落成员也被迫南迁，所以才有我国南方作为蚩尤子孙后代的苗族。但是就如同炎帝部落臣服和加入黄帝部落联盟一样，也有相当一部分蚩尤九黎部落成员臣服于黄帝，同炎帝、黄帝组成以黄帝为首的更大的部落联盟。如《管子》所记载的，黄帝"得蚩尤而明于天道"，用蚩尤为"当时"之官；蚩尤又受命采冶金矿、制造兵器，辅佐黄帝征服各个"诸侯"。还有《韩非子·十过》曾云："昔者黄帝合鬼神泰山之上……蚩尤居前，风伯进扫，雨师洒道。"这些记载都说明，蚩尤九黎部落被战败后，部分成员确实臣服于黄帝，并辅佐黄帝征服诸侯，统一"天下"。祭泰山时，蚩尤九黎部落成员还组成先头部队，与"风伯""雨师"等部落一起，为黄帝在前面开辟道路。蚩尤九黎的这些成员，自然就逐步同黄帝、炎帝部落融合，成为华夏族和以后汉民族的渊源之一。

　　现今全国的汉族同胞，无论哪一个地区、哪一个民系、哪一个姓氏，都没有谁寻根问祖去同蚩尤九黎攀上关系的。但如果能本着实事求是的态度，稍作历史的考证，还是不难发现，汉民族中有不少成员，追根溯源，却是当年蚩尤九黎的子孙后代。

　　宋代邓名世《古今姓氏书辨证》（卷十九）考证"邹""屠"二姓时云："谨按《壬子年拾遗记》曰：'帝喾妃邹屠氏之女也。轩辕去蚩尤之凶，迁其民善者于邹屠之地，恶者于有北之乡。其先以地命族，后分为邹氏、屠氏。'"邓氏的这一考证说明，蚩尤被战败后，其部落成员顺于黄帝之后，有一部分被安置在"邹屠"之地，因而得姓，后裔又分成"邹""屠"两个姓氏。这是今天在汉族中依然存在的"邹""屠"二姓的最初来源。

　　《古今姓氏书辨证》引唐《元和姓纂》曰："蚩"姓，"蚩尤之后，以国为氏"。罗泌《路史·蚩尤传》亦云：中原地区"后有蚩氏"，即以蚩为姓氏的民系。

　　宋郑樵《通志略》卷二《氏族二》载："黎氏，字亦作犁，子姓侯爵，商时诸侯。《风俗通》云：'九黎之后。'《尚书》：'西伯戡黎。'亦见《毛诗》。"今潞州黎城县，即今山西省黎城县。可见商周时代，山西东南部黎城一带居住着许多九黎的后裔。郑氏还指出，当时（即宋代）中国岭南，即五岭以南地区，也多有黎姓，说明黎氏后代唐宋时有不少已南迁至两广地区。

　　中国汉民族的姓氏繁多，难以胜数，其中还有哪些姓氏源于蚩尤九黎，现已无法一一加以考究。但从以上所引材料看，至少汉族中的邹、屠、蚩、黎等姓确为蚩尤九黎的后裔。无论姓氏多少，均足以证明，涿鹿之战后，被打败的蚩尤九黎部落成员有一部分加入了黄帝部落联盟，并逐步融合，成为后来华夏族和汉族的一部分。所以说，蚩尤九黎不仅是苗族的先民，同时也是汉民族最初的渊源之一；蚩尤是苗族公认的始祖，同时也应被尊为汉族的始祖。这才符合中华民族历史发展的实际。

　　既然历史事实已充分证明，中华文明的创造和中华民族的形成发展，最初均渊源于炎帝、黄帝、蚩尤三大部落集团，那么将蚩尤与炎、黄同列，共尊为中华民族的三位人文始祖，乃是顺理成章的事。"炎黄文化""炎黄子孙"之类的提法，确实有片面性，也不利于中国各民族的团结。当然也没有必要代之以"炎黄蚩文化"或"炎黄蚩子孙"。我看还是提"中华文化""中华文明"和"中华民族子孙"为宜。

［原刊《中南民族学院学报》（哲学社会科学版），1997 年第 2 期］

重评蚩尤

——兼论蚩尤与九黎、三苗及东夷、南蛮的关系

　　关于苗族的族源，中外学者历来说法不一。有西来说、南来说和北来说，有"三苗"和"九黎三苗"说、"武陵蛮"和"盘瓠蛮"说、"髳"人及"东夷"说等。从近一二十年的研究状况看，国内学术界，特别是苗族本民族学者认识已逐步趋于一致，大多主张"九黎三苗"说。认为"三苗"为苗族的先民，而其更早的渊源又可追溯到发迹于黄河下游和东部平原的九黎部落集团。并且在如何正确评价蚩尤方面，进行了富有成效的研究。同时对于三苗、九黎之间的关系，以及九黎、三苗与东夷、南蛮的关系等问题的研究，也有新的进展。但其中有些观点还值得商榷，有些问题有待进一步的探讨。

一、重新评价蚩尤

　　距今 6000 到 5000 多年前，我国长江以北、黄河下游平原地区，生活着一个以蚩尤为首领的庞大部落集团。大致同时，发迹于黄河中上游甘陕高原地带的炎帝、黄帝两大部落集团，势力发展，亦先后由西向东，迁徙到黄河下游。于是蚩尤、炎帝、黄帝三大部落集团汇聚和争逐于黄河下游地区和华北大平原，连续爆发多次战争。最后，黄帝族联合炎帝族，同蚩尤九黎决战于涿鹿之野，蚩尤兵败被杀。从此黄帝拥有"天下"，成为中国历史上第一个一统"诸侯"的"帝王"和最高统治者。蚩尤子孙和九黎部落成员，一部分归服黄帝，逐步同炎帝族和黄帝族融合，另一部分则被迫南迁，离开黄河下游平原。

　　对于这一段历史，以及对蚩尤如何评价，从《尚书》《国语》《大戴礼记》到《春秋左传》《吕氏春秋》和司马迁的《史记》，形成了一种褒"黄"贬"蚩"的传统观念。黄帝被定于一尊，黄帝及黄、炎族系被奉为华夏和中国的正统。蚩尤被诬为"贪"者，倡"乱"者和"伐无罪，杀无辜"的暴徒，备受攻

击和丑化。对黄帝则美化赞誉有加，他被奉为"仁德"的化身；战蚩尤于涿鹿，被传颂为"正义"对"邪恶"的"讨伐"，是"仁德"战胜"暴虐"。"平定"蚩尤作"乱"，成为黄帝的伟大功绩。这种出自儒家的封建正统观念和"胜者为王，败者为寇"的传统思想，2000多年来在中国一直占据着统治地位。乃至今天，"黄帝之裔""炎黄子孙"仍成为中华民族的代名词，而蚩尤似乎与中华民族无缘，蚩尤子孙似乎已绝于后世。这种评价很不公平，并且完全背离了历史实际。

20世纪80年代以来，随着各苗族地区的有关蚩尤的古歌、传说等一批珍贵的口碑资料和民俗学资料的整理发表，《苗族简史》和《苗族史》的相继出版问世，民族学和民族史学界首次突破传统的观念，向人们揭示了一个长期鲜为人知的事实和一种新的观念：今天中外1000多万苗族乃蚩尤九黎的子孙后代，苗族同胞世世代代将蚩尤奉为英雄祖先和始祖神，虔诚崇祭，经久不衰。蚩尤没有绝后！同时，国内报刊还先后发表了一系列关于蚩尤的专论①。这些专论的主要观点是：

第一，炎、黄、蚩尤所处的时代，为中国原始社会末期。部落联盟的形成，强大的军事力量和军事首领的出现，各部落集团之间的争战，是人类原始社会末期向文明时代过渡所存在的普遍现象。各部落和各军事力量之间的战争，往往是十分激烈和相当残酷的，但与进入文明时代即阶级根本对立的社会以后所发生的战争比较，性质依然是完全不同的。炎、黄和蚩尤之间的战争正是如此。战争双方都是为了争夺生存空间和生息地域，无所谓"正义"和"非正义"之分，也谈不上谁是谁非，谁对谁错，谁"暴虐"谁"仁德"。其实，庄子早就指出：黄帝也"不能全德"，与蚩尤"战于涿鹿之野，流血百里。"（《庄子·盗跖》）

第二，蚩尤九黎部落是最先生活在我国东部平原和黄河下游地区的居民，所以较早地进入农耕定居生活；而炎、黄部落在西部高原地区长期过着逐水草而居

<hr>

① 唐春芳《论蚩尤在中国历史上的功绩》，《苗侗文坛》1995年第3期；伍新福《论蚩尤》，《中南民族学院学报》（哲学社会科学版）1997年第2期；王万荣《关于蚩尤研究的几个问题》，《苗侗文坛》1998年第1期。

的畜牧生活，东迁至黄河中下游平原后才转入农业耕作。蚩尤九黎部落应是我国耕作农业的始创者。先秦文献还记载："造冶者，蚩尤也"，"蚩尤以金作兵"。（《尸子》）"金"即"铜"。说明蚩尤九黎部落早在五六千年以前，已学会冶炼和制作青铜器。此外，先秦文献称，蚩尤九黎"民神杂糅""家为巫史""民匮于祀"，这说明崇奉众多鬼神和巫术，祭祀活动频繁的中国传统的巫鬼教或巫教，也是最先在蚩尤九黎部落中形成的。农耕、金属器、巫教等，均肇始于蚩尤九黎部落。正是蚩尤九黎所创始的这些文化因素，由炎、黄部落所吸收和发扬，为古老的中华文明的创造和发展奠定了最初的基石。蚩尤九黎部落为中华文明的创造发展做出了重大贡献。

第三，大量的民俗学材料和各种口碑资料证明，蚩尤同苗族的关系十分密切，对蚩尤的崇敬世世代代深深地刻印在苗族生活的各个方面，确认今天的苗族是当年蚩尤九黎的直接后裔，是有充分根据的。其实，蚩尤九黎不仅是苗族的先民，而且也是形成汉民族的最初的重要渊源。至今汉族中有不少姓氏还可直接溯源于蚩尤九黎，如"黎""蚩""邹""屠"等姓，均为蚩尤九黎的后代子孙。[①]所以说，蚩尤九黎不仅是苗族的先民，同时也是汉民族的渊源之一；蚩尤是苗族公认的始祖，同时也应被尊为汉族和整个中华民族的始祖之一。"炎黄子孙"之类的提法，有片面性，不利于中国各民族的团结。

这些观点，近几年来在国内学术界，乃至政界逐渐产生了影响，已为广大苗族同胞所认同，并且政界和其他民族中一批有识之士也摒弃了历史的偏见，把蚩尤与炎帝、黄帝并列，同奉为中华民族人文三始祖。1995 年 9 月，河北涿鹿县人民政府率先发起和成功举办了全国首届涿鹿炎、黄、蚩三祖文化学术研讨会。随之，在涿鹿县兴建"三祖堂"。1997 年 10 月 4 日，涿鹿县隆重举行三祖堂竣工典礼，蚩尤、轩辕、炎姜三尊像巍然立于三祖堂上。但是，真正要重新评价蚩尤，将积沉数千年的冤案翻过来，彻底清除封建正统观念的流毒影响，还历史本来面目，还蚩尤以公道，很不容易，绝不是一朝一夕之功。

---

① ［宋］邓名世《古今姓氏书辨证》卷十九；［宋］郑樵《通志略》卷二。

二、九黎、三苗之间的关系及其同东夷、南蛮的关系

关于九黎、三苗二者之间的关系，先秦文献中已有明确记载，国内学术界过去在认识上也并没有什么分歧。但在近年来关于苗族族源的研讨中，却有人提出了不同的观点。他们认为，九黎也就是三苗，原本生活于长江中下游地区，后来北进中原，开发黄河流域下游。黄帝族东进，双方争逐于华北平原，发生涿鹿之战。三苗战败，又由北方南迁，复归南方故土。还认为九黎、三苗曾分别在我国的东部和南部建立"九黎国"和"三苗国"，而大汶口文化、河姆渡文化、良渚文化则是他们留下的文化遗存。

这涉及对九黎、三苗本身概念的界定，以及对其生活年代和活动地域如何确定。其实，九黎、三苗都不是单一的民族称。他们是苗族的先民，但并不只是苗族先民，因为他们还是部分汉族及其他民族（如瑶族）的先民。科学地说，苗族先民仅是九黎、三苗集团的一部分，或其中的主要组成部分。到目前为止，还没有任何史料，包括地下考古资料，可以证明九黎部落曾建立了国家。所谓"九黎国"，更未见诸任何文献资料的记载。《尚书》孔颖达疏和《战国策》引吴起的话，虽有"三苗国"的提法，但这只是春秋战国时的人，按当时对华夏周边的"诸侯"和"方国"的概念，对南方"三苗"的一种泛称，实际上也谈不上是什么有明确内涵和特定标志的国家。如按进入国家和文明时代的标志之一，即出现城墙建筑来看，黄河中下游和中原地区目前考古界发掘的最早城墙遗址，属于龙山文化时期，即距今4000年左右。这应属夏朝初期或舜、禹时代的遗址，而绝非黄帝和蚩尤时代的遗存。近年在南方湖南澧县所发现的古城墙遗址，一般认为已有近6000年的历史。此时蚩尤九黎正生息繁衍于北方黄河下游一带，应与此无涉。而学术界认为可能归属三苗集团的文化遗存，是属于5000到4000年前屈家岭文化。但至今在屈家岭文化各遗址中，均未发现已进入国家和文明时代的任何标志。所谓"九黎""三苗"都是处于原始社会末期的强大的部落群体和部落集团的一种统称，都还没有正式形成国家和跨入文明时代。特别是将所谓的"九黎国"和"三苗国"并提，认为它们是同一时代分处我国东部和南部的两个

国家，就更不符合史实了！

从各种文献资料记载看，九黎是九黎，三苗是三苗，二者有联系，故又有"黎苗"之称。但它们是处于不同的时代，九黎在前，三苗居后，三苗是九黎部落成员的后裔在新的地域组成的新的部落集团。这是毫无疑义的。如《尚书·吕刑》孔颖达疏云："三苗之君习蚩尤之恶"；"苗民，即九黎之后"。《国语·楚语》曰："其后，三苗民复九黎之德。"无论是"习"蚩尤之"恶"，还是"复"九黎之"德"，都说明三苗与九黎，是一种前后承续的关系。从史实看，它们各自确实是生活于不同的历史时代。以蚩尤为首的九黎部落集团，是同炎、黄部落集团争逐于华北平原，遂有涿鹿之战，即蚩尤九黎与炎、黄部落同时；而三苗集团兴起于尧、舜时代，是当时华夏集团在南方的劲敌，成为舜、禹屡次进行"征伐"的对象。蚩尤九黎既然与黄帝同时，而三四百年以后的尧、舜时才出现三苗，那么三苗又如何能与九黎同处于一个时代呢？

（一）有一种观点，即认为苗族先民本发迹于中国南方长江中下游和江淮、江汉平原，然后北上，同炎、黄逐鹿华北平原和黄河下游。也就是说，苗族先民九黎三苗，是先由南向北发展，而后因战败于涿鹿，才又退回南方。这种论点同样缺乏依据。

根据文献资料记载，九黎和三苗各自生息与活动的地域，都是十分清楚的。前者在黄河下游山东和河北南部、河南东北部，以及淮北平原；后者为"左洞庭""右彭蠡"的长江中游地区。目前还没有任何资料可以证明，以蚩尤为首的九黎部落集团曾生活在南方长江流域。而各地苗族的迁徙歌，在追述先祖们的迁徙历史时，都是说先渡过"浑水河"（即黄河），离开海边的大平原，再迁到大江（即长江）边，然后又向西迁徙。无论时代相去多远，苗族子孙世世代代都未忘怀自己的祖居地黄河平原，以致"打到黄河去"，返回祖居地，常常成为苗民大起义的口号；而苗族老人去世后，其灵魂也要由巫师念《引路经》，送回东方平原同祖先团聚。

（二）关于九黎、三苗同东夷、南蛮的关系，主要有三种不同的观点。一种是基于九黎发迹于南方长江流域的观点，认为九黎与三苗一样，都属于"南蛮"；一种是以九黎原本就生活于黄河下游和东部平原为据，认为九黎属东夷集团，南下后的三苗则属南蛮范畴，即苗族先民是先属东夷后归入南蛮；还有一种观点，是糅合前两种看法，认为作为苗族先民的九黎，最初居于南蛮，后北上归入东夷，涿鹿战败后又南下复归南蛮。我在《苗族史》和《中国苗族通史》中，一贯坚持和阐发的是第二种观点。

首先，从活动的地域看，蚩尤九黎同东夷是重合的，即在同一个地域。《逸周书·尝麦解》载："昔天之初……命蚩尤宇于少昊，以临四方。"少昊，即少皞，系太皞之后。"宇于"即住于。其意应是蚩尤居住在少皞的地域。《左传·昭公十七年》载："太皞氏居陈。"陈，今河南淮阳县境内。《春秋左传》"注"引杜预云："少皞虚，曲阜也。"据此，太皞、少皞时代活动的地域，在今山东西部、南部和河南东部、河北南部黄河下游一带。蚩尤九黎部落是居住在少皞氏的地方，当然是同一地区。正因为黄河下游是苗族先民蚩尤九黎部落的祖居地，为抵御由西部黄河上游先后东进的炎、黄部落，双方才在涿鹿一带即华北平原发生了激烈战争，而绝非蚩尤九黎部落从遥远的南方，跋涉北上，去同炎、黄部落争夺华北平原。其次，秦汉以前的文献史籍均肯定太皞即伏羲，直到清代才有人提出异议，认为伏羲非太皞。但无论两者的关系如何，以伏羲氏为东夷集团的始祖则是一致的。这同苗族关于始祖的传说和崇拜也恰好相吻合。各地苗族都流传着有关洪水漫天和兄妹结婚繁衍人类的古歌传说，内容大同小异。据说，远古时洪水泛滥，淹没了地上的一切，只有兄妹两个坐进一个大葫芦瓜里，才幸免于难。洪水退后，兄妹通过对山滚磨盘等方式，遵循天意，成婚生子，使地上重新有了人类。闻一多《伏羲考》认为，"伏羲"即"葫芦"，女娲即"女葫芦"。伏羲女娲，正是苗族所崇拜的繁衍人类的始祖神兄妹俩。如清初陆次云《峒溪纤志》载："苗人腊祭曰报草，祭用巫，设伏羲、女娲位。"所谓伏羲女娲，在苗族民间又俗称"傩公傩母"。至今苗族地区举行"还愿"祭典时，仍于中堂设傩公傩母的木雕衣装神像。又据《世本·作篇》等史籍记载："女娲作笙"，"以为生发之象"，即纪念人类繁衍之意。宋代朱辅《溪蛮丛笑》记载，苗族仍以葫芦为笙。现在苗族的芦笙虽已改用木制的斗，竹管数目也有所减少，但喜欢吹芦笙的古俗依然盛行于苗族之中。这同崇拜伏羲女娲显然也有联系。此外，史籍还记载，伏羲氏和东夷，以凤鸟为图腾，加以崇拜，而苗族的古歌说，是凤鸟孵化"蝴蝶妈妈"生下的12个蛋，生出了虎豹、蛇虫和人类。可见在苗族中同样流行着鸟图腾的崇拜。

作为苗族最初的先民，蚩尤九黎部落同东夷集团的联系是十分明显的。虽然不能说九黎等于东夷，东夷就只是九黎，但九黎曾处于东夷范围内，属于东夷的组成部分，则是完全可以肯定的。还应明确的是，所谓"东夷""南蛮""北狄""西戎"，都只是先秦时代中原华夏族人对周围部落和方国按方位的一种统称，是地域性的称呼，而非确切的民族性概念。当苗族先民蚩尤九黎部落生活在黄河下游和东部平原时，本是属于东夷集团的；在离开黄河下游南迁后，其后裔自然就又进入了"南蛮"的范畴，在南方同其他一些部落组成"苗蛮"集团。《帝王世纪》云：帝尧时，"有苗氏（即三苗）处南蛮而不服"；《吕氏春秋·召类》载：尧与"有苗战于丹水之浦"，以服"南蛮"。可见，尧舜时出现的"三苗""有苗"是处于南蛮之内的，也就是"南蛮"。

（三）关于九黎、三苗的考古文化遗存问题，目前还是一个薄弱环节，有待进一步研究。从已有的发掘资料看，九黎同大汶口文化，三苗同屈家岭文化的关系比较密切。十多年前我在撰写《苗族史》时，曾考虑将大汶口文化作为蚩尤九黎部落的文化遗存，并在初稿中已写进了有关内容。其依据主要是大汶口文化遗址分布地区和考古年代，都恰好同九黎部落集团相吻合。后听取了各方面意见，仍觉得根据还不够充分，故在最后定稿付梓时删去了。《苗族史》和近年出版的《中国苗族通史》，则都有关于屈家岭文化的内容，肯定它是三苗（包括苗族先民和楚先民）的文化遗存。其根据不仅在于屈家岭文化的年代（距今5000—4000年）和分布地域正好同"左洞庭""右彭蠡"的长江中游南北的三苗集团是一致的，而且不少文化现象同先楚文化以及苗族文化传统也有明显的联系。考古学和楚学都肯定了这一点。

至于说河姆渡文化、良渚文化也是九黎三苗集团和苗族先民的文化遗存，那就很难苟同了。所谓"河姆渡文化"，是20世纪70年代开始发现的，分布范围是在浙江宁绍平原东部地区，而以余姚河姆渡遗址为典型代表。其考古年代（经树轮校正），约为公元前5005±130年至前3380±30年，即距今7000年至5000年。从年代看，大致相当于蚩尤九黎时代，但目前尚无任何资料可以证明，九黎部落生活和活动地域当时达到了浙江的东部沿海和舟山群岛一带。良渚文化遗址分布在杭州、嘉兴、上海、苏州、吴县等地，即太湖和杭州湾地区，年代在河姆渡文化之后，约公元前3100—前2200年及以后一段时期，即距今5000—4000年。这与三苗集团生存的时代相合。但同样，至今没有任何资料可以说明，当时三苗集团的范围包括了太湖和杭州湾地区。很明显，将河姆渡文化、良渚文化说成是苗族先民九黎、三苗的文化遗存，未免有点草率了！

（原以《重评蚩尤与苗族族源研究中的几个问题——苗族古史研究述评之一》为题，刊《中南民族学院学报》（人文社会科学版）2001年第1期）

孙中山《阚氏宗谱序》与蚩尤历史重新定位

2010 年 6 月，因同事介绍，有幸与安徽社科院历史所宋霖先生建立联系。先是电话交谈，宋先生告知，他发现孙中山曾为合肥阚氏续修族谱作序，称蚩尤为"中国第一革命家"，并言及他对蚩尤的研究及评价。继而获赠大作《宋霖文稿》，及时拜读。同时我转赠了早几年中国文史出版社出版的拙著《苗族史研究》，其中几篇关于蚩尤的论述及苗族源流的文章供宋先生作参考。偶得知音，备感欣喜！宋先生的观点，竟多方面与本人如此契合，又恰可谓"殊途同归"！而他那种真挚的"蚩尤情结"，及其锲而不舍的研究精神，尤令人敬佩。由于探亲暂时旅居美国，现仅能根据过去已掌握的一些资料略草一些感言和浅见，以表对宋先生的回复与支持，并就有关问题与同行及各家研究者交流。

在 20 世纪 70 年代末和 80 年代初，国家民族部门启动少数民族"五套丛书"编撰工程，我参与了《苗族简史》的编写讨论，当时同中国苗学界李廷贵和龙伯亚（已故）等先生，取得一种共识，即从已掌握的各类资料看，苗族的族源应追溯到蚩尤九黎，蚩尤乃是各地苗族世代传颂和供奉的先祖。这一观点最初在 80 年代出版的《苗族简史》中得到体现。由于我和龙伯亚先生在《苗族简史》书稿编写讨论会中，发表的对苗族历史的一些见解（包括苗族族源），特别引起了四川民族出版社李峰铭副社长的关注和兴趣，当即邀约我们为其撰写一部苗族专史。我与伯亚先生合作，就一些重要问题进一步作了探讨和研究，并由我主笔，历时 5 年多，完成了近 50 万字的《苗族史》编写，至 1992 年由四川民族出版社正式出版问世，并荣获第七届"中国图书奖"。此书第一章第一节，开宗明义记述了苗族的"英雄先祖"蚩尤，从正面树立了蚩尤的形象，向世人宣告：今日的苗族是蚩尤的子孙后代。1999 年由贵州民族出版社出版的拙著《中国苗族通史》，仍持这一观点，并有所补充和发展。同时，我同其他的苗族学人，如贵州的唐春芳、云南的王万荣等，相继发表一批文章，就蚩尤的有关问题，作了专门探究。我们的基本观点是一致的，即蚩尤是苗族的先祖，同时也是华夏民族和汉民族的最初的渊源之一。但两千多年来，蚩尤的形象及其历史地位和作用却完全被歪曲了，应"拨乱反正""恢复名誉"，重新予以正面评价和定位。这已成为中国苗学界和苗族学人的共识。但我们并非"孤军作战"！自 90 年代以来，一批汉族学者和研究者，也开始关注和重新研究蚩尤。特别是涿鹿县的任昌华等同志，尤为着力于炎、黄、蚩尤"三祖文化"，和中华民族"三大人文始祖"的探究和宣扬，并在中国首建"三祖堂"。但深感遗憾的是，由于客观条件的限制，我们未能及早得悉 1994 年在台湾刊发的宋霖先生的大作！

　　对蚩尤的重新研究和评价，还其历史原貌是势所必然，但也并非易事！两千多年的偏见和"正统"观念，是根深蒂固的。如宋先生所说的，"三始祖说"目前还没有为学术界大多数人所接受，我认为更没有成为我们国家和社会的一种主流观点。早些年，在全国各地大张旗鼓地传递"炎黄圣火"的行动，即是明显的例证。在他们看来，中华民族的始祖仍然只有炎帝、黄帝！为此我曾向有关部门致函（也有其他学者和苗族代表人物反映了意见），认为在全国（包括苗、瑶等民族地区）传递"炎黄圣火"不妥当，以"炎黄文化""炎黄子孙"取代"中华文明""中华文化"和"中华民族子孙"，有片面性，不利于中国各民族的团结。90 年代后期出版的一本"权威性"的《中国民族史》，将"涿鹿之战"写成黄帝部落同少昊部落的战争，说蚩尤为少昊部落的一个军事将领，只字不提以蚩尤为首的九黎部落，这也是一例。为此我特作专文，论述东夷与南蛮、苗族以及蚩尤与少昊的关系，提交给去年在湘西自治州花垣县举行的全国蚩尤文化讨论会（本人因故未能赴会）。此文已收入会议文集，将由民族出版社出版，可供参考。当然毋庸讳言，关于蚩尤确实还存在分歧，也还有不少问题需要继续研究。如蚩尤与黄帝的关系、蚩尤形象和历史评价的变迁及其缘由，蚩尤与炎帝的关系、蚩尤是否为炎帝的后裔，蚩尤九黎与东夷、与南蛮的关系，九黎、三苗之间的关系，蚩尤后裔的姓氏及族属，等等，都尚待深入研究。宋霖先生发现和公布的孙中山所撰《合肥阚氏重修谱牒序》佚文，以及同时披露的民国十年（1921）刊刻的合肥《阚氏宗谱》残本和王揖唐所撰《合肥阚氏新修家谱序》

（可惜未能见到原件和全文），对于研究孙中山思想，对于蚩尤研究与中国古史和民族史的研究，都很有资料价值和学术意义，的确是一大贡献。斥蚩尤为"乱民""叛逆"，黄帝于涿鹿战败和擒杀蚩尤，是"平乱""伐叛"，两千多年来，这似乎是毫无疑义的，已成"铁案"。孙中山曾依然沿袭和表述过这种观点，并不为奇，也无可厚非。我在著述中对这种观点的批判，也很自然，是对一种长期居"正统"地位的错误传统观点的批判，应该说是"对事不对人"，毫无贬低和指责中国革命先行者孙中山之意。当我得悉孙中山对蚩尤的评价前后不一时，初感惊讶和困惑，但继之思量，特别是拜读宋先生《孙中山〈合肥阚氏重修谱牒序〉的发现与研究》全文之后，豁然悟释：这种转变其实合乎常情，是完全可以理解的。近代的"革命"一词，首先就是对中世纪封建传统和现实的"叛逆"。作为在青少年时代即以"逆"著名的革命先行者孙中山，在一定的历史条件下（包括政治的氛围和学术研究的状况），率先突破陈旧的传统和错误"正统"观念，赞颂和宣扬"好义尚武""雄迈忠实"和"发愤自雄、百折不挠"，"与轩辕氏血战多年，至死不屈"的阚氏远祖蚩尤，也是极其自然的，合乎其政治思想观念发展规律的，令人崇敬和值得效法。

所谓"中国第一革命家"，应是说中国历史上最早的一位"革命家"，蚩尤当之无愧！"革命"，主要是指社会制度和社会性质的彻底变革。而当时蚩尤的所作所为，也就是黄帝要"讨伐"蚩尤的"理由"，即后来孔子的著述及先秦其他典籍强加给蚩尤的种种"罪名"，恰好证明蚩尤正在开始进行着人类历史上最早的一次社会变革和"革命"，即由原始社会到阶级社会、由"野蛮"社会到"文明"社会的过渡和变革。如骂蚩尤为"庶人之贪者""及利无义""不顾厥亲"等，就是认为蚩尤追逐财富，不讲血亲关系。这说明蚩尤九黎集团较早地产生了私有财产，原始的氏族血缘关系开始瓦解，按照人类社会发展的规律，这在当时完全是一种进步现象，但却遭到当时社会发展相对滞后的黄帝以及后来持保守立场的孔子等人的反对和攻击。又如《国语》等先秦文献指责的，蚩尤九黎"乱德"，"民神杂糅""夫人作享""家为巫史""民匮于祀"等，说明中国传统的巫教，五千多年前已最先在蚩尤九黎部落中产生，普通人也能借助巫师与神沟通，人人都可以举行祭祀，各家各户都能进行巫术活动，人神交流，神已被人格化。这从人类意识和宗教观念的发展来看，也是一种进步的现象，但同样遭到当时还完全处于原始信仰阶段的黄帝部落的反对，而后世"正统"观念的维护者则斥之为"乱德"。这一观点在 1997 年《中南民族学院学报》（哲学社会科学版）刊发的《论蚩尤》一文中，我已有详细论述，可供参考。

关于蚩尤及其后裔的姓氏，我在《论蚩尤》等文中，亦作过探究。唐《元和姓纂》、宋《古今姓氏书辨证》、郑樵《通志略》、罗泌《路史》等典籍，曾列举了"邹""屠""蚩""尤""黎""姜"诸姓。但有谱牒可查，直接祖述蚩尤，明言蚩尤为自己先祖的，却没有任何一个姓氏。不知合肥《阚氏宗谱》残本有无原来的旧序和世系表，其中是否曾有蚩尤姓阚、现在的阚姓家族系蚩尤子孙的记述。王揖唐在其序中只是根据金人元好问之说作出这种推断，可作一说，但还显得证据不足。如果合肥阚氏族谱，原来就是如此记载，阚氏家族历代即奉蚩尤为先祖，那么资料就更珍贵，更无可置疑了！但无论蚩尤本身是否姓阚，或称阚氏，本人认为蚩尤九黎部落与阚姓关系十分密切，今日的阚姓家族应是当年蚩尤九黎的后裔。蚩尤冢在"阚乡城中"。早几年我应邀参加阳谷县举办的蚩尤文化研讨会，对其遗址做过实地考察。据了解，以"阚"称呼的地名，在山东阳谷等地确实不少。至今，除安徽合肥等地之外，在阳谷和山东其他地方姓阚的也相当多。而这正是当年蚩尤九黎族分布与活动的中心区域。蚩尤战败被杀害后其族人和子孙后代，有些仍留居这些地区，与炎、黄族融合，成为后来形成的汉民族的一部分，应是符合历史事实的。这更为中华民族"三始祖说"提供了新的依据和支撑。

以上议论，难免会有欠妥之处，尚望宋霖先生与诸家同行和阅者指正。

（原刊湖南省文史研究馆《文史拾遗》，2011 年第 1 期）

从东夷、南蛮到苗族

——兼论蚩尤与少昊的关系

自应劭《风俗通》和范晔《后汉书》记述了关于"盘瓠"的传说之后，历代均认为属于"盘瓠之裔"的苗族先民，源于中国南方洞庭湖南北和武陵"五溪"地区的"蛮"族。近代以来，随着对苗族的史学和民族学的科学研究的逐步深入，人们发现，属于"盘瓠"集团的苗瑶民族，在数千年的历史长河中，曾数次大迁徙，经历了自北向南、从东到西，由"东夷"而"南蛮"、从蚩尤九黎到三苗、蛮荆的发展过程；洞庭湖南北、武陵山脉和"五溪"地区，实际上只是苗族先民们迁徙过程中的一个主要留居地和进一步向云贵高原和西南各省迁徙的中介地区。关于苗族历史发展的这一观点，目前已为苗族内部和学术界大多数研究者所接受，但也还存在某些分歧。本文拟就其中有关的问题再作些探讨，阐发一下本人的观点。

一、东夷与南蛮

所谓"东夷""南蛮"，还有"北狄"和"西戎"（或"西羌"），是从夏商开始，至春秋战国时期，逐步形成的按地域和方位，对"中土""中国"周边居民和各族群各部落集团的统称。夏人居"中土""中国"，夷、蛮、戎、狄处"四方""四海"。这都主要是地域性的区分，而不是确切的民族称谓，也并非指某个单一的族群或部落集团，通常都包括不同的族群和部落集团，而且随时代变迁其组成又都会发生变化。本是同一个族群和部落集团，因处不同地域而出现不同称呼，不同的族群和部落集团由于生活在同一地域之内，而被冠以同一名称，这些现象也是常见的。例如，黄帝部落集团，发迹于本属"西戎"和"西羌"的渭水上游甘肃天水和陕西宝鸡一带，后东迁，经陕北而山西，进入华北和黄河下游平原，成为"中土"华夏族和华夏集团的一个主要的来源。但至春秋时，仍有姬姓之"戎"活动于陕西境内。他们虽属黄帝的苗裔，因未东迁至"中土"，所以仍被包括在"西戎"之内，以"戎"相称。又据《山海经·大荒西经》记载："有北狄之国。黄帝之孙曰始均，始均生北狄。"这说明"北狄"之内，也包含一支黄帝部落。舜部落和商人部落，本来都起于"东夷"，后居"中土"，成为"华夏"族的重要组成部分。秦人部落，先属"东夷"，后居"戎狄"，再入"中国"，成为"华夏"人。

所谓"东夷"，是对三代（夏、商、周）以前即已生活在黄河下游地区，今山东省境内及河北南部、山西东南部、河南东北部、江苏北部一带的各族群和各部落集团的总称。其中，"两昊"（太昊、少昊）集团是最先发展起来的和最主要的成员。随后发展起来，活跃于这一地区的是蚩尤九黎部落集团。《逸周书·尝麦解》载："昔天之初……蚩尤宇于少昊，以临四方。""宇于"就是"住于"。说明蚩尤部落集团当时生活在原属少昊部落的地方，即今山东济宁、东平、曲阜一带，在"东夷"之内。孟子说："舜生于诸冯……东夷之人也。""诸冯"，在今山东诸城县境。舜帝部落发迹于当时的"东夷"中心地区，曾属"东夷"。还有商人部落。《诗经·商颂·玄鸟》载："天命玄鸟，降而生商。"民族学和民族史学界一般均认为，商人以鸟为图腾，应属"东夷"集团的一支，起源于鲁西和豫东北一带。秦人始祖母名女修，传说吞玄鸟卵而生大业，其苗裔伯益（柏翳）曾佐大禹治水，是出自东方少昊集团的大首领。至秦襄公受封居"西垂"时，据《史记》记载，还"主少昊之神"。又据《竹书纪年》和甲骨卜辞记载，夏商时，山东及淮河流域还有"蓝夷""鸟夷""淮夷""黄夷""白夷""徐夷"等。可见"东夷"包括的族群和部落成分相当复杂，其前后势力消长和变迁很大。"东夷"与"华夏"，也可以说是"你中有我，我中有你"。而且"东夷"的大多数部落都先后与源自西部的炎黄族系融合，成为"华夏"民族的主要来源之一。其中也有未完全融合于"华夏"仍保持着自己独立特性的少数族群和部落，如蚩尤九黎集团的一些部落，则离开黄河下游地区往南迁徙。至秦统一黄河下游和黄淮地区齐鲁诸国后，这些地区就完全"华夏"化，再未见有什么"夷"人了！

西周金文已出现"蛮"的称呼。如《虢季子白盘》："征蛮方。"《梁伯戈》："鬼方蛮。"但"蛮"开始并不专用于南方。《诗经》有"百蛮","奄受北国"。《史记》载："唐虞以上有山戎、猃狁……北蛮。"战国时,始将"蛮"固定于南方,出现"南蛮"的总称。成书于战国的《礼记》载："南方曰蛮。"《吕氏春秋》曰："尧战于丹水之浦,以服南蛮。"所谓"南蛮",同样也是地域性称呼,它包括当时处于长江中下游,江汉、江淮和洞庭、鄱阳两湖南北广大地区的众多族群部落。首先,是"三苗"。在先秦文献中,"三苗",又称"苗民""有苗"。最早出现于帝尧时。《帝王世纪》载："帝尧陶唐氏……有苗氏处南蛮不服。"故尧与有苗战于"丹水之浦"。《荀子》：舜时"干戈不用,三苗服"。舜"分北三苗"。《墨子》：禹时"三苗大乱"。《战国策》："昔者三苗之居,左彭蠡（即鄱阳湖）之波,右有洞庭之水,汶山在其南,而衡山在其北。"可见,"三苗"曾分布于今天的河南南部和湖北、湖南、江西等省境内,在尧、舜、禹三代时势力相当强大,是最先见于记载的"南蛮"。但自夏、商开始,再未见"三苗"的活动,代之而起的是"蛮荆""荆蛮",或叫"荆楚"和"荆""楚",其中建立楚国的楚族是势力最强大的一支。《诗经·商颂》："维汝荆楚,居国南乡。"《竹书纪年》："商师征有洛,克之,遂征荆。"《吕氏春秋》：周昭王"亲征荆蛮"。《古本竹书纪年》：周穆王"伐楚"。《国语》："楚为荆蛮。"楚武王熊通自称："我蛮夷也!"《孟子》称楚人为"南蛮"。"荆",指《禹贡》九州中的荆州。"荆及衡阳为荆州。"《尚书·正义》：荆州,"北据荆山,南及衡山之阳"。所以"南蛮",商周时代主要是指包括楚人和楚族在内的"荆蛮",其分布地域基本上与"三苗"地域重合。除"三苗""荆蛮"外,在"南蛮"的范围内还有"百越""百濮""巴"人等族群和部落。《战国策》：吴起"南攻杨越"。《史记》："南平百越。"《后汉书》："吴起相悼王,南并蛮越,遂有洞庭、苍梧。"据近几十年来湖南的考古发掘,从湘北、湘东到湘南,即从"洞庭"到"苍梧"的广阔地域内,发现了商周至春秋战国的大量越人墓葬。这都说明在"三苗""荆蛮"的地域内实际上生活着众多的越人,由于支系很多,故称"百越"。《国语》：楚"始启濮"。韦昭注："濮,南蛮之国也。"《史记》：楚武王"开濮地而有之"。即沿沅水而上征服了濮人地区。《春秋左传》：楚庄王三年（前 611）"庸人帅群蛮以叛楚，麋人率百濮聚于选，将伐楚"。在当时楚国境内，与楚人并存的有大量蛮族和濮人部落，故称"群蛮"和"百濮"。巴人属"廪君蛮"，发迹于清江，即今鄂西地区，后入川，建立巴国。《十道志》载：巴人灭国后，又"流入黔中"武陵五溪地区，成为"南蛮"的一部分。随着楚人势力的发展和楚国疆域的扩张，"南蛮"已完全属于楚国的范围。在春秋战国时期的数百年间，楚人及部分"蛮""越""濮""巴"人，逐步"华夏"化，秦汉后融为华夏民族和汉民族的一部分。但"南蛮"与"东夷"的历史发展却有很大区别。"南蛮"范围内的许多族群和部落并没有被"华夏"化，而一直保留着自己独立的特性，秦汉后发展和最后形成今日中国南方和西南地区的苗、瑶、侗、壮、土家、革佬等民族，只是大都迁往和退处山区高原而已！

二、蚩尤与少昊

王钟翰主编的《中国民族史》，在述及"东夷"时，只讲太昊、少昊"两昊"集团，只字未提"九黎"集团，并将蚩尤说成是少昊集团的一个军事首领，是少昊的"后裔"，将黄帝与蚩尤涿鹿之战说成是黄帝部落与少昊部落的战争。这缺乏根据，并且完全不符合中国的历史实际。

从先秦文献和汉晋后的史籍记载看，太昊、少昊、蚩尤是"东夷"内先后发展起来的不同的部落集团首领。他们并无隶属和从属关系。以蚩尤为首的九黎部落集团是在"两昊"集团衰落后，在"东夷"地区代之而起的势力最强大的部落集团。

少昊，《通志》列其为中国远古"五帝"（即少昊、颛顼、帝喾、帝尧、帝舜）之首。据皇甫谧《帝王世纪》载："少昊帝，名挚，字青阳，姬姓也。"（也有说"嬴"姓、"己"姓。）又云：少昊"邑于穷桑，以登帝位，都曲阜，故或谓之穷桑帝"。《山海经·大荒东经》载："少昊之国"在"东海"。《春秋左传·昭公十七年》载，郯子曰："我高祖少皞挚之立也，凤鸟适至，故纪于鸟，为鸟师而鸟名。"穷桑、曲阜，均在今山东省。《尔雅·释地》："九夷、八狄、七戎、六蛮，谓之四海。"先秦文献常将"中土"四方之民生活的地方泛称为"四海"，"东海"则为"东夷"所居地。可见，少昊部落集团，主要分布于中国东部今山东境内，"纪于鸟"，以凤鸟为图腾，属"东夷"。有说少昊族可能是黄帝族向东发展的一支，进入"东夷"地区，接受了太昊的文化，故称少昊。①

《通志》所云"少昊氏之衰也，九黎乱德"，应理解为当少昊部落衰落之后，以蚩尤为首的九黎势力发展起来。《国语·楚语》韦昭注云："九黎，蚩尤之徒。"《战国策·秦策》高诱注曰："蚩尤，九黎民之君子也。"《史记·五帝本纪》"正义"引孔安国语曰："九黎君号蚩尤是也。"又引《龙鱼河图》："黄帝摄政，有蚩尤兄弟八十一人，并兽身人语……造五兵，仗刀戟大弩，威震天下。"史籍记载很明确，"九黎"是一个氏族和部落众多的强大的部落集团，而其首领号蚩尤。据历史文献记载，蚩尤"出自羊水"，"登九淖以伐空桑"，"黄帝杀之于青丘"；②蚩尤"宇于少昊"，"蚩尤冢在东平郡寿张县阚乡城中"，"肩髀冢在山阳郡巨野县"。③黄帝攻蚩尤"于冀州之野"，"战于涿鹿之野"。④"羊水"即山西上党境内羊头山之水，"空桑"在今河南陈留县境，"青丘"在今山东广饶县北，"冀州"即今河北省地，"涿鹿"在今河北省，而原少昊居住的地方，和寿张县、巨野县，均在今山东省境内，至今山东姓阚的还不少。可见，以蚩尤为首的九黎部落集团，主要分布于黄河下游，今山西东南、河南东北、河北中南部地区和山东省境，正处于"东夷"地域之内，应是"东夷"中继两昊之后发展起来的，占据主导地位的部落集团和军事联盟。

在先秦和汉晋后文献中，直接述及少昊部属和后裔的相当多。如十岁即"佐"少昊的颛顼，少昊四子重、该、修、熙，生于曲阜后辅佐帝舜的皋陶，还有著名的伯益、金天氏之裔眛、共工氏之子句龙，等等。但没有一条资料说蚩尤为少昊之"后裔"和军事将领。而将少昊和蚩尤并提或相继叙述的材料倒不少。

---

① 范文澜《中国通史简编》，人民出版社，1964年。
② ［唐］徐坚《初学记》卷九，引先秦《归藏启筮》。
③ ［南朝］裴骃《史记集解》，引《皇览》。
④ 《山海经·大荒北经》；《史记·五帝本纪》。

如上引蚩尤"宇于少昊"。又如《盐铁论》："轩辕战涿鹿杀两昊、蚩尤而为帝。"显然，少昊、蚩尤应是先后发展和登上历史舞台的，两个不同的部落集团首领。

关于远古传说中的"涿鹿之战"，前后有两次。一次为蚩尤与炎帝之战，一次为蚩尤与黄帝之战。《逸周书》载："蚩尤乃逐帝（即炎帝），争于涿鹿之阿，九隅无遗。"这是第一次涿鹿之战。炎帝战败，所辖领地都被蚩尤部落占据了。《史记·五帝本纪》："轩辕之时……蚩尤作乱，不用帝命。于是黄帝乃征师诸侯，与蚩尤战于涿鹿之野，遂禽杀蚩尤。"这是第二次涿鹿之战。黄帝可能联合被蚩尤战败的炎帝部落，并借助"诸侯"及其他部落的力量，最后打败和擒杀了蚩尤。这次蚩尤与黄帝涿鹿之战十分激烈。《太平御览》引《黄帝玄女战法》云："黄帝与蚩尤九战九不胜"，后得天上"人首鸟身"的"玄女"，授以战法，才战败蚩尤。据本人所见史籍记载，这两次涿鹿之战均与少昊无涉。如果肯定黄帝确实"杀两昊"，那么也应是在杀蚩尤之前的另一次战争的事。遗憾的是，关于黄帝与两昊之间的战争，历史上无任何具体记述。

远古传说中的人物世系和族属十分复杂，在史籍记载中往往说法不一。关于蚩尤同样也有不同的记载，这主要是将蚩尤同炎帝族扯上关系。如《山海经》郭璞注引《玉函山房辑佚书》云："蚩尤者，炎帝之后。"《世本》宋衷注曰："蚩尤，神农之臣也。"宋代罗泌《路史》更说："蚩尤，姜姓，炎帝之裔也。"大概以此为据，袁珂《山海经校注》认为：蚩尤与黄帝"涿鹿之战"，是蚩尤"为兵败之炎帝复仇也"。这种说法也不足信。炎帝，"长于姜水"，"以姜水成"。①"姜水"在今陕西宝鸡，与黄帝所居的岐水为邻。炎、黄部落都是发迹于黄河上游甘陕地区，然后相继东下，进入黄河下游平原的。从蚩尤和炎帝的出生地、两大部落发迹与活动地域看，一东一西，两者原本无涉。当炎帝部落东下后，与蚩尤部落发生接触，最初共处于黄河下游地区，关系较好，并未发生战争或者蚩尤部落还曾一度拥护炎帝为其主，也是可能的。故后人遂有"炎帝之后""神农之臣"的说法，这并不奇怪。当然由于史籍中有此一说，对于蚩尤与炎帝

①《国语·晋语》。

的关系，后人可以继续研究。但蚩尤与少昊的关系则不然。到目前为止，我们还未能在历史文献中找到任何一条记载，明确说蚩尤是少昊之"裔"之"臣"。而《中国民族史》本身，也没有对此提供任何史料证明。

三、九黎三苗与苗族族源

"九黎"居"东夷"，"三苗"处"南蛮"，但二者却是一脉相承的，是苗族先民最初发展的两个不同历史阶段。此观点本人在《苗族史》《中国苗族通史》，以及《再论蚩尤与苗族族源研究中的几个问题》等论著中，已较系统和全面地进行过论述，可供参考。这里再简要地作些补充。

苗族最早是源于北方，还是发自南方，中国史学界历来有不同观点。早在范文澜主编的《中国通史简编》中，即认为远古苗族是在南方，"逐渐向北发展。自颛顼到禹，传说中常见苗族与黄帝族不断冲突"。从记述的具体史实看，所谓与黄帝族的"冲突"，实际上仅局限于尧、舜、禹对"三苗"和"有苗"的征伐，战事仅限于南方，并没有反映出苗族的"向北发展"。问题的解决，关键在于如何追溯苗族最初的族源。看来《中国通史简编》及后来持苗族源于南方观点者，都只是以"三苗说"为前提，即认为苗族源于"左洞庭右彭蠡"的"三苗"。近几十年来，特别是《苗族简史》和《苗族史》相继问世后，"蚩尤说"，即将苗族的族源追溯到"九黎"，肯定蚩尤为苗瑶民族的先祖和祖神，这一观点得到了科学论证，不仅成为苗瑶民族自己的共识，而且得到学术界大多数研究者的认同。这样也就肯定了，历史上发生于北方黄河下游和华北平原的"涿鹿之野"的争战，其实就是苗瑶民族的先民蚩尤九黎部落与黄、炎部落的"冲突"。正是黄帝、炎帝、蚩尤三大部落集团的相互争战接触和交融，为中华民族的形成奠定了最初的基石。早几年河北涿鹿县特建"三祖堂"，现在蚩尤与黄帝、炎帝被共尊为中华民族三大人文始祖。这符合历史实际，是完全正确的。

这里就三个问题进一步作些论证。一是"九黎"部落，是黄河下游平原的土著，还是由南方北上的？因为有人将"九黎"与"三苗"混在一块，认为也是起于南方然后向北发展的，但并没有拿出什么史料根据。二是"南蛮"中的

"三苗"，与本属"东夷"的"九黎"是什么关系？三是今天的苗族源于蚩尤"九黎"的依据。

从现在掌握的史料分析判断，中国北部黄河下游一带，应是蚩尤"九黎"族的发迹地和最初分布及活动地区。除上引的一些记载外，这里再引证一些史料。如《路史·蚩尤传》载："蚩尤产乱，出羊水，登九淖，以伐空桑，逐帝（指炎帝）而居于浊鹿（即涿鹿）。"又云：黄帝"战执蚩尤于中冀而诛之，爰谓之'解'（今之解州）"。《梦溪笔谈》载："解州盐泽，卤色正赤，俚俗谓之'蚩尤血'。"解州，今山西省解县地。《述异志》记载：涿鹿"有蚩尤神"，"冀州有乐名'蚩尤戏'"。《古今姓氏书辨证》载："轩辕去蚩尤之凶，迁其民善者于邹屠之地（今山东境内）。"其先以地名族，复姓邹屠，后分邹、屠二姓。大量的先秦及秦汉后的文献记载都证明，当蚩尤最初登上中国历史舞台之时，其活动地域和遗迹，均集中在黄河下游，以蚩尤为首的"九黎"，历史上曾归属于"东夷"，是毫无疑义的。反之，说"九黎"源自南方，则在史籍中找不到任何一条有关的记载。

从先秦文献记载看，"九黎"和"三苗"，是中国历史上两个不同时代的两个单独的族群称谓。"九黎"生活于距今五六千年前的炎黄时代，"三苗"活动于距今四千多年前的尧、舜、禹三代，并且所处地域北南有别，不能混为一谈。但二者又确有联系，故常并称"黎苗"。《尚书·吕刑》载："王曰：若古有训，蚩尤惟始作乱，延及于平民……苗民弗用灵，制以刑。"这里是将蚩尤与"苗民"（即"三苗"）联起来论述的，二者前后承袭的关系十分明显。《尚书·孔氏传》云："三苗之君，习蚩尤之恶。"孔颖达疏引郑玄云："苗民，即九黎之后。"《国语·楚语》："三苗民，复九黎之德。""三苗"和"苗民"，为"九黎"之"后"，即其后裔。或曰"习""九黎"之"恶"，或言"复"其"德"，都是说"九黎"族的习性和传统都为其后代"三苗"所继承。这足以证明，"三苗"乃是蚩尤"九黎"集团与黄、炎集团争逐失败后，其中一些氏族部落离开黄河流域，由北而南，迁徙到长江流域和"彭蠡""洞庭"地区，重新组合和发展起来的新的族群和部落集团。此后苗瑶族系的先民，就从"东夷"变成了"南蛮"。

当然，在史籍中关于"三苗"和"苗民"也有不同的记载。《山海经》就有两种说法。一是说"西北海外黑水之北"有"苗民"。一说"颛顼生骧兜，骧兜生苗民"。郭璞认为，此"苗民"即"三苗之民"。前者同"三苗"源于"九黎"并不矛盾。中国西北历史上可能有"苗民"，这显然同舜"分北三苗"有关，应是舜、禹战胜"三苗"后被流徙到西北地区的部分"三苗"成员的后裔。这部分"苗民"，后来或已迁往他处，或已与当地族群融合，汉晋史籍就再无记载了。至于"骧兜生苗民"，不能理解为"三苗"和"苗民"为颛顼和骧兜的后裔。这只能说明"三苗"和骧兜族关系密切。袁珂《山海经校注》即认为："尧子丹朱（即骧兜）不肖"，尧以天下让给舜而不传丹朱。"三苗之君"同情丹朱，反对尧之所为，结果被杀。丹朱被放逐于丹水（即湖北汉江支流），而"三苗"余众也迁居丹水，"以就丹朱"。这就是说，"三苗"与丹朱（骧兜）族在丹水一带联合起来，组成了一个共同的部落联盟。骧兜很可能还被推为联盟的军事首领。由此衍生出"骧兜生苗民"之说。

苗族（还有瑶族、畲族），最初源于蚩尤"九黎"部落，是有充分材料作依据的。首先，苗族世代相传，一直尊奉蚩尤为自己的远祖英雄和祖神。黔西北、滇东北和川南等地苗族至今仍广泛流传着关于蚩尤的古歌和传说。据传，苗族的祖先住在大河平原，首领就是蚩尤（苗名称"格蚩爷老"）。贵州关岭一带苗族，流传有《蚩尤神话》（早年已由苗语译成汉文）。据说，远古时苗族住在黄河边，分为八十一寨（正与《龙鱼河图》所载兄弟八十一人相合），首领叫蚩尤，居住地名"蚩尤坝"。云南文山地区苗族的"踩花山"节，源于祭祀祖先蚩尤（当地苗语叫"蒙蚩尤"，即"苗族蚩尤"）。踩花场的花杆上所悬挂的彩布，叫"蚩尤旗"。湘西和黔东北等地的苗族也相传，蚩尤（当地苗语叫"剖尤"，即尤公），是远古苗族一位英勇善战的领袖，杀猪祭祖时必须首先供奉"剖尤"。在宋神宗"开梅山"之前，苗瑶民族聚居的"梅山蛮"地区，即今湖南新化、安化一带，至今仍留有民国年间所刻制的"蚩尤屋场"石碑，以及祭祀"开山祖"蚩尤的遗迹遗俗。① 其次，各地苗族代代相传的《迁徙歌》，如黔东南苗族的《跋山涉水》、湘西苗族的《部族变迁》、贵州威宁苗族的《爷觉力唐歌》、云南彝良苗族的《格炎爷老歌》（均有汉文整理翻译本），都是记述苗族远古时祖先住在大河边（叫"浑水河"），或东方的"海边边"，或水边"平原"；后来发生战争（或称出了"魔鬼"），首领蚩尤、夸父先后战死，才被迫迁徙，离开"浑水河"（应即黄河），向南迁到"大江边"（应即长江，西部苗语叫"斗南一莫"），重建家园；后又因战争或其他原因，被迫"跋山涉水"向西迁徙。各地苗族各种版本的"迁徙歌"，具体情节虽有不同，但所描述的迁徙路线都是由北而南，从黄河到长江，再向西部迁徙。由此也可见苗族先民源自北方黄河下游，是确定无疑的。这与由北而南从"九黎"到"三苗"的变迁完全一致。最后，还可以从民俗学的角度，证实今天南方的苗族，同远古北方"东夷"地区的蚩尤"九黎"的联系。如对伏羲、女娲的崇拜。汉晋以前的文献史籍均肯定，伏羲即太昊，为"东夷"之祖。清初陆次云《峒溪纤志》云："苗人腊祭曰报草，祭用巫，设伏羲、女娲位。"近人闻一多《伏羲考》论证："伏羲女娲，乃南方苗族之祖神。"至今苗族"还愿"祭祖时，堂中仍设男女神像，东部苗语称"芭傩奶傩"，即"傩公傩母"。显然就是陆次云所说的伏羲、女娲。并且整个祭祀仪式仍需请苗巫主持。《世本》载："女娲作笙。"宋朱辅《溪蛮丛笑》记载"苗"人"以芦为笙"，现在的苗族仍普遍喜爱吹芦笙。"东夷"各部落均以凤鸟作为自己的图腾，而苗族的传说和古歌，认为人及各种动物是由神鸟孵化出来的。这都说明，苗族一直保留着自己先民"九黎"族和"东夷"人的许多遗风旧俗。此外，如明郭子章《黔记》等史志记载，苗族千百年来虽居处山区和高原，妇女却喜欢以"海巴""海贝"为传统饰物；又如，苗族世代普遍传诵"洪水漫天"的故事，这也似乎脱离了山区和高原民族的生活实际。这些也应当与苗族先民们原本生活在大河平原和近海地区有关。

---

① 陈子艾、李新吾《古梅山峒区域是蚩尤部族世居地之一》，冷水江市《文史资料》第4期。

　　苗族，最初源于北方黄河下游平原的蚩尤"九黎"部落。由北而南，由东到西，自"东夷"而"南蛮"，从"九黎"到"三苗"（再经"荆蛮""蛮"），到今天的苗族，是苗族的历史发展一脉相承的足迹和线索。

　　（原刊《魂牵蚩尤》，民族出版社2010年版。收入本文集时作了修订）

蚩尤、炎帝身世及二者关系考辨

蚩尤、炎帝、黄帝，是中国远古三位赫赫有名的传说人物。正是他们登上历史的舞台，他们的活动和相互的争战角逐，首先揭开了五千多年的中华文明史，为中华民族的形成发展奠定了最初的基石。但中国历史上的正统观念，却一直是褒炎、黄贬蚩尤，炎帝、黄帝被尊奉为汉族和中华民族的光荣始祖，而蚩尤则完全被化为反面人物，在中华民族和中华文明发展史上未能被给予应有的地位。直至近三十年来，才出现了不同的声音。最初是《苗族简史》和《苗族史》的作者，第一次将蚩尤作为正面人物，写入历史，并向世人宣告：蚩尤是中国苗族世世代代虔诚供奉的英雄先祖。继而，国内学术界逐渐引起关注，开始对蚩尤重新评价，并有炎、黄、蚩尤"三大人文始祖"的提出、"三祖堂"的建立和"蚩尤文化"研究的兴起。然而要彻底冲破和改变数千年来形成的传统观念，绝非一朝一夕之事。而中华民族"三始祖说"，目前在学术界及社会各界也还未能求得完全的共识，或成为一种主流的观点。有不少问题尚存在明显分歧，有待进一步研究解决。如蚩尤、炎帝的身世、族属等，以及二者之间的关系，即其中之一。本文拟就此专门作些探讨，进一步阐发个人的一些见解。

一、蚩尤的身世族属与历史定位

关于蚩尤其人，先秦及秦汉以后的历史文献有不同的记载。孔子《三朝记》曰："蚩尤，庶人之贪者也。"又云："蚩尤，庶人之强者。"[①]《大戴礼记》洪颐煊"注"曰："蚩尤，古诸侯。"戴礼以《史记·五帝本纪》为据，亦认为"蚩尤固诸侯也"。[②]《战国策·秦策一》高诱注："蚩尤，民之君子也。"《史记·五

---

① 黄怀信，等《大戴礼记汇校集注》卷十一，《用兵第七十五》，三秦出版社，2005年。
② 同上。

帝本纪》"正义"引孔安国语："九黎君号蚩尤是也。"又"集解"引应劭曰："蚩尤，古天子。"又"正义"引《龙鱼河图》曰："黄帝摄政，有蚩尤兄弟八十一人，并兽身人语，铜头铁额，食沙，造五兵，仗刀戟大弩，威震天下。"综观之，关于蚩尤的身份主要有四说，即"庶人""诸侯""天子""九黎君"。从他能"威震天下"看，绝非"庶人"。唐代司马贞为《史记》作"索隐"时也指出："蚩尤受卢山之金而作五兵，明非庶人。"至于孔子所说的"贪者"，更属诋诬之词。西周分封以后才有"诸侯"。《礼记·曲礼》："君天下曰天子。"蚩尤并未一统"天下"。说蚩尤是"诸侯"或"天子"，均不妥。"君"为主宰统治之意，古代国王、诸侯、大夫等各级居统治地位的人，皆可称为"君"。说蚩尤是"九黎"之"君"，比较适宜。所称"兄弟"八十一人，应是指蚩尤所属的八十一个氏族部落，他们组成强大的部落联盟。由"九"演化为"八十一"，其实都是众多的意思。这个由众多氏族部落组成的联盟，应即所称的"九黎"，蚩尤则为"九黎"之"君"，即这个部落联盟的首领。

关于蚩尤的出生地和活动踪迹，现摘引一些主要的史料如下：

《初学记》引先秦《归藏启筮》：蚩尤"出自羊水"，"登九淖以伐空桑"，"黄帝杀之于青丘"。《逸周书·尝麦解》："昔天之初，……命蚩尤宇于少昊，以临四方。"《史记·五帝本纪》：黄帝"与蚩尤战于涿鹿之野，遂禽杀蚩尤"。司马贞"索隐"引皇甫谧"或曰黄帝斩蚩尤于中冀"。《皇览·冢墓记》："蚩尤冢在东平郡寿张县阚乡城中，高七丈，民常十月祀之。"又："肩髀冢在山阳巨野县重聚，大小与阚冢等。"《水经注》"涿水"条："涿水出涿鹿山，世谓之张公泉。东北流迳涿鹿县故城南。""黄帝与蚩尤战于涿鹿之野，留其民于涿鹿之阿，即于是也。其水又东北与阪泉合……泉水东北流，与蚩尤泉会，水出蚩尤城。"《魏土地记》称："涿鹿城东南六里，有蚩尤城。"[①]《太平寰宇记·河东道七》"安邑县"条："蚩尤城在县南一十八里。"《述异记》（卷上）："太原村落间祭蚩尤神。"又云："今冀州有乐名《蚩尤戏》。其民两两三三，头戴牛角而相抵。"

---

① 　王先谦合校《水经注》卷十三，巴蜀书社，1985 年影印本。

《前汉书·高帝纪》:"高祖乃立为沛公,祠黄帝、祭蚩尤于沛廷。"《前汉书·地理志》"东郡寿良"条,颜师古注:"蚩尤祠在西北涑上。"《梦溪笔谈》卷三:"解州盐泽,卤色正赤,俚俗谓之'蚩尤血'。"

"羊水",据《路史·蚩尤传》纪峒注云:"上党羊头山水。"在今山西上党县境。"九淖",待考。"空桑",在今河南陈留县境。"青丘"在今山东广饶县北。"宇",《说文解字》释为"屋边也",但不应由此引申为蚩尤居住于少昊的"周边"和"四周"。清段玉裁"注":宇"引伸之义又为大","上下四方为之宇"。"宇于少昊",我认为应理解为"住在广阔的原少昊的地方"。《帝王世纪》:少昊"邑于穷桑,以登帝位"。"穷桑",在山东曲阜以北。《山海经·大荒东经》:"少昊之国"在"东海",即"东夷"。蚩尤应是继少昊之后生活于山东曲阜一带和"东夷"地域之内。"涿鹿"即今河北涿鹿县地。"中冀"和"冀州",今河北及山西东、河南北部分地区。"东平寿张县"治今阳谷县寿张镇。"山阳巨野县"即今山东巨野。据笔者实地考察,至今这两地的"蚩尤冢"和"肩髀冢"的遗迹犹存,并且仍分布有阚姓的子孙后代。"蚩尤泉"和"蚩尤城"遗迹,均在今涿鹿县境内。"安邑县",治今山西运城市安邑镇,传说也有"蚩尤城"。"沛"即沛县,故治在今江苏北与山东接界的沛县。"涑"即"济"水,源于河南境内,流经山东入渤海。解州,即今山西解县,这些地方都有蚩尤"九黎"活动的遗迹。依此可证,蚩尤"九黎"部落当年生活及活动的地域,是在黄河下游两岸,今山东中西部、山西东南部、河北中南及河南东北和江苏西北地区。这正是太昊、少昊先后兴起的地方。故蚩尤与他们均属"东夷"。

《国语·楚语下》载:"及少昊之衰也,九黎乱德。""乱德"当然属诋毁之词,但说明蚩尤九黎是在少昊衰落之后,兴起于"东夷"的强盛的部落集团。学术界有一种意见,即将蚩尤"九黎"归属于少昊集团,说蚩尤是少昊的部属和将领,认为黄帝与蚩尤的"涿鹿之战"也是黄帝部落与少昊部落的战争。[1] 这

---

① 王钟翰主编《中国民族史》,中国社会科学出版社,1994年。

显然亦属不当。笔者早几年已撰有专文，可供参考。[①] 言及蚩尤"九黎"，近代以来研究者往往将他们同"三苗"联系起来，以为他们均属南方的"南蛮"集团。这也值得商榷。"三苗"与"九黎"关系确实密切，但二者是前后相承的，其生息和生活地域前后有一个发展变迁的过程。从地域看，蚩尤"九黎"部落原本属"东夷"，后南迁长江中游并组成新的部落集团，史称"三苗"，才成为南方的"南蛮"。"三苗"与"九黎"是一脉相承的，历史文献中也有"黎苗"的合称，但不能混为一谈。它们是同一族系，在不同地域和不同发展阶段的不同称呼。它们所处历史时代前后不同，生活与活动地域也不一样。蚩尤为首的"九黎"，与炎帝、黄帝两大部落大致同一时代，主要生活与活动于黄河下游平原地区；"三苗"则出现于尧、舜、禹三代，生活及活动领域基本上为"左洞庭右彭蠡"的长江中游一带。

蚩尤"九黎"部落和"东夷"族系生息繁衍的黄河下游平原，在远古即有着从事和发展耕作农业的较好的自然条件。从考古发掘材料看，这些地区早在5000 至 8000 多年前就有了较发展的原始耕作农业。如中华人民共和国成立后，在地处华北平原与太行山脉交界处河北武安县境发掘的"磁山文化"遗址（约公元前 6000 年至前 5600 年），发现了石铲、石镰和磨制的石斧、石锛、磨棒、磨盘等农耕工具。还发现了众多的灰坑，灰坑中有农作物粟的痕迹和猪、狗、牛等家畜的骨骼。华北平原中部黄河南岸的河南新郑、长葛、密县等地，发掘了"裴李岗文化"遗址（公元前 5000 多年前），出土了石铲、石镰等农耕工具，制作较"磁山文化"时期更工整精致，发现了大批墓葬灰坑和半地穴式房基。山东中南部、安徽淮北及河南中东部的"大汶口文化"遗址（约前 4300 年至前2400 年），出土了穿孔石斧、有肩石斧、穿孔石铲等农耕用的石器，用于翻地、中耕的大型石锛、有肩石铲等。还发现了鹿角锄和骨角牙蚌质的镰刀。在屋基内发现一椭圆形窖穴，内贮一立方米左右的粟粒。农业生产较磁山和裴李岗时期都

---

① 中国民俗学会、花垣县人民政府编《魂牵蚩尤》，民族出版社，2010 年。

更为发展。① 从分布地域和所处时代来看，这些均应为蚩尤"九黎"和"东夷"族系的文化遗迹。说明早在五千年到七八千年以前，即相当于古史传说的发明农耕的神农氏时代，中国东部黄河下游平原，生活于这一地区的"九黎"部落和"东夷"族系，已产生和发展了具有相当水平的原始农业。实际上蚩尤也可称为神农时代的耕作农业的发明人。正因如此，据《管子·五行》记载："昔者黄帝得蚩尤……得六相而天地治，神明至。蚩尤明乎天道，故使为当时。"即任"当时"之官，为"六相"之首，掌管时序节令。实际上就是由黄土高原东迁尚不习农耕的黄帝部落，借助长期从事农业耕种具有丰富经验和懂得季节时令知识的蚩尤"九黎"部落，掌管天象，指导农事，推广和发展农业生产。也因此，在后来的历史文献中，最早从事农耕的蚩尤"九黎族"的子孙后代则多被称为"苗"，即种植禾苗的人。此外，《尸子》曰："造冶者，蚩尤也。"《世本·作篇》云："蚩尤以金作兵器。"可见，蚩尤"九黎"部落，在中国远古还是最早冶制和使用金属兵器及工具的人。正是远古时代蚩尤"九黎"部落的这些文化因素，也正是蚩尤、炎帝、黄帝三大部落的相互吸收与融合，为古老的中华文明的创造与发展，为中华民族的形成与发展，奠定了最初的基石。并且不仅是现在的苗瑶民族奉蚩尤为祖神，而且汉民族内的不少姓氏，如邹、屠、黎、尤等也都源于蚩尤"九黎"。近年发现的《合肥阚氏族谱》残本及孙中山为之所作序言，更明确认定山东、安徽等地的阚姓氏族即当年与黄帝战于"涿鹿之野"的蚩尤的子孙后代。我们将蚩尤与炎帝、黄帝共尊为中华民族的三大人文始祖，是完全符合中国历史发展实际的。

二、炎帝身世考辨

炎帝，是公认的华夏民族和中华民族的人文始祖之一。关于炎帝的身世，在先秦和秦汉以后的文献中多有记载，但说法不一，后世的诠释和理解，分歧就更大。主要有两个问题：（一）炎帝与神农氏的关系，是合为一人，还是一分为

---

① 中国社会科学院考古研究所编《新中国的考古发现和研究》，文物出版社，1984 年。

二？（二）炎帝的出生地的"北""南"两说，也就是炎帝部落是发迹于西部黄河上游，还是肇始于南方长江流域？这确实值得进一步分辨。

先秦文献关于神农氏就有不少记载。如《易·系辞下》："庖牺氏没，神农氏作，斫木为耜，揉木为耒，耒耨之利以教天下。"《逸周书》："神农之时，天雨粟，神农遂耕而种之。作陶冶斧斤，为耒耜锄耨，以垦草莽，然后五谷兴助。"《管子·轻重戊》："神农作，树五谷淇山之阳，九州之民乃知谷食，而天下化之。"这些记载都认为，中国远古在庖牺（虑羲）氏时代之后，有一个神农氏时代。神农氏发明耒耜开始播种五谷，是耕作农业的始祖，故被奉为"神农"。先秦文献在记载神农氏的同时，也常有关于炎帝的记载，但多分别叙述，并未合而为一。如《管子·封禅》记曰："古者封泰山，禅梁父者七十二家，而夷吾所记者十有二焉。昔无怀氏封泰山，禅云云。虑羲封泰山，禅云云。神农封泰山，禅云云。炎帝封泰山，禅云云。黄帝封泰山，禅亭亭……"从虑羲到神农，再到炎帝、黄帝，先后发展顺序很清楚，神农与炎帝是分开的，先有神农氏，后有炎帝和黄帝。司马迁作《史记》时，实际上也还没有将神农氏与炎帝混而为一，仍然是分别叙述的，并且也是神农在前，炎帝在后。如《史记·五帝本纪》："轩辕之时，神农氏世衰，诸侯相侵伐，暴虐百姓，而神农氏弗能征。于是轩辕乃习用干戈，以征不享，诸侯咸来宾从。而蚩尤最为暴，莫能伐。炎帝欲侵陵诸侯，诸侯咸归轩辕。轩辕乃修德振兵……以与炎帝战于阪泉之野。三战，然后得其志。"其义很明白，神农氏衰落以后，始进入轩辕时代，才有炎帝、黄帝、蚩尤，以及他们之间的争战。

在先秦的文献中，也有称炎帝为神农氏，将二者合而为一的，但少见。如《竹书纪年·前编》："炎帝神农氏。少典之君娶于有蟜氏之女曰安登，生神农。"从汉代的文献看，将神农与炎帝合而为一的记载明显增多。而其中最早也最明确的，当数西汉高诱。如《吕氏春秋·孟夏纪》："一曰孟夏之月，……其日丙丁，其帝炎帝。"高诱训解曰："丙丁，火日也。炎帝，少典之子，姓姜氏，以火德王天下，是为炎帝，号曰神农，死托祀于南方，为火德之帝。"《淮南子·时则训》："赤帝、祝融之所司者，万二千里。"高诱注："赤帝，炎帝，少典之子，号为神农。"还有汉赵岐，也是较早将神农与炎帝合而为一的代表。如《孟子·滕文公章句上》"有为神农之言者许行"句，赵氏注云："神农三皇之君，炎帝神农氏。"此后汉代及历代文献，多持此说，似乎已成为一种居主导地位的正统观点。如《汉书·律历志》："炎帝《易》曰：庖牺氏没，神农氏作。……以火承木，故为炎帝。教民耕农，故天下号曰神农氏。"《世本·帝系篇》："炎帝即神农氏，炎帝身号，神农代号也。"唐司马贞《补史记·三皇本纪》："神农氏，姜姓，……火德王，故曰炎帝。……斫木为耜，揉木为耒，耒耨之用，以教万民，始教耕，故号神农氏。"《帝王世纪》《路史》等，也都是将炎帝与神农氏合而为一。但自汉唐以后，实际上也仍然存在不同的观点。如清孔广森《大戴礼记补注》曰："赤帝，神农氏之后。"清末戴礼《大戴礼记集注》曰："炎帝亦神农之子。"他们不仅将炎帝与神农分开，而且明确认定，炎帝在神农之后，为神农的后代子孙。

从考古材料看，中国最早使用耒耜种植谷物，进入耕作农业，至少是在距今七八千年以前。如陕西宝鸡的渭河流域，在 20 多平方公里之内，发现数十件骨耜，其年代属 8000 多年前；宝鸡关桃园遗址所发现的八件骨耜，距今至少7100 年。[1]

浙江河姆渡遗址出土的骨耜，其年代也是在 7000 多年前。[2] 距今 9100—8250 年前的湖南澧县彭头山遗址，出土了大颗粒植物种子，并发现大量稻谷壳的痕迹。稍后，在距今 7000 年前左右的城头山遗址，还发现了古稻田遗迹。[3] 距今 8000 多年前的河南"磁山文化"遗址和距今 6000 多年前的山东苏北"大汶口文化"遗址均发现有农作物粟的遗迹。这说明在距今 8000 多年至 7000 多年前，从西部黄河中上游及其支流的河谷地带，到东部黄河下游平原和南部的长江中下游地区，都已有耕作农业的存在，中华民族的先祖们已进入原始农业时代。发明

---

① 《陕西考古重大发现》，陕西人民出版社，1986 年；《炎帝、姜炎文化与民生》，三秦出版社，2010 年。

② 中国社会科学院考古研究所《新中国的考古发现与研究》，文物出版社，1984 年。

③ 伍新福《湖南通史》（古代卷）修订本，湖南人民出版社，2008 年。

耒耜播种五谷的神农氏，应该就是生活于这一时代。而当炎帝登上历史舞台与黄帝和蚩尤争战时，是距今 5000 多年前，较发明耒耜和农耕的"神农"已晚 2000—3000 多年。二者显然不能混为一谈。故笔者认为，炎帝之所以也"号神农氏"，是因为他是"神农氏之后"，即神农氏的后裔；神农氏应是一个大的时代的代表和中国最早进入原始农耕部落的代表，而炎帝是这个时代最晚的一位"神农"（实际上与炎帝同时代的蚩尤也可称为"神农"）。他们是这些发明农耕的部落晚期的代表人物和杰出首领。所以炎帝可称神农氏，但不等于神农氏。

再从文献资料看，《山海经》《帝王世纪》《春秋命历序》《路史》等，均有关于炎帝神农氏传承世系的记载，说法虽不相同，但"禅位"于轩辕黄帝的那位"炎帝"是第八世，名"榆罔"，却是比较一致的。若以平均在位 50 年计，8 世不过 400 年左右。所以将称"炎帝"的神农氏时代，再往前推移，也不会超过 6000 年前。而此前神农氏已经历了两三千年的发展史。考古材料与文献资料相佐证，将炎帝确定为后期的神农氏，或说炎帝为神农氏时代后期的一个农耕部落的首领，较为符合历史实际。

关于炎帝的出生地，先秦的文献记载也不少。最早的当数《国语》《礼记》。《国语·晋语四》载："昔少典娶于有蟜氏，生黄帝、炎帝。黄帝以姬水成，炎帝以姜水成。成而异德，故黄帝为姬，炎帝为姜。"《礼记·祭法》云："厉山氏之有天下也，其子曰农，能殖百谷。"东汉郑玄注曰："厉山氏，炎帝也，起于厉山，或曰有烈山氏。"又如，《竹书纪年·前编》载：炎帝"育于姜水，故以姜为姓。其起本于烈山，号烈山氏。其初国伊，又国者，合而称之，又号伊耆氏。元年即位，居陈，迁曲阜……作耒耜，教天下种谷"。"时诸侯夙沙氏叛，不用帝命。其臣箕文谏而被杀。炎帝益修厥德，夙沙之民自攻其君，而来归其地。于是南至交趾，北至幽都，东至旸谷，西至三危，莫不服从其化也。在位一百四十年，陟于长沙之茶乡。"

汉唐后的记载，则更多也更详。如：

贾谊《新书·益壤》："炎帝者，黄帝同父异母弟也，各有天下之半。黄帝行道而炎帝不听，故战涿鹿之野"，并"诛炎帝而兼其地"。

王充《论衡·率性》:"黄帝与炎帝争为天子,教熊罴貔虎,以战于阪泉之野,三战得志,炎帝败绩。"

《山海经·海内经》:"炎帝之妻,赤水之子听訞生炎居,炎居生节并,节并生戏器,戏器生祝融,祝融降处于江水,生共工,共工生术器,术器首方颠,是复土穰,以处江水。"

《水经注·漻水》:"漻水北出大义山,南至厉乡西,赐水入焉。水源东出大紫山,分为二水。一水西迳厉乡南。"清王先谦校注曰:"水南有童山,即烈山也。山下有一穴,父老相传云,是神农所生处也。故礼谓之烈山氏。水北有九井,子书所谓神农既诞,九井自穿。谓斯水也。""又言汲一井则众水动。今堙塞,遗迹仿佛存焉。"厉乡,"亦云赖乡,故赖国也,有神农社"。其注又引盛弘之《荆州记》云:"神农九井在厉山北,重堙周之,广一顷二十亩,内有地云'神农宅'。"

《帝王世纪》载:"炎帝神农氏,姜姓也。母曰任姒,有蟜氏之女,名女登,为少典正妃。游于华山之阳,有神龙首感女登于常羊,生炎帝。人身牛首。长于姜水,因以氏焉。有圣德,继无怀氏后,以火承木,位在南方,主夏,故谓之炎帝。都于陈。作五弦之琴。始教天下种谷,故人号曰神农氏。又曰,本起烈山,或称烈山氏。一号魁隗氏,是为农皇,或曰炎帝。""自陈营都于鲁曲阜……在位一百二十年而崩,葬长沙。"

《史记·补三皇本纪》:"炎帝神农氏,姜姓,母曰女登,有娲氏之女,为少典妃,感神龙而生炎帝,人身牛首,长于姜水,因以为姓。火德王,故曰炎帝。……斫木为耜,揉木为耒。耒耨之用,以教万人,始教耕,故曰神农氏。""初都陈,后居曲阜,立一百二十年崩,葬长沙。"又云:"神农本起烈山,故左氏称烈山氏之子,曰柱,亦曰厉山氏。《礼》曰:'厉山氏之有天下'是也。神农纳奔水氏之女曰听为妃詙,生帝魁,魁生帝承,承生帝明,明生帝直,直生帝釐,釐生帝哀,哀生帝克,克生帝榆罔。凡八代五百三十年,而轩辕氏兴焉。"

据上引先秦和汉唐文献记载,炎帝,号神农氏,又号烈山氏(或有烈山氏)、厉山氏、魁隗氏、大庭氏、伊耆氏等,很不一致。这应该理解为,神农氏是其本号，是炎帝部落所属族系的称呼。其他均应是炎帝部落后来在不同发展阶段不同的生活与活动地域，所派生的称号。如"起于烈山（厉山）"时期，产生了烈山氏、厉山氏的称号。而先后"国伊""国耆"时代，又有了伊耆氏的称号。

关于炎帝的出生地，自先秦始即有两说：生于"华山之阳""长于姜水"，为一说；"起于烈山"，为另一说。"华山"，即太华山，古称"西岳"，处陕西东部，临渭河平原。"姜水"，即岐水，渭河支流，在今陕西岐山和宝鸡县市境内。"烈山"，一般认为即"厉山"，在随县的"厉乡"，今湖北随州市境，处长江中游支流㵐水南岸。这就成了炎帝出生地的"北""南"两说。考究文献的各种记载，笔者倾向于"北说"，其依据可能更为充分一些。

其一，神农氏，名号乃沿于农耕，炎帝被奉为耒耜的发明者和最早种植谷物的人。考古资料已证明，渭河平原和姜水河谷一带所发现的骨耜，距今七八千年，是我国目前所发现的最早的一批骨耜。而迄今为止，包括发现最早的人工种植稻谷遗迹的江西和湖南在内的南方，尚未能发现更早的耒耜遗物。炎帝的出生地和炎帝神农氏部落的发源地，也应属于我国农耕最初起源的地区。此前论者常有一种偏见，即言及农耕的起源，只看到水稻的种植，片面强调南方水稻生产历史的久远，而忽视了最早的农耕工具耒耜和粟、麦、稷等旱土作物的出现。实际上，所谓农耕不单是水稻的种植，渭河平原虽不适宜水稻生长，但种植粟、麦之类的作物却很适宜，并且文献记载的都是神农之时"天雨粟"，而非天降"稻"。应当肯定，"北"说是有考古材料支撑的，是符合历史实际的。

其二，确定炎帝的出生地，亦即炎帝部落的最初发迹地，应与黄帝的出生地和黄帝部落的发源地联系起来。根据文献记载，炎、黄二帝，传说均为少典氏之子，是兄弟，一是长于姜水，一是成于姬水，都生长于西北部陕西境内渭河流域。后来向东发展，进入黄河中下游和华北平原，距今五千多年前与蚩尤"九黎"争战于涿鹿和阪泉一带，由此登上中国历史的舞台。当然，说黄帝和炎帝是两兄弟，或同父异母兄弟，不可信。但他们肯定是有血缘和亲族关系的，应该来自一个地区，绝对不可能是一北一南。所以"北黄""南炎"的说法也是难以成立的。

其三，文献所载的，炎帝以"火德王""位在南方"，是按"五行"学说，配"五帝"的方位来说的，并非说炎帝就生于南方或在南方称"王"。炎帝部落和炎帝后裔来到长江流域和中国南方，是"阪泉之战"失败后，在黄帝和黄帝部落的打压下，其某些支系和后裔南迁的结果。这一点实际上在不少历史文献中是有明确记载的。如上引《山海经》言及炎帝后裔时，说"戏器生祝融，祝融降处于江水"。此后其后代"共工""术器"，均处"江水"。所谓"江水"，即指长江。可见，炎帝部落是从祝融和共工氏以后，才由北而南，迁居于长江流域的。

其四，从上引文献记载看，炎帝和神农氏的足迹和活动地域，可以说是遍布"天下"。正因如此，各地都有关于他们生平事迹的传说流传至今。但不能依此就各执一词。这正如有记载，黄帝"生于寿丘"，即今山东曲阜地区，不能就说黄帝部落起源于我国东部黄河下游（学术界也从未有人持这一观点）；今湖南安化、新化县境（古"梅山蛮"地）一直传说有"蚩尤屋场"，但没有人就此断言，蚩尤"九黎"部落最初源于湖南。同样，湖北随县传说有"厉山""神农宅""神农九井"，湖南长沙有"厉山国"和"炎帝陵"的传说，也不能就据此认为炎帝和神农源于湖北或湖南。这些传说和遗迹，都应是争战涿鹿和阪泉失败之后，炎帝部落成员及其后裔南迁时所带来的和派生出来的。还有，文献最初记载的"烈山"，并未说就是随州的"厉乡"和"厉山"。随县虽然在汉代就有"厉乡"，有"重山"，但说厉乡的"重山"是"厉山"，"厉山"就是"烈山"，"厉山氏"就是"烈山氏"（东汉郑玄是说"有烈山氏"），这都是后人对《水经注》等史籍的一种诠释和推断，并非这些史籍的直接记载或其引文的原意。

最后，渭河流域地区大批的姜炎文化遗迹，完全与史籍有关炎帝"育于姜水""长于姜水"，其后以"姜"为姓的记载相吻合。渭河的支流岐水，就是史籍所载的"姜水"，又称"姜泉"，对此古今无任何歧见。渭河南北及姜水流域的岐山和宝鸡境内，有"姜氏城""姜城堡"，至今遗迹犹存。同样发迹于渭河流域的周族和周王朝的先祖姜源，也姓姜，为炎帝神农之裔。秦汉以后，姜姓氏族子孙后代，繁衍于渭河流域，且历代不乏良将名臣。如三国蜀汉继承诸葛亮辅佐后主的姜维、官至左臣的后魏姜俭等，出生地均属渭河流域。历史文化遗存与考古资料及文献记载，互为佐证，为炎帝出生地和炎帝神农部落的发祥地应在陕西渭河流域，即"北说"，提供了更有力的支撑。

三、蚩尤与炎帝的关系

从出生地和身世以及族属来看，炎帝和蚩尤，一在西，一居东，一为源于"西羌"的炎帝部落酋长，一为"东夷"族系"九黎"部落首领，二者本是"泾渭分明"的。但各种文献的记载往往存在一些差别，加之研究者的理解和诠释又常各异，致使对蚩尤与炎帝的关系出现了不同的说法。蚩尤即炎帝，炎帝乃蚩尤，合二为一，即一说。[①]

其实，说蚩尤、炎帝为同一人，并未能找出任何直接的证据，而多出于臆测推论和牵强附会。从先秦和秦汉后的文献记载看，凡涉及二者关系时，都是将蚩尤与炎帝分别记述，从未有将二者重合为一的。如《逸周书·尝麦解》："昔天之初……赤帝分正二卿，命蚩尤宇于少昊，以临四方（或说西方）。""蚩尤乃逐帝，争于涿鹿之阿，九隅无遗。赤帝大慑，乃说于黄帝，执蚩尤，杀之于中冀。"赤帝即炎帝。这里记述了两次战争，一为蚩尤与炎帝战，炎帝失败；二是蚩尤与黄帝战，即"涿鹿之战"，失败的炎帝求助于黄帝，执杀蚩尤。据《庄子·盗跖·释文》载，与蚩尤争战的炎帝，乃其第八世榆罔。其时，"蚩尤氏强，与榆罔争王，逐榆罔。榆罔与黄帝合谋，击杀蚩尤"。炎、黄两大部落由西部陕甘渭水流域沿黄河东下，在华北平原和黄河下游与起于东部"东夷"地区的蚩尤"九黎"部落发生接触冲突，引发了炎、黄、蚩尤三大部落的战争。这是不争的历史事实。由于当时已是"神农氏衰"，与蚩尤争战的很可能就是炎帝"第八世"，即最后一位炎帝榆罔。或如《汉书·律历志》所云：黄帝"与神农之后"

---

① 中国民俗学会、花垣县人民政府编《炎帝、蚩尤与神农的纠葛》《魂牵蚩尤》，民族出版社，2010年。

战于"阪泉"。司马光《稽古录·有熊氏》曰:"黄帝与炎帝子孙,战于阪泉之野。"司马迁著《史记》,以黄帝为"五帝"之首,未单列炎帝和蚩尤,但在黄帝"纪"中用相当的篇幅述及神农炎帝、蚩尤,以及黄帝与炎帝、蚩尤的战争。现更为完整地引述一下司马迁的原文。其《五帝本纪》云:"轩辕之时,神农氏世衰。诸侯相侵伐,暴虐百姓,而神农氏弗能征。于是轩辕乃习用干戈,以征不享。诸侯咸来宾从。而蚩尤最为暴,莫能伐。炎帝欲侵陵诸侯,诸侯咸归轩辕。轩辕乃修德振兵……以与炎帝战于阪泉之野。三战,然后得其志。蚩尤作乱,不用帝命。于是黄帝乃征师诸侯,与蚩尤战于涿鹿之野。遂禽杀蚩尤。而诸侯咸尊轩辕为天子,代神农氏,是为黄帝。"司马迁在这里对炎帝与蚩尤是分开记述的,并分别记载了黄帝与炎帝、黄帝与蚩尤一前一后发生的两次大战。仔细琢磨原文,无论怎样也看不出,司马迁说的炎帝就是蚩尤,蚩尤即炎帝。从唐代司马贞作"索隐",张守正撰"正义",到宋朝裴骃著"集解",以及后代《史记》的各种注传者,也没有任何一个人,说司马迁笔下的炎帝就是蚩尤。

宋代罗泌《路史》的《蚩尤传》言及:蚩尤打败和驱逐榆罔之后,他曾一度自称为"炎帝"。这有可能。但罗泌也并没有把蚩尤列入"神农氏炎帝"世系,将蚩尤等同于炎帝。实际上罗泌也分得很清楚。如《路史·黄帝纪》曰:"炎帝氏衰,蚩尤惟始作乱……(黄帝)年三十七,戮蚩尤于中冀。于是炎帝诸侯咸进委命,乃即帝位。"蚩尤是蚩尤,炎帝是炎帝。在黄帝战败和擒杀蚩尤之后,炎帝和各诸侯都归附于黄帝。罗泌子罗苹为《路史·蚩尤传》加注(也有注家认为,其实是罗泌自己所作的注),曾提及三国魏人邓展的观点,即认为各史书所言黄帝与炎帝(榆罔)战于阪泉,皆"失之",应是与称炎帝的蚩尤战。但罗氏父子依然肯定,唐代著有《经典释文》等籍的传注家陆德明的说法是对的。其"注"文曰:"陆德明云:'神农后第八帝曰榆罔。时蚩尤强,与罔争王,逐榆罔。罔与黄帝合谋,击杀蚩尤。'此得之。"可见,罗泌父子认为,蚩尤虽战败和驱逐炎帝榆罔,自称"炎帝",但在阪泉,黄帝与之战的仍然是第八世炎帝榆罔,而非蚩尤。近年来有研究者认为,司马迁说的"阪泉之野"和"涿鹿之野",均在今河北涿鹿县,地域是重合的。所以两次战争是一回事,都是黄帝与蚩尤的战争，亦即黄帝与炎帝的战争。其实"阪泉"与"涿鹿"是两个地名，其地域相近，但并不完全重合。裴骃《史记集解》云："阪泉，地名。皇甫谧曰在上谷。"皇甫谧所说"上谷"，即汉代上谷郡，治沮阳，今河北怀来县南境。而涿鹿县在其西。晋《太康地理志》亦载：在"涿鹿城（今涿鹿县的东南）东一里，有阪泉，上有黄帝祠"。上引郦道元《水经注》（卷十三）虽将阪泉又记为水名，但明确记载："涿水出涿鹿山……东北流迳涿鹿县故城南。"此为黄帝战蚩尤的"涿鹿之野"。然后"其水又东北与阪泉合"。这里才是黄帝战败炎帝的"阪泉之野"。二者并未混为一谈。"阪泉之野"与"涿鹿之野"虽然相近，但仍然是两个不同的地方，黄帝与炎帝、黄帝与蚩尤是先后在不同的地点进行的两次不同的战争。当然由于两个地点相近，也有个别文献曾将"阪泉"与"涿鹿"混为一谈。如上引贾谊《新书》即说黄帝战炎帝于"涿鹿"。但也并未能说明，两次战争就是一次战争，或前后两次战争都是黄帝战蚩尤。

蚩尤非炎帝，炎帝与蚩尤不能混为一人，是十分清楚的。但在历史文献中还有一说，即认为蚩尤为炎帝"之裔""之后"，或炎帝"之臣"。这也值得分辨和商榷。

《玉函山房辑佚书》所辑《遁甲开山图》云：蚩尤者，"炎帝之后"。《世本》宋衷注：蚩尤，"神农之臣也"。这是较早见诸历史文献的记载。罗泌《路史》的说法则更完整更具代表性。其《蚩尤传》云："阪泉氏蚩尤，姜姓，炎帝之裔也。"不仅认为蚩尤为"炎帝之裔"，而且还说蚩尤属"阪泉氏"，"姜"姓，即同姓同宗同属一个族系。所谓的"阪泉氏"，罗泌注明，出自《周书》（即《逸周书》）。此书《史记解第六十一》，在"左史"戎夫向周王讲述"殷商""有虞氏""三苗""共工""有林氏""有南氏"等，由于各种缘故而亡之后，又曰："武不止者亡。昔阪泉氏，用兵无已，诛战不休，并兼无亲，文无所立，智士寒心，徙居至独鹿（应即"涿鹿"），诸侯畔（叛）之。阪泉以亡。"这是罗泌所引用的说蚩尤为阪泉氏的唯一依据。其实，难以成立。因为戎夫并未说"用兵无已，诛战不休"的"阪泉"，就是蚩尤。在历史上蚩尤虽然因"作兵"善战，黄帝与其战也是"九战九不胜"，被尊奉为"战神"，但从未"诛战不休"。由于蚩尤并未一统"天下"，就更谈不上各路"诸侯"背叛他。从引文的原意看，戎夫说的应是最后一位炎帝。司马迁实际上说得很清楚，是炎帝"侵陵诸侯"，各方诸侯始"叛归"黄帝。又据《资治通鉴》元胡三省注：蚩尤"伐炎帝榆罔于空桑，炎帝避居涿鹿"。可见徙居涿鹿的是炎帝，而非蚩尤。由于炎帝与黄帝在涿鹿、阪泉一带争夺统治权，最后败亡于阪泉，故《周书》称炎帝为"阪泉氏"，也是完全可以的。如称蚩尤为"阪泉氏"，那显然就是"张冠李戴"了！至于说蚩尤姓"姜"，除《路史》之外，此前别无其他史料可以佐证，应是罗泌从"炎帝之裔"作出的一种推论而已。

说蚩尤为"炎帝之裔"，罗泌在《路史·蚩尤传》"注"还引《阴经·遁甲》云："蚩尤，炎帝之裔也。"《祭蚩尤文》云："将军敢以牲牢祭尔炎帝之裔蚩尤之神！""裔""后"应是一个意思，即认为蚩尤系炎帝的子孙后代。实际上此说也很难成立。

其一，发生于5000多年前的蚩尤与炎帝之战、黄帝与炎帝之战、黄炎联合战蚩尤，虽属传说，且带有神话色彩，但大体反映了历史实际，并且已是数千年来中国历史上所形成的共识，谁也没有否认过。这说明，蚩尤与炎帝是大致同时登上中国历史舞台的，二者生存的时代相同，又何能变成炎帝的子孙后代？其二，炎帝氏族部落与黄帝氏族部落均兴起于西部黄河中上游甘陕渭河流域，向东发展，才同"出自羊水"（今山西上党地）、"宇于少昊"（山东济水和黄河下游）的蚩尤"九黎"部落相遇，发生冲突。这也是历史事实。蚩尤与炎帝，分属两大不同的族系，又怎么能编列成有同一血缘关系的统一的传承世系？其三，炎帝、黄帝、少暤（少昊）、蚩尤、颛顼、祝融、共工等，都是中国远古传说人物，其世系传承，时代先后，血缘和隶属关系，实际上是很难理清的。《山海经》《世本》《史记》《帝王世纪》《补三皇本纪》等文献史籍，都有自己的编排和说法，有相同之点，但相左的不少，甚至也有自相矛盾和重合的。一个人的活动往往跨越几百年几千年，也有一个人同时归属不同的族系和世系。如"共工"，《淮南子》的《天文训》说"共工与颛顼争为帝"，但其《原道训》却又说是与高辛"争为帝"。而《淮南子》高诱"注"则曰："共工，官名，伯于虞羲、神农之间。"《补三皇本纪》更说共工是与女娲争帝。《荀子·成相》还说：禹"辟除民害逐共工"，共工又与禹处在同一时代了！又如，祝融，《山海经》一书即有不同的两种说法。《海内经》曰："炎帝……生炎居，炎居生节并，节并生戏器，戏器生祝融。"祝融为炎帝之后。但其《大荒西经》又云："颛顼生老童，老童生祝融。"依此说，祝融又被纳入黄帝族系，成为黄帝之裔。这类记载往往使人莫衷一是，我们应对各种史料作综合比较分析，不能各持一端。而根据中国封建的正统观念，黄帝一统"天下"，"炎黄"成为华夏和中华民族的"正宗"之后，经史家们多按"炎黄"特别是黄帝的世系，来编排这些远古传说人物，各个氏族部落、各个族系和姓氏，则多奉黄帝或炎帝为始祖。这是很自然的，也是很普遍的现象。于是与炎、黄争"天下"而败亡的蚩尤，也不能幸免，被归入了炎帝的名下，变成了"炎帝之裔""炎帝之后"。这是完全不足为据的。至于蚩尤一度为"炎帝之臣"，倒有可能。蚩尤、炎帝、黄帝角逐于华北平原，由于各自的盛衰和力量的消长，蚩尤"九黎"部落，曾与炎帝或黄帝部落结盟，或归附于炎帝和黄帝，是完全可能的。正如以上所引，蚩尤还曾为黄帝的"当时"之官；蚩尤还为黄帝开发"金"矿（实际是铜）；冶炼和制造兵器；黄帝祭泰山，蚩尤为之"开路"。据此，若说蚩尤为"黄帝之臣"，也不为错。

（初撰于 2011 年 5 月，2012 年 9 月修改定稿）

迁徙与苗族

一、苗族历史上的五次大迁徙

苗族，今天主要分布于我国贵州、湖南、云南、四川（含今重庆市地区）、广西、湖北、海南等省（区）。此外，有一部分已移居在越南、老挝、泰国等东南亚各国及欧美国家。但苗族生活与分布地域，古今变化很大。目前这种状况是自古以来不断迁徙的结果。多次发生大迁徙，是苗族历史上的一个十分突出的现象。

各地苗族至今均奉蚩尤为自己的先祖英雄，以蚩尤为首的九黎部落集团是苗族的先民。苗族世代相传，自己的祖先原本生活在黄河下游和东部平原地区。由于同东下的炎黄部落集团发生战争，"逐鹿"于华北大平原。后蚩尤于涿鹿兵败被杀，其大部分部落成员和苗族先民被迫抛弃自己的家园，越过黄河，向西向南迁徙，后大部分在长江中游地区定居下来，逐步又形成和发展为新的部落集团，即"三苗"和"三苗国"。这是苗族历史上所发生的第一次大规模的迁徙运动。对此先秦文献多有记载。而至今各地苗族所流传的古歌和传说，恰与文献相互印证，留下了对祖先这次由北而南的大迁徙的深刻回忆。

如，据滇东北和黔西北苗族流传的古歌说，远古的时候，苗族曾居住在"浑水河"（应即黄河）边的"甘扎地坝"平原，首领格蚩爷老（即蚩尤）带领大家开田种地，栽种稻谷、玉米和高粱，生活得很好。后来格炎望自老（有时又称"沙召觉地望"，均系汉人首领，有说是炎帝，有说为黄帝），想抢占甘扎地坝平原，于是双方发生战争。格蚩爷老英勇善战，战争持续十三年，未分胜负。最后格炎望自老用欺骗的手段，在谈判中杀害了格蚩爷老。其部落成员和子孙被迫离开家园，渡过"浑水河"，往南逃迁到"斗南一莫"（意为"大江边"，应即长江边）。

又如，贵州关岭一带苗族流传有《蚩尤神话》。据神话说，远古苗民居住在黄河边上，共有81寨，苗民称自己的寨子为"阿吾八十一"。他们的首领叫蚩尤，所以又称黄河边的平原为"蚩尤坝"。蚩尤和他的两位兄弟除掉了危害苗民的"垂耳妖婆"，将家乡建设得很美丽，大家过着幸福的生活。后来妖婆的三个妖娃请来赤龙公、黄龙公（即赤帝、黄帝）复仇，发动了战争。蚩尤率领苗民英勇奋战，多次打败赤龙、黄龙二公。最后，赤龙、黄龙二公联合雷老五（即"雷公"），水淹苗兵，擒杀蚩尤，焚毁81寨。剩下的苗民被迫抛弃家园，渡过黄河，进行迁徙。所谓"阿吾八十一寨"类于汉文献记载的"八十一兄弟"，所叙述的蚩尤与赤龙、黄龙二公之战，应即"涿鹿之战"。

生活在"左洞庭右彭蠡"的"三苗"集团，经历数百上千年的发展，势力又逐步强盛起来，于是又同尧、舜、禹为首的华夏集团发生了冲突。由于尧、舜、禹三代的不断"征伐"，"窜三苗于三危""放驩兜于崇山""分北三苗"，包括苗族先民在内的"三苗"集团被分化瓦解。继之，是殷商和西周对"荆蛮"的多次用兵和楚国势力的扩展。苗族先民大部分被迫离开江湖平原，向西南迁徙，进入武陵山脉和五溪地区，即今湘西、黔东、重庆市东南地区和鄂西一带。他们在这里又重新创建自己的家园。这是苗族历史上的第二次大迁徙。

湘西苗族流传的古歌《部族变迁》，生动地记述了苗族祖先所经历的这次迁徙的过程，很有代表性。古歌云：

古时苗人住在广阔的水乡，

古时苗众住在水乡边的地方；

打从人间出现了魔鬼，

苗众不得安居；

受难的苗人要从水乡迁走，

受难的苗众要从水乡迁去。

从句吴的水乡迁来，

沿水边的平原找地方；

来到朗州的地域，

来到潭州的地方；

先人一支留住朗州，

先祖一支留住潭州；

朗州得好地方住家，

潭州得好地方安居；

得好地方种植五谷，

得好地方盘阳春。

从句吴的水乡迁来，

沿水乡边的陆地找地方；

来到桃源兑现啊，

来到桃源溪洞；

先人一支留住桃源兑现，

先祖一支留住桃源溪洞。

从句吴的水乡迁来啊，

沿河边的陆地找地方；

迁徙的一支来到辰州，

迁徙的一支来到浦墟；

到辰州就住辰州，

到浦墟就住浦墟。①

接着，古歌还叙述苗族先辈们继续迁徙到了武陵五溪各地，即今溆浦、泸溪、麻阳、吉首、凤凰、保靖等县（市），以及重庆市的秀山、酉阳和贵州的铜仁、松桃等地。歌中所叙地名，有不少至今仍沿用，有的属历史名称而现在尚能查证。这说明这次迁徙具有历史的真实性。关于迁徙的原因，歌中说是"人间出现了魔鬼"，苗人"不得安居"。这显然是隐喻尧、舜、禹三代和商、周王朝对

---

① 《民间文学资料》第 60 集，贵州民族事务委员会、中国民间文艺研究会贵州分会编印，1985 年。

苗族先民"三苗"和"荆蛮"的不断"征伐"屠杀和驱赶，迫使苗民再次背井离乡，进行大迁徙。出发地是"水乡"和"水乡边"的地方，很明显就是指长江中下游和洞庭、彭蠡间河湖平原地带。从路线看，这次主要是沿沅水及其支流而上，迁徙到武陵山区和五溪各地。

秦汉至唐宋时代，苗族经历了第三次大迁徙运动。其主要流向，是从武陵五溪地区向西向南迁徙。向西，进入川南和贵州大部分地区，有不少已开始经川南和黔西北进入云南；向南，迁入湘西南和广西东北部，有的又由桂北沿都柳江进入黔南。从东汉初刘尚、马援沿沅水大规模"征讨"武陵五溪"蛮"，到唐朝镇压张伯靖领导的辰、溆、锦三州"蛮"起义，五代马楚的"溪州之战"，宋代"开梅山""恢拓"南北江"诸蛮"地，历次的用兵和战乱，是迫使苗族迁离武陵五溪地区的主要原因。据湘西苗族流传的迁徙歌《部族变迁》记载，苗族进入武陵地区后，先后在"崇山"（今张家界市永定区）"泸溪洞"（今泸溪、辰溪一带）建立了家园，并且住了很长时间。"魔鬼"又来猖狂破坏捣乱，苗族的"七宗七房"与之进行了"九十九场大战"。最后苗民战败，各宗支分成若干集团沿沅水及其支流而上，向各地迁徙，进入湘西南、贵州及四川南部。歌词云："一支去往平款，一支去往酉阳"，"一支迁往洞仁，一支迁往姜湟，一支迁往姜迁，一支迁到务川的地域，一支迁到务戒的地方"。歌词还说，有的迁过沅州，"一支迁到靖州的地方"。据考证，"平款"即今重庆市秀山县；"洞仁"意为"谷坡之地"，即今贵州铜仁；"姜湟""姜迁"，指今贵州思南、印江一带；"务川"，苗语音译，意为水冷的地方，今贵州务川县；"务戒"，即今重庆市所辖武隆县；沅州，辖今怀化、芷江、新晃、黔阳、会同等县市；靖州，辖今靖州自治县、通道、绥宁等县地。

从某些口碑资料看，自秦汉后苗族进入武陵五溪以西地区，除沿武陵山脉和沅水及其支流而上的路线外，还有一条路线，即先南下，经通道等地进入广西，再由桂北溯都柳江北上徙入黔东南和黔南地区。如据黔东南州雷山县西江苗族世代相传，约在两千年前，西江是一片原始森林，荒无人烟，苗族的三支氏族由江西、湖南，经广西，溯都柳江而上，再经榕江、丹江（今雷山县地）迁到西江寨。故老人死后，要请巫师将灵魂送回东方老家去。巫师所念的路线是：西江—平寨—龙久—乌摇河—黄里—丹江—永乐—榕江—沿都柳江下至广西，再到湖南、湖北。这证明，黔东南这部分苗族是秦汉以后，从湖南经广西迁徙来的。

笔者1987年10月在贵州威宁龙街访问时，当地苗族老人说，他们世代相传，祖先格蚩爷老时，苗族住在黄河平原，战败后迁到大江边。那时，苗族分为三支，建有三座城，逐步又强盛起来。后又发生战争，苗族被迫渡过江湖，先迁到一个有很多桃花的地方（显然指今湖南桃源一带武陵山区），住了一段时间，才进入贵州。开始到水东，再到水西，又分为两支进入黔西北的赫章、威宁。然后，有一部分又迁往滇东北彝良等地。并且说，是由于汉人发明了火药火炮，苗族才被打败，逃到黔西北和滇东北彝族地区的。云南彝良苗族流传的《迁徙歌》也说是，"沙召觉地望"（指汉人头领）"带来了火药火炮，把火炮从天上飞过来……人乘势冲进来"，苗人被打败，"从此又迁逃"，来到了滇东北。[1] 我国发明火药，制造火炮，约始于公元九世纪，距今约1000年。可见，一部分苗族大约是在唐末宋初，由于战乱，从武陵五溪地区，经贵州，最后迁到滇东北和川南一带。

秦汉以后，特别是唐宋时期，中央封建王朝征调湖南、湖北和四川一带少数民族"土兵"，到云南、广西地区去作战和戍守，也是苗族人口向西流动的一个重要原因。据唐樊绰记载，他任安南经略使从事时，于咸通三年（862年），赴云南、广西境内"招抚""蛮"人，"蛮将"杨阿触等告诉他，他们"祖乃盘瓠之后"，是朝廷从"黔、泾、巴、夏四邑"征调来的"苗众"。[2] 这说明，当时樊绰在云南、广西见到的"盘瓠之后"和"苗众"，是唐代从黔中和巴东一带"征调"来的。

元、明和清前期是苗族大迁徙的第四个阶段。这一时期，由于战乱和天灾等原因，苗族继续从武陵五溪地区迁入贵州、广西，并由贵州、广西及川南经过不

① 贵州省文联《民间文学资料》第16集。
② ［唐］樊绰《蛮书》卷十。

同路线进入云南。如，黔西南布依族苗族自治州望谟县麻山地区的苗族传说，其祖先是明代从湖广迁到四川、贵州遵义，然后经安顺进入望谟、兴义的；贵州镇宁布依族苗族自治县马场乡的苗族传说，他们的祖先是从贵州东部的施秉、黄平迁来的，时间已有十多代了；黔东南台江县巫脚交乡的苗族传说，他们的祖先是从湖南、广西，经榕江，迁来的，至今已十八代。① 这都是明清之际进入贵州各地的情形。

明清之际，苗族大批进入云南。从流徙的方向看，主要有三条路线。一是经黔西北威宁一带沿乌蒙山迁入滇东北各地；二是经贵州安顺地区由黔西南兴义等地迁往滇东南和滇南；三是经四川南部筠连叙永古蔺，进入云南东北威信、彝良等地，后有的又迁往滇中地区。据笔者在云南彝良县苗族区实地调查，当地苗族世代相传，他们（"大花苗"）老家在洞庭湖边，是经贵州大方、威宁迁到云南来的。进入云南时分为三支：一支从贵州威宁到凉山，沿金沙江到楚雄；一支由威宁北上，经奎香、龙街迁到彝良；还有一支是从威宁向西直接迁到昭通，再到鲁甸、巧家。彝良的苗族老人说，迁居彝良已有二十多代了，即 500 年以上。这是由黔入滇的第一条路线。

有记载云：云南丘北县"苗人二千余，明初由黔省迁入"。② 笔者 20 世纪80 年代在云南文山州调查时，当地苗族老人都说，他们是从贵州迁来的，最少也有 10 多代了。如麻栗坡的项家，是由贵州先迁砚山，然后再迁麻栗坡猛洞地区；文山县的李姓苗族，说是从贵州毕节迁来的；马关县夹寒箐区陶姓苗族说，他们的祖公从贵州迁来，先居文山，后分两支，一支迁马关，一支迁红河；文山州政协已故副主席吴成元（邱北苗族）说，他们是从贵州迁来的，到邱北已经有 10 多代的时间。文山州邱北一带紧邻贵州兴义地区。进入文山州以及徙往红河州的苗族，由黔入滇主要是走第二条路线，即经安顺、兴义（包括相邻的广西隆林），到邱北砚山、文山，再迁麻栗坡、马关，以至红河州。

---

① 贵州省编辑组《苗族社会历史调查资料》（一），贵州民族出版社，1986 年。
② 沈祐《丘北县志·附人种表》，云南新文石印馆，1926 年石印本。

　　第三条路线，主要是昭通地区彝良、威信、镇雄等地的"白苗"。他们世代相传，是由"湖广"经四川叙永等地迁来的。笔者 1987 年实地调查时，四川叙永的苗族（白苗）人士说，其祖先原住湖广恩施，有八兄弟（八支），被汉人打败后，有的迁往四川，有的进入贵州。迁入四川的支系又由叙永到筠连，再由筠连进入彝良、威信。彝良的杨姓苗族（白苗）说，他们是从四川筠连一带迁来的，迁来以后受彝族土司土目的统治和剥削。看来，部分苗族沿第三条路线经四川迁入云南的时间，应是在元明建立土司制度之后和"改土归流"之前。

　　元明和清初对苗兵的频繁征调，也是促使湖广和贵州、广西苗族向各地迁徙的一个重要原因。如明初，湖南城步、武冈地区有一批苗兵由胡大海率领，被征调到贵州西部戍守，后留居下来，现今贵州晴隆、普安、郎岱、水城等地称为"喇叭苗"的一部分苗族即其后裔。^① 又如康熙初年，吴三桂从川南征调三千苗兵讨水西，后来其中一部分就定居于大定府属的新龙、八普等六寨，人称"六寨苗"。同时，从广西调征水西的一部分苗民，事平之后定居于修文、清镇、平坝、织金一带，史称"素苗"。^② 据记载，海南的苗族也是明代从广西征调去的苗兵的后裔。^③

　　清雍乾至咸同年间，苗族历史上发生了第五次，也就是最后一次大规模迁徙运动。清代三次苗族大起义，即黔东南的雍乾起义、湘黔边"苗疆"的乾嘉起义和张秀眉等人领导的咸同起义，所导致的战火和清王朝的镇压屠杀，是引发这次大迁徙浪潮的主要原因。

　　这次迁徙的基本流向，是武陵五溪地区的苗族继续迁往贵州、广西等地，贵州苗族则大量进入了云南各地，并经云南徙入越南、老挝和泰国。贵州紫云、望谟等地有一部分"红苗"，语言属湘西方言；广西南丹等地田姓苗族，奉湘西凤凰县五寨长官司之祖田儒铭为先祖，至今其语言仍能同凤凰县的苗族通话。这两部分苗族都相传是乾嘉起义失败后，由湘西辗转迁去的。据 20 世纪 50 年代搜集

① 《城步苗族自治县概况》编写组《城步苗族自治县概况》，湖南人民出版社，1984 年。
② 《苗族简史》编辑部《苗族简史》，贵州民族出版社，1985 年。
③ 道光《琼州府志》卷 20。

的口头传说，云南楚雄、武定、禄劝、大姚等地部分苗族，均认为自己的祖先是清中叶前后由贵州迁来的。[1] 又如，道光《大姚县志》卷七载："蛮子（即苗人），居高山……此种向来所无，近年土著民人自江外招来种地，前后教正里山中已数百家"。民国《墨江县志稿》引道光《他郎厅志》云："苗子有九种，在滇者多花苗。"这说明，清道光年间，已有部分苗族迁至大姚、他郎，即今云南墨江县一带地区。

据越南学者琳心考证，越南苗族除少量是明末清初由贵州经云南迁入的以外，大部分是乾嘉至咸同年间，苗民起义失败后，由贵州、云南和广西迁入的；咸同年间迁入越南的苗族就达一万余人。[2] 法国学者杨沫丁认为，苗族迁入老挝始于公元 1810—1820 年之间，至 1850 年前后他们已在琅勃拉邦形成了聚居区。[3] 苗族进入泰国的时间，据澳大利亚学者格迪斯实地考察，大约是在一百年前。[4]

至此，苗族历史上的大迁徙运动基本结束。以后虽还有所流动，特别是向国外迁徙的还不少，但近代以来至今苗族分布的格局已最后形成。

二、迁徙对苗族社会历史发展的影响

苗族的迁徙运动经历了数千年，其次数之多，规模之大，路线之长，涉及面之广，在历史上都是少有的。而迁徙的总趋势，是不断地从北方到南方，从东部到西部，由平原到山区，由集中到分散。这种大迁徙运动，对苗族历史的发展产生了深刻的影响。

第一，连续的大迁徙和生活环境的不断变异，打乱了苗族社会自身发展的进程，造成苗族历史发展长期比较滞缓和落后。

据汉文献记载，蚩尤时代已制五兵创刑法。包括苗族先民在内的蚩尤集团社会发展水平，显然比由西部黄土高原东下的炎黄集团要高得多。如不受外来因素

---

[1] 云南省历史研究所《云南少数民族》，云南人民出版社，1983 年。
[2] 琳心《苗族的迁徙史及其族称》，载《东南亚》，1984 年第 3 期。
[3] 杨沫丁《老挝苗族的历史》，载《印度支那》，1985 年第 2 期。
[4] 郭净《国外苗族人口及其分布》，载《贵州民族研究》，1986 年第 4 期。

的影响，苗族先民完全可能比华夏民族更早地进入文明时代。同炎黄集团战争的失败，继而尧、舜、禹三代对"三苗"的征伐和商周对"荆蛮"的征讨，使苗族先民的生产遭到极大破坏，并被迫一步步退出平原地带，向西南山区迁徙。到了自然条件恶劣的山区，苗族先民们又只得开辟榛莽，重建家园。苗族历史出现了很大的曲折，其社会发展愈来愈落后于华夏集团。这一历史遭遇，在滇东北和黔西北一带苗族流传的《古歌》中留下了较多的痕迹。如《格蚩爷老——爷觉比考歌》云：苗族子孙住在大江边的平原时，"棉花杆杆有楼高，棉老桃子似鹅蛋，成熟的高粱穗儿红……产的麻杆杆有腿粗，分的枝节似臂膀，毛稗熟得红冬冬，小米稻谷的穗儿沉甸甸"。后沙召觉地望来侵犯，爷觉比考领着子孙迁逃，先来到高山地。"高山坪里只生草"，"高山坪里光种荞麦吃"。爷觉比考住不惯，又迁到"摩得摩力诺地"。那儿，"森林野箐深山多，獐子麋鹿处处是，老虎豹子满山坡，黑熊野猪处处窜，山牛岩羊处处躲。"于是"爷觉比考领着子孙刀耕火种……"①《爷觉力唐歌》云：苗人住在"安一史勒"平原的时候，首领爷觉力唐"呼唤大家从事开田，领着大家一齐开土……爷觉力唐的水田啊，整整齐齐在平原上，爷觉力唐的田地啊，一块一块地在坝子里"，"爷觉力唐在平原上，种植着棉花水稻……"沙召觉地望的兵马来攻打，苗人被战败，爷觉力唐带领子孙迁徙到叫"力阿那"的地方。那里，"都是深山大森林，是老虎豹子穴居的地方"。爷觉力唐的子孙"伐木又开荒，撒播小米和毛稗"，"播种灰桃菜和苏麻"。②说蚩尤和"三苗"时代，就种植了棉花，当然不可信；这些《古歌》是经过后人加工的。但从反映的基本事实看，苗族先民居住在江湖平原的时候，生产力和经济发展的水平已相当高。由于战争的失败和向西南山区迁逃后，一切又从头开始，甚至从水田耕作又退到粗放的刀耕火种，使社会发展延缓下来。

　　秦汉以后，每次战争和迁徙，也同样如此。在这方面，湘西苗族流传的史诗《休巴休玛》叙述的情景十分典型。苗族先民们住在"占楚占菩"（即楚国江汉

---

① 《民间文学资料》第 16 集。
② 同上。

江淮流域）的时候，白手起家，用自己的双手建设了幸福的家园："繁衍如鱼如虾，收获堆积如山；人数越来越多，队伍越来越坚；生活越来越好，树屋盖瓦砌砖；女的戴银戴金，男的穿绸穿缎；牛马满坡满岭，猪羊满栏满圈……"由于遭到妖魔鬼怪"枷嘎""枷狞"的破坏，"人间坐不安宁，世上住不成家"，苗族被迫抛弃家园，离开占楚占菩，迁入武陵山区。最初是在"高戎霸凑"重建家园。苗族在"高戎霸凑"住了很久，举行过几次鼓社鼓会，一度非常繁荣。后引起了帝王的嫉妒和不安，派遣天兵天将，攻打"高戎霸凑"，残害苗民。苗民又被迫背井离乡，迁徙到"泸溪峒""泸溪岘"，"男的又来立家立业，女的又来织麻纺线"。住了多年后用勤劳的双手又建设起幸福的家园："繁衍如鱼如虾，收获堆积如山；五谷丰登，六畜兴旺；炊烟绕过九十九岭，歌声响彻万里长天"。不料，"枷嘎""枷狞"又来扰乱破坏。苗民的七宗七房虽奋起相抗，但最后遭到失败，家园又被破坏："祸害延及九十九岭，灾难遍布整个苗乡……"[1]苗民们又只得沿河向上迁徙，去开辟"新的美好家园"。这种创业迁徙，迁徙创业，周而复始的运动，大大延缓了苗族社会发展的过程，致使秦汉至唐宋时期，汉族地区的封建经济已进入发展和繁荣阶段时，大多数苗族地区的封建制度才逐步产生和形成；生产力则长期停滞不前，刀耕火种的现象仍较普遍。直至清初"改土归流"后，社会生产力和封建生产关系才获得较快的提高和发展。

第二，由于一再迁徙和重建家园，苗族内部产生和形成了强韧的内聚力，致使原始氏族制度和原始民主制残余得以长期保存。

秦汉以后苗族各支系均逐步进入了封建社会，内部产生了贫富的阶级分化和对立，但原始氏族制度残余却长期保留，直至近代仍能看到大量遗迹。各地苗族一般都是按宗支按姓氏，聚族而居，而每一宗支都有自己共同的祖先。如相传湘西的苗族共分为十二宗支。各地苗族较普遍地存在祭鼓社和吃牛祭祖的组织形式，按宗支举行。各鼓社有选举产生的"鼓头"和其他执事人员。一个鼓社和祭祀单位，包括有血缘关系的一寨或数寨居民。这种鼓社和祭祀单位，实际上就

---

① 吉首大学学报编辑委员会《湘西苗族》，载《吉首大学学报》，1982 年第 2 期增刊。

是原始氏族部落的残存。不少苗族地区，除鼓社和祭祀单位外，还有"议榔"（或叫"合款"）组织。它是按地域组织的，往往包括几个鼓社和祭祀单位，有选举产生的"榔头"或"款首"，负责召集和主持该地区各寨头（或称"理老"）会议或全体寨民大会，议定各种共同遵守的"榔""款"，处理内部纠纷和其他事务，组织对外抵抗。这类"议榔""合款"组织，实际上就是保留有原始民主色彩的农村公社的次生形态。

原始氏族制度和原始民主制残余的长期保存，同苗族的不断大迁徙有着密切关系。苗族先民开始大迁徙的时候，正处在原始社会后期，氏族部落制度尚未完全瓦解，内部盛行的仍然是原始民主制。原始氏族制度和原始民主制为苗族的内部团结，进行各种斗争，提供了最有效的组织形式。他们依靠氏族部落组织同敌人战斗，依靠氏族部落组织进行大迁徙，到了新的居地后，又依靠它的力量来重建家园，而他们迁到哪里，祭鼓社、吃牛祭祖和"议榔""合款"也就在哪里兴起。例如，湘西地区流传的《苗族史诗》有《部族变迁》一章，叙述十二个部落宗支迁徙的情况。十二个部落宗支是仡濮、仡楼、仡僚、仡蔑、仡灌、仡卡、仡削、仡徕、仡侃、仡宿、仡乡、仡佬。每个部落宗支，由数目不等的姓氏（氏族）组成。如仡濮宗支由十六个姓氏结成，仡楼由十七个姓氏结成，仡僚由十一个姓氏结成，仡蔑由十八个姓氏结成等等。而其中又有一个"强宗""大姓"，即一个母氏族，同宗支的各个姓氏都出自一个共同的始祖。迁徙的时候，就是以各个有共同始祖的宗支为单位进行的。每个宗支在旧的居地时兴吃牛吃猪祭鼓社祭祖，到的新居地后又立鼓立社，共同祭祖。如关于仡蔑部落是这样叙述的："还有仡蔑部落，还有仡蔑宗支；仡蔑古时从水乡迁来，从水乡边的平原迁来，从比弋立社迁来，从果仁立保迁来，从那兴吃牛的好地方迁来，从兴跳鼓舞的欢乐之地迁来；那是个美好的地方，那是祖先的旧居。""仡蔑宗支迁来，有十八个姓氏一同迁来，十八个姓氏共一宗支；龙姓是它的强宗，龙姓是它的大姓。""扬名后世的果洛蔑啊，五十五岁学做巴代巫师，六十六岁学做银匠，七十七岁才娶妻室；他生下几多的儿女，他养育很多的子孙；吃牛祭祖的时候，他们到堂屋院坝庆贺；吃猪祭祖的时候，他们在屋沿沟边贺喜。"①

所谓"立社""立保"，即建立鼓社、吃牛或吃猪祭祖。"果洛蔑"为古代传说人物，是仡蔑部落的共同始祖。在祖先旧居时，全部落宗支结成一个整体，集体行动；迁徙到新的地方后，他们又聚集起来吃牛吃猪祭祖，开辟新的家园。说明这种大迁徙，不仅没有松弛原始的氏族部落组织，反而使这种社会结构还得到了进一步的巩固。

第三，不断迁徙所造成的分布地域的辽阔和分散，使苗族形成数量繁多的支系和方言，而各支系各地区苗族社会的发展又具有很大的不平衡性。

苗族是一个单一的民族，但内部却支系繁多。据陆次云《峒溪纤志》载："苗人，盘瓠之种也……尽夜郎境多有之，有白苗、花苗、青苗、黑苗、红苗。苗部所衣各别以色，散处山谷，聚而成寨。"自清初以后，其他文献也多以"白苗""花苗""青苗""黑苗""红苗"等，作为苗族内部的主要支系。这种区分，以服饰颜色为主要标志，当然不够科学，但大致还是反映了苗族内部不同支系的存在这一客观事实。除这几个主要支系外，在汉文献中对苗族还有许多名称。如田雯《黔书》还列有"东苗""西苗""牯羊苗""谷蔺苗""平伐司苗""九股苗""紫姜苗""九名九姓苗""短裙苗""夭苗"等十余种。李宗昉《黔记》，除以上各称呼外，又加上了"宋家苗""蔡家苗""杨保苗""洞苗""箐苗""爷头苗""洞崽苗""八寨黑苗""楼居黑苗""黑山苗""黑生苗""高坡苗""鸦雀苗""葫芦苗""洪州灌苗""黑脚苗""黑楼苗""朗慈苗""伶家苗""侗家苗""水家苗"等数十种。其中，有一部分实际是以上主要支系的局部的和地域性的别称，但也有不少是一些不同支系的称呼。在苗族内部，大大小小的支系确实很多。

苗语作为汉藏语系苗瑶语族苗语支，具有一些基本的共同特点。但苗语内部的方言差别也较大。根据语言学家的研究，苗语分湘西（东部）方言、黔东（中部）方言、川黔滇（西部）方言三个大方言。湘西方言分西部土语和东部土

---

① 贵州省文联《民间文学资料》第60集。

语；黔东方言分北部土语、东部土语、南部土语；川黔滇方言分川黔滇次方言、滇东北次方言、贵阳次方言、惠水次方言、麻山次方言、罗泊河次方言、重安江次方言，各方言中又分若干土语。①

苗族内部支系的区分和语言的差异，当然不会是从来就有的。在蚩尤"三苗"时代，当时苗族先民具有共同的地域、共同的经济生活、共同的语言和共同的文化心理素质。支系的区分和语言的差异当时是不存在的。而当他们进入武陵五溪地区后，仍结成统一的"盘瓠"种落，支系的区分和方言差异亦尚未明显。随着苗族的各个部分，从武陵五溪地区，分别迁徙到贵州、四川、广西和云南各地，近代以来苗族分布的格局大体形成后，苗族内部的不同宗支和部落，因地域间相互长期隔离，就逐步转化成各个不同的支系，而处于各个不同地区的不同支系的语言差异也就产生了。这一过程大约始于唐宋，至元明基本结束。故清贝青乔《苗俗记》云："唐宋以前，曰蛮曰僚而已。前明就三苗地设府县卫，支派遂分花、白、青、黑、红，以色名……"这一说法有一定道理。

各支系的分布是同一定的地域联系在一起的。这说明支系形成与迁徙的关系。秦汉以后，苗族逐步向武陵五溪地区以外迁徙，但留居下来的也不少。唐宋以后留居武陵五溪地区的苗族逐步形成了一个大支系，因服饰尚红，汉文献中称他们为"红苗"。在向西迁徙中移居黔东南桂北一带的苗族，唐宋以后则形成了另一个大的支系，因服饰尚黑，故被称为"黑苗"。"白苗""青苗""花苗"情况比较复杂，地域上的相互交错现象较多。但他们均分布在贵州中部及以西地区。显然是唐宋以后迁徙到这些地区的不同宗支的苗族分别形成起来的，而交错现象则是明清时代的继续迁徙造成的。

苗族主要支系的区分同各方言的区分基本上是相吻合的。例如，"红苗"主要属湘西方言，"黑苗"主要属黔东方言，"花苗"主要属川黔滇方言的滇东北次方言，"白苗"主要属川黔滇方言的川滇次方言。这种吻合说明，有了一定的地域才产生一定的方言，有了方言的区别才有支系的划分。地域的区分在这里是

---

① 王辅世《苗语简志》，民族出版社，1985 年。

最基本的。而地域的区分则是苗族历史上不断迁徙的结果。

不断的大迁徙，总的来说延缓了苗族社会发展的进程。但移居不同地区的各支系各部分苗族，由于所处环境的差异，相互间又产生了很大的不平衡性。例如，"红苗"聚居于武陵五溪地区，这一地区属中原沟通西南的中介地，较其他苗族地区更早更多地接触了中原和汉族地区文化的影响，故其社会发展总的来说较其他苗族地区为快。但其内部又有不同情况。处于各土司地区的苗族，长期受以土司、土官、土舍为代表的封建主的剥削和奴役，"改土归流"后内部封建地主经济才得到较快的发展。在无土司和流官管辖的"生苗"区，社会发展虽然缓慢，但却越过奴隶制和封建领主制阶段，而直接产生和发展了封建地主经济。又如，"花苗"，主要聚居于黔西北和滇东北地区。当他们迁入这一地区时，那里已形成以彝族土司土目为代表的奴隶主经济和政治势力。一方面，土地已大部分为彝族土司土目所占有，苗族只能移居半山腰和山巅，长期过着"老鸦无树桩，苗族无地方"的迁移不定的生活，严重影响了社会的发展，因而生产力状况较其他苗族地区更落后。另一方面，移居到这些地方的苗族，大多被迫沦为依附于彝族土司土目的地位，长期遭受奴隶式的奴役和剥削，因而内部的阶级分化和封建地主制的产生发展，比其他苗族地区更为迟缓。各地区各支系苗族发展的这种不平衡性，同苗族历史上迁徙及其所造成的地域间隔，关系是十分明显的。

第四，不断迁徙，使苗族在历史上很难形成较大的相对稳定的政治势力，未能建立自己相对独立的政治权力，因而大多受制于人，一直处于被统治被奴役的地位。

在蚩尤"三苗"时代，苗族先民曾形成过强大的部落联盟。这和当时苗族先民聚居于东部平原和"左洞庭右彭蠡"的江湖地带，生活在共同的地域有关。但自被战败分化瓦解，向西南各地迁徙后，情况就发生了变化。秦汉至唐宋时期，苗族内部曾产生过大姓豪酋和"苗首"，但为时都较短，并且一般是在同中原和汉族地区接近的一些区域。其中，有一部分苗族的大姓豪族很快"内附""内徙"，同汉族融合了。如，南北朝时期，"蛮首"田益宗"率部曲四千余户内属"；襄阳"蛮首"雷婆思等十一人，"率户千余内徙"；"大阳蛮首"田育丘等

"二万八千户内附，诏置四郡十八县"；等等。① 有一部分苗族大姓豪酋，没有"内徙"，而是割据一方，但一般均未能形成世袭权力，在历史上很快就消失了。如唐末出现的叙州"苗首"昌师益、辰州"苗酋"宋邺等，均如此。因未形成世袭的"土官"和割据势力，至元明土司统治时代，苗族中除出现过少数小土司外，没有产生大的土司。故明清时代的有关文献，多记载苗族"有族属，无君长"，义"不相统属"，这有一定道理。

秦汉以后，苗族在历史上曾不断萌发建立自己独立政权的思想，但都只是在爆发大起义的过程中。例如，乾嘉苗民起义时，起义军拥立吴八月为"吴王"，义军首领石柳邓、石三保等封为"将军"，建立了以"吴王"为中心的政权。又如，粟贤宇、杨清保等领导的苗瑶人民大起义中，义军首领们称"太子""阁老""军师""将军"等，也体现了某种建立自己政权的倾向。这都是一些临时性的政权，随着起义的失败也就烟消云散了。

苗族很难形成自己相对稳定的世袭权力，更没有建立相对稳定的地方政权，同苗族历史上不断迁徙的关系是很密切的。一方面，不断迁徙造成生活的不稳定和居住地域的分散，当然难以产生相对稳定的集中的政治势力。另一方面，不断的迁徙，使开辟田土重建家园的运动周而复始，这影响了大封建主和大土地所有制的形成和发展，相对稳定的世袭权力和地方政权也就缺乏赖以建立的物质基础。

苗族自己未能形成较强大的政治势力，未能在自己大姓豪族和酋领的基础上建立起土官土司体制与世袭的政治权力，因此往往受制于人。有一部分苗族地区，由于汉族及其他民族的大姓豪酋的徙入，形成割据势力建立起土官土司的统治。这些地区的苗族则遭受他们的奴役和剥削。唐宋时期，彭氏进入溪州，杨氏进入播州和田氏进入思州以后，均是如此。还有一部分苗族地区，苗族徙入的时间较晚。在苗族移居以前，那里已形成其他民族较强的经济和政治势力，已存在其他民族的土官土司的统治。苗族进入后即处在依附于其他民族的土官土司的地

① 《魏书·蛮传》。

位，被迫接受了他们的剥削和统治。如，苗族进入黔西北和滇东北彝族地区后，苗族移居滇东南、滇西南壮族和傣族地区后，都遭到这种历史命运。一度无土司和流官治理的所谓"生苗"地区，苗族虽处于某种自立自主的地位，但也不断遭到中央封建王朝和邻近土司的"征伐"和掠夺。显然，正是历史上这种被统治、被压迫和被奴役的地位，迫使苗族人民不得不为自己的生存而进行斗争。这也可以说明，苗族在历史上起义之频繁、反抗斗争之激烈，绝非偶然。

第五，长期迁徙和不断分散，形成苗族同汉族及其他民族杂居错处的局面，使得苗族同祖国各民族结成"你中有我，我中有你"的关系和密不可分的整体。

由于不断的徙行，自秦汉以后，苗族的共同地域瓦解了，在中南和西南各省大分散小聚居。各支系各部分苗族，与汉族及其他民族错居杂处。如湘西、北鄂、西川东和黔东北的苗族多与土家族交错，湘西南及桂东北、黔东南苗族多与侗族、瑶族为邻，黔西南、黔南的苗族多同布依族共处，黔西北、滇东北地区则苗彝杂居，滇东南、滇西南苗族则多与壮族、傣族共同生活。而各支系各部分之间，往往又都有汉族分布。

这种错居共处的局面，使各族人民相互学习，相互影响，相互吸收，在文化方面产生了不少共同的因素。例如，吹芦笙一般认为首先兴起于苗族，后传入侗族、布依族等民族，至今芦笙成为西南许多民族共同喜爱的一种乐器，苗族的芦笙会其他民族也都来参加。又如，侗族对"飞山公主"非常崇敬，但据记载，湘西和湘西南苗族地区也多有"飞山庙"，乾嘉起义时苗民义军甚至高举"飞山公主"的大旗。[①] 其他，如苗族的蜡染、稻田养鱼等技术传入西南其他少数民族地区，而养蚕、缫丝、织"峒锦""峒被"的技艺，又是由汉族和其他少数民族地区传入苗区的。这都反映了文化方面的相互影响相互吸收，许多共同的因素将苗族同汉族及其他民族紧密地联系在一起。

共同的生活，产生了共同利益。苗族人民同汉族及其他民族的人民群众，在

---

① 中国第一历史档案馆《张士发供词》，《清代前期苗民起义档案史料》中册，光明日报社，1987年。

反压迫反剥削的斗争中总是相互支持相互援助的。而在反对共同敌人的基础上，苗族同汉族及其他民族的友好合作关系又得到了进一步的发展。以乾嘉起义为例，苗民这次起义，民族矛盾是比较突出的，故提出"逐客民，复故地"的口号。但苗民并非笼统地排斥"客民"（即汉人），而是把矛头指向满汉统治者及地方官吏弁兵和汉族地主奸商。因此得到汉族及其他民族一般劳动人民的拥护和支持。不少汉族人还直接参加了起义的队伍。如据记载，有郑善者，祖籍江西，寄籍湖南辰溪，平时与凤凰县民黄文忠等有交往。起义前夕，郑善、黄文忠等认识了苗人石兴保，石兴保邀他们入伙，答应"将来分给田地房产"。于是郑善、黄文忠邀约了王文瑞、黄连升等二十人，去凤凰火麻营与石兴保"一同吃血"，参加了苗民起义军。这批汉人与苗民义军一道，积极参加了攻克乾州厅城和围攻凤凰厅城等战斗，先后牺牲或被俘。① 又如凤凰厅民人韩仲连等参加了苗民起义军，到岩门、溪口一带，截断官兵粮道。后潜入凤凰厅城内，计划同苗民义军里应外合，不幸被抓获。② 此外，这次起义还有少数回民参加，并得到土家族的支持。

咸同起义过程中，苗族同汉族及其他民族联合行动，共同战斗的事例，更为突出。例如咸丰八年至同治元年（1858—1862），张秀眉领导的苗族起义军大举进攻时，在西面，联合汉族的黄号军，攻克瓮安城；在南面，联合当地侗族、水族义军，歼灭荔波、古州一带清军；在东面，与姜映芳领导的侗族义军合作，攻克天柱县城，出击邛水、青溪、玉屏，进抵湖南晃州、会同、靖州边境。同治三年（1864），当朝廷调来湘军集中进攻黔北汉族号军时，张秀眉等又联合侗族义军，发动突击，收复镇远、天柱，进军敌后，合攻铜仁，乘胜进击湘西，有力地牵制了清军力量，支援了黔北号军。在黔中地区，同治元年至五年（1862—1866），潘名杰等领导的苗族义军，同汉族号军联合，四次围攻贵阳，给清军以沉重打击。在黔北地区各族人民利用哥老会"开山堂"的形式起义。据记载：

---

① 胡启望《乾嘉苗民起义参加人供单简述》，载《贵州民族研究》，1980 年第 3 期。

② 同上。

"以苗民为大堂，彝民为二堂，仲民（即布依族）为三堂"，"各率所部战守，众至十余万"。[①] 同治三年（1864），岩大五等领导的苗族义军，联合黔北汉族号军，进攻黔西州城；同治八年（1869），岩大五与回族白旗军联合，攻占安南县城（今晴隆县），进击普安，大挫清军。清朝统治者也惊叹："每出战，教七苗三，战则倚苗铳为助……有小挫，则教苗大出"；"攻苗军则号军梗其中，击号军则教军继其后"。[②] 正是由于苗族、汉族、侗族、水族、布依族、回族、彝族等各民族相互支持，团结战斗，才形成了席卷黔、湘、川、滇、桂五省，坚持二十余年的"咸同大起义"。而通过这次起义，苗族同汉族及其他少数民族的人民，用鲜血结成了深厚的友谊。

（原刊《民族研究》，1990 年第 6 期。收入本文集时作了修订）

---

① 民国《大定县志·前事志》，1926 石印本。

② ［清］王定安《湘军记·平黔》。

略论苗族支系

　　苗族分布地域辽阔，内部支系繁多。为深入了解苗族的历史和现状有必要加强对不同地区不同支系苗族的具体研究。现就苗族内部支系区分的有关问题，进行一些初步探讨。

一

　　关于苗族内部的支系，明清的史志中多有记载。陆次云《峒溪纤志》载："苗人，盘瓠之种也……尽夜郎境多有之，有白苗、花苗、青苗、黑苗、红苗。苗部所衣各别以色，散处山谷，聚而成寨。"① 黄元治《黔中杂记》云："饮食起居，诸苗亦相若，惟衣裳颜色则各从其类。如白苗衣白，黑苗衣青是也。"② 其他一些文献资料中，也多以"白苗""花苗""黑苗""红苗"等，作为苗族的主要支系。这种区分一般是以衣服颜色为标志，当然不够科学，但大致还是反映了苗族内部不同支系的存在这一客观事实，并且约定俗成，习以为常。笔者1987年秋曾赴云南苗族地区调查，所至之处如昭通地区和文山壮族苗族自治州，访问苗族老人时，谁是"白苗"（苗语称"蒙豆"），谁是"青苗"（苗语称"蒙诗"）等，是分得很清楚的。谈话间，有称自己是"大花苗"的，有的自我介绍说是"白苗"，十分自然。据此看来，沿用历史上形成的一些称呼（只要不带诬蔑和歧视性质的），来表达苗族内部存在的不同支系是可以的。

　　当然在使用"白苗""花苗""青苗""黑苗""红苗"等称呼时，不能只看到服饰颜色的区别，还应具体考究其共性和特点，赋予这些代表苗族不同支系的称呼以科学的内涵。其实，这些不同支系除服饰颜色不同外，服装款式和头饰发

---

　　① ［清］王锡祺《小方壶斋舆地丛钞》第八帙。
　　② 同上，第七帙。

型、习俗礼仪、宗教信仰、语言等，在具有作为统一民族的共性的基础上，都存在某些差异。据笔者在云南考察所见，"大花苗"妇女是盘髻于顶稍前倾，横插木梳（现在多改用化学玻璃或胶木梳），不包头巾，穿麻布百褶裙，披花披肩（形如铠甲），花布裹腿；"白苗"妇女则头包盘形帕，节日盛装时还上饰彩珠银铃，穿紧袖花边衣，系麻布百褶裙。二者显然有别。再如语言，云南"白苗""花苗"虽都属苗族西部方言，但"白苗"讲川黔滇次方言，"花苗"讲滇东北次方言，二者有共同的和对应的一些单词，却因声韵不同，基本上不能通话。

笔者访问时，彝良的"大花苗"和"白苗"还各自介绍了一些生活习俗方面的差异。如老人去世，"大花苗"不披孝，不烧纸，不下跪，不作道场，"白苗"则要戴孝，作道场；"大花苗"结婚时吹芦笙，"白苗"则是死人时吹芦笙；"大花苗"一般为小家庭，儿子结婚后即分居，"白苗"则大家庭较多，并且妇女当家的多（如洛旺区树草乡王文刚家，1985年时共二十六口人，母亲当家）。此外，还有一些小的区别。大概正因为这些差别，所以"花苗"和"白苗"构成了同一苗族中的两个不同的支系。

在史志记载中，除"白苗""花苗""青苗""红苗"外，对苗族的称呼还很多。如田雯《黔书》还列有"西苗""东苗""牯羊苗""谷蔺苗""平伐司苗""九股黑苗""紫姜苗""九名九姓苗""短裙苗""夭苗""阳洞罗汉苗"等十余种。李宗昉《黔记》，除以上各称呼外，又加上了"宋家苗""蔡家苗""杨保苗""洞苗""箐苗""爷头苗""洞崽苗""八寨黑苗""楼居黑苗""黑山苗""黑生苗""高坡苗""鸦雀苗""葫芦苗""洪州灌苗""黑脚苗""黑楼苗""朗慈苗""伶家苗""侗家苗""水家苗"等数十种。在这些称呼中，有少数明显属于其他民族（如"伶家苗""侗家苗""水家苗"等），也有不少族属尚难确定（如"宋家苗""蔡家苗""杨保苗"等），但大多数实际上是"白苗""黑苗""花苗""青苗""红苗"等主要支系内部的小支系或地区性的别称。例如，据《黔书》的记载，"夭苗"，在夭坝一带，"一名黑苗"；"白苗"，在坡东、坡西，又名"东苗""西苗"。又如，所谓"八寨黑苗""黑山苗"等，其实都属"黑苗"。当然也有不包括在"白""花""青""黑""红"等主要支系之内的。如，"洞苗""箐苗""阳洞罗汉苗""高坡苗""谷蔺苗"等，可能就是另外一些独立的支系。据笔者实地考察，黔西北和滇东北的"花苗"，又分为"大花苗"和"小花苗"两部分；在文山州和滇南，除"白苗"和"青苗"外，还有"箐苗"（"蒙抓"）、"汉苗"（"蒙刷"）等支系，而"青苗"内部，又有"蒙诗""蒙苏""蒙陪""蒙叭"等不同分支。湘西苗族大多数属"红苗"，但明显地又分成两大部分，即湘西东部次方言（泸溪、古丈和吉首东部）和湘西西部次方言（凤凰、花垣、保靖、吉首西部）。这两部分苗族，不仅语言有区别，而且服饰、习俗等亦不相同。如，湘西东部次方言的苗族妇女，头包白色的绣花帕子，呈四角形，每角绣有蝴蝶等；湘西西部次方言的苗族妇女，则头包层层相叠的黑帕或花格帕。湘西西部次方言的苗族内部，又分"禾孝""禾篾""禾瓜""禾扁""禾枷""禾列"六大系，也有说分为"仡濮""仡楼""仡僚""仡蔑""仡灌""仡卡""仡削""仡徕""仡侃""仡宿""仡乡""仡佬"等十二支系。[①] 湘西南靖州三锹苗族，从语言看属"黑苗"，但内部又有"花衣"和"青衣"的区别。"花衣"苗和"青衣"苗，服饰不同，语言也有差异。

总之苗族内部，因服饰、习俗、语言等方面的差异，形成了大大小小的不同支系，数目繁多，不胜枚举。而其中主要有"白苗""花苗""青苗""黑苗""红苗"五大支系。

二

苗族支系的形成同原始氏族部落制度有一定的联系。秦汉以后苗族逐步进入阶级社会，原始氏族部落制度亦逐步解体。但由于苗族的特殊的历史条件，即不断的战争和迁徙，为了生存斗争的需要，血缘关系并未完全松弛。相反，艰苦的生活和残酷的斗争，使苗族的各个部分都产生了强韧的内聚力，而血缘关系和氏族部落组织的残余成为了维系内部团结的重要纽带。正是在这种情况下，苗族的这种宗支仍然是以血缘关系（尽管实际上已较疏远）为纽带的。他们按宗支进

---

① 石启贵《湘西苗族实地调查报告》，湖南人民出版社，1986年。

行战斗和迁徙，到新的地方后又按宗支聚族而居。据黔东南苗族流传的《苗族古歌》记述，黔东南地区的苗族是由"五支奶"和"五支公"率领，从东方江河平原跋山涉水，向西方迁徙，也就是按五大宗支进行迁徙的。到了黔东南地区后，"一支住方先，一支住方尼，一支住者雄，一支住希陇，一支住春整"①，即按五个宗支聚族而居。湘西苗族流传的《苗族史诗》记述，湘西苗族从"句吴水乡"迁来前，是分成十二个宗支，每个宗支又包括若干姓氏。他们按十二个宗支迁徙，到湘西后又按十二个宗支聚居各地。② 这些宗支姓氏，当然都是同宗共祖的，是一种血缘关系的结合，而一个大地区的各个宗支之间也有着亲缘关系。随着分布地域的日趋辽阔，相互间的山水阻隔和环境差异，经过相当长的时期发展，这些宗支就逐渐变成了苗族内，从服饰、习俗到语言都互有差别的不同支系。

苗族的内部主要支系形成的时间，大约是在宋元以后。清贝青乔《苗俗记》云：苗族"唐宋以前，曰蛮曰僚而已。前明就三苗地设府县卫，支派遂分花、白、青、黑、红，以色名"。据贝氏的说法，苗族支派之分，始于明代，这大体符合历史实际。从《明实录》记载看，在明代前期，首先有"白苗"（"东苗"）作为一股较强大的势力出现于历史舞台，给明朝统治者造成某种威胁，因而成为"征讨"的对象。天顺二年（1458）四月，敕湖广、贵州总兵官南和侯方瑛等："得奏，东苗十三番贼首干巴猪等僭称伪号，攻劫都匀等处，已敕云南、四川都司及蜀府各调原征官军来尔处听调。"③ 同年七月又载，镇守湖广、贵州太监阮让等奏："东苗为贵州诸种蛮夷之首，负固据险，僭号称王，其他种类多被逼胁，东苗平则诸蛮莫不服从矣。"④ 清嘉庆《大清一统志》云："白苗亦名东苗"。道光《贵阳府志》载："白苗"在"龙里东苗坡"。可见，"东苗"即"白苗"；按服饰称"白苗"，依居住地域则名"东苗"。关于"东苗"（"白

① 田兵编选《苗族古歌》，贵州人民出版社，1979 年。
② 贵州省文联《民间文学资料》第 60 集。
③ 《明英宗天顺实录》，卷 290。
④ 同上，卷 293。

苗”）的记载，以上引天顺《实录》为最早。明代的其他文献记载中也有洪武年间即有"东苗"的。但属后人的追求，而不是当时的记录。如明郭子章《黔记》云："大平伐属司龙里卫副长官宋隆臣，土人，洪武七年委招服本司蛮夷及抚东苗。"这里所说的平伐一带的"东苗"，《明实录》并不称"东苗"，而仍统叫"苗蛮"。《明实录》洪武七年（1374）正月戊子载："贵州平伐……等苗蛮攻劫的敖诸寨"，"贵州卫指挥佥事张岱等率兵讨之。"显然，宋隆臣所"抚"之平伐"东苗"，就是张岱所"讨"之"苗蛮"。很可能"东苗"（"白苗"），在明初仍包括在"苗蛮"这一统称之内，至天顺前后发展成苗族中一个势力强大的支系，从而被识别和区分出来。当然它自身最初形成的时间要早些，可能是在宋元以后至明前期的一二百年间。

据《明实录》记载，成化年间出现了"黑苗"的称呼。第一次是成化十五年（1479）九月辛酉记载："贵州黑苗赍果等叛，命起致仕播州宣慰使杨辉会兵讨之。先是，辉攻天坝干，既平之后，即其近地弯溪奏立安宁宣抚司。烂土诸夷恶其逼己，至是赍果等既攻陷天漂靖南城堡，遂围安宁宣抚司。"[①] 翌年二月载："户部臣奏：贵州都匀等处欲征剿生苗及天坝干黑苗，请预开中云南白黑井并四川盐课共一十七万五千六百余引……以备军饷。"[②] 从时间看，《明实录》关于"黑苗"的记载，仅比"东苗"（"白苗"）的记载迟十余年，"黑苗"作为苗族的一个主要支系的形成和势力发展起来，大概也是在宋元以后至明前期。

"红苗"作为苗族的又一个主要支系的形成和势力发展起来，其时间较"白苗"和"黑苗"为晚。在《明实录》中，出现"白苗"和"黑苗"之后的一百多年，即万历后期，才有关于"红苗"的记载，万历三十四年（1606）四月乙巳载："贵州巡抚郭子章讨平贵州苗……先是，东西二路苗名曰'仲家苗'，盘踞贵、龙、平、新之间，为诸酋领袖。在水碾山介铜仁、思、石者曰'山苗'，红苗之羽翼也……子章请命于朝，敕相机进剿。"[③] 同年十二月壬戌载："兵科右

---

① 《明宪宗成化实录》，卷194。
② 《明英宗天顺实录》，卷299。
③ 同上，卷198。

给事中宋一韩疏言：……窃见贵州铜仁红苗不靖，朝廷轸念遐方，诏会议处。"
这是关于"红苗"的最早记载。至万历四十四年（1616）正月丁酉载："巡抚贵
州佥都御史张鹤鸣奏：红苗为患，蹂躏三省，若四川酉阳、石耶、平茶、邑梅四
司受祸尤酷……会兵剿贼而兵力寡弱，旋致挫折。"① 由此可见，当时的"红苗"
势力，已相当强盛。

《明实录》中没有关于"花苗"和"青苗"的记载。但清康熙初年陈鼎《黔
游记》在叙述黔省"苗蛮"种类时，已提及"花苗"和"青苗"等。至康熙中
叶田雯的《黔书》，对"花苗""青苗"的习俗，更作了详细的介绍。这说明，
其形成的时间与"白苗"（"东苗"）中"黑苗""红苗"相近，也应该是在清
初以前，即元明之际。

三

从前引《明实录》记载看，"白苗"（"东苗"）主要活动于贵州龙里、平
伐、都匀一带，即今贵州中部；"黑苗"起事地点天坝干即今天坝，在都匀、丹
寨、雷山之间，属黔东南地区；对"红苗"的征讨集中在铜仁府及相邻地区，
即今贵州、湖南、四川三省交界地区。田雯《黔书·苗俗》载："花苗"在新贵
县广顺州；"东苗西苗"在新贵县之谷池里；"白苗"在龙里县；"青苗"在镇宁
州；"九股黑苗"在兴隆卫凯里司，"与偏桥之黑苗一类"；"生苗"在施秉县；
"红苗"在铜仁府。新贵县在今贵阳市东南部，广顺州即今安顺地区长顺县地，
兴隆卫即今黄平县，凯里司即今凯里市，偏桥在今施秉县东。李宗昉《黔记》
载："花苗""在贵阳、大定、安顺、遵义属"；"红苗，在铜仁府属"；"青苗，
在黔西镇宁及修文、贵筑等处"；"黑苗，在都匀、八寨、丹江、镇远、黎平、
清江、古州等处"；"白苗在龙里、贵定、黔西等属。"② 大定，明建大方城，清
改大定府，即今贵州毕节地区大方县；贵筑，即今贵阳市地；八寨、丹江，今合

---

① 《明神宗万历实录》，卷 420。
② 同上，卷 541。

为黔东南州丹寨县；清江，即今黔东南州剑河县；古州，今黔东南州榕江县。其余均与今县市同。清乾隆初年编纂的《皇清职贡图》载："苗人相传为盘瓠之种，楚粤黔皆有之。其在滇省者惟曲靖、东川、昭通等府。花苗，随各属土流兼辖。"道光《云南志·南蛮志》引旧志云：苗"有九种，黔县最多。在滇者，则宣威、镇雄亦有之。多是花苗。居水滨，不畏酷暑，多田、罗、陈、蔡四姓"。清严如熤《苗防备览·风俗考》云："三厅（即凤凰、乾州、永绥三厅，今凤凰、吉首、花垣三县市）中见诸载籍者，俱概称之曰'红苗'，而其中微有区别。如永绥一厅，统为'六里红苗'，而厅西南黄瓜寨一带、厅南鸦酉栗林各寨，则士民皆指为'黑苗'……红苗寨多人繁，为诸部所畏。"

根据以上文献记载，对于苗族几大支系的地域大致可以勾画出一个轮廓。"黑苗"和"红苗"的分布相对比较集中和稳定，范围也比较明确："黑苗"主要聚居在贵州省东南部，即今黔东南苗族侗族自治州所属各县（市），以及毗邻的湘西南、桂东北一带；"红苗"，主要分布于贵州东北部、湖南西部，以及相邻的川东南和鄂西地区，而以铜仁府属和湘西为中心。当然也存在交错杂居的情况。如湘西以"红苗"为主，但也杂居有少数"黑苗"。"花苗""白苗""青苗"都主要分布在贵州中部和西部，即今贵州毕节、安顺、兴义、遵义地区和贵阳市黔南一带，并且相互有些交错，情况比较复杂。但如果联系当前苗族分布的现状加以考察，对于这三支苗族在明清之际的分布范围和流动趋向，还是大致可以作如下区分："青苗"，主要在贵州中部，以贵阳附近为最多，修文、清镇、黔西、镇宁等地亦有分布，其中有一部分经安顺、兴义地区，逐步徙至滇东南并远达泰越边境；"白苗"，原聚居于黔北遵义地区和川南叙永一带，往南延伸至贵州中部贵阳、都匀地区，后有一部分进入广西北部，有一部分由叙永等地进入滇东北，但其主要流向是经安顺、兴义地区移居滇东南各地，以及桂西隆林、西林和泰越边界地区，故至今云南文山壮族苗族自治州成为"白苗"的主要聚居区；"花苗"，遵义、贵阳、安顺地区虽有分布，但明清之际主要集中在黔西北，毕节一带主要是"小花苗"，威宁和昭通地区各县主要为"大花苗"，并且自明末清初后，一部分远徙曲靖、东川、楚雄及昆明等地。

四

苗族不同支系形成的同时，苗族语言方面也产生了地区性差异，逐步形成了各种方言和土语。据近代以来语言学家们的研究，苗族的语言可分成湘西（即东部）、黔东（即中部）、川黔滇（即西部）三大方言。湘西方言又分为东部、西部两个次方言；黔东方言又分三个土语；川黔滇方言分川黔滇、滇东北、贵阳、惠水、麻山、罗泊河、重安江等七个次方言。其中，川黔滇次方言又分为两个土语，贵阳次方言又分三个土语，惠水、麻山两个次方言又各分四个土语。①

湘西方言，主要通行于湖南西部的花垣、凤凰、吉首、保靖、古丈、泸溪、麻阳，贵州的松桃、铜仁，重庆市的秀山、酉阳、彭水，湖北的宣恩、来凤、鹤峰等地。广西的南丹、河池、都安等县，贵州榕江、紫云、望谟等县，也有一部分苗族说这一方言。黔东方言，主要通行于黔东南的凯里雷山、丹寨、麻江、黄平、剑河、锦屏、黎平、从江、榕江等县，广西的融水、三江、龙胜，湖南的靖州、会同、通道等县。黔西南和黔南部各县的部分苗族也属这一方言。川黔滇方言，主要通行于四川南部，贵州西部、中部、西南部，云南东部、东南部，广西西部，以及泰越边界地区。从苗语的三大方言通行地域看，基本上与苗族的主要支系的分布情况相吻合，即湘西方言通行的主要是"红苗"区，黔东方言通行的基本上属"黑苗"区，而川黔滇方言通行地方则为"青苗""白苗""花苗"分布地区。其中，"青苗"主要属贵州中部的贵阳、惠水、麻山等次方言；"白苗"主要属川黔滇次方言；"花苗"主要属滇东北次方言。二者地域的这种吻合说明：苗族的三大方言及次方言的形成大致与苗族内部的主要支系的形成同时，即都是在宋元以后至明清之际，并且语言差异的形成，正是苗族分为不同支系的一个重要标志。

根据苗族流传的古歌和传说材料来看，黔西北和滇东北的苗族是唐末宋初经水东水西迁来的。显然正是这一部分苗族在元明之际相对稳定下来，形成了自己

---

① 《小方壶斋舆地丛钞》第七帙。

的方言——滇东北次方言，同时也就形成了"花苗"这一支系。滇东南邱北、砚山等地的"白苗"，是明初由贵州迁来的，但至今仍能同川南、滇东北、贵州遵义地区的"白苗"通话。这说明"白苗"支系和作为这一支系主要标志之一的川黔滇次方言，是在唐宋以后元明之际在贵州北部、中部和四川南部形成的，然后再迁入滇东南等地。广西南丹县田姓苗族世代相传，其祖先是清乾隆嘉庆年间苗民起义时由湖南凤凰迁去的，是五寨司和筸子坪司田姓土司的后代。至今这部分苗族讲的还是湘西方言，同属于"红苗"的凤凰县苗族完全可以通话。这证明，在南丹这部分苗族离开湘西之前，即宋元以后至明清之际，"红苗"支系已在湘西和黔东北铜仁一带形成，同时也就产生了湘西方言。广西南丹、河池、都安等县和贵州榕江、紫云、望谟等县操湘西方言的"红苗"，都应是明末清初以后自湘西和黔东北迁去的。

（原刊《苗学研究》，贵州民族出版社，1989 年 7 月版）

苗族原始氏族制度考迹

人类初期，曾经历过漫长的原始氏族社会。这是世界上各个民族发展的共同规律。但因无文字记载可考，人们长期对这一遥远的时代，缺乏了解。直到19世纪中叶，从巴霍芬、摩尔根到恩格斯，借助民族学资料，才逐步对原始社会有了科学的认识。苗族，是一个古老的民族，有着悠久的历史。从世代相传的大量口碑资料来看，它同其他民族一样，也曾有过自己的原始时代。历史上的民族歧视和民族压迫，所造成的经济文化发展的相对落后，又使得苗族在生活习俗中长期保留了不少原始氏族制度的残迹。笔者拟就所接触到的民族学和民俗学方面的材料，对苗族的原始氏族制度发生发展和解体的史迹，初步作些探索。

一、母系氏族

"氏族制度，在绝大多数场合下，都是从普那路亚家庭中直接发生的"，即产生于族外群婚制。而"只要存在着群婚，那么世系就只能从母亲方面来确定，因此，也只有承认女系"。[①] 最初的氏族，都只能是母系氏族。苗族先民也并不例外。大约在"九黎"蚩尤和"三苗"时代，即公元前三四千年以前，已经历过一个相当长的母系氏族阶段。

所谓母系氏族，首先是全体成员有一个共同的女始祖，而作为母亲的女性在氏族部落中享有最受人崇敬的地位。苗族的古歌《枫木歌》以神话的形式叙述了人类最初的起源，认为是枫木树生了"妹榜妹留"[②]，人类有了"老妈妈"，"妹榜妹留"长大后同"水泡"配成双，生下十二个蛋，从十二个蛋中孵化出第一个人姜央和龙、虎、蛇等。这不仅是关于万物同源的一种朴素唯物论的观念，

---

① 恩格斯《家庭、私有制和国家的起源》，《马克思恩格斯选集》第四卷 P36-37，人民出版社，1972年。
② "妹榜妹留"，黔东南苗语，意为"蝴蝶妈妈"。

而且是对远古母系氏族共同的女始祖的朦胧追忆。由于全体成员出自一个女始祖，故在苗族的祭祖活动中，祭祀的首先也只能是女祖先。如湘西苗族祭祖时，祭坛上要供一位女性偶像，偶像上用树枝搭盖，大概是象征母系氏族时代人们尚过着穴居野外的生活。苗语东部方言称呼首领人物为"嘎奶"，直译就是"当母的"，意译为"领袖"或"头领"，母亲和首领在称呼上成了同义词。在许多地区的苗语中，凡涉及男女的用词，习惯上都把女性放在首位。如称呼双亲为"母父"，而不是"父母"，把"男女"称为"女男"，称"夫妻"为"妻夫"，称"公婆"为"婆公"等。这些都反映了在苗族的历史上确实有过女性最受崇敬的时代。

苗族有一特别崇敬舅家的习俗。苗族的"农涅"①，是最隆重的祭奉祖先的仪式。举行祭祀前，主人要派人持酒一坛，专程去母舅和妻舅家正式通知祭期。届时舅家到来，主人必须亲自出寨，焚香化纸，持杯敬酒，行礼叩拜迎接。苗老师主祭时，母舅家的陪祭人坐右边，妻舅家坐左边。杀牛时，要由舅家的代表手持铁矛，步入杀牛场，先向天地三拜三揖，而后转向祭牛，做刺杀状，随后将铁矛交给同来的青年，正式杀牛。最后分享祭肉时，母舅及妻舅家各分一只祭牛的后腿。在苗族的其他祭祀活动及婚丧仪礼中，舅家都占有特殊的地位。这种崇舅之风，显然也是对母权制和母系氏族社会的一种回忆。正如恩格斯所说："舅父和外甥之间的特别密切的关系"，"起源于母权制时代，并在许多民族中间都可以看到"。②

母系氏族是在族外群婚基础上产生的，是以女性为中心，"即由一群姊妹……连同她们的子女以及她们母方的同胞兄弟和血统较远的兄弟"所组成的，"彼此不能通婚的女系血缘亲属集团"。③ 这种氏族组织，按习惯女子都留在本氏族之内，而其兄弟则去同另一氏族的同辈女子结成婚姻关系。从黔东南和川南苗族中流传的《男子出嫁》的古歌，云南文山苗族的《留姑娘》和黔北苗族的

① "农涅"，东部方言苗语，直译为"吃牛"。
② 《马克思恩格斯选集》第四卷 P134。
③ 同上 P37。

《接女婿》等古歌和传说故事，都可以看到这种母系氏族的婚姻制度的影子。如文山苗族古歌《留姑娘》唱道："远古的时候，人类的婚姻，哪个嫁出去，哪个留下来？……远古的时候，人类的婚姻，儿子嫁出去，姑娘留下来。儿子长大了，长出好模样。姑娘就来选，讨他做新郎。姑娘不出嫁，留下管家常。大小家务事，姑娘拿主张。"①

各地苗族中曾长期存在一种"不落夫家"的习俗。如黔东南舟溪地区苗族，新婚之夜新娘新郎不同宿，第二天吃中饭后新娘送亲人一道回娘家去了。新娘回到娘家三四天后，又由她的父亲和伯叔数人送她到夫家去。他们住一夜或两夜才返家。在老人们返家时，新娘常常提出要随他们一道走，但经夫家一再挽留，她又可多住几天，然后再由男方的父亲和伯叔送她回娘家。这次回娘家后，要到来年二月，才由母亲和伯叔母数人送她到夫家去。去时带一包十多斤米的糯米饭和一只大母鸡为礼物。他们在新女婿家吃喝一两天后即回。新娘住上六七天或十来天，又向婆婆要求回娘家。于是婆婆也同样请几位妯娌，带上同样礼物送她回去。此后一直到插秧和打谷时，才由父亲或母亲送她去夫家。这样接来送去，直达两三年或更长的时间，或者到她怀孕了，才举行"煮饭"（又称"摸锅灶"）仪式。从此以后，新娘才能接触夫家的锅甑、锅铲和锅盖，夫妻同居的生活才稳定下来。看来，这种婚姻关系是由所谓"从妻居"到"从夫居"的一种过渡，是在苗族习俗中长期留下的以女性为中心的母系氏族社会的遗痕。

黔东南地区的苗族在两三代人以前，还盛行母舅家有娶外甥女为儿媳的优先权，称"还娘头"。凡舅家提出来了，姑母家没有推卸的话可说。甚至双方年龄相当，而舅家并不提出，姑母家一旦遇有别家来提亲，或女孩已长大成年时，还要主动去问舅家。舅家无意要了，女家才可自行决定。这种姑舅表婚在湘西、黔东及其他苗族地区也曾流行。与此同时，这些地区的苗族，姨表兄弟姊妹间，是绝对不能通婚的。② 这种姑舅表婚优先权和限制姨表兄弟姊妹间婚姻的习俗，可

---

① 文山壮族苗族自治州民族事务委员会等《文山州民间长诗集》第一集，1982年。

② 《贵州省黔东南舟溪地区苗族的生活习俗》，载《贵州少数民族社会历史调查资料之八》，1963年3月。

能也是母系氏族制度下的族外群婚的一种残余。因为普那路亚婚即族外群婚，是以禁止兄弟姊妹之间发生婚姻关系为前提的。两个母系氏族结成两个世代互为婚姻的集团。在这种情况下，兄弟姊妹之间不能发生婚姻关系，但兄弟的子女和姊妹的子女却必然要结为夫妻，按习俗这是天经地义的事。当母系氏族转变为父系氏族和氏族制度解体后，这种习俗持续下来，就演变成姑舅表之间的婚姻关系。另一方面，在群婚的情况下，姊妹的子女是同处于一个氏族之内的，当然绝对禁止相互的婚姻关系，这种习俗保留下来，就成为对姨表兄弟姊妹间婚姻的限制。

母系氏族有自己的共同墓地，凡氏族成员死后必须葬在一块。苗族在墓葬方面长期存在一种"落叶归根"的原始宗教观念。苗族无论迁徙到什么地方，在埋葬死者时，都要将死者的头向着东方，即向着传说的始祖母故乡的方向，并且要请巫师引导死者沿历史上祖先迁徙的路线，返向祖先原来居住的"老家"，与祖先亡魂聚集一堂。这可能就是远古母系氏族时代，氏族成员合葬于共同墓地的一种遗风。

母系氏族制度，是与原始的经济相适应的。当时人们息于山林和水边，采集是社会生产的主要部分，是生活的主要来源；渔猎活动也占有重要地位；开始掌握了取火、用火的技术；使用的生产工具是粗制的石器和棍棒。苗族先民在远古时代同样经历过这样的发展阶段。湘西苗族的《古老话》，对远古始祖的生活有这样的描述："那时候吃野菇、野果和菜根。那时候吃青蛙、走兽、飞禽；猎上去毛就吃，只会生食不会熟炊。那时候还没有衣穿，那时候只穿树叶树皮……从坶土开始发明凿石取火，从坶准开始寻柴来烧，果华①发明用火熟肉来吃。"② 黔东南的《苗族古歌》也说："现在才有火，以前没有火，菜饭不过煮，得肉就生嚼……火耐老公公，心灵手又巧，用石互相敲，迸出红火苗，人人打锅灶，菜饭才过煮，得肉才过烧，吃的喷喷香，大家眯眯笑。"③ 这都是远古时苗族先民原始经济生活的写照。湘西地区的苗族过去还有这样一种习俗：在祭祀女始祖时，

---

① "坶土""坶准""果华"均为传说中的苗族远古发明家。
② 《民间文学资料》第 60 集。
③ 田兵编选《苗族古歌》，贵州人民出版社，1979 年。

言杀猪要用棒打火烧，而严禁刀杀火烫；祭祀完毕，参与祭祀的人每人平均分配一份祭肉，并且必须用手抓着吃，不许用筷子，还要当众吃光，不准带走。这大概是一种女始祖乐于接受的祭祀方式，实际上也就是母系氏族社会的那种原始的渔猎采集生活的再现。正是在这样的原始经济的基础上，苗族先民经历了自己的母系氏族制阶段。

二、父系氏族

母系氏族社会后期，随着生产力的提高，原始农业和畜牧业发展起来，逐渐代替采集和渔猎成为社会生产的主导部门。砍伐森林，开垦荒地，放牧畜群，只有男子才能胜任。于是，男子在生产劳动中的地位愈来愈重要。反之，妇女已不能承担生产的主要任务，在生产劳动中的地位日益下降。同时，财产的私有开始发生，财产的继承问题提上了日程。作为生产劳动的主要承担者的男子，要求把财产传给自己的子女。与这种变化相适应，婚姻形态从族外群婚，经不稳定的对偶婚，逐步向"一夫一妻"制过渡，由"从妻居"，变成"从夫居"，母系氏族于是演化为父系氏族。这一变化，恩格斯称为"最激进的革命之一"。[①]

从某些古歌和传说材料来看，苗族在历史上确实也经过了这一深刻变化。如云南文山苗族古歌《嫁姑娘》就很形象地追忆了这一变化过程。其歌词云："远古的时候，人类的婚姻，儿子嫁出去，姑娘留下来。留下做哪样？留下讨新郎。留下做哪样？留下管家常。绣花纺麻线，织裙裁衣裳。姑娘手灵巧，样样都停当。可是盖房子，姑娘没主张。地基不会挖，木料不会扛。柱子立不起，椽子搭不上，不会铺茅草，不会垒泥墙。再说种庄稼，姑娘也没法，不会挑粪草，不会犁和耙……又说放牛羊，姑娘更着难，路远难得走，山高不好攀。"在这种情况下，"阿爹改了心，阿妈变了意。儿子留下来，姑娘嫁出去。儿子管家常，样样都在行。盖房种庄稼，又会放牛羊"。[②] 正是男女在生产劳动中的地位和婚姻形

[①] 《马克思恩格斯选集》第四卷 P51。
[②] 云南省历史研究所《云南少数民族》，云南人民出版社，1983 年。

态的这种变化，促使苗族先民实现了从以女性为中心的母系氏族到以男子为中心的父系氏族的转变。从相当于"三苗"时代文化的屈家岭遗址发现男性陶祖的情况看，苗族先民大约在"三苗"时代即公元前三千年代已完成了这一转变。

云南昭通、马关、麻栗坡、金平以及楚雄部分地区的苗族，中华人民共和国成立前还不同程度地保留有"抢婚"习俗。这种"抢婚"往往是在男女双方自愿的基础上举行的象征性的仪式。抢法是由男方事先选派几个青年好友到女方村寨旁等待姑娘出来，便把姑娘抢走，女方兄长一旦发觉，要作追赶，追至男家，男家便以酒饭款待追赶者，或赠予追赶者若干银钱礼物，便将他们打发回家。约待二三日后，男家正式聘请媒人告之女家，并向女家求婚，女方父母要作些形式上的吵骂，事实上唯有答应男方求婚。然后议定礼金，择日正式成亲。① 这实际上成为了远古苗族先民们从母系到父系、由"从妻居"到"从夫居"的转变的影子。

所谓父系氏族，首先是按男性的血统而不再按女性血统来计算世系。黔东南和黔南等地苗族中普遍存在的父子联名制，正是这种按男性血统计算世系的遗俗。苗族的父子连名有两种基本形式：一是己名在前，一父名在后，由己名、父名连成完整的名字；二是己名在前，父名居中，祖名连后，由己名、父名、祖名构成完整的名字。通过这种联名制追溯男性世系，有长达五十多代到七十多代的，至少也能追溯十几代到二十多代。如贵州台江县巫脚交的张永昌老人能背诵四十五代男性宗祖的名字：从有打—信有—昂信，到当九—九当—客九—送九（背诵者自己）—耶送。②

随着父系制的确立，氏族内出现了父系的家长制大家庭这种大家庭。包括若干"一夫一妻"制的小家庭，他们在一个男性家长的领导下，共同生产，共同分配。中华人民共和国成立前夕有的地区的苗族，还一直有着这种父系大家庭，其成员少的三四十人，多的八九十人，生产、生活都由一个老年男性家长支配。

---

① 王世辅《苗语概况》，载《中国语文》，1962 年第 1 期。
② 全国人民代表大会民族委员会办公室编印《贵州、湖南少数民族社会历史调查资料》，1958 年。

如云南马关县都龙区岩头小新寨，有一王姓苗族家庭，人数多达九十九人；文山县杨柳井乡团田寨有一马姓苗族，全家有四十五个成员；麻栗坡县塘子寨一王姓苗族，全家四代同堂，共三十余人。①

苗族按语言可分为东部、中部和西部三大方言，而各方言区内又分为许多支系，各支系都按父系计算，以一个男始祖的名字命名，称为"苗姓"。如，湘西方言区有代削、代芈、代卡、代来、代略等"七宗六房"；黔东南地区有巴汉、香卡、波汉、挨勤、戛相、夏苏等"五支奶六支公"。苗姓相同不能通婚（以后借用的汉姓则不论），聚居为村寨，形成一个宗族。这些父系支系（或宗支），很可能就是由各父系氏族演化而来的。

苗族中还有一种"鼓社"组织，苗语叫"江略"。据传说苗族从洞庭、彭蠡地区西迁时，是按支系和宗族行动的，每个宗支置鼓一个，敲鼓前进，以便联络，迁到新的地方后，仍按宗支姓氏"立宗立社"，称为"鼓社"。后来人口增殖，一个宗支又分村寨而居，故一个鼓社往往包括若干村寨。鼓社设鼓头六人，总理全社事务，还有八人分掌祭祀、礼仪、钱粮、行政、保卫农务等，共称"鼓社九鼓头"，均选举产生，有一定任职期限，每届数年或十余年不等。② 鼓社组织最初的产生是同祭祖活动（即"娄江略"，可译为"鼓社节"）联系在一起的，但实际上它不仅是个祭祀组织，而且成了苗族生产生活的基本社会单位。这种鼓社组织，基本上仍然是以血缘关系为纽带组成的，实质也就是父系氏族公社或父子大家族公社的残存形式。

在父系氏族时代，一个氏族或一个大家族就是一个生产单位，而男性氏族长和家长是生产的组织者和指挥者。在湘西和黔东南等地苗族村寨中，直到解放前夕，还要公推一名最有威望和富于生产经验的老年男性成员，当充"活路头"。每到春耕插秧时，都要由"活路头"主持仪式，并由他首先插秧，称为"开秧门"。仪式结束后，全寨人才插秧。这种风俗，看来也是父系氏族时代所留下的

---

① 云南省《民族问题五种丛书》编委会《云南苗族瑶族社会历史调查》，1982 年内部印刷。

② 贵州省民族研究所《鼓社、议榔调查资料》，1980 年内部印刷。

遗风。

父系氏族和大家族内部实行的是原始的共同分配的原则。经过几千年的发展，苗族的氏族制度解体和进入阶级社会后，这种共同分配的原则早已破坏了。但直到中华人民共和国成立前夕在苗族的实际生活中，有时也还能看到某些遗痕。如，男子狩猎，有"隔山打兽，见者有份"的习惯。第一个击中野兽的猎手多分一个头，第一只咬住野兽的猎犬主人可分一条腿，其余则由参加者平分。又如，一群男子同在河里捕鱼，凡捉到大鱼的人，都要喊一声："大家来分啊！"当然事实上也不一定要分。

三、农村公社

自父系氏族确立后，随着生产力的提高和财产私有制的发展，原始氏族制度进入解体阶段，人的血缘关系逐步为地缘关系所代替，于是形成一种过渡性的社会组织形式，即农村公社。苗族原始氏族制度的解体和农村公社的产生，大致是在夏、商、西周到春秋战国这一千八百多年间，即苗族由江汉、江淮平原和洞庭中彭蠡地带开始西迁的年代。由于西迁后社会发展的滞缓，农村公社在苗族生活中延续的时间相当长，其残余形式一直保留到近代。历史上各地区苗族普遍存在的"榔款"组织，实际上就是农村公社的一种具体形式。

"榔款"组织，在各个苗族地区叫法不一。黔东南叫"议榔""构榔"或"勾夯"，湘西叫"合款""门款"，广西融水叫"埋岩会议"或"栽岩会议"，云南金平一带叫"丛会"或"里社会议"，可以统称为"榔款"。

"榔款"是以地缘关系为基础的村寨组织的。这反映了农村公社的基本特征。其规模大小不一。有一个村寨为一个"榔款"的，有以一个大寨为中心包括邻近几个村寨组成一个"榔款"的，也有几十个甚至上百个村寨组成的。例如，广西融水，清代在元宝寨举行过一次"埋岩会议"，参加的有小桑、培归、上兰、茶地、安泰、小东江、田头等寨。距今两百多年前，在黔东南台江反排寨举行一次"议榔"，参加的有剑河县所属的十几个寨子，以及台江县属的登交、交密、东江、南宫、交下、巫脚、番召、九摆、红梅等寨。组织"榔款"时，有些地方还同时存在按宗支组成的"鼓社"，但"鼓社"一般包括在"榔款"之内，受"榔款"组织的控制。"鼓社"只在同宗支内起作用，而"榔款"则突破了血缘关系，超越了宗支的界限，完全以村寨和地域为基础。一个"榔款"就相当于一个农村公社。

农村公社中，首领的个人权力在增长，但同时仍保留了原始的民主制度。每个"榔款"设有"款首""榔头"，管理行政事务；有称为"硬手"和"老虎汉"的军事首领；有作为宗教领袖的巫师；还有主持司法执行榔规和款约的"理老"和"娄方"。"榔头""款首"和军事首领，一般由选举产生，有一定的任期。"理老"和"娄方"是自然形成的，不须选举，其条件是为人公正，能言善辩；熟悉榔规款约，德高望重，群众公认。"榔款"的最高权力机构是议榔合款大会，每户一人参加，由"榔头""款首"或威望最高的"理老"主持，讨论"榔款"内共同有关的大事，制定规约，选举产生各种执事首领。这种会议，有一年举行 一次的，也有两三年举行一次的。各个"榔款"之间互不统属，只是在某种紧急需要时，才有临时的联合，共推"大榔头"和"大款首"，统一行动。如清道光年间，湘西苗民抗屯租起义时，永绥（即今花垣县）、乾州（即今吉首市）、凤凰三厅所属的"榔款"组织，曾一度联合起来，合成一个"大款"，推举永绥孙文明兄弟为"大款首"，领导起义。

农村公社是公有制和私有制并存的二重性的组织，土地仍为公社所有，但已作为份地分给公社成员占有使用。"榔款"活动的具体内容，明显反映出农村公社的这一属性。黔东南苗族古歌《跋山涉水》叙述：西迁到新的地方后，"雄公心里乐，笑着把话说：'我们来议榔，议榔怎么住。'奶奶回答说：'大家分开居，才好建村寨！'公公回答说：'大家分开住，才能开田土。'雄公来议榔，榔约这样说：'一支住方先，一支住方尼，一支住者雄，一支住希陇，一支住春整，分开过生活。'"这是口头流传下来的苗族西迁时最早的一次议榔。这次议榔的主要内容，就是在首领雄公的主持下，分配土地给各个成员，让"大家分开居"，"分开过生活"。在进入阶级社会以后，土地私有制已发展起来了，但"榔款"组织有时仍然还在行使自己对土地的所有权。例如，黔东南台江反排两百多年前的那次"议榔",主要就是解决土地分配问题。主持人是当地"娄方"中威信最高的养猫应和嘎咀丢。留下的《议榔词》说:当时"平地已被勤快人修了田,后修的人只能找坡岭,修成了田也缺水,收成无保证"。所以要"议榔"来解决这个矛盾。《议榔词》还说:"我们都是一个娘养,都是固央的后代,我们杀条黄牛来勾夯,大家回去再修田,修了田后把田分,个个有田种,大家有吃穿。"① 具体的分配办法是:原占有的田每十挑谷留两挑给原主,其余八挑拿出来和新开的田一起,按人口均分。据说在分田过程中,曾遭到反排寨占田多的富户往当引等人的反对。往当引拒绝参加分田,带着全家七口人迁走了。但他所占有的大量田土被平均分配了。从这次"议榔"来看,一方面土地公社所有制原则得到了贯彻,另一方面对个人私有田土还是有所承认,给予了适当照顾。这正是农村公社在生产资料所有制方面的二重性的反映。

在农村公社中,"一夫一妻"制的小家庭已成为生产和生活的基本单位,但组织管理生产生活仍然是公社的重要职能,所以"榔款"组织的活动多是围绕生产生活进行的。如有《议榔词》对全年的生产作出安排:"一月来到,千把钉耙翻谷兜,万把锄头干活路……三月来到,挑肥到田间,撒粪到田头……取种子来浸,拿种子去撒;五月来到,扯秧去栽,拔秧来插……九月来到,谷黄满坝,谷熟遍坡,摘刀去摘禾,摘刀去摘糯……禾把晒在禾场,谷子装进谷仓。"有的《议榔词》说:"为粮食满仓而议榔,为酒肉满缸而议榔,在羊子踩庄稼的地方议榔,在猴子坏庄稼的地方议榔,议榔庄稼才有收成,议榔寨子才有吃穿。"

由于《议榔词》所反映的"榔款"组织已非农村公社的原生形态,而是农村公社进入阶级社会以后的残留,这就不可避免地会打上阶级社会的烙印。如有的《议榔词》说:"剪人家田里的谷穗,盗人家田里的庄稼,轻罚白银六两,重罚白银十二两;不准拉别人的牛,不准扛别家的猪,谁违犯了,轻罚白银十二两,重罚白银四十八两"。② "砍人家的松树,罚银子三两三,偷人家的松树,罚

---

① 苗族《议榔词》转引自《贵州社会科学》,1981 年第 5 期。
② 张永国等《论苗族议榔的社会属性和作用》,《贵州民族研究》1983 年第2期。

银子一两二。"① 这些规定对于维护正常的生产生活秩序当然会有一定作用，但在私有制和贫富分化日益发展的阶级社会，实质上它又成为了维护财产不平等和剥削制度的工具。

作为农村公社的"榔款"组织，还有另一重要职能，即维护本地区的安全，反对外来的侵犯。每个"榔款"都设有军事首领，遇有战争时，"榔款"实际上就是个军事单位，由于"榔款"组织具有这一属性，所以在进入阶级社会后，它往往很自然地变成了团结苗族人民共同反抗民族的和阶级的压迫剥削的武器。《议榔词》就有这样的记述："为打官家而议榔，为打官兵而议榔。"因为"官兵进入寨子，官兵霸占地方，九里安一邨，十里设一堡。丢田给官家犁，丢地给官家种。我们跑到高山，我们住在高山……我们吃不饱，我们喝不够，无法无计……故我们才来议榔"。历史上清道光年间湘西苗民抗屯租起义，咸同年间贵州张秀眉领导的苗民起义，都是通过"合款""议榔"的形式来进行发动和组织的。

从以上的初步探考可以看出，苗族原始氏族制度发展的史迹是比较清楚的。它既具有苗族自身发展的某些特点，又反映了人类社会发展的共同规律。充分发掘和运用民族学和民俗学方面的资料，加强对苗族原始社会史的研究，不仅有助于更好了解苗族的历史，而且对进一步丰富和深化关于整个人类原始社会的知识，也是很有意义的。

---

① 贵州省民间文学工作组编著《苗族文学史》，贵州人民出版社，1981 年。

秦汉至唐宋苗族的社会经济

从苗族的主体部分看，秦汉以前一般都还处于原始社会末期，秦汉以后至唐宋的 1500 余年间，大致可归为封建社会发展的初级阶段。但由于从东到西继续进行大迁徙，分布地域不断扩大，在不同地区逐步形成几大相互阻隔的聚居区，苗族社会的发展出现了明显的不平衡性。对于这一时期的苗族经济状况和社会结构，我们必须按不同地区进行具体分析和探讨。

一、武陵五溪苗族社会经济

武陵五溪及其邻近地区，春秋战国时期即已归入楚国的版图，较早接受了中原文化的影响，故自秦汉以后，苗族的这一主要聚居区的社会经济发展相对来说是较快的。

《汉书·地理志》载："江南地广，或火耕水耨。民食鱼稻，以渔猎山伐为业，果蓏蠃蛤，食物常足。"这说明，秦汉时期包括武陵五溪地区在内的"江南"，其经济是以种植水稻的农耕为主，而辅之以渔猎。由于地广，耕作比较粗放，是所谓"火耕水耨"。据应劭注曰："火耕水耨"，即"烧草下水种稻。草与稻并生，高七八寸，因悉芟去。复下水灌之，草死，独稻长"。① 在山区可能更为原始一些，是所谓"刀耕火种"。但春秋战国时楚人进入，带来了铁制农具，至两汉时，铁制农具已比较普遍地使用起来，故从农业生产力来看，还是得到了逐步的提高。位于武陵五溪地区的中心沅水中游的溆浦马田坪，1979 年发掘了大批战国至西汉的墓葬。其中战国楚墓出土的随葬器物，除大量陶器铜器外，还有五件铁器，即凹口锄二件、剑一件、刀一件、铁削一件。凹口锄、刀、削等显然是用于农业生产的工具。在西汉后期的墓葬内，发掘出铁器五件，其中有用于

---

① 《汉书·武帝本纪》"注"。

农业生产的凹口锄三件、斧一柄。此外，还发现陶井十五件、吊桶十五件。近几年在溆水入沅处的溆浦江口，也发掘了一批战国和西汉墓。战国楚墓中出土了铁削，西汉墓中出土了铁斧，此外，也有陶井、吊桶等。这都反映了当时武陵五溪苗族地区农业生产力状况和定居的农业生活情景。

秦汉时武陵郡、巴郡的"蛮夷"都实行交纳布匹（即"賨布"）的贡赋制度，可见这些地区包括苗族在内的诸少数民族，除农业生产外，纺织业也有了一定的发展。溆浦马田坪的汉墓中出土的壶、镜、盘、釜、耳杯、盆等铜器，制作都很精细；同时还出土了大批的滑石器，如圆壶、方壶、烛台、耳杯、盆、钵、璧、盘、鼎、灯等，雕刻精致，是一批很好的工艺品。这说明金属制造和雕刻工艺等都达到了一定的水平。

随着农业和手工业的初步发展和分工，武陵五溪地区已有贸易和钱币流通。马田坪的西汉前期墓的随葬品中有一堆泥半两钱；西汉后期墓中出土了"金饼"三枚、铁质五铢钱十余枚、铜质五铢钱二百九十枚，还有许多泥金饼和泥五铢钱；新莽墓葬中出土了"货泉"三十枚，"大泉五十"约四十枚。

至唐宋时期，武陵五溪及其邻近地区的农业、手工业又获得了长足的发展。农业方面，耕地面积和水利设施扩大。如北宋末年，五溪上游地区的城步寨（今湖南城步县）苗族兰氏一家，即开田四千多亩，筑堤修渠，"有四十八个田坝口，昼夜流水响呵呵"①。其他如蒋、向、郭、萧等姓苗族也开了不少田。粮食生产发展，产量提高。五代时，石处温任奖州刺史，"常积谷数十万石，前后累献军粮二十余万石"②。积谷和献粮数额如此之大，说明该地是盛产粮食的。又如，宋咸平五年（1002），夔州路转运使丁谓，奏请五溪地区实行"溪蛮入粟实边"，而朝廷给"溪蛮"以食盐。"群蛮"曰："天子济我以食盐，我愿输兵与食"，结果"边谷有三年之积"。③一次盐粟交易，就使驻军有了三年的粮食，这可看出当时五溪地区的粮食生产的发展状况。

① ［清］城步苗族《兰氏墨谱》。
② 《九国志·石处温传》。
③ 《宋史·蛮夷传》。

武陵五溪地区的黔中都督府所辖各州所贡物品的种类和数量，也从一个侧面反映了经济发展状况。据唐《元和郡县图志》记载：黔州，"开元贡"黄蜡。赋：纻布。元和贡：蜡五十斤，竹布、纻麻布"；思州，"开元贡：葛朱砂。元和贡：蜡十五斤"；辰州，"开元贡：犀角、水银，光明砂四斤。元和贡：光明砂、乐砂"；锦州，"开元贡：光明砂、水银"；溪州，"开元贡：朱砂、黄连。元和贡：朱砂一十斤、黄蜡二百斤"；奖州，"年贡：熟蜡三十斤"。宋《元丰九域志》载：辰州卢溪郡"土贡：光明砂十五两、水银三十两"；沅州潭阳郡，"土贡：朱砂、水银各二十两"；诚州，"土贡：斑白绢三匹"；邵州，"土贡：水银一十两，犀角一株"；鼎州，"土贡：布一十匹，纻、练各一十匹"；澧州，"土贡：绫一十匹，簟一十领"。在宋代，武陵五溪地区各羁縻州也定期向朝廷贡献各种特产方物。如乾德四年（966），下溪州刺史田思迁"以铜鼓、虎皮、麝香来贡"；咸平元年（998），古州刺史向通展，"以芙蓉、朱砂二器，马十匹，水银千两来贡"；天禧三年（1019），向通展又贡名马、丹砂、银装、剑槊、兜鍪、彩牌；元祐三年（1088）知永顺州彭儒同、知渭州彭思聪等，"进奉兴龙节及冬至正旦溪布"。① 从上述经制州和羁縻州作为贡赋的物品看，以朱砂（丹砂）、水银为最多，甚至有一次献水银千两的，这说明，唐宋时武陵五溪地区传统的朱砂矿开采和水银提炼业已相当发达。葛布、苎麻布、溪布、绢等是经常性的贡品，可见纺织业在秦汉的基础上获得了进一步的发展。蜡作为一种普遍性的贡物，是同辰、沅一带苗族的蜡染业的发展分不开的。这种蜡染（苗族称"点蜡"），一直是武陵五溪苗族的传统工艺。以铜鼓、银装等物进贡，则反映了具有民族特色的工艺的形成和发展。

唐宋时期，武陵五溪苗族地区同内地和汉族地区已有着较密切的贸易往来。通过以粟易盐、土官时贡献和朝廷的回赐等渠道，武陵五溪苗族地区的农副产品及土特产，进入了内地和汉族地区，而盐、丝绸等产品则不断流入武陵五溪苗族地区。此外，官府和商人还常深入五溪各地收买"溪货"和土特产品。如五代

---

① 《宋史》卷493。

后晋时，楚王马希范打败溪州刺史彭士愁以后，双方盟誓中特别强调："凡是王庭差纲，收买溪货，并都幕采伐土产，不许辄有庇占。"① 即规定双方要公平交易。

当然，在武陵五溪的某些偏僻山区，直到唐宋时期，经济发展还是相当缓慢的。如辰州、锦州的部分地区（今湖南麻阳、凤凰、吉首、花垣等县市的山区）唐宋时仍然是"焚山而耕"，即"刀耕火种"，"所种粟豆而已，食不足则猎野兽，至烧龟蛇啖之"。② 施州（今湖北恩施）一些山区，宋代还"不习服牛之利"③，即尚不习牛耕。

但总的来看，从秦汉至唐宋，武陵五溪及其邻近地区，社会经济已获得了相当的发展，特别是从铁制工具的普及和农业手工业的发展及其初步分工来看，大致已达到了一般封建社会初期的水平。这一地区的苗族正是在这种物质基础上，由于汉族封建制度的影响，因而越过奴隶社会，逐步进入了封建社会。

从史籍记载看，武陵五溪苗族地区，自东汉后加速了阶级分化的过程，开始产生了大姓豪酋和早期封建领主。《后汉书·南蛮传》载："光武中兴，武陵蛮夷特盛……精夫相单程等据其险隘，大寇郡县。"在同一传中，还相继提到"五里蛮精夫""五里六亭渠师"等等。这些"渠师""精夫"常能调集成千上万的兵丁，可见其控制下的依附人口和部曲之众。他们很可能就是苗族中最初产生的封建领主。同时，在今鄂西川东一带，出现了相巴郑、樊、暉和罗、督、鄂、朴、庹、夕、龚等大姓。他们"以其财物役夷僚，权倾州县"④，实际上也已成为封建领主，其中不少应是苗族。

唐宋时期，武陵五溪地区的封建领主经济获得了进一步发展。这时出现的许多"苗首""蛮酋"，不少可能就是封建领主。如叙州的宋邺、辰州的昌师益，唐末五代，他们曾拥众割据一方，自置刺史。又如诚、徽州的杨承磊、潘全盛，

---

① ［五代］李宏皋《复溪州铜柱记》。
② 《太平寰宇记·补阙》卷119。
③ 《宋史·李周列传》。
④ 《隋书·地理志下》。

他们于唐末以飞山为中心，割据今靖州城步一带，史称"飞山蛮"。马殷占据湖南后，杨氏归附马楚，自立十洞，号称"十洞首领"，并以其族分领各州洞，建立起封建领主的统治。在今湘西永顺龙山一带，有"老蛮头"吴著冲，"洗罗、辰旗、董补、洛塔、他砂诸里，皆其世土"。又有同吴著冲结为兄弟的惹巴冲，"明溪、五寨、坡脚、捞车、二梭、三甲、四甲诸里，皆其世土"。[①] 他们世代据有大片土地和众多人口，显然也已是封建领主，这些"苗蛮"酋领，本人当然不一定都是苗族，其中也可能有其他民族，但他们所辖部曲和附属人口都是以苗族为主，或包括苗族，这是可以肯定的。

在唐宋时期，武陵五溪地区所形成的封建领主中，除土著的"苗蛮"首领外，也还有外来的汉族大姓。他们乘战乱之机，深入溪洞。凭依山险，拥兵割据，逐步控制相当的领土和"苗蛮"人口，变成封建性的大领主。叙州舒氏、锦州田氏、梅山苏氏、溪州彭氏等，均是如此。其中溪州彭氏最为典型。据记载，唐末有彭瑊者，江西吉安人，与其兄吉州刺史彭玕归依马楚，授为辰州刺史（后迁溪州），遂率其部属入溪洞。后来，瑊"以私恩结人心，日渐强盛"，谋逐吴著冲、惹巴冲而并有其地。后晋天福年间，子士愁与楚王马希范发生战争，士愁战败，双方歃血盟誓，立铜柱于溪州界。实际上彭氏的割据从政治上获得了承认。从此，彭氏"世有溪州"[②]。他们"世传郡印，家总州兵……长千万夫"，"本州赋租，自为供赡，本都兵士，亦不抽差"。[③] 即他们拥有自己的武装和部曲，拥有全州人口租赋，成为了武陵五溪地区最大的封建领主，其治下的众多苗族变成了他们依附性的世代被束缚于土地上的农奴。

在领主制形成和发展的同时，武陵五溪苗族地区，产生了以租佃制为特征的封建地主经济。武陵五溪苗族地区的租佃制和地主经济最早出现于何时，由于史料的缺乏，现不得而知。但至宋代，这一地区的土地租佃和买卖已成为一种比较普遍的现象。当时宋王朝在武陵五溪沿边所推行的土丁营田制，显然起了促进作

---

① 光绪《龙山县志》卷六。
② 谢华《湘西土司辑略》，中华书局，1959 年。
③ 《复溪州铜柱记》。

用。根据记载，武陵五溪地区的辰、沅、澧、靖各州，所设置的土丁和弩手，均"量给土田"，实行屯种，耕战结合。但是按规定，这些"营田"是可以召佃收租的，即"募人耕作，岁收其租"①。地方官员也有以"闲田""荒地"租佃给附近少数民族耕种的。如"沅陵之浦口，地平衍膏腴，多水田"，后因战乱荒废，故辰州府将其田佃给靖州杨姓者耕作："俾佃作，而课其租。"杨氏则"专其地将二十年"。② 这种租佃无疑也促进了土地私有和租佃制的发展。

土丁所受田土，最初规定不能买卖典当，但日久松弛，于是土地私有和兼并发展起来。据记载，初"立法行事，悉有定制，峒丁等计口给田，多寡阔狭，疆畔井井，擅鬻者有禁，私易者有罚。一夫岁输租三斗，无他徭役，故皆乐为之用"。但后来"防禁日弛，山徭、峒丁得私售田"。结果，"田归之于民"，即田土为汉民地主所兼并。山徭、峒丁转而失去生业。宋王朝为抑止这种情况的发展，曾一再申令："禁民毋质徭人田，以夺其业，俾能自养，以息边衅。"③ 从记载看，也有汉民将田土典当给当地少数民族的。故湖南安抚司曾"表正经界，禁民毋质徭人田"。④ 这里所说的"山徭""峒丁"和"徭人"，实际上都包括苗族在内。当然，这些土地租佃典卖的现象主要还是涉及屯兵驻地和苗汉交错区的苗族（即后来所称的"熟苗"），对于某些聚居在偏远山区的苗族（即后来所谓的"生苗"）来说，其发展程度可能会低一些。

二、夜郎牂柯地区苗族社会经济

所谓"夜郎""牂柯"，即古夜郎国和西汉武帝以后所置牂柯郡，主要是指现今贵州省的中部、东南部和南部地区。这一地区的土著部落，秦汉以前已形成一些地方性的奴隶制的酋长国。所以最先进入这一地区的部分苗族，应最初处于他族既有的奴隶制度的统治和剥削之下。自秦开通"五尺道"，"初置郡县，经

---

① 《宋史·蛮夷传》。
② 同上。
③ 同上。
④ 同上。

西汉武帝遣唐蒙经营西南夷",成帝河平年间灭古夜郎国,至南北朝,这一地区奴隶制度逐步瓦解,封建制度逐步形成。从此生活在该地区的苗族及其他民族开始进入了封建社会。

夜郎牂柯地区奴隶制的瓦解和封建制度的产生,以经济的发展为基础的。据《史记·西南夷列传》记载,属夜郎牂柯地区的诸"蛮夷"皆"椎髻耕田,有邑聚"。即这里包括苗族在内的少数民族,是以定居的农耕生活为主的。秦汉设置郡县建立封建统治以后,汉人逐步进入这一地区。特别是西汉曾"募豪民田南夷"①,将大批汉人迁至夜郎牂柯垦殖屯田。从此,汉族地区先进的生产工具和生产技术,逐步传入,促进了农业生产的发展。原牂柯郡治所在地清镇平坝一带,20世纪50年代发掘了二十八座汉墓,随葬品中有铁器二十余件:计釜六件,斧一件,锄一件,犁一件(形制比锄大,口略呈尖角形),剑三件,刀十件。看来其中大部分属农业用具。另外,在贵州黔西县发掘的东汉墓中,也出土了铁刀等。如此众多的铁制农具作为随葬品,可见其使用已很普遍了。在清镇平坝和黔西的汉墓中,还出土了铜马、铜兔和陶制的羊、猪、公、鸡等,说明农业生产力提高的同时,农业的家畜饲养业也已发展起来。在古夜郎地区的汉墓中,还曾出土一件田园模型。从模型看,水田块块相连,灌溉渠道纵横,小水渠上有水闸,塘中荷花开放,游鱼尾尾。这是一幅当时农业田园生活的真实图景。同时还出土有加工粮食的陶碓,贮藏粮食的大陶瓷、陶井、滑轮、提水桶,等等。这也是当地苗族和其他民族,定居的农业生活的反映。

秦汉以后,夜郎牂柯境内手工业也得到了发展。在上述清镇平坝的汉墓中除铜铁器物外,还出土了大量漆器。从几件有铭文的耳杯看,其制造分为素工、髹工、上工、涂工、画工、羽工、清工、造工等八九道工序,分工已相当细。黔西东汉墓中出土了具有民族特色的银手镯、银戒指、小银铃等工艺品。可见金属加工制造技术已达到了相当的水平。

两汉时,夜郎牂柯地区已有商品交换和货币流通。清镇平坝的大部分汉墓中

---

① 《史记·平准书》。

都有钱币随葬，有的成串尚见贯索痕迹，有的成堆成片。一般为五铢钱，还有"大泉五十""货泉""货布"等。黔西县的东汉墓出土了"货布"十八枚，五铢钱十五枚，"大泉五十"一枚。从铭文看，清镇平坝出土的漆耳杯，有两件是广汉郡工官监造的，有一件是蜀郡制造的。据记载，蜀郡卓氏和程郑氏在临邛（今四川邛崃）开铁矿，铸造铁器，运到夜郎等地，销售给"椎髻之民"。① 唐蒙奉汉武帝派遣，经营"西南夷"时，曾在南越吃到枸酱，经询问，枸酱产于蜀地，是从夜郎转卖到南越去的。② 这些事实说明，两汉时夜郎牂柯地区，北与巴蜀，南同两广都存在着贸易关系。魏晋南北朝时期，原夜郎牂柯地区的经济又有新的发展。1956 年，平坝发掘了东汉至六朝时期墓葬两座，出土铜、铁、陶、漆等器物十余件。铜器中，铜饰珠已饰有鎏金。陶器中的罐，有双耳、四耳等形制，器表有黄绿釉，内有方格纹弦纹，形制精巧美观。次年，平坝又发掘了六朝墓葬两座，出土有带耳和带系的陶罐八件，里外都施有浅绿色薄釉，质地坚硬，火候很高，已接近半陶半瓷。又据记载，南北朝时，牂柯的苗族、布依族等"挟山傍谷"而居，"近夏人者安堵乐业"，同汉人一样从事农业生产，向封建王朝"输租赋"。在手工业方面，他们"能为细布，色至鲜净"，能"铸铜为器，大口宽腹，名曰'铜爨'，既薄且轻，易于熟食"。③ 铸造铜鼓的技术则更高。这都反映了农业和手工业生产的发展。

社会生产力的提高和经济的发展，促使古夜郎牂柯的大部分地区从奴隶制向封建制转化。首先是随着建治设官和屯垦进入夜郎牂柯地区的汉族官吏、地主和商人，集中大量土地，不少人被朝廷封以官爵，子孙世袭，在政治上、经济上享有种种特权，形成强宗大姓。他们是最初的封建领主。如东汉时，牂柯郡的功曹谢暹，"保境为汉"，光武帝刘秀特敕封为义郎，以后谢氏发展为牂柯地区最大的封建领主。原来从事垦殖的汉族一般劳动人民的后裔和受大姓控制的苗族等土著居民，被迫为这些大姓当兵服役，逐步成为封建性的依附民和部曲。同时，原

---

① 《史记·货殖列传》。
② 《史记·西南夷列传》。
③ 《北史·僚传》。

来的土著奴隶主、贵族酋领，也逐渐采用封建剥削形式，发展为封建领主和大姓豪族，而原来的奴隶和部民变成了封建性的依附民和部曲。牂柯郡有龙、傅、尹、董等大姓。属朱提郡的黔西北地区有朱、鲁、雷、兴、仇、递、高、李八大姓，他们都拥有众多的部曲。这样，以大姓和部曲对立为特征的封建领主制就逐步形成起来，代替奴隶制度构成夜郎牂柯地区的主导的生产关系。这些地区的苗族同其他民族一道，大多数也都逐步进入了封建社会。

这一时期原夜郎牂柯地区的社会经济发展，是不平衡的。上述情况多属郡县治地，以及汉人移居和交通比较便利的地区。在这些地区得到较快发展的同时，有部分偏僻地区仍相当落后。而从总体看，夜郎牂柯地区的发展同内地比较，也还存在明显的差距。故《后汉书·西南夷列传》载："牂柯地多雨潦……寡畜生，又无蚕桑，故其郡最贫"；甚至句町县"有桄榔木，可以为面，百姓资之"。这就是说，由于粮食缺乏，有的地方老百姓以野生植物为食。又《北史·僚传》载：南北朝时尚有一部分"生僚"（实际上包括了部分苗族和布依、仡佬等族），他们居深山，"仍不为编户""皆不顺，其诸头王，每于时节谒见刺史而已"。这部分苗族、布依族和仡佬族可能尚处于原始氏族制度的解体阶段。他们常成为封建王朝和地方官兵野蛮屠杀和掠夺的对象："每岁命随近州镇，出兵讨之，获其生口，以充贱隶。"

至唐宋时期，原夜郎牂柯地区的经济得到进一步发展。农业生产力有明显提高，据记载：牂柯郡地，"土热多雨霖，稻粟皆再熟"。[①] 即有些地区粮食作物一年可以收两季。畜牧业也有发展。唐宋之际，马是"牂柯诸蛮"的主要贡品，有一次贡"名马"多达四百六十四。[②] 又据记载："牂柯蛮……杀人者出牛马三十头，乃得赎死。"[③] 可见牛马等牲畜已成为社会的重要财富，数量也较多。大约在唐代，驴从中原传入牂柯地区，成为重要牲畜和驮载工具。采矿冶炼业和手工业也有进步。1965 年在平坝马场发掘了三座唐墓，虽均被盗，但出土了制作

① 《新唐书·南蛮列传》。
② 《宋史·蛮夷四》。
③ 《旧五代史》卷 138。

精美的"海马葡萄"和"八棱花鸟"铜镜，在原播州地区发掘的南宋杨粲墓，出土的随葬品有影青、宋瓷、金银器皿、带柄铜镜、铜鼓等，工艺水平都较高。墓室中有大量石刻，所雕刻的人物、动物、花卉，栩栩如生。除武陵五溪地区外，夜郎牂柯地区是丹砂、水银的另一重要产地。唐宋之际这些地区的"蛮夷"首领常以丹砂、水银为贡品，有时进贡的数量相当多。如开宝八年（975），"顺化王子"若发等人来朝，贡丹砂千两。① 可见产量相当高。从所贡方物看，还有药物、布帛、蜡、牛虎豹皮、麝脐、犀角等。在日常生活中，牂柯地区的"蛮夷"，"男子服衫袄、大口裤，以带斜冯右肩，以螺壳、虎豹猿狖犬羊皮为饰"，"以金银络额"；"女衣綀布裙衫"。② 这说明，牂柯地区的农副业生产和纺织等手工业都达到了一定的发展水平。

唐宋时期，随着社会生产力的提高和经济的进一步发展，夜郎牂柯地区的大姓封建领主制相应地也得到了发展。这时有谢、龙、赵、杨、田、黄、王诸大姓。他们常常接受朝廷的封爵，拥有广大土地和众多部曲。包括苗族在内的各蛮夷的一般劳动者，处于依附于这些大姓的地位，成为农奴。这些大姓封建领主被尊为"贵人"。农奴见"贵人"，要执鞭而拜；"贵人"对农奴有生杀予夺之权，农奴"犯小罪则杖，大事杀之"。③

同武陵五溪地区相似，唐宋时期牂柯地区的大姓封建领主，不少为外来的汉族大姓豪族。如播州杨氏，祖籍为山西太原人，有杨端者于唐僖宗乾符三年（876），进入播州，以后便世代相袭统治着这个地区的苗族及其他少数民族，成为封建领主。又如"牂柯蛮"谢龙羽，为汉代牂柯郡功曹谢暹的后代，唐初他拥兵三万，以其地为牂州，拜刺史，封夜郎郡公。谢暹的后裔，还有所谓"东谢蛮""南谢蛮"。"东谢蛮"谢氏，"世为酋长，部落尊畏之。其族不育女，自以姓高不可以嫁人"。贞观三年（629），有谢元深者入朝，以其地为应州，拜元深

① 《宋史·蛮夷四》。
② 《新唐书·南蛮列传》。
③ 同上。

为刺史。"南谢"首领谢强亦入朝,以其地为庄州,授强刺史。① 这些都是入居夜郎牂柯的汉族大姓发展起来的大封建领主。由于他们世代雄长"蛮夷"之中,当然会逐渐同当地苗族、彝族,以及布依、仡佬等民族融合,而失去了原来汉族的特征。所以谢元深入朝时,"冠鸟熊皮若注旄,以金银络额,被毛帔,韦行縢,著履"②,完全是少数民族的装束。

由于社会经济的发展和汉族封建制度的影响,唐宋时期夜郎牂柯地区一批土著的少数民族酋领的势力扩张起来,即史称的"鬼主""夷王",等等。他们拥有自己的土地和人口,投靠中央封建王朝,接受封号,也逐步转化为封建领主。如"牂柯蛮"的"鬼主"阿佩,唐文宗开成元年(836)"内附",武宗会昌二年(842),被封为"罗殿(或作甸)王","世袭爵"。③ 其治地在今贵州贞丰罗王亭,辖今贞丰、晴隆一带。据记载:宋乾德五年(967),"西南夷"龙彦瑶等来贡,诏授彦瑶归德将军、南宁州刺史、蕃落使。同时,又以"顺化王"武才为怀化将军;武才弟若启为归德司阶;武龙州部落王子若溢、东山部落王子若差罗、波源部落王子若台、训州部落王子若从等,"并为归德司戈"。淳化三年(992),"夷王"龙兴汉及都统龙汉琠、刺史龙光显等来贡,诏授汉琠宁远大将军,封归化王;又以归德将军罗以植为安远大将军。④ 从族属看,这些蕃落大姓,可能有苗族,也有布依族、彝族等,但其附属人口中肯定都会有苗族。

唐宋时期,夜郎牂柯地区经济的发展和社会的进步是明显的。但同内地和汉族地区比较却仍然存在很大差距,特别是一些较闭塞的山区,发展的水平还是很低的。如"东谢蛮"地区(即今黔东南自治州一带),土地虽宜五谷,但仍"为畲田,岁一易之",即仍然是"刀耕火种"。并且"众处山,巢居,汲流以饮","无城郭","病疾无医药,但击铜鼓、铜沙锣以祀神"。⑤ 由于生产和生活水平的

① 《新唐书·南蛮列传》。
② 同上。
③ 同上。
④ 《宋史·蛮夷四》。
⑤ 《新唐书·南蛮列传》。

低下，故唐宋之际，夜郎牂柯地区一直被中央封建王朝视为"瘴烟之地"，作为贬斥和流放大臣的场所。如唐天宝五年（746），陇右节度使皇甫惟明，因得罪权臣李林甫，贬为播州太守；天宝十二年（753），李林甫被削职，子孙流放黔中和岭南，其党羽卫包贬为夜郎尉；至德二年（757），大诗人李白被流放夜郎，等等。

三、其他地区苗族的社会经济状况

（一）江汉江淮地区的苗族

武陵五溪地区以北的长江中游江汉、江淮地区，即南郡和江夏、南阳、庐江诸郡，秦汉至南北朝时期，尚分布有不少苗族，并且一度向北获得较大发展。据《北史》（卷九十五）载："蛮之种类，盖盘瓠之后，在江、淮之间，部落滋蔓，布于数州，东连寿春，西通巴、蜀，北接汝、颍，往往有焉。其于魏氏，不甚为患。至于晋末，稍以繁昌，渐为寇暴矣。自刘、石乱后，诸蛮无所忌惮，故其族渐得北迁，陆浑以南，满于山谷。"所谓"东连寿春"，就是到了淮南一带；"西通巴、蜀"，则是到了四川；"北接汝、颍"，就是到了河南。分布在这一地域的苗族，由于毗连中原，同汉族杂居错处，所以较早地进入了封建社会。在南北朝时，已形成不少拥有成千上万部曲和附属人口的大姓豪酋。这些豪酋，实际上就是大封建领主，其中有的可能为流入"蛮"中的汉族大姓，但大多是苗族自己的酋领发展起来的。如《魏书·蛮传》载：泰常八年（423），"蛮王"梅安，"率渠帅数千朝京师"；兴光中，"大阳蛮首"桓诞（桓玄之后，显然为汉人），"拥沔水以北，淮叶以南，八万余落，遣使内附"，诞拜东荆州刺史；太和十七年（493），"蛮首"田益宗"率部曲四千余户内属"。同时，襄阳"蛮首"雷婆思等十一人，"率户千余内徙"，"令有沔北之地"。景明初，"大阳蛮首"田育丘等"二万八千户内附，诏置四郡十八县"。又《魏书·蛮传》载：北魏宣武帝时，"蛮酋田盘石、田敬宗等部落万余家，恃众阻险，不宾王命"。裴佗为东荆州刺史，"单使宣慰，示以祸福"，"敬宗等闻佗宿德，相率归附"。

这些"归附""内属"和"内徙"的苗族，后来逐步成了"编户齐民"，同汉族人民一样,"咸从赋役",直接承受中央王朝和地方官府的封建奴役和剥削。由于当时土地兼并剧烈和大土地所有制迅速发展,其中不少人可能不久就变成了当地汉族官僚和大地主的部曲和依附民。隋唐以后,长江中游江汉和江淮间的苗族,再未见诸史籍,很可能大部分与当地汉族融合了。

(二)"乌蛮"奴隶主统治下的苗族

"乌蛮",其或称"罗罗"(又作"㑩㑩"),即后来的彝族。其先民统称为"叟人"或"昆明人"。约两汉以后,他们逐步徙入川南、滇东北和黔西北一带,至晋时已成为该地区的主要居民。汉属犍为郡,西晋置朱提郡。从西晋至唐中叶的数百年间,这一地区的"乌蛮",为大姓爨氏所统治,故史称"东爨乌蛮"。唐天宝六年(747),爨氏为南诏所灭。从此,这一地区归属同为"乌蛮"的南诏国统治。五代时大理政权代替南诏,原"东爨乌蛮"地区又归属大理。宋代,这一地区以"乌蒙乌撒蛮"部相称。

滇东北、黔西北和川南地区的"乌蛮",社会经济发展比较落后。据记载:"石门蕃部……俗椎髻、披毡、佩刀,居必栏棚,不喜耕稼,多畜牧。其人精悍,善战斗,自马湖、南广诸族皆畏之,盖古浪稽、鲁望诸部也。"① "鲁望"即原朱提郡。这些地区的"乌蛮",长期停留在奴隶制阶段,其社会成员有"黑""白"之分。"乌蛮富而强,白蛮贫而弱。"② "罗罗有黑白之异,黑者为贵,而白者为贱。"③ 这里所谓的"乌蛮""黑罗罗""白蛮""白罗罗",就是后来的黑彝、白彝。这种严格的等级差别,实际上就是奴隶主和奴隶的阶级对立。

唐宋之际,当苗族进入滇东北和黔西北地区以后,大多就依附于"乌蛮"奴隶主,为他们耕种服役,逐步沦为奴隶,遭受残酷的奴隶制的统治和剥削。这种情况在这些地区流传下来的苗族《古歌》中是有所反映的。如贵州威宁(原乌蒙)的苗族《迁徙歌》说:他们的祖先被"沙召觉地望"(汉人首领)打败后,迁到了"摩得、摩力诺地"(均为彝族部落名)。开始是在邻近地区"刀耕

---

① 《宋史·叙州三路蛮传》。
② 《大明一统志》卷76。
③ 弘治《贵州图经新志》卷10。

火种"，但过了一段时间后，"子孙们又租种摩得、摩力诺地"，实际变成了"乌蛮"奴隶主的耕种奴隶。歌云："可恨那摩力诺，佚役残酷租子重。苗家的子孙们交租做佚役，租交不了，佚做不完![1]"流传在威宁的另一首《迁徙歌》说：苗族的"老父老母"被"沙召觉地望"追赶，逃到"史丙自老"（彝族首领名）的地方安居。"老父老母种史丙自老的地，老父老母生活像牛马。任由史丙自老使唤，苦痛酸辣说不清，佚当不尽，租子上不完"。[2] 流传在云南彝良的一首古歌《怀念失去的地方》说：苗族的"老辈人"，被"沙召觉地望从平原赶奔，迁到了彝良，结果是我们做了人家的耕牛驮马，痛苦说不完。举目瞧，伤人肺腑！我们做了人家的奴隶佣人，多凄惨、可怜！"彝良在今云南昭通（原乌撒地）东北部，当时正属乌蛮地区。这里所说的"人家"，指的应就是"乌蛮"奴隶主。

根据以上的分析和探讨，秦汉至唐宋时期苗族的社会经济发展大体上可以分为三种类型。

第一，秦汉统一的封建帝国建立后，在汉族封建政权和封建经济文化的影响下，原始氏族制度加速解体，越过奴隶社会阶段，直接进入了封建社会。武陵五溪地区的大多数苗族即如此。江汉江淮地区的苗族也属这一类型，只是其发展速度更快一些，并且逐步同汉族融合了。

第二，在原为其他少数民族所聚居的地区，秦汉以前或以后已形成奴隶制社会，并已建立奴隶主的地方政权和酋长国，苗族迁入后最初处于他族奴隶制和奴隶主政权的剥削和统治之下，不少人沦为他族奴隶主的奴隶。后来随着汉族中央封建王朝对这些地区的开拓和生产力的发展，奴隶制度先后瓦解，逐步向封建社会过渡。这些地区的苗族同其他民族一道，也就由奴隶社会进入了封建社会。古夜郎牂柯地区和"乌蛮"地区的苗族均如此。不同的是前者的过渡始于魏晋南北朝，而后者则始于唐宋以后。

第三，在某些既不为中央王朝所统治，也不受他族势力所控制的偏僻山区，

---

[1] 贵州省文联《民间文学资料》第 16 集。
[2] 同上。

苗族迁入后长期刀耕火种，生产力处于落后状态，原始氏族制度的解体十分缓慢，唐宋以后才开始向阶级社会过渡，直接产生封建制度。武陵五溪和原夜郎牂柯地区都有一部分苗族属这类情况。这部分苗族即宋代的"生界""生蛮"和元明所称的"生苗"。

（原载《苗族历史探考》，贵州民族出版社，1992 年）

论"生苗"区的形成与封建王朝对
"生苗"的统治政策

一

何谓"生苗"？有关史志解释颇多。明郭子章《黔记》云："苗人，古'三苗'之裔……其人有名无姓，有族属无君长。近省界为熟苗，输租服役，稍同良家，则有司籍其户口，息耗登于天府；不与是籍者，谓生苗。生苗多而熟苗寡。"清陆次云《峒溪纤志》云："近为熟苗，远为生苗。熟苗劳同牛马，不胜徭役之苦。"清方亨咸《苗俗记闻》云："自沅州以西，即多苗民。至滇黔更繁，种类甚多……但有生熟之异。生者，匿深菁不敢出，无从见；熟者，服力役，纳田租，与汉人等，往往见之。"龚柴《苗民考》载："已归王化者，谓之熟苗，与内地汉人大同小异；生苗，则僻处山峒，据险为寨，言语不通，风俗迥异……"民国《贵州通志》载："苗，有土司者熟苗，无管者为生苗。"

从这些解释可以看出，所谓"生苗""熟苗"，是一个相对的历史范畴。主要有三层意思：一是就苗族同汉族的关系而言。即邻近汉区或与汉人比较接近，能讲汉语的苗民，谓之"熟苗"；居住在偏僻山区，与汉人关系疏远，言语不通，生活习俗各异的苗民，则被称为"生苗"。二是就苗族同封建国家政权的关系而言。即已被纳入版籍，受地方官吏直接管辖，遭受封建国家赋税和徭役剥削的苗民，被称为"熟苗"；反之，中央王朝和地方官府均"鞭长莫及"，不能进行直接统治和剥削，仍保持某种自立自主状态的苗民，则属"生苗"。三是就苗族同土司的关系而言。即处于土司领地之内，受土司管辖奴役的为"熟苗"；分布于土司辖区之外，无土司土官管辖的为"生苗"。这种划分在科学上并没有多大的价值，而且在封建文人的笔下，还难免不带有某种诬蔑和歧视的色调。但它多少还是反映了各地苗族发展的不同历史状况。封建统治者往往也正是依据"生苗""熟苗"的不同情况，制定不同的政策和策略，采取不同的手段，以分化瓦解苗族，达到维系对整个苗族统治的目的。这种不同的政策策略和手段，反过来对苗族社会的发展又产生了很大影响，特别是加深了各地苗族发展的不平衡性，使"生苗"区的经济文化别具特色。

<h1 style="text-align:center">二</h1>

两宋时期，即已有所谓"生界"与"省地"、"生蛮"与"省民"之分。当时在武陵五溪地区和西南地区，除经制州县和羁縻州之外，还存在一些封建王朝和土官势力均未能达到的地方，被统称为"生界"。即"去州县堡寨远不属王化者名'生界'"①。居住在"生界"内的苗族及其他少数民族被称为"生蛮"。凡设置州县的地区为"省地"，州县内的编民为"省民"。"生蛮"与"省民"是禁止往来的，"生界"基本上处于一种封闭自立的状态。显然，"生苗"和"生苗"区就是在"生蛮"和"生界"的基础上形成和发展起来的。

"生苗"这一称呼最早出现于明永乐初年。如《明实录》永乐三年（1405）正月二十八日载："湖广都指挥谢凤等奏，招谕答意等五寨生苗向化。"② 同年七月初载："辰州卫指挥佥事龚能等招谕箄子坪等处三十五寨生苗廖彪等四百五十三户向化，廖彪等各遣子来朝，请设官抚治。"③ 又，同年九月十一日载："指挥丁能、杜福等抚谕四川亚坚等十一寨生苗，百三十六户向化……上以生苗叛服无常，命悉隶酉阳宣抚司管属，免其赋役。"④

最初，"生苗"数量可能相当多。故郭子章说："生苗多而熟苗寡。""生苗"分布地域也相当广。上引材料中的"答意"在今贵州松桃县地；"箄子坪"，处武陵、五溪地区中部，今为湖南凤凰县地；"亚坚"，在重庆境内，这些地方，明初都属"生苗"区。此外，宣德七年（1432）九月初二载："贵州都匀卫陈蒙烂

---

① ［宋］朱辅《溪蛮丛笑》。
② 《明太宗永乐实录》卷36。
③ 同上卷36。
④ 同上卷37。

土长官司……地连古州八万生苗。"① 正统四年（1439）二月初八载："贵州……苗金虫等纠集洪江生苗。"② 成化十六年（1480）二月十三日载："贵州都匀等处欲征剿生苗和天坝干黑苗。"③ "古州八万"，在今贵州榕江县；"洪江"，在今贵州黎平县东；"都匀"，即今贵州都匀市。明前期，这些地区也都为"生苗"区。又如据田雯《黔书》载："何谓生苗？定番之谷蔺，兴隆清平，偏桥之九股，都匀之紫姜天坝九名九姓，镇远之黑苗，铜仁之红苗，黎平之阳洞罗汉苗……是也"。定番，明程番府和程番长官司治地，今贵州惠水县；兴隆清平偏桥为三卫，在今贵州黄平施秉一带。可见，分布在今天贵州、镇远、黄平、施秉、惠水、都匀、黎平、铜仁等地不同支系的苗族，都曾属于"生苗"的范畴。

"生苗"和"熟苗"，既然是一个相对的历史的范畴，就不会是一成不变的。随着封建王朝统治势力的扩展和苗汉接触交往的加强，必然有一个"生苗"不断变为"熟苗"的过程。答意的五寨，箬子坪的三十五寨，亚坚等十一寨，经明初"向化"后，可能就逐步变成了"熟苗"。又如据《明实录》记载：万历九年（1581）十月，"贵州苗坪天漂等一百五十六寨苗民党银、阿盖等相率归附，更其寨为归化，编入都匀府版籍"。④ 显然，这些"归附"的苗民，编入"版籍"，即编户纳粮后，逐步就变成了"熟苗"。

当然，也有这种情况：有的地区本已建制设官或安置土司，这些地区的苗族已成封建官府和土司所管辖的"熟苗"，后通过斗争和反抗，争得某种独立性，一定程度上摆脱了官府和土司的控制，又重新变成了"生苗"。如，贵州八寨（今丹寨县）地区，自元末至明代二百余年间，均由土司夭氏管辖。清"顺治入关后，安抚司夭朝王缴印效顺，仍准袭职如故，八寨地仍为夭氏所有……康熙十一年以夭坝长官司隶都匀府"，"八寨地属都匀"。⑤ 但康熙十二年，"苗酋将夭应

---

① 《明宣宗宣德实录》卷95。
② 《明英宗正统实录》卷51。
③ 《明宪宗成化实录》卷200。
④ 《明神宗万历实录》卷117。
⑤ 民国《八寨县志稿》卷二。

禄杀害"，"后流土均不受制，分据土地，自相雄长者近六十年"。也就是说，又
变成了"无管"的"生苗"。又如，五溪地区的"上六里"地（即今湖南花垣
县），据记载："唐武德四年开黔中南蛮地，置绥阳、都上等县，属永顺溪州地。
五代置土司，彭姓者为溪州刺史。宋熙宁间开复……属奖锦地"。即元明以前，
这一地区已属官府和土官管辖。但"元弃为六里生苗"①，就是说到了元代始被
迫放弃，成为"生苗"地。明朝建立之初，又曾加以"开辟"。洪武十一年
（1378），设崇山卫（故治即今花垣县吉卫），后改千户所，二十八年（1395），
因粮运艰难，废崇山卫，另设镇溪千户所（故治在今湖南吉首市）。明年，以孙
应隆为泸溪县主簿，入溪峒进行招抚，编户造册，"分镇溪崇山一百二十四寨为
十里。自高岩下谓之下四里，高岩上谓之上六里"，并规定由永顺保靖土司"担
承"②。"上六里"苗民，又一度纳入了官府和土司管辖范围，但为时不长。据明
辰州推官侯加地记载：十里苗民自编户造册，"国初畏法，颇贡常赋。后土官征
调冒爵……兼淫索者众，所民遂多黠纵，始称难治，常贡浸不供。惟下四里颇遵
汉法……至六里苗民则阳顺阴逆，叛服无定，兵戈几无虚日，土司徒有担承之
名"。③ 由于"上六里"苗民的不断反抗，官府和土司均无法控制，故不久又只
得使其成为"化外""生苗"。

经过这样一番沿革兴废和反复变迁，至明清之际和"改土归流"前，逐步
形成了两大块相对稳定的"生苗"区。一是武陵五溪地区和湖南、贵州、四川
三省交界的"红苗"区；一是贵州都匀以东，黎平以西，以今黔东南苗族侗族
自治州为主的"黑苗"区。

武陵五溪地区和湖、贵、川三省交界区的"红苗"，因以腊尔山脉为中心，
故又称"腊尔山苗"；因明初置镇溪千户所和箪子坪长官司又称"镇箪苗"；处
于"上六里"和铜仁府境的，常称为"上六里苗"和"铜仁苗"。从史志记载
看，"红苗"自明初年开始，即长期被视为"生苗"。万历年间户部侍郎杨嗣昌

---

① 光绪《永绥厅志》卷二。
② 同上。
③ 同上卷二十六。

奏称："今川、湖、贵三省除土司外，别有无主生苗，如所称红苗。"① 《大清一统志·镇远府》载："生苗，在施秉县，与铜仁府红苗为一类，有吴、龙、石、麻、田。"清初辰州知府刘应中《平苗记》云："楚、黔、蜀万山之交，皆苗也。种类不一，曰红苗，以其衣带尚红也。曰生苗，以其强悍不通声教，且别于熟苗也。"② 从《明实录》的记载看，当时"红苗"分布相当广，人数众多："红苗者环铜仁、石阡、思州、思南四府，东连楚，西接蜀，周匝二千里有余，种类殆将十万。"③ 当然，所有的"红苗"不会始终都是"生苗"。由于封建王朝的不断征讨，被纳入版籍变成"熟苗"的，总的趋势会日益增多。至明末清初，湖、贵、川三省"红苗"中，仍被视为"生苗"，弃之于"化外"的，只是聚居于以腊尔山为中心的方圆数百里地方，即今贵州松桃和湘西、凤凰、花垣、吉首等县（市）及邻近地区的苗族。据清方显《平苗纪略》所载，其地域四至界限是："北至永顺、保靖土司，南至麻阳县界，东至辰州府界，西至四川平茶、平头、酉阳土司，东南至五寨司，西南至贵州铜仁府"，其范围"经三百里，纬百二十里，周千二百里"。④ 明万历末年，由西南铜仁和五寨司地，经箄子坪镇溪所，东北至保靖司境，大致沿"生苗"区边缘，修筑了一道"边墙"。故又常以"边墙"为界，划分"生苗"和"熟苗"。如清严如熤《苗疆风俗考》载："考苗疆边墙旧址，自亭子关（五寨司地，今凤凰西南）起，东北绕浪中江至华盛哨，过长坪……绕乾州城镇溪所，又西北至良章营、喜鹊营（保靖司地，今保靖县东南）止。边墙以外者为生苗，边墙内间有与民村相错居住，或佃耕民地，供赋当差与内地人民无异，则熟苗也。"据记载，清康熙年间凤凰设厅清编户口时，苗民为三万一千余口。⑤ 若以凤凰、花垣、吉首、松桃四县（市）计，明末清初"生苗"数在十五万人左右。

---

① 民国《永顺县志》卷二十四。
② 《小方壶斋舆地丛钞》第八帙。
③ 《明神宗万历实录》卷536。
④ 民国《贵州通志·土民志二》。
⑤ 乾隆《凤凰厅志》卷十一。

黔东南地区，即古牂柯东部，宋元以后以雷公山脉为中心，逐渐形成了另一个苗族主要聚居区和"生苗"区。这一地区的苗族主要属"黑苗"。所谓"黑苗"，在各地又有各种不同的称呼。如"九股苗""黑山苗""黑生苗""黑脚苗""楼居黑苗""紫姜苗""天苗"等等皆是。关于这一块以"黑苗"为主的"生苗"区，史志记载较多。李宗昉《黔记》载："黑苗，在都匀、八寨、丹江、镇远、黎平、清江、古州等处，族类甚繁，习俗各殊，衣皆尚黑。"乾隆《贵州通志》载："黑苗在都匀之八寨丹江，镇远之清江，黎平之古州。其山居者曰山苗，曰高坡苗，近河者曰洞苗，中有土司者为熟苗，无管者为生苗，衣服皆尚黑，故曰黑苗。"民国《贵州通志·土民志》载："黑苗，一名生苗，以黎平、都匀二府为中心，而延至贵州之东南部。"正如不能把所有的"红苗"说成"生苗"一样，所有的"黑苗"也不全属"生苗"。其中属于"生苗"的部分其具体地域范围和人口数量，某些史志的记载可提供参考。如魏源《西南夷改流记》云："镇远清水江者，沅水上游也，下通湖广，上达黔粤，而生苗据其上游，曰九股河，曰大小丹江，沿岸数百里皆其巢窟。"①《台拱文献》载："台拱，昔为生苗巢穴。苗族以九股为最著，生齿繁盛，近丹江者曰上九股，近施秉者曰下九股，寨密人稠。"林溥《古州杂记》云："古州为百蛮地，自古不通声教。雍正七年，张经略广泗守黎平，以金币贿生苗，假道入省，因密记其道里山川险阻形势，陈诸大帅，购募通事，略定其地，遂入版图，幅员一千余里，东西二百十里，南北三百六十里许，计苗民四百五十四寨，计户二万七千有奇。"根据这些记载判断，黔东南这块"生苗"区，大致是东起黎平界，西至都匀，北达施秉镇远界，南抵古州（榕江），处于清水江和都柳河之间，以雷公山为中心，南北较宽，东西稍窄的长方形地带。从现在的行政区划看，包括台江（原台拱）、剑河、凯里、雷山、丹寨（原八寨丹江）、榕江等县（市），其人口数，虽经明、清王朝的一再征讨屠杀，至"归流"前尚应在二十万人左右。

---

① 《圣武记》。

三

为控制"生苗"区，明朝统治者曾多次诉诸武力，进行大规模的征讨和屠杀，如对湖、贵、川三省交界的腊尔山地区"生苗"。据记载："宣德六年，腊尔苗叛，都督萧授、都御史吴荣率汉土兵十有二万讨平之。班师后随叛，诏授等各戴罪进剿，乃冒暑夜驰，直捣苗巢，掩杀过半。"① 有说：萧授"直捣其巢，兵屯池河（今凤凰县境），扑灭几尽"②。可见，当时这一地区苗族被屠杀的人数是相当多的。嘉靖年间，以腊尔山为中心的湖、贵苗民起义，明朝廷先后遣万镗、张岳，统湖、贵、川三省汉土官兵进行残酷镇压。结果，"经大举，计擒斩及冻饿身死者，已洗除过半。其先擒后纵并脱逃复业之苗，不过十之二三"③。对黔东南以雷公山脉为中心的"生苗"区，明朝统治者大规模使用武力的次数也不少。如据记载："洪武二十二年（1389），都督何福奏讨都匀叛苗，斩四千七百余级，擒获六千三百九十余人，收降寨洞一百五十二处"④；"洪武三十年（1397），古州洞蛮林宽者，自号小帅，聚众作乱……命湖广都督指挥使齐让为平羌将军，统兵五万征之"⑤；成化初，湖广总兵官兼镇贵州右都督李震，"由铜鼓天柱分四道进，连破贼，直捣清水江，因苗为导，深入贼境，两月间破寨八百，焚庐舍万三千三百"；⑥成化十二年（1476），"烂土苗龙洛道称王，声言犯都匀、清平诸卫……命镇远侯顾溥率官兵八万人，巡抚邓廷瓒提督军务，太监江德监诸军，往征之……直捣其巢，凡破一百十寨"⑦。这种大规模的军事征讨，虽能取得一时的成功，但给"生苗"区人民生命财产造成巨大损失，且最终并未能完全达到控制"生苗"的目的。这就迫使明朝统治者不得不对"生苗"区采取某

① ［清］严如熤《关隘说》。
② ［明］田英产《平苗议》。
③ 同上。
④ 《明史·贵州土司传》。
⑤ 同上。
⑥ ［明］侯加地《苗徼纪事》。
⑦ 《明史·贵州土司传》。

些特别的政策和措施。

首先是军事封锁和隔离政策，明朝统治者在每次较大的军事征讨之后，均注意选择要地，于"生苗"区沿边，修筑碉堡哨卡"扼其险阻"。这就逐步形成了对"生苗"区的军事封锁线，"生苗"被人为地圈锢和隔离起来。这种情况在腊尔山"生苗"区，最为典型。据记载，早在永乐三年（1405）湖广都指挥谢凤等，即以"答意等五寨生苗"，"出没劫掠"为由，"请于要害之地，筑堡屯兵以御之"①。宣德年间，萧授在镇压"腊尔山苗"时，乌罗知府严律己疏言："所属治古、答意二长官司石各野等聚众出没铜仁、平头瓮桥诸处，诱胁蛮贼石鸡娘并筸子坪长官吴毕郎等共为乱，招抚不从。缘其地与镇溪、酉阳诸蛮接境，恐相煽为乱。请调官土军分据要害，绝其粮道，且捕且抚。事平之后，宜置卫所巡司以守之。"于是，萧授乃筑湾溪（今吉首市地）等二十四堡，"留官兵七千八百有奇"，"环其地守之。"② 从此，对腊尔山"生苗"开始形成圈围之势。至嘉靖年间，张岳在镇压腊尔山地区苗民起义后，又"疏罢湾溪等堡，更设哨所凡十有三，各哨以土兵仡蛮数百余人，复召募打手数十人戍守"③。十三哨所为：铜信、水塘坳、水田营、小坡、石羊、清溪、永安、五寨、洞口、强虎、筸子、乾州等哨，及镇溪千户所。以后又陆续增设盘石营、正大营、凤凰营、箭塘营、镇靖营、振武营、喜鹊营，以及盛华、王会、长宜等哨，从分布的位置看，大致是围绕腊尔山区沿边，由西而东而北，即从现在的贵州铜仁、松桃，经湖南凤凰西南、麻阳、凤凰东北，至吉首和古丈、保靖县界，构成一个弧形防线。万历四十三年（1615），湖广参政蔡复一，"亲历边疆，度其险坦，力陈营哨罗布，苗路崎岖，难以遏其窥觎，请金四万有奇，筑沿边土墙。上自铜仁，下至保靖，迤山亘水，凡三百余里"④ 这就是所谓"边墙"。这道"边墙"将各营哨连接起来，对腊尔山"生苗"组成一条更严密的军事封锁线，腊尔山"生苗"区同"熟苗"

① 《明太宗永乐实录》卷33。
② 《明史·贵州土司》。
③ 严如熤《关隘说》。
④ 光绪《古丈坪厅志》卷十五。

和汉人区完全被隔离起来，这种军事封锁和隔离政策，一直延续到清康熙中叶"开辟"腊尔山"苗疆"为止。

雷公山"生苗"区的情况也差不多，明朝统治者多次用兵征剿，均未能使这一地区的"生苗"，归于"王化"，结果也只得采取军事封锁和隔离政策。在这里推行这一政策，约始于宣德、正统年间。据记载："正统十二年（1447），巡按御史虞祯奏：'贵州蛮贼出没，抚之不从，捕之不得，若非设策，难以控制。臣观清水江等处，峭壁悬崖，仅通一径出入，彼得恃险为恶，若将江外出口尽行闭塞，江内山口并津渡俱设关堡，屯兵守卫，又择寨长有才干者保为办事官，庶毋疏虞。从之。"① 清水江为雷公山地区苗民出入的通道，明朝统治者以关堡屯兵将其封锁起来，以此阻断他们同外界的联系。明宣德、正统以后，还在清水江和雷公山"生苗"区沿边镇远、施秉、邛水等县司境内，修堡设屯，以封锁和控制"生苗"出入。如，据成化年间镇远知府周瑛奏："所属邛水、施秉等司县与……生苗接踵"，"施秉县旧有地名岑麓等四堡，邛水蛮夷长官司旧有荡洞等一十七堡，镇远蛮夷长官司旧有金浦一堡……正统十四年（1449）苗民猖獗，将各堡焚毁"，故请"恢复"；又"苗东入则由邛水，西入则由施秉。近据邛水长官司申称，宣德年间尝分兵守边，正统年间因征麓川掣回军马，苗遂深入……臣等熟观形势，清浪屯聚人马，是守把在外道路，至于苗所自入如邛水、施秉等藩篱单薄，非策之善也。"按他的建议，"清浪只留参将一员，统领大势人马"，都指挥"调拨人马或二千或三千，就于邛水荡洞或得民等处驻扎，分屯要害……扼其咽喉，而制之命"。② 对黔东南"生苗"区的这种军事封锁政策，到清雍正年"改土归流"时才有所变化。

其次，是利用沿边土司进行防范的政策。明朝所设置的大小土司，有不少是在围绕"生苗"区的沿边地带。如，雷公山"生苗"区周围有赤溪、楠洞长官司，镇远、金容、金达蛮夷司，施秉蛮夷长官司，偏桥长官司，凯里安抚司，八

---

① 《明英宗正统实录》卷 159。

② 嘉靖《贵州通志》卷十。

寨安抚司，烂土长官司，古州长官司等等。腊尔山"生苗"区周边，则有五寨长官司、篁子坪长官司、保靖宣慰司、永顺宣慰司、酉阳宣抚司、平茶长官司、石耶长官司、邑梅长官司、平头长官司、乌罗长官司、省溪长官司、铜仁长官司等，这些长官司，一方面直接统治领地内的"熟苗"和其他"归顺"的少数民族，另一方面，则对"生苗"进行钳制和防范。"明代土司最重，盖借以防苗也。"①

对"生苗"的这种防范作用，永顺、保靖等大土司表现得最突出，他们的具体职责有三：一是所谓"担承"，即封建王朝责成有关土司负责绥靖"生苗"区一定地域的苗民，凡这一地域出事，由负有"担承"义务的土司处置。据《永顺县志》记载："土司有担承苗疆之责。辰州西南一带，苗有镇、篁之分，恃强负固，已非一日，朝廷兵威在所不惧，惟畏永、保土兵。故令永顺司担承镇苗，保靖司担承篁苗。如镇苗大肆焚劫，责成永顺司赎取，篁苗则责成保靖司逮问"，并且"每岁俱有担承，认结到部"。即永顺、保靖土司必须每年一次，到湖广布政使司和辰州府具结及办理有关手续。二是"贴防"。永顺、保靖二宣慰司均下设"抚苗"舍把头目，带领一定数量的土兵，长期驻扎于"生苗"区沿边的险要营哨，就地防范和弹压邻近苗寨。按定制，永顺司舍把二员，头目十名，带兵一百五十名"贴防"永安哨（今凤凰县西）。又舍把二员，头目十名，带兵一百五十名，"贴防"强虎哨（今凤凰县东）。保靖司的"抚苗"舍把头目和土兵，则分守洞口、篁子二哨（今凤凰县东北），除固定"贴防"外，根据情况尚有临时"防守"的义务。如嘉靖二十二年（1543），永顺宣慰使彭宗汉本人"领兵防守篁子坪"②。三是"助剿"。当发生较大规模的苗民"暴乱"时，封建王朝派官军镇压，各土司必须听调，率土兵"助剿"。如明嘉靖年间"镇篁红苗"起义时，保靖宣慰使彭荩臣于十九年（1540）奉调"征镇篁"，"其子守忠亦报家丁土兵五百名从征"。二十五年（1546）"再征镇篁，进至贵州铜仁"，斩

---

① 同治《保靖县志》。
② 谢华《湘西土司辑略》，中华书局，1958 年。

"苗首"吴比龙，擒"苗首"龙老革、龙角马。① 永保等土司对"生苗"区的这种"担承"和防范，曾收到一定效果，在论及"苗防"事宜时，严如熤就曾说过："往时永、保二宣慰，筸子坪、五寨司二长官，俱未革除，则土官世守其地，为我藩篱……而遇苗构衅亦能厉兵固圉。二宣慰足捍永、顺及沅、陵边境，筸子坪司足障泸溪，五寨司足蔽麻阳。"②

第三，是安置卫所屯兵。土司的"防苗"作用还是有限的，特别是一些小土司常常是无能为力。加之，不少土司土官，一方面倚仗自己的势力，"平时不无虐苗情事"，往往成为引起苗民反抗的一个重要因素；另一方面，又常"以窝苗为利薮"，甚至"窝苗诱叛"，同苗民里应外合，乘机渔利。鉴于这种情势，明朝统治者在西南地区，特别是"生苗"区沿边，广置卫所，开屯戍守，利用卫所控制土司，同时加强对苗民的弹压。

在腊尔山"生苗"区。明洪武年间，设崇山卫，以杨仲名为指挥金事，"督将士屯田"。后裁革，又复置镇溪千户所。此外，明朝还先后设置九溪卫（今湖南慈利县）、永定卫（今湖南张家界）、安福千户所（今湖南桑植县）、辰州卫（今湖南沅陵县）、沅州卫（今湖南芷江县）等。这些卫所均处于湖、贵、川交界的腊尔山"生苗"区的沿边地带，在永、保等土司外围又组成一条防线。它们一方面控制永保等土司，另一方面随时可对"生苗"区采取军事行动，对"生苗"进行剿捕和镇压。

在黔东南雷公山"生苗"区，明朝统治者曾在贵州广泛推行卫所屯田制度，把大批官兵和汉人，从内地迁来开屯戍守。自明初始，先后在现今贵州地区共建二十六卫一百六十五所，计安屯军十六万五千多人。这些卫所屯军有相当一部分就是分布在黔东南"生苗"区周围，用来控制邻近土司，防范和弹压"化外"苗民的。早在洪武元年（1368），朱元璋就于邻近"生苗"的清水江下游镇远地区，建筑了清浪、梅溪、相见、柳塘四堡。接着，又在清水江中上游建柳霁寨和

---

① 谢华《湘西土司辑略》。
② 光绪《古丈坪厅志》卷十六。

台拱寨，驻军戍守。明将汤和、周德兴在铜鼓（即今锦屏）、思州，唐胜宗等在黄平、镇远，实行"屯田定边"。明代在贵州所建二十六卫中，位于雷公山"生苗"沿边的计有清平（今凯里市清平镇）、兴隆（今黄平）、偏桥（今施秉）、清浪（今岑巩）、平越（今福泉）、新添（今贵定）、镇远平溪（今玉屏）、铜鼓（今锦屏）、五开（今黎平）、古州（今榕江）等十余卫，即将近半数。这些卫下面还各辖若干千户所、百户所和堡寨。所有这些众多的卫、所、堡、寨，同邻近的大小土司犬牙交错，对黔东南雷公山"生苗"形成一个军事防范网络。

四

"改土归流"前，明清历代统治者对"生苗"除大规模军事征讨和镇压外，所实行的政策，总的是以营哨、"边墙"、堡寨进行军事封锁隔离和利用土司、卫所进行防范钳制的政策。这种政策，阻碍了苗汉人民的正常交往和经济文化的交流，加深了"生苗"区的封闭性，这对"生苗"地区的历史发展和社会进步，无疑是极为有害的。腊尔山和雷公山两大苗族聚居区，同汉族地区和其他少数民族地区比较，经济发展的相对滞缓和文化的长期落后，在很大程度上不能不归咎于明清统治者这种政策。

明清统治者的军事封锁隔离和防范的政策，对"生苗"区社会的发展还产生了另外一些影响。第一，这种政策是以容许"生苗"区的某种程度的自立自主为基础的，它没有直接干预"生苗"内部的生活，因此苗族所固有的某些传统和习俗得以更完整地保持下来。如反映了原始的氏族部落民主制的"议榔""合款"，作为苗族内部的一种社会组织形式，在黔东南雷公山和湘黔边腊尔山苗族聚居区，曾长期广泛流传。又如，黔东南苗族有长达六千余行的大型《苗族史诗》，湘西腊尔山区苗族有完整、系统、内容极其丰富的《苗族古老话》，这是保存下来的苗族古代文化的光辉结晶。此外，诸如语言、服饰、信仰和崇拜、苗医苗药、苗族武术等等，最具民族特色的东西，在原雷公山和腊尔山"生苗"区也都保持得最完整、最典型。第二，正因为这种政策阻碍了苗汉的交往，加深了"生苗"区的封闭性，所以"生苗"区的经济往往自成一体，在社会经济结构方面形成自己的某些特点。从广大汉族地区来看，封建制度至明清时已有一二千年的历史，封建经济已经历了它的繁盛时期而进入了最后的阶段。雷公山和腊尔山"生苗"区却不同，秦汉以来原始氏族制度虽逐步解体并直接向封建社会过渡，但这一过程相当缓慢，至明清之际，从社会经济发展的水平看，尚处于封建经济的初级阶段，土地的集中租佃、剥削关系的发展等等，都远远落后于汉族地区。从土司地区来看，自唐宋羁縻州土官制的产生和发展，至元明土司制度的形成，土官土司依靠其世袭特权，据有大量土地和人口，因此相应地形成和发展大封建主和领主经济，一般地主土地私有制和租佃剥削关系的发展却受到障碍。与之比较起来，雷公山和腊尔山"生苗"区也不相同。这两个地区的苗族一直是处于所谓"有族属无君长"的状态，既没有土官土司，也没有像土官土司那样拥有世袭特权的酋领，因此也就不可能产生和形成土司地区的那种大封建主和领主经济；这里的封建社会并未经过什么领主制的阶段，而一开始以土地私有买卖和租佃关系为特征的一般地主经济就得到了发展。

（原载《苗族历史探考》，贵州民族出版社，1992 年）

明代湘黔边"苗疆"堡哨、"边墙"考

自春秋战国时期开始，苗族即大批移居湖南西部及湘黔边地区。至元明时期，在这个地区以腊尔山为中心，形成一块较大的相对稳定的苗族聚居区，史称"苗疆"。其地理范围，"北至永顺、保靖土司，南至麻阳县界，东至辰州府界，西至平茶、平头、酉阳土司，东南至五寨司，西南至铜仁府，经三百里，纬百二十里，周千二百里"。① 按现在的行政区划，主要包括湘西自治州凤凰、花垣、吉首三县（市），贵州松桃自治县，以及相邻的保靖、古丈、泸溪、麻阳、铜仁、秀山等县（市）的部分地区。深处于这块"苗疆"腹地的苗民，因长期未"编户入籍"，所谓"未服王化""不通声教"，被斥之为"生苗"。为控制和统治这块小小的"苗疆"，镇压和防范"生苗"的反抗，明朝统治者曾采取过不少措施，诸如大规模军事征剿、设置土司屯兵弹压等等，而其中最具代表性和最典型的，并对苗族社会历史发展又影响相当大的，则莫过于成群堡哨的建制和数百里的"边墙"的修筑。现特就其沿革兴废及历史作用作初步考察。

一、堡哨沿革

早在明永乐三年（1405），带兵镇压"生苗"的湖广都指挥谢凤等人，就曾奏请于湘黔边"苗疆""要害之地"，"筑堡屯兵"以御"生苗"。但从史料记载看，当时未能付诸实施。在湘黔边"苗疆"筑堡屯兵，应是始于萧授。据《明史·萧授传》载："贵州治古、答意二长官司苗数出掠，授筑二十四堡，环其地分兵以戍。"嘉庆《湖南通志·苗防三》记载："宣德五年（1430），箪子坪长官吴毕郎等为乱，总兵官萧授筑二十四堡环守之。"六年（1431），萧授、吴荣在镇压腊尔山苗民起义后"乃设湾溪等十堡，拨兵防守"。治古、答意，在今松桃

---

① ［清］方显《平苗纪略》。

县境内；湾溪，在今凤凰与吉首交界处。《明史》与《湖南通志》的记载，虽有差异，但萧授于宣德五、六年间环湘黔边"苗疆"筑堡屯兵，是确有其事的。

萧授所筑二十四堡，由于史料缺乏，其具体的名称与确切的地址现在很难全部查实。其中，所说的"湾溪"，现地名仍保留，今属凤凰县筸子坪乡，同吉首市交界。清乾隆二十二年（1757）《湖南通志》（卷十九）载有寨阳堡、阴隆江堡、爆竹堡、洞口堡、都溶堡、牛隘堡、南阳堡、大凹堡。寨阳，即今吉首市西南部寨阳乡寨阳村；洞口，在今凤凰县东北部吉信镇境内，确切地址待考；都溶，即今凤凰县齐良桥乡杜夜村之不同汉字记音；牛隘，即今凤凰县千工坪乡牛岩村，岩与隘，同音异字；大凹，即大坳，今凤凰县城郊大坳村。阴隆江、爆竹、南阳暂无考。此外，从保留下来的地名考察，麻阳县西北部的郭公坪乡小坡村，又曾称小坡堡；今凤凰廖家桥乡永兴坪附近，清代建有永安哨，旧名牛坳堡；贵州松桃县东南与花垣、凤凰邻近的地区，清代尚留有石花堡、芭茅堡、长兴堡、牛心堡、太平堡等。这些"堡"，可能均属萧授当年镇压治古、答意和筸子坪长官司苗民起义之后所筑堡哨之列。由此可大体看出，二十四堡的分布范围，应是西北起自贵州松桃县及其同花垣凤凰县交界一带，经铜仁、凤凰边境南下，绕过麻阳西北部、凤凰西南部，再北上经凤凰东部地区，而至吉首市南部和西南部。这样，对湘黔边"苗疆"和"生苗"组成一道圈围防线和椭圆形封锁线。

嘉靖三十一年（1552），明王朝在镇压湘黔边苗民大起义之后，特设三藩总督，开府沅州（今怀化市芷江县），由张岳任总督镇抚。据记载，张岳"乃疏罢湾溪等屯，更设乾州、强虎、筸子、洞口、清溪、五寨、永安、石羊、铜信、小坡、冰塘坳、水田营及镇溪所，凡十有三哨，每哨以土兵、仡蛮及募打手等数百人成之"。[①] 同时，设参将两员，一驻麻阳，一驻铜仁。两年后，麻阳参将移驻五寨司城（即今凤凰县治）。明初所设辰沅兵备道一员，仍驻沅州。

张岳所建营哨，后来又有增减。据万历中辰州府推官侯加地记载，隆庆三年

---

① ［清］严如熤《关隘说》，转引自同治《麻阳县志》卷一。

（1569），裁铜信、冰塘坳、水田营等哨。又以丫剌关改永宁哨，新建箭塘营。万历三十六年（1608），增设华盛哨和王会哨。[①] 按侯加地记载，共有 14 哨 2 营 1 所。清同治《麻阳县志·外纪志》关于这些哨营，有较详考证，现结合笔者实地勘察材料，分记如下：

五寨哨，即五寨长官司治。嘉靖三十年（1551）建哨。三十三年（1554），麻阳参将移驻。据清乾隆《辰州府志》（卷四十一）记载："初，五寨有土城"，参将移驻后，由通判吕焕建砖石城。嘉靖三十六年（1557）竣工。清康熙五十四年（1715）重修，即凤凰县古城，今尚存东北二城门城楼，及东门至北门和北门以西原城墙石基两段。

长宁哨，又叫长宜哨。位于五寨司城北部偏西 10 里左右，今凤凰县齐良桥乡长坪村。筑土城，三门。遗址已无存。

清溪哨。位于五寨司城北 20 里左右，今凤凰县齐良桥乡青瓦村。有城，石脚土身，东西各一门。现城墙石脚尚部分保存。

靖疆营，又称靖疆哨。为清溪哨与洞口哨之间所立小营。其旧址在今凤凰县吉信镇大桥村，所存石城部分墙基为清代重修的。

洞口哨。据史料载，东至都吾（即都务，在今凤凰县吉信镇东境）10 里，南至清溪哨 20 里，西至大禾冲（在今凤凰县大田乡）15 里，北至箪子哨 20 里。从记载的方位看，其旧址应在今吉信镇满家村一带。营哨设山巅，有土城，三门。今遗迹已无法勘考。

箪子哨。倚附长官司并附土巡检司。南至洞口哨 20 里，北至湾溪小哨 5 里，直抵乾州哨。有上下二城，一在山麓，一在山巅。在山巅者以蜈蚣形木架为城；在山麓者筑土城，四门，内有巡检和土司衙。从记载的方位和地形看，旧址应在今凤凰县箪子坪乡旧司坪村一带，但遗迹已无存。

乾州哨。据记载，附建于守备汛城外，为石城砖垛，有四门。守备汛城即后来的乾州厅和乾城县城（今吉首市乾州镇）。所附建哨城应即在相邻地区，遗迹

---

① 乾隆《湖南通志·苗防·边哨考》。

已无法查找。

强虎哨。据记载，东至乾州哨 15 里，南至湾溪 10 里。筑有土城，茅盖，三门。今吉首市社塘坡乡仍有强虎村，但遗迹已无存。

镇溪所，即镇溪千户所。南至乾州哨 10 里，北至保靖司界百里，今属吉首市治和湘西自治州首府所在地。据记载，筑有土城，四门，驻千户、土百户及永顺司舍目等。遗迹早已无存。

永安哨，又名牛坳堡。东至五寨司及长冲哨各 20 里，南至大小都罗等民寨20 里，西至永宁哨 20 里。从记载的位置看，应处今凤凰县城与林峰乡都罗村阿拉镇（永宁哨）三者之间，廖家桥乡境内。筑有土城，砖垛城门和梆楼各四。廖家桥乡永兴坪有营盘遗址，是否明代永安哨遗存，还待进一步考察。因永安哨系土城，而现存营盘遗址为青石块城墙。

永宁哨，原名丫刺关，属永安哨。隆庆三年（1569）始建。东至永安哨 20里，南至小坡哨 50 里，西至贵州永安营 15 里（今铜仁市大兴场）。即今凤凰县阿拉（丫刺）镇所在地。筑有石城，城门、茨门各二，茨墙 249 丈，梆楼、炮楼各四。侯加地称之为"古总兵营"。现阿拉镇街市南侧小山岗上有一俗称"营盘"的居民点，即其遗址。又于天星塘立一小哨。位于永宁哨西南约 20 里。今凤凰县黄合乡天星村，一陡峭的山头上，仍有古城墙残段，城内有石砌兵营遗迹，应即天星塘小哨旧址。

小坡哨，原为小坡堡。去麻阳县西 30 里。东抵铜信废哨，南接沅州府后山乡（今怀化市地），西邻贵筑施溪界（今贵州铜仁地），北连永宁哨。筑有土城，盖瓦。侯加地称"本哨为麻阳屏障，为辰州常德襟喉"。正德、嘉靖年间，腊尔山起义苗民曾由此直逼沅州并进抵麻阳县谭家寨一带。遗址在今麻阳旧县城锦和镇西部郭公坪乡小坡村。

石羊哨。东至岩门巡司 20 里，通辰州府大路及水运；南至水田营 20 里，通麻阳旧县城锦和镇达沅州；西至永安哨 20 里，直抵永宁、铜仁等处苗寨；北至五寨哨 20 里。侯加地称"此哨设居五寨、麻阳接界之地，河通辰常，历为积粮之区，切近诸苗巢穴"。筑有土城，盖瓦，二门，遗址在今麻阳县石羊哨乡，早些年修水库时已成淹没区。

箭塘营，原系长宁哨汛地。隆庆三年（1569）始建。东至长宁哨，南连华盛哨，北接清溪哨，西抵苗寨。遗址在今凤凰县千工坪乡箭塘村（现改写成建塘村）。

华盛哨，旧名鱼洞坡。万历三十六年（1608）始建。东至清溪，南至永安，西、北俱接苗寨。今凤凰县千工坪乡建塘村南8里左右，有胜花村，为其旧址所在地。"胜花"即"盛华"的不同记音。

凤凰营，旧名鸡公寨。东至郎中江（即龙塘河）接连永宁哨，南抵天星塘接连王会哨，西邻贵州，北逼"生苗"聚居地。张岳13哨中没有凤凰营，而最早记载见于侯加地《边哨考》，其建营时间应在隆庆和万历年间。今凤凰县西部落潮井乡境内仍有一个以鸡公寨相称的苗族小村寨，附近有一座山叫凤凰山。当地人说，山上原有一座寺庙，名凤鸣寺。与此山相对而立的另一山头，顶部为一开阔平地，有周长1里左右的土城墙基础，笔者实地考察时还大致可见。陪同考察的凤凰苗族人士吴曦云介绍，在其附近曾发现大批明代陶瓷碎片。这里应是明代初建的凤凰营遗址。现保存最完整的以黄丝桥古城相称的凤凰营，则是清初迁建的。

王会哨，又称王会营，旧名火草岭。万历三十六年（1608）初建。位于今凤凰西南部与贵州铜仁交界地区，属黄合乡黄合村。"黄合"应为"王会"之误。据当地老人说，相传古时有三个国王相会于此地，故得名。目前尚保存的大型石城的青石城墙残段和城门石框，是明代原建的还是清代改建的，有待进一步考察分析。

此外，在张岳所建13哨中还有铜信、冰塘坳、水田营3哨，因至明万历年间均已裁废，故侯加地未加记载。铜信哨，位于小坡哨东约20里，处当时麻阳县城附近，今属锦和镇地；冰塘坳哨（又记为水塘坳哨），在今凤凰县茶田乡塘坳村，与麻阳县郭公坪乡交界；水田营，在今凤凰县水田乡水田村，又名水打田。

又据侯加地记载，除上述14哨2营1所外，还有两营：龙首营，在今麻阳县兰里乡（又记为滥泥），万历三十四年（1606）建；拱辰营，在今沅陵县棋坪乡（又记为奇坪），万历四十一年（1613）建，以防"外二里"（今花垣县地）"生苗"。

从以上各营哨的分布形势看，其始初的建筑构想和战略考虑，是以三藩总督和辰沅道驻地沅州府城，及参将驻地麻阳县城（后移五寨司城），作为对湘黔边"苗疆"和"生苗"军事行动的指挥协调中心和后方依托。并依此将营哨明显地分成二线：一线是西起铜仁、凤凰交界的王会营，南下经小坡、铜信、冰塘坳，往东为水田营、五寨司，再至石羊、龙首、拱辰等营哨，可称后防线；另一线，西起凤凰营，向东南经永宁、永安，又北向经盛华、箭塘，再往东而北，至清溪、洞口、箪子、强虎、乾州各营哨，达镇溪所，这是前沿线，紧贴"生苗"区的沿边。同萧授所建24堡一样，各营哨均常年驻军屯粮，对湘黔边"苗疆"和腊尔山"生苗"形成一种军事封锁态势。不同的是，萧授的24堡，布列腊尔山"生苗"区的东西南北四面，呈合围状；张岳等人所建营哨，则主要在"苗疆"和"生苗"区的西南至东北部，呈弧线形。

明王朝就是利用和依靠这些堡哨，对湘黔边"苗疆"和腊尔山"生苗"组成强固的军事封锁线，作为其就地镇压苗族人民反抗的特殊的军事设施。后在此基础上，又复有兴筑"边墙"之举。

二、"边墙"的兴废

关于明代湘黔边"苗疆"的"边墙"，《明实录》和《明史》等正史资料均无记载。明万历年间辰州知府马协留下的《议哨墙》，第一次言及"边墙"之事。据他记载："嘉靖年间，参将孙贤立烽建营，险筑边墙七十里。"但后来因"不缮修，倾颓殆尽"[1]。孙贤，第一任麻阳参将，受总督张岳委用处理"善后"。他创修的"边墙"，至万历年间（即50多年以后）已"倾颓殆尽"。马协当时曾建议"仿昔人故"，重筑"边墙"。其具体方案是："自五寨司奇梁险起，直至乾

---

① 康熙《辰州府志》卷七。

州哨望城坡止，悉筑墙。高一丈二尺，基厚五尺。或内有可补者补之，或全无宜创筑者筑之。东西仅七十里。大哨十里，次者七八里，小者三四里……墙成，上用木架茅草覆之。"在"山险溪界"不能筑墙之处，则"设立隘门，用兵守之，朝启夕闭"。当时任辰州推官的侯加地也支持这一方案。不知何故，未能实施。但从方案中看出，嘉靖末年参将孙贤确实筑有 70 里"边墙"，自五寨司（今凤凰县）的奇梁桥（又记为齐良桥，因奇梁洞得名）开始，至乾州哨（今吉首市乾州镇）界止。这是湘黔边"苗疆"最早的"边墙"。但由于早在 450 年前即已倾颓，未再修复，且又缺乏史料记载，对其结构以及具体路线走向，现在已无法详考。

在湘黔边"苗疆"大规模修筑"边墙"，是万历年间后期，由分守湖北带管辰沅道蔡复一实施的。《明史·蔡复一传》及其他正史资料，同样也没有记载此事。现所能见到的最早的文字记载，是康熙中叶辰州知府刘应中留下的《边墙议》。据其记载：康熙二十五年（1686）"平定"湘黔边"红苗"后，奉命同副将郭忠孝及镇筸协官员，会勘明代的"边墙"。有当地寨老"能言其始末者"说："旧日边墙，上起王会营，下止镇溪所，绕山逾岭，绕三百余里。"创自明万历年间，耗公帑银四万两有奇。并称墙"高八尺许，基厚五尺，顶三尺"。"就地募兵兴筑，给工食。兵筑一丈给银一钱二分，民给银一钱八分。"各营哨共养"汉土官兵七千八百名"，各哨选"游兵头目""巡墙队长"，领兵数十名，"接递传签，沿墙巡视"，虽雨夜亦不停。墙圮，则令游兵及时修补。天启中，又"起自镇溪所，至喜鹊营止，添墙六十里"。至崇祯间，"寇乱苗叛"，"土墙尽夷为平地矣"。刘应中又记载，他曾在一苗民家中得所藏明代《传边录》一帙。其纪边墙始末，与上述寨老所言完全一致。① 这是康熙中叶，即"边墙"兴筑以后 70 余年的记载。时不过三代人左右，应当可信。

继刘应中之后，记载"边墙"修筑情况更详细的，则为成书于乾隆二十二年（1757）的《湖南通志》（卷五十四）。现引录如下：

---

① 乾隆《乾州厅志·城郭志》。

"设立边墙，自四十三年始……前任分守湖北带管辰沅兵备道蔡复一巡边，申详奏请动支公帑银四万三千余两，筑楚边城。沿溪石壁，水城天堑，生成界限，民村田粮得入腹内。不意，州府县民，虑远喜近，辞难就易，各官受贿，就近从易，将民村寨地方、芦塘、都溶、龙井、强虎等处额粮田地，筑在墙外，被苗侵占，民怨至今。保靖司都司周履时督工，上自王会营起，下至镇溪所止，湾环曲折，绕水登山，三百余里，新建边墙一重。高八尺，下起脚五尺，上收顶三尺。兵筑一丈，给价一钱二分，民筑一丈，给价一钱八分。添设游兵头目、巡墙队长各一名。制立循环二筹，不分雨夜，填明时刻，依墙巡至前哨，交明返回。其巡墙队长，每遇朔望，上哨至王会营起，下哨至靖江（疆）营止，赴参府衙门呈递。至天启年间，辰沅兵备道副使胡一鸿，委游击邓祖禹，自镇溪所起，至喜鹊营止，复添设边墙六十余里。稳然自谓金城汤池矣！"嘉庆初随军镇压苗民起义的溆浦举人严如熤所撰《苗防备览》，以及后来续修或新修的湖南通志和有关府县厅志，如嘉庆、光绪《湖南通志》，道光《凤凰厅志》，同治《麻阳县志》，光绪《古丈坪厅志》等，关于"边墙"的记述，皆本于刘应中《边墙议》和乾隆《湖南通志》《辰州府志》，大同小异。其中，严如熤的《苗防备览》首次绘制了明代"边墙"线路走向示意图；另外一点差异是，乾隆以后的方志多说明代的"边墙"，起自亭子关（王会营以南约 10 里，今凤凰县黄合乡化眉村）。不过，从史料的可信程度来说，隔事件发生年代愈近的，一般是愈准确的。还是刘应中的记载和乾隆以前的方志材料更可靠，起点应在王会营。

王会营，即王会哨，处湘黔边，今凤凰县黄合乡黄合村，与铜仁大兴、白水乡相邻；喜鹊营位于镇溪所以北约 30 里，今吉首市马颈坳乡团结村，同保靖、古丈县交界。依据上引史料，明万历四十三年（1615）由蔡复一创修的"边墙"，西起湘黔交界的凤凰王会营，按东北走向，北端止于吉首市东北部的喜鹊营，全长 360 多里。但其具体位置和路线走向，并不完全与蔡复一原来议定的方案相吻合。在修筑过程中，前后有所改变。

据蔡复一原议的方案，中间是沿渡头坑、毛都塘、两头羊、毛谷屯、大田、泡水等处走向筑墙。后由于有关府县"虑远喜近""辞难就易"，而各官吏又

"受贿"，"就近从易"，结果改变走向，将芦塘、都溶、龙井、强虎等处民村的
"额粮田地"，筑在墙外去了！渡头坑，不知今为何处；毛都塘，即今凤凰县山
江镇毛都塘村；两头羊，今又记为拉斗羊，属凤凰山江，位于毛都塘东北 5 里左
右；红岩井，不知今在何处，应与两头羊相距不远；毛谷屯，亦待考；大田，位
于两头羊东北方，相距约 10 里，今属凤凰县大田乡；泡水，在大田以上北 10 余
里，今属凤凰三拱桥乡，与吉首市地相邻。芦塘，从严如煜《苗防备览》所载
《苗疆全图》中的位置看，在牛陴（今凤凰县千工坪乡牛岩村）东边相距不远的
地方，也应属凤凰千工坪乡。龙井，今属凤凰县木里乡，位于毛都塘以东 10 里
左右。强虎，即强虎哨，今属吉首市社塘坡乡，与凤凰篁子坪和三拱桥乡相邻。
都溶，即今凤凰县齐良桥乡杜夜村。从现在苗族分布状况看，毛都塘、两头羊、
大田、泡水均为苗族聚居区，基本上已属纯苗区，即原"生苗"地。这说明，
蔡复一原拟定的"边墙"线路，已深入到苗族腹地。芦塘、龙井、强虎、都溶
等，均在原规划的线路以东，现在也是苗族地区，但杂居的汉族居民较多，即属
史称的"熟苗"区。所以"边墙"实际线路，大体上是从苗区腹地东移，后退
至"熟苗"区和苗汉杂居区。正因如此，在以后相当长时期内，这道"边墙"
实际上成为划分"生苗"和"熟苗"、苗民与汉人的一条界线，例如严如煜即认
为："边墙以外者为生苗，边墙内间有与民村相错居住……则熟苗也。"[1]

　　根据上引史料记载，并参考严如煜《苗防备览》一书中《苗疆全图》所绘
"边墙"线，可以确定：明万历四十三年（1615）始修的湘黔边"苗疆"的"边
墙"，比较确切的走向，应是西起凤凰、铜仁交界的王会营（今凤凰黄合乡黄合
村），往东北行，至永宁哨（今凤凰阿拉镇所在地）；由永宁哨西侧北上，过沱
江上游一条溪河，抵宜都营（清初设，今凤凰阿拉镇宜都村）；继而东北行，经
永安哨（今凤凰廖家桥乡永兴坪一带）；由永安哨西北侧再北上，过沱江河，抵
华盛哨（今凤凰千工坪乡胜花村）；又东北行，至牛陴（今千山坪乡牛岩村）、
芦塘（牛陴南）；转而东南行，达沱江北岸长宜哨（今凤凰齐良桥乡长坪村）；

---

　　① 严如煜《苗防备览》卷二。

再东北向，至都溶（今齐良桥乡杜夜村）；再北行，至清溪哨（今齐良桥乡青瓦村）；继续往北，沿万溶江左岸，先后达靖疆营（今凤凰吉信镇大桥乡）洞口哨（吉信镇满家村一带）、箪子坪哨（今凤凰箪子坪乡旧司坪一带）；再北行，经湾溪，先后达乾州哨（今吉首市乾州镇地）、镇溪所（今吉首市治）；最后抵终点喜鹊营（今吉首市马颈坳乡团结村）。

从上述线路看，万历至天启年间所筑"边墙"，基本上是按侯加地记载的17哨、营、所中前沿营哨所组成的弧形线修筑的。相对西北部腊尔山台地"生苗"区而言，大多数哨堡营垒在"边墙"之内，"边墙"从其前方绕过。其中，仅有凤凰营、箭塘营、强虎哨等明显处于"边墙"之外。哨堡通过"边墙"串联起来，而"边墙"又以哨堡为依托，哨堡加上"边墙"，就对"生苗"组成了更为严密的封锁线。从结构看，当然也并不是那么坚固，因为"边墙"全部都是用泥土筑成的，并且脚基仅有5尺宽，收顶3尺，高不过8尺左右，很容易被捣毁，再加南方多雨，时有倾塌在所难免。所以特设巡墙队长、游兵，上下日夜巡察，随时填补。尽管如此，至明末即已被踏毁，70余年后刘应中考察时就只见零散断墙残迹了！清嘉庆年间，即蔡复一修筑"边墙"近180年之后，清朝统治者残酷镇压湘黔边苗民大起义，由傅鼐主持"苗防屯政"时，又曾修筑了100余里墙壕，也称"边墙"。但这同明代"边墙"已没有什么直接联系。第一，傅鼐不是在明代"边墙"基础上修复、重修或改建；第二，长度只有百余里，从长宜哨附近起，到湾溪一带止，长宜哨以西和湾溪以北，均未筑墙；第三，具体线路不一致，结构也不相同。明代"边墙"全为土墙，傅鼐所建为石墙，并且有墙也有壕，非全部为墙；傅鼐的"边墙"是据险建筑，多在山顶和山梁上，而明代督工官员和兵民"辞难就易""就近从易"，一般是在较平缓的地方，就地取土筑墙。

三、堡哨"边墙"的历史评价

（一）明代湘黔边"苗疆"的堡哨和"边墙"，从本质上讲绝非单纯防御性的设施，而是对"苗疆"和"生苗"进行控制和镇压的特殊军事设施和暴力工具。

中国西南和湘黔边地区，自秦汉统一后，即开始设置郡县。湘黔边先后属黔中郡、武陵郡。贵州、云南及川南一带，曾分别设牂柯、夜郎、犍为、朱提、建宁、兴古等郡。唐宋时，云南和贵州部分地区，一度为"乌蛮""白蛮"等当地土著民族首领所据有，并先后出现过"大理""南诏"等独立的地方政权。元朝取代宋金，统一全国后创设行省制。云南置云南行省，川南、贵州和湘黔边地区，则分属四川行省、湖广行省。西南地区的独立的地方政权，均不复存在。明朝，除仍置云南、四川、湖广行省外，还废除思州、思南等土司，增设贵州行省。湘黔边地区，置乌罗、思南、铜仁、沅州、辰州等府及其属县。此外，周边还有酉阳、永顺、保靖等土司，以及镇远、偏桥、清浪、辰州、永定、九溪等卫。在明代，以腊尔山为中心的"苗疆"，虽未单独设立州县等行政机构，但它已是处于中央封建王朝控制和统治之下和深入内地的，被各行省、府、县、土司、卫所等行政和军事建置包围起来的弹丸之地。腊尔山"生苗"，只不过是历经屠杀压迫驱赶，而偏居一隅的一支弱小族群。湘黔边"苗疆"和"生苗"，除被迫为生存进行起义反抗外，对于周边的汉人及其他兄弟民族，从未造成什么侵害，更没有对明王朝政权产生任何威胁，加强"防御"又何从谈起呢？历史上的所谓"苗防"和"防苗"，都只是居统治地位和据有"中原"的大民族，对一个被视为"非我族类"的弱势民族的民族歧视、民族隔离和民族压迫，是根深蒂固而又极端陈腐的"夷夏之防"的变种。这已不用赘言了！

近来还有一种说法，即湘黔边"苗疆"的"边墙"，是用来控制云贵地区进入湖南和内地的关口要隘，防御和抵挡西南民族对湖南和内地的进犯的"长城"。这就更不符合历史事实了！无论是萧授、张岳筑堡哨，还是孙贤、蔡复一修"边墙"，其目的都只在于控制和镇压湘黔边这块"苗疆"内的"生苗"，根本没有设想要用以防御西南地区的少数民族，而事实上和历史上也从来没有起到这方面的作用。相反，每当湘黔边"苗疆"和腊尔山"生苗"发动大起义时，中央王朝无不是从云南、贵州、四川方面调来官军和土兵，进行残酷镇压。云贵地区反而成为向湘黔边"苗疆"发动进攻的出发地和补给后方。

　　明王朝在自己统治的疆域内，筑堡修边，用以镇压和控制当地少数民族的类似措施，除湘黔边"苗疆"外，还曾实施于其他少数民族聚居区。如以雷公山地区为中心的黔东南"苗疆"。据记载，宣德、正统年间，在与"生苗"接近的施秉县，筑有岑麓等四堡；邛水司筑荡洞等十七堡；镇远司筑金浦等堡。万历七年（1579），贵州巡抚何起鸣又奏请于镇远府境内"紧要关隘处"建筑四哨，以添兵"弹压"诸苗。① 明朝统治者在这里同样是依靠堡哨，驻兵屯粮，弹压和控制所辖地区，就地镇压当地苗族及其他少数民族的反抗。湘黔边"苗疆"不同的特点，是在堡哨的基础上于沿边添筑了土墙。但这并不改变而是更加强了堡哨"边墙"所具有的镇控弹压当地少数民族（特别是所谓"生苗"）的特殊军事设施和暴力工具的本质。

　　（二）对湘黔边"苗疆"和腊尔山"生苗"的圈围封锁隔离，是明代堡哨和边墙建筑的一个主要意图和具体功能之一。萧授开始筑24堡，是用来对"苗疆"和腊尔山"生苗"，"环其地分兵以戍"和"环守之"。就是从东、西、南、北四面包围，以防守弹压。张岳等人所筑营哨和蔡复一的土墙，在"苗疆"和"生苗"区沿边，由西南而东北，呈一道弧形防线，而在今西部的铜仁、松桃县和北部的花垣县境内，没有设哨筑墙。这种布局显然与当时主持此事的张岳、蔡复一等人，一直是以三藩总督和辰沅兵备的驻地沅州府城及所辖辰州、沅州，以及麻阳等属县，为战守重点有很大关系。但另一方面，我们不能认为，在湘黔边"苗疆"的西部和北部就被忽视而没有设防。原萧授所建24堡中一部分，如石花、长兴、牛心、芭茅、太平等堡，都处于腊尔山"生苗"区的西部和西北沿边。北部有永顺、保靖二土司，明王朝一直是借重土司以"防苗"的。此外，西有铜仁参将镇守，北部沿边还有镇溪千户所驻军。正是这些军事建制和军事设施连接起来，并与其他沿边堡哨和土墙相衔接，对湘黔边"苗疆"和腊尔山"生苗"实行了严密的圈围和封锁。"边墙"与没有筑墙地区的哨堡及相关军事建制，共同组成不可分割的封锁线，中间实际上是没有什么缺口的。如果将"边墙"孤

---

　　① 嘉庆《贵州通志·经略志》；《明神宗实录》卷85。

立起来，等同于那种单纯的由两点一线构成的"长城"，是不符合史实的。

同时还应注意到，"边墙"是"墙"，并不是"城"。明代湘黔边"苗疆"的"边墙"，是一堵比一般人稍高的土墙，墙体相当单薄，上顶盖着茅草，没有用于战守的墙垛，没有城楼和哨台。所以它再长也还只是一道土墙，从基本要素看，也并没有构成围城。

（三）明代堡哨"边墙"对湘黔边"苗疆"和"生苗"的圈围封锁和隔离，无疑阻碍了苗族地区与汉族地区、苗民与汉人之间正常的经济文化的联系、交往和交流。而后来清王朝又在不同程度上加以继承。这对苗族地区和苗族社会的发展进步，是极其不利的。湘黔边苗族聚居区经济文化发展之所以长期滞缓和落后，明清数百年间实行的军事圈围、封锁、隔离，是一个极其重要的历史原因。从另一角度看，明清王朝对湘黔边"苗疆"和"生苗"的封锁和隔离，也在一定程度上预防和阻止了外地"客民"（主要是汉人）大批进入苗区，预防和阻止了一些狡黠之徒对淳朴苗民进行欺压掠夺和种种欺凌盘剥。这就为"生苗"区内的苗族人民，保留和维持了一块尽管条件恶劣和狭窄、但相对稳定和相对独立的生活空间，从而使这一部分历经屠杀、驱赶和种种劫难的弱势族群，不至于被灭绝，作为一个民族及其文化和传统，也得以一代一代承传下来。这当然主要是苗族人民顽强斗争的结果。但湘黔边"苗疆"的堡哨、"边墙"，客观上和某种程度上，在这方面也曾起到了一些历史作用。

（原刊《贵州民族研究》，2001 年第 3 期）

清代湘黔边 "苗防" 考略

　　清王朝对于明代控制和统治湘黔边 "苗疆" 及其 "生苗"，即所谓 "苗防" 的政策措施，有一定的继承性，但在某些方面又同明王朝有明显区别。而在清王朝统治的 200 多年间，其前期和后期自身也有所不同。这些变化，反映出中国封建王朝所实行的国内民族政策，在实践中的不断调整和发展，并对湘黔边 "苗疆" 和 "生苗" 区的苗族社会历史的发展，产生了深刻影响。

一、清朝前期对湘黔边 "苗疆" 的政策举措

　　据记载，顺治四年（1647），归顺了清王朝的恭亲王孔有德率军进入湖南，至辰州，永顺等土司及 "三百八十洞苗蛮" 归附了清王朝。从此，清王朝开始在湘黔边 "苗疆" 建立自己的统治。但当时还只局限于 "苗疆" 的沿边和各土司直接管辖的一些苗寨。对于 "苗疆" 腹地和 "生苗" 区，清朝统治者则依然需不断诉诸武力，通过军事 "征剿" 以实现自己的统治权力。如，顺治十五年（1658），参将吴长春 "征苗"，经过一年多的攻战，"遂尽降诸苗"；康熙八年（1669），"镇篁苗叛"，副将王雄 "剿之"[①]。

　　康熙二十四年（1685），以 "红苗" "出劫" 镇溪所为由，偏沅巡抚丁思孔遣副将郭忠孝领军，进行了一次更大规模的 "征讨"。当年十月，郭忠孝等率长沙、常德各协官兵及永顺、保靖两司土兵，从乾州哨、篁子哨一路，经火麻营，进入苗族聚居区即 "生苗" 区。先后攻占苗民据守抗击的地良坡、爆木营、革多寨等险要。翌年二月，围攻天星寨，苗民的抵抗最后失败。百余寨苗民被迫 "纳款" 归诚。于是，以生长于苗区的原镇溪所土指挥陈国典加外委都司衔，驻防基地。并分设东、西、南、北四汛，以哨弁熊鸣鹤等为 "抚苗千总"，驻扎老

---

　　① 　嘉庆《湖南通志·苗防四》。

寅寨、木里、地良坡、残成，带管塘寨、龙洞、龙井、司门前、三岔、坪龙、皮林、龙蓬、阿八等120余寨。此外，凤凰营所辖池河、烂泥塘等沿墙一带"顺苗"，则由镇箪协管辖。从此，苗民"倾心向化，永为王民矣"！① 火麻营、地良坡（今叫从良坡），今属凤凰县三拱桥乡；爆木营、天星寨，今属凤凰县禾库乡；木里、龙井，今属凤凰县木里乡；三岔（坪）、坪龙，今属吉首市社塘坡乡。可见，通过这次用兵，原腊尔山"生苗"区即凤凰县西北部及同吉首、花垣交界地区，大部分已处于清王朝的直接军事控制和军事管辖之下。

为进一步加强对湘黔边"苗疆"特别是腊尔山"生苗"的控制和弹压，康熙三十九年（1700），据湖广总督郭琇疏请，将沅州镇总兵移驻镇箪（即五寨司城），原镇箪协副将移驻沅州。并以辰州将弁及永、保二土司统归镇箪镇总兵管辖。从此，镇箪镇总兵驻地五寨司城（今凤凰县城），取代沅州府城，开始成为中央王朝镇压控制和管辖湘黔边"苗疆"，以及整个湘西地区的军事政治中心。

康熙四十二年（1703），清王朝对湘黔边"苗疆"和腊尔山"生苗"又一次采取了更大规模的军事行动。其目的是通过武力"开辟"，彻底控制"苗疆"，"勒令"以腊尔山为中心的"生苗""归诚"，正式建制地方行政管理体制，"编户入籍"。据记载，该年九月，遣礼部尚书席尔达、副都统图思海等大员，统领荆州驻防满汉官兵，并酌带广西、贵州、湖北三省兵，"直巡镇箪苗巢"。十一月，进至天星寨以东爆木营立营。十二月十三日，分四路大举进攻。先后攻陷天星、龙蛟洞（今属凤凰县禾库乡）、糯塘山、上下葫芦、马鞍山、打郎、毛都塘、两头羊（今属凤凰县山江镇）、湄亮等寨及苗民据守的各险要，数千苗民遭屠杀，"缴器械归诚者"301寨。于是在辰州府增设乾州、凤凰二厅，"分治苗疆"②。同时，又于相邻的贵州、铜仁府属正大营，设"理苗同知"。雍正八年（1730），移正大营同知为松桃理苗同知，铜仁协副将亦移驻松桃。同年，辰沅永靖道兼副将王柔等，带兵"开辟""六里生苗"，设永绥协和永绥同知。至此，

---

① ［清］刘应中《平苗记》，载乾隆《辰州府志》卷42。
② 嘉庆《湖南通志·苗防四》。

在湘黔边"南疆"先后设置乾州（今吉首市）、凤凰、松桃、永绥（今花垣）四厅，以腊尔山为中心的"生苗"区，全部纳入了中央封建王朝的直接统治范围。

清朝前期，在对湘黔边"苗疆"不断用兵，进行军事"征剿"和武力"开辟"之时，统治阶层内部曾前后两次兴起修复明代"边墙"之议。但结果均被认为不合时宜而遭否决。

第一次是在康熙二十五年（1686）郭忠孝"征苗"之后，督抚大员欲求"一劳永逸"，提出修复"边墙"。据记载，当时负责"监军"的辰州知府刘应中，奉命协同郭忠孝等实地勘察，结果发现"边墙"旧址"俱已残塌，所存废堵百不一二"。所以刘应中认为："边墙倾颓已久，今不过仅有陈迹。若欲复旧，则实需创而非修矣！"即要"从新建造"，工程浩大，需耗费巨大的人力财力，绝非官吏"捐修"和当地"廖廖兵民"兴工所能做到的，因此持否定态度。① 这次修复明代"边墙"的动议也就搁置起来。

第二次就是清王朝以武力"开辟""苗疆"，设置厅县后。据记载，凤凰、乾州设厅以后，苗民依然不断起而反抗。如康熙四十七年（1708）"镇筸苗叛"，第二年，"镇筸苗"吴老吉等攻陷德胜营（今凤凰县吉信镇），巡抚赵申乔率满汉官兵及永顺土司兵"剿之"。② 鉴于这种形势，修复明代"边墙"的问题，又再次被提上议程。

据记载，康熙五十年（1711），湖广总督鄂海，"奏请依旧址大筑镇筸边墙"。于是朝廷命鄂海偕提督、巡抚、总兵诸臣"巡边"，实地"会勘"。当年九月，鄂海等先由五寨司城，北出旧边墙，进入毛都塘等苗区，后又从司城抵达乾州苗区，"遍谕诸寨渠长"。苗民们纷纷表示"愿为编氓，输赋供役"。十二月和翌年五月，毛都塘等51寨及盘塘窝等"生苗"83寨寨长，先后远赴武昌（总督驻地）表陈"归顺"之心。"边墙之议遂寝。"③ 就是说，鄂海等大臣在"巡边"时看到原"生苗"区的苗民都已"归顺"朝廷，正式入籍，成为输赋供役的

---

① ［清］刘应中《边墙议》，载乾隆《乾州厅志·城郭志》。
② 嘉庆《湖南通志·苗防四》。
③ 同上。

"编民"，感到没有必要又筑一道"边墙"，用墙再将他们隔之于外了。当鄂海将会勘情形上奏后，康熙皇帝也认为"从未归化"之"红苗"（指湘黔边苗民），"今既各输悃诚"，就应"天下内外一体"，令其"安堵乐业，咸遂生养，从容化导"。在康熙看来，湘黔边苗民已不是"化外"之民，当然也就不必再筑墙封锁隔离。①

清王朝前期，否定和放弃了明王朝在湘黔边"苗疆"所实施的，用堡哨"边墙"进行圈围封锁和隔离的政策。当然，也并非不再使用和依靠军事设施和武力弹压。清朝统治者对湘黔边"苗疆"除多次用兵"征剿"之外，平时一直重视保持相当的兵力驻防镇守。清初即于五寨司城驻扎副将，后又移驻镇筸镇总兵，下辖中、左、右、前四营；马步战守官兵 3000 多。又设守备，驻乾州，分防麻阳镇溪所。同时，于"苗疆"各隘要，设大小塘汛 80 余处。"开辟"设厅后，增设永绥协副将一员，战守官兵 1200 有奇；保靖营参将一员，战守官兵 1000 有余。此外，又将铜仁协副将移驻松桃。湘黔边"苗疆"依然被置于严密的军事控制和镇守防卫之下。与明王朝的区别在于，清朝统治者已不是单纯依靠武力和军事设施来控制和统治"苗疆"。

自"开辟"设治后，包括原"生苗"在内的整个湘黔边"苗疆"，有史以来第一次建立了正常的地方行政管理体制，上有辰沅永靖道道员，各厅有同知、通判，各区设百户，各苗寨设寨长，苗民普遍编户入籍。同时在苗区开办义学、义馆，设立"苗疆学额"，以实施所谓"化导"，"潜移其俗"。雍正七年（1729），巡抚赵宏恩还疏请"民苗兵丁宜结姻亲"。至乾隆二十九年（1764），正式取消了苗、汉之间不得通婚的禁令。

二、乾嘉苗民大起义与傅鼐建碉"修边"

乾隆六十年（1795），即清王朝"开辟"湘黔边"苗疆"，完成建厅设治60 余年后，湘黔边地区苗族人民在吴八月、石柳邓、吴三保、吴天半等人领导

---

① ［清］鄂海《抚苗碑》，载乾隆《乾州厅志》。

下，以"逐客民（指汉人），复故地"和杀"果贵"（即当官的）相号召，掀起了大规模武装起义。苗民义军迅速攻陷各营汛，占领乾州厅城，围攻凤凰厅，东征麻阳、泸溪，起义浪潮迅速席卷松桃、永绥、乾州、凤凰四厅及邻近府县。清朝廷大为震惊，急令云贵总督福康安、四川总督和琳、湖广总督福宁等，调集贵州、云南、湖南、湖北、四川、广西、广东等七省满汉官兵"会剿"。至嘉庆二年（1797），始将苗民起义军主力打垮，攻占最后一个义军根据地平隆。而起义余波一直延续到嘉庆十年。

乾嘉苗民大起义，给清朝统治者以沉重的打击。为镇压起义，清王朝耗费了巨大的人力财力，军队的统帅福康安、和琳，也先后暴毙于"苗疆"。这迫使清朝统治者"痛定思痛"，不得不反省过往数十年来对湘黔边"苗疆"的政策和统治措施的得失，作出某些改变和调整。清代的"苗防"政策也就发生了明显的转变。

关于起义的原因，和琳认为：湘黔边"苗疆""开辟"数十年来，"户口日滋，地界有限"，而汉人大批涌入，"逐渐设计盘剥，将苗疆地亩侵占错处，是以苗众转致失业，贫难无度者日多"。又指出"客民"（即外来汉人）进入，"始则以贸易而利其财，继则因账债而占其地"，"客民之侵占日见其多，则苗疆之田亩日见其少"。于是苗民们"积忿相仇，猝然烧杀起事……启衅之端，实由于此"。① 后来魏源论及乾嘉苗民起义时亦认为：在永绥厅设厅之前，"悬苗巢中，环城外寸地皆苗。不数十年，尽占为民地。……于是奸苗创言，逐客民，复故地，而群寨争杀百户响应矣"！② 镇压乾嘉苗民起义时随军参谋军事的溆浦举人严如熤则认为："开辟"设厅之后，苗区的"百户"与"办苗外委"，多由外来汉人"奸民承充"，"遇苗户事件，敲骨吸髓，无所不至"，甚至"一苗在案，合寨被害"③。又据清永绥人高登云《抚苗论》载：乾隆六十年（1795）的"苗

---

① 和琳奏章，载《清代前期苗民起义档案史料》（以下简称《档案史料》），光明日报出版社，1987年。

② ［清］魏源《圣武记》卷七。

③ 严如熤《苗防备览》。

叛"，启衅之由是"汉官也"，"汉官之纵百户也"，"汉官之贪纵不戢，有以激其变也"①。这说明，清朝统治阶层也认识到，"开辟"设厅之后，大批满汉官吏驻兵，以及汉族奸商，涌进"苗疆"，对苗民巧取豪夺，兼并田土，使苗族农民丧失土地，失去生计，是促使"苗疆"民族矛盾和社会矛盾激化，苗民掀起大规模反抗斗争的根本原因。

正是基于这种认识，为缓和"苗疆"的社会矛盾和民族矛盾，避免和防止苗民与汉人之间再生事端，重建并强化对"苗疆"的军事控制和政治统治，和琳于嘉庆元年（1796），拟定和奏陈了《苗疆善后章程六条》。其中，特别强调要"清厘"苗民界址，"苗地归苗"，"民地归民"，以解决土地纠纷。同时，将安置在苗疆腹地的零散塘汛，一律撤出来，另于各要地筑堡驻兵，裁去汉人百户、办苗外委等，任用土百户、土外委等"苗官"，实行"以苗治苗"等。其意在于避免和防止以往所发生的种种"扰苗"事情再发生。由于和琳第二年即染疾身亡，这些"善后"任务未及实施。他们后来是由其继任者们，特别是凤凰厅同知"总理边务"傅鼐，具体主持实施和完成的。

所谓"清厘"民苗界址，"民地归民""苗地归苗"，依据和琳的建议，在凤凰、乾州二厅，基本上是按明代"边墙"的旧址走向来划分的。即认定"边墙以内"所属"苗地"，"向来悉系苗产，如有汉民侵占之田，应一并查出，不许汉民再行耕种"；而"苗境边墙以外"则为"民地"，令汉人"渐次复业"。具体的划法是：乾州厅，"由二炮台至喜鹊营止，民地归民，苗民归苗"，"其从前民占苗地"，"一律退还，客民全行撤出"。在凤凰厅，"中营及上前营一带，以乌草河为界，下前及右营一带，以山溪为界，外为苗地，内为民地。所有民人前在苗寨垦买苗地，尽归苗人。其下前营之木里关、畲坪、龙井、司门前等处地亩，向系民人完粮，因在山溪以外，且早扎有苗寨"，也都交给"良苗"耕种。乌草河以内，"间有民苗交错之处，亦将苗田逐细划归苗人耕管"。② 二炮台，在湾溪

---

① 《抚苗论》，《永绥厅志》卷26。
② 毕沅奏折，《档案史料》下册。光绪《湖南通志·苗防五》。

与乾州之间，今吉首市与凤凰县交界处；木里关，即今木林坪，属凤凰县篁子坪乡；龙井司门前，现处凤凰木里乡境内。所谓"山溪"，是指万溶江上游及其支流。它流经清溪哨、靖强营、洞口哨、篁子哨，直达乾州哨，即从现凤凰长坪乡地流入吉首市地界。可见，凤凰、乾州二厅的民苗"界址"，基本上是同原明代"边墙"旧址一致的。

"清厘"界址后，即着手于"苗疆"沿边各险地大筑碉堡哨卡，修筑"墙壕"，这一工程主要由傅鼐主持。据其《修边论》记载："苗疆自清乾隆六十年用兵以后，将提督分驻辰州，花园添设绥靖镇，保靖改为参将，乾州移驻辰州协，军制整齐，声势称雄。而苗路如梳，出没无常。"所以，"非于沿边民村，筹设屯堡，添建卡碉"。傅鼐任凤凰同知时，于嘉庆二年（1797）五月，始筑"镇篁城沿边碉卡"。升任"总理边务"大员后，又筑乾州、永绥、保靖、古丈各厅县碉卡。据统计，凤凰厅境内堡卡碉台836座，永绥厅126座，乾州厅127座，古丈坪及保靖境内70座。五厅县共建汛堡屯卡1176座（不同的史料统计数略有出入）。嘉庆六年（1801），傅鼐奉调率兵勇镇压贵州松桃厅石岘苗民起义后，在原"生苗"区西北松桃厅境内亦筑碉堡。据记载，从铜仁正大营所属伙哨营，到松桃厅之杆子坳、下石花等处沿边百余里，添建石碉100座，筑堡10座；又于石岘一带筑8堡、48碉。① 至此，"苗疆沿边七百余里，均已寸节安设碉卡，将苗地全行圈围在内，苗人不能窜越内地"。② 就是说，湘黔边"苗疆"和以腊尔山为中心的原"生苗"区，从西到东，由南而北，被星罗棋布的成百上千的汛堡碉卡哨台等军事设施圈围起来，而且较明代更加严密。

傅鼐主持修筑的堡碉哨卡是以凤凰厅为防卫重点，三分之二以上均集中于凤凰厅境内。这同当时凤凰厅城为辰沅永靖道和镇篁总兵驻地，已成为"苗疆"及整个湘西政治军事中心有关。从汛堡碉卡的分布格局看，大体以厅城为依托，分为两线：一是"沿边"，即对原"生苗"区沿边的堵截；二是近城里围后路和

① 光绪《湖南通志·苗防五》。
② ［清］但湘良《湖南苗防屯政考》卷十一。

粮道的保卫。凤凰厅境内的 800 多座汛堡碉卡，"近苗沿边"的有 642 座，构成第一线。厅城周围后路粮道，共 190 余座。"沿边"的汛堡碉卡哨台，大部分是按"清厘"后的"民苗界址"，即明代"边墙"旧址的走向分布的。据清但湘良《湖南苗防屯政考》和严如煜《苗防备览》记载，其具体走向是：东北自乾州厅交界之木林坪（又称木里关）起，经旧司坪（明箓子哨）、晒金塘（今属箓子坪乡），至得胜营（又称德胜营，今吉信镇），再南向经清溪哨、黄土坳（今均属长坪乡），折而向西，经四路口（明长宜哨附近，今长坪乡长坪村地），沿沱江而上，抵鸭保洞（今属廖家桥乡），然后又南下经廖家桥，再往西经乐壕（今称拉毫）、宜都营（现均属都里乡），再往西抵丫刺营（今阿拉镇）、凤凰营（今黄丝桥古城）、落潮井（今落潮井乡），再向西和西北与贵州铜仁、松桃境内各汛堡屯卡相衔接。这是凤凰厅境内"沿边"的主线。后来又加修从黄土坳、四方井南下，至镇箓镇城（今凤凰县城），再又从镇城往西，抵廖家桥一线的碉卡哨台；以及由浪中江（落潮井附近），西南行，经王会营（即明王会哨，今黄合乡黄合村），至亭子关（今黄合乡化眉村）的碉卡哨台。"沿边"主线上的汛堡碉哨，与明代"边墙"旧址的走向，大体上是一致的。从黄土坳四方井南下，至厅城，以及自厅城往西，抵廖家桥一线的汛堡哨台，则同明代"边墙"无关，基本上已处"里围"和"后路"范围。

汛堡碉卡哨台基本建成后，傅鼐等人又于凤凰厅境内镇箓镇左右营辖区修筑100 多里的墙壕。"悬崖陡坎"，不能筑墙的地方，则"复加削凿"，构成天然屏障。又在各碉卡之间，添砌块石哨台 88 座，"以资瞭守"①。后又从湾溪至镇溪所（今吉首市）增修"长墙数十里"②。傅鼐所修筑的墙壕，历史上也称为"边墙"。

镇箓镇总兵所辖左营，游击驻晒金塘，守备驻旧司坪；右营，游击驻得胜营，守备驻清溪哨。左、右营这一线辖区内的苗民，史称"黑苗"和"花苗"。

---

① ［清］傅鼐《禀建碉卡》，载《苗疆屯防实录》卷 14。
② 《苗疆屯防实录》卷 1。

在乾嘉起义被镇压后继续进行反抗，反对"清厘"界址时侵占苗民土地，反对修筑碉堡哨卡封锁苗区，被认为是"万分凶狯""最为穷悍"①。所以傅鼐和总兵富志那，协同右营游击王文选等人，特筑墙壕一道重点加强防范。据笔者实地勘察，并参证道光《凤凰厅志》及但湘良《湖南苗防屯政考》所刊舆图，傅鼐的这道"边墙"，北端起自凤、乾交界之木林坪汛老营盘，蜿蜒曲折南行，中经箪子坪汛、旧司坪汛、晒金塘游击营堡、沟田汛、洞口哨屯、得胜营堡、彭水井汛、靖疆营屯、大坡屯、油菜塘屯、清溪哨汛、黄土坳汛、四方井汛等汛堡屯卡，再遍西行，而止于长宜哨汛地的四路口近关碉。沿线连接汛堡、屯卡、碉台、哨台和关门。初步统计，全线汛堡19座屯卡33座；安置在"边墙"线上的碉楼和哨台，共200座，平均约半里，即200米左右一座。汛营屯堡，有少数位于"边墙"线上的，两端与墙壕相衔接，但大多数是处于"边墙"的后方，作为依托。除与墙壕相衔接的汛堡屯卡和碉哨外，沿"边墙"线的前后内外，还安置有为数众多的汛堡和碉哨，呈密集状，互为掎角。

傅鼐主持修筑的汛堡屯卡和碉楼哨台，全部是用当地开采的青岩和红砂岩块石为材料，块石之间未见灰浆之类黏合物，但雕凿较规整，砌叠严实。这在建筑工艺方面与明代土筑堡哨明显不同。其中较大型的营汛城堡，也有是直接在原明代土筑墙垣的基础上改建和扩建而成的。其坚固程度和耐久性能，大大增强。据50多年前，即傅鼐建碉150年后，笔者幼年时所目睹，当时凤凰乾州境内分布于各山头的废碉残堡，可说是鳞次栉比。直到近二三十年来，由于多次人为的破坏，才大部分消失。

傅鼐等人于凤凰左右营所筑"墙壕"，其走向与明代"边墙"大体是一致的。但在建筑施工和具体路线方面却有很大区别。第一，由于明代"边墙"早已荡然无存，傅鼐的围墙不可能依其旧址修复。并且明代筑墙时，没有按蔡复一的原意，利用陡坡峭壁，而避难就易，在较平坦的地方取土筑墙；傅鼐的围墙则一般筑于山梁，并尽可能利用险要和悬崖峭壁。所以二者根本不可能走同一条路

---

① 《苗疆屯防实录》，卷18。

线。第二，傅鼐修筑的围墙在凤凰厅境内起自木林坪，而止于长宜哨的四路口，全长仅百余里。明代"边墙"起自凤、乾交界的湾溪（天启年间往北延伸至喜鹊营），止于与贵州铜仁相邻的王会营，全长 300 余里。自长宜哨四路口，即今长坪乡长坪村以西，沿沱江而上，经千工坪乡胜花（明华盛哨）、鸭保洞，再西南行，经廖家桥（明永安哨地）、都里乡拉豪（即乐壕屯）、鸦拉营（明永宁哨，今阿拉镇），直抵王会营（今黄合乡黄合村），明代曾筑有"边墙"，而傅鼐却没有再修筑。第三，明代嘉靖年间和万历年间，两次修筑"边墙"，均为"土墙"。傅鼐所筑围墙，则是"近石处用石，远石处用土"①，即有石头的地段就砌石为墙，缺石料的地段就垒土成墙，石土杂用，既不全是石墙，也不都是土墙，并且有些地段没有墙，而是以"悬崖陡坎"为天然屏障。

由于傅鼐等人仅在木林坪至四路口一线修筑墙壕，后在乾州厅境加修一段至镇溪所的围墙，所以欲勘察清代"边墙"，只能在四路口，即今凤凰县城北长坪乡长坪以东、以北寻找。若要在四路口以西，即凤凰县城西部去求索清代石砌"边墙"，那就是"南辕北辙"了！据笔者近年实地考察，乾州厅（今吉首市）境内清代"边墙"已难觅踪影，而凤凰境内亦未发现成型的断垣和墙段。去年，笔者偕同凤凰县苗族人士龙庆和，到吉信镇大桥村靖疆营、大坡屯考察。从大坡屯遗址下山时，发现相距数十米的半山腰处，有一座石砌的哨台遗址，再沿山而下，数十米处又有一座哨台遗址，并且顺大坡屯而下，至第二座哨台，再至第一座哨台，相互之间留下一线由石块与土堆混杂而成的墙址遗迹。据说山下面两山之间及大坡屯对面的山头上，早些年也都见有石碉和墙基遗迹。从大坡屯遗址，到对面山头之间，石碉哨台墙垣连接成一道防线。这显然就是当年傅鼐所修"边墙"的遗存。

三、清代"苗防"政策的历史评价

（1）满族作为一个入主中原建立清王朝的中国少数民族，其统治阶层在对

---

① ［清］傅鼐《修边论》。

待国内其他少数民族问题上，从观念到具体政策措施，与历代中原王朝存在着一些明显的差别。他们特别强调"天下内外一体"（康熙语），并不将各"苗蛮"民族视为"异类"而加以排斥。所以康熙、乾隆之世，开疆辟土，消除"化外"，"改土归流"，一统政令。正因如此，清朝前期在湘黔边"苗疆"实施了一些不同于明代的政策措施。在借助军事力量建立和维系自己统治的同时，清朝统治者着力建立正常的行政管理体制，否定重建"边墙"进行封锁隔离的主张，注重"化导"，甚至解除禁令，允许苗、汉通婚。不可否认，这类政策措施具有一定的历史的进步性，也有利于苗族社会历史的发展。

（2）乾嘉苗民起义后，清王朝在统治湘黔边"苗疆"的政策方面，发生了某些明显的改变。这也并非偶然。满族统治者进关后，面临人数占绝对优势的汉民族及其千百年来所形成的居统治地位的传统观念，包括对国内"蛮夷"民族的种种不平等和歧视，他们要建立和稳固自己的统治，不得不依靠汉人并吸取其文化和传统，不可避免地会承续和接受历代中原王朝对"蛮夷"民族所实施的一些民族歧视和民族压迫的政策措施。特别是，在"开辟"建治、大批官吏驻军汛兵以及外来客民（主要是汉人）拥进苗区，造成土地问题和民族矛盾激化，终于爆发了大规模苗民起义和反抗斗争后，清王朝统治者对统治"苗疆"的政策进行调整，从消极面吸取教训，又接受和重新实施明王朝的某些举措，就更不足为奇。

（3）傅鼐等人建碉筑堡设屯，修筑墙壕，同明王朝统治者一样，目的在于对湘黔边"苗疆"和原"生苗"区，进行军事封锁隔离，从本质看并不单纯在于"防"，而主要是用于镇压和攻战。这一点，实际上当时严如熤和傅鼐本人都已说得比较明白。严如熤认为："善师者不阵，善阵者不战。古之操胜算者，恒不战而屈人之兵。"所以他主张在"苗疆"修筑堡屯。① 傅鼐《修边论》曰：筑"关墙""以严疆界"，"炮台则以为堵截攻战之所……卡碉则用以守亦以战，遏苗之来，截苗之归，均在此也"。傅鼐等人在湘黔边凤凰、乾州、永绥、古丈、

---

① 国治《古丈坪厅志》卷 16，严如熤《总论苗境事务宜为筑堡》。

保靖、松桃、铜仁等厅县，以成百上千的汛堡、屯碉、哨台、关门，再加一些墙壕，对"苗疆"和"生苗"区，如明代一样，依然组成了军事包围和军事封锁线，而且更加严密和强化。同时大搞"均田屯丁"，以数千训练有素的练勇屯兵，驻扎各堡屯卡，随时镇压苗族人民的反抗。

（4）明清王朝于湘黔边"苗疆"修筑的堡哨"边墙"在一定程度上都具有区划界址的作用，特别是明代蔡复一的土墙和傅鼐的墙壕。但所区划的只是"生苗"与"熟苗"、苗民与汉人生活地域的范围和界限，即所谓"边墙"以外为"生苗"，"边墙"以内为"熟苗"。正因为"生苗"是被堡哨和长墙圈围起来的，所以又常有相反的说法，即"边墙"以内为"生苗"，而"边墙"以外为"熟苗"（如上引湖广总督毕沅奏折所称）。从目前的堡哨屯碉和"边墙"遗迹的走向看，其两侧和内外，大体依然是苗区与汉区的分界。当然这种分界主要是限制和阻拦苗民由苗区进入汉区，维护汉人的利益。但同时也有防止内地"客民"流入苗区，盘剥和欺压苗民，避免引发事端的目的。这一点，在经历了大规模乾嘉苗民起义的教训之后，清王朝的统治者们更加明确。

可见，明清时期湘黔边"苗疆"的"边墙"所区分的界址和地域，实际上是封建王朝在其疆域内对不同辖区和统治区的划分，以对"蛮夷"民族实行分而治之。这种界限的划分，完全没有不同政治军事实体之间，或并立的国家和民族之间，在相互抗衡和彼此力量对峙期间那种划分此疆彼界的性质和作用。在这一点上，湘黔边"苗疆"的"边墙"，与中国古代"长城"，包括战国之际燕、赵、魏各国之间所修的长城，秦始皇统一修筑的长城，以及后来明代北方长城，都有着本质的区别。历史上将筑于湘黔边"苗疆"弹丸之地的这种"土墙"和土石混合的"墙壕"，习称为"边墙"，是当代苗汉同胞妇孺皆知的。"边墙"就只是"边墙"，又何来中国"南方长城"呢？

（5）乾嘉苗民起义后，清王朝统治者们从原来的否定转到又重新采用明代以堡哨、"边墙"对湘黔边"苗疆"封锁隔离和镇压的政策。但二者还是有明显的区别。明代，在湘黔边"苗疆"一直未设官建治，没有建立起正常的行政管理体制，对"苗疆"和"生苗"的统治和控制，基本上是纯军事性的，"生苗"

实际上还是被斥之为"化外"之民，所筑"边墙"，其军事性质也就较为突出。清代则不同。由于"苗疆""开辟"建厅设治后，即使在"生苗"腹地，也设百户寨长，还有"办苗"外委、屯苗守备千户等，建立了一套正常的管理行政钱粮治安的基层组织机构，已不单纯依靠军事设施和武力镇压。傅鼐所修筑的墙壕，虽仍有"防"的作用，但其主旨已在于"清厘"民苗界址、划定双方居住区域和田土耕地，在军事上已无多少意义。特别是清王朝在修堡建碉筑墙，对"苗疆"和原"生苗"实行军事封锁控制和弹压的同时，还强调和重视在苗族聚居区办学兴教，特设"苗生"、苗举人名额，并给予种种优惠，实施文教"化导"等政策。所以，如果将傅鼐修筑的墙壕，也比之为中国的"长城"，就更显得有点不伦不类了！

（原刊《贵州民族研究》，2001 年第 3 期）

试论湘西苗区 "改土归流"

——兼析乾嘉苗民起义的原因

清康熙、雍正年间,包括湘西在内的原湖广的民族地区实行"改土归流"。60余年后,湘黔边苗民以湘西永绥(今花垣县)、乾州(今吉首市)、凤凰三厅和贵州松桃厅为中心,爆发了大规模的反抗清王朝的乾嘉起义。人们不禁要问:湘西苗区的"改土归流"是怎样实施的?它对湘西苗族社会的发展产生了什么影响?乾嘉起义与"改土归流"有什么联系?本文拟就这些问题作初步探讨。

一

湘西苗族,在明代有相当部分居住在永顺、保靖、桑植、柿溪、五寨等土司的直辖领地内。这部分苗族,在史籍中往往被统称为"熟苗",他们世世代代同那里的土家人一道,承担着土司的各种义务,备受土司土官的奴役和剥削。废除土司制度,取消土司所享有的各种特权和有关的陈规陋俗,对于这部分苗族当然是有利的。他们同该地的土家族、汉族一样,曾迫切要求和积极支持"改土归流"。在"归流"后,他们所受的奴役和剥削,在一定时期内确实也相对有所减轻。所以这些地区土司制度的废除,都兵不血刃,进行得很顺利;而在"归流"后的几十年间,也没有发生大的反抗斗争。当乾嘉苗民起义时,这些地区的苗族,同土家族、汉族一样,基本上都未卷入,并不是偶然的。

现在我们要好好研究的是另一部分地区,即清代湘西凤凰、永绥、乾州三厅和以贵州松桃厅为中心的湘黔边地区的苗族。这些地区的苗民,在史志中被称为"红苗",或被蔑称为"生苗"。明朝统治者将这块"红苗"区,划为"苗疆",其地域范围据明辰州推官侯加地记载:"东距卢溪,南抵麻阳,西接乌罗,北连永保,东南一百里界乎辰溪,东北二百里界乎沅陵,西北三百里界乎蜀之酉阳、石耶、梅邑，西南一百五十里界乎黔之铜仁"，"广袤八百余里"。① 横亘这一地区中部的腊尔山脉（历史上又称武山），素称"红苗""巢穴"。故湘西"红苗"，有"腊尔山苗"之称。在史志中又常有"镇筸红苗"和"上六里红苗"之分。所谓"镇筸"是得名于明镇溪千户所和筸子坪长官司，主要指凤凰、乾州二厅地。"上六里"即后来的永绥厅地。

整个明代，封建统治者对这个称为"苗疆"的所谓"生苗"，采取的基本上是军事镇压、强行隔离和利用周围土司进行"钳制"和"防范"的政策。据记载，"宣德六年（1431），镇筸苗龙三、白大虫、黄志虎等纠结贵苗为叛，都督萧授，直捣池河（今凤凰县境）扎营，掩杀围困，苗种几绝"。② 有说，萧授率汉土兵十有二万，"直捣苗巢，掩杀过半"③。经过这次大屠杀后，萧授围绕湘西"苗疆"，筑湾溪（今乾州镇地）等24堡"环其地"，并留官兵7800有余长年驻防戍守。这是封建王朝对湘西苗民实行军事封锁和碉堡战术之始。嘉靖中，在龙许保、吴黑苗、龙母叟等领导下，湘黔苗民以腊尔山为中心再次掀起反抗斗争，总督万镗、张岳，先后调集川、黔、楚三省十余万兵力"进剿"。起义苗民在腊尔山一带坚持斗争十余年。明朝统治者在镇压这次起义之后，废湾溪等堡，更设五寨、永安、清溪、洞口、筸子、乾州、强虎、石羊等13哨（今凤凰、吉首、麻阳三县市地），"每哨以土兵、仡蛮数百人，复召募打手数十人成之"④。设参将二员，分驻铜仁和麻阳镇守，后移麻阳参将驻五寨司（今凤凰县城），并改升参将为副将。进一步强化了对湘西"苗疆"的军事"钳制"。万历四十三年（1615），湖北参政蔡复一，又申请拨公帑四万三千余两，大修"边墙"。从凤凰西南部的王会营，经五寨司、筸子坪司，和镇溪所沿边，到乾州东北的喜鹊营，修起了一条延绵360余里的"苗防""边墙"，将以腊尔山为中心的"红苗"地区圈围和隔离起来。从此，"苗疆"与"省地"，"生苗"与"熟苗"、汉民，更

① ［明］侯加地《边哨说》，转引自乾隆《乾州厅志》卷二。
② 同上。
③ ［清］严如熤《关隘说》，转引自同治《麻相县志》卷一。
④ 同上。

被人为地分割开来。"边墙以外者为生苗，边墙以内间有与民村相错居，或佃耕民地，供赋当差……则熟苗也。"①

为加强对湘西"苗疆"的"钳制"和"防范"，同卫所、营哨相辅而行，明朝统治者在现今的湖南境内环绕"苗疆"，建立了大小18个土司。"明代土司最重，盖借以防苗也。"②湘西各土司，特别是永顺、保靖二宣慰司，在明代"苗防"体制中的确起过十分重要的作用。各地土司对"苗疆"的具体职责，概括起来，主要有三方面：

一是所谓"担承"。即责成有关土司负责处理一定地域的苗事，凡所辖地域出事，则由负有"担承"义务的土司负责处置善后。史籍记载："土司有担承苗疆之责。辰州西南一带，苗有镇、筸之分，恃强负固，已非一日，朝廷兵威在所不惧，惟畏永、保土兵。故令永顺司担承镇苗，保靖司担承筸苗。如镇苗（包括'上六里'苗民）大肆焚劫，责成永顺司赎取，筸苗则责成保靖司逮问。"③

二是"贴防"。永顺、保靖二宣慰司均下设"抚苗"舍把、头目，带领一定数量的土兵，长期驻扎于"苗疆"的各险要营哨，就地防范和镇守邻近苗寨。按定制，永顺司舍把2员，头目10名，带兵150名，"贴防"永安哨；又置舍把2员，头目10名，带兵150名，"贴防"强虎哨。保靖司的舍把土兵则分守洞口、筸子二哨。"贴防"的舍把、头目和土兵的钱粮，分别归镇溪所和乾州哨造支。④除固定的"贴防"外，根据情况还负有临时"防守"的义务。如嘉靖二十二年（1543），永顺宣慰司彭宗汉本人，"领兵防守筸子坪"。⑤

三是"助剿"。当发生大规模苗民起义时，封建王朝派官军镇压，各土司必须听从征调，率土兵"助剿"。如嘉靖中叶"红苗"为"乱"，保靖宣慰使彭荩臣奉调"征镇筸"，"其子守忠亦报家丁土兵五百名从征"。⑥

---

① 严如熤《苗防备览》卷之一。
② 同治《保靖县志》卷15。
③ 同治《永顺县志》卷24。
④ 光绪《永绥厅志》卷19。
⑤ 谢华《湘西土司辑略》。
⑥ 保靖县亨章《彭氏家谱》手抄本。

从以上情况看，无论是明中央王朝，还是湘西各土司，对以腊尔山为中心的"苗疆"，基本上都只是进行军事镇压防范，并未在其内部建立起行政管理体制，进行直接的奴役和剥削。所以有的史书有所谓"生苗不籍有司，且无土司管辖"的记载。① "惟镇筸之红苗，种类甚繁，僻处万山荒野，地实不毛不耕不赋……自古不通声教。"② "上六里，从来不通声教，明初虽设崇山卫，旋复中废，故常以野人相摈。"③ 与上述同土家族、汉族相错而居的所谓"熟苗"处境有很大差异。

清王朝建立后，顺治四年（1647），恭顺王孔有德率清兵进抵辰州（今沅陵），永顺、保靖、桑植等湘西各土司"投诚归附"。④ 至康熙前期，清朝统治者在湘西基本上沿袭了明代的土司制度和对"苗疆"的军事镇压防范政策。但由于明朝末年，湘西苗民已踏毁"边墙"，并利用当时有利时机，掀起大规模武装斗争，到清初，势力已获得了相当大的发展。清王朝当时又正忙于消灭各地反清势力，全力以赴为稳定自己的政权而斗争。因此，同明代相比，对湘西"苗疆"的控制，一度还有所削弱。据记载，"甲申乙酉间，大清定鼎燕京，方以廓清中原为务……苗蛮吴老文等因得乘隙肆掠"，"统众万余"，进攻乾州等处；顺治十四年（1657），副将吴长春"领兵直捣苗巢"，但"惜其在任未久"；至康熙八年（1669），副将王雄，又"以剿苗被论"。从此，"继兹土者，不复更言剿事"。⑤ 这就是说，地方官再也不敢向"苗疆"用兵了。

二

封建王朝对湘西"苗疆"政策的转变，是从清康熙中叶开始的。此时，清王朝经三四十年的努力，先后消灭反清武装，削平三藩，统一台湾，平定噶尔丹叛乱，政权稳定，国力日益强盛。正是这种背景下，清朝统治者将在南方和西南

---

① ［清］方显《平苗纪略》。
② ［清］赵申乔《苗边九款疏》，转引自《乾州厅志》卷七。
③ 《苗防备览》卷二。
④ 乾隆《永顺府志》卷一。
⑤ ［清］俞益谟《苗源说》，载乾隆《湖南通志》卷145。

地区废除各据一方的土司，消除"不籍有司"的"化外"，进一步加强大清一统天下的任务，提上了日程。康熙中叶，原属"无官治理"的广东"八排"（今连南县地）瑶人，经武力"开辟"，被纳入"版籍"。这实际是清朝统治者着手"改土归流"的先声。紧接着，清王朝把注意力转向了湘西"苗疆"。

康熙二十八年（1689），清王朝以"镇箪红苗""出劫"镇溪所鱼梁坳（今吉首市地）为口实，命协镇郭忠孝、副将靳起功、参将赵文实等，统长沙、常德"各协官兵""进剿"，并调永、保两司土兵"赴援"，兵分四路向腊尔山中心地区地良坡、暴木营和天星寨（今凤凰县西北）攻击。旬日进抵暴木营下寨，"计斩逆苗二千七百有奇"。继而进攻补顶、大塘、鸭堡、革多诸寨，苗民先后又被屠杀近千人，"坠崖死者不胜计"。二十九年正月，围攻天星寨。苗民"砍木为城，挖窑避炮，泥屋防火"，进行了英勇抗击。至三月，苗民弹尽粮绝，突围不成，被迫"饮血投顺"。"平服百余寨"，"男妇全活者将万余"，分其地为"东、西、南、北四汛"，"檄选土弁督率防守"①。从此，"约束羁縻，异于以前无管之生苗矣"②。这是封建王朝的军事统治，第一次伸进了腊尔山的腹地。

康熙四十二年（1703），清朝统治者对湘西"苗疆"采取了更大的军事行动。据记载，四十二年九月二十四日奉"上谕"："湖南红苗，自明朝以来，负固不服，今仍……生事多端"，"红苗人等不可令在三省接壤之地"为"害"，"着照招抚广东八排瑶人之例，遣在京大臣前往，带荆州驻防满洲兵一千，并酌带广西、贵州、湖南三省兵，乘此冬月，直逼苗穴，勒令归诚，设立州县"③。二十六日，礼部尚书席尔达，副都统图思海、徐九如等奉旨，统兵赴湘西"苗疆"。

十一月十二日，席尔达抵镇箪，所调各处官兵亦陆续到齐。十二月初十，席尔达由暴木营赴"苗穴""督阵"。十三日，总督喻成龙、巡抚赵申乔等率满汉土兵，分道向天星寨、毛都塘、两头羊、马鞍山等腊尔山区各苗寨进攻。各寨苗

① ［清］辰州知府刘应中《平苗记》，载《小方壶斋舆地丛钞》第八帙。
② 乾隆《乾州厅志》卷一。
③ 光绪《湖南通志》卷首"诏谕"。

民被迫奋起反抗。至二十三日，清军经大小十几次激烈战斗，屠杀苗民近 5000 人。"诸苗慑服，缴械投诚者三百一寨。""因于辰州府，增设乾州、凤凰二厅，分治苗疆。"席尔达等"班师还京"。① 康熙四十三年（1704），设凤凰营通判，后改同知，并移辰沅靖道驻五寨司城。同时，设乾州同知，废镇溪所。四十六年（1707），五寨司长官田宏天"不法"，奏请"裁革"，筸子坪田氏长官亦停袭②。此后，对"镇筸红苗"又几次用兵。如，康熙四十七年（1708），镇筸总兵张谷贞，"擒攻叛苗十余寨。自后遇苗逆猖獗，率兵剿灭之。苗始畏服，不敢妄动"。五十年（1711）九月，总督鄂海等"奉命巡边"，"招徕毛都塘苗人吴老铁，及乾州各渠长"。至五十一年（1712）五月，毛都塘等五十寨"相率至武昌归顺"。八月，盘圹窝等"生苗"83 寨，"亦先后来归"。③ 至此，镇筸"红苗"的"归流"和凤、乾二厅的"开辟"始告完成。

凤、乾二厅的设置是湘西"改土归流"之始。接着雍正五至八年（1727—1730），永顺、保靖、桑植等土司先后革除，开永顺府。地处腊尔山北麓的"上六里红苗"，完全处于清王朝地方行政区域和政治军事势力的包围之中。"开辟"六里，已势所必然。据记载："雍正六年，六里苗叛"，"兵备道王柔由镇筸直捣苗巢，总兵周一德由乾州进剿。"④ 至雍正八年九月初六，"诏"湖广总督湖南巡抚委署总兵周一德等"带兵平六里"，设"六里同知"。"未几，奉旨改名永绥同知。"⑤

三厅"归流"后，清王朝采取了一系列的措施，以逐步建立和巩固在湘西"苗疆"的统治。其中影响较大的主要有以下三个方面：

第一，设官驻兵。"苗疆""归流"后，除在三厅设置道台、同知、通判、经历、训导和总兵、副将、游击、守备等文武官员外，还在苗区普遍置百户、寨

---

① 乾隆《乾州厅志》卷四"红苗归流始末"。
② 乾隆《凤凰厅志》卷三"沿革"。
③ 乾隆《乾州厅志》引书，卷八。
④ 同上。
⑤ 同上。

长。据记载，康熙四十二年（1703）以后，"苗地设寨长、土百户，催征巡缉"。① "苗寨内设百户、寨长，如内地之里正、保甲。三厅百户原额三十六人。"② 永绥一厅设寨长 543 人。③ 驻兵方面，镇箪镇下设前、中、右、左四营，"凤凰、乾州二厅向时寨长、头人分管于镇箪镇四营"。④ 永绥厅另设永绥协。镇箪镇额兵 2760 名，永绥协额兵 1470 兵。此外，腊尔山区西邻还设有铜仁协，额设兵 2000 名。三厅内，塘汛星罗棋布。据记载，在乾州厅内共设"塘" 31 处，置把总 4 名，外委 4 名，每驻兵数人到数十人。凤凰厅内设"汛" 73 处，置游击 1 员，守备 3 员，把总 11 名，外委 12 名，每汛一般驻兵数十人，多者如腊尔山腹地的新寨驻兵 180 人。⑤ 永绥厅设"汛" 48 处，置守备 2 员，千总 4 名，把总 8 名，外委 12 名。⑥

第二，户造册，课以粮赋。据记载，康熙四十二年（1703）"归诚"后，凤凰厅苗民"计户口四千五百二十三，成丁八千四百四十八。每丁愿输杂粮二升，共纳粮一百六十八石九斗六升"。后又经"大兵临巢"，有"披剃入册"者，纳粮数额亦有所增加。⑦ 乾州厅，除经征原镇溪所民户秋粮一百一十五石四斗零，箪子坪长官司粮米三十九石七斗零以外，先后归入"版籍"的苗寨共征杂粮一百九十九石四斗二升。⑧ 永绥厅，经康熙四十二年"抚慑"后，即"委命土弁"，"清查各寨户口"，六里苗民"为编户，归汉纳粮"。⑨ 原额设杂粮七十二石八斗四升。雍正八年（1730）建厅后，"清编苗寨烟户"，"令永绥同知于各里户口，按照七十二石八斗四升原额，逐户均摊"，"责令各百户征收"。⑩

---

① 《古丈坪厅志》卷 15。
② ［清］但湘良《湖南苗防屯政考》卷二。
③ 乾隆《辰州府志》卷九。
④ 《苗防备览》卷二。
⑤ 乾隆《湖南通志》卷 51，"兵防"。
⑥ 同上。
⑦ ［清］但湘良《湖南苗防屯政考》卷二。
⑧ ［明］侯加地《边哨说》，转引自乾隆《乾州厅志》卷二。
⑨ 《湖南苗防屯政考》卷三。
⑩ 同上。

第三，弛边禁，潜移习俗。明朝统治者视"红苗"为洪水猛兽，设堡哨，筑"边墙"，将三厅苗民禁锢于一隅，不准苗汉交往。清朝统治者在三厅"归流"后，并未抛弃民族的偏见，对苗汉往来仍时时防范。但根据形势的变化，为"潜移习俗"，不能不松弛"边禁"。例如，"边墙"于明末清初已被起义苗民"夷为废墟"，"归流"后总督鄂海虽也曾提议修复，但不了了之。直至乾嘉起义前，清王朝再未重修"边墙"。相反，还采取了如下一些旨在"潜移习俗"的措施：

（1）三厅"归流"之后，清朝统治者在苗汉交接的一些地点，正式开辟市场。如保靖东南的古铜溪，"兼通水道"，"水源直通六里红苗，民人常舟运货物入内"；西南的张家坝"亦水陆皆通，民苗相接"。保靖知县王钦命请于此二处，"设立市场"。①

（2）汉人同苗族本有互通婚姻的习惯，自"边墙"隔绝后受阻。清初，也曾加以禁止。雍正五年（1727），湖广总督傅敏还奏请"申严其禁"，甚至规定民苗结亲，"照违制律，杖一百，仍离异"，媒人也要"杖九十"。②雍正八年（1730），六里"开辟"后，巡抚赵宏恩在《善后事宜疏》提出，"准许民苗兵丁结亲，令其自相亲睦，以成内地习俗"。③至乾隆年间，正式弛民苗婚姻之禁。

（3）"归流"后，清王朝在湘西"苗疆"第一次建学宫办义学。据记载，凤凰厅"本无学校"，康熙四十九年（1710）"建学宫于署"；④乾州厅，康熙五十四年（1715）"置镇溪所学"，雍正十二年（1734）"建造学宫"，乾隆三年（1738）"设经馆二处""蒙馆二处"，乾隆六年（1741）又添设蒙馆四处；⑤永绥厅，雍正八年（1730），据赵宏恩奏请，"每里设义学两处"。⑥

---

① 光绪《湖南通志》卷30。
② 乾隆《湖南通志》卷54。
③ 光绪《永绥厅志》卷25。
④ 乾隆《凤凰厅志》卷9。
⑤ 乾隆《乾州厅志》卷之二。
⑥ ［明］侯加地《边哨说》，转引自乾隆《乾州厅志》卷二。

三

凤凰、乾州、永绥三厅的开设过程表明，以腊尔山区为中心的湘西"苗疆"，由于其内部未设土司直接管辖，故无"土"可"改"。这里的所谓"改土归流"，实际上是靠军事"进剿"和武力"开辟"而实现的。其目的，只是为了消除"化外"，把"不籍有司"的"生苗"，强行纳入版籍，变成封建王朝直接奴役和剥削的"编户齐民"，即"赋其土，而役其人，设官分职，为王朝扩数千里土地"。① 这意味着，湘西"苗疆"的苗民历来所享有的某种自主权益的丧失。加之，清朝统治者推行的是不平等的民族政策或武力高压的手段，这就不能不引起反抗。与湘西土司直辖区的"改土归流"相比，湘西"苗疆"的"归流"经历了流血和痛苦的过程，曾给三厅的苗族人民造成了极大的灾难。

但湘西"苗疆"的"归流"，和土司区的"改土归流"一样，客观上仍有其进步的意义。"苗疆"归入版籍，标志着封建王朝的政策的变化，即从长期以来单纯的军事镇压屠杀和防范，转到比较正常的行政管理和统治。从全局和长远来看，这是有利于多民族国家统一的加强和"苗疆"社会发展的。"归流"后所施行的某些政策，诸如废弃"边墙"，弛民苗结亲之禁，建学官办义学，设立市场等等，客观上加强了长期被禁锢和隔绝的苗民同汉族的直接联系和友好往来，促进汉族地区先进的技术和文化更多地传入"苗疆"，这对湘西苗族来说，也是有利的。"归流"后数十年间，三厅地区也确有进步，特别是经济得到了恢复，并有较大发展。

乾隆二十三年（1758），即镇算"红苗""归流"后50年所编纂的《凤凰厅志》记载："厅西北尽属红苗，共计苗寨三百一十有四……近则鸡犬成群，桐杉遍岭。"苗民的居所，过去都是"依山而居，斩木诛茅以蔽风雨"，"归流"后则"有建瓦屋者，每屋三、四、五间，每间四、五、六柱不等"。当然能建这种大瓦屋的可能多为苗中富户，但也反映苗族一般居住条件的改善和建筑技术的提

---

① 康熙《麻阳县志》卷13，《镇算总说》。

高。还有"红苗亦入市与民交易，负土物如杂粮、布绢之类，粮以四碗为一升，布以两手一度为四尺"，"届期必至，易盐、易蚕种、易器具，以通有无。初犹质直，今则操权衡，较锱铢，黠过编氓矣"。① 说"黠过"编氓当然属于诬蔑，但苗区的商品交换确已有一定程度的发展。苗民过去只知以物易物，现在也学会使用度量衡，按质论价了。

关于农耕工具和手工技术，"归流"后也有显著改进和发展。据乾隆初的《乾州厅志》记载，当时"苗人农具有犁、耙、锄、镰、刀、斧、箩筐、背笼、桔槔、筒车之属。织具有机梭、纺车之属"。"银、铁、木、石等匠皆自为之。妇女亦知养蚕，唯不知育种。"② 这就是说，我国南方广大农村使用的一些较为先进生产工具、生产技术，在"归流"后的二三十年中已在湘西苗区推广了。

生产的发展和生活条件的改善，反映到人口的增长。三厅苗族户口数，"归流"后几十年得到了较大的增长。如乾州厅，康熙四十三年（1704），苗户为1090，男妇4116，至乾隆三十年（1765），苗户为2594，男妇14106。③ 60年间，人口增加两倍以上。永绥厅，雍正八年（1730）"归流"，至乾隆十六年（1751），即经过20余年，新增加的苗户为1028户，新增苗民5100口。④

湘西"苗疆"在"归流"后的这种发展进步，是应该肯定的。但这只是"改土归流"对湘西苗族产生的影响的一个方面。既然清朝统治者在"归流"过程和"归流"后，所推行的政策，其主观目的都是为了加强对"苗疆"的统治和剥削，无不带着某种民族偏见，忽视和损伤苗族的正当权利和切身利益，这就不能不在另一方面造成苗族人民处境的恶化和"苗疆"各种矛盾的日趋激化。

由于建官设汛，松弛"边禁"，开辟市场等等，随之而来的必然是大批"客民"拥进苗区。"归流"后数十年，苗民自身的人丁不断增长，但"客民"的户口增加得也很快。如乾州厅，康熙四十三年（1704）设厅时，民户仅2557，至

① 乾隆《凤凰县志》卷14。
② 乾隆《乾州厅志》卷四《红苗归流始末》。
③ 乾隆《辰州府志》卷九。
④ 光绪《永绥厅志》卷15。

乾隆三十年（1765）增为 5110 户，在 60 年间翻了一番。在山多田少，地域范围十分有限的湘西"苗疆"，随着人丁增长和大批"客民"的涌入，土地问题变得尖锐起来。特别是"客民"中满汉官弁大姓豪族和奸商富户，他们来到苗区不免巧取豪夺，恣意盘剥，大量侵吞苗民赖以生存的田土。近代苗族人士石宏规，曾对乾嘉起义前永绥的情况，作过如下评述："永绥旧城，孤悬苗巢"，城外土地本"胥为苗有"，而"不肖客民，重利盘剥，或以物易物，附廓原野，客民占据日广，该族生齿日益繁殖，生活愈趋困顿"，官吏又"多方压迫朘削"，致使矛盾激化。① 这一评述是完全符合实际的。

关于"客民"高利贷盘削和兼并土地的具体情况，《永绥厅志》有如下记载：苗区"有客帐、营帐二端"，"营帐为汛兵所放，客帐多衡宝江右客民住市场者放之。制钱八百为挂，月加息钱五，至三月不完，辄归息作本计。周岁息凡四转，息过本数倍矣"。债主往往"乘其空乏催讨，将田地折算"。由于借者"必先挽富苗作保，贫不能偿，保人代赔。故苗人有债必完，往往收获甫毕，盖无余粒。此债未清，又欠彼债，盘剥既久，山地罄尽"。②

由于高利贷盛行和土地兼并的加剧，至乾嘉起义前后，湘西苗区已出现占田上千亩的汉苗大地主。如傅鼐"均田"时，乾州厅镇溪所有邓玙一户，"拥膏腴千亩之产"。③ 永绥厅贡生艾建洵，"均田"时自动捐出成熟田八百亩。④ 其田产应在千亩以上。古丈坪厅"富苗"石把七，占有良田三千亩，"均田"时捐出二百二十亩。⑤

"归流"后苗区所负担的粮赋，从规定的数额看，比起汉区是不算多的。但这是长期无赋无役的湘西"生苗"，第一次被封建王朝正式套上剥削枷锁。不仅随之而来的是遭受封建国家种种直接的奴役和剥削，而且必然为地方官吏们的横征暴敛，敲诈勒索，敞开了方便之门。涌进苗区的大小文武官弁，从道镇和厅县

---

① 石宏规《湘西苗民考察记》，1934 年铅印本。
② 光绪《永绥厅志》卷之六。
③ 《湖南苗防屯政考》卷六。
④ ［明］侯加地《边哨说》，转引自乾隆《乾州厅志》卷二。
⑤ 《古丈坪厅志》卷七。

官员，到百户、寨长，以及千把、外委，掌握着各级官衙和地方行政军事司法大权，他们同汉苗地主、奸商、富户勾结在一起，形成一个高居于苗民之上的特殊阶层。一般苗族劳动人民受尽他们的盘剥和欺凌，就是所谓"富苗"也在所难免。这是促使"苗疆"社会阶级矛盾激化的重要原因。由于大小官弁一般均为汉人充当，故使这种阶级矛盾带上了浓厚的民族矛盾的色彩。《永绥厅志》中有篇《抚苗论》记载："乾隆六十年间逆苗之叛，非由汉奸也（进入苗区同苗族人民共同斗争的汉族劳动人民，往往被统治者诬称为'汉奸'——笔者），由汉官也，由汉官之纵百户也。"当"逆苗困永绥时，群跃登山头，以刀指城中而厉呼之曰：'问你太爷们，我苗子来告状还要规矩钱八千八百否？'即此数语，可知汉官之贪纵不戢，有以激其变也"。① 这就是说，苗民平时备受汉人官弁、奸商和富豪的欺凌盘剥，遇有冤屈想到衙门告状，不管有理无理，要先交八千八百的"规矩钱"。正如俗话讲："衙门八字开，有理无钱莫进来。"苗族人民对于汉官这类无端敲诈勒索，早已愤懑不平，怨声载道。在镇压乾嘉起义时随军充当幕僚的严如熤也曾指出："百户与办苗外委，多汉奸承充，遇苗户事件，辄借端横索，苗民不堪其扰。乙卯之乱，诸百户多不免。"② 即在乾隆六十年（1795）爆发起义时，平常欺压勒索苗民的汉人百户，都受到了应得的惩罚。

总之，湘西"苗疆""归流"后，随着社会经济的发展，苗区的"客民"大量增加，贫富分化和土地兼并日益加剧，广大苗民赖以为生的田土愈来愈少；加上汉人官弁的为非作歹，苗民所受剥削和奴役不断加深，他们生存的基本权益受到严重危害。因此，阶级矛盾和民族矛盾都逐步激化。从当时的情况看，民族矛盾又显得更为突出。结果，湘西三厅和相邻的贵州松桃厅的苗族人民，不得不铤而走险，提出"逐客民，复故地"的口号，发动了大规模起义。

（原刊《民族研究》，1986 年第 1 期）

---

① 光绪《永绥厅志》卷 23。
② 乾隆《乾州厅志》卷之八。

清代湘西苗区"屯政"考

湘黔边苗族人民乾嘉起义被镇压后，清朝统治者在湘西苗族地区实行了一套"防苗""安边"的政策措施，历史上统称之为"屯政"。基本内容包括"清厘"界址建碉筑卡，对苗民实行防范隔离和分而治之的政策；均田屯丁，以苗养兵，建立"屯田""屯租"制度；设立"苗屯义学"，建立"苗官"制等"以苗治苗"各项措施。举办"屯政"，不仅在当时对于清王朝恢复和强化对湘西苗族人民的统治，起了相当大的作用，而且对整个湘西"苗疆"社会经济和政治的发展，产生了重大影响。特别是其中的"屯田""屯租"体制，从嘉庆初年创始，历清末迄民国，到1937年苗民"革屯"起义，才最后废除。在140年间，它一直构成清王朝统治湘西苗族的基础和支柱。后来在国民党统治时期，又为湘西军阀长期割据，提供了客观条件。为更好地认识和评价清王朝对国内各少数民族的统治政策，科学阐明苗族社会历史的发展，对湘西"屯政"进行研究，是十分必要的。本文拟就此作些初步探索。

一、乾嘉起义与湘西"屯政"

在凤凰、乾州（今吉首）、永绥（今花垣）三厅苗族聚居区，经清王朝武力"开辟"设治"编户入籍"之后60余年，苗族人民掀起了大规模武装反抗斗争，即著名的"乾嘉起义"。这次起义，席卷整个湘、黔、川边境各厅县，使正陶醉于自己"文治武功"的"大清"统治者，极为震惊。以三大总督，调动七省兵力，耗金七百万两，接连损兵折将，从乾隆六十年（1795），至嘉庆三年（1798）初，历时两年多，始将起义镇压下去。乾嘉苗民起义，给清朝统治阶层以深刻教训。统治者们从上到下，不能不对过往的政策措施作出反省，寻思致"乱"之源，酌筹如何巩固对"苗疆"统治的"长治久安"之策。

清王朝自康熙年间，平定"三藩"，粉碎噶尔丹、张格尔叛乱，驻军西藏，统一台湾，在全国的统治稳定下来之后，开始了对包括湘西在内的西南民族地区的"开辟"，消除"化外"。至雍正年间，完成"改土归流"，消灭土司割据状态，进一步加强了多民族国家的统一。这对促进国内各民族之间经济文化交往和少数民族地区经济社会的发展是有利的。但是，这种"开辟"和统一的基础，仍然是封建国家的压迫和剥削，并且清王朝统治阶层，是带着极大的民族偏见和歧视来实施的。这在另一方面，就不可避免地会给少数民族广大人民带来新的灾难。特别是在以腊尔山为中心的湘西和黔东北苗族聚居区，过去无徭无赋，土司并未能实行有效统治，随着清王朝的"开辟"，设流官，建营汛，归版图，编户籍，逐步加紧对苗族人民的控制和掠夺，更不可避免地会促使民族矛盾和阶级矛盾的激化。

湘西的苗族人民，在历代汉族封建统治者的压迫驱赶下，已不得不退居崇山峻岭和穷乡僻壤之中，虽经世世代代的辛勤开发，但成熟田地一直十分有限。随着自身人丁的滋增，在生产技术十分落后，多是刀耕火种广种薄收的情况下，本已日感生计困难。"开辟"设厅建制设官，不仅大批满汉官弁及亲属进入苗族地区，而且汉族的地主、奸商、高利贷者（当然包括普通老百姓），亦蜂拥而至。当地苗族将这些人统称"客民"。清王朝在"开辟""苗疆"之初，曾一再饬令，禁止"苗民"交往，不准互为婚姻。但以后逐渐放松，至乾隆二十九年（1764）正式弛禁，"客民"移入苗族区的就更多。当然，一般汉族劳动人民进入苗族地区，带来较先进的生产工具和技术，同苗族人民结合，共同披荆斩棘，开拓山区，对该地区的发展是有积极意义的。但其中满汉官弁不免倚势压榨掠夺，奸商和富户对淳厚无诈的苗族老百姓更不免恣意盘剥。特别是苗族农民一旦落入高利贷者之手，就不得不鬻女卖地，弄得家破人亡。大批苗族人民赖以生存的田地被兼并，生活无着，矛盾激化，最后只好铤而走险。嘉庆元年（1796）负责统兵镇压起义的四川总督和琳在其奏折中指出："镇筸三厅及黔省铜仁府属苗民众多""户口日滋，地界有限，未免生计日绌。兼自乾隆二十九年弛苗民结亲之禁，客、土二民均得与苗民互为姻娅。因之奸民出入，逐渐设计盘剥，将苗疆地亩侵占错处。是以苗众转致失业，贫难无度者日多"，"启衅之端实由于此"①。嘉庆皇帝在"上谕"中也承认："民苗杂处交易，遂有盘剥苗人，侵占苗地之事"，"驱逐客民，抗拒滋扰，皆由于此"。②关于高利贷剥削和兼并土地的具体情况，《永绥厅志》有如下记载：苗中"有客帐、营帐二端"，"营帐为汛兵所放，客帐多衡宝江右客民住市场者放之。制钱八百为挂，月加息钱五，至三月不完，辄归息作本计。周岁息凡四转，息过本数倍矣"。而债主往往"乘其空乏催讨，将田地折算"。由于"借者必先挽富苗作保，贫不能偿，保人代赔。故苗人有债必完，往往收获甫毕，盖无余粒。此债未清，又欠彼债，盘剥既久，山地罄尽"。致使"石柳邓等声言逐客民，夺还苗地，而群寨响应。"③可见，"逐客民，复故地"，即夺回"改土归流"以来为满汉官弁和外来奸商富民所掠夺的田土，是乾嘉起义的一个重要原因。处理"善后"的清王朝官员们正是在某种程度上认识到了这一点，因此不得不采取某些措施，适当解决土地问题，以"安抚"苗族人民。

"开辟"设厅后，清王朝在湘西苗族地区各厅县委任了大批流官，各苗寨则设有百户寨长和办苗外委。不仅厅县流官尽为满汉充当，而且百户和办苗外委亦多为外来汉人。大小满汉官弁同广大"苗民"的矛盾是阶级矛盾，由于同民族矛盾交织起来，就更形尖锐。清朝统治者在关于乾嘉起义的各类文件中，往往过分强调和夸大一般"客""苗"之间的矛盾，或"客民"中的所谓"汉奸"的作用。但也不能不承认满汉官弁，从厅县官员到百户和办苗外委的欺凌压迫和敲诈勒索，是酿成事端，导致"苗民"乾嘉起义的又一重要原因。《永绥厅志》所载的王简《抚苗论》认为，"乾隆六十年间逆苗之叛，非由汉奸也，由汉官也，由汉官之纵百户也"。并说，当"逆苗困永绥时，群跃登山头，以刀指城中而厉呼之曰：'问你太爷们，我苗子来告状还要规矩钱八千八百否？'即此数语，可知汉官之贪纵不戢，有以激其变也"。作为乾嘉起义序幕的乾隆五十二年（1787）凤凰厅属勾补寨石满宜起义，就是以反抗百户、外委等汉官勒索为直接

① 《和琳奏陈酌拟苗疆紧要善后章程折》，《档案史料》（下册）。
② ［清］但湘良《湖南苗防屯政考》。（以下未加注的引文，均引自此书）
③ 光绪《永绥厅志》卷 19、卷 6。

发端的。据记载，有牛贩子驱牛过勾补寨地，遇盗，"牛客讼于官"，而官令百户及办苗外委"查缉"。结果，百户、外委"藉以索诈财物"，"一苗在案，合寨被害"。石满宜"乘寨苗之怨""遂生叛谋"，而"滋事时，百户无一生者"。在镇压乾嘉起义中曾随军充当佐幕的严如熤指出："百户与办苗外委多汉奸承充，遇苗户事件，藉端横索，苗不堪其扰。乙卯之乱，诸百户多不免。"[①] 清朝统治者，正是在某种程度上看到了湘西苗族区自"开辟"后，单纯依靠满汉流官和外来百户、外委统治，即"以汉制苗""以土制苗"，所引起的矛盾和弊端，不得不考虑如何在苗族本民族内部扶植和利用代理人，在统治策略上作某些调整，以防"苗民"再次"反侧"。

嘉庆元年（1796），当清军收复乾州厅城后，和琳等领兵大员即议筹了"苗疆善后章程六条"，经"奏准"实行。"善后六条"提出了以明代旧有边墙为界，"清厘民苗界址"，"民地归民，苗地归苗"，将查出"客民"在"边墙"内所侵占的田土，"赏给降苗及无业良苗耕种"；将苗区腹地的塘汛，全行撤出，"定立界限"，于"厅城四面要隘之处，添建碉卡，驻扎屯兵，以为屏障"；裁销"无事则专意欺凌，有事则全无控驭"的百户寨长，而由"降苗"内择其"明白晓事，众所推服者"，"每营分酌设一二人为土守备"，土守备之下酌设土千把、外委等，"俾令管束苗民"；于交界处择地，"设立市场，定期交易，官为弹压"，"不准以田亩易换物件"；"作价收缴苗民械"等。[②] 很明显，和琳"善后六条"的基本思想，是严格"民苗"界限，以碉堡、"边墙"对苗族人民实行圈围隔离和防范，同时在苗族内部扶持代理人，"以苗制苗"。而为缓和矛盾，进一步瓦解起义队伍，安定"降苗"，对"客民"兼并"苗地"不得不加以抑制，并对苗族人民的土地要求适当让步。这一基本思想，正是有鉴于乾嘉起义的教训，而得出来的。和琳"善后六条"，为乾嘉起义后调整对"苗疆"的政策，拟定了基调和雏形。但"六条"中尚未提到"屯田"。后来凤凰厅同知傅鼐等人在具体处理

---

① ［清］严如熤《苗防备览·屯防考》。
② ［清］贺长龄《皇朝经世文编》卷88。

"善后"事宜过程中作了补充，并构成湘西"屯政"的基础。

清初为节支兵饷计，曾有兴办"屯田"的议论。如顺治年间左都御史魏裔介上《军屯疏》，认为"天下兵饷费至一千余万，若不议屯田之法，数年之后必不可支"。雍正年间左副都御史雷某《屯田说》，提出在内地"募民力胜耕者屯之"，建"民屯"的设想。① 这些建议并未为清王朝最高统治者所采纳。康熙初，刑部尚书艾元征又上疏请"军屯省饷"，在云贵地区开屯田。后因吴三桂"开藩滇黔"，"事不果行"。② 康熙中，河臣靳辅疏请于漕运各省，改卫为屯。但遭到清廷各大员的非议和指责，认为"河臣倡举屯田一事，屯官丈占民田，百姓苦累"，就"屯田明系夺民产业"，"有累于民，请行停止"。结果康熙皇帝亦说，"屯田害民"，"督抚"将清丈的田土，归还原主，并革了靳辅的职。③ 故清王朝建立后近百年间，除在伊犁等处"兴修屯政护边"外，在内地少数民族区和其他省区，均未实行过"屯田"制。至乾隆初年，贵州总督张广泗，在镇压贵州、清江、九股台拱等地苗族起义后，"收其叛产"，"设九卫屯田养兵戍之"。④ 接着又"征剿"湖南、广西瑶、苗起义，在城步县"清出叛产，设堡卒十三处"，堡卒每名各授田九亩或六亩，"无事则耕操，有事听同知调度"。⑤ 这开创了清朝统治者，利用镇压少数民族反抗斗争，没收"叛产"，在内地设置"屯防"，控制少数民族的先例。张广泗所定屯田章程，后经嘉庆皇帝推荐，成为傅鼐等人制定湘西"苗疆""屯田"条款的蓝本。

在湘西"苗疆""开屯"的建议，最初是由溆浦严如熤提出来的。在其所陈《苗防备览》中，认为"以守为攻莫如筑堡，而以农为兵莫如开屯，二者有相因之势"，故提出"取苗地开屯"。他还相勘地形，具体建议"筑堡城六十，田多者屯四五百户，田少者屯一二百户"，估计"三年之后，即可得屯兵一万"，而"以一万劲旅，人自以战，家自为战，自可钳制苗疆"。严如熤还分析了当时在

---

① 《皇朝经世文编》卷 72。
② 同上。
③ 《东华录》卷 14。
④ ［清］魏源《圣武记》卷 7。
⑤ 光绪《湖南通志》卷 84，《苗防四》。

湘西苗族区"开屯"的有利条件，认为"当苗人扰乱，官兵战复之时，往时居民十亡七八，遗田甚多，其一二招复之民，因之团聚开屯，诚千载一时"。即认为经清军"剿洗"镇压，苗、汉老百姓家破人亡，田园荒芜，正是掠夺田土开屯的好机会。《古丈坪厅志》编纂者董鸿勋说："严氏之谋未数年，而傅鼐行之。"这是合乎实际的。

傅鼐，素被奉为湘西"屯政"的首功者，浙江山阴人，由吏员入赀为府经历，后擢云南宁洱知县，乾隆末云贵总督福康安"征苗疆"调赴湖南军营"司饷运"。嘉庆元年（1796），授凤凰厅同知。在云南时曾随军征金川土司叛乱，"亲睹彝人设碉之利，是以仿而行之"。[①] 即学会了在少数民族聚居的山区，建碉筑堡的战术。魏源曾说："自金川削平，中国始知山碉设险之利。湖南师之以制苗。"[②] 傅鼐在执行和琳"善后六条"的过程中，看来正是基于自己的经历，吸收了严如熤的"屯田"思想，在湘西苗族地区建立起一套严密的建碉均田屯丁"防苗""安边"的体制，即"屯政"制度。

傅鼐以一区区守土官，居然在湘西"苗疆"大搞"屯田"，同当时面临的具体形势是分不开的。嘉庆元年底，清军攻陷起义中心平垅，继而打通乾州至凤凰，乾州至花园的驿道，湘黔苗族人民大规模武装反抗大体被镇压下去。但斗争并未停息，被打散的起义队伍在各地此起彼伏，继续坚持战斗。而恰在乾嘉苗族人民起义后不久，川鄂一带各族人民又以白莲教为号召，发动了起义，并迅速席卷两省广大地区，声势浩大。清朝统治者急欲镇压，然七省大军深陷于"苗巢"，顾此失彼。故早在收复乾州城之前，和琳等即奏请分兵北上，嘉庆皇帝未允。至嘉庆二年（1797）二月，清朝统治者认为"苗疆"已"底定"，决议撤出大军赴楚北。当时根据和琳建议，虽留下二万防兵，但"苗疆"纵横数百里，各地警讯时传，所留官兵，防不胜防。于是凤凰厅同知傅鼐与镇筸镇总兵富志那在厅属建筑碉堡哨卡，团练丁勇，进行攻守。广建碉堡哨卡，驻丁勇防守就有一

① 光绪《永绥厅志》卷 19、卷 6。
② ［清］魏源《圣武记》卷 7。

个粮饷问题。正是在这种形势下，傅鼐议兴"屯田"。正如后来傅鼐《上湖南巡抚高杞书》所云："元年奏报戡定班师后，苗扰如故。鼐竭心筹之，制胜无如碉堡。募丁壮数千，与苗从事。来则痛击，去则修边"，"得险即守，寸步而前"。然"国家经费有常"，"募勇不得不散，则碉堡不得不虚，后患不得不虑"。故"非碉堡无以固，碉堡非勇丁无以守，勇丁非屯田无以赡"，必须"仿古屯田之法"，"均田屯丁，自养自卫，所以一劳永逸也"。① 对于在湘西苗族地区实行"屯田"，清王朝统治集团内部开始认识并不一致。嘉庆皇帝亦持某种怀疑态度。在嘉庆八年（1803）三月二十二日，湖广总督吴熊光和湖南巡抚高杞"会奏苗疆均田"折中尚有这样的"朱批"："此是古法，行于今果合宜否？"更有大吏，以均田"启衅"为由，将弹劾傅鼐，幸得"富志那力争乃止"。② 但最后还是获得了大员们及嘉庆皇帝的首肯，并且傅鼐因此官运通达，步步高升，从一厅同知，先后当上辰沅永靖道台、湖南按察使布政使，死后还赠巡抚。

二、"屯政"实施概况

清朝统治者在湘西苗族区举办"屯政"，大体可划成两个阶段。嘉庆二年（1797）至嘉庆十年（1805），依照和琳奏定章程，"清厘民苗界址"，"民地归民"，"苗地归苗"，沿边建碉筑堡，均出民田，归屯授丁，建立"民屯"，这是第一阶段。从嘉庆十年至十四年（1809）为第二阶段。即扩大均田范围，大规模查丈"叛产""占田"，将苗族人民的田土大量充公，建立"苗屯"，进一步确定各项章程制度，完善"屯政"的阶段。

嘉庆二年（1797）初，镇压起义的大军北撤后，湖广总督毕沅、湖南巡抚姜晟和湖广提督鄂辉等负责在湘西"苗疆"处理"善后"事宜。按照和琳"善后六条"，废除苗族地区的百户寨长制，任用"有功"降苗吴陇登等充当苗守备苗千把外委，于"降苗"内裁留"苗兵"，并借这批苗备弁之助，进一步镇压各地

① 《清史稿》卷291，《傅鼐传》。
② 同上。

分散的反抗，落实各项"善后"措施。首先是"清厘民苗界址"。同时，傅鼐和富志那着手在凤凰厅属修墙建碉。据《湖南通志》记载："三月班师，移征湖北，留官兵二万分防黔楚各营汛。提督鄂辉驻辰州，新设绥靖镇总兵魁保驻花园，擢富志那为总兵驻镇筸，分领之。于降苗内裁留三万七千余人，号'土塘留兵'，仍给盐粮钱。总督毕沅、巡抚姜晟，遵定和琳章程，而沿边尚日有苗扰。""五月，总兵富志那，同知傅鼐筑镇筸城沿边碉卡。"①

关于"清厘"界址。据毕沅于嘉庆二年（1797）奏称："照前伯督臣和琳奏准善后章程"，"乾、凤旧有边墙一道……以为民苗之限。边墙以内三厅所属苗地，向来悉系苗产，如有汉民侵占之田，应一并查出，不许汉民再行耕种。""于苗疆外旧有民村之隙地，官为核给，听向在苗地之汉民居住。""并将原边墙以内寄居民人"，在"田土悉归苗业"后，"乏术营生"者，移往湖北来凤。② 三厅"清厘"界址至嘉庆五年（1800）基本结束。当年巡抚姜晟和提督王柄等会奏"清厘"的情况如下："乾州厅属自嘉庆二年戡定后，照依奏定章程，由二炮台起，喜鹊营止，民地归民，苗地归苗，均已分清楚。其从前民占苗地均已一律退还，客民全行撤出。""凤凰厅属边界二百余里"，"该厅文武传同苗弁，将民苗界址逐一划分。中营暨上前营一带以乌草河（即乌巢河）为界，下前营暨右营一带，以山溪为界，外为苗地，内为民地。所有民人前在苗寨垦买地亩尽归苗人。其下前营之木里关、畲坪、龙井、司门前等处地亩，向系民人完粮，因山溪以外早就有苗寨，不便前往，并将山溪及乌草河以内田地之附近苗寨者，亦均佃给良苗耕种交租。又乌草河以内间有民营苗界犬牙交错之处，亦将苗地逐细划归苗人耕管"。"惟永绥厅属，民、苗产业，原无确切界址，向俱零星间杂，若逐段划分，民、苗混杂，易起争端"。故"将应给民人二成田地积算成数，整段划出"，现在已分得田地计可收稻谷杂粮八千余运。③

这种"清厘"界址，"苗地归苗"，表面看来是对苗族人民的让步和妥协，

---

① 光绪《湖南通志》卷85，《苗防五》。
② 《毕沅等奏酌筹隙地安置无业贫民折》，《档案史料》（下册）。
③ 《姜晟等奏清厘苗地界折》，《档案史料》（下册）。

的确也将"客民"在苗族聚居区内所占的部分田土归还给了"苗人",似乎应得到苗族群众的欢迎和拥护,但实际效果却相反。因为"民苗"交界或杂处的地方,"改土归流"前,许多田土本世代为苗族居民所有,后来逐渐为汉民移居占有。如永绥厅城设治前,城外"寸土皆苗",以后数十年则"民屯"相望。乾嘉起义过程中苗族群众往往摧毁民屯,重新夺回这些土地,或按"苗地归苗"的原则为"降苗"移居垦植。在"清厘"界址时,这些地方又被划为"民地"。据记载,在凤凰厅,"乾隆六十年(1795)苗变之后,所有各约民村尽被苗人占据",傅鼐以武力将苗族居民驱赶出去,"清复一处,即筑碉一区,拨丁壮给军器屯守"。"苗地归苗"的原则并未能真正实行,所谓"清厘",在实践中往往又变成了对起义苗族人民的重新剥夺。这就不能不激起三厅苗族人民的不断反抗。傅鼐和富志那不得不往来剿捕镇压。据记载,嘉庆二年(1797),"十一月,花苗复占沿边民地,鼐逐之"。嘉庆三年(1798),"三月,花苗攻民屯,官兵截击于杉木垅";"苗于六月纠大队攻阻碉卡……飞队驰御"。四年(1799),"九月,厅属右营苗吴陈受纠约火麻营等七寨……力攻碉卡十余次"。五年(1800),"乾州麻里湾苗争占强虎汛民田","镇箪苗累至傅家坝黄岩江一路阻耕夺牛","四月,乾、凤、永三厅暨保靖苗,各出掠民村,阻耕夺牛","拒伤苗弁兵勇民人"。正如湖广总督姜晟、湖南巡抚祖之望于嘉庆五年的奏折中所说的:"苗疆甫经勘定,厘定界址,划清民业,本非苗所乐从。""先后分出房掠(应该是反抗),事非一时,人非一处。"当然这些反抗斗争最后都被残酷地镇压下去了。但正是大规模乾嘉起义被镇压后苗族人民继续反抗,不断消耗清政府的财力物力,所谓"国家经费有常",而"悍苗叛服无定",促使傅鼐等"苗疆"官员们,决计"仿古屯田法,以养兵勇,长守边疆"。

嘉庆四年(1799)凤凰厅开始均民田归屯。据记载,"四年五月,凤凰厅士民清均出田亩,以养丁勇,长守碉堡。傅鼐议存三均七。首均厅田二万余亩。"凤凰厅"存三均七"之说,大概即溯源于此。实际上凤凰厅当时"均田"的范围只限于厅属东南部一片,上下五峒十一约民村,未涉及西北"苗疆"地区,故并非全厅"存三均七"。上下五峒十一约"民地","其均田之法,则以距苗远近，碉卡疏密区别之"。① 即根据具体情况，各约均留办法也不划一。据傅鼐嘉庆五年（1800）禀述，嘉庆四年五月，该厅士民"公民定议"，在厅属上五峒七约，"情愿将各户所有田亩，每户每男一丁留养口田，种三斗，女一口留养口田，种一斗，其余之产，再留十分之三，均出十分之七，以为养勇守边，永远防维之计。"下五峒接近麻阳和泸溪的溪口、麻良二约照上五峒原则办理。而都吾、务头二约"田地尽被前、后二营花苗强占"，"民屯屡被攻毁"，"不容民户复业"，故"田亩全行呈出充公"。可见，上五峒七约和下五峒溪口、麻良二约，是先除去"养口田"之外，余田再"存三均七"，并非按全部田亩面积计算"存三均七"；下五峒都吾务、头二约，则无所谓均留比例，而是全部田亩充公。

根据傅的方案，是"修一边之碉堡，即均一处之田亩"，"均田"与"修碉""相辅而行"。至嘉庆五年（1800）十月"凤凰厅同知傅鼐建筑厅属沿边及里围碉卡哨台告成"。共计建碉堡、哨卡、关门八百十七座，延绵三百余里；丈收田地二万余亩，"归屯授丁"，并"酌拟分田屯守章程三十四条"，"禀请入奏"。从傅鼐所拟定的"三十四条"章程来看，"归屯授丁"的具体办法大致如下：从现有乡勇及各约丁壮内挑选勇丁五千驻屯，另于旧有乡勇内挑选精锐一千名作备战练勇；勇丁在所驻碉卡哨台就近分田耕种，不敷之数于后路酌补；所授田土若距碉卡较远不便亲耕，可自令子弟代耕或佃给贫民，田地逼近苗寨者可由"苗弁具保佃给苗人承种"，各勇丁逾五十或病故阵亡出缺，"于在各屯壮丁内挑补，先尽均田最多之家，次尽阵亡带伤子弟"；所授田土"不得任意私行得价典当"，但勇丁可"自买民人田地"，"属该丁私产"，不得丈收"入官田数内"。所分授田亩额，后统一定为散丁四亩五分，小旗五亩五分，总旗六亩五分，百总七亩五分。傅所陈"三十四条"使湘西苗族地区"屯政"初步条理化。②

嘉庆六年（1801）正月，湖广总督书麟和湖南巡抚祖之望会奏"苗疆修碉卡均田开屯为边备经久之计"折，"奉旨允行"。即在湘西苗族地区实行建碉均

① 光绪《湖南通志》卷85，《苗防五》。
② 同上。

田开屯的政策，获得了清王朝地方大吏和最高统治者的批准。同年"二月，凤凰厅同知傅鼐授厅属丁勇四千人屯田，并给牛具籽种，且耕且战，始建屯防"。

书麟和祖之望奏案提出："理苗之道不外剿抚两端，防边之策务使兵民相间。屯以卫民，民以实堡。有屯堡以资生聚，必有碉卡以固防维。均田屯勇，寓兵于农。""三厅情形不同办理必须划一。凤凰厅自嘉庆二年（1797）以后，经同知傅鼐修筑碉卡墙壕，收复厅属十一约民地……士民情愿呈出归公田地二万余亩，作为丁勇屯耕之计。傅鼐等清丈仅敷丁勇四千人分授屯种。"凤凰厅"系苗疆咽喉，为辰浦麻泸屏障"，"必得丁勇六千人更代防守，即可裁去乡勇盐粮，撤退留防官兵"。"不敷分授之田，拟于贴近凤属之泸溪、麻阳各民户内酌均拨补"。乾州与凤凰苗寨毗连，"应一律练勇屯田"。永绥厅"拟扼要移驻"后与"古丈坪、保靖等地一体筹办"。① 由此，傅鼐的"均屯"政策，从凤凰一厅扩大到湘西七厅县。嘉庆六年（1801）十二月，奉旨加傅鼐道衔，总理边防。"沿道七百余里皆建碉均田。"

嘉庆六年（1801）十二月，傅鼐"会同乾州厅协举办乾州均田屯勇事宜"。乾州厅的均屯，开始有些阻梗。嘉庆六年（1801），乾州厅同知阎广居曾禀称："乾州厅业户不愿均田"，并且"东北乡民人张永楷、徐启琳……赴抚部院辕门具禀"。其理由是，乾州厅东、西、北各乡，距建碉地区湾溪、强虎哨等地（今属吉首市与凤凰县交界处）甚远，"不原均输"，而南乡虽稍近，但湾溪、强虎哨具系凤凰厅所管理地方，若均乾属之田，守凤凰之地，伊等俱非心愿。傅鼐于同年上禀予以驳斥。强调"乾州厅应办均田屯勇守边"，认为"从前自亭子关起，至乾属喜鹊营止，筑立边墙，实因该处逼近'苗巢'，故为缮备。现今议办情形，于四面八方普遍修守，将苗全行圈围在内。卑厅并古丈坪、保靖、花园，至茶洞均在画一办理，乾州一隅之地，终亦未便任其两歧也"。并说："乾民忽生异议者，不过富户一朝得业，即思坐拥膏腴，顿忘后患。"傅在同年另一呈禀中认为："圣谕奉行均田练勇之奏案，又何虑一二富户之梗议耶！该厅协所禀殊

---

① 光绪《湖南通志》卷85，《苗防五》。

属非是?"于是,十二月十三日他"驰赴乾城",查办均田。

按傅鼐"均屯"规划,乾州厅属建碉均屯分两条路线。一线是从乾州城往南自湾溪,经捧捧坳至强虎哨。原有碉卡"尚觉稀疏",要"添修碉卡",需勇丁五百名。"应令该厅南乡人亦照式均田给勇屯种。"另一线是东北经镇溪所(今吉首镇)至喜鹊营,"营员请修碉堡,贫民众恳均田",由东、北二乡均出。其均田原则,是按凤凰厅上五峒各约均田之例,即除养口田外,存三均七。据湖广总督吴熊光、湖南巡抚高杞嘉庆八年(1803)三月二十一日奏案,乾州厅自强虎哨湾溪起,至喜鹊营止,共设碉卡九十余座,募勇六百名,于乾州东、南、北三乡均出田亩三千余亩。

嘉庆七年(1802)正月"总理边务凤凰厅同知傅鼐举办麻阳均田。四月举办泸溪县均田"。

照奏案,凤凰厅屯丁勇不敷之田一万亩,必须从麻阳、泸溪二县均补。各五千亩。嘉庆七年(1802)正月初八日,傅鼐"至岩门商办麻阳均田事宜"。经"士民公同集议",先在岩门等约四十五邨实行均田。但"此四十五邨,山多田少,硗瘠异常,若照凤属上五峒之例,除养口外,均七存三,每岁出产无多,不数养赡"。"应均田之大户,情愿不留养口,将所有田亩,均出十分之七,充公屯种"。故"先令四十五屯富户开报田亩,实数查明,各富户均出三分之一计",若不足"令河西上下各约均补",再不敷"令河东各村公捐","期将此项应补之田五千余亩如数均出"。至嘉庆九年(1804)初,据傅禀陈,山后及下乡,均田比较顺利,按议定比例已均出田土二千九百余亩,尚应续均二千一百余亩。但上乡不仅"寸土未均",相反有田恒泰等"赴京越控"。故傅鼐再次"驰抵麻阳","谕以大义",并调阅上乡额粮网,发现"田亩宽广,户多饶裕"。故规定,"只在业产最厚之家分别差等,令衿士自行公议朋均","中下各户无须劝均"。对阻挠均田的上乡生员田步进行"查究",经傅鼐一番软硬兼施,上乡各富户"情愿于定数之外,再量为加增"。结果,嘉庆十年(1805)核实,麻阳田均田六千九百八十三亩。

泸溪县均田情形。据傅鼐禀述,"都蛮,利略一十九邨,紧按凤凰、晒金塘等苗寨"，"照凤凰厅上五峒之例，除去养口之外，存三均七"。"四都等处四十八邨，距边稍远"，经"剀切劝谕"，"愿较都蛮利略减去一成，除养口之外，存四均六"。然都蛮十九邨与四都四十八邨"山多田少"，所均之田"未满三千之数"。傅鼐认为，再往东至浦市，"亦受凤厅碉卡之益"，而这一带"良畴沃邨"，建议，将不足之数二千余亩，"照数均摊"。嘉庆八年（1803）经奏明，将不足之田二千五百余亩，"于泸溪、浦市等处酌量均补"。据傅鼐述："有告假在邨之工部额外主事瞿自明、现任刑部江西司额外主事唐自璋等，率其子弟首先均出田上百余亩，以为士民之倡"，"两旬之内已均出田二千亩"。其均亩比例，从三材坪以东直至浦市，"照四都减去一成，除养口外，均五存五"，"浦市北至泸溪县城，不计养口，均二存八"。尚短缺的五百余亩，由浦市民户均出一百四十余亩，县城士民胡宗魅等均出二百四十亩。"大小章士民"情愿与编氓一律均输，又均出一百八十余亩。合计浦市、泸溪、三材坪及大小章各处总共均田二千五百七十余亩。至此，泸溪县均田也超额完成了任务。

嘉庆九年（1804）办永绥均田。永绥厅治原在卫城（今花垣县吉卫），经总督和巡抚们一再奏请，移驻花园；而将原驻花园的永绥协移于茶洞。嘉庆七年（1802），傅鼐"奉旨"移厅城于花园，永绥协于茶洞，"九月移之"。厅协徙治后，嘉庆九年（1804）九月"均田归屯，授丁耕守。沿边堡碉卡以次竣工"。

永绥厅属，除由西至东，从茶洞到花园一线（即六里地区）多为民村，或民苗杂居外，其余五、七、八、九、十各里实际均为苗族聚居区。故永绥厅的碉堡汛卡集中在花园、茶洞一路，均田屯丁自然也集中在这一地区。据傅鼐禀述，这一路"应挑丁二千名，需田一万余亩"。九月下旬傅"驰赴花园""秉公集议"，认为"各里民地被苗占耕有年（指乾嘉起义中苗族群众夺回了原来'客民'在苗族聚居区所占有的田土）"，"须将被占之田全数清回，方可分均屯守"。于是"先自碉卡以内分段丈量，再由沿边逐处清查"。"其占地各苗，查明如系有业可归及其人向系狡悍"，"令各该管苗弁带回原寨，分别安置"。"住边日久，尚属向化者，或就近量给山地"，"或即令佃种屯田"。"其有本系民业，被匪贱价当买，亦即筹款给价，丈收归屯"。原则确定后，傅鼐会同厅协，先由花园附近“向西挨次勘丈”，后自茶洞以北“向东查丈”，“各碉卡以内，应屯田地全行丈竣，计获田七千余亩”。碉卡以内及沿边田亩查丈归公以后，又“乘时接办”碉卡以外田亩。据傅鼐禀称，包括茶洞以南至米糯（即今民乐）、永绥西面沿边，紧贴花园吉洞坪的隆团（即今龙潭）、葛垅（即今角弄，属龙潭公社）一带，“其中民田亦应查明，佃给苗人耕种，按年纳租，以资养勇”。傅鼐于十月二十二日“督率委员，赴各该处，一一履勘”，“将米糯、隆团各路田亩，以次清厘查丈”。“约计，前后得田一万三千余亩”，即超过了原定均屯数额。傅鼐在禀折中还提出，“各里地方民田甚多，现在虽系散苗占种，每每互相争夺，本无常主……自应为之清厘，作为官田，令发回苗人与本寨穷苗分种”。这已有进一步扩大“均田”的趋势。

嘉庆九年（1804）永绥厅“均田”，是将碉卡内外，沿边近边的民田或所谓“苗占”民田统统清出归屯或作“官田”，未提出均留比例，故《永绥厅志》中称之为“寸土归公”。当然，不能说全厅都是如此。因为这时还只包括民田或“苗占民田”，并且主要还是在六里地区。傅鼐在禀折中还提出，“田业最多之户，尚须照凤厅、都吾等约章程（即全部田产归公）酌留十分之一”。就是说对“田业最多之户”，有所照顾，田产并未全部充公。所以永绥一些“大户”有“捐田”之举。如贡生艾建洵捐田八百亩，生员宋大章捐田五百余亩，此外还有捐四百亩、二百亩、一百余亩和几十亩的。既然是“捐”，当然不会是全部田产“充公”。①

嘉庆十年（1805），均保靖、古丈坪田。

据总督吴熊光、巡抚高杞奏准的方案，“保靖县境内，自保安汛至万岩溪止，共碉卡四十余座，分布屯勇三百名，应均田一千五百亩”。傅鼐同年禀称：“卑职于正月初旬，驰赴县城，传集各都衿耆乡约，晓谕均输，令其自议章程。”经过“公议”，先将“合邑有田之家，据实开报，凭众核其产业多寡，定以甲乙等差。凡实系田多大户拟均水田二十亩，上户拟均八亩，上次拟均五亩，中户拟均

① 光绪《永绥厅志》卷19、卷6。

二亩，中次拟均一亩。其余田少下户，……概行免均"。由于所均之田是在全县分摊的，有距边较远丁勇"不便往耕，必须标给民户佃耕分租"，一年获谷少于自耕，又情愿于奏案一千五百亩外，增均二百余亩，以资贴补。故保靖县实际共均田一千七百亩，归屯授丁。

根据吴熊光和高杞奏案，古丈坪厅境内设碉卡十余座，募丁勇一百名，应均田五百亩。嘉庆十年（1805）傅鼐禀称，古丈坪厅"士民造册请均，职道亲履察看。该士民颇知向义，已如数呈均"，又"复有该厅所属苗备石把七，带同弁目呈出田地二百二十亩"。据《古丈坪厅志》记载："古丈坪厅所属田亩均三留七，照亩扣算"，实际均出田亩五百二十九亩七分，"屯丁自耕食守碉卡"。而苗备弁自呈田，则添设苗兵百名，作苗兵口粮。这"与屯丁之守碉耕食者有殊"。

嘉庆十年（1805）九月"苗疆均屯告成"，湖南巡抚阿林保"亲诣查勘"。十一月湖南巡抚阿林保、湖广总督瑚图礼、湖南提督仙鹤林，会奏"经久章程八条"，"奉旨允行"。奏案称："凤凰、乾州、永绥三厅，古丈坪、保靖二厅县，共设屯兵八千名，按名授田耕守，并挑留备战练勇一千名，即于均出公田内拨佃收租，资给盐粮"。七厅县"共均出归公田六万一百余亩。除分授屯丁承种及提作练勇盐粮共田五万六百九十亩外，尚余田九千四百余亩，自可召佃收租，备充发支公费"。"八条"规定："严禁私典屯田"；设屯千总、把总和外委，约束屯丁，分管屯田、屯租；"严禁民人擅入苗寨索诈欺凌"，"现在民苗界址划分清楚，应申明旧例，汉民仍不许擅入苗地私为婚姻"；不许擅差兵役入寨安拿；等等。根据和琳"善后六条"，嘉庆元年（1796）以后，于苗族区废除了百户寨长，先后在凤凰厅设苗守备十一名，苗千总二十名，苗把总三十七名，苗外委六十名，苗兵二千，分驻四营；乾州厅设苗守备四名，苗千总六名，苗把总十三名，苗外委二十五名，苗兵八百，分驻四营；永绥厅设苗守备十二名，苗千总二十八名，苗把总五十七名，苗外委一百五十名，苗兵一千八百名（后又增苗战兵三百八十四名），分驻十二里；保靖于靠近永绥厅的四、六、七、八四都设苗守备四名，苗千总九名，苗把总十二名，苗外委三十一名，苗兵三百名；古丈坪厅于龙鼻咀设苗守备一名，苗千总二名，苗把总四名，苗外委十二名，苗兵百名。

共计设苗备弁四百八十六名，苗兵五千。湘西苗族区的"苗官"制和"以苗制苗"的体制亦大体确立。

至此，举办"屯政"的第一阶段告一段落。

嘉庆十年（1805）永绥厅丁牛寨石宗四起义是一个转折。如果说，在此以前的"清厘"民苗界址，"建碉均屯"，虽已包含对苗族人民田土的重新掠夺，但主要还是限于"沿边"。那么，石宗四起义被镇压以后，性质就进一步发生了变化，即将所谓"均田"以各种口实扩大到整个苗族地区，并变成对广大苗族人民田土的赤裸裸的大规模剥夺。

首先，是清查所谓"逆苗""叛产"及"苗缴占田"。根据傅鼐嘉庆九年（1804）的"禀永绥厅清出碉卡以外屯田安插良苗耕种折"，已开始在永绥的五、七、八里清丈苗"占田"，作"官田"，并派县知事"前往逐寨体察"，如"苗众情愿可以行之久远，仍令各苗饮血具结"，而傅鼐自己"再行亲往慎重查办"。这种公开剥夺苗民田土的行动，自然会引起强烈反响。嘉庆十年（1805）正月，"石宗四阻丈苗占田，遂纠结近寨数千人，围夺官粮"。① 这种反抗，又成为清王朝统治者对苗族人民进一步残酷镇压的口实，以实现其对"苗疆""先剿后抚"的原则。这一点，湖南巡抚阿林保在其奏折中讲得很清楚。早在石宗四起义以前，嘉庆九年（1804）九月他"巡阅""苗疆"，认为"镇筸左右营'黑苗'最为凶悍"，而永绥"八、九、十等里，苗情恃其巢深寨险，从来未经大兵深入"，诬称"积恶匪徒俱各盘踞"，主张"痛加惩创，先示以威，然后结之以恩"，这样"方能消其桀骜之气，坚其向化之心，而举办屯防乃可一劳永逸"。于是阿林保"檄调傅鼐进省面为商酌，揆度形势，斟酌机宜"。可见，清朝的统治者们早就在策划以武力推进其苗族地区的"屯防"，早已剑拔弩张，杀气腾腾。果然，当石宗四起义一爆发，傅鼐立即亲率其精锐练勇，奔赴永绥，进行残酷镇压，"将著名深险十六寨全行剿洗"，把他们所称的"积匪""悉数歼除"，使"远近各苗始知天威"。傅鼐因镇压起义有功，"事闻"，"擢辰沅永靖道"。接着，"三

---

① 光绪《湖南通志》卷85，《苗防五》。

月，奏准苗人缴出叛占田产，以养苗兵"①。武装镇压为大规模收缴"叛占"田土扫清了道路。

嘉庆十年（1805）傅鼐禀称："自本年春间擒剿永绥积恶匪寨之后，远近各苗慑威贴服，呈出强占田土作为官田，分给穷苗佃耕纳租，以资挑留苗兵口粮"，经"遴派委员，率同苗弁将各寨缴出田土分头丈量统计，先后清厘"，共计三万五千余亩，"一并分授无业穷苗及挑留苗兵领佃承种"。这种丈收苗人"叛占田"的范围迅速扩及乾、保、凤各厅县。据傅鼐在同禀中称："各寨占田，苗人震慑兵威，不能耕种，陆续呈缴归公。永绥除丈收田一万余亩外，尚有续行清出者。乾州已丈出五千余亩，保靖县一千余亩。"而凤凰厅"听候丈量"。阿林保据傅鼐呈禀上奏"苗人呈缴占田，请给良苗耕种纳租，作为苗兵工食"。奏称：乾隆六十年（1795）"苗民"滋事后"经和琳奏明，将查出逆苗叛产及客民插花地亩，分给无业穷苗耕种，原不应任听强苗争占，以致滋事（这是借口）。今既慑威呈缴，仍议给苗人佃耕"，挑留苗兵，将良苗佃纳租粮支给口粮，是以苗养苗（即把军事镇压与经济剥削合为一体。这是本意）。嘉庆十年（1805）四月初："奉上谕"准行，并"归于均屯经久章程汇核办理"。故在瑚图礼、阿林保等会奏的"经久章程"中，有"清查逆苗叛产及苗缴占田，分佃收租，赡给裁留苗兵"一条。据该条呈述："各寨缴出占田，逐一清丈，共田三万一百余亩，并清查各逆苗叛产，亦丈收田地五千四十余亩，共三万五千一百余亩"，"挑留苗兵五千名"，饬各苗守备"于各苗寨内自行择地建仓，以备收贮"，"每年可收籽粒二万二千余石"。这就是后来所称的"苗屯"和"苗仓"之始。

接着傅鼐等人又以"官赎田""官垦田""苗占苗田"、苗弁"自呈田"等名义进一步掠夺苗族人民产业。正如魏源在评论傅鼐"均屯"时所承认的，"积久，制益密，田益辟，则又有出前议外者"。于是产生了"官垦田""官赎田"等等。②

---

① 光绪《湖南通志》卷85，《苗防五》。
② 《皇朝经世文编》卷88。

所谓官垦田，主要是永绥厅六里（即花园至茶洞一线）原有抛荒田土，由屯丁和"穷苗"逐渐开垦成熟，复清丈归公，转佃给原垦之人承种纳租，共计一万余亩。"官赎田"，则像三厅沿边一带外来"客民"所占据的田土，乾嘉起义后复为"苗人占据"，"民人知难归复，即以贱价当给苗人"，嘉庆十年（1805）后在清统治者武力"剿洗"和"威慑下"，"众苗情愿呈出当契"，将原田"悉数退缴"。这样的田土共一万五千五百余亩。显然也是由于武力"威慑"，苗人"呈缴"历年"苗占苗业"田土四千余亩，苗弁们也呈献出"已业田"三千余亩。这些名目的田土，主要都是在嘉庆十一年（1806）清丈的。

总计"均屯"的田土数额，由原来的六万一百余亩，倍增至一十三万一千余亩。即在原来以均屯养丁名目所均"民田"外，又掠夺了苗族人民田土七万一千余亩。

嘉庆十二年（1807），湖南巡抚景安、湖广总督汪志伊会奏"筹议均屯未尽事宜章程"七条，"经部议奉旨允行"。这"七条"规定：除原"八条"所定收缴"叛占田土"三万五千余亩，作"苗兵"工食钱粮外，从新增的收丈田土中，拨补一万亩租谷作修理屯田费用，增拨四千亩租谷添补"屯防经费"；"酌留屯长以资经理"屯防，七厅县共设总屯长四十名，散屯长一百六十名，"经管食谷收支，并修葺碉卡"等，分授田一千八百十九亩；老幼丁拨授田三千亩；"设书院义学，以广教育，而咨化导"，计七厅县各设书院一所，各屯分设义学五十馆，苗寨增设义学五十馆，拨"膏火束脩田"三千七百亩。此外，还增加练勇教习各丁"盐菜"、苗兵口食和制备"子药火绳"等项开支。

大规模"清丈"田土归公的行动，至嘉庆十二年（1807）大体结束。据嘉庆十九年（1814）湖南巡抚广厚清查"苗疆"均屯田土奏折记载，嘉庆十四年（1809）傅鼐又详报丈收田土一万五千二百一十九亩，十六年（1811）以后"续查出田土五千八百七十三亩"，均未入嘉庆十二年（1807）奏案。故均屯田土总额为十五万二千余亩。其中除给屯长、屯丁、老幼丁等领耕田三万七千八百四十九亩外，共余田土十一万四千一百五十一亩，均召佃收租，每年应征额租十万五千四百余石。后经"核实酌量"减去租籽五千五百石，故每年"定以额租九万九千九百八十八石三斗九升"。至道光元年，经"酌减"，实征租谷七万九千余石，"永为定额"。

清丈田土归公，设屯定章，大体告竣后，傅鼐又着手实施其他一些"绥抚"和"化导"苗民的措施，进一步严格民苗界限，对苗族人民加强防范和控制。同时，积极扶持苗族中代理人，以收"以苗制苗"之效。嘉庆十二年（1807）傅鼐禀称："枪械一项实为苗疆祸本"（这当然是歪曲事实），"自嘉庆十年（1805）春痛剿"，苗民"震慑"，经"亲历各寨"，"陆续收缴鸟枪刀矛四万一千余件"。傅鼐还认为："椎牛祭鬼，实为苗害"，因椎牛祭鬼时"小则近寨落百十为群，大则聚集邻省苗人盈千累万，巫师妄言祸福，以惑愚顽"，"从前'癫苗'滋事皆由此起"，为"防范"计，建议严重禁椎牛祭鬼。傅鼐以上禀请，经巡抚景安上奏，嘉庆十三年（1808）九月兵部"复咨"实行。嘉庆十三年（1808）又经礼部议奏："湖南凤、乾、永三厅及保靖乡试士子，数至三十名以上号编边字号，于本省额内取中一名，四厅县苗生十五名以上另编田字号额外取中一名"，"奉旨咨行"。

嘉庆十四年（1809）三月，傅鼐奉旨补授湖南按察使。"是年，详定苗疆屯防各案章程"。这些章程包括，"增设最深苗寨义学二十馆""禁止擅用苗夫""严禁苗寨私开集场"等。至此，由傅鼐经手筹办的湘西苗族地区"屯政"最后告成。

经傅鼐十余年的"苦心"经营，湘西苗族地区，墙壕延绵，碉堡林立，官田屯仓遍布，屯丁练勇，设"苗官"，建"苗兵"，开办苗寨义学，建立起一套严密的"箝制""苗疆"，把对苗族人民的军事镇压与经济剥削、武力威慑与"绥抚""化导"结合起来的"屯政"制度。

三、"屯政"后果及影响

对于傅鼐在湘西主持实施的"屯政"，从封建统治阶级内部来看，开始虽有人持有异议，但总的来讲是肯定的。大多数人，甚至包括像林则徐、魏源这些近代比较开明进步的代表人物，都曾给予了极高的评价。嘉庆皇帝说："傅鼐实好"，"办理苗疆屯防一切事务，绥抚得宜"。《湖南通志》称"鬎权奇有才，武历苗疆十余年"，"所设务为经久，不挠众议"，而"鬎驱苗得力者，尤莫如缴出叛苗占田以屯苗兵一事"，这是"以苗养苗，即以苗制苗"，"一举两得"。《清史稿·傅鬎传》认为"屯政举，使兵农为一以相卫，民苗为二以相安"。魏源特为傅鬎作传，力排各种非议，为傅鬎"屯田"极力辩解。① 道光十八年（1838）湖广总督林则徐"巡阅营伍"至镇篁城，"民人'要求归还所均'民产"，林则徐发布告示，厉行"宣谕"："若不团练丁勇，何以勘定'顽苗'，若不均出屯田，又何以养赡丁勇"？废屯田就是"自撤篱藩"，竭力维护傅鬎的"均屯"制度。②

"屯政"符合清王朝统治阶级的根本利益和需要，维护和保障了他们在"苗疆"的统治和剥削，这是毫无疑义的。而傅鬎本人确实也是当时封建统治阶层中精明能干，比较有胆识的人物。正是傅鬎的一套政策措施，把乾嘉起义开始的苗族人民反抗斗争最后镇压下去，将"民人"流离，数十万"降苗"无家可归的混乱动荡局面暂时稳定下来，直至道光末年，湘西"苗民"，再未发生什么大的使统治阶级不能"安枕"的事件。"屯政"既为清王朝节支了军饷和其他经费，又在"苗疆"加强了军事控制和政治统治，应该说是当时清朝统治者统治国内少数民族的比较有成效的政策。所以，清朝统治阶级人物对其予以肯定和赞扬是自然的。

广大苗族人民的态度如何呢？这里录两段中华人民共和国成立前湘西苗族中流传的歌谣：

> 苗民受苦是何因，只因傅鬎坏良心；
> 田地充公无寸土，房屋烧毁化灰尘。
> 傅鬎狼心又虎毒，烧房夺地杀人民；
> 尸骨如山血成河，血仇永记到儿孙。

傅鬎是杀人掠地的大刽子手，傅鬎的"均屯"是穷困和痛苦的根源。这就

---

① 《皇朝经世文编》卷88。
② 《皇朝经世文编》卷88。

是苗族人民对傅鼐及其"屯政"的基本评价。

傅鼐是按先"剿"后"抚","剿抚兼施"原则，再血腥"剿洗"，"歼除"苗民反抗，凭借武力"威慑"，步步紧逼，次第实现其"均屯"方案的。对"苗民"实行圈围、隔离、歧视、镇压和掠夺是"屯政"的基本目的。傅鼐推行的政策措施有着强烈的阶级性和深刻的民族偏见。湘西广大苗族人民自始至终坚决反对"屯政"，仇恨傅鼐，是理所当然的。

现在的问题，不在于对傅鼐及其"屯政"简单地予以肯定或否定，而是应该深入分析和研究一下，傅鼐实行的这套"屯政"制度，对湘西苗族地区经济和政治到底产生了一些什么具体影响？对苗族社会历史发展究竟起了什么作用？为什么会给苗族人民带来深重的灾难，而哪些方面，又产生了施政者所未预料的后果？

"屯田"制的建立是整个"屯政"的基础。它对湘西苗族地区经济和政治发展的影响也最深。按照均"民田"归屯的办法，很明显，其结果所均之田土，必然主要是来自殷实富户和地主。因为，第一，乾嘉起义前湘西苗区"沿边"，汉族居住区和苗汉杂居区，贫富分化与土地兼并现象相当严重，土地集中在少数人手里，已出现占有上千亩良田的"大户"，而大多数劳动人民则丧失了土地。如乾州厅属镇溪所邓玙一户"拥膏腴千亩之产"，而乾州厅统计"应均出田亩者不过数十户"。就是说，广大劳动人民实际无田可均。又如，永绥厅贡生艾建洵能捐田八百亩，如以自留十分之一计，其田产亦应在千亩以上。《永绥厅志》所开列的十九个捐田人，就共捐田四千亩以上，即将近永绥厅应均田一万余亩的一半。第二，凤凰上五峒和下五峒一部分，乾州厅三乡是先留"养口田"，再将余田留三均七，泸溪各地均留比例不一，但也都先留"养口田"。中华人民共和国成立前，湖南种一季稻，一般是五升（即六斤）谷种一亩田，一男一女留四斗谷种的养口田合八亩，即均田户所留田产在八亩以上。广大贫农，包括部分自耕农所拥有的良田一般均不会超过此数。故广大贫苦农民都不会在"均田"之列。第三，麻阳、保靖"均田"时，虽不留养口田，但更明确"议定"，由有田"大户"议均，或按田产分等"摊均"，"下户"和"田少人多"者，"无须劝均"

或"概不准均"。这就更未涉及一般农民。

"均"地主和富户田"归屯"，就有个统治阶级内部个人眼前利益和阶级根本利益的矛盾问题，无疑会遇到一些梗阻，但整个说来还是比较顺利地实施了。这同当时的一些历史条件是分不开的。第一，这些"苗疆"沿边和苗汉杂居区的田土，乾嘉起义中大多"俱为苗有"，"官为夺诸锋镝之中"。就是说，这些田土是完全靠清王朝以武力又从"苗民"手里夺过来的。故往往"居民不敢过问"。这种田土当然容易"均"。第二，为了打鬼，借助钟馗。汉族地主士绅经过乾嘉起义风暴的袭击，对"苗民"简直是谈虎色变。傅鼐等施政者正是利用这种气氛，常常以"苗祸"吓之。他们为"保身家"计，甘愿"均助"养屯。第三，均出田亩后，还是有利可图的。根据所定章程，均田户除子孙可优先补拔屯丁和屯弁，获得屯田外，还赐以官爵名位。嘉庆十一年（1806）湖南巡抚阿林保奏请"奖励倡首均田最多士民"，建议凡捐田二百亩以上者酌请旌奖，二百亩以下者"给予匾额"，百亩以下者"建碑题名"。例如，永绥艾建洵、宋大章着赏给五品顶戴，镇溪所邓玙等赏给六品顶戴。

查抄"叛产""占田"，建立"苗屯"，其范围是在永绥、凤凰、乾州和保靖四厅县苗族聚居区，即乾嘉起义的中心地区。由于既无均留比例，又无贫富和产业多少之分，当然一般苗族农民所耕种的田土都在"查抄"之列。但从实际情况看，所"查抄"的田土大多数应是苗族中富户和上层所占的田土。因为乾嘉起义前，苗族社会内部分化，土地集中的现象也很突出。例如，在起义被镇压后当了苗守备的古丈石把七，就占有良田三千亩，均屯时自动捐出二百二十亩。这是"苗疆"边沿情况。在"苗疆"腹地土地集中程度可能没有这么高，但贫富差别也是比较明显的。如起义领袖人物吴八月、石三保均系"富苗"，"有稻田岁得谷四百多石"。[①]在"均屯"之前，根据和琳"苗地归苗"原则，将"叛产"和"边墙"内插花"民田"交给"降苗"和"良苗"耕种，对"安抚""降苗"，进一步瓦解起义队伍，恢复生产起了一定的作用。但由于并未勘查清丈，

---

① 乾隆《凤凰厅志·屯政考》。

"均匀分给",对占田数量也无限制,自然又会出现占田不均的现象。少数人由于在本地影响大,劳力多或生产条件较好等,而占有了更多的田土。如领导起义反抗丈收"占田"的石宗四,就"占有各寨田地一千余亩"。在建立"苗屯"过程中,这些在乾嘉起义以前或以后占有大量田土的"富苗",当然首当其冲。特别是参加或卷入了苗民起义的那些苗族上层,其田土就变成"叛产",都被查抄归公。

通过"均田归屯"和查抄"叛产""占田",湘西苗族地区地主所占有的土地大大减少了,并且有十五万多亩成熟田土变成了"屯田""官田"。清王朝虽在有关"均屯"章程中允许私人田土的存在,但实际上在私人手里的田土并不多。据《永绥厅志》记载,乾隆十六年(1751)清查,永绥全厅六里,成熟田共只有二千六百七十八亩(旱土在外)。而嘉庆十二年(1807)永绥厅共丈收"民人归公田""苗缴叛占田"达三万余亩。就是说,如果在五十多年中垦田面积增加了十倍以上的话,也被全部囊括归公了。辰沅道台赵文在道光元年的奏折中也承认:"自设屯将田土清丈","苗疆田土存留于民间者已属无几"。所丈收归公的田土,无论"民屯"或"苗屯",又都禁止私人典当买卖。即相当大数量的田土所有权,在"屯田""官田"的形式下僵固起来了。这对湘西"屯田"各县,特别是苗族内部封建大土地所有制的发展和土地兼并集中的趋势,客观地必然会产生一定程度的阻抑作用。所以,永绥、凤凰二县苗族聚居区,土地集中的程度直至土改前夕仍比其他地区低得多。这不是偶然的。例如,1952年永绥县三区六个村统计,地富户数占12%,占田386%;中农户数占32%,占田39%;贫雇农户数占56%,占田19%。1951年凤凰县三区两个村统计,地富人口占43%,占田土25%;中农人口占68%,占田土64%;贫雇农及其他人口占26%,占田土10%左右。[1]

傅鼐的"屯田"制与和琳的"苗地归苗"政策,表面看来是大相径庭的。其实也有其一致的地方,即都多少考虑到如何解决数十万"降苗"和"良苗"

---

[1] 笔者录自花垣县和凤凰县档案馆材料。

的"生业"，使流离失所的苗汉农民与土地重新结合，暂时缓和一下湘西苗区的土地问题。"屯田"制的实行，在这方面收到一定的效果。通过第一阶段"均田授丁"，一大批缺乏生业的丁壮乡勇获得了田土，余田就地召佃又安置了部分流散的"客民"和"良苗"。第二阶段，在苗族聚居区，丈收九万多亩成熟田土归公，交给"降苗"和"良苗"承耕，一大批被清军"洗剿"弄得家破人亡的苗族农民有了田土耕种，原来从"降苗"中裁留的三万七千名"土塘留兵"，大部分也承耕了"屯田""官田"，有了生业，最后裁减至五千人。当然，傅鼐实行"屯田"制的主旨是"屯丁养勇"，"以苗养苗"来"制苗""安边"。并且适当解决土地问题的出发点，在于消除"不安定"的因素和潜在"危险"，以"稳定"湘黔"苗疆"局势。但"屯田"制的实行，的确使相当一部分苗汉农民同土地能重新结合起来，在一定程度上缓和了湘西苗区的土地问题。不过这种"结合"与"缓和"，是以普遍剥夺苗族人民的土地所有权，把广大苗汉农民变成"屯田"佃户，承受封建国家的奴役和剥削为前提的。这正是傅鼐的"屯田"制，同和琳镇压乾嘉起义时提出的，含有某种"让步"性质的"苗地归苗"政策的区别所在。

随着"屯田"制的建立，在湘西有"屯田"七厅县形成了"屯租"形式的封建剥削制度。湘西"屯田"按其收入的使用性质，又可分成"养口田"和"经费田"。"民屯"中的部分田土分授屯丁承耕，"奉为世业"，称"养口田"，少部分"备充岁支公费"，属"经费田"。"苗屯"中的田土收入，均用于支付苗官苗兵工食钱粮，修理碉堡屯卡，备制子药及其他经费开支，故都为"经费田"。"养口田"一般是屯丁"附碉亲耕"或子弟亲属代耕，其中也有召佃分租的。如傅鼐"三十四条"章程规定，凤凰厅所属分授屯丁养口田"逼近苗寨者，各该苗弁具保佃给苗人承种"。后来，永绥、米糯、隆团等处亦因"在碉卡以外，勇丁不便往耕，仍佃给苗人承种交租"。"麻、泸二邑距边稍远之处，丁勇不便往耕，仍交本户佃种，酌量输租。"佃种屯丁"养口田"，所交纳的租谷也称"屯租"。但"屯租"的主要部分来自"经费田"。"经费田"包括"民屯"中授丁后的余田，"苗屯"中的"叛占田""官垦田""官赎田""自呈田"等，都是召佃收租，由屯守备，屯千把、外委和苗弁合并管理，租谷归入"民屯仓"或"苗屯仓"。

"屯租"的定额是相当高的。道光元年刑部侍郎张映汉奏称，召佃收租的屯田，"应缴租谷，每亩正数"为一石八斗①。据《保靖县志》记载，屯租额"上则田每亩一石数斗，下则田七八斗不等"。平均每亩屯租额亦应在一石以上。湘西多属高寒山区，粮食产量历来很低。据统计，直至1949年即中华人民共和国成立前夕，湘西自治州十县粮食平均亩产214斤。其中，凤凰为238斤，吉首为217斤，花垣为208斤，保靖只有140斤。② 所谓一石，按习惯是120斤。若以一石八斗计，那就是216斤，已超过了十县的平均亩产。若按平均一石以上计，为120斤以上，就是说租额也是占收获量的60%。赵文在承认："应缴屯租"，超过一般田赋的"二百余倍"。这还只是按官定"额租"来计算的。实际上"屯田"官田的佃户所受剥削还不仅此。据张映汉所奏，除应缴正数租谷外，还要"加以挑运盘费，斗面折耗"等等，实际为二石一斗以上。《永绥厅志》记载的高登云《屯防锢弊论》，揭露得更具体。据其记载，一般佃户佃田四亩五分，秋间收谷后，除去种子牛力人工用费谷外，"仅得谷八九石"，"上官租正项或五六石外，只余三四石"，又还要"加官租浮收斛面谷二斗有零，又复堆尖，踢斛，外收斗余"，一年秋收之谷已"所剩无几"。故"各佃苗民，受困极甚"，"催租之屯官亦为酸鼻"。归公田土大多数是集中在、永绥、凤凰二厅苗族聚居区，就地召佃收租，承租"屯田""官田"的自然大多数是苗族农民。据记载，"屯田佃租，民佃不及苗佃十分之一"。③ "屯田"制的实行，使湘西广大苗族农民，在丧失了土地所有权之后，转而又沦为封建国家的佃户，被套上沉重的"屯租"枷锁，遭受前所未有的残酷剥削。正如1937年发布的《永绥县解除屯租诉愿团宣言》所控诉的："从此吸骨敲髓，竭尽岁之所得不足以供事畜"，"剥不数十年，已富者贫，而贫者死"，苗族人民"遂永堕于万劫不复之地狱矣"！这种残酷的"屯

---

① 《苗疆屯防实录》卷之六，《屯防条奏事宜》。

② 笔者录自花垣县和凤凰县档案馆材料。

③ 光绪《湖南通志》卷85，《苗防五》。

租"剥削造成了湘西苗族人民的极端贫穷和困苦。近代一百多年湘西苗族地区经济发展滞缓，这是一个重要原因。

同"屯田"制相辅而行的，碉堡圈围、分而治之和"以苗制苗"的一系列政策措施，对湘西苗族社会历史发展的影响也是极其深远的。

如果说，清王朝统治者"均屯"的出发点在于"兵农为一以相卫"的话，那么其他这些政策措施的重点就是为了"民苗为二以相安"。经过乾嘉起义，清王朝统治者对苗、汉两族人民的交往特别严加"防范"，唯恐苗、汉混杂结合，"酿成事端"。在和琳"善后六条"中，虽考虑到"苗地之盐斤布匹等物，胥藉客民负贩，以供日用，如一概禁绝，又多不便"，故不得不允许苗、汉人民之间的交易，但规定"民苗买卖应于交界处所"，"择地设立市场，定期贸易"，并且"官为弹压"。这样的"贸易"当然很不自由和方便，不久，就逐渐在苗族聚居区内自发形成了一些集市，而作为布政使的傅鼐于嘉庆十四年（1809）立即又发布禁令，认为"深巢苗人，惮于远涉，遂在寨内私行开场交易，则私场一设，设有'奸民'借赶场为名，混入苗地，难以稽查，实所关匪细"，故"不准再开集场"。随着苗族地区经济的发展，苗、汉之间的来往"混杂"加强这是自然的。有汉族老百姓进入苗寨，也有苗族群众移居汉族地区集镇和县城。清王朝统治者对此也严加禁止。直至光绪十五年（1889）当时的辰沅道台但湘良还下令札，"禁止苗官苗民住城内"。其札云："近闻各苗弁等往往盘踞城中"，"而苗人亦常有在城开设伙铺"，"实为良民之害"，"嗣后各苗官不准在城久住，如有苗民在城开店，立即封锁驱逐回寨；民差亦不得擅入苗寨"。这种对苗族人民的歧视、隔离和禁锢措施，给苗、汉两族人民之间经济文化交流和苗族社会的发展，无疑带来了极其有害的影响。湘西苗族地区经济文化长期处于落后状态，同清王朝这种政策措施是有很大关系的。

但是清朝统治者镇压乾嘉起义以后在湘西苗族地区实行的"分而治之"和"绥抚"政策，与唐、宋时期消极的"羁縻"，甚至"弃而不顾"的政策，同元、明王朝的土官土司割据统治还是有很大区别的。它仍然贯穿了康熙、雍正时期清王朝统治者对西南少数民族地区积极"开辟"，消除"化外"，实现"大清一统"

的政策精神。同时根据乾嘉起义的教训，进行了一些调整补充，变得更完备更具策略。其重要的特点是在残酷"剿洗"，武力"威慑"，碉堡防范的基础上，以"化导"为"治苗"之本，以"以苗制苗"为"久安"之策。

傅鼐在其《治苗论》中曾说："惟有以移其习俗，奠其身家，格其心思，苗乃可得而治。"即强迫同化，清除苗族民族特性。所以他的许多措施，比"改土归流"后乾嘉起义前有过之而无不及。"改土归流"后几十年，湘西苗族地区，清王朝都还只要求苗寨长"薙发"，而傅鼐则"不论生、熟苗人皆令薙之"。自设流官后对苗族的生活习俗和信仰并未干预，而傅鼐则"严行禁止"椎牛祭鬼，"作鬼跳鼓脏诸习"。傅还认为，"然不申之以教，其心犹未格也"。所以从归公田内专拨"膏火束脩"田，先后在湘西苗族地区设屯义学五十馆，苗义学七十馆，"延师教读""四子书""孝经小学诸书"，"苗生尤优秀者入书院"。共设六书院，"阅课八股诗律，榜示甲乙"。认为"今日书院之苗生即可为异日各寨之苗师，以苗训苗，教易入，而感动尤神"。这样就可使"苗与汉人无异"，永享太平矣。[①] 为鼓励"苗人""向化"之心，培养能为清王朝统治服务的人才，以实现"以苗制苗"，如前述，嘉庆十三年（1808）还奏准在乡试中苗生十五名以上，额外取中举人一名。道光元年张映汉奏称："自设额以来，每科号取中举人一名，而总未见会试，大抵由于地方官书吏于其请咨时，欺为愚鲁，横行索费。"因此请"严禁书吏索取规费"，并给会试苗举人"公车银两"。道光二十八年（1848）湖广总督裕泰、巡抚陆费琛又奏请"于乡试之中"，给民苗举人每名二百石"屯谷"，作赴都会试盘费。此外，在湘西苗族地区还先后规定文童岁科两试，三厅各取进新童四名，保靖县取进新童三名；"三厅苗学各添设廪生二名，增生二名；保靖县苗学添设廪生一名，增生一名。乡试之年岁试取前三名生员，道屯防给盘费谷十石"，"童生厅试岁科考取前十名暨考取正课者，道屯防给卷费谷一石，盘费谷四石"。这些措施在当时确实也收到了一定的效果。凤、乾、永、保四厅县，"生童观感奋兴，颇知刻励，渐能文循法脉，辞选华腴。即各寨

---

① 光绪《湖南通志》卷85，《苗防五》。

苗生童亦知循名责实，矢志编摩"。湘西苗族地区"秀才举人相继辈出"，"登仕籍者，颇不乏人"。① 据记载苗举人当官的就有永绥石光荣（知县）、龙得照（知县）、石永魁（道州学正）、石宏仁（巴陵教谕）、石永龄（知州）、麻国祥（临武训导）、凤凰吴国瑞（知县）、吴自烈（花翎运司衔）等等。

清朝统治者这些"化导""苗民"和"以苗制苗"的措施，客观上对于加强苗、汉人民文化交流和提高湘西苗族地区文化水平是有利的，但更重要的是促进了苗族社会内部的阶级分化。在明代和"改土归流"前，苗族中也曾产生了像乾州厅吴鹤那样的王阳明的"高足"和"大儒"，但终究还只是极个别的。现在从苗族中培养了成批的为封建统治阶级服务的苗举人、苗秀才，而他们当中不少人进入仕途，跻身于统治阶级的行列，逐步变成高居于一般苗族劳动人民之上的特殊阶层。

为"以苗制苗"，在凤、乾、永、古、保五厅县所建立的"苗官"制，对于促进苗族社会内部分化的作用就更大。这些"苗官"不同于以往的"土官土司"。他们无权世袭，要由厅道选拔委任，并接受考核，"随时分别奖赏革斥"。但也不同于乾嘉起义以前，"人微权轻"的百户寨长。他们催收屯租，经理"苗屯""苗仓"，有经济权；能"管束苗民"，受理"苗民格斗窃盗等事"，办理"缉拿"，有行政和司法权；还统辖"苗兵"。正如凌纯声、芮逸夫所说："苗官以一武官，而兼理刑名钱粮，其权力实等于土司，所不同者不得世袭而已。"② 而更重要的区别在于，土司土官和百户多系外族人，而苗备弁都是苗族本族成员。这种"苗官"制对于防范镇压"苗民"的反抗，恢复和维护清王朝在湘西"苗疆"的统治秩序，缓和苗族人民与满汉统治阶级的矛盾，是有作用的。但这些苗守备和苗千把、外委往往同厅县满汉官员们互相勾结，狼狈为奸，对苗族老百姓进行敲诈勒索，在苗寨为非作歹，成为满汉统治者的代理人和帮凶，成为苗族人民的直接压迫者和剥削者。这就促使湘西苗族社会内部，进一步形成营垒分

---

① 石启贵《湘西苗族实地调查报告》，湖南人民出版社，1986 年。
② 凌纯声、芮逸夫《湘西苗族调查报告》，商务印书馆，1947 年。

明的富人与穷人、压迫者与被压迫者的阶级对立。

关于"苗官"制的影响与后果，光绪《永绥厅志》中有如下评述："自谓能抚苗者也，殃苗者，谁？苗官也……抚殃苗者，谁？汉官也。""苗与汉相远，与苗官相近。故苗人情状惟苗官知之，汉官不知焉。苗人之间词讼，俱听苗官武断，而汉官第据苗官之言，以结其案。"因而"苗官"从中勒索，饱其私囊。而苗官"得官也，非考非捐，惟私相争买。以钱之多少，定官之得失"。一苗守备保升"需钱千余串"，一苗千把保升"需钱数百串"。正因为买官花了"本钱"，得官后当然要"多取息"，加紧搜刮。"苗官"虽不能世袭，但"苗官年将老近，皆不惜重金先为其子买官，以承其职"。"迨其子得官，而所以殃苗者又酷似其父"，"子孙递相升迁而不啻承袭，他人无力得官焉"。结果，"群苗长贱而贫，苗官长贵而富"。永绥厅十二里苗守备"则犹为苗中巨富"。这样一来，在苗族内部以苗备弁们为代表形成一个有权有势的压迫者和剥削者阶层。广大苗族下层人民同以苗备弁为代表的上层"富苗"之间的"积怨""蓄恨"，"世世子孙固结不解"，"如是则终难保其不叛也"即促使苗族社会内部阶级矛盾日益激化。

总的来说，清王朝这种文教"化导"借助"苗官""绥抚"的政策，直接干预了湘西苗族内部的生活，促使其社会关系发生新的变动，阶级分化和对立日益加深。满汉封建统治阶级的"屯租"剥削与本民族上层和"苗官"的搜刮勒索相结合，广大苗族下层人民从此身受双重灾难和痛苦。这不能不引起苗族人民斗争的性质和内容的变化。斗争的阶级性愈来愈鲜明，而民族斗争的色彩却越来越淡薄。乾嘉起义的发动，还能以"逐客民，复故地"为号召，汉人百户和办苗外委首当其冲，不少"富苗"，包括个别苗百户都能站在本民族一边，与满汉封建统治者进行战斗，甚至拥有田产成百亩的吴八月、石三保等人还成了起义的杰出组织者和领导者。以后的情况就不太一样了。苗备弁不仅为彻底镇压乾嘉起义，"肃清""苗疆"效尽犬马之劳，而且以后苗族人民起义时，他们多是满汉统治阶级的帮凶，充当了镇压本族人民的刽子手。与此针锋相对，苗族人民的反抗斗争，也不再片面区分什么"客民"与"苗民"，而把"富苗"和"苗官"们与满汉统治者、压迫者视为"一体"，甚至往往还先从"富苗"和"苗官"开刀。例如，道光二十七年（1847）乾、凤、永三厅苗族人民为抗"屯租""夥款"起义，十一月，首先"攻子儿寨富苗石老才，掳其家财"，接着"开排料，岩落寨仓，运其积谷，开阳孟寨仓，焚之"。十二月，"款苗数千"，攻凤凰厅鸭堡寨苗守备吴永清家，"杀永清苗勇七名，焚其庐舍"。在清王朝镇压这次起义的过程中，苗备弁们则充当了"先锋"，进攻时"苗勇苗兵为先，练勇营兵继之"。而起义领袖之一永绥厅的孙文明更直接死于苗守备欧岩保之手。辛亥革命中凤凰厅"光复"起义时，也是如此。广大湘西黔东北苗族青壮年组成"光复"军的基本队伍，与汉族人民并肩战斗，成百上千的苗汉志士共同流血牺牲。但新寨苗守备吴国春等苗备弁却成为截杀捕捉起义军的凶手。

（原刊《民族研究》，1983 年第 3 期；《中南民族学院学报》，1983 年第 2 期）

咸同苗民起义述评

咸丰五年至同治十一年（1855—1872），以贵州省"新疆"六厅为中心的苗族地区，爆发了由张秀眉等人领导的苗族人民起义。这是继雍乾起义和乾嘉起义之后，清代所发生的第三次苗民反压迫反剥削的大起义。

一、起义的背景

道光二十年（1840 年），鸦片战争爆发后，随着西方资本主义列强的侵入，中国独立的封建经济遭到破坏，逐步沦为半殖民地半封建社会。但最初的二三十年间，僻处西南的苗族聚居地区，西方列强的势力尚未及深入，半殖民地半封建化的进程还未开始；封建经济仍完整地保持着，苗族地区所固有的矛盾，仍在继续发展和不断激化。

首先是土地问题。"改土归流"和开辟"生苗"区后，由于封建地主经济的发展，汉、苗地主日益加强剥削，疯狂掠夺苗民的土地，广大苗族农民愈来愈贫困破产，围绕土地问题所展开的民族矛盾和阶级矛盾，一直十分尖锐。乾嘉起义以后，这一矛盾在湘西苗族地区有所缓和，但问题并未解决，而在大多数苗族地区，特别是黔东南"新疆"六厅，尤为突出。

在贵州和在湘西一样，进入苗区的汉族地主、奸商、官弁和驻军，掠夺苗族农民的一个主要手段，就是放高利贷。利息一般是"银利加三""谷利加五"。"遇青黄不接之际，一月之内，须还至二石三石不等，名为'断头谷'。"无力偿还，动辄以田产作抵。甚至赊借"一酒一肉，积至多时，有变抵田产数十百金"①。结果在一些苗区，"不三四年，田宅妻孥尽为汉有矣"②。据《黔南职方

---

① 《咸同贵州军事史》第一编第三章，1984 年，镇远县地名委员会办公室翻印。
② ［清］刘书年《黔乱纪实》。

纪略》记载：下江、永从、台拱、清江、黄平、八寨、都江、麻哈、清平、古州十厅县，共有汉民八千六百七十八户，而典买苗户者，即有六千二百六十三户。其中有些汉族地主一户就买"苗产"数百份。黄平州一些苗族地区"苗产尽为汉有，苗民无土可依，悉皆围绕汉族而居，承佃客民（指汉族地主）田土耕种，昔日之苗寨今尽变为汉寨矣"。黔南归化厅（今紫云县）、定番州（今惠水县）、大塘汛（今平塘县）三地，共有汉民二千四百零四户，其中有一千六百二十户典买苗族、布依族农民的田产。

以土守备、土千总、土把总、通事等"苗官"为代表的苗族地主，也利用权势敲诈勒索，掠夺苗族农民的土地。道光以后"苗官"已可买卖，数千吊钱买一个土守备，数百吊钱买个土把总。苗族地主花钱买官以后，更是加倍盘剥。他们"助官为虐，挟其诈力，朘削无已。一切食米、烟火、丧葬、嫁娶伕马供应之费，无不取之于苗民。此外，又复千百其术，借事勒索，不倾其家不止，而苗民之生机绝矣"①。由于对苗族农民田土的掠夺，"苗官"们往往集中大量土地，变成封建大地主。嘉庆以后，丹江厅担任土司通事的绍白寡，占有九千多挑谷面积的田产，即是一典型事例。又如松桃厅瓦窑的土千总欧昌德，有三千多挑谷子的田地。

清政府的"屯田"制度，也是掠夺苗族农民土地的重要手段。雍正年间，张广泗在贵州实行"屯田"时，"新疆"六厅共设堡一百零九座，安置屯军八千九百三十户，以平均每户授田八亩计，即占去良田六万九千余亩。此后，屯军又不断掠夺和侵吞屯堡附近苗族农民的田土。"苗生齿繁，仅存产不足给，屯军或复浸之"②，造成苗民大批破产。这也使土地问题日益突出。

其次是清王朝和地方官吏的种种搜刮和勒索。这是促使苗族地区民族矛盾和阶级矛盾激化的另一重要因素。"苗祸之兴，半由抑勒。"③ 雍乾起义后，清王朝

---

① ［清］都匀府罗应旒奏折，转引自范文澜《中国近代史》第一编，人民出版社，1947年。

② 《平黔纪略》卷二。

③ 《平黔纪略·例言》。

被迫将贵州"新疆"六厅的钱粮,"尽行豁免",永不征收。但仍免不了巧立名目,进行搜刮掠夺。特别是至道光年间,改"豁免"钱粮为"采买"军米。所谓"采买"军米者,"名为官发价,买苗民米以养兵,苗民实不得价,而取求无制,其害更甚于征粮"。①按规定,一石谷给一两三钱银。但实际上官吏差役随心所欲。收谷时,"各乡市斗实溢省斗之三,加以尖量,每斗溢二三升,是买乡谷一石,已得省斗二石,实合京斗三石"。所到之处,"需索供给,或入室搜寻,乘间窃取;稍不如意,竟至殴缚"。谷子买到后,又"索马驮运,各处惊扰。强者以银买贿脱;弱者驮运数日仅领市钱百文"。②随即又改"谷"为"米",并且将每石一两三钱银改为一两。至咸丰初,"只责苗民照常纳米,不给价银"③,完全失去"采买"之名,实际上又变成了固定的赋粮。

由于多次赔款,白银大量外流。清政府为填补库银的亏空,又在苗族地区往往实行钱粮折兑,以纳银代交白米。当年丰谷价大落时,所纳银两丝毫不减,苗民需要以数石米才能换上一两银。台拱一带苗民,无力缴银,甚至有被迫"自掘祖墓取先人含敛饰物以折价者"。④又有记载云:"黔中地丁皆收米,既而改纳银,石米一金。遂有于一金外复增石米者,民从输之。浸有石米之外,又征银二两、三两,以至数两者,民不聊生。吁请蠲减,官吏不可,或刑威之。于是……诸苗纷然起哄。"⑤

太平天国运动爆发后,清政府为了筹饷设防,在苗族地区又增加了"抽厘助饷"新捐税。其法,是"按亩抽收,十取其一"。所抽取的谷米称"厘谷"。仅黔东南十余州县,即要缴纳厘谷四十余万石。⑥"厘谷"之外,再加上官吏差役的私派横加,实际已是十取四五。致使"小民终岁勤劳,区区升斗之入,均不能留以自赡"。"悉索之余,富者以贫,贫者以尽,生计日蹙,粮价日昂,穷民无

---

① [清] 罗文彬、王秉恩《平黔纪略》卷二。
② 同上卷十二。
③ 民国《贵州通志·前事志》卷二十二。
④ 《贵州通志·前事志》卷二十二。
⑤ 《平黔纪略》卷三十七。
⑥ 《贵州通志·前事志》卷二十七。

以聊生，或转死沟壑，或去而从贼，比比皆然"。①

此外，在苗族地区还有其他各种陋规和苛索。如据记载："苗疆有所谓'鸡粮'者，原其始不过苗民向化，自愿于收成后各献一鸡，以输奉上之忱。浸假而以鸡折银，浸假又以银折钱，凡几折，而所谓一鸡者，竟至钱数千。然此犹指有田者而言，其无田之人，则有所谓'烟户钱'者，是更剥及贫穷，为害愈巨。"② 又如有记载云："遵义府属钱粮欠耗岁递增，桐梓复有踩戥、火钱、票钱诸目。踩戥者，每花户一票，无论一两二两至一二钱者，均加踩戥银自二钱至五钱。火票亦加至一二钱不等。民往往控告，中或有逋欠者。至是，贼以除加戥为名……因起应。"③ 在汉、苗地主和朝廷官府重重压榨和掠夺下，苗族农民已穷困不堪，如处水火之中，遇上天灾年荒，就更是饥寒交加，苦楚难言。苗族地区流传的《史诗》，对这种情景有不少生动的记述。如《张秀眉之歌》云：

为那百年大水灾，恨那年成岁月坏；寅年卯年闹虫害，虫吃稻禾丈浓寨……

个个焦愁无可奈，没法想了去借债；去借汉债来救急，到了年关还债期；汉家债主敲算盘，敲起木珠把账算；本钱不用再算啰，利钱像糠一样多。

年初押去两头猪，菜园抵给汉债主；年底又将坝田押，大田都归债主家；寨脚好田也作抵，还搭一丘育秧地……

已经九九过重阳，稻谷还没熟透黄；没得粮食收进仓，还要逼迫上皇粮。年初去上要谷子，要是拖欠到年底，年底就要上白米；年初去交六分银，要是年底交不清，涨到一吊二百文。

哭哭诉诉憨实人，互相邀约去挖坟；挖坟去捡殉葬品，捡来祖先"买水银"；上交汉官台拱厅，交完官税才脱身……④

又如，黔东南苗族流传的《造反歌》记述：

久远的年代，辈辈传下来，天公降大灾，官家逼税债。

---

① 《平黔纪略》卷十。
② 同上卷十九。
③ 同上卷一 。
④ 《张秀眉歌》，贵州民族出版社，1987 年。

天公降大灾，干了三年半，颗粒不进仓，苗家吃野菜……

官家好狠心，逼粮又要银，没粮来垫付。烧香又敬神，没钱给官家，掘坟取葬银。

葬银挖光了，布匹抢走了，房屋烧毁了，哭声震山摇。大人携小孩，挨寨去乞讨，没有人送饭，反遭狼拖了。

黄狼喝人血，乌鸦啄人腹，恶鹰吸骨髓，惨景不忍睹。苗家遭大殃，眼泪哗哗淌，妻离子又散，仇恨增倍长……①

"犯法可以赊死，忍饥则将立死。"② 天灾人祸，迫使苗族人民不得不铤而走险，为自己的生存奋起斗争。道光二十九年（1849），黔东南苗族农民保禾、计乜聚众数千，起事于台拱厅革夷、沙邦等地，揭开了贵州各族人民咸同起义的序幕。太平天国革命运动爆发后，全国形成革命高潮，清朝统治者调集各省兵力进行镇压，苗族地区的防务大大削弱，这更极大地鼓舞和推动了苗族人民的反抗斗争。咸丰元年（1851）春，苗族农民高禾、九松在台拱厅发动抗粮斗争；咸丰四年（1854）二月，黔南独山一带苗、布依、汉各族人民，在布依族农民杨元保领导下发动起义；同年八月，杨隆喜在桐梓发动苗汉人民起义，转战黔西、黔南、黔东南和黔东北各地。这些起义和反抗斗争，虽然先后都被清政府镇压下去了，但苗族地区的革命形势已经造成。"山雨欲来风满楼"。咸丰五年（1855），终于在黔东南爆发了以张秀眉等人为领导的苗民大起义。

二、起义的经过

张秀眉（汉文献记为臭迷），贵州台拱厅仰岗寨（今剑河县台拱乡板凳下寨）苗族，生于道光三年（1823）。祖辈世代务农，父亲租种地主土地。他十一二岁时，父母先后病故，无依无靠，只得到地主家做长工生活，受尽地主的压榨和剥削。少年时代的秀眉，即萌发了对清朝封建统治者和地主阶级的强烈仇恨。

---

① 杨正保、潘光华《苗族起义史诗》，贵州人民出版社，1987 年。
② ［清］胡林翼《胡文忠公遗集》卷五十八。

咸丰元年（1851），太平天国军兴，秀眉已二十八岁。当时全国沸腾，白莲教、灯花教派首领刘义顺在黔东北一带组织白号军，进行反清活动。咸丰三年（1853），秀眉闻讯前往参加了白号军，以作战勇敢，累立战功，被封为九元帅。白号军的战斗实践，使秀眉练就了一身作战的本领，积累了不少对敌斗争经验，这为他后来领导苗民起义打下了基础。

咸丰四年（1854），台拱地区灾情严重。五年（1855）三月初，苗民派出代表赴厅请愿，要求减免赋税。黄平知州杨承照奉命到台拱查办。杨承照"寓石土司家，偏听石土司言传"，不仅不应允减免赋税的要求，相反拔刀相威胁，强迫苗民具结，照旧纳税服役。"苗目不得已，具结去。"① 消息传出，数千名愤怒的苗族农民，冲进台拱厅城，寻杀杨承照和台拱同知张礼度。杨、张潜逃。数日后，台拱苗民再度集结队伍围城，提出"永免征收"赋税，将地主田宅"概与苗民"的口号，一场"抗粮抗税"的斗争日益扩大。官府到处张贴"灭苗清产，安屯设堡"的告示，扬言进行军事镇压，形势空前紧张。苗民已深感："今乃欲殄灭我苗，岂能束手以待？况自来甲寅、乙卯乃苗变之定期，天时人事，势不容已。"② 诚如箭在弦上，不能不发。此时，张秀眉从黔北回到台拱。他走乡串寨，积极宣传鼓动。三月十五日，张秀眉邀约参与抗粮事件的各寨苗民首领，在台拱厅掌梅尼"议榔"正式誓师起事。起义苗民一致推举张秀眉为领导人，号称"九王爷"，又称"九元帅"，誓言"打倒官家"，"夺回土地"。接着，甘保玉响应于寨头（今三穗县境），杨大六起事于丹江，九松、高禾复起于乌结。"千里苗疆，莫不响应。"③

起义后，苗民义军立即围攻台拱厅城，同时分兵扫荡"苗疆"各营汛。三月十八日，台拱义军攻克稿贡汛，并同黄平州义军联合，进攻岩门司汛城。二十一日，进攻黄平州。二十六日，克清江之白索汛及德阜堡。四、五月，连续攻克凯里县属之排养汛及威远、永宁、乐郊、怀恩各堡，丹江厅属之空稗汛及震威、

---

① ［清］徐家干《苗疆闻见录》。
② ［清］韩超《苗变纪事》，载《贵州通志·前事志》卷二十三。
③ 同上。

培墉、连城各堡。六月初三日，攻占岩门司城。岩门司属黄平州辖境，位于州城东南八十余里，南临清水江，北靠天鹅山，地势十分险要，筑有石城，是清朝统治者用以弹压苗民的军事要地。清朝政府得知苗义军进攻岩门司城的消息后，即从古州、龙里、铜仁等地调来援兵，增强防守。清兵凭借坚固的城墙、充足的粮食、精良的武器，负隅顽抗。义军久攻不下。后来张秀眉亲临前线指挥，采取了"引蛇出洞"的办法，令义军佯退，诱清军出城，加以歼灭。敌人果然中计。汛城被攻占，署古州同知彭汝玮、署龙里知县陈毓书、署威宁镇游击盛修志、铜仁把总周国顺、本汛把总唐定魁、土司何化隆等带兵各官及以下六七百人，均为义军击毙。"自岩门失后，逆焰益张。"① 岩门司大捷，大大鼓舞了起义苗民的斗志。各路义军又乘胜相继攻克丹江属之黄茅、乌叠各汛，肇泰、长丰、永定、望丰、抚远各堡，台拱属之德丰、覃膏、固围、松茂、干城、施洞各堡，黄平属之重安驿。十五日，义军攻丹江厅城，不克。翌日，分兵陷鸡讲汛，并分路进逼黄平、施秉各城。"岩门失而黄平危，施洞失而镇远危，重安失而驿道塞。贼势大张。"苗民起义势力获得进一步发展。

在苗民起义推动下，六月二十五日，上江斋教首领罗光明、罗天明等起事，进攻八寨厅城，不克。明日，分兵攻克独山三脚屯，作为据点。继而进攻清平县城，不克。七月二十六日，罗光明攻占都江厅城。接着，克打略汛，复围攻八寨厅城，并分兵进攻麻哈、独山各地。罗光明的教军多有苗民参加，在军事上有力地支持和配合了黔东南苗民起义军的进攻。

苗民义军久围丹江城。清军粮绝，"药铅都尽"，"守既无力，逃亦无路"。② 九月十三日，丹江城为义军攻克，署通判龙里知县严锡珍、署参将普安营游击乌尔滚珠等"皆死之"。守军"得脱走凯里者仅十余人"。③ 十五日，克新城汛，全歼守军松桃协守备马连科等及汛兵三百五十人。十月二十七日，下江"生苗"起事，攻占下江厅城。十一月初二日，另一支苗民义军联合罗光明等攻克八寨厅

---

① 《贵州通志·前事志》卷二十二。
② 《平黔纪略》卷二。
③ 同上。

城。十二月，苗民义军于龙头河截击凯里守军，大获全胜。据记载，义军围攻凯里甚急，城中守军"兵疲食尽"，奉命转移至香炉山汛。清军行至龙头河，"无舟，涉水渡"，"天大雨雪，火器尽湿"。① 义军乘势截击，全歼清军官兵一千三百人。

咸丰六年（1856）五月二十九日，下江苗民义军攻占永从县城。七月初四日，张秀眉等率义军攻克胜秉城。时，凯里被围年余，守军"草根木叶皆已食尽"。初九日，义军攻破凯里城。古州厅城亦久为苗民义军所困，"草木雀鼠罗掘皆尽，守者皆饥无人色"。② 二十三日，义军攻克古州厅城，古州总兵桂林"自焚死"。③ 二十九日，苗民义军克施秉县城。八月初二日，苗民义军同罗光明教军配合，攻占都匀府城。十三日，苗民义军克清江厅城。二十六日，台拱厅城经久围后，亦被攻破。至此，黔东南苗族聚居地区各厅县完全为义军所据有。接着，苗民义军在教军号军和侗、布依等族义军配合下，乘胜向邻近各府县发动进攻。九月十一日，克黄平州城；十月初十日，克清平县城；二十九日，克朗洞城；十一月初五日，克黎平锦屏乡城。咸丰七年（1857）正月初六日，进攻镇远。义军久围麻哈"昼夜攻城，城中树皮草根略尽，人继相食"④。十二月初五日，苗民义军与白号军配合克思南府城。咸丰八年（1858）正月二十二日，攻克麻哈州城，提督佟攀梅、署知府何铤等均死之。八月二十九日，攻占镇远府、卫两城。十月初一日，克黄平旧州。咸丰九年（1859）八月初六日，苗民义军同汉族何得胜的黄号军联合，攻克瓮安城。闰三月二十二日，攻克柳霁城。随后苗民义军东进，与姜映芳领导的侗族义军联合作战。同治元年（1862）四月，攻克天柱县城，并乘胜攻邛水、青溪、思州、玉屏，进抵湖南晃州、会同、靖州边境。所到之处得到苗、侗、汉各族人民的大力支持。据记载："天柱、思州民屯数百处，亦皆蓄发相从，甘为前驱；湘西靖、会、芷、黔、晃各边境民屯亦皆输金应

---

① 《平黔纪略》卷三。
② 同上。
③ 同上。
④ 同上卷四。

之。纵横千里，同声响应。"① 张秀眉领导的苗民义军，在军事上取得了巨大的胜利。

张秀眉在军事进攻的同时，十分重视根据地的建设。在占领区建立军事编制，义军由张秀眉统一指挥，设元帅、将等武职，分别带领队伍驻防各地。张秀眉驻台拱，包大度驻黄平，李鸿基驻古州，金干干驻凯里，甘保玉驻寨头。义军攻克各地后，一面将丹江厅城、清江厅城、台拱厅城、凯里城、朗洞城等清朝统治者为镇压苗民而特地建立的城池，一律摧毁，夷为平地；另一方面，则以台拱为中心，施洞口、九股河为重镇，清江百余苗寨为右臂，革夷、山丙及凯里各寨为左臂，而邛水、镇远、施秉数百寨为门户，挖深沟，筑高垒，建立起巩固的防御工事，进可攻退可守。同时，实行耕战结合，农忙时耕田，农闲时操练和出征。义军还在占领区建立了地方行政机构，利用清朝的官防印信，发布文告，委派官员对各地工农商各行各业进行严格管理。义军所到之处，逐杀贪官污吏，严惩地主豪绅，废除苛捐杂税，没收屯田和汉、苗地主土地，分配给苗族农民以及汉族一般贫苦人民。据调查，在清平县的凯里、翁提、翁乐、凯棠，台拱厅的施洞、革一、革东、望虎、稿贡、老屯，清江厅的南嘉、新柳、柳霁、岑松等地，都分配过土地。② 又据记载："都匀、镇远、黎平三府之间……皆尽为苗据。其都镇府卫城及附近之八寨，平越、麻哈、黄平、清平、施秉等厅州县七八城，苗概拆毁，耕成田地。重山复岭中，纵横盘踞七八百里，安居乐业，以抗官兵，官兵往往失利。"③

关于张秀眉领导下，起义根据地的建设情况，还可以从黔东南苗族流传的《史诗》中得到证实。如《史诗》云："攻下台拱厅，秀眉有军令：豪富家财产，概行来充公；财主的土地，苗汉穷人耕。百姓千家笑，满城尽欢腾。"又云："张秀眉领导，苗疆换人间；义军打敌人，百姓坐江山；分田和分地，人人乐无边；义军不脱产，人民减免担；风顺又雨顺，家家有吃穿；清江歌声起，苗岭把

① ［清］徐家干《苗疆闻见录》。
② 贵州省民族研究所《张秀眉起义调查》，1960 年内部印刷。
③ 民国《咸同贵州军事史》，第七十三章。

颜开；生产抗官兵，安居且乐业。""不要三几年，攻下一大片；遂取'下八府'，拆城墙耕田，红去半边天……"①

同黔东南张秀眉起义相呼应，贵州其他地区的苗族人民也纷纷揭竿而起，向清朝统治者发动了进攻。其中影响较大的有柳天成起义、潘名杰起义、岩大五起义和陶新春起义。柳天成，黔南都匀府坝固场杨柳屯苗族农民。咸丰初，在坝固一带密谋起事，逐渐积聚了力量。咸丰五年（1855）五月，柳天成联合金干干、陈大六等人在坝固正式起义。各支苗民义军共推柳天成为主，称"柳五王"。同年七月，柳天成率黔南各路义军，第一次进攻黔南重镇都匀府。十一月初二日，同罗光明等义军联合，攻占八寨厅城。六年（1856）八月，第二次进攻都匀。柳天成遣义军混入清军新卒之内，里应外合，一举攻占都匀府城，随即主动撤出。八年（1858）正月二十二日攻克麻哈州城，二十九日第二次攻占都匀府城。此后，柳天成所率领的苗民义军，同罗光明、潘新简等义军相联合，活动于荔波、都江、独山、都匀一带，曾配合入黔的太平军李文彩部攻占独山、荔波等地。

潘名杰，贵州中部贵定县苗族农民。咸丰五年（1855）夏，贵定县苗族以潘名杰为首，起义于麻哈州的坝芒。十月初七日，潘名杰领导的贵定苗民义军同都匀各义军联合，攻占大塘城，并大败清军于乐雍。十三日，攻克罗斛城，进袭定番州。咸丰十年（1860）二月，潘名杰率义军出摆沙，连续攻克马鬃岭，轿顶山、瓮城桥诸营汛，并分兵进攻贵定和龙里城。同治元年（1862）十二月十一日，苗民义军又自坝芒出动，顺利攻占龙里县城。此后，多次同太平军、号军联合，围攻贵阳城，但均未得手。义军被迫转移到贵定都匀一带坚持战斗，并一度攻占定番州城和大塘县城。

岩大五，本名顾馥春，黔东南清平县凯棠苗族农民。咸丰三年（1853），参加高禾、九松领导的起义。张秀眉起义后，又与高禾、九松再起。同治元年（1862），受九松派遣，率二三千义军参加围攻贵阳的战斗。此后，岩大五即转战于黔西一带。三年（1864）初，岩大五进入安顺、大定两府地区，与当地苗、

---

① 《苗族起义史诗》。

彝、布依等族义军联合作战。同年十一月，岩大五率领的义军同黔北号军配合，进攻黔西州城，并兼程攻占了大定府城。随即邀集黔西北苗族义军首领陶新春和汉族白号军首领在大定集会，决定联合行动，共同对敌。岩大五的队伍发展到二三万人。

陶新春，黔西北威宁苗族农民。咸丰十年（1860），陶新春与弟陶三春经长期筹划，集合苗、彝、布依族等群众一万余人，起事于威宁韭菜坪（今属赫章县）。随即进攻战略要地七星关，于十二月全歼了守敌。贵州提督田兴恕纠集黔、滇两省官兵，分东、西两路向七星关反扑。经一个多月的激战，义军被迫撤走。此后，陶新春在毕节县西北的猪拱箐建立根据地，起义军一面生产，一面作战。参加起义的群众和家属都迁入根据地，由义军分给土地，猪拱箐根据地极盛时，达十万多人口。咸丰十一年（1861）和同治二年（1863），太平军石达开部两次进入黔西北，均得到义军的配合。陶新春还正式打出太平天国的旗号，接受石达开授予的"太平天国统兵元帅"的称号和印信。同时，陶新春分兵攻打黔西北、川南和滇东北各城镇，控制了黔、川、滇三省边境广大地区。

由于张秀眉、柳天成、潘名杰等人起义的影响，咸同年间，在贵州和云南还爆发了其他一些苗民起义。如，咸丰五年（1855）十月，以贵州铜仁斋教首领举人徐廷杰为首的"红号军"起义，其中有邬黑虎、邬黑龙等领导的苗族义军参加；咸丰九年（1859）六月，松桃苗族郎官、郎宦兄弟领导的苗汉人民组成的"新白号"起义；咸丰六年（1856），云南昭通一带苗族农民，响应东川会泽县回族、彝族、汉族农民起义，队伍曾发展到数千人；咸丰七年（1857），宜良、呈贡、晋宁、昆阳、嵩明、寻甸、陆良等县苗族，与当地回汉各族的联合起义，等等。此外，活动于黔北遵义地区的刘义顺的白号军、活动于黔南的罗光明教军、活动于黔中一带的何得胜号军，以及活动在黔东天柱锦屏一带姜映芳的侗族义军，也都有大量苗族参加。这些起义相互支持相互配合，共同反对清朝的统治和剥削，形成了咸同起义的高潮。

苗民起义全面爆发后，鉴于贵州防务空虚，兵力单薄，早在咸丰五年（1855），云贵总督恒春，先后调滇兵三千入黔，进剿"上游"（即贵阳以西）各义军。咸丰六年（1856）清朝统治者提出，调四川兵与湖南兵"密约夹攻"，"川楚合剿"的方案。① 十二月，四川总督吴振棫抽调川兵一千名，由泸州赴黔。七年（1857），湖南巡抚骆秉章"拨兵应援黔省"。② 湘军由署知府兆琛等率领，由湘入黔，先后收复锦屏、永从等处。八年（1858）九月，湘军为"四十八寨苗"击溃，"复以副将田兴恕援黔"。③ 十月，田兴恕解黎平城围。田兴恕由于在军事上的某些胜利，后留守黔省，官至提督。贵州巡抚蒋蔚远曾奏陈川、楚黔合兵并力进剿苗民义军的方案，提出"令湖南兵分两路，一由黎平进取古州、下江，一由邛水会合韩超（贵州提督）进取清江。四川兵亦分两路，一由镇远进攻胜秉，以趋台拱；一由余庆进取施秉，以捣黄平。其现有兵勇亦分为三路，一由都匀趋八寨，一由凯里趋丹江，一由平越、清平会合黄平之兵。大约每路必得兵勇五六千方可……该省各派明干大员以资统率"。"奏入"，清王朝认为每路需兵五六千名，"实属不知时务"，"断难照议办理"。④ 故蒋蔚远的方案未能予以施行。总的来看，当时清朝的主要威胁来自太平天国，太平军牵制了全国的绝大多数兵力，清朝统治者除在贵州采取一些零散的军事行动外，根本无力顾及苗民起义。

同治三年（1864），太平天国革命失败，清朝政府开始将军事镇压矛头转向贵州的苗民义军和号军。同治四年（1865）六月，清朝廷"谕"云："现在湖南东路之防业已稍松，自应厚集兵力越境赴黔会剿，以期一劳永逸。着李瀚章（湖南巡抚）饬令周洪印（总兵）发拨楚军，进扎黔境……如兵力不敷，迅即添兵赴援"。五年（1866）正月，以新授贵州布政使兆琛"办理贵东军务"。兆琛驰赴辰沅，"添招旧部数千人，选练成军"，进驻镇远，督同贵州下游（即贵阳以东）各军与楚军，分途进剿。湘军总兵周洪印统军万人，"分防边隘，并剿铜仁"。又调原福建臬司李元度，添募湘军"贵字营"六千人，到铜仁与周洪印合

---

① 《平黔纪略》卷三。
② 同上卷四。
③ 同上卷五。
④ ［清］奕䜣《钦定平定贵州苗匪方略》卷十五。

军，"由天柱直趋清江、台拱"。① 同时，贵州臬司席宝田率军六七千人，为另一路，从黎平进古州，进攻都柳江下游，"步步为营，头头清理"。② 新授云南巡抚刘岳昭等统率川军，入黔北遵义地区，进攻号军，直逼黔东南苗民义军根据地西部。

五月，李元度奉命率湘军十二营由铜仁进兵思南、石阡，攻打荆竹园。荆竹园位于铜仁以西二百里，思南府境，北负乌江天险之固，为白号军的主要根据地。当时，刘义顺等领导的白号军，众达十余万，以荆竹园和湄潭的偏刀水为根据地，纵横乌江两岸，活动于石阡、思南、印江、清溪、玉屏等地，并同苗民义军联合作战，相互支援。湘军如不攻下荆竹园，南下进攻苗民义军，就会有后顾之忧；荆竹园一旦失陷，湘军即可合股南下，长驱直入，苗民义军则会遭到正面进攻，失去声援。苗民义军和白号军联合，展开了荆竹园英勇保卫战。

六月二十四日，兆琛军进至镇远，驻扎府、卫两城。二十九日，苗民义军数千来攻，被击退，官兵乘势破义军据点鸭溪，进抵邛水。七月初四日，兆琛进驻邛水。初十日，洞角寨等苗民义军万余人，分三路进攻邛水官军营盘。至十五日，三次接仗，义军失利，据点桥头、寨里被官军攻陷。七月十四日至十七日，施秉、施洞口苗民义军三四千人，进攻镇远府、卫两城。二十五日，义军于尹坡坳五里牌筑营，以绝镇远粮道。九月，兆琛、周洪印军攻破下德明。张秀眉、九大白等"虑失险要"，清江、台拱、丹江、凯里以及大小河一带义军"三四万之众，分起赴援，坚踞上德明、颇洞、响水、高峰等处"。③ 上德明，位于镇远府东南六十里，距邛水三十里，据记载"为深险苗巢，屏蔽寨头、清江"，义军"踞守十余年"。④ 自九月二十八日，兆琛督军"逐日鏖战"，逼近上德明。义军"层层设险，节节应援，悉力以抗官军"。⑤ 十月初十日，周洪印等分兵四路进

<hr>

① 《钦定平定贵州苗匪方略》卷十五。
② 同上。
③ 同上卷十六。
④ 同上卷十七。
⑤ 同上。

攻，并遣人潜入后寨放火，上德明遂被攻陷。一千余家房屋被焚毁，义军牺牲二千余人。十二日，又分三路攻陷响水、高峰等处。苗民义军剩下一万余人，退入颇洞和寨头。二十一日，湘军开始进攻颇洞。二十九日，义军一二万人，主动出击，分三路由小径抄袭官军后路。周洪印以洋枪洋炮队当先，将义军击退。十一月十五日，湘军分三路进攻。义军"蚁聚蜂屯，更番叠战"，进行了英勇的抗击。二十七日，寨头义军万余人来援，被击退。十二月初四日，颇洞失陷。计苗民房屋一千数百家被焚毁，义军牺牲二三千人。同治六年（1867）正月，兆琛、周洪印所部湘军分五路进攻，破苗寨屯卡十二处。义军退入寨头据守。寨头，属邛水汛，处汛西五十里清江北八十里，为进入清江、台拱必经险要，也是黔东南苗民义军的主要根据地之一。寨头义军面临湘军进逼，采取了以攻为守的策略，多次主动出击。据兆琛奏言："寨头苗逆……纠清江援贼数千，于二月二十六日分股来犯"；四月二十日，"该逆数千分股来犯"；六月初九日，"该逆分股潜扑思州府城"；七月初三日，"寨头苗道约众万余，逼近前敌营垒，昼夜环攻……"。① 由于苗义军的英勇抵抗，再加瘴疫流行，一年多来，兆琛、周洪印一路湘军，虽取得某些军事胜利，但进展缓慢，最后阻滞于寨头之前。

当湘军向荆竹园和镇远方面进攻，逼近清江、台拱之时，张秀眉等曾率领苗民义军多次分兵东进湘黔边，攻击湘军后路，以"围魏救赵"。同治五年（1866）七月，一支义军"绕东马鞍山、龙敖一带，出扰湖南"，二十二三日，进至玉屏县属之鲇鱼堡。湘军西路统领总兵周洪印即"飞调"后营总兵唐敏慎等，"星夜驰扎"晃县属之龙溪口，进行堵截。十月二十日，施秉、石洞口一带苗民义军四五千人，由马鞍山出玉屏，逼近龙溪口，又折至铜仁、麻阳、凤凰交界之田塅坪。二十三日，进至凤凰厅属亭子关。二十五日，进攻铜仁府城。李元度、兆琛先后遣师来援，始将义军击退。② 十一月，苗民义军又兵分两路，每路各三千余人，一由思州出龙颈坳，一由石洞口、塅坪，会攻铜仁府城。李元度急

---

① 《钦定平定贵州苗匪方略》卷十七。
② 《贵州通志·前事志》卷三十一。

忙调进攻荆竹园的湘军赴援。荆竹园围解，义军即主动撤退。十月三十日至十二月初四日，两路义军分别于孟溪和雷公田与李元度军遭遇，义军失利，牺牲二千余人。据兆琛奏言："此次苗逆分两路出窜，无非欲牵制官军，缓我进攻之计。"① 十二月，突出楚边的一支苗民义军，在九大白、包大度等率领下，自镇箪沙罗寨回攻铜仁马脚岩，击毙参将周洪富，重创楚道员罗建童援军。李元度再次率湘军来援，义军退走小江山。同治六年（1867）正月，清江、台拱苗民义军联合号军进攻锦屏，初九日攻克县城。旋退出。复攻溃甘乌、八羊、平略诸地湘军团营，"黎平戒严"。② 十七日，苗民义军万余人，"出天柱鹿洞河，窜至湖南晃州……扰及芷江"。③ 苗民义军多次主动进军湘黔边，有力地牵制了入黔湘军对荆竹园、寨头等地的进攻。

同治六年（1867）十月，清廷以进剿不力，将兆琛革职，以席宝田代之为入黔湘军统帅。据记载："湖南援黔各军，数逾三万，兵力不为不厚，乃兆琛等入黔以来，办理年余，糜饷老师，毫无成效，致令黔楚边境，贼队愈肆蔓延……"故"着"湖南巡抚刘崐"饬"席宝田迅即赴沅州，"总统援黔军务"。④ 十二月，席宝田率军一万五千人至铜仁，二十日，进抵石阡。二十三日，同李元度会军三道水。二十五日，开始围攻荆竹园。席宝田、李元度凭借洋枪洋炮的优势，并采取"步步为营"的战术，攻毁附近各苗寨，使荆竹园孤立无援。同治七年（1868）正月初二日，席宝田移营于荆竹园卡前数百步筑垒。初三日，席宝田、李元度集中兵力分三路进攻北卡，另派一军攻东卡。守卡号军奋勇抵抗，鏖战多时。至初四日，北卡、东卡相继被攻破，荆竹园陷落，刘义顺率号军越垒突围，退往偏刀水、轿顶山等地。计营垒二十余座、茅房瓦屋二万余间被焚毁，号军将士牺牲八九千人。继而，席宝田、李元度又攻陷轿顶山、覃家寨（今余庆县境）等苗号义军据点。

① 《贵州通志·前事志》卷三十一。
② 同上。
③ 《钦定平定贵州苗匪方略》卷十八。
④ 《东华续录·同治》卷六十六。

为牵制湘军的进攻，张秀眉等又率领苗民义军主动出击，进攻湘黔边地区，以扰湘军后路。据记载，同治七年（1868）正月，"苗教复出思州、羊桥"，"出袭李军后"。因敌人有备，又"傍出湖南麻阳"，击溃阻截的湘军，进至芷江杀牛屯。旋回军黄道司，为湘军所败，退至思州。① 又据湖南巡抚刘崐奏言："张秀眉等……自正月击退后，仍纠约大股窥伺沅、麻，以扰我入黔各军之后。"二月十三至二十等日，"节次扑犯晃州边界"；十五日，"窜至沅州所属之土桥"；十八日，"从黄板桥直扑近城之黄甲街"，"另股复由漾头司下窜麻阳"；十九至二十一等日，进攻麻阳。二十四日，席宝田被迫回师沅州。② 而当席宝田驻军沅州时，张秀眉等"环伺黎平"。席宝田遣总兵谢兰阶、龚继昌等援黎平。三月十七日，张秀眉率务弄等地苗民义军五千余人进围黎平，遭谢兰阶截击。二十三日，谢兰阶军进攻务弄，张秀眉中炮受伤。③

四月，席宝田还军邛水，"击镇远苗，沿途连下颇洞、上下德明、台列、台纲诸寨"。④ 十七日，督军破丁板塘，围攻寨头。二十八日，寨头失陷。同时，龚继昌军由黎平茨洞破苗、侗义军于庙茂。义军退入广西，龚继昌扎定旦。闰四月，张秀眉、包大度率苗民义军多次反攻寨头湘军，均为席宝田所败。九大白守岑松，潘老帽据屯州（寨头南十五里三十里），亦败走。同月初五日，湘军和川军会合，进攻黔北号军最后据点偏刀水。十七日，偏刀水陷落。五、六月，包大度、潘老帽等率苗教义军出击思州、青溪、玉屏，失利。六月十九日，湘军复瓮安县城。七月，川军陷平越州城。九月，川军会同黔军，复麻哈州城。同月，湖南巡抚刘崐调湘军万余人，由记名按察使黄润昌为大将，邓子恒副之，出晃州援黔。十月，川军复黄平、新旧两城。同时，席宝田军出梁上，破张秀眉及潘老帽义军于岑松，并陷耶么诸寨。十二月二十七至二十八日，席宝田分兵与黄润昌军配合，再复镇远府、卫两城。至此，湘军与川军分东西两线，步步向清江、台拱

---

① 《钦定平定贵州苗匪方略》卷二十一。
② ［清］徐家干《苗疆闻见录》。
③ 《钦定平定贵州苗匪方略》卷二十一。
④ 《平黔纪略》卷十五。

一带苗民义军根据地紧逼，双方进入最后决战阶段。

同治八年（1869）三月初三日，川军南下攻陷清平县城。继而沿重安江东下，破冷水营，攻香炉山，从西面进攻以台拱为中心的苗民起义根据地。进至香炉山时，遭到苗民义军的伏击，川军败还重安江。同时，湘军由东而西进攻。三月十七日，席宝田派提督荣维善，率湘军十二营同黄润昌会师镇远。十九日，攻陷施秉城。二十一日，又攻焚白洗、虾蟆塘等寨，进至距黄平六十里的地方，中隔黄飘、白堡诸寨。为打通施秉至黄平间的驿道，二十二日，黄润昌、荣维善合湘军一万八千五百余人，向黄飘进发。苗民义军在包大度人等率领下，利用有利的地形，组织了著名的黄飘伏击战。

据记载，黄飘一带，"右摩峭壁，左俯绝壑，登降陡绝"。包大度率领由施秉等地退出的义军，并组织新城、螃蟹、凯棠、凯哨、革夷等地苗民义军共数万人，"先伏山谷以待"。湘军"次第入险"，义军突起，"前阻后截，中间乘高滚木石下击"。荣维善率前队冲出伏击圈，但黄润昌所部及后路均陷入重围。荣维善遣军回援，"且战且进"。忽然山凹内义军数千伏兵，"横截而出"，"山上木石如雨"，而"径危路仄，仅容一二人"，官兵"无可施展"。黄润昌"怒马冲突，登时殒命"。知府罗萱、总兵凌子龙、参将杨洪亮、知府邬泗钟、副将唐运珍等，"均下马力战，死之"。荣维善又回军突入深围，昼夜转战。至二十三日，仅存二百余人，皆"饥惫疮痍之卒"。黄昏突围，但"三围三溃，终不得脱"。最后，荣维善及二百士卒都死于非命。①

黄飘之战的胜利，大挫了湘军的嚣张气焰，有力地鼓舞了苗民义军的士气。但当时，由于黔北和黔西北苗，教义军相继失败，黔东南苗民义军已处于孤立作战的境地，无力发动大规模反攻，以挽救危局。四月，张秀眉、潘老帽等会施洞，北渡清江，复东渡出革东汛，袭击各据点。义军缺粮，为席宝田军所败。四月初十日至十七日，苗民义军数千人，进攻施秉县城；四月二十日至五月初五日，义军大集，踞田坝牙溪，重筑坚卡，造云梯二百余架，进攻镇远府城，但均

---

① 《贵州通志·前事志》卷三十四。

未能得手。五月经刘崐请，又由湖南增兵万余人援黔。

湘军经过补充后，又发动了新的进攻。当时清江北岸的胜秉城仍为义军占据。九月初八日，提督龚继昌率湘军攻陷胜秉城，并攻占附近各义军邨寨，焚毁义军粮食十万石。至此，清江北岸义军据点基本被肃清，湘军开始将进攻矛头指向清江南岸义军根据地。同治九年（1870）三月，席宝田率湘军分三道从上下游渡过清江，攻陷施洞口，进入台拱辖地。同时川军东下，连陷黄飘、白保等义军要地。四月，席宝田督湘军进取凉伞屯，攻陷新城汛及瓮板、斑鸠各苗寨。包大度等集合义军反攻，被击溃。五月初七日，席宝田至瓮板，督湘军进破白洗。十日，攻陷岩门司城。十八日，陷朗洞城。六月，席宝田以"天暑疫作"，暂缓南进。① 七月，川军亦因"疫重粮竭"，退平越瓮安。② 义军乘机，曾一度主动出击。据记载，七月初，"清江、台拱苗"，"掠入广西界"；八月，"黄飘、白洗苗"，"复陷清平、重安江"。③

九月，清廷一再谕令刘崐、席宝田等，加紧对苗民义军的进攻。十月，席宝田军克复台拱厅城。同治十年（1871）正月，古州"苗首"闻国兴、大河"苗首"唐大烜降清，并出兵协助官军，攻陷下江、上江、三脚屯、八寨厅诸城。二月，湘军将领提督唐本有等陷高坡鸡摆尾，并进攻加巴牛场，向凯里逼近。三月，席宝田军攻陷丹江厅城。四月，克复凯里。张秀眉等率义军退据雷公山。四月三十日，席宝田督军围剿雷公山，义军损失数千人，张秀眉突围，退入黄茅岭。五月，席宝田以患风痹，乞假回沅州，诸军亦以暑瘴停兵，张秀眉、包大度、金干干等乘机率义军出黄茅岭，进攻各厅县，但为龚继昌等军所败。

九月，清军发动新的进攻。十月，黔军总兵宇文秀等再次克复清平及黄平新旧州城；湘军龚继昌等攻剿黄茅岭，张秀眉走大塘山。同治十一年（1872）正月，黔湘军分道攻打黄平、清平一带各苗寨，陷业洞、岩洞、羊桃寨、白记、莽洞、富同、枫香坝等处。又合剿漫洞、田西、九门、龙家寨、大塘、晴朗、火石

---

① 《贵州通志·前事志》卷三十五。
② 同上卷三十六。
③ 同上。

坡等地义军，不少义军首领牺牲。张秀眉退入排卓，同当地义军结合，欲由朱砂厂突出广西，未能成功。二月，湘军攻陷开怀四大寨，义军牺牲者以千计，招降附近诸寨五千余户计丁二万余。义军退据凯里南境乌鸦大坡。三月，发生了乌鸦坡大决战。

据记载，各地义军失利后，"合为一股，窜聚乌鸦坡一带"。乌鸦坡，即乌邬坡，俗名牛角坡。其地冈峦环抱，叠隘重关。各路义军"铤走其间，固居绝地亦易负隅"。提督龚继昌、唐本有等会集湘黔官军，分途进攻。一路湘军攻乌鸦坡东南，另一路湘军由凯里进攻乌鸦坡西北，而约黔军由漫洞出扎舟溪，扼其西南。"诸军合围"，义军形势"大蹙"。三月二十二日，各路官军发动总攻。义军在张秀眉、九大白、潘老帽等带领下，进行了英勇的抵抗。二十三日，唐本有等亲率官兵，乘夜由小坳攻进义军大本营，义军被击溃。"黔楚各军，并力兜剿"，乌鸦坡一带义军营寨全部被攻毁。义军战士牺牲以万计，被俘者亦数万。义军首领张秀眉、九大白等分道突围。九大白欲北渡清江，牺牲于河岸。张秀眉走雷公山、乌束山。[①]

四月，张秀眉为湘军追逼，复出雷公山东南交迷寨，遭截杀，损失很大。又西向乌束山。龚继昌等率湘军三路围攻，义军战败，张秀眉、潘老帽等起义领袖被俘。接着，龚继昌等分兵捕剿乌鸦坡、黄茅岭各处，高禾于平水寨被俘。五月，香炉山陷落。坚持了十八年的黔东南苗民起义，最终失败。

在黔东南张秀眉起义最后失败之前，贵州其他地区苗族起义军已先后遭到失败。

同治五年（1866），当李元度率湘军入黔东时，清廷即诏令新任云南巡抚刘岳昭暂缓赴滇，负责黔西军务，进剿陶新春等领导的苗、彝、布依义军，以通黔滇道途。六年（1867）二月，云南布政使岑毓英奉旨由镇雄入黔西北，进攻陶新春起义军的根据地猪拱箐大山，陷二龙关。四月，岑毓英环营百余里，进行围攻。同时，刘岳昭率湘军进攻牛场等处，切断义军外援。至六月，大小共数十

①《贵州通志·前事志》卷三十七。

战，义军营垒三十余座被攻破。十九日，攻陷猪拱箐山顶义军大本营。义军被击溃，牺牲二万余人，陶新春阵亡。陶三春退入威宁州属海马姑苗族聚居地。七月十七日，岑毓英派军分路围攻，海马姑各苗寨先后失守，陶三春被俘，解云南遇害。陶新春、陶三春起义失败。

同治七年（1868）四月，贵州提督张文德率领黔军万余人，在湘军支援下，向潘名杰起义军发动进攻。四月二十五日，张文德袭龙里城。潘名杰遣弟潘三亡及元帅蔡国珍等率贵定一带义军主力，进行了英勇的抵抗。战斗持续一个多月。至六月初五日，龙里城失陷。初八日，张文德军乘胜攻占贵定城。潘名杰、潘三亡等携眷从十余骑突围出。七月，潘名杰重组义军队伍并同柳天成联合，反攻贵定县城，但未能成功。潘名杰败走独山。其弟潘德明降。八月，潘德明随张文德进攻都匀。十月，攻陷潘名杰义军据点王都堡。潘名杰率众投降。十三日，克复都匀府城。潘名杰起义亦告失败。

同治八年（1869）三月，贵州提督张文德率黔军三十营及新募楚勇三千人，向驻扎在八寨鸡贾河一带的柳天成义军进攻。由于义军的英勇抵抗，双方处于相持状态。义军又实行坚壁清野，扼截粮道，使敌人断绝食粮。据记载："时，鸡贾河各营苦饥，多溃逃……军中杀马为食，继以草根木皮，相向泣。"[1] 张文德被迫撤退，移营都匀府城和独山县城。义军沿途伏击，并取得了羊安大捷。据记载：六月初，张文德军"不得已退回独山"，义军"先设伏于楼山口"，遭重创。张文德"两足均被矛伤"。六日夜，义军乘胜进攻羊安营，"士卒惫，不能战，军遂大溃"。柳天成、金干干等又率义军沿途截击，官军"十亡八九"。初八日夜，始退抵独山。数日后，张文德"收溃卒返省"。义军乘胜第三次攻克都匀府城。[2]

羊安惨败后，清廷严令贵州巡抚曾璧光和提督周达武督率黔军，在川军配合下，加紧进攻，以图恢复都匀府城。同治九年（1870）三月，周达武等败义军于

---

① 《贵州通志·前事志》卷三十四。
② 同上。

都匀独山之间。四月，周达武督率总兵邓有德、知府罗应旒等诸道并进，大败义军于斑竹园，并克羊安破内外套，柳天成受创阵亡。金干干被俘遇害。随即都匀被克复。柳天成领导的苗民起义亦以失败告终。

同治九年（1870），贵州中部、北部各族义军，大多失败，清政府乃集中川、黔、滇三省兵力于黔西围攻岩大五所辖义军。十年（1871）正月，岩大五部义军败于水城黑塘一带。二月，清军移师郎岱，进攻那被、那海、陇慕、陇脚诸洞。三月，那被等洞寨被攻陷。岩大五败退盘江以南，在贞丰州一带同当地布依族、回族义军联合，继续抗击清军。十一月初八日，总兵何世华等得汉民内应，攻克贞丰城。十三日，岩大五为叛徒出卖被俘，就义于贞丰。岩大五所部义军随之败亡。

三、起义的基本总结

咸同苗民起义，是苗族历史上最大的一次起义，是苗族在封建社会所发生的旧式农民起义的最高发展。

十八年间，起义烽火曾遍及贵州以及湘、桂、滇边一百五十多个州县的苗族地区，参加的苗族群众在百万以上，先后攻克府州厅县等城镇百余座，汛堡等重要据点四千多处；清朝统治者前后调动了湖、黔、川、滇、桂等省官兵数十万人进行镇压，军费支出高达一亿五千万两白银。这次起义规模之大、波及地域之广、参加人数之众、消耗统治者人力财力之多，在苗族历史上都是空前的。

起义军在占领区内，逐杀官吏，惩办地主，扫荡土司势力，没收他们的财产，分配其土地，打乱了封建生产关系，从根本上动摇了清朝政府在苗族地区的统治基础。同时，建立自己的农民政权，实行耕战结合，采取措施发展生产，保障军队供给，改善人民生活。十数年间，根据地内人人安居乐业。这是以往历次苗民起义所未能实现的。

在军事上，咸同苗民起义大大发展了苗族人民传统游击战的战略战术。诸如"引蛇出洞"，围城打援，"围魏救赵"，积极防御主动出击，长途奔袭突袭，迂回战术，暗兵设伏，等等，他们运用得相当熟练。岩门司大捷、黄飘之战、羊安伏击等，都不失为光辉的战例。张秀眉、九大白、包大度、柳天成、岩大五、陶新春等义军领袖所表现出的军事思想和指挥才能，都是难能可贵的。

咸同苗民起义，还是一曲各民族大团结的颂歌。许多汉族、布依族、侗族等群众积极参加了苗民义军，而大批苗族青年又踊跃投入了黄、白号军和侗族、回族、布依族起义队伍，还有一些地方组成了苗侗、苗回、苗汉等联军。在艰苦战斗中，苗民义军同号军、侗族义军、回族义军，以及入黔的太平军，或联合行动，或互为声援。在反对共同敌人的基础上，苗族同汉、侗、布依、回、水等族劳动人民的友好合作关系得到了很大发展，他们用自己的鲜血凝结了牢不可破的友谊。

由于时代的和阶级的局限性，咸同苗民起义同历代各农民起义一样，无法克服旧式农民起义所存在的一些共同弱点。例如，政治上缺乏远大的斗争目标，只局限于夺回土地和反对地方官吏的搜刮勒索，减免租赋，提不出明确的政治纲领。军事上也缺乏远略，狭隘保守。当军事上取得胜利时，不能及时把握时机，同贵州各地及湘、桂、滇、川边革命运动密切配合，集聚力量给清朝统治以致命打击，把斗争范围主要局限于黔东南一隅。在义军不断失利，最后被困乌鸦坡时，太平军将领李七（即李文彩）"知难复振，乃谋广集苗船，乘春水涨发，引众浮清水江东走，迳指洪江，下趋常德，以扰湖南腹地"，但张秀眉等"恋于室家，又虑离巢失险，不果行"。① 最后全军覆灭。组织上，则各树旗帜，不相统率。张秀眉等人所率苗民义军虽与各族义军相互支持，通力合作，但始终未能建立起统一的领导。即使在苗民义军内部，也缺乏真正的统一。"苗酋就地各为雄长。"② 这就严重削弱了义军的力量，结果被敌人各个击破。此外，队伍不纯，混杂了一批地主土官土目及其代理人和革命意志薄弱的投机分子，他们的变节投敌，也给义军造成相当大的损失。这些弱点是导致咸同苗民起义失败的主要原因，也是革命先烈们留下的深刻教训。

---

① ［清］徐家干《苗疆闻见录》。
② ［清］鄂辉《平苗纪略》。

从客观方面看，自同治三年（1864）太平天国革命运动失败后，全国革命形势处于低潮，清朝统治者得以喘过气来，调集以湘军为主力的大批反动武装镇压苗民起义。这批反动武装还得到帝国主义的直接支持，拥有新式的洋枪洋炮。敌我双方力量对比过于悬殊，也决定了这次苗民起义必然以失败告终。

由于清朝统治者的残酷镇压，贵州苗族地区，特别是黔东南苗族聚居区，田园荒芜，庐舍为墟，人口大量散亡，社会生产力遭到严重破坏。据记载，起义被镇压后，贵州"上下游废田不下数百万顷，流亡可复者仅十之二三"；"降苗所存户口，较前不过十之三"；"而村市瓦砾，田垄荒芜，思、铜一带，榛莽成林，民以沟壑余生"。① 又如湖南巡抚王文韶奏言：贵州"新疆"六厅，"地界跨镇远、黎平、都匀三府之间，奥衍蟠曲，苗民孳息其中，丁口约五六十万，屯寨星罗，几无隙地"。经清军"荡平"后，到处满目荒凉，"现在所存受抚苗民丁口不过数万"。他认为，"古今以来，苗疆构祸连兵，未有若斯之烈者"。② 清朝统治者的屠杀焚掠所造成的这种破坏，对苗族社会的发展进步产生了极其不利的影响。近代以来贵州一些苗族聚居地区的发展停滞和落后，与此关系甚大。

清朝统治者在残酷镇压起义以后，采取了一系列措施以加强对贵州苗族的军事控制和政治统治。如仿照湖南三厅规制，在黔东南择要害建筑碉堡，募勇屯丁。据记载，同治十一年（1872）九月以后，"自贵定东门外玉春观起，至黄平东五里桥二百二十里，沿驿道扼险建碉七十座，设四屯统之，分驻黄丝驿、杨老驿、大风洞、马场街，拨叛逆绝产田二千二百五十五亩以授之"，"以为屯守计"。③ 又"自镇远以上，逐节修碉，募军屯守"。④ 此外，还有严格推行保甲制度，裁革土司土目，编造户口清册。原"新疆"六厅等苗族聚居区的苗族居民正式编户入籍，实际是自此始。

出于"永绝苗患"计，清朝统治者还积极实行"化苗为汉"的强制同化政

---

① 《平苗纪略》卷十九。
② 《平定贵州苗匪纪略》卷三十六。
③ 《平苗纪略》卷十九。
④ 同上。

策。负责筹办台拱、丹江等地"善后"的道员陈宝箴提出，"欲永绝苗患，必先化苗为汉，除令薙发缴械外，欲令其习礼教、知正朔，先自知读书，能汉语始。拟以绝逆田产所入官租，募能通汉语音而知书者数十百人为教习，或一大寨数小寨各置一人，设义学一，使苗子弟入学读书，习汉语。年长者，农隙时亦令学汉语"。又建议："严禁苗俗，如男女跳月、兄弟转婚及椎髻拖裙、黑衣带刀、祀牛角、不奉祖宗之类。"① 同知罗应旒办理八寨丹溪"善后"，条陈十四事云："变苗为汉……令服汉服，读汉书，浸淫变化。"湘军将领邓善燮陈"善后"事云："言语衣服，宜令苗民从汉"；"正婚姻以端风化"；"设义学以正蒙养"。② 贵州提督周达武等奏言："黔中向以薙发者为熟苗，蓄发者为生苗……平定后，无论生苗熟苗俱令一律薙发，衣服杂穿蓝白"，"设义学而导以礼教，庶几潜移默化。"奏入，"上命""一律薙发，改变服色……"。③ 以上所提出的政策措施，显然都是从民族不平等和民族歧视的观点出发的，其目的在于维持和巩固对苗族人民的统治，但客观上对于汉族先进文化在苗族地区的传播，还是起到了某些促进作用。咸同以后黔东南等苗族聚居地区教育事业获得较快发展，苗族人民文化水平的提高和苗族知识分子的增多，同这些政策措施的执行是有很大关系的。

与雍乾起义和乾嘉起义一样，咸同苗民起义也给清朝统治者以严重教训。为了缓和苗族人民的反抗情绪，预防事端再起，清朝政府也不得不对以往的政策进行某些调整，对苗族人民的压榨和剥削被迫有所收敛。如，负责处理"善后"各官员曾提出"惩贪吏贪弁""抑强扶弱，戒凌侮苗夷"，"严禁勇丁骚扰"，"撤塘兵，去地方之蠹""割陋规，以为正供"，"扫一切积弊"，等等。④ 又据记载，贵州苗族地区"地方官及土司衙门，向有苗民轮流当差应夫，并供应器具什物。每遇差役过境，或因公下乡，土司、书役联为一气，勒派夫马、酒食，无不恣意苛求……"。贵州巡抚曾璧光在"苗疆初定"后，即为此出"示"严禁，规定

---

① 《平苗纪略》卷十九。
② 同上。
③ 同上。
④ 同上。

"嗣后除学院主考过境照旧派夫迎送，此外，无论何项差使，不准令苗民，应夫供役，一概供应陋规，尽行革除"。① 在征收丁粮方面，贵州苗区"旧由各土司征收，汇齐解府"，弊端很多。光绪五年（1879）黎平知府邓在镛"据各司寨绅耆公禀"，"官绅集议"，"改为设柜征收，酌定章程，将以前陋规一概革除"。② 关于裁革土司，清朝政府主要也是考虑到：派"盖土司尽系汉人，与苗素不相洽，无事则凌虐暴戾，有事则相率审逃，而且钱粮词讼，从中隔阂"，故"一律裁革"，并且"迁其土目于内地"。③ 鉴于"新疆"地方，虽"有永不征收之诏"，但地方官和土司滥征淫索，"烦扰日甚"，因此，起义平息后，"田亩悉予大量升科，割陋规以为正供"，"扫一切积弊而空之"。④ 诸如此类的政策调整，在实践中不一定都能完全贯彻执行，但多少还是会有所改变，对于"安抚"苗民，缓解苗族地区的矛盾是有利的。当然这种调整和改变，是广大起义的苗族人民用鲜血换来的。

---

① 《平定贵州苗匪纪略》卷三十六。
② 同上。
③ 同上。
④ 光绪《黎平府志》卷三上。

湘西苗民“革屯”运动述评

1936—1938 年，湘西“屯田”七县，以永绥（今花垣）、凤凰、乾城（今吉首）苗族人民为主体，掀起了大规模抗缴“屯租”，革除“屯田”的斗争，习称“革屯”运动。“革屯”义军曾连陷数县，遍及湘、川、黔三省边境，给国民党在湘西苗族地区的统治势力以沉重打击，促使省府主席何键调离湖南，当局不得不同意“废屯升科”，维持了近 140 年的湘西“苗防屯政”体制彻底崩溃。苗族人民为自己的历史写下了光辉一页。

一、“屯租”和“革屯”的由来

湘西“屯租”剥削制度，创始于清乾嘉苗民大起义之后。这次起义，湘西和黔东北地区数十万苗族人民投入了战斗，曾席卷铜仁府、松桃、永绥、凤凰、乾州、古丈坪和保靖、泸溪、麻阳诸厅县，从根本上动摇和打乱了清王朝在湘黔“苗疆”的统治。为彻底镇压起义，在“苗疆”恢复清王朝的封建统治秩序，加强对苗民的控制和防范，清统治者起用凤凰厅同知傅鼐“总理边务”，在湘西举办“屯政”。即沿“苗疆”，广建碉堡哨卡，修“边墙”，实行“均田屯丁”“以苗养兵”和“以苗制苗”的一系列政策措施。

从嘉庆四年（1799）至十四年（1809），在傅鼐主持下，于凤凰、乾州、永绥三直隶厅和古丈坪、保靖二厅县，修“边墙”300 余里，共建碉堡、哨台、关卡 1100 余座，招募屯丁 7000、备点练勇 1000，挑留苗兵 5000；先后在凤、乾、永、古、保、麻、泸七厅县均丈归公田土共 152000 余亩。[①] 这些归公田土称“屯田”或“官田”。其中 12000 多亩系由“苗疆”的“后路”和沿边麻阳、泸溪、保靖、古丈坪四厅县，按不同比例均出的，其余近 140000 万亩田土都是以抄查

---

① ［清］但湘良《湖南苗防屯政考》。

苗民"叛产""占田"等名义,在永绥、凤凰、乾州三厅苗族聚居区掠夺来的。实际上苗族地区的成熟田土,绝大多数都被没收,变成了"屯田""官田"。并且苗民人数愈多,反抗斗争愈激烈的地区,被抄查和丈收归公的田土就愈多。如永绥一厅当时归公田土共 80063 亩,即占湘西"屯田"总数的一半以上。其次为凤凰,共丈收田土 46763 亩,即将近占"屯田"总额的三分之一。道光初年曾任辰沅道台的赵文在也承认:"自设屯将田土清丈""苗疆田土存留于民间者已属无几。"①

所丈收的"屯田""官田",除前后分授给屯丁、屯长和老幼丁等领耕 50000 余亩,作"养口田"外,共余田土 100000 余亩,均召佃收租。佃耕"屯田""官田"所缴纳的租谷称"屯租"。据嘉庆十九年(1814)湖南巡抚广厚清查屯田租谷奏案记载,召佃承耕田土总计 103223 亩,每年正余额租共征 105400 余石。广厚奏请减去 5500 石,额租定为 99988 石。道光元年(1821),"核定岁征正余租谷 79218 石",并"永为定额"。其中永绥佃耕 48376 亩,额租 39700 余石;凤凰佃耕 30000 余亩,额租 25400 余石。②

"屯租"剥削量是相当重的,道光初刑部侍郎张映汉在奏案中记载,每亩应缴租谷"正数"为一石八斗。③据保靖材料,屯田租额"上则田每亩一石数斗,下则田七八斗不等"。④湘西多属高寒山区,粮食产量历来很低,据统计,直到 1949 年,湘西自治州所辖十县粮食平均亩产为 214 斤,其中,凤凰县为 238 斤,吉首县为 217 斤,花垣县为 208 斤,保靖县只有 140 斤。⑤所谓一石,按习惯是 120 斤,若以一石八斗计,每亩租额就是 216 斤,已超过湘西各县平均亩产。若按一石以上计,则为 120 斤以上。而"七八斗"也合八九十斤,平均为 100 斤以上。可见,按规定的额租,平均至少也在收获量的百分之五六十以上,这已远远超过当时苗区民间租佃三成交租的"苗例"。若与清代全国其他地区的田赋钱粮

---

① 但湘良《湖南苗防屯政考》。
② 光绪《湖南通志》卷八十五。
③ 但湘良《湖南苗防屯政考》。
④ 保靖县农运调查办《保靖革屯运动史略》,1980 年油印本。
⑤ 湘西自治州统计局资料。

相比，"屯租"额更是超过"二百倍"。①除纳规定的额租外，还要加挑运盘费，斗面折耗，屯官仓丁的"堆尖""踢斛"等等种种陋规，浮收多征，屯田佃户所受剥削就更重了。②租额确定之后，无论丰歉，都不增不减，所谓"荒田不荒粮"，即使是丰年，佃户一年的收获，缴完"屯租"后，已"所剩无几"，若遇上水旱灾荒，更只能是"卖妻鬻女"，"倾家荡产"，"辗转沟壑然后已"。正如中华人民共和国合同国成立前苗区流行的一首"屯租歌"所控诉的那样："朝耕土，夕耕土，年年月月欠屯租；男耕田，女耕田，子子孙孙欠粮钱。一年四季替人锄，苗家没有一块土；一年四季替人耕，苗家没有地安身。"③

苗族人民为反抗清王朝的这种"屯租"剥削，曾进行过多次英勇的斗争，特别是道光二十四至二十七年（1844—1847），以石观保、孙文明等"款首"为领导，掀起了席卷乾、永、凤三厅的"夥款"抗租大起义。清朝统治者迫于广大苗民的反抗斗争，往往也不得不有所让步，将难于完纳的拖欠租谷"缓征""带征"或"豁免"。如道光二十五年，"豁免"道光十五年起至二十年止，屯防佃欠租谷4688石；石观保起义后，清王朝又决定，将七厅县自道光二十一年至二十六年的欠租"概行豁免"，并将二十七年的欠租20950余石缓至二十九年起，分三年"带征"。④清朝统治者这些被迫的"让步"，曾多少缓和了湘西苗区人民反抗"屯租"的情绪，但整个"屯田"制度和"屯租"定额从来未作任何改变，在清代后期百余年间一直维持了下来。

民国取代清王朝以后，不仅全盘承袭了清代在湘西"苗疆"实行的"屯租"剥削和各种陈规陋习，而且更是弊端丛生，日益腐败糜烂。民国初，在湘西设"屯务经理处"，主持有屯七县"屯租"催征和收支。然迭经"护国""护法"和"靖国"之役，湘西群雄并起，地方军阀混战不休，原来有关"屯务"的各种制度设施均废弛不顾。但"屯田"佃户却依然照旧纳租。地方军阀将其攫为

① 但湘良《湖南防屯政考》。
② 光绪《永绥厅志》。
③ 花垣县文化馆编《苗族民间文学资料》，1963年油印稿。
④ 同治《凤凰厅志》，《湖南苗防屯政考》。

已有，作扩军自立的基础。而大小屯苗官弁和区乡官吏，则乘机竞相浮收滥征。特别是 1921 年到 1936 年，湘西"土皇帝"陈渠珍兼任"屯务务长"期间，广大苗区人民所受的屯租剥削更有增无已。"自民国成立，军阀专横，屯政之害，十倍于前。"① 何键也不得不承认："自清傅鼐设屯分防，至今二百年（时间概念不清——笔者注），积久弊生，毋庸讳饰。逮入民国，时变纷绘，未遑整理。""一般收租官吏，因距省城很远，交通不便，陋习相沿，巧立名目，以为剥削苗民计。""屯田制度，积弊甚深，久为民病。"②

在国民党统治下，随着"屯租"制度的日益腐败，湘西苗族地区广大人民同以地方军阀屯苗官弁和大小官吏为代表的"屯租"剥削势力的矛盾，日趋激化。不堪"屯租"剥削的苗、汉佃户，强烈要求废除"屯租"，收回土地，不断奋起斗争。如民国初年，保靖县鸡屎寨"苗首"梁国昌，排沙河"苗首"石绍权等，"以地方荒欠无收，官差督催缴租剧烈，而且非法勒索，祸害地方，惹起群愤，揭竿而起"，"永绥全县各乡响应达半数"。③ 起义队伍曾发展到数千人，围攻区乡公所，赶跑催缴屯租的军队，攻永绥"保靖"乾州边境各碉卡，烧毁屯仓，直至民国十年（1921）才被镇压下去。大革命时期，在党组织领导下，湘西有屯七县更掀起了以抗缴"屯租"，夺回"屯田"为中心的农民运动。民国十五年（1926），陈渠珍的屯务处把总徐章甫在麻阳江口勒收屯租，不择手段压榨佃户，广大农民在党组织和农民协会领导下，团结起来，手持锄头木棒，将徐捆绑，送进县城挂牌游街，并要求县府枪毙。④ 1927 年，乾城县特别县党部和农协，曾利用赶场的机会，召开群众大会，宣讲"耕者有其田"，号召"打倒帝国主义"，"打倒军阀土豪劣绅和贪官污吏"。会后将傅公祠中的傅鼐画像焚毁，并抬出傅鼐塑像游街；然后砸碎。同年，共产党员喻德高以特派员身份来到永绥县，发动群众，组织农民运动，提出推翻"屯防"，打倒"屯租"的口号，并带

---

① 《梁明元德政碑》，花垣县文化馆。
② 1937 年 9 月 19 日长沙《大公报》。
③ 石启贵《湘西土著民族调查报告》，油印稿。
④ 吉首县农运调查办《吉首县农民运动史资料》，1980 年油印本。

领群众驱逐催征"屯租"的人员。① 这种不断的反抗"屯租"的斗争，特别是党组织深入苗族地区所发动的农民运动，为后来"革屯"运动的兴起奠定了基础。正是广大经受斗争考验，富于革命传统的苗族农民构成了"革屯"的主力军。

由于湘西苗族区，特别是"屯田""官田"最多的永绥、凤凰，较好的田土基本上都已充公归屯，故地主和富苗所占有的土地亦多是兼并来的"屯田""官田"，照样负有缴纳"屯租"的义务。因此，"屯田"地主，一般也赞同废除"屯田"制，取消"屯租"，在一定程度上能参加"革屯"运动。而由于他们平时的影响和地位，有的甚至成为领导运动的头面人物。

此外，陈渠珍拥兵割据，成为湘西的最高统治者，但各县地方势力依然存在，相互之间围绕"屯租"的分配不免发生利害冲突。加以何键主湘后，把陈渠珍雄踞湘西视为心腹之患，因而从中挑拨，拉拢和利用某些地方势力，起而与陈氏抗衡，分化瓦解其在湘西的基础。②

在国民党统治时期，湘西苗族地区围绕"屯田"和"屯租"剥削制度，逐渐形成尖锐而又错综复杂的矛盾，有被剥削被压迫者，即广大苗汉"屯田"佃户，与大小"屯租"剥削者势力的根本矛盾，也还有剥削阶级统治阶级内部的矛盾，即地主、富苗同"屯租"搜刮者的矛盾，陈渠珍同各县大小地主势力的矛盾，陈渠珍同何键的矛盾，等等。随着"屯政"的腐败，"屯租"剥削的加重，各种矛盾都在激化。"山雨欲来风满楼"，一场大规模的斗争风暴即将来临。正如在督察专员公署当秘书的苗族人石宏规事前所分析的：傅鼐"均田屯勇"，百余年来，"法久弊生，鼎革以还，变乱相寻"，"政府无暇顾及，龃龉日深"，"因是富苗计出自卫，贫苗铤而走险"，"不谋急治，祸将胡底"。果不出所料，一场大规模的"革屯"运动，不可遏止地爆发了。③

---

① 花垣县农运调查办《花垣县农民运动史资料》，1980 年油印本。
② 戴季韬《关于何键解决陈渠珍的经过的补充》，未刊稿。
③ 1936 年 7 月 6 日长沙《大公报》。

二、"革屯"运动的兴起和发展

"革屯"运动首先爆发于永绥县。1933 至 1935 年，永绥连年遭遇灾害，"屯租无出"。陈渠珍却派督征人员和屯务军来永绥"催征积年尾欠，并预征当年冬粮和第二年的租谷"，致使"绥民求生不得"，群众抗租情绪急剧高涨。① 永绥屯务军指挥宋濂泉，利用群众情绪，举起反陈抗租旗帜。6 月 24 日，宋濂泉集合千余人，赴麻力场抗击陈氏派来武装催租的屯务大队刘鹄卿部，发生了"麻力场之役"，时称"永绥事变"。陈、宋双方武装冲突发生后，何键及国民党二十八军军长陶广暗助宋濂泉，恐陈渠珍乘机消除异己，扩大势力，故"电令"陈氏退兵。陈渠珍被迫下令将刘鹄卿部队撤离永绥。②

何键与陶广借"永绥事变"，进一步钳制陈渠珍，解除其兵权。6 月 30 日，以"长沙绥靖公署、省政府、保安司令部"三机关"会衔"发布命令，"整理湘西军政事宜"，"各县绥靖事宜，着归第二十八军军长陶广负责"。③ 陈渠珍看到自己在湘西的基础已被瓦解，迫于形势，辞去"屯务处长"职务，于同年 8 月离开驻地乾城，赴省城长沙就任省府委员之职。

"麻力场之役"表面虽属陈、宋之间的武装冲突，但它是以永绥群众抗租为后盾的。这次斗争的胜利，大大鼓舞了永绥各阶层人民。以此为发端，在永绥县城乡掀起了轰轰烈烈的群众抗租"革屯"运动。但直到 1936 年年底，永绥的"革屯"运动基本上是采取和平"请愿"的方式，进行"合法"斗争。

出面主持"请愿"运动的是永绥县瓦水的吴恒良。他是苗中富户，有一定文化，当过永绥上五乡小学校长四年，后在湘西地方杂牌军和宋濂泉属下任副官、参谋、团副等职，当时闲居，在永绥苗民中有一定影响和威望。④ 宋濂泉请他出面组织了"永绥县解除屯租诉愿团"（宋本人不久去长沙治病，死于长沙）。

---

① 《花垣县农民运动史略》，花垣县档案馆存资料。
② 刘善述《湘西苗民"革屯"史话》，载《团结报》1980 年 10 月至 1981 年 2 月。
③ 1937 年 9 月 19 日长沙《大公报》。
④ 花垣县农运调查办《吴恒良档案材料》。

永绥唐家湾的"屯田"大地主苗民隆子雍、县城汉民向备三，均能言善辩，被推为"上诉"代表。8 月 9 日，吴恒良以"诉愿团"名义向全省发《宣言》《快邮代电》呈请各界支持。《宣言》和《快邮代电》披露"屯政"之害，倾诉"屯租"剥削之苦，正式提出"废屯升科"要求，即废除"屯租"，所有"屯田""官田"归私有，按照全省其他地区之例，向政府交纳田赋，"改租为粮，减轻负担"。① 隆子雍、向备三等则赴省上诉。

和平"请愿"方式的斗争，大致进行了半年，由于整个国民党政局的腐败，以省府主席何键，专员余范传，永绥县长刘慕唐、李卧南等为代表的顽固势力的阻梗，毫无结果。正如《德政碑》记载："组织诉愿团，恳求改革，事经数月，阻于贪污，未克如愿。"1936 年 10 月，三区专员兼湘西屯务处长余范传"出巡"各县，在永绥驻十日，解决"屯务纠纷"，更采取强硬手段压制群众运动。他把群众抗租，诬为"二三狡黠流痞伪造民意者"所把持煽惑，要求"本年屯租照旧缴纳"，并限令"旧历十一月十五日止，缴足三分之二，十二月十五日止，全数缴齐"；"取消永绥屯租请愿团，并将缴图戳"，"令驻军袁团长和李县长严密缉拿暗中唆使，仍敢抗租之捣乱分子"。②

"诉愿团"活动受挫和顽固保屯势力的高压政策，促使永绥"革屯"运动在1937 年春，发生了重大转折，即从和平"请愿"方式的斗争，转为广大苗民武装"革屯"起义。

1937 年元月 26 日，在龙潭乡以马王塘苗民石维珍等人为领导，首先举行武装"革屯"暴动。石维珍率领群众杀掉正在苗寨锁拿欠租佃户的枪兵，处死了当地作恶多端的苗守备石达轩，并打开龙潭屯仓，将屯谷分给群众，放火烧了屯仓。接着包围了前来镇压的屯务军一个连，缴获 20 多支枪，建立起第一支"革屯"军。

继龙潭之后，梁明元在长潭"揭竿"而起，组织了第二支"革屯"武装队

①　《永绥县解除屯租诉愿团宣言》。
②　1937 年 1 月 8 日长沙《大公报》。

伍。木沟寨苗民梁明元，出身农民家庭，13 岁时，贺龙带领红军到保靖，他曾去投军，因年纪小，随军到茂容即被遣散回家，后到宋海涛部下当兵，升班长，因抱怨赏罚不明离队回家。[①] 梁明元平日交结甚广，在苗族群众中有一定威信。龙潭起事后，他积极支持和响应，在群众中宣传"龙潭人是逼上梁山的，人急走险"，"龙潭人抗得，我们也抗得"，鼓动长潭人民起来抗租。1937 年 2 月 14 日，梁明元邀约七八个苗族农民歃血为盟，组织"革屯"队伍，几天后扩大到 40 余人。3 月 4 日，略坝赶场上刀梯。乡长常健从县城参加区乡长会议回来，赶到略坝场看热闹，并当场对抗租群众进行恐吓威胁。梁明元带领盟兄弟杀死了常健，缴获机枪一挺，长短枪 12 支。接着发动群众，开仓分谷，连续烧毁了长潭、下寨、窝勺三所屯仓。梁明元的"革屯"军迅速发展到 300 多人。

武装"革屯"起义，很快波及保靖，同永绥长潭乡毗邻的保靖水田乡苗民石兴顺等亦发动起来，组织队伍前往木沟寨，归附了梁明元。

龙潭、长潭分别举行武装"革屯"起义后，石维珍派人来长潭与梁明元接头。3 月 12 日，梁明元率"革屯"军 300 余人，开赴龙潭，两支义军会合，统一指挥，推梁明元任"革屯"军大队长，石维珍为副大队长。不久，吴恒良、隆子雍等"诉愿团"领导人，也转向了武装斗争。

余范传、李卧南鉴于武装"革屯"势力愈来愈大，急电何键，请派军"进剿"。何键立即派六十二师刘建文旅前往永绥，并发通缉令，悬赏捉拿吴恒良、隆子雍、梁明元、石维珍等"革屯"首领，查抄其家产。3 月 27 日，省军乘黑夜突然袭击唐家湾隆子雍家，杀害了隆子雍的父亲及本寨苗民 7 人，全寨财物被抢劫一空。接着又袭击梁明元等人的村寨，杀害了他们的亲属，焚烧其房屋。面对省军的残酷镇压和血腥"清剿"，永绥"革屯"军，采取了分散隐蔽，小规模零星打击敌人，伺机再起的策略。

1937 年 7 月底，何键迫于"七七"事件后，全国人民要求"停止内战""一致抗日"的压力，将镇压"革屯"运动的省军撤出湘西。8 月初，梁明元、石维

---

① 花垣县农运调查办《梁明元的妻子石玉琛回忆材料》。

珍等立即召集会议，建立"革屯"军指挥部，将分散的"革屯"义军重新集聚起来，并决定在绥、保交界的谷坡设立指挥中心。会后，梁明元、石兴顺等率领"革屯"军千余人，进兵保靖水田乡，开仓分谷，烧毁了水田鼻子寨、葫芦寨等苗寨的屯仓，出"告示"宣布，废除"屯租"，此后苗民不给官府交租交捐。8月17日，打败驻保靖的保安团派来镇压的一个保安连队。同时，隐蔽在川黔边界的吴恒良等人也集合队伍，回到永绥，在太阳山召集各支"革屯"军首领会议，吴恒良被推为指挥。8月22日，"革屯"军攻打石栏乡，杀掉反动乡长石鉴仙。8月29日，"革屯"军进攻吉岗乡，打死乡长陈启先，杀掉苗千总石秀德。9月2日，梁明元、吴恒良于下寨河设伏，在来自凤凰的义军支持下，重创了前来镇压"革屯"军的乾城和保靖保安部队。绥、凤"革屯"义军并进，乘胜围攻永绥县城。

在永绥、保靖"革屯"武装斗争重新崛起和迅速发展的同时，凤凰、麻阳、乾城等"屯田"各县都掀起了大规模武装斗争浪潮。

当永绥苗族人民掀起武装"革屯"起义后，凤凰县各苗乡群众及陈渠珍、龙云飞的一些旧部势力，即已自发组织起来，举起了"革屯"大旗。1937年8月底，龙云飞从外地回来，统一各部，掌握运动的领导权，凤凰"革屯"迅速形成高潮。

龙云飞，凤凰县总兵营（即今山江）苗民，当过土匪，曾周游川黔边境地区，充任哥弟会首领，在苗族地区有相当号召力和组织力，被陈渠珍收编为团长，新三十四师整编调离湘西后，离队在家闲居。1937年春，何键派六十二师张毅忠旅进驻凤凰，借"清匪挤枪"为名，深入苗区，大肆搜刮。陈渠珍许多旧部家属均受牵连，龙云飞亦被勒令交出存枪。为切身利益计，龙云飞试图利用苗民大闹"革屯"，来重新寻找出路。恰值国民党政府内部钩心斗角，互相倾轧。CC（中央俱乐部）派头子陈果夫兄弟对何键嫉视，指使CC骨干分子张炯等纠集倒何势力，密谋驱何。早对何键不满的陈渠珍等当然与倒何派声气相通，暗有勾结，但陈近在何耳目之下，不便出头，故龙云飞遂成了CC派物色的对象。CC派和陈渠珍企图利用龙云飞充当急先锋，在湘西发动事变，以武力为后盾，压何键下台。龙云飞与原陈渠珍副官双景五等，于 7 月被邀赴武汉，同 CC 派头目举行秘密会议，议定由龙云飞出面在湘西组织武装倒何，并由中央党部派杨光耀前往协助。何键于 9 月事变发生后曾说："两月前据密报，有双景五、杨清障诸人受奸人利用，在汉密约乾、凤等地匪党数人开会，潜谋不轨"，"至有今日……之变"。① 看来，事前何键已多少得知一点风声。

1937 年 8 月，龙云飞由武汉回凤凰后，即集聚旧部和群众"革屯"队伍，并密约麻阳的龙杰，两县同时动手。当时"七七"卢沟桥事件已经发生，日寇大举进攻，中华民族处于危急关头，我党发出了抗日号召，而国民党蒋介石却坚持"妥协退让"政策，在湖南以长沙为中心迅速掀起了群众性抗日怒潮。"抗日救国"成为全国各民族人民的神圣职责。富于爱国传统，历史上曾多次奉调与土家族、汉族一道英勇抗击"倭寇"入侵的湘西苗族人民，更感义不容辞，要求为"抗日救国"献身出力。正是在这种局势下，1937 年 8 月底，龙云飞在凤凰打出了"革屯抗日救国军"的旗帜，发动武装起义，自称司令，杨光耀为副司令。9 月 8 日，一举攻占专员驻地乾城（余范传事前已赴沅陵），发出通电和宣言，揭露何键罪行，明确提出"革屯""抗日""倒何"三项主张。② 龙云飞控制乾城半月之久，并乘势以 2000 多人进攻凤凰城，由于守城保安旅兵力较雄厚，加之内应不灵，凤凰县城围攻一周未能拿下。从麻阳调来的援军赶到，龙云飞被迫撤退。

在麻阳县，与龙云飞起义的同时，龙杰于 1937 年 8 月底亦在县城锦和镇举行暴动，控制了县城。伪县长田蔚贞仓皇跳城，逃往凤凰。龙杰召集各乡自卫中队，编成五个连，成立"倒何抗日抗屯义勇军"，占据县城五天。国民党当局急忙调一个保安团来镇压，起义队伍由龙杰带领退出县城，经石羊哨，从溪口上山江同龙云飞会合。

龙云飞攻陷乾城，龙杰在麻阳起事，给永绥、保靖等地"革屯"义军以极

---

① 1937 年 9 月 17 日长沙《大公报》。
② 1937 年 9 月 25 日长沙《大公报》。

大鼓舞。1937年9月15日，梁明元等在谷坡召开"湘西苗民革屯抗日军"成立大会，也正式在"革屯"中举起"抗日救国"的旗帜，后又由吴恒良出面，整编"革屯"军，制定军纪，打出"湘川黔革屯抗日军"的牌子，吴恒良任总指挥，隆子雍任副总指挥，向备三为参谋长，梁明元为前敌指挥。保靖土家族田伯卿亦率部队投归"革屯"军，被任命为第一旅旅长。松桃义军由杨勇臣率领组成独立营。活动于四川秀山与龙山里耶等一带的龙焕云也组织起"革屯抗日军"，后由龙云飞任命为"湘川黔革屯抗日军"第五路指挥。

9月28日，吴恒良、梁明元集中永绥、保靖、秀山松桃等边境各县大小20多支"革屯"义军，由田伯卿、龙焕云为指挥，攻扑保靖县城。

1937年9月，各路义军风起云涌，"革屯"运动达到最高潮。局势的发展使国民党当局大为震惊。9月24日，专员余范传被迫呈请辞职。蒋介石"极为注意"，"电令将原定调往前线之军队，停止开拔，协助剿匪"。[①] 何键急调保安第二、五、十五、十六各团及保安暂编团，"分途兼程并进"，前去镇压，并留正规军六十二师一八五旅"协助剿匪"。9月30日，何键还致电四川省政府主席刘湘，请求派遣"秀、酉军警会剿"。[②]

在军事镇压的同时，何键又采取了另一策略，即进行"招抚"，以分化瓦解义军。龙云飞攻占乾城后，何键即派"素居湘西苗中领导地位，颇有信仰"的专员公署秘书石宏规，"前往招抚"。后来又派省保安处上校副员陈策勋来湘西"宣抚"，吴恒良表示愿意同政府协商解决，并呈书面陈词，请陈策勋转呈何键。在"陈词"中吴恒良提出两项受"招抚"的条件：第一，"改屯升科"；第二，将"原集请愿之武装民兵四千余名"，"予以编定"，"俾得向国家觅一努力途径，尽人民一份子责任"。[③] 何键得此陈后，即派胡锦心为永绥县长，做政府代表继续同绥、保"革屯"军具体磋商改编废屯有关事宜。

龙云飞坚持以"倒何"为宗旨，企图进一步扩大事态。10月13日，派部队

---

① 1937年9月17日长沙《大公报》。
② 1937年10月15日长沙《大公报》。
③ 1937年10月27日长沙《大公报》。

到龙潭，邀约吴恒良、梁明元再次进攻永绥、保靖县城。吴、梁等人按兵不动。10月20日以后，龙云飞、龙杰亦将部队集中于凤凰山江和龙角洞一带苗区，进行整训，准备接受政府"改编"。

何键因反共坚决得蒋介石重用，主湘8年多，但何非嫡系，故遭CC派人物的排挤，蒋介石对他在湖南搞"独立王国"也感不满。湘西苗民"革屯"起义爆发后，何键无力控制局势。特别是龙云飞打起"倒何"旗帜，攻陷乾城，武装起义蔓延至整个湘西苗区和湘川黔边境。CC派即以此为口实，向蒋介石提出以陈果夫取代何键的建议。这正合蒋意，但后因唐生智的反对，才确定以张治中代何主湘。1937年11月下旬张治中来湘接任，12月初何键离开湖南。

1937年12月7日，由张治中主持的省府委员会第二次常会决定，对湘西"适应某种情状，剿抚兼施"，并派总参议徐权总理其事。12月15日，省府第三次常会决议，成立湘西绥靖处，以徐权为处长。① 张治中于12月初会见隆子雍向、备三等"革屯"军谈判代表，达成"废屯升科"和"收编抗日"两项原则协议。1938年2月末，省府会议正式通过决定，废除屯租，裁销"屯租征收局"。至此，延续了近140年的湘西苗区"屯田"制度宣告结束。

1938年3月，张治中因人制宜，起用陈渠珍，以省府委员兼沅陵行署主任，管辖三、四、七三个专区，负责点编苗民"革屯"军。凤凰龙云飞和永绥吴恒良、梁明元两大支队伍共约8000人，初编为湖南省新编保安部队，隶湘西行署，龙云飞当旅长，吴恒良、龙杰当团长，梁明元、石维珍、田伯卿当营长。1939年在桃源整训，扩编为暂六师，龙云飞为师长（不久调离），下属二旅：第一旅由杨光耀任旅长，主要是凤、乾、麻部队；第二旅为永绥、保靖部队，由龙矫任旅长。暂六师开赴抗日前线，编入第九战区作战序列，参加长沙大会战。在以后的6年抗战中，暂六师共参加大小战役10余次。湘西苗族子弟，英勇杀敌，血洒沙场，为抗日救国做出了自己的贡献。

---

① 《湖南省政府公报》，839-841合刊。

三、"革屯"运动的性质和意义

湘西"革屯"运动，从 1936 年 6 月 24 日麻力场之役，到 1938 年 3 月改编"革屯"军，共经历了一年零九个月。从其发展过程来看，明显地分成三个阶段。第一阶段，1936 年下半年，永绥县各阶层代表和平请愿，要求"废屯升科"，永绥四乡苗族群众开始广泛发动，抗缴"屯租"。第二阶段，1937 年元月至 7 月，永绥以梁明元、石维珍等为首举行暴动，"革屯"军兴起，群众性武装"革屯"斗争开始波及保靖、凤凰等苗族地区。第三阶段，1937 年 8 月至 1938 年 3 月，永绥"革屯"军再起，武装斗争迅速扩大到凤凰、麻阳、乾城、保靖等县及湘川黔边界地区，"革屯"同"抗日爱国"运动相结合，龙云飞势力膨胀，坚持"倒何"。在初期，运动受到永绥宋氏势力与陈渠珍的冲突，何键与陈渠珍矛盾的影响。运动第三阶段，CC 派势力插手，国民党内部钩心斗角的矛盾又穿插进来，而整个运动过程，自始至终又都有"屯田"地主和苗族上层人物参加，交织着剥削阶级内部的矛盾和厉害冲突，致使湘西"革屯"运动呈现着一种极其复杂的图景。但是，一百多年的"屯租"剥削制度给湘西苗区人民所带来的深重灾难和痛苦，广大苗族人民祖祖辈辈所积压的对实行和维护"屯租"剥削的历代统治者和反动势力的愤怒仇恨，是激成这次运动的根本原因，广大苗族下层劳动人民积极投入运动并构成"革屯"武装的主力军，而矛头一直主要是指向反动腐朽的"屯租"剥削制度和保屯顽固势力，废除"屯租"，收回田土所有权，是斗争的主要目的。这就决定了运动的性质。无论矛盾如何交错，参加人员和具体发展情况多么复杂，湘西"革屯"运动仍然是一次以苗族农民为主体，以反"屯租"制度为基本内容的，反封建剥削压迫和国民党反动统治的革命运动，并且的确也达到了某些目的，取得了某些胜利，对其历史功绩应该予以充分肯定。

首先，大规模的群众武装"革屯"风暴冲垮了"屯租"剥削制度。国民党省府当局不得不同意"废屯升科"的原则。"屯租"剥削最重、反抗最激烈的永绥，从 1938 年起实际上已废除了"屯租"，改纳田赋（每石屯租谷改交四角纸币）。屯租仅次于永绥的凤凰县，先是"整顿屯务"，即减成收租（原已减二成，再减三成，按原额租的一半缴纳）；"取缔屯长收取斛面谷、地皮谷、马口谷、裤裆谷"等等。"裁减屯官屯丁一千三百余人。"至 1941 年最后正式"改屯升科"。① 其他有"屯田"各县，"革屯"运动后也都先后停收"屯租"，广大苗、汉人民解除了这种反动腐朽的封建剥削枷锁，对于湘西苗族地区的社会生产力无疑会起到一定的解放作用。

其次，随着"屯租"体制的瓦解，湘西苗族地区的土地问题也获得部分的暂时的解决。"屯租"取消后，有屯七县，原来的"屯田""官田"均归实际租佃者所有。1938 年以后各县开始陈报田土，以实际占有为准，颁发土地所有权状。如乾城县 1945 年 7 月至 12 月就共颁发土地所有权状 320 件。② 当然这种对田土实际占有的承认，有利于以各种手段在"革屯"前已占有较多"屯田"的"屯田"地主和富苗。但由于"屯田""官田"制本身对土地兼并有某种抑制作用，苗族地区有相当部分的田土还是以"屯田""官田"形式为普通农民所佃耕，而这部分田土随着土地陈报和颁发土地所有权状，也就成为佃耕者的己业了。这当然部分地缓和了农民的土地问题，所以在"革屯"后，尽管土地集中过程大大加速，但直至土改前夕，湘西苗区土地集中现象仍不及别的地区突出。如永绥第四区太平乡四保统计，土改前地富占总户数 2.5%，占总田土数 11%；中农占总户数 22.5%，占总田土数 50%；贫雇农占总户数 67%，占总田土数 38%；其他占总户数 8%，占总田土 1%。③

第三，武装"革屯"运动，沉重打击了有屯七县农村以屯官、苗备弁和区乡长为代表的屯租剥削利益的既得者，特别是在永绥、保靖苗区一带，"革屯"军更是普遍横扫了这部分反动顽固势力。一大批屯官、苗备弁和区乡长受到了应得的惩罚。"革屯"运动后，随着"屯租"的废除，屯官、屯丁裁销了，苗守备、苗千把、外委这些从清代继承下来的"苗官"亦不复存在。这部分横行乡

---

① 湖南省档案馆档案资料。
② 同上。
③ 花垣县档案馆档案资料。

里、鱼肉百姓的国民党反动派的爪牙，苗民的直接压迫者和剥削者的消灭，消除了部分社会"垃圾"。这也正是"革屯"运动革命性及其成果的重要体现。

最后，对于改编"革屯"军，以苗族为主体的湘西八千子弟兵开赴抗日前线，亦应作具体的历史分析。从国民党统治当局来看，"改编"是其"剿抚兼施，最后瓦解起义队伍的手段"；把"改编"的部队调出湘西，送去抗日，其意图当然不是真正为了抗日，而主要是想借此将"祸水"引出湘西，消除异己和隐患。在同国民党当局谈判过程中，梁明元已多少觉察到这一点，所以他曾指出，"官方"是搞"阴谋诡计"，"是假借抗日名义，有意将革屯队伍搞垮"。因此梁明元开始拒绝调出湘西，并对吴恒良讲："送我们真正抗日那就好了！""事情不是这样"，"我们要活，必须等共产党来"。[1] 后经吴恒良等人一再做工作，才勉强随队伍开拔，途中他又逃了回来，企图积聚力量，再举义旗，结果被国民党当局杀害。但是对苗族人民在日寇大举入侵国难当头之际，要求"尽人民一份子责任"的这种主观愿望，应该加以肯定。同时，数千苗族子弟开赴前线，直接同日寇作战，这种爱国主义和英雄主义精神，是应该赞扬的。不能因为蒋介石是消极抗日，积极反共反人民，国民党另有消除异己和隐患的阴谋，而否定苗族人民这种抗日救国的实际行动。

湘西"革屯"运动是一次革命运动，但还只是一次自发的不成熟的革命群众运动。讲它是自发的不成熟的革命运动，首先是表现在运动的领导方面。大革命时期湘西有屯七县党所组织发动的农民运动，为"革屯"播下了火种。贺龙和红军在湘西的活动，进行土地改革，在龙山桑植部分地区分配了土地，这对1936年以后发生的抗缴"屯租"，收回地权的"革屯"运动，无疑产生了很大影响。据回忆材料，1937年初武装起义爆发后，梁明元曾派赵庆和去龙山找贺龙，以后又到湖北洪湖去找贺英。但均未联系上。故现有材料证明，"革屯"运动自始至终未能同党组织建立起任何联系，未能直接取得党的任何领导，致使一直没有形成一个统一的坚强的领导核心。而在这场运动中起领导作用的人物，情况又

---

① 　花垣县农运调查办《杨玉春、赵庆和访问记录》。

极其复杂。各自代表着不同的政治势力和阶级利益，斗争的目标和方式都有很大差别。吴恒良、隆子雍等"诉愿团"领导人，始终主张通过"上诉""请愿"和谈判方式解决问题。"诉愿团"的改革方案受挫，群众武装"革屯"势不可挡地发动起来以后，他们也卷入了武装斗争，并极力想控制各支"革屯"军。但就在这时，他们也随时在等待着国民党当局的"招安"，准备谈判。他们主要目的是"废屯升科"，即改屯租为田赋，减轻个人负担。很明显他们是反映了部分"屯田"地主和富苗中进步势力的要求。梁明元等人起自基层，首举武装斗争义旗，他们代表着受压迫受剥削的苗族下层人民的利益，为了"要活"下去，即求生存而进行斗争。所以他们率领群众杀屯官、杀苗备弁和反动区乡长，镇压这些直接压迫和剥削者；分屯谷烧屯仓，猛烈冲击苗区以"屯租"制为代表的封建剥削制度。他们坚持武装斗争，并能在一定程度上识破国民党当局的"谈判""改编"的阴谋，要"等共产党来"。龙云飞、龙杰等则又是另一种类型的人物。他们组织队伍，连陷乾、麻，围攻凤、绥、保，造成大规模的"湘西事变"，一方面是充当了国民党 CC 派势力和陈渠珍搞掉何键的先锋，另一方面，不外借"革屯""抗日""倒何"，利用群众运动力量，求个人进身之途。所以当他们拖起队伍，掌握凤、乾、麻"革屯"运动领导权后，并未像绥保"革屯"军那样，继续组织和发动群众抗租分谷烧仓，打击农村反动顽固保屯势力。他们基本目标就只是"倒何"，等待"改编"。他们是在群众运动高潮中从湘西苗族地区落后腐朽势力的旧营垒中分化出来的投机运动的分子。

湘西"革屯"运动，正因为缺乏先进阶级的正确领导，是一场自发的不成熟的革命群众运动，不可避免地就还带有旧式农民暴动起义的弱点，如缺乏明确的斗争纲领，缺乏坚强的组织和统一的指挥，等等，致使它只能取得某些暂时性的成果，但具有很大的局限性，并且终究归于失败。

"革屯"的风暴冲垮了近 140 年的"屯政"体制，"屯租"以后都变成了田赋，但剥削和统治者将由于废除"屯租"所减少的收入，又以其他各种名义重新加到广大苗、汉劳动人民身上。国民党当局不收"屯租"了，但苛捐杂税接踵而来。据统计，湘西苗族地区，中华人民共和国成立前国民党所征收的捐税增至 59 种之多,再加上抽丁拉夫,广大苗族人民仍然处于水深火热之中。所以"革屯"运动过后仅仅四年多,凤凰、乾州、永绥苗族人民又掀起了以反抗捐税和抽丁拉夫为主要内容的大暴动,即"布将帅"运动(在过去某些资料上被误称为"跳仙会"起义)。这完全不是偶然。

取消了"屯田",经土地重分,湘西苗、汉农民得到了部分土地。但"革屯"运动前,对"屯田""官田"的实际占有已经有了很大差别,已经出现了像隆子雍家那种占田 1000 多担谷面积的"屯田"地主,而不少佃户却丧失了原来的"屯田"佃耕权。这种差别在"革屯"后不仅给予了法律上的认可,而且随着贫富分化的发展,土地会越来越集中,差别越来越大,湘西苗族区的土地问题,只是在中华人民共和国成立后,通过土地改革运动才最后获得解决。

屯官和苗备弁废除了,但国民党在湘西苗族地区的反动统治依然如故。"革屯"运动后湘西苗区广大农村区乡长的权力大大增加,而且国民党还进一步严密了反动的保甲制度。这些苗区的区乡长和保乡长,在敲诈勒索鱼肉乡里方面较屯官、苗备弁有过之而无不及。有的区乡长不仅任意勒索搜刮苗族老百姓,甚至同土匪勾结,官匪一体,坐地分赃。故在凤凰县,中华人民共和国成立前当过明道乡乡长的程鹏、新民乡乡长的余志坤,都成了富豪。[①]

总之,"革屯"运动有不可磨灭的历史功绩,但没有也不可能从根本上动摇和推翻国民党反动统治,不可能彻底改变广大苗族人民被剥削被压迫的悲惨命运。直到共产党和解放大军到来,才将苗族儿女救出于水火之中,使湘西苗家山寨在祖国各民族大家庭里沐浴着温暖的阳光。

(原刊《贵州民族研究》,1983 年第 4 期)

---

① 凤凰县档案馆档案资料。

苗族婚制考

苗族有自己传统的婚姻习俗，并且约定俗成，形成了一些不成文的但具有约束力的规范和定制。其中，有的反映了原始时期婚姻的遗风，有的则是在特定的历史条件下的产物。至今，有些仍具有进步性，应加以继承和发扬；而某些则早已成为落后的陈规旧习，属应革除之列。

一、"同族"不婚与"同姓"可婚

清乾隆《湖南通志》（卷四十九）载："苗无同姓不婚之嫌，然同族亦不相婚配。"乾隆初《乾州厅志·红苗风土志》："乾苗无同姓不婚之嫌，然同族亦不相婚配。"同治《永绥直隶厅志》（卷一）："苗人无同姓不婚之嫌，然属亲族，亦不相配。"光绪《黎平府志》（卷十六）载：阳洞"罗汉苗"（苗族的支系之一）"婚姻多不避同姓"。这里所说的"同姓"，实际上是指汉姓相同；所谓"同族""亲族"，实为苗族内部同宗共祖的宗支和宗族。据明代郭子章《黔记》载："苗人，古三苗之裔也，自长沙、沅、辰以南，尽夜郎之境，往往有之……其人有名无姓，有族属无君长。"这说明，苗族人原本无所谓"姓"的，而至今的吴、龙、麻、石、田、杨、张、潘、项、陶、冉、向、李等姓，都是借用的汉姓，并且大多数应是在"改土归流"，编户入籍时借用的。但是内部的同宗共祖的氏族宗族和宗支的关系还是十分明确的，即所谓"有族属"。由于苗族的姓是借用的汉姓，所以与氏族宗族宗支的亲属关系往往并不相吻合。同一汉姓包括有不同的宗族宗支，而同一个宗族宗支又分成不同的汉姓，都是常见的。如湘西地区的苗族的石姓，就包括有"禾瓜""禾卡"两个不同的宗支（或叫苗姓），俗称"大石""小石"；龙姓分为"禾边""禾列"，即"大龙""小龙"两个宗支和宗族。又如，贵州榕江县有一支自称"戛相"的苗族，包括薛、陶、叶、雷四个汉姓；而湘西苗族的"禾瓜"这一宗支，有姓石的，也有姓廖的。根据苗族的传统习俗，同一个宗族宗支，由于同宗共祖，有亲缘关系，内部是绝对不能通婚的，而不同的宗族宗支之间，则自然地相互婚配，这都不受汉姓相同与否的限制。从汉姓来看，于是就出现了"同姓"可婚和"异姓"不婚两种相互矛盾的现象。如大石、小石之间和大龙、小龙之间可以通婚，而石和廖却不能通婚，"戛相"的四姓之间都不能通婚。其实，"无同姓之嫌"是汉人的观点，是一种误解，而"同族"不相婚配，则反映了苗族内部婚姻缔结的一种规范。即同宗支同宗族，有亲缘关系，是不能婚配的。例如黔东南雷山一带苗族"游方"，同宗族的青年男女不能参加，这是苗族"游方"之大忌。湘西苗族"会姑娘"、靖州等地"坐茶棚"对歌，青年男女都首先要问清对方的姓氏，如果同姓（苗姓）共宗，相互就不能进行这类活动。又如，黔西北毕节一带的苗族（"小花苗"），凡同寨的青年都以"兄弟""姐妹"相称，而对长辈都叫"爸爸""妈妈"，相互之间从来不结亲，小伙子都必须到外寨去找对象。因为苗族聚族而居，一个村寨往往就是一个宗支宗族（或称"鼓社"），所以不能婚配。

　　"同族"不婚的习俗，最初渊源于原始时期的族外婚，即氏族内部不能通婚，而一个氏族必须同另一个氏族互为婚姻，结成婚姻集团。进入文明时代以后，氏族演化为宗族宗支，在族外婚的基础上也就逐步形成了"同宗"不婚的习俗。对婚姻关系的这种限制，可防止近亲结婚，至今无疑仍具有进步意义。

　　但正如汉族将"同姓不婚"绝对化，只要同姓，无论有无血缘关系都不能通婚一样，苗族在历史上也曾将"同族不婚"绝对化，只要认为是同一个始祖的宗族宗支（中部苗语称"江略"，西部苗语叫"收"），内部就不能开亲，尽管相互的血缘关系已相当疏远，或甚至已谈不上什么血缘关系，也不能开亲。这往往又会造成社会问题，成为男女以性爱为基础的自由婚姻的一种障碍。根据一些地区的传说，苗族青年们曾为冲破这种障碍进行斗争，以追求婚姻的自由。

　　例如，居住在贵州台江一带的苗族，统称"方你"，属同宗共祖的一个支系。据传说，很早以前凡属这个支系的苗族男女是不能通婚的，而必须与百里以外的"西倒八待"地方（即今榕江县）的苗族开亲。由于路途遥远，青年男女很难结识建立感情，婚姻多由父母包办，不合心意。后来，男不愿接，女不愿嫁，逼得走投无路时，不是后生上吊，就是姑娘投河。结果有几个寨老被感动了，便召集全族会议来"议榔"（"榔"为苗语，指"规矩""条款"）。决议废除"方你"内部不能开亲的古规，重新规定，只要不是亲房族（大致相当于汉族的"五服"之外），血缘关系已疏远了的，哪怕只隔一山一岭，这边坡子与那边坡也可以相互婚嫁。新的榔规议定后，青年男女白天干活相遇，可在坡上进行"游方"对歌，夜间可互相串寨"游方"，自由恋爱，结成美满夫妻。从此以后，"方你"这个支系的苗族才开始结亲。

二、外族不婚与同族不婚

所谓"外族不婚"，即苗族在本民族内部开亲，而不与汉族或别的民族通婚。如清道光《云南志》（卷一八五）载：苗人"婚配，各以其类，不通诸夷"，即不与当地其他民族通婚。具体情况，各地苗族不尽相同。有些地区的苗族，历史上是严格禁止与不同民族开亲的。如据调查，贵州关岭、镇宁、紫云等地的"高裙苗"（自称"蒙利"），实行不同民族不开亲。如果谁与外民族开亲，就会像麻风病患者和所谓蓄"蛊"之家一样，被列为"根骨不正"的人，受到歧视和冷落。① 有些苗族地区，如湘西桂北，从苗族本身来说，过去和现在并没有绝对排斥同汉族及其他兄弟民族缔结婚姻关系。但事实上，在其历史发展过程中，仍习惯于在同族内自相婚配，而很少同汉族及其他民族通婚。即使是非同族通婚，一般也都是苗族女子外嫁汉族及其他民族的男子，或外族男子流入苗乡同苗族女子结婚和入赘苗家。至于其他民族的女子，特别是汉族女子，入嫁苗族只是偶尔的个别的现象。从历史情况看，苗族形成这种外族不婚的习俗，主要有三个因素：

第一，民族间的隔阂造成的。由于汉族及其他统治民族在历史上长期奉行民族不平等和民族歧视政策，苗族一直处于被压迫剥削和受歧视的地位，这一方面使得汉族和其他民族在观念上都自认为高苗族一等，看不起苗族；另一方面在苗

---

① 贵州省志民族志编委会《民族志资科汇编》，1986 年内部印发。

族的心理上造成创伤，或出于自卑，而不愿同汉族及其他民族亲近和交往。这种民族间的隔阂，自然成为缔结婚姻关系的一大障碍。中华人民共和国成立前，湘西苗族地区就普遍流行这样的俗语："铜不沾铁，苗不沾客。"所谓"客"，主要是指当地的汉族，苗语称"果扎"。意思是说，就像铜与铁不能黏合在一起那样，苗家和客家是不能相亲相爱的。"把你卖给客家（果扎）！"在苗族中甚至变成父母吓唬不听话的小女孩的一句口头语。

第二，民族差别成为障碍。苗族是经过数千年独立发展的古老的民族，在长期历史发展过程中，形成和保持了自己的民族语言、民族传统、民族心理以及本民族的生活习惯，而这种民族特征至今仍然是十分明显的。这不仅在成片的苗族聚居区是如此，就是在一些同汉族和其他民族杂居的插花分布的小村落、小居住点上，苗族也是讲自己的语言，按自己民族习惯生活，自成一个小小的生活圈。语言习俗、心理素质以及经济文化发展的差异，也自然形成同汉族及其他民族通婚的障碍。

第三，历代封建统治者的离间政策。秦汉以来，中央封建王朝对苗族及西南其他"蛮夷"民族，实行"以蛮夷治蛮夷"的政策，至唐宋年间广泛建立"羁縻州"，实行"流土分治"，元明之际发展为土司制度，部分苗族长期处于土官土司的统治之下。土官土司统治地区同流官治理的地区被分割开来，实际上是处于一种封闭状态，"客""土"的交往是被禁止的。特别是还有相当大一部分苗族地区，既无流官治理，又未置土官土司，唐宋时谓之"生界"，元明之际成为"生苗"区。"生界""生苗"同流官治理的"省界""省民"，更是壁垒森严。特别是明代以来，修"边墙"，筑哨所，驻戍军，屯峒丁土兵，对"生苗"区进行封锁隔离军事防范和武力镇压，同时禁止"生苗"区的苗民同汉民交往，尤其不允许互为婚姻。直至"改土归流"前夕，仍然如此。如清雍正五年（1727）湖广总督傅敏还再次"申严其禁"，甚至规定"民""苗"结亲，"照违制律，杖一百，仍离异"，媒人也要"杖九十"。① "改土归流"后，原湘西"生苗"区置

---

① 乾隆《湖南通志》卷54。

凤凰、乾州、永绥三厅，曾一度"弛禁"，"准许民苗兵丁结亲"。但乾嘉苗民起义被镇压后，又再次禁止苗汉通婚，特别是不准汉民进入苗寨"私为婚姻"。这是封建统治者有意识地在苗汉之间制造的一种障碍，对于苗、汉通婚影响甚大。

近代以来，特别是中华人民共和国成立后，随着苗族同汉族及其他兄弟民族经济文化交往的加强、苗族政治和社会地位的不断变化和祖国各民族平等团结的新型关系的建立，苗族"外族不婚"的习俗已逐步消失，苗族青年男女同汉族及其他民族通婚的现象已越来越多。这也是一种客观发展的必然趋势。例如，据 1960 年调查，云南屏边县的苗族，"通婚有一定的范围，一般以姑舅表通婚的占多数，其他只要不同姓就可以通婚。过去不与他族通婚，近三十年来可以和其他民族通婚了"。①

由于苗族居住分散，内部支系很多，不同地区不同支系之间，往往在语言、服饰、习俗、信仰等方面均形成一些差异。这种差异有时也会成为相互通婚和开亲的障碍。有些地区，苗族男女不仅不同他族通婚，而且不同支系之间也不通婚。云南文山州，"苗族除个别与汉族通婚外，一般不与外族通婚，就是在苗族内部，由于服饰的不同和方言的差异，白苗、花苗和偏苗就很少有通婚的情形"。② 据 20 世纪 60 年代初调查，在云南广南县"白苗"和"偏苗"往往住在同一个乡和同一村寨，但两者之间历来是不通婚的，"白苗"只同"白苗"开亲，"偏苗"只同"偏苗"开亲。③ 又如，据调查，贵州普定县苗族分为"歪梳苗""坝苗""白苗""青苗"等，过去相互不通婚。"歪梳苗"和"坝苗"，实际上语言相同，习俗也有相似之处，只是服饰不同，有些习惯不尽一致，相互也不通婚。④ 当然，不同支系不婚与"外族不婚"情况并不一样。因为苗族作为一个统一的民族，内部支系间的差异终究是次要的，而相互之间的共同性则是主要

---

① 《民族问题五种丛书》云南省编辑委员会《云南苗族瑶族社会历史调查》，云南民族出版社，1982 年。

② 云南省编辑组《云南少数民族社会历史调查资料汇编》（一），云南人民出版社，1986年。

③ 云南文山州档案馆资料。

④ 同上。

的，并且这种不同支系不婚只是在一定历史下自然形成的，一般不存在相互歧视和封建统治者人为离间的因素，所以随着经济文化的发展和交往的增强，不同支系不婚较"外族不婚"更易于消失。

三、"舅霸姑婚"和姨表不婚

所谓"舅霸姑婚"，即姑家之女必须还嫁给舅家之子，俗称"还娘头""还骨种"。这是舅权制的一种体现，这种习俗在历史上曾广泛流行于各苗族地区。

早在明代，王士性所著《黔志》在述苗人习俗时即指出："婚姻先外家，不，则卜他族。""外家"即外婆家舅家。就是说，舅家之子享有娶姑家之女的优先权。又据明成化年间沈瓒和清乾隆初李涌所编撰的《五溪蛮图志》载：五溪地区（即湘西和湘、鄂、黔三省交界地区）苗民，"如张女嫁李，候李生女仍还嫁张之孙为妻，世相传，虽老少、妍媸、贫富不能易，俗名'还骨种'"。清陆次云《峒溪纤志》载："峒人（主要指苗族）以苗为姓……生女还母家，曰一女来一女去。"《皇清职贡图》（卷四）载："苗之在罗城者……娶妇生女，则送归母家，谓之一女来，一女往。"民国年间陈心传《五溪苗族古今生活集》载："还骨种"之俗，"今仍有之……谓'舅爷要，隔江叫'也"。这说明，民国年间，陈心传所记载的泸溪、乾城（今吉首）、凤凰等地苗族仍流行"还骨种"习俗，舅家要娶姑家之女非常容易，可说是随喊随到。光绪《黎平志府》（卷十六）载：苗人，"姑家养女，定为舅媳，否，乃卜他族"。民国年间《八寨县志稿》（卷廿一）载："黑苗"，"率以甥女为子媳，谓'还娘头'……姑之女定为舅媳。若舅无子，必以银献之，谓之'外甥钱'。否则，终身不得嫁"。民国年间《麻江县志》（卷五）亦载：苗民，"其嫁娶则姑以女配以侄，曰'还娘头'，为惯例。如兄弟无子，姑女适他人者，视适者贫富而取外甥钱"。可见，清朝末年至民国年间，贵州不少苗族地区均仍有"姑舅表婚"习俗。此外，根据方志记载和建国后的调查，云南广西等地苗族，近代以来也都还保留姑舅表婚的习俗。

这种姑舅表婚，从渊源看应属原始时期族外群婚的遗风。因为根据族外婚制度，两个氏族之间互为婚姻，甲氏族的女子必须同乙氏族的男子婚配，而甲氏族的男子则同乙氏族的女子结为夫妻，他（她）们的子女分属两个氏族，又互为婚姻，这实际上就是在姑舅表之间通婚。进入文明时代后，这种姑舅表成婚的遗风流传下来，就逐步形成舅家之子有娶姑家之女的优先权，即"舅霸姑婚"和"还骨种""还娘头"的习俗。禁止"同族"内部通婚，同时又实行姑舅表优先婚，使得婚姻关系常常固定在两个氏族宗族和支系之间循环往复。随着时间的推移，在世世代代互为婚姻的两个姑舅氏族和支系间的血缘关系必然越来越增强，会严重影响子孙后代的健康和一个民族的发展繁盛。同时这种不合理的婚姻制度，也愈来愈成为青年男女自由恋爱和正常婚姻的严重阻碍。从流传下来的口碑资料看，苗族青年男女在婚姻方面曾同舅权制和姑舅表优先婚这种陈规旧俗，进行过激烈的抗争。

黔东南苗族地区广泛流传的古歌《久宜和欧金》，就是一部反对姑舅表优先婚的爱情叙事长诗。传说，某村寨里有两户人家，一户生下男孩叫久宜，一户生下女孩名欧金。久宜和欧金一块长大，相互产生了爱情。他们虽然"共一个祖公"，"共立一块石碑"，即属一个支系，但血缘关系早已疏远，双方父母还是支持他们结为夫妻。按照旧规矩，定亲前去问舅家是要礼钱，还是要姑娘做媳妇。舅舅因为自己的孩子小，才五六岁，不能成亲，于是就要财礼钱三百两，棉布三百匹，马三百匹，水牯三百条，白鹅三百只。久宜和欧金都拿不出这么多的财礼，婚事被搁置下来。欧金的父母去官府告状，也不能解决问题。最后欧金被迫嫁到舅舅家，因舅舅的儿子才五六岁，她已二十一，无法配成双。欧金忍无可忍，起而"闹婚"。欧金的"闹婚"，得到了她父母的支持和地方寨老们的同情，在他们要求下，迫使舅家放弃了这桩婚姻，并将财礼钱一减再减，最后只要一大碗腊肉和一对鲤鱼。舅家的财礼钱实际上被取消了。欧金反抗"舅霸姑婚"，追求自由婚姻的斗争获得了胜利。

广西大苗山地区流传的古歌《哈迈》，也是反舅权和"舅霸姑婚"的爱情叙事诗。但与《久宜和欧金》不同，它是以悲剧结束，哈迈抗争失败，最后自杀。

正是由于像欧金、久宜、哈迈这样一些青年男女的不断抗争，以及苗族群众在长期的婚姻实践中知识的增长，各苗族地区后来才逐步采取措施，破除旧规，废止"舅霸姑婚"。在这方面最早见诸文字记载的，并且行动最坚决的，应首推湖南靖州苗族。这一地区的苗族，鉴于"舅霸姑婚"的危害，前后两次以"合款"（苗族历史上作出重大决议的会议）的形式，明文禁止这种婚俗。第一次是清代道光十九年（1839），靖州三锹各苗寨"合款"立碑，革除"舅霸姑婚"。第二次是道光二十一年（1841），即两年后又一次"合款"，重申不许舅家再行霸婚索礼，刻碑为记，永远遵行。原碑至今犹存。

"改土归流"和"苗疆""开辟"后，为"移其习俗"，地方官府所采取的一些禁革措施，对于苗族地区"舅霸姑婚"的废止也起了一定的作用。如，湘西苗族地区"改土归流"后不久，永顺府知府王伯麟于乾隆七年（1742）颁布《禁陋习四条》，第一条就是"禁勒取骨种"，即禁止姑之女还嫁舅之子的所谓"还骨种"。[①] 又如，光绪初年，贵州黎平府知府袁开第颁布《禁革苗俗告示》，认为苗民"婚礼多有错误，如姑舅为婚"等，特申令禁革。[②]

姑舅表之间通婚，在苗族中还有另一种表现形式，即不是舅爷之子娶取姑妈之女为妻，而是反过来，姑妈之子一定要同舅爷之女开亲。这种婚姻形式流传不广，但在少数苗族地区比较典型。例如贵州清镇县龙窝乡苗族（自称"代卯"），按其习俗，舅舅的儿子绝对不能娶姑妈之女为妻，而相反，姑妈的儿子要娶舅舅的女儿为妻，称这为"侄女赶姑妈"。这种婚姻是强制性的，只要年龄相当的，都要非如此不可，所谓"侄女赶姑妈，不去就得拉"。只有在舅父无女儿，或姑妈的儿子多不够分配，或固定通婚的人家远徙他乡的情况下，才可例外。这实质上同样是姑舅表优先婚，但不存在舅权制，不是以男性为中心，而是以女性为中心的单面循环婚姻，更多地体现了母系氏族社会的遗风。

各地区各支系苗族，除少数例外，大多数在实行姑舅表通婚的同时，都严格禁止姨表兄弟姊妹之间的婚姻关系。如民国年间凌纯声、芮逸夫《湘西苗族调查

---

① 乾隆《永顺县志》卷四。
② 光绪《古州厅志》卷一。

报告》载："苗人除近族的兄弟姊妹不相配外，无同姓不婚之嫌，而姨表兄妹反不得婚配。"并认为"此乃母系社会的遗留。因在母系社会中，姨表兄妹为同姓，姑表或堂兄妹反为异姓"。这一观点是正确的。但所说的"同姓"，应是"同氏族"。根据母系氏族社会的族外婚制，姊妹的子女均留在本氏族，即姨表兄妹属同一氏族，因而相互不能通婚，而必须同另一氏族互为婚姻。

苗族姨表不婚，从苗族的亲属称谓中也可以得到佐证。例如，在苗语东部方言中，同辈的男女成员分为"娅苟"和"不待"两种关系，"娅苟"即兄妹姐弟，不能通婚；"不待"即表兄妹表姐弟，属于可通婚范围。同胞兄弟姐妹、叔伯兄弟姐妹、姨表兄弟姐妹，都称"娅苟"，都是兄弟姐妹，故相互禁止婚姻。在不同辈分的男女成员中，幼对长只有"奈玛"（或"策各"）"乃姆"两大关系。亲生父母、伯叔父母和姨父姨母，都包括在"奈玛"和"策各"之内，属禁婚集团的长辈，其子女都不能相互通婚。岳父岳母、舅父舅母、姑父姑母，都称为"乃姆"，属于可通婚集团的长辈，其子女之间亦可通婚。根据苗族的这种亲属称谓，姨父姨母同父母、伯叔父母一样，都属父母群（"奈玛""策各"），他们的子女也同样属于兄弟姐妹群（"娅苟"），彼此之间当然也不能通婚。

四、改嫁续弦及其他

从文献记载和实地调查资料看，各地苗族对于寡妇改嫁的规矩不尽一致。有的地方可自由改嫁，有的地方可改嫁但有一定的限制。总的说来，苗族妇女丧偶后都可以改嫁，甚至必须改嫁，在苗族的传统中并不存在什么"守寡""守节"的习俗和"好女不嫁二夫""从一而终"的观念。

明嘉靖《贵州通志》（卷之三）载：麻哈州的"紫姜苗"，"夫死未葬，妇即适人，谓其有主"。明田汝成《炎徼纪闻》（卷四）亦载："紫姜苗"，"夫死，其妻嫁而后葬，曰丧有主矣。"麻哈州，今贵州省麻江县一带，这一带地区的苗族，历史文献上有一支称"紫姜苗"。从记载看，这支苗族，夫死后，其妻不仅必须改嫁，而且把改嫁新的丈夫作为安葬亡夫的一个必备条件。当然，这在苗族中也属于一种少见的特殊习俗，其形成的原因有待进一步研究。但从夫死寡妇必须改嫁这一点来说，还是很有代表性的。又据民国《八寨县志稿》（卷廿一）载："黑苗"，"婿殁，女之父母兄弟得另嫁之，翁姑不问也"。这里所说的改嫁，是由女方父母兄弟作主，而亡夫的父母亲属不得过问。这也属不受限制的自由改嫁。

从苗族的传统习俗看，更为普遍的现象是可以改嫁，但有一定的限制。这主要表现为兄终弟娶其嫂、弟亡兄收弟妇的"转房"制。这种"转房"制，居优先地位的是亡者兄弟，次及房族兄弟，再次为同寨同村其他亲属，甚至也有子死翁收其媳的；寡妇要外嫁，则必须得到亡夫亲属和同族同寨的允许。这类有一定限制的改嫁，在各地的具体情况又不尽相同。

清乾隆初段汝霖《楚南苗志》载：苗人，"兄亡收嫂，弟亡收弟妇"，"颇弗为嫌"。这是关于苗族"转房"的较早的文字记载。所谓"楚南"，主要是指湘西。稍后乾隆四十三年（1778）吴高增《乾州小志》亦载："弟之配嫂恬不为怪……此红苗之风俗也。"可见，在明清之际和"改土归流"前后，湘西苗族寡妇即可以改嫁，但死者亲属享有优先权。凌纯声、芮逸夫《湘西苗族调查报告》载："寡妇有性交的自由，对于亡夫的孝服，无一定的限制，随时可改嫁，但须征得丈夫兄弟的同意：如夫的兄或弟欲取寡嫂，则不得外嫁，否则，即回娘家再嫁。……寡妇并得一嫁再嫁。"这是民国年间的情况，改嫁的范围已不仅仅限于亡夫的兄弟，并可回娘家再嫁。

在桂北融水一带，据民国年间调查，苗人"在婚姻之中"，"兄死后弟可直接娶其嫂为妻；弟死后，兄亦可以同样娶其弟妇，毫不以为异"。[1] 云南文山州，据1963年调查，苗族"婚姻中存在着'夫兄弟婚'的情况，苗族的寡妇多数嫁给已故丈夫的兄弟。在西畴，多是弟妇嫁给长兄，在广南，则多是弟弟娶嫂嫂，尤其在偏苗中是如此，也有寡妇不嫁给死者兄弟，而出嫁给他姓者，但要获得丈夫兄弟的同意，而且家中的任何东西都不得带走"。[2]

---

① 《广西融县苗人的文化》，中山大学《民俗》第二卷，1939年。
② 《云南少数民族社会历史调查资料汇编》（一）。

云南金平县，据 1978 年调查材料，县内"花苗"，兄死，弟弟有权妻其嫂，即使已婚。如果无弟或者弟弟不愿妻其嫂，村中其他男子包括已婚男子，有权娶寡妇为妻。占有寡妇的方式，是用一把伞插在女方中堂的后墙上，被用雨伞号占的寡妇就一定要嫁给该男子。如果被两个男子号下，寡妇则有权决定自己嫁给谁。①

贵州台江县苗族，据 20 世纪 50 年代调查，寡妇再嫁基本是自由的，但也略有限制。如果亡夫有未婚兄弟，只要双方自愿，一般应优先"转房"，与亡夫的兄弟结婚。如果寡妇不愿意，可由寡妇给原夫家一定数量的钱，叫"吃猪麻钱"，才能外嫁。外嫁时，必须先回到娘家，然后再嫁出门。由新夫家请一人去，接到男家后，新夫请房族吃一餐喜酒，即算婚礼。婚后，如原夫有子女，可带到新夫家。但一般是随母三年或稍长后，仍回自己的家居住。

惠水县摆金地区苗族，过去寡妇改嫁受到限制，有"兄终弟及，弟死兄收"的习俗。只要是同辈的房族兄弟也有权兼收寡妇，但都须经寨老们议定。所以这里的寡妇改嫁，得经过"三关"，即兄弟关、房族关、寨老关。紫云县有些地方的苗族，寡妇改嫁不受限制，但按照传统习惯，寡妇在改嫁前，要备一只鸡和酒肉等食品供祭前夫，以示对前夫的尊敬。关岭县龙洞乡一带的苗族，寡妇改嫁，有"兄终弟及，弟死兄收"之俗。若弟兄不收，则作为本家族的姑娘出嫁，但后夫必须给亡夫办一次斋事，称之为"吹嘎"。榕江县尾水乡一带的苗族，寡妇改嫁一般不受非议，但必须得到亡夫家族的同意，若死者的家族中有人愿意收之为妻，则不许外嫁，保留有"兄终弟及"和"弟死兄收"的习俗。台江县翁脚乡方白地区的苗族，寡妇可以改嫁，而且比较自由，转嫁时还可带走幼小儿女。有的寡妇在取得房族同意后，可招夫上门。也有征得寡妇本人同意，"转房"给未婚的哥弟或房族的。威宁县苗族，寡妇改嫁没有自由，还保有"兄终弟及"和"弟死兄收"的习俗。若家族中确无适合的对象，才允许寡妇外嫁。②

---

① 《云南少数民族社会历史调查资料汇编》（一）。
② 贵州省志民族编委会《民族志资料汇编》（苗族），1986 年内部印发。

　　妻死，丈夫可以续弦，但有的地区有一定的规矩。如黔东南州台江反排苗族，续弦时必须先备礼物通知亡妻的娘家，因为按习俗"舅家为大"。否则，引起舅家生气，会立即索取"人头钱"。续弦的婚礼很简单，并且迎亲时新妻必须由后门进，无后门便拆壁而入。据说，大门有前妻的灵魂阻挡，后妻的灵魂不能进屋；只有从后门进去，才能把前妻的灵魂撵走，使后妻灵魂进屋，生活安宁。

　　苗族一般均为一夫一妻制。建国前，少数富豪之家，纳置妾媵；普通人家也有因无子嗣而再娶的，但属个别现象。

　　上门入赘，按习俗是可以的，但并不普通流行。大多是由于女方家无子，招赘上门。而入赘男子，则定属贫寒孤苦之家，劳力较强者。在湘西苗族地区，这种入赘婚姻，家庭主权一般由妻子操持。云南红河州屏边苗族，男子上门的情况较多。有的上门二三年后各自立家；有的永久上门常居女家，享有平分财产的权利和赡养女方父母的义务。但两种情况，男子姓氏均不变，所生子女的姓氏亦随父不随母。前者一般是因女方家兄弟年幼，缺乏劳动力，后者多因无嗣。

（原刊《民族论坛》，1995 年第 2 期）

苗族姓氏考

汉文献常载：苗族"有名无姓""婚姻不避同姓"。这虽不能说完全是无稽之谈，但并不符合苗族的实际情况。因为所谓"姓"，在苗族中既有现在广泛使用的汉字姓氏，即所谓"汉姓"，又有源远流长的传统的苗语姓氏，习称"苗姓"。在使用"汉姓"之前，苗族内部早有自己区分血缘宗亲和族系的"苗姓"。历代汉族文人及其他外族人，往往知其一而不知其二，只以汉族通行的汉字姓氏为准，从而产生错觉和误解。现特作苗族姓氏考，以辨明有关事实，并期能增进人们对于苗族历史传统和文化的了解。

一、"苗姓"考释

苗族的分布地域广袤，内部方言土语和支系繁多。从笔者目前所掌握的资料看，各地各方言区和各支系的苗族，都曾有自己世代相传的苗语姓氏，而且至今依然在内部流行的还较多。

湘西方言（即东部方言）西部土语的苗族流传的《古老话》说，苗族有十二个宗支，即十二大苗姓。据石宗仁先生整理翻译本，为"仡濮""仡楼""仡僚""仡芈""仡灌""仡卡""仡削""仡徕""仡侃""仡宿""仡劳""仡雄吾"。① 龙炳文先生的整理翻译本，有"仡莱""仡恺""仡卢""仡弄""仡辽""仡芈"等。② 二者基本相同，只是所用的一些记音的汉字有别。"仡"为语气词，有时又可汉译为"果""禾"，加在姓的前面带有尊重的意思。平常也可加"代"，而不用"仡"。

又据20世纪三四十年代湘西苗族学者石启贵记载，乾城（今吉首）、凤凰、

① 石宗仁编译《中国苗族古歌》，天津古籍出版社，1991年。
② 龙炳文编译《古老话》，岳麓书社，1990年。

永绥（今花垣）等地的苗族，传说有十二个系别（即苗语姓氏），当时尚保留的有六个，即禾孝、禾篾、禾瓜、禾卡、禾枷、禾列。"禾"，即为"仡"（"果"）的不同汉字的记音。① 与《古老话》对照，"禾孝"即"仡削"，"禾篾"即"仡芈"，"禾瓜"即"仡灌"，"禾卡"即"仡侃"，"禾列"即"仡徕"，相互可对应，仅汉字记音不同而已。可见，东部方言的几大苗姓，一直在苗族内部世代相传。

在黔东方言（中部方言）苗族地区，苗族内部流传的苗姓至今亦大多可考。如福泉县流传的苗姓，有"喀编给""喀乾打""喀编打""喀香卡""喀往觉""喀卯"等。前面所加的苗语"喀"，相当于汉语的"人"或"客"，也有尊称的意思，可直译为"编给人""乾打人""香卡人"等。② 台江县境内有"寨方""寨黎""寨向""寨勾""寨柳""寨嘎闹"等苗姓。苗语"寨"相当于汉语的"家"，意为"方家""黎家""向家"等。③ 实际是方、黎、向、勾、柳、嘎闹等姓，这也就是黔东南地区苗族内部至今仍存在的一些不同支系和宗支。

川黔滇方言（西部方言）苗族地区，次方言和不同土语特别多，所以苗姓比较复杂。

据黔西北赫章县调查，其境内西部方言滇东北次方言苗族，有"卯简""卯档""卯漏""卯蚩""卯远""卯兰""卯兰""卯让"等苗姓；川黔滇次方言苗族内部，有"姆叽""姆赤""姆吾""姆扒""姆绕""姆陇""姆尤""姆髦""姆低""姆举"等姓。④

据威宁县调查，在其境内滇东北次方言苗族中，至今仍流行的有八大苗姓。即"卯展""卯荡""卯娄""卯蚩""卯简""卯鲁""卯绕""卯日"；川黔滇次方言第二土语苗族，有"蒙优""蒙几""蒙蚩""蒙荡""蒙鲁""蒙嚷""给蒙""格支""格宾浪""喀居""蒙汪""格芈"等，共 12 苗姓。

---

① 石启贵《湘西苗族实地调查报告》（增订本），湖南人民出版社，2002 年。
② 福泉县民委《福泉苗族》，贵州民族出版社，1993 年。
③ 台江县地方志编委会《台江县志》，贵州人民出版社，1994 年。
④ 赫章苗族志写组《赫章苗族》，1996 年内部印刷。

1987 年 10 月笔者在滇东北昭通地区考察时，彝良苗族代表人士张荣等人介绍，他们属"大花苗"（西部方言苗族的一个主要支系），内部有八大姓（宗支），即"蒙周""蒙当""蒙阶""蒙雌""蒙绕""蒙扎""蒙耶""蒙竹"。

又据川南珙县调查资料记载，当地苗族（属"白苗"支系），内部有 28 姓，即"夸叶""夸卯""夸洛""夸让""夸挡""夸虑""夸皆""夸杠""夸众""夸乃""夸两""夸这""夸路""夸抓""夸告""夸巴""夸暂""夸合""夸查""夸那""夸插""夸故""夸勒""夸耸""夸干""夸拿""夸捏""夸策"。①

从上引资料看，"卯""姆""蒙"，应是西部方言的大多数苗族的自称"Hmong"的不同汉字记音和谐音。加在姓氏的前面，其意即为"苗族展""苗族蚩""苗族绕"等。"夸"，相当于东部方言的"仡""代"，为语气词，同样有尊重的意思。西部方言地区各次方言和土语的苗族姓氏，各有差异，但相互参照起来看，依然有不少姓氏是共同的。如"蚩"（雌、赤）、"绕"（让、嚷）、"当"（挡）、"尤（优）"、"阶（皆、给）"、"叶"（耶）、"巴"（扒）等。显然是各地方言土语发音的差异，对同一个苗姓使用了不同的汉字记音。

由于苗族有自己民族语言而无民族文字，所有的苗姓均系口耳相传，没有文献记载，因此其最初形成的年代和得姓缘由，现在已无法一一加以考证查实。若依据现有材料作综合考察，笔者认为各苗姓的历史由来大致可分为三大类：

第一类，得姓于远古氏族部落和首领的名称。如湘西方言苗族中的"仡濮"一姓，很可能同先秦时期聚居于湘西和武陵五溪地区的古濮人有联系；而"仡灌"，则应得姓于被舜放逐于湘西"崇山"的驩兜（欢头），这支苗姓至今仍奉驩兜为自己的先祖。据考证，湘西苗族十二姓中，"仡徕""仡恺""仡轲""仡侨"等，均为原远古苗族首领和氏族部落名称，后发展成苗族姓氏。②又据《苗族史诗·溯河西迁》记载，苗族先民们由"方""柳""恭"（"勾"）、"希"

---

① 贵州省威宁彝族回族苗族自治县志编纂委员会《威宁彝族回族苗族自治县志》，贵州人民出版社，1997 年。

② 龙炳文编译《古老话》，岳麓书社，1990 年。

"福"等祖公率领，西迁到黔东南地区，经杀牛祭祖后分散于剑河、台江、雷山等地定居下来，发展成各个不同的宗支和姓氏。至今仍流传的"寨方""寨柳""寨勾"等苗姓，显然就是得姓于相应的始迁祖公之名。

第二类，源于图腾崇拜。苗族的某一支系以某种动植物为自己的保护神和图腾加以崇拜，后即以该动植物之名为姓氏。例如：西部方言苗语称羊和山羊为"雌"，苗姓中的"蒙雌"，以及"卯蚩""姆赤"，应与羊有关系。这一姓氏和支系的苗族很可能长期以牧羊为生业，同羊结下不解之缘，故将羊作为图腾加以崇奉，后遂以"羊（"雌"）为姓，称"蒙雌"或"卯蚩""姆赤"。又如，西部方言苗语叫"龙"为"绕"，苗姓"蒙绕"和"姆绕""卯让"，即源于对"龙"的崇拜。苗族这一支系和姓氏，历史上曾以"龙"（"绕""让"）作为自己的保护神和图腾，后遂以"绕"（"让"）为姓。而他们的子孙后代至今仍保留着"接龙""安龙"的传统，对"龙"十分崇敬。

第三类，以祖居地之名为姓。如上引黔东南福泉等地苗族所流行的"喀编给""喀乾打""喀编打""喀香卡""喀往觉"等苗姓，其中"编给""乾打""编打""香卡""往觉"等，均为原祖居地的苗语地名，至今依然沿用，但又早已演化成苗族内部的宗支名和苗姓。

时间有早有晚。某些地区，由于较早接触汉文化，因而也就较早地采用了汉姓；愈偏远愈闭塞的地区，采用汉姓的时间则愈晚。

从目前掌握的资料看，古武陵郡和"五溪"地区，即今湘西和湘、黔、渝、鄂交界地区，为中原和长江、黄河中下游汉族发达地区，通向少数民族聚居的大西南和云贵高原的中介地，同汉族地区和汉文化的关系较密切，这些地区的苗族出现汉姓的时间也就最早。

据湘西流传的苗族古歌《傩公傩母》传述，"洪水漫天"后，姐弟二人成婚以繁衍人类。结果姐弟二人生下一个大肉团，弟弟就将肉团切成一小块一小块，甩向四面八方。共甩出148块，变成了148姓的人。古歌说："甩在岩石上的肉块啊，后来变成了人，取汉字姓为石；甩在稻田里的，变成人，取汉字姓为田；甩在水里的，变成人，取汉字姓为吴（苗语叫水为"吴"）；甩在李树、杨树上的，变成人后，就取汉姓叫李、杨……"① 这是笔者所见到的，关于苗族得汉姓的一种最原始的说法。当然这属于神话，是苗族在使用汉姓之后由民间传人将其添加到神话中去的，不足为据。但该古歌同时提及"桃源洞""桃源县"，并说"傩公傩母"居住在桃源县。所谓"桃源县"，即今常德地区的桃源县，处武陵地区北部，西汉属临沅县（治今常德市），东汉至南朝置沅南县。隋唐五代改属武陵县（治今常德市）。宋乾德元年（963）始析武陵县地置桃源县，沿袭至今。这说明，现在流传的苗族古歌《傩公傩母》，应是在宋代设置桃源县之后，经民间传人整理加工而形成的。由此可以推断，湘西地区苗族开始采用吴、龙、麻、石、廖、田、梁、张、杨等汉姓，应是在唐宋之际，或更早一点。

从汉文献资料看有关苗族汉姓的记载，最早见于唐代樊绰的《蛮书》。据其记载，咸通三年（862）三月，时任安南经略使从事的樊绰，奉命去安南都护府所辖云南境内一些羁縻州，招抚闹事的"蛮"军，见到了"蛮"将杨阿触、杨酋盛等。"蛮"将诉说：他们乃"盘瓠之后"，原住在"黔中""巴东"等地，是被征调到安南来的。并说："盘瓠皮骨今在黔中，田、雷等家时祀之"。在"巴东"，有"田、雷、冉、向、蒙、吴、叔孙七姓"，均属"盘瓠"后裔。所谓"盘瓠之后"，当然还包括了瑶族和畲族，但这里主要是指苗族；"黔中""巴东"，即今重庆市东南部和贵州铜仁地区、湘西自治州、张家界市、怀化市所属各县（市），大体属古武陵五溪地区。说明这些地区的苗族，在唐代后期已有杨、田、雷、冉、向、蒙等汉族姓氏。这与苗族古歌《傩公傩母》所传述的苗族采用汉姓的年代，大体相合。

唐宋之际，武陵五溪地区的苗族，开始采用了汉姓，但还只是一部分，并且从人数看，在整个苗族中只占少数。苗族大量采用汉姓，特别是在云贵高原和西南偏远地区，是始于明代，而在清初"改土归流"和"开辟""苗疆"（所谓"生苗"区）之后，才形成高潮。这不仅与汉文化教育在苗族地区推广和苗、汉民族间交往交流的加强相关，而且明清王朝和地方统治当局以行政手段，自上而

---

① 石宗仁编译《中国苗族古歌》，天津古籍出版社，1991年。

下地强制推行，起了重要的作用。

二、苗族"汉姓"由来

中国的苗族，现在已普遍使用汉姓，而且汉族的大多数姓氏在苗族中都可以找到。但不同地区和不同支系的苗族，则各以某些汉姓为主，相互有些差异。

东部方言地区，湘西凤凰、花垣、吉首等地的苗族，以吴、龙、麻、石、廖为五大姓；黔东松桃、铜仁等地苗族，以吴、龙、麻、石、田（或白）为五大姓。此外，还有杨、张、赵、欧、伍、刘、梁、施、罗、王、邓、满、滕、胡、向等姓。据《古老话》记载，苗族共有148个汉姓。可见，东部方言苗族的汉姓相当多。但以"五大姓"为主，其他姓的人数则较少。

中部方言地区，如剑河县，苗族中有杨、龙、王、李、张、姜、吴、刘、邰、万、彭、潘、罗、黄、周等数十姓，而其中杨、龙、王、李为四大姓，人口均在1万人以上；① 福泉县，操中部方言的苗族，有吴、潘、文、雷、龙、杨、王、刘、杜、侯、宋、江、熊、张、罗、李等，共52个汉姓，其中则以吴、潘、文、雷、龙、杨等姓为主。② 又据笔者调查，雷山县掌背等地苗族，汉姓有张、白、韩、莫、向、蒋等，而以张姓的人数为最多。

西部方言地区，属滇东北次方言的贵州赫章县苗族（大花苗），主要有16个汉姓，即李、罗、汪、王、张、安、杨、韩、朱、潘、陶、吴、苏、马、龙、陆等；威宁县的苗族（大花苗），以朱姓为大姓，其他按人数多少分别是张、王、李、雷、韩、龙、吴等姓。属川黔滇次方言的云南文山地区的苗族（白苗为多），以杨姓人数最多，其次为马、李、陶、熊、项、王、吴，人数最少的有邓、刘、宋等姓。

从历史情况看，苗族采用汉姓，是随着汉文化进入苗族地区，以及苗、汉民族之间接触和交往的增多而逐步实现的，而且各地区和各支系先后不一。

---

① 贵州省剑河县地方志编纂委员会《剑河县志》，贵州人民出版社，1994年。
② 福泉县民委《福泉苗族》，贵州民族出版社，1993年。

永乐十一年（1413），明王朝废除思州、思南二宣慰使司，分其地为八府四州，设置贵州行省。从此，贵州苗族地区有相当一部分被正式纳入经制府州县的行政管辖范围，实行编户入籍。为编立户籍，于是开始替"有名无姓"苗民订立汉字姓氏。如据记载，巡抚贵州都御史刘洪于弘治十七年（1504）奏称："所属土苗，族类渐蕃，混处无别"，请"以《百家姓》编为字号，赐之汉姓"。经兵部"复请"，"上曰：华夷有定分，可随其俗称呼，定与姓氏，不必用《百家姓》"。[①] 明朝廷首先肯定了为苗民订立汉字姓氏的必要；同时认为可随其俗用相应的汉字称呼，不一定都按照汉族流行的"百家姓"来定。

由于强制性的自上而下在苗族中推行汉姓，从明代开始，各地苗族采用汉族姓氏的已比较多。以当时留下的《明实录》的记载为例。据笔者查阅，明代先后出现于历史舞台的苗族首领们，有相当一部分都已使用了汉字姓名。如永乐年间，有筸子坪"生苗"廖彪、思州台罗寨"苗人"罗哲、筸子坪称"苗王"的吴者泥，以及吴担竹、吴亚麻等；宣德年间，有领导苗民起义的治古答意长官司长官石各野、筸子坪长官司长官吴毕郎，"镇筸苗"龙三、白大虫、黄老虎、石计聘等；正统年间，有贵州称"苗王"的"播州苗"韦同烈、都匀"草塘苗"龙惟保、"新宁苗"杨文伯等；景泰年间，有在镇远清平一带称"苗王"的王阿同、"洪州苗"田总干、平越"苗首"王阿榜、横岭峒"苗首"吴英头和称"苗王"的蒙能等；弘治年间，有率众起事的"武冈苗"李再万、"镇溪苗"龙麻阳、"铜仁苗"龙童保等；嘉靖中叶领导湖贵边苗民大起义的"筸子坪苗"龙母叟、"亚酉寨苗"龙求儿、"腊尔山苗"龙许保和吴黑苗等，还有铜仁"旦逞寨苗"吴朗拱、"苗头"廖羊保等；明末在各地起事的，有"辰州苗酋"张五保、"镇筸苗酋"吴老文、"武冈苗"袁有志等。上引人物所涉及的地域，按现在的行政区划包括湖南西部和西南部的湘西自治州、怀化地区、邵阳地区，贵州东部和东南部的铜仁地区、黔东南自治州、黔南自治州等所属县（市），范围已从武陵五溪地区进一步向西向南扩大；采用的汉字姓氏有廖、吴、龙、白、田、石、

---

① 《明孝宗实录》卷 207。

黄、杨、王、韦、蒙、张、罗、袁等，数目已不少，而且这些姓氏至今仍为这些地区苗族所通行的一些主要的汉姓。

但同时出现于《明实录》的苗族人物，有许多仍只有苗名汉译而无汉姓。如洪武年间，贵州领导江力、江松等"四十寨苗"起义的叫"把具""播共桶"等；永乐年间，在思州与罗哲一道共同领导起义的还有苗首"普亮"；景泰年间，有平越等处"苗首"阿拿称"苗王"；正统年间，有贵州"计沙苗"金虫总牌起事；天顺年间，领导都匀龙里"东苗"起义的首领叫"干把猪"；成化年间，陈蒙烂土长官司所属天坝干"黑苗"，以"赍果"为首起事；正德年间，有"清平苗"阿旁、阿阶、阿革称"王"；嘉靖年间，都匀府平浪司苗民起义，"头目"叫阿向、阿四、老脚、普俄、老亨等；天启年间，兴隆、清平二卫苗民天保、阿秧、阿买等起事。这些"苗酋""苗首""苗王"等，显然均为苗名汉译，他们都尚未采用汉族姓氏，还是"有名无姓"。

在清初"改土归流"和"开辟""苗疆"（"生苗"区）的过程中，云贵总督鄂尔泰于雍正四年（1726）曾上奏《经理苗疆事宜》。其奏曰："苗人多同名"，应"令各照祖先造册"，而对于那些"不知本姓者"，则"官为立姓"。① 所谓"照祖先造册"，就是在编户入籍时按其祖先和支系名号确定姓氏。"不知本姓"，即没有汉姓又已记不清自己始祖和支系名号。这些苗民就由官府为其择用汉族通用的一些姓氏。各苗族地区，在设置府州县厅后，苗民由官府登造人口编户入籍时，都普遍实行了这种政策。因而苗族在历史上出现了采用汉姓的高潮。从此以后，绝大多数的苗族人户才都有了汉姓。

依据目前我们掌握的材料，要对现在各地苗族通行的汉姓一一加以考察，弄清其最初的由来，也是不可能的。但大致可归入以下四种途径和方式：

一是民间自己改用汉姓。这是苗、汉民族交往交流过程中自然出现的，早在唐宋以前即已开始。如据民间传说，东汉早期率领"五溪蛮"起义的相单程，他的亲族和后代在起义失败后都改为向姓，至今仍聚居于湖南沅陵县莲花池一带的向姓

---

① 民国《贵州通志·前事志》卷19。

苗族均为其后裔。① 在唐代樊绰《蛮书》中记载的苗族杨、雷、向、田、冉等姓，《明实录》记载的明初出现的"苗首"廖彪、罗哲、吴者泥、石各野等使用的廖、罗、吴、石、龙等姓氏，都应是在部分地区苗族民间自发采用的汉姓。又如据记载，明嘉靖十四年（1535），贵州都匀、平浪司苗民起义被镇压之后，苗族的一些头领改用了汉姓，其中"阿四"取汉名叫"王聪"，采用了汉族的"王"姓。②

二是由原流行的苗姓或氏族头领和户主的名号，按汉字译音演化而成。这主要是在苗民编户入籍登造户口时采用的一种方式，即所谓"各照祖先造册"。如川黔滇次方言苗族中苗姓有"所古"（或"夸古"），汉字音译为"古"；还有苗姓"姆尤"，汉字音译为"尤"。这应是现在云南一些苗族地区仍流行的苗族古、尤等汉字姓氏最初的由来。又如，据民间传说，贵州雷山一带姓白的苗族，本无汉字姓氏。其头人叫"绍白寡"，编户入籍时就按汉族姓氏改为"白绍寡"，"白"变成了姓，此后这支苗族都姓白。③

三是"官为立姓"。明初年，即有个别苗族首领在归顺朝廷后，由朝廷和官府赐予汉字姓氏的。如募役长官司（治今关岭自治县西南），长官原叫阿辞，为"有名无姓"，归附明王朝后，授长官司职。传至阿更，朝廷赐姓礼，更名山。即姓礼名山，有了汉姓。④ 在苗族地区"归流"和"开辟"后，官府在登户造册时更普遍地采用这种"赐"姓，即"官为立姓"的方式。但由于年代久远而又缺乏文献资料，现在很难作具体考证。

四是由汉人带入苗区。汉人以各种不同的原因进入苗区定居，后逐步融合于苗族，苗族中也就有了相应的姓氏。如，贵州中部地区苗族，姓蔡、宋的不少，历史上称"蔡家苗""宋家苗"。据文献记载，他们本是中原的"蔡人""宋人"，被放逐于黔地，"流为南夷"，即演化为苗族，故苗中有蔡、宋等姓。⑤ 又

---

① 伍新福《五溪蛮考释》，载《湖湘文库：云溪蛮图志》，岳麓书社，2012。
② 嘉靖《贵州通志》卷十二，《文艺志》。
③ 据笔者实地调查资料。
④ 乾隆《贵州通志》卷二十一，《土司》。
⑤ 《皇清职贡图》卷八。

据 20 世纪 30 年代，凌纯声、芮逸夫和石启贵等人在湘西苗区实地考察，乾城（今吉首）、凤凰、永绥（今花垣）等地苗人有"吴、龙、廖、石、麻五姓"，他们称之为"纯苗"。由于一些"外姓人"（多原为汉人），"入赘于苗而习其俗"，即逐步融合于苗，因而"五姓之外，在苗族中又有'杨、施、彭、张、洪诸姓'"。① 由于近代以来苗、汉之间通婚的现象日渐增多，其中汉族男子入赘苗家者其子女往往从父姓，苗族中的汉姓也就日益增多。据贵州福泉县调查，其境内萱花乡的柳、陈、何、舒、陆、谢、汤七个姓，翁羊乡的兰、刘、罗、唐、廖五姓，均为苗汉通婚和汉人入赘苗家后，新增加的汉姓。②

三、苗族姓氏与婚姻

苗族采用汉姓，无论是通过哪一种方式，都有很大的随意性，并没有什么定则和规律可循。但其传统流行的苗姓，却是十分严格的，且世代遵循不变。这就造成在苗族中汉姓与苗姓的关系的复杂性。由于各种不同的原因，或因时因地而异，本属一个支系和一个苗姓的成员却采用了各不相同的汉姓；另一方面，往往又有不同的几个支系和几个苗姓的成员采用了同一个汉姓。一个苗姓包括着二个以上的汉姓，一个汉姓为两个以上的苗姓所采用，在苗族地区都是常见的。

如湘西东部方言苗族，苗姓"禾篾"（仡半），有廖和石两个汉姓；汉姓石的苗族，又分属"禾篾"和"禾卡"（仡侃）两个不同的苗姓，前者称"大石"，后者称"小石"（又写成时）；"禾卡"中除石姓外，有一部分还采用了汉姓麻，而麻姓苗族有一部分又是属"禾流"（仡辽）这一支系和苗姓的；"禾孝"（仡削）这一支系和苗姓的苗族，则分成了吴和伍（武）两个汉姓。黔东方言地区，汉姓吴，在福泉县包括"喀乾打"和"喀编打"两个不同苗姓的苗族；黄平、福泉等地分属"喀编给"和"喀香卡"两个不同苗姓的苗族，现在汉姓都是杨。③ 滇东北次方言的苗族，苗姓"卯简"，汉姓分成李、罗二姓；苗姓"卯

---

① 凌纯声、芮逸夫《湘西苗族调查报告》，商务印书馆，1947 年。
② 福泉县民委《福泉苗族》，贵州民族出版社，1993 年。
③ 同上。

漏",汉姓分为张、安二姓;苗姓"卯让",有苏、马、龙、陆四个汉姓。川黔滇次方言第二土语区苗族,苗姓"蒙优"汉姓杨,苗姓"格蒙"汉姓熊,苗姓"蒙鲁"汉姓祝、陶,苗姓"蒙荡"汉姓分为张、王。在赫章县苗族中,汉姓杨,除苗姓"蒙优"采用外,还有属滇东北次方言支系的"卯蚩";汉姓罗,既有滇东北次方言支系的"卯简",又包括川黔滇次方言支系的"蒙昧"。①

　　苗族在历史上与汉族一样,都奉行"同姓不婚"的婚姻制度。所谓"同姓"则是指苗姓,只要苗姓相同,即同属一个支系和宗支,无论采用的汉姓是否相同,双方就不允许缔结婚姻关系。由于同苗姓就是同一个祖宗,有血缘关系。苗族先民们在生存斗争的实践中,早已认识到同宗结婚有害于后代的发展。所以对"同姓不婚"十分严格。只要同姓,同一个宗支,不管年代已隔多久、血缘关系已经多么疏远,也不能结婚。汉族也是如此,只是近代以来才逐步有所改变,认为虽然同姓只要出"五服",男女双方就可以结婚。现在汉族同姓结婚的已十分普遍了。但各地苗族,只要传统的苗姓还没有失传,同属一个苗姓的男女,至今仍然不得通婚。因而在苗族内部出现了外人难以理解的"异姓不婚"的特殊现象,即有时汉姓不同也不能结为夫妻。如湘西地区,苗族中石与廖、吴与伍、张与陈等姓均不能通婚。又如云贵地区滇东北次方言苗族,李与罗、朱与潘、陶与吴、苏与马等姓不得通婚。这都是因为他们采用的汉姓虽不同,但同属一个苗姓,宗支相同。

　　由于苗族中苗姓与汉姓并存,且二者的关系又颇为复杂,所以在出现"异姓不婚"的同时,又有"同姓可婚"现象的存在。如湘西地区的苗族,石与石(时)、龙与龙(隆)、张与张(章)等均可婚。因为他们所用的汉姓虽相同,但实际上是分属于两个不同的支系和苗姓,不同宗,没有血缘关系,当然相互可以通婚。外人不了解内情,片面以汉姓为准,故明清以来的一些历史文献多有苗族"婚姻不避同姓"之说。这完全是误解。

---

　　① 《赫章苗族》,1996 年内部印刷。

苗族传统宗教信仰和崇拜

苗族的宗教属多神教。因崇巫信鬼，又称"巫教"，或"巫鬼教"。苗族信奉和崇拜的鬼神甚多。如湘西花垣苗族地区，有三十六堂神和七十二堂鬼；黔东南台江苗区有四十三种鬼，苗汉杂居区有八十二种鬼。在苗语里，神和鬼是不分的。但在苗族的宗教观念中，无论神和鬼，却都有善恶之分。认为"善神"能造福于人，故虔诚信仰和供祭；"恶鬼"专门与人作祟，则禳祓，以躲避和驱赶。祭祀活动多由巫师主持。巫师，属职业宗教人物，在各苗族地区情况不一。湘西和黔东北一带分苗巫（叫"巴代雄"）、客巫（叫"巴代扎"）两类，均父子相承或师徒相传，子（或徒）通过"牵街""上刀梯"等仪式，正式成巫；还另有"仙娘"，可以"走阴"，即去"阴界"会见亡人。黔东南的巫师都是苗巫，分"走阴"和"不走阴"两种，不设祖师坛，不拜师，不世袭。黔西北的巫师"走阴"的不祭鬼，祭鬼由"不走阴"的巫师担任，也不世袭。滇东北威宁等地苗族巫师，一般世袭，一部分外传，正式成巫之前，先学跳鬼二三年，再举行立神仪式。滇东南金平县的苗巫设有神堂，每年正月初五开堂进行宗教活动，到十二月二十九日封堂。各地苗巫有一个共同特点，即与一般僧道不同，他们同普通人一样，过着尘世间的生活，并且不脱离生产劳动。苗巫以口头相传的方式，掌握大量的咒词秘诀和巫歌。他们最熟悉苗族的源流和历史，最懂得本民族的各种礼仪和传统道德规范。所以苗巫不仅是宗教人士，而且是知识文化的保存者和传播者，在苗族群众中很受崇敬。

从内容看，苗族崇拜的鬼神和流行的祭祀典仪，大致可分成两类：一是原始的宗教崇拜（或称"苗神""苗教"），一是各种社会性的神祇崇拜（或称"客神""客教"）。前者属苗族本身自远古以来逐渐自发产生和形成的鬼神观念和宗教崇拜；后者为苗族进入阶级社会后，一些社会力量被神化的产物，并且在形成过程中受到了人为的宗教，如道教、佛教的影响。

苗族最原始的宗教崇拜，是由"万物有灵"观念产生的自然崇拜。在所谓的三十六堂神中有"龙公龙母""龙子龙孙""白鹤仙子""白虎仙人""阿仆守代"和"阿娘守那"（即日父神、月母神）等。这些神鬼显然都是从原始的自然崇拜演化来的。在苗族所祭祀的神鬼中，还有许多是自然界的现象和物体。例如，湘西苗族在举行"吃猪"祀典时，要祭祀"雷鬼"。据传说雷公最怕盐，所以祭"雷鬼"时，所有的供物都忌用食盐。又如，认为井水和河水中有"泉鬼"，因喝了井水和河水而得病，就要请巫师祭"泉鬼"，叫"赎魂"。还认为有一种"古树鬼"。如果在屋内忽然听到怪声，开门不见什么东西，就认为是屋前或屋后的大树作怪，要请巫师来祭"古树鬼"。还有"风鬼"。如家人久病不愈，须祭"风鬼"。地点是在山坡上的岔路口有风的地方。

苗族对龙特别崇敬，认为龙是吉祥幸福的象征，能给人带来好运和康宁。湘西苗族定期举行"接龙"的祭祀活动。祭祀时要诵"龙经"，唱龙歌，跳接龙舞，盛装的接龙队伍从河边、井边将龙接回来后，象征性地将龙安置在房屋中堂的"龙室"内，以盼给主人带来幸福。广西融水苗族也举行"安龙"祀典，祈求龙神庇佑风调雨顺，全寨安宁。他们是将龙神安于村寨前的土坪上，每年二月及八月，每家都派人前去祭祀。

湘西的吉首、泸溪、古丈、沅陵等地的苗族有"跳香"的习俗，这是一种祭祀"五谷神"的活动。每到秋后十月，当地苗族就举行"跳香"，祭祀"五谷神"。祭祀时，要跳"跳香舞"，用蒸酒、豆腐等供奉，酬谢"五谷神"给人们带来一年的好收成。

这些祭祀和崇拜在某种程度上，都带有原始的自然崇拜的色彩。

图腾崇拜，也属一种原始的自然崇拜。"图腾"系印第安语，意为"他的亲族"。即在原始时代，人们相信人同某种动物或植物之间保持着一种特殊关系，甚至认为自己的氏族部落起源于某种动植物，因而把它视为氏族部落的象征和神物加以崇拜。这也是发源于"万物有灵"观念的一种原始宗教信仰。世界上各个民族早期都产生过这种崇拜，苗族也不例外。由于苗族分布的地域辽阔，各地苗族地区性差异较大，因而崇拜的图腾往往不止一种，而是多种。现从流传下来的《苗族古歌》和某些习俗来看，苗族历史上的图腾崇拜主要有如下几种：

黔东南地区流行对枫木的崇拜。《苗族古歌》中有关于枫木树的大量记述，认为"妹榜妹留"（即"蝴蝶妈妈"），是从枫树干和枫树心里生长出来的，"蝴蝶妈妈"是苗人的始祖。在黔东南苗语中，"一棵枫树"同时就含有"一个祖先""一根支柱"的意思。这也可以看出这部分苗族，将枫木树当成祖先的痕迹。由于认为自己的始祖源于枫木树，所以这部分苗族对枫木树特别崇敬。苗族以房屋的中柱为祖先安身之处，在黔东南修建房屋时总要用枫木作中柱，以保佑子孙兴旺，全家幸福；每迁新居，都要在屋前屋后栽枫木树，如果枫木栽活了，则认为是吉祥之地，就定居下来，如枫树死了，则举家迁离。有关枫木的传说，在黔东南苗族中是很普遍的。苗族举行隆重"鼓社节"祭祖时，最初的鼓都是用枫木做的，认为敲击枫木鼓，才能唤起祖宗的灵魂。此外，家人久病不愈，要给枫树烧香叩头挂红；田坎边栽枫木树，以求保佑五谷丰登；村寨四周植枫树，以护佑全寨安宁；等等。这类习俗直到今天在黔东南等地的苗族生活中，仍然是常见的。显然，这都是把枫木树作为图腾，加以崇拜的遗风。

关于"蝴蝶妈妈"的传说，反映黔东南地区的苗族，除枫树外，还曾把蝴蝶作为自己的图腾。从《苗族古歌》中《妹榜妹留》和《十二个蛋》两首歌看，这部分苗族是把蝴蝶看成始祖的。歌词叙述：蝴蝶从枫木心孕育出来，长大后同"水泡""游方"，生下 12 个蛋，由蛋中孵化出龙、虎、水、牛、蛇、蜈蚣、雷公和姜央等兄弟，姜央就是苗族的祖先。由于"蝴蝶妈妈"是苗族的始祖，当然也就成了苗族的保护神，她能引导后人趋吉避凶，为他们驱灾去病，带来丰收和安宁。黔东南地区的苗族，有"扫寨"的习俗，即每年村寨里杀猪一头，由理老念巫词，大家分得一份猪肉，都带到村外去吃，并且家家户户熄火一天，象征这年无灾祸。"扫寨"所祭祀的也是"蝴蝶妈妈"。流传下来的苗族《焚巾曲》说："杀猪扫村寨，祭祖先老人，祭祖祭蝶妈。"

湘西黔东北以及同川、鄂交界地区的苗族先民则以神犬，即"盘瓠"，为自己的图腾。据《后汉书·南蛮传》记载："昔高辛氏有犬戎之寇，帝患其侵暴而征伐不克，乃访募天下有能得犬戎之将吴将军头者，赐黄金千镒，邑万家，又妻以少女……下令之后，盘瓠遂衔人头造阙下，群臣怪而诊之，乃吴将军首也……帝不得已，乃以女配盘瓠。盘瓠得女，负而走入南山，止石室中，所处险绝，人迹不至"，"经三年，生子一十二人，六男六女，盘瓠死后，因自相夫妻……其后滋蔓，号曰蛮夷"，"今长沙武陵蛮是也"。"武陵"指两汉武陵郡，即湘西黔东沅水中上游及其支流一带，古称"五溪"地区。《后汉书》的这一记载，当然是荒诞无稽的，但它却反映了武陵五溪地区的苗族曾以神犬（盘瓠）作为自己的图腾，加以崇拜这一习俗。湘西苗族地区世代流传的《古老话》中，有《奶夔爸苟》传说故事。所记述的基本内容与《后汉书》的记载相似。《后汉书》的记载本于应劭《风俗通》。应劭为东汉人，其祖父和父亲长期在武陵郡为官，应劭从小生活在武陵五溪地区，对这一地区的民情风俗十分熟悉。显然正是《奶夔爸苟》这类传说为《后汉书》和《风俗通》提供了素材，在作者笔下演化和渲染成关于高辛女配神犬盘瓠的故事。至今在湘西苗族地区还保存了大量的盘瓠庙、辛女宫的遗迹。如苗族聚居的麻阳县，有盘瓠庙 18 处。其中高村乡的漫水、兰里乡的新营、郭公坪乡的陈家坡的盘瓠庙还很完整。庙内供奉石碑刻的"本祭盘瓠大王"神位。庙门上方有椎牛祭祖的雕刻图案，栩栩如生。每年岁末，麻阳苗族后裔都要举行祭祀盘瓠的活动。此外，苗族聚居的吉首、花垣、泸溪沅陵等县市，也都有不少祭祀盘瓠的遗存。如凤凰县境与花垣、吉首交界处的高山悬崖上有"盘瓠洞"，内有石床、石犬等遗迹；吉首市西有"盘瓠庙"（已废）；花垣县民乐镇有"辛女祠"（已废）；泸溪县境沅水岸边有"辛女岩"，还有"辛女溪""辛女潭"；沅陵县棋坪乡有"辛女山"等。

湘西和黔东北地区的苗族还传说，人是由龙演化而来的。大地上是先有龙身人首的"龙人"，由"龙人"才生出人类的始祖。故把龙作为自己的保护神。至今这一地区苗族所举行的"接龙"祭祀活动，可能就是原始时代还曾以龙作为图腾的反映。

苗族各个不同的较小宗支，往往也有自己的图腾。如贵阳高坡克里寨的陈姓苗族，崇拜"獠牙公"。其形象长着獐一样的獠牙。他们认为自己的祖先，就是出自这位"獠牙公"。又如，高坡洞口村吴姓苗族，认为自己是杉木的后代，故特别崇敬寨外山上的一棵古老的杉树。这都是原始的图腾崇拜的遗迹。

祖先崇拜。"万物有灵"观念的进一步发展，就引申出灵魂和肉体分离的概念，即认为人有灵魂，并且人的灵魂可以脱离肉体，永恒存在。人类正是在这种观念的基础上，很早就产生了祖先崇拜，认为自己的始祖和列祖列宗的灵魂都是不灭的，他们生活在另一个世界，只要后人虔诚崇敬和经常祭祀，他们就会保佑子孙幸福，驱邪避灾，一家安宁。各地苗族都流传着大量的关于始祖的传说，并盛行各种祭祀祖宗和亡人的活动。这些显然就是这种原始的祖先崇拜的遗俗。

黔东南地区的苗族，除把"蝴蝶妈妈"作为图腾加以崇拜外，特别崇敬姜央（又称"央公"或"勾央"），认为他是苗族的祖先。苗族《焚巾曲》载："混沌的太初，朦胧的岁月，蝶妈生老人，生远祖央公。央公生我们的妈妈，妈妈才生我们大家。"① 据调查，在黔东南一带，"苗家祭祖，最初祭蝴蝶妈妈，后来便祭到姜央，再后就祭到各代的祖宗"②。每个鼓社设"鼓石窟"，内供男女半身像，据说这就是"央公""央母"。

湘西苗族地区有对始祖神"傩公""傩母"的崇拜。"傩公傩母"，东部方言苗语称"奶傩芭傩"，"奶"即母，"芭"意为公，"傩"是神圣的意思，可意译为"圣公圣母"。据传说，他们是兄妹，洪水后二人结为夫妻，繁衍了人类。据近人考究，这兄妹二人就是传说中的伏羲和女娲。③ 凡遇人口不安，六畜不旺，五谷不丰，财运不通，疫病流行，以及其他灾难，都要许愿酬傩神，叫"还傩愿"，又称"腊祭"，一般是在秋后举行。清陆次云《洞溪纤志》载："苗人腊祭曰报草，祭用巫，设伏羲女娲像。"祭祀时，巫师行各种法事，还要唱傩歌，跳傩舞，演傩戏，表示对自己始祖的虔诚崇拜和敬仰。这是湘西一带苗族最隆重的祭祀活动。

湘西苗族历史上还有一种祭祀活动，即对各代祖宗的祭祀。一般一年一次，

---

① 贵州省文联《民间文学资科》第 48 集。
② 燕宝《鼓社节的来历》，载《南风》创刊号。
③ 《伏羲考》，凌纯声、芮逸夫《苗族洪水故事与伏羲女娲》，载《湘西苗族调查报告》，商务印书馆，1948 年。

秋后举行，在屋内火塘旁（认为是祖宗所在位置），由苗巫念咒语，祈求祖宗降福，保佑全家安宁。

广西的部分苗族（称"白苗"），祭祖叫"敲巴朗"，类似湘西和黔东南等地苗族的"椎牛"和"吃牯脏"，13 年举行一次，非常隆重。祝祭时，请巫师"念鬼"，即呼唤列祖名字，并念由某地到某地，经过一系列地方（均念苗语地名），最后请到家里。先请长房祖先，再请二、三房祖人。族大祖多者，往往请至数百成千人。俨然就像背诵列祖列宗的"题名录"。这种祭祖大典，一般要延续数日始毕。

贵阳高坡地区的苗族祭祖时，也要"念鬼"。所谓的"鬼"，实际上是指自己这个宗支历代祖先的亡灵。"念鬼"时，是一辈接一辈地把已故祖宗的苗名念出来。先念千遍男性祖宗，再念一遍女性祖宗，所念的都是各辈行最大者的名字，以之为代表，其余不念。在祭奠"鬼"时，要举行"离牛""钓鱼""安雀"等仪式，扮演祖宗魂灵找牛，斩杀龙蛟，打虎捕雀，从山林水路赶来参加祖宗聚会等模拟情节。这可能是对苗族祖先原始渔猎生活的一种追念。

社会神祇的崇拜。人类进入阶级社会后，剥削制度和阶级对立的存在，造成种种悲欢离合、成功与失败、幸福和灾难、富裕和贫穷，等等。人们对于这种社会现象亦无法理解，因而对支配人的生活的各种社会力量，也产生了神秘的幻觉，结果社会力量被神化，人们自己又创造了各式各样的具有社会属性的神的崇拜。从自然力量被人格化到具有社会性的神的崇拜，是宗教发展的一个新的阶段。苗族在历史发展中也曾达到了这一阶段。

苗族所谓的 36 堂神，绝大多数就是各种具有社会属性的神。其中有苗族自己创造的，也有糅合汉族的佛、道各教而形成的。如：灶王菩萨；五道神亲；上殿高岩三保；二十四位诸天菩萨大王；托魂郎子；头脚大王；吕洞苗王；山羊洞王；黑彝土老相公、老太太、保胜公；四妹满娘、满儿、满崽；大路神亲；三面三早口说（主挑拨是非的神）；四路四喜、财公二明、进财郎子，进宝郎君（财神）；一面一早口说大王；二面二早口说大王；四面四早口说大王；五面五早口说大王（以上均为心胸狭窄，脾气暴躁之神）；七个帕杯妹、七个帕杯龙（女神名）；阿濮者奶、阿娘者娜（一对领袖）；七个梭戒梭鬼、七个梭刀梭甩（古代七位英雄）；帕送召斗女送召能（女神名）；郎代鬼都、郎巴鬼理（古代苗族领袖）；鬼汝没雀、鬼别没能、鬼务鬼刀、鬼布鬼对（前二者为善神，后二者为恶神）；鬼却都木、鬼理都机（古代人名）；五治神亲诸路神亲（古代人名）；帕笔龙畜帕女笔说（气量窄，脾气暴的女神）；第代着冬、第马着欧，郎代着住、郎阶着秋（古人名）；大坊土地，古老先人，管寨郎子、保寨郎君，管龙土地、管虎先人（苗族地区各头目名）；告书郎子、解书郎君（古代识字的苗族人名）；巴足流斗、女足流溪（古代苗族两个守水井的女能人）。

苗族中社会力量的神化，最典型的是对白帝天王（或称"三王""天王"）的崇拜和祭祀。据记载："苗中天王庙甚多，在乾城、鸦溪者最大，苗人视为圣地。如无天王庙之苗寨……可请天王出巡。"[①] 每年以小暑节前辰、巳两日为禁日（传说为三王遇害之日），祀天王，禁屠沽，止钓猎，不穿红，不作乐，开禁后方恢复正常生活。禁日期间，湘西各寨苗民，以及川、黔、滇、桂的苗民，都不远千百里来鸦溪天王庙祭祀。平时遇有凶险之事，如兵灾、匪患、重病，或打官司败诉等，都要诉禀阴状，向天王许愿。灾去病愈后，必须还愿。天旱，去天王庙求雨；苗民起义时，要去天王庙歃血盟誓和请旗。湘西苗族还有一种到天王庙吃血的习俗。苗民因事相争，是非莫辨，或遇冤愤不能自白，就到天王庙吃血。即当着三王像，刺猫血滴入酒中，饮以盟心。吃血后须发誓，其词云："你若冤我，我大发大旺；我若冤你，我九死九绝。"事无大小，吃血后，绝不敢后悔。《苗防备览》载："当其入庙吃血，则膝行股栗，莫敢仰视；理屈者逡巡不敢饮，悔罪而罢。"苗族对白帝天王如此敬畏，一方面当然出自苗族对这种神化的社会力量的虔诚信仰，但另一方面与历代统治阶级有意提倡有关。清代在镇压乾嘉苗民起义时，凤凰厅同知傅鼐就曾捏造天王"显灵"。直到民国年间，湘西苗民掀起"革屯"运动后，国民党湖南省政府主席何键，还特遣专员余范传赴

---

① 凌纯声、芮逸夫《湘西苗族调查报告》，商务印书馆，1947 年。

鸦溪天王庙，敬献金字大匾，专员署全体人员均奉命前往参加奉献典礼。[①]

各苗族地区除特别崇敬白帝天王外，历史上还曾敬奉一些其他的具有社会属性的神。例如：1. "土地"。每寨有土地庙一所，相传"土地"精于卜卦，信之者甚众。"苗人相信土地为管野兽之神，祀之可免野兽伤人。每年二、八两月的初二日，合寨人共同祭土地。" 2. "飞山"。每寨有飞山庙一座，每年逢二、八两月的初二日，全寨人在祭过"土地"之后，必祭此神。据说："此神甚凶暴，能作祟使人生病，来势很凶猛，祭之病愈亦速。" 3. "麻阳大王"。据说；"麻阳大王为苗中邪神，其出处已无从考。"因生奇病或见怪事，须祭此神。4. 公安神。又名五智神。传说此神在东方，凡生疱疮，水荒水灾，六畜不旺，五谷不丰等事，均可祭此神。5. 四官神。多因求财祭祀此神。时间不定，地点在正屋内，靠大门的右边，须请巫师念咒作卜。6. 阎老大神、严堂大神。因死人须祭此二神。7. 高坡鬼。传说此神甚凶，祭祀是为预防危险之事发生。等等。

苗族所崇奉的这些神鬼，显然都是进入阶级社会后，基于"万物有灵"的观念，对社会现象和社会力量神化的产物。但苗族信奉的社会性神鬼，也是多种多样的。故称"多神教"。从"多神教"再向更高层次发展，便形成所谓"一神教"。正如恩格斯说："在更进一步的发展阶段上，许多神的自然属性与社会属性的整个综合体，转移于一个万能之神的身上……由此产生一神教。"[②] 从苗族传统宗教发展过程来看，还没有达到这一层次，尚未形成一个"万能之神"。同众多的鬼神信仰相联系，苗族在日常生活中有许多禁忌，相沿成俗。从禁忌的目的和具体内容看，有宗教祭祀性禁忌、时令节季禁忌、起居饮食禁忌、婚丧禁忌等。

宗教祭祀性禁忌。如"忌封斋"。流行于湘黔渝边苗族地区。每年自小暑节之辰日起，到小暑后之巳日止，为封斋日期。传说此为"天王"遇难日。忌食鸡、鸭、鱼、虾等，但猪、牛、羊肉则不忌；见山禽、野兽、虫类不能打杀，且

---

① 杨力行《湘西苗民的信仰》，载《西南边疆》，第 11 期。
② 恩格斯《反杜林论》，《马克思恩格斯选集》第三卷，人民出版社，1970 年。

避讳直呼其名，但见蛇可打；假如亲人在斋期内生或死，必须杀猪祭祀忏悔。黔东南地区苗族"鼓社节"祭祖有不少禁忌。如：祭祖期间，无论亲友或陌生客人，进寨后一律不准出寨，招待食宿，直到祭仪全部结束；无论主客，都不准乱讲话，并用一些特别的词语代替平日所说的话（用"的央"即"吃肥"，代替平日的"秀呢"即"吃饱"等等）。

此外还有"忌震龙岩"（"龙岩"指堂中"安龙"的石块）、"忌踩三脚架"（铁三脚传说是由三个护火的祖先变成的）、"忌坐夯告"（火塘右边中柱脚为列祖神位处，年轻人和妇女不能坐）等，都属于宗教祭祀性的禁忌。

各地苗族都有许多时令节气忌日。如"忌过小年"。立春后逢子日或午日为小年。忌日内，家人互不言语，关门闭户，不上坡，不劳作，不得见血。又如："忌戊"。立春后要忌五个戊日，忌头戊、二戊、三戊、四戊、五戊。逢戊日，忌动土忌挑水。相传戊日"土王用事"，动土和挑水会触怒土神。还有"忌正月"。有的地方只禁正月初一，有的地方忌初一、初二、初三，有的地方从正月初一到十五都有禁忌。忌日内不挑水不扫地不动锄头镰刀，妇女不得拿针线，不准绩麻等。

起居饮食方面的禁忌也很多。如有些地区的苗族群众，特别忌讳在大便时听到阳雀初鸣。相传，听到就会有病痛灾难，必须扮成乞丐，出门乞食一天或三天，才能化解。又如："忌沾箬竹叶"。湘黔边杨姓苗族群众，每年立春后最忌身沾箬竹叶。相传如误沾之，必有祸，而以猪肉祭之方可免。直到五月初五日，以箬竹叶包棕子敬祖先后，始解禁。有不少苗族地区，离家出行忌单日，或忌"丑日""破日"等，也有忌首先遇见妇人。还有，田、时（小石）、黄、罗等姓苗族不吃狗肉，黔东南榕江一些苗族忌食蛇肉和猫肉，黔南望谟麻山苗族的杨姓和梁姓不吃动物心等。

各地苗族在订婚接亲过程均有不少禁忌。如贵州贵定苗族，接新娘那天忌打雷下雨，接亲路上忌遇别家的新娘等。海南岛苗族，在订婚和结婚时，三天内最忌摔坏锅碗；忌在阳春三月和木棉花开时结婚。黔西北威宁一带苗族结婚时，新娘接到男方家以后，在哪个火炕边落坐，今后就只能在那个火炕歇息烤火，不得转火炕位置；新娘吃饭时只能拿固定碗筷坐固定的凳子；新娘不得上楼。黔东南地区苗族，结婚有特殊忌日。如：月亮山区部分苗族忌初三、十三、二十三等"单日"结婚；雷公山区部分苗族忌初七、十七、二十七日；丹寨部分苗族忌二月的子日、午日、寅日等。

苗族在丧葬中，最普遍的禁忌有：哭灵忌讳掉眼泪在死者身上；守灵时忌猫狗走近尸体旁；从亡人死日到安葬日，丧家忌食荤菜；死者寿衣，忌双数，忌带金属扣子，尤忌铜等。安葬日期，各地多有禁忌。如雷公山区苗族，忌"寅"日；雷山县西江苗族，忌初九、十九、二十九日；丹寨县部分苗族，忌初五、十四、二十三日。有部分地区，老人如在四十九、五十九、六十九、七十九、八十九等带"九"的年寿去世，还忌当年入土，须进行"二次葬"。

在苗族地区，过去曾流行一些主要是针对女性的禁忌。如妇女的裤子和裙子不能挂在高处；妇女忌跨过扁担和犁耙；忌坐男人的衣服；忌孕妇到产妇家去等。究其内容，多属男尊女卑观念的反映和对女性的歧视，早应予以革除。

（原刊《中南民族学院学报》，1988 年第 2 期）

近代基督教在中国苗区的传播和影响

一、天主教和基督教传入苗区

早在康熙年间，天主教便开始进入我国四川、云南、贵州等地，由于受到当地政府的种种限制，未能取得大的进展。直到鸦片战争前夕，仅在四川彭水县城及桑柘坪、文复两处苗乡建立了教堂。

鸦片战争后，特别是咸丰十年（1860），英法联军对我国发动第二次鸦片战争后，根据不平等条约，外国传教士取得了在中国内地自由传教旅游居住特权，清政府宣布对天主教弛禁。于是天主势力迅速发展，至19世纪70年代末，在贵州的贵筑（今贵阳）、开州（今开阳）、永宁（今关岭）、镇宁、遵义、务川、兴义、兴仁等苗族地区，先后建立了法国天主教堂。广西的隆林、西林、天峨等县，云南的曲靖、陆良、路南、文山等州县，四川的酉阳、武隆、黔江等县，各苗族地区也都有法国天主教会的活动。

在这期间，由于不平等条约的保护，外国传教士们常常无视我国法纪为非作歹，从而激起了我国各族人民的强烈不满。西南一些苗族地区接连发生反对洋教，捣毁教堂的群众起事，即史称的"教案"。最早一次"教案"，于咸丰十年（1860）三月发生在广西西隆（今隆林）。第二年五月，贵州发生"青岩教案"。同治元年（1862）二月，又发生"开州教案"。当时出任贵州提督的湖南凤凰苗族将领田兴恕，亦挺身而出支持反洋教运动，号召各级官吏抵制洋教。结果，清廷屈服于法国政府的压力，将田兴恕撤职查办。但此后各地"教案"仍不断发生。同治三年至七年（1864—1868），贵州兴义、安顺、遵义等地先后发生"教案"七起；四川彭水、酉阳，于同治四年（1865）相继发生"彭水教案"和"酉阳教案"；同治七年（1868），酉阳再次掀起反洋教运动。在这些"教案"中，当地苗族人民都积极参与了斗争。群众性的反洋教斗争，以及咸丰年间大规模的苗族起义，在相当大的程度上限制了天主教在西南各苗族地区的传播，教会活动范围还只限于某些交通比较便利的城镇，而广大山区的苗民还未受其影响。

至 19 世纪末到 20 世纪初，情况发生了新的变化。一方面，清朝政府在中日战争及八国联军侵华的打击下，更进一步向外国侵略势力屈膝投降，国家半殖地性质进一步强化；另一方面，咸同起义已被血腥镇压，各苗族地区又暂时处于一个相对平静的时期。这就为西方教会扩大势力创造了有利条件。在这一时期，外国传教士已深入各省苗族地区的大部分州县，广泛建立起基层教会组织，积极发展教徒。

首先是法国的天主教，在贵州设主教于贵阳，下设三个分教区，即石阡教区、贵阳教区和安龙教区，其传教范围遍及贵州大部分州县，还远及广西的西隆、西林、天峨、田东等县苗族地区。四川的法国天主教教区所辖的苗族地区有武隆、彭水、酉阳、黔江等县。云南广南府、开化府各县，包括今文山自治州及红河自治州、金屏、开远、蒙自等县苗族地区，自光绪二十六年（1900）开始，也有了法国天主教的活动。

继天主教之后，英国基督教中华内地会和圣道公会也进入贵州、云南、四川等省苗族地区，并且"后来居上"，发展更快。光绪二年（1876），内地会英国牧师祝名杨从汉口来到贵阳。次年建立教堂。光绪十年（1884），内地会又派牧师白礼德到安顺传教。十四年（1888），复加派传教士党居仁来安顺，专向苗、彝等族传教。二十二年（1896），内地会派人到黔东南，吸收苗民入教，并于炉山县（今凯里市地）旁海建立教堂，随即向黄平和麻江发展。光绪十四年（1888），圣道公会（后改名"循道公会"）派英籍牧师柏格里到云南昭通传教。三十年（1904），柏格里由昭通至威宁苗区传教，次年选定石门坎为据点，建立教堂。至宣统三年（1911），成立圣道公会昭通西南教区，下分四部，其中"苗疆"部以柏格里任部长，本部设于威宁石门坎。到民国四年（1915），"苗疆"部先后在威宁、黑石头、长海子、天生桥、陆家营、龙井、凌子河、罗卜甲、切冲等地，共建立 9 个教堂。同时期，圣道公会在云南、昭通、永善、彝良、大关、威信等县苗区，建立了一批教堂。

在黔东南苗族地区，咸同起义被镇压后，英国内地会派牧师明鉴光等人到炉山县旁海等地传教，曾一度吸引了大批苦难深重的苗族群众入教。但光绪二十六年（1900），当苗族教徒李学高因不堪官府压迫发动苗民起义时，英国传教士却公然站在清政府一边，支持对起义的苗族教徒的血腥屠杀，于是引起大批苗民退教，教会影响从此在黔东南苗族地区大大衰落。在湘西苗族地区，光绪二十六年（1900），驻汉口英国领事馆派教士笟耀清到"苗疆"门户——辰州（今沅陵县）传教。随即又派英国教士胡绍祖、罗国瑜到辰州建立教堂。但这些外国教士勾结劣绅痞棍，包揽词讼，并与当地的某寡妇通奸，至二十八年（1902）引发了反对教会捣毁教堂的"辰州教案"，教会势力在湘西的传播和发展大受影响。至民国初年，华籍传教士陈心传，美国在长沙的景则会甘、达二教士，美国神甫杨梦龄等，又先后被派遣到湘西沅陵、泸溪、乾城、凤凰等地传教，建立教堂，收效依然不大。如基督教从传入凤凰起直至中华人民共和国成立前夕，全县苗民入教的仅10余人。

二、川黔滇边苗族与基督教

就全国各地苗族而言，受基督教影响最大的是川黔滇地区的苗族。这部分苗族以"大花苗"为主，还有一部分"白苗"。据该地区流传的苗族《古歌》说，他们的祖先原来也是生活在大江大河流域平原地区，因历遭血腥征讨和战乱，才被迫从东向西，由北而南，不断迁徙，最后逃居川黔滇边乌蒙山脉的崇山峻岭之中。生存条件的极端恶劣，彝族土司土目的凶残掠夺，使这部分苗族长期以来一直处于最痛苦最悲惨的境地。民国年间徐松石《粤江流域人民史·苗蛮总察》即说："威宁苗族（系大花苗）作为整个苗族中的一个支系，是一个受压迫最深的部落，是一个生活上尤为痛苦的部落。"

清咸丰十年（1860），这支饱经苦难和创伤的苗族，曾揭竿而起，展开了一场反抗清王朝统治和彝族土司土目的殊死战斗。起义苗民在陶新春、陶三春兄弟领导下，进攻土目衙门，活捉土目，占领黔、滇、川三省边交通的要隘——七星关，击毙威宁知州顾昆杨。云贵总督张亮基、劳崇光和云南布政使岑毓英，集聚重兵进行围剿。陶新春最后率领起义苗民坚守八山环绕三面绝壁的猪拱箐，多次击退清兵进攻。直至同治六年（1867），猪拱箐陷落，坚持了七年多的起义最终失败。

正是川黔滇边地区苗族的这种特有的历史遭遇，以及由于反抗失败而处于绝望境地的现实状况，为以"救世主"面目出现的基督教在当地苗族群众中的传播，提供了社会和思想的基础。

最早接触川黔滇边这支苗族的是英籍内地会传教士党居仁。1888 年党居仁到安顺后，虽锐意经营，积极传播基督教，但至 1895 年安顺教会还只有 28 名教徒。后来，党居仁开始学习苗语，深入苗寨布道，才逐步在苗族地区打开局面。1903 年，党居仁到水西的等堆传教，偶然见到几个穿裳衣、披花披肩、裹绑腿、穿草鞋、蓬头垢面的猎人匆匆而过，他以为是未开化的原始人，引起了很大兴趣。经打听，这几个人是从威宁高寒山区搬到郎岱县懒龙桥一带居住的"大花苗"，他们以打猎为生。党居仁便同他们交上了朋友，向他们宣讲"耶稣降世，解救众生"等教义，并替四人分别取名为张马可、杨雅各、张约翰、李马太。这四人是川黔滇"大花苗"皈依基督教的最早一批信徒，后由他们将基督教传入老家威宁，威宁苗族群众奔走相告，都说"安顺出了苗王"，并纷纷去安顺听讲受洗。其中一个洗名叫保罗的苗人，很有号召力，积极开展布道活动，他的寨子，即威宁宣化区归化里的"葛布"寨，很快成为基督教传播的一个据点和中心。1904 年党居仁派了两名苗族教士——杨庄安和陈子明前去威宁协助保罗工作，并在威宁州知州等支持下，在葛布建立了乌蒙山第一个苗族教会。此后基督教内地会势力，在川黔滇边苗族地区，迅速扩展。至 20 世纪 20 年代，葛布教会共辖 26 个支堂，遍布威宁、赫章、水城、彝良四县交界的 11 个区 26 个乡，148 个村寨。其中有些村寨信徒人数占苗族人口的 95％以上。

与此同时，以云南昭通为据点的循道公会传教士柏格里，也开始了在乌蒙山区苗族中的布道活动。1904 年 7 月，在昭通第一次接待来自威宁和水城的"大花苗"四人。这四人后分别取名罗彼得、罗但以理、张朝相、张朝书。他们返回家乡后，向自己的同胞们满怀激情地宣传去昭通"求道"的经历，立即激起了长期以来深受压迫的苗民们对基督教的热情。批批苗民，自带干粮，跋山涉水，源源不断地去昭通拜望柏格里，听他宣讲教义。同年阴历八月，柏格里亲自来到威宁，深入苗区，对受彝族土目领主迫害的苗族信徒给予支持，同时也取得了彝族领主的信任。这更进一步扩大了基督教在川黔滇边苗族地区的影响。经柏格里实地勘查，1905 年于滇黔交界的苗族聚居区石门坎建立教会和教堂。柏格里依靠苗族信徒杨雅各、张约翰等，将《圣经》《诗歌》等译成苗语，并选拔一批苗族布道员，到各苗寨游行布道，苗族信徒迅速增加。据记载，"在一天中就能为三千人洗礼"。[1] 石门坎教会的支堂随即在滇东北和黔西北各地建立。彝良、昭通、大关、永善、盐津、巧家、会泽、威宁等县均相继建立了苗族教会。

1914 年，柏格里派出英国传士王树德和苗族布道员杨雅各、王基督到滇东北的威信和川南苗族地区，即"白苗"区传教。经过数年努力，至 1921 年在牛坡坎建立了石门坎的支堂，并以此为据点，扩展到拱县、高县、筠连苗族地区。川南"白苗"的信教人数亦迅速发展。至此循道公会在滇东北、黔西北、川南苗族地区形成了完整的传教体系，整个乌蒙山区的苗族 85% 都信仰了基督教。据 1951 年统计，石门坎联区所辖 9 个堂区总计有教徒 8282 人，其中苗族教徒为7932 人，彝族教徒 303 人，汉族教徒 44 人。即绝大多数的教徒为苗族，而其中属贫雇农的为 7385 人，占苗族教徒总数的 93.1%。

三、基督教对苗族社会发展的影响

基督教在川黔滇边苗族地区的传播，对当地苗族社会的发展产生了巨大影响。

首先，川黔滇边苗族社会的组织结构发生了根本变化。随着基督教的传播，苗族地区相应建立了教会组织，并且逐渐系统化、制度化。"中华基督教循道公会"，辖全国七个教区。昭通为西南教区所在地，下设联区 16 个，其中石门坎联

---

[1] 贵州省民族研究所编《在中国西南部落中》，载《民族研究参考资料》（贵州）第 25集，1985 年。

区、长海子联区、大坪子联区、咪耳沟联区全部由"大花苗"信徒组成，牛坡坎联区、王武寨联区由川南"白苗"信徒组成。此外昭通联区、会泽联区、寻甸联区、嵩明联区也有一部分苗族信徒。石门坎则为"苗疆"信徒观念上的"圣地"。联区之下，为独立的基层单位"堂区"。大的堂区下还设有"联村"。一般堂区，则将信徒编为"班"，构成教会组织的最小单位。川黔滇边苗族地区大多数都是全民信教，这样教会系统实际上就取代了原有的苗族内部"血缘—地缘"社会组织：牧师、传教士、执事等教牧人员和教会管理人员，取代了苗族原有的"寨老"等自然领袖。严密的教会组织，不但使苗族社会形成了多层次有机联系的有秩序的社会，而且事实上形成了民族凝聚的中心和纽带。当然，这种新的宗教社会组织并不能从根本上改变苗族被剥削受压迫的地位，并且它是依附于外国教会的，西南教区的主席职务在中华人民共和国成立前一直由英国传教士担任，苗族自己领袖人物的社会管理权是很有限的，实质上是配合和适应了西方殖民主义活动的需要。同时，这种变革使苗族的社会组织依附于宗教，又必然造成新的社会矛盾，即信教与不信教、教徒与非教徒之间的矛盾。这都是基督教传入引起苗族社会组织变革所包含的消极性和不可克服的局限性。

其次，促使川黔滇边苗族的宗教观念和生活习俗发生了重大变革。即神学宗教取代巫术和原始宗教，宗教仪式取代了巫师祭祀典仪，基督教的礼仪和道德观取代了原有的一些传统婚丧习俗。同其他各地苗族一样，祭祖是川黔滇边苗族最主要的祭祀活动。基督教传入前，除每13年举行一次的"大祭"因耗费巨大已不普遍流行外，每年中的三次"小祭"，即旧历新年七月十五和九月初九，祭祖祭鬼，则仍然盛行；而巫术，是鬼神祭祀和自然崇拜的主要内容。巫师（称"端公"）在社会生活中发挥着重要作用。基督教传入后，鬼神和自然崇拜，以及相关的巫术活动，逐步被废止，巫师这一社会职业亦随之消失；川黔滇边苗族，特别是信教的苗族群众，普遍以基督教的三个节日替换了原来的"小祭"。同时，以基督教仪式取代了原有的巫术活动和祭祀典仪。

基督教传入前，"耍花山""跳花坡""踩月亮"等风俗在乌蒙山区苗族中也十分盛行，婚前青年男女交往比较自由，由此而缔结的婚姻关系也比较脆弱。据调查，当时"在三十多岁的已婚苗族妇女中，约有一半以上，以前都已经出嫁过一二次"。[1] 基督教传入苗族地区后，苗族婚前的男女自由交往和酗酒被列为需首先克服的。[2] 从格柏里开始，传教士和各级教会组织，采取各种措施，以求禁止。如兴办"同乐会"以取代"耍花山"；成立"改良会"，在苗族男女婚姻方面进行改革等。在这方面确实也收到一定效果。据笔者实地考察，其他苗族地区近代以来依然沿袭的一些风俗，如"跳花山""踩月亮"和对歌择偶"坐家"等，在川黔滇边苗族中均已消失。

从宗教和习俗方面所引起的变革看，具有二重性。对苗族固有的那些原始落后的观念和习俗而言，基督教的移风易俗，具有进步意义。但它只不过是以"天主"耶稣代替众鬼神，以一神教取代多神信仰，实质并未改变，宗教依然是麻醉人民的"鸦片烟"；而其导致某些优良民族传统和文化失传，更是应予以否定的消极作用。

第三，办学兴教，促进了苗族教育事业的发展和文化人的培养。

基督教传入前，乌蒙山区苗族的文化极其落后。如，据《威宁彝族回族苗族自治县概况》所说，当时全县苗族只有两户人家有子弟在村里读私塾，被苗族群众称为"读书家"，后人称"读书爷爷"。又如杨汉先《基督教循道公会在威宁苗族地区传教始末》载：苗族居住在偏僻的高寒山区，"几与外界隔绝，多数不通汉语，苗族无文字，也不识汉字，整个威宁苗族中没有知识分子。"[3]

循道公会是一个强调"教育传教"的教派，传教士柏格里又特别热衷于兴学，他认为教育是打开传教的"有效钥匙"，提出了"哪里有教堂，哪里就有学校"的主张。1905年，柏格里在石门坎修建教堂的同时，即开始修建学校。1906年开始招收苗民子弟入学，乌蒙山区破天荒有了第一所苗民学校。首班20多个苗族学生，包括杨雅各、张马太、张约翰、朱彼得等，他们既是"以苗传苗"的布道员，又是乌蒙山区苗族的第一批文化人。1909年，石门坎小学开始

---

① 《在中国西南部落中》，载《民族研究参考资料》（贵州）第 25 集，内部印刷。
② 中华续行委办会调查特委会《中华归主》，中国社会科学出版社，1987 年。
③ 《贵州文史资料选辑》第 7 集，1981 年。

得到循道公会的津贴，扩建了宿舍、礼堂、运动场地等设施。同时在咪耳沟、长海子、大坪等地相继建立一批简易的乡村小学。1911 年，石门坎教会学校正式取名为"石门坎光华小学"。1912 年，办成完小，并且分男、女二部，成为西南地区最早的男女合校之一。1919 年，当地虽遭大饥荒，石门坎本校及各分校在校学生仍达 1867 名。石门坎不仅是苗区传教的大本营，而且是苗区教育的大本营。1943 年，石门坎教会与彝族上层人士杨砥中合办"石门坎边疆民族中学"，1946 年，改名为"私立石门坎初级中学"。云、贵、川三省边区 20 个县都有学生在这里上学。1952 年，该校初中 4 个班共 123 人，其中苗族等少数民族学生 115 人。同年由政府接办，改名"石门坎民族中学"。

据 1950 年调查，循道公会西南教区共办有中学 5 所，小学 96 所，中级卫生学校 1 所，神学校 1 所，形成了一个庞大的教育系统。除天南中学、恩光中学办在昆明外，其他学校均办在苗、彝民族聚居区，并且以苗族学生为主。据 1953 年统计，当时威宁县政府接办的 28 所教会小学中，有学生 2739 名，其中苗族学生为 1032 名，彝族学生为 808 名。在兴办正规学校系统的同时，循道公会还大力开办以扫盲为目的的"平民教育"。从 20 世纪初到 1949 年，乌蒙山区三分之二的苗族都能草读《平民夜校课本》四册，达到扫盲标准；苗族高、初、小毕业生达数千人；接受过中等教育的苗族子弟 200 余人；接受过高等教育的苗族子弟 30 余人，其中还有 2 人获得博士学位。中外报刊和各种宣传媒介，称石门坎为"苗族文化复兴圣地""西南苗族最高文化区"。

在办学兴教的同时，柏格里成功地创制并推广了"柏格理苗文"（俗称"老苗文"），这是柏格理对苗族文化建设所做出的重要贡献之一。柏格里入苗区传教之初，即拜石门坎苗民杨雅各为师，学习苗语。经过勤奋学习，不到半年时间，柏格里已能熟练地运用苗语，为其传教扫除了语言障碍。鉴于苗族没有文字，传道和教学均需借助汉文，很不方便，柏格里便又着手创制苗文。1906 年柏格理提出创制苗文的方案，并会同汉族教师李司提反、钟焕然和苗族信徒杨雅各、张约翰一起研究，几经失败，最后获得成功。即依据表达苗语发音规律和每字笔画不超过五画的原则，采取苗族服饰上的某些图案和拼音字母共同组成苗文字母。苗文研制成功以后，教会即编印了《苗文基础》和《苗族原始读本》等教材，开始在教会和学校推广。接着，柏格理在杨雅各的协助下，以苗文翻译《圣经》。经过近10年的努力，至1915年完成。当年9月，柏格理却不幸与世长辞。以后，柏格里苗文，在整个川黔滇边苗语滇东北次方言区，流通至今。事实上已成为苗族文化的组成部分。

教会和柏格里兴教办学，创制苗文，其主旨固然在于传教布道，但对于川黔滇边苗族地区文化教育事业的发展，和苗族人才的培养，是有很大贡献的！

（原刊《中南民族学院学报》，1996年第4期）

美国苗族访问记

应美国明尼苏达州苗族文化中心的邀请，本人于 1995 年 11 月 18 日至 1996 年 1 月 4 日，赴美进行学术访问和文化交流，有机会接触移居美国的苗族同胞，对其历史和现状作一些实地考察，期望对于苗族研究的拓展和深入，以及中美两国人民之间的了解和友谊有所裨益。

一、美国苗族渊源

美国现有苗族 20 万人左右，主要分布在加利福尼亚州、明尼苏达州和威斯康星州。20 多年前，美国尚无苗族居民，现有苗族均是 1973 年以后陆续移居美国的，其中绝大部分来自老挝，有一小部分来自越南。但他们的祖居地都是中国。

移居美国的苗族，离开中国，同中国国内的苗族同胞分开的时间，大多数是在 100 至 200 年前左右。11 月 25 日，在明尼阿波利斯市参加一位杨姓苗族老人的丧葬祭仪。祭坛上所书生年和印发的生平简介，都是"生于 1880 年"，去世时已 115 岁。据其亲属介绍，老人是在老挝出生的，但其父母并不出生于老挝，而是从贵州某地（念苗语名，未记录）迁往老挝的。推算起来，这支杨姓苗族离开中国迁入老挝的时间，应是在 120 年前左右。又如：圣保罗市的吴姓苗族，据说祖先原来居住在昆明附近，因发生战乱，他们的父母迁往越南进入老挝，至今四代，约 100 年。又据美国人类学博士杨道（Yang Dao）先生介绍，早几年他访问广西苗族地区，在同当地苗族通话时，发觉语言相通的程度较云南苗语更大，所以他认为他们这支苗族祖先是从中国广西迁入越南再进入老挝的，年代在 100 年前左右。此外，王、李、罗等姓的苗族都说他们的先人原住云南某地，是 4~5 代前迁去老挝的。

美国苗族，离开中国已一二百年，久处异国他乡，但他们仍有着一种十分强烈的意识，即认为自己的"根"在中国，自己同中国国内的苗族同宗共祖血肉相联。正如中国国内许多地方的苗族一样，美国苗族老人中至今仍流传着关于蚩尤和涿鹿之战的传说，以及有关先祖们在祖居地生活的朦胧的回忆。在座谈访问中，苗族文化中心主席李雄宝（Xiong Pao Ly）先生（73岁）及其他几位苗族老人均谈到，据他们的老人说，祖先原来生活在叫"涿"（音译）的地方，并说那里的山上有许多燕子，后由于同汉人皇帝发生战争，失败了才离开家园进行大迁徙。所说的"涿"可能同今天河北省的涿县、涿鹿县有关，说山上有许多燕子可能与河北省的燕山山脉有联系。美国苗族所说的祖先生活地区，应即在黄河下游的山东、河北一带。所谓同汉人皇帝打仗，显然是指苗族先民蚩尤部落与炎黄部落的"涿鹿之战"。这些传说同中国国内苗族的传说都完全是一致的，所以美国苗族听说中国北京附近有涿鹿县，那里有"蚩尤坟""蚩尤井"等遗迹，中国国内的苗族也世代相传以蚩尤为自己的先祖，他们特别感兴趣，认为自己先辈的传说有了依据，找到了自己的"根"。

二、美国苗族风俗

美国苗族迁入老挝一二百年，在美国生活又有20多年，各方面已发生较大变化，但他们至今仍保留了不少本民族的风情习俗，并特别注重自己民族传统的传承。

50岁以下的人，不论男女，已普遍学会讲英语，以英语作为读书学习以及同美国其他民族交往和交流的工具，但在家庭和本民族成员之间仍使用苗语，并且婴儿学话时父母首先是传授苗语。所以在迁入美国后出生的青少年和儿童，一般都具有使用苗英双语的能力。从语系看，他们所讲的苗语属于西部方言，即川黔滇方言中的川黔滇次方言，与我国云南大部地区及贵州西部、广西西部苗族所操苗语相同，词汇和音调虽有些变化，但至今相互之间仍能通话。

美国苗族都自称"蒙"（Hmong），与我国西部方言苗族的自称相同。内部有不同支系，主要分为"蒙能"（青苗）、"蒙斯"（青苗另一支）、"蒙豆"（白苗）、"蒙者"（花苗）、"蒙抓"（绿苗）等。我国云南及贵州、广西的部分地区，苗族内部亦有类似的区分。据介绍，美国苗族的各个支系又可归为"蒙能"和"蒙豆"两大群体。不同支系的苗族服饰有区别，特别是妇女的头饰各异。如"蒙能"妇女以青布裹头，束"X"字形黑白色带子；"蒙豆"妇女头戴船形绣花帽，挂玉珠和银饰；"蒙者"妇女头戴圆形大绣花帽，沿边挂彩穗。各支系的语言音调也有所不同，但相互可以通话。

移居美国的苗族有 18 个姓氏，即李、王、杨、陶、熊、吴（伍）张、韩、陈、智、范（方）、龚、甘（康）、潘、古（苟）、侯（贺）、罗、毛（莫）。毛姓有一部分变姓为"然"（冉）。其中人数最多的，依次为王、杨、李、熊四姓，罗姓又次之，智、龚等姓最少。据说原居住在老挝时，姓氏情况亦大体如此。美国和老挝苗族的姓氏，与支系的区分并不一致。同一个姓氏（如李、王等）内部可有属"蒙豆"或属"蒙能"的区别，而同一支系（如"蒙豆"或"蒙能"）又可以包含不同的姓氏。同姓的男女不能婚配，但同支系的则可以结婚。在访问中，我曾就美国（老挝）苗族的姓氏与支系区分的关系问题，同杨道博士及明尼苏达大学黄海博士研究生等进行探讨，并取得共识：苗族的支系在这里实际上已演化成地域性的群体，即以地缘为纽带结成的群体，相互已无明显的血缘关系，而"姓"则依然是按血缘关系组成的亲属集团，尽管这种血缘关系有时已很疏远。

美国苗族的姓氏和家族观念特别强。在老挝时，完全是以姓氏聚族而居，一个自然村寨一般就只有一个姓。迁居美国后，虽已不可能完全按姓氏来组成自己的聚落，但同一姓同一家族都仍然居住在同一个街区或距离相近和相邻的街区。一个地区的一姓一族，有自己的首领和类似家族委员会的领导机构，领导成员由家族成员推举产生，多为年岁大、有威望的长者。如明尼阿波利斯市的李姓家族圣保罗市的王姓、吴姓家族，均如此。一姓一族内部，有婚丧或其他大事，相互协助办理，有困难相互援助，逢年节则集聚欢度，大姓还建有专供集体活动的场所（如圣保罗市王姓家族即在"大学街"临街建有可供四五百人集会的社区会场）。

对祖先的崇拜和祭祖习俗，在美国苗族中十分盛行，在许多苗人居住的小洋楼厅室内，往往置放着一座十分土气的供祖神龛。每逢年节在供台内献祭鸡酒，燃点香烛。过"苗年"时，除夕晚上及新年头三天，各家由长者主祭。主祭人口中念念有词，敬请列祖列宗前来享祭，并不断奠酒、化纸，时间往往长达 1 小时。美国苗族有时还以家族或姓氏为单位，举办"杀牛祭祖"仪式。由于美国不准私人屠宰猪牛，所以只能集资去专门的屠宰场购买已宰杀的牛（全牛）来祭祖，然后各家各户分享牛肉。据说 1995 年 10 月明尼阿波利斯的李姓家族曾举行一次这种仪式。

美国苗族的丧葬还保持了传统的仪式。其丧葬祭仪颇类似云南文山州一带的苗族，不同的是对亡人的吊祭和超度仪式是在殡仪馆举行，而不是像文山地区那样在屋内中堂和村外坪场上进行。亡人经装饰后陈尸馆内，灵前供鸡酒香烛，家属后辈环尸哭泣，亲友来吊。同文山地区苗族一样，灵台前树枝架成三脚架，悬挂长鼓一个，主持人吹芦笙环转跳跃，另一人以槌击鼓为节。一曲吹奏完毕，家属子女跪拜奠酒。继而另一曲再起。据介绍，所击长形牛皮鼓，同文山地区一样，平时收藏于族长家中，不准槌击，办丧事时才搬出来使用。

美国苗族盛行一种特别的"祝福"礼仪。凡迎送远道而来的贵宾至亲，或为老人祈求康宁，就要举行这种仪式。有一家一姓举行的，也有由跨姓氏的社区团体举行的。仪式由德高望重的长者主持，先献一只烤猪，以及鸡蛋、水果，燃香烛。主持人讲一些吉利话，向客人祝福，系上白线。仪式完毕，主客当场聚餐（自助餐）。经询问苗族老人，他们说这一礼仪是在老挝流行的，移居美国后仍保持下来。

青年男女的婚姻比较自由。在老挝时，未婚男女多通过节日抛彩球觅寻意中人。迁居美国后这一风俗依然延续下来。11 月 24 日，圣保罗市苗年大集会时，男女相对互抛彩球是一项主要的活动。未婚少女们身穿民族盛装，小伙子也有身着民族服饰的，一般是 6 人、8 人，甚至 20 人、30 人以上，男女分列相对，中间距 3 至 4 米，互抛彩球，男抛女接，女抛男接，一边抛一边笑谈传情。所抛彩球，美国苗族叫"包包"（音译），是用红、绿、黄、蓝各种颜色的绸布拼缝成的实心小圆球，直径为 4~5 厘米，在美国中年人或已婚男女也可参与这种抛

"包包"的活动（笔者应邀抛了半小时），但同姓男女之间是绝对禁止抛"包包"的。清初陆次云在《洞溪纤志》中，曾记载苗族青年男女"跳月"时，为寻觅意中人也抛叫"绣笼"的彩球。美国和老挝苗族抛"包包"显然还是明清之际即已盛行的中国西南苗族抛"绣笼"的遗风。

美国苗族一般都是一夫一妻制。在老挝时有一夫多妻的现象，家境富裕和有地位的男子可以纳妾。如李雄宝先生娶有三房妻子，共生下10多个儿子和女儿。迁居美国后，60多岁的老人同二三个妻子一起生活的还较多，但中青年男子按照美国法律都只娶一个妻子，生育则不限。所以美国苗族家庭，一对夫妻一般都有4~5个以上的小孩。

美国苗族很重视自己民族的历史和文化。访问期间，我作为苗族史学家受到他们最热忱的欢迎，在演讲和座谈中我介绍的中国苗族历史和文化的研究情况，引起他们极大的兴趣。平时所到之处，无论老年人还是中青年，无论教授博士还是研究生大学生，总是盘根究底地向我询问各种有关苗族历史文化的问题，诸如苗族的渊源、变迁和分布，历史上是如何迁徙的，苗语方言和苗族支系的区分，苗族古代有没有自己的文字，中国国内苗族吹不吹芦笙，苗族吹芦笙的来历，苗族怎样过新年，等等，通过这些问题的交谈，相互之间得到进一步的沟通，感情更加融洽和亲切。他们喜爱唱"苗歌"，并且用苗语创作了许多现代流行的歌曲，制作的苗歌录音带发行很广，云南苗族女歌手项金秀演唱的苗语流行歌曲特别受欢迎。芦笙是他们特别喜爱的乐器。明尼苏达州有一位专门制作芦笙的苗族艺人，其技艺世代相传，所制作的芦笙特别精致。每逢年节和红白事，吹奏芦笙是不可缺少的内容，演奏曲调大多是从老挝传来的传统曲调，有的曲调听起来同云南文山一带苗族所吹奏的很相似。

三、经济生活及教育状况

美国苗族在老挝时，世代以农为业，过着类似于中国大多数苗族的那种传统生活，移居美国后发生了根本性变化，所从事的行业主要是工商和财经以及服务业，从此也就完全脱离了农业和农村生活。

经过 20 多年的努力，移居美国的苗族现已基本适应了美国现代化社会的生活。就一般情况而言，每个苗人家庭，有一栋单家独户的小洋楼和两部以上的汽车，每月工资收入在 3000 到 6000 美元左右。以苗族文化中心董事李色（Ser Lee）先生为例，他现年 35 岁，随同父母移居美国时才 15 岁左右，经英语速成和强化训练后，安排在明尼阿波利斯市一家大商场当勤杂工，一干 8 个年头。他半工半读，完成大学财经专业的学习，结业后进入美国一家大型信托投资公司圣保罗分公司，开始任一般职员，早两年提升为该分公司副经理，月收入 6000～8000 美元。李先生妻子为明尼阿波利斯市一家花厂工人，月收入 2000 美元左右。他们有 5 个小孩，均在读书。住房为一栋私有的三层楼房，除厨房和卫生间外，上下五个卧室、一个客厅、一个餐厅、一个活动室。楼旁有一座车库，夫妻二人各开一辆小汽车上下班。李先生说他家在美国属中下的阶层，在苗族内部则属中等偏上，算较富裕的家庭。美国苗族有自己独资或合股开办经济实体和公司的私人业主。如圣保罗市一杨姓苗族办了一座屠宰和肉类加工场，但这种苗族私人业主为数很少，资本在美国也不算雄厚。

苗族移居美国后，人口增长很快。刚从老挝迁来时总计不过 10 万人，现人口发展到近 20 万。例如，据某公司苗族经理王先生（Pajtsheng Vang）介绍，他们这一支定居于圣保罗市的王姓家族，迁来美国时仅 10 余户，共 100 人左右，现在已发展为 35 家 270 多人。

儿童和青少年普遍有受教育的机会。苗族移居美国后，文化教育水平得到迅速提高。现任明尼苏达州督学特别助理明州大学教授杨道先生，是美国老挝苗族移民中第一个获得博士学位的人。据他介绍，现在美国苗族历年获各类博士学位的已达 50 人，正在攻读博士和硕士学位的苗族学生不下 500 人。又如，有 270 多口人的圣保罗市王家，已有 5 个大学毕业生、5 个专科毕业生，还有 20 多个子弟正在读大学。大专毕业和在校大学生的人数，为这支王姓家族总人口的十分之一以上。

（原刊《民族论坛》，1996 年第 2 期）

湖南历史文化

湖湘地方史研究之开拓与集成

——《湖南通史》修订本前言

按：20世纪80年代，湖南省社会科学院历史研究所，组织所内20余位研究人员，编撰《湖南通史》（古代、近代、现代三卷本）。这是一项巨型的科研工程，经过近8年的努力始告藏。1994年由湖南出版社出版发行。面世后受各方好评，并荣获湖南省社会科学优秀著作一等奖。2008年辑入《湖湘文库》，经修订再次出版。我作为项目主持人和古代卷主编，完成了古代卷的大部分章节的撰稿和本卷主编任务，并负责撰写了初版和再版的全书三卷统一的前言。在前言中，吸收与综合了近代卷刘泱泱主编和已故的现代卷宋斐夫主编提供的有关素材，集中地表述了笔者对湖南从古至今整个历史发展研究形成的一些基本观点和看法，提纲挈领，颇具学术性和参考价值。现将《湖湘文库》本的前言收入本集。

湖南省地处长江中游，南依五岭，北合洞庭，湘、资、沅、澧四水自南而北纵贯其境，东邻江西，南毗粤桂，西接黔渝，北界湖北，总面积为211829平方公里。据2008年普查统计，全省人口为6440.07万多。其中，除占居民大多数的汉族人口外，还有土家、苗、侗、瑶、回、白、壮、维吾尔等土著和世居的少数民族657.53万多人，主要分布于湘西和湘南地区。湖南，素以地灵人杰和"鱼米之乡"著称于世。它有着悠久的发展历史、优良的地区文化和光荣的革命斗争传统，在中国历史上占有十分重要的地位。特别是进入近现代以后，更是人才辈出，其中有不少叱咤风云的杰出人物，他们对中国乃至世界历史的发展产生了深远影响；湖南的政治动向，无论是正面的还是反面的，都会影响和牵动全国的大局，因而它常常被推上历史舞台的中心。研究湖南地方历史和湖湘区域文化，不仅可以深层次地认识湖南的社会经济政治文化的发展历史，揭示其发展规律，总结经验教训，给本地区的改革开放和现代化建设提供必要的历史资料与借鉴，而且必将进一步充实和丰富中国史学，为更全面更具体地了解整个中国和中华民族历史发展的进程做出贡献，为更好地认识和解决全国性的问题提供某些重要的启迪和参考。

湖南省社会科学院历史研究所，从1956年建所开始，就一直以研究湖南地方史为主攻方向，并逐步形成了自己的优势。1987年，我们集中人力物力，组织实施《湖南通史》的研究和撰写。经20余名研究人员努力钻研，勤奋笔耕，积数年之功，完成了全书近190万字的撰写和定稿任务。1994年12月，由湖南出版社首次出版问世。湖南省大型文化工程《湖湘文库》丛书编撰出版启动后，该书被首选列入出版计划，经增订和重加校编，现再次付梓。

《湖南通史》分古代、近代和现代三卷，上起数十万年前旧石器时代湖南地区人类最初的生活遗迹，下迄1949年湖南和平解放和中华人民共和国成立前，并分别以1840年和1919年五四运动，作为近代和现代两卷的开端。纵贯古今，而以近现代为重点。全书按通史的体例，从经济、政治、军事、文化、教育、民族、宗教和社会生活诸多方面，系统地全面地铺叙和再现了湖南地方发展的历史。资料丰富，观点新颖，自成科学体系。这是我们多年来从事湖南地方史研究所取得的重要成果，集中反映了湖南地方史研究的最新水平。

湖南古代，有四羊方尊等国宝级文物为代表的光辉灿烂的青铜文明；是中华文明另一源头长江流域文化和楚文化的重要发祥地；数万枚里耶秦简和马王堆汉墓文物的发掘出土，引起举世瞩目；蔡伦发明造纸术，促进了人类文明的发展；黄盖、蒋琬、刘大夏、李东阳等著名将相，曾驰骋中国历史舞台；钟相、杨幺起义和乾嘉苗民起义，为中国历史谱写了光辉篇章；从周敦颐到王夫之，湖南古代杰出的儒学大师和思想家，为祖国传统文化思想的发展曾做出了突出贡献。湖南古代的历史文化，一直吸引着国内外学术界和研究者的关注。但长期以来，还只是从不同的侧面对个别人物和事件，进行过一些专门探考，尚缺乏系统研究，此前更没有一本系统完整的关于湖南古代史的专著。本书的古代卷，广泛查阅和搜集各种文献资料，同时充分参考和运用近几十年来湖南境内的文物考古发掘和研究成果，将文献记载同考古资料有机结合起来，第一次将湖南古代史系统化，梳理出基本的发展脉络和发展阶段，构成自己的体系，这本身无疑就具有开拓性。

而对于湖南古代的诸多重要问题，以及有关的人物和事件，本卷也都进行了应有的较深层次的探讨，并形成了作者自己的观点和见解。例如，作者认为夏商和西周时期，湖南虽受中原文化的某些影响，但并不直接处于中央王朝管辖之下，境内"蛮""越"族聚居，自成体系，基本上仍处在原始氏族社会的后期，尚未产生和形成中原地区的那种奴隶制度。春秋战国以后，湖南进入楚秦版图，在中原地区封建制度的影响和中央封建王朝的统治下，湖南地区和土著民族实际上是越过奴隶制社会阶段，而从原始氏族社会直接过渡到封建社会。又如，湖南虽属内陆省，但以长江洞庭和湘、资、沅、澧四大水系为枝干所形成的交通网络，使湖南自古以来就成为中原地区南通两广南海，西进云贵的中介地和走廊；同时，从赣、皖、苏、浙西上，从甘、陕、巴蜀南下和东进，湖南亦属途经之地。因此在历史上造成湖南的又一个突出特点，即民族和居民成分的变迁很大：楚秦以前"蛮""越"族系为主，至秦汉以后，华夏族系和汉族成为主要居民；唐宋以前的土著居民和北方移民，至元明以后又变得寥寥无几，而在"江西填湖广""湖广填四川"的人口大流徙中，江西和苏、浙移民遍布湖南各地，以至于现在湖南境内居民，无论是作为主体民族的汉族，还是边远地区的少数民族，都还有自己是从江西某地迁来的传说。作者在本卷，还着重阐明了这样的观点：湖南是宋明理学的重要发祥地，阳明心学在湖南也有很大影响，但自胡安国、胡宏父子讲学南岳，朱熹、张栻布道岳麓之后，逐步形成的道学南系——湖湘学派，却与朱熹、王守仁和王学末流的唯心体系和空疏学风不同，特别重视实践，主张知行合一，力求经世致用。湖湘学和湖湘文化所具有的这种优良学统学风和特质，对于湖南社会文化思想的发展和人才的成长产生了深刻影响。

历史发展进入近现代后，湖南在全国的地位特别显著地提高，在中国历史发展中更是举足轻重。湖南，是湘军的家乡，维新运动最富生气的一省，辛亥武昌起义首应之区，全国农民运动的中心，毛泽东思想最初的策源地，抗日战争重要的正面战场……与此同时，从魏源、曾国藩、谭嗣同、黄兴、蔡锷，到毛泽东、刘少奇、任弼时、彭德怀、贺龙等，湘籍匡世救国英才和人才群体大批涌现。史家至称："清季以来，湖南人才辈出，功业之盛，举世无出其右。"① 正是这种特殊的地位和重要性，湖南的近现代史长期以来更是省内外、国内外学术界及各方相关人士研究的热门学科，并取得了显著的成果，但也存在明显的不足之处和薄弱环节。就近现代的历史人物进行个别的研究较多，档案文献和个人著述的整理出版不少，但综合性全面系统研究比较薄弱。而从已出版的有关湖南近现代的专著看，又多偏重政治军事史的内容，局限于革命史的框架。本书近代卷和现代卷，为我国第一部按通史体例结构编撰的全面系统的湖南近代史和现代史专著，并且突出了社会生产和经济发展这一中心环节，大大加强了经济史内容，首次系统地阐述了湖南在中华人民共和国建立前百余年间的社会经济状况和发展线索，并力求揭示其兴衰起伏的规律。同时，加强了文化史、教育史的内容，并开拓了社会生活史的研究。近代和现代两卷，均设专章专节，对湖南各个时期文化教育事业的发展兴衰，种种社会思潮的形成演化，家庭婚姻的变化，会党及公法团体的兴起，以及宗教与会道门，人民衣食住行，天灾人祸与社会救济等方面的情况，都进行了专门的论述。就政治军事史而言，这两卷大大超出过去有关著述的范围，增强了统治阶层方面和敌对势力方面的内容，诸如湘军的兴起，清末"新政"，军阀战争，湖南自治运动，国民党内的派系斗争，国民党政权在湖南的统治及其覆亡，等等，都有专章专节进行论述和阐明。在资料的征引方面，两卷作者搜集和发掘了许多第一手资料，有不少还是前所未刊的珍藏和手迹，并纠正了以前学术界的某些偏差和失误。如鸦片战争时期，过去都说湖南提督祥福率营兵赴粤抗英，本书通过详细考订，指出祥福并非提督，而是镇筸镇（驻今凤凰县城）总兵。又如关于衡州"教案"的处理，以及崔暕、周汉的身世，过去记载多误，作者也一一予以订正。

《湖南通史》首次出版后，获得了省内外学术界的一致好评，并荣获湖南省社会科学优秀成果一等奖，不仅关心湖南、研究湖南历史文化的同行和各界人士，争相阅读引用，而且成为从中央到地方的有关部门和相关领导的重要参考。

---

① 谭其骧《中国内地移民史——湖南篇》，《史学年报》第 1 卷第 4 期，1932 年。

早几年各方需索，就已经是一书难求。当然，由于前无任何蓝本可鉴的《湖南通史》的编撰，本身就是一项开拓性工程，难度相当大，许多方面都还是初次探索，缺陷和薄弱之处在所难免。加之，此书脱稿于20世纪90年代初，不免受到当时学科发展和研究深度、广度的局限，依现在水平看来，更会存在差距。这次有机会再版发行，我们特作了必要的修订和增补。

《湖南通史》的修订增补工作，从2007年上半年开始，又历时一年多。我们除分工重新审阅全书，校正原版文字标点的讹误和印刷上的差错之外，主要是根据近20年来学科发展和湖南历史文化研究所取得的新的成果，特别是文物考古方面一系列新的重大发现，在内容和资料上作必要的增补，并且重点仍放在加强经济社会发展和文化思想上。古代卷，增补了石门燕儿洞人类化、石城头山古城址和古稻田遗址、黔阳高庙文化、宁乡黄材西周城址等发掘材料，以及里耶秦简、长沙吴简所提供的新资料。还特别补充了西汉长沙国的铁器和冶铁业、隋唐科举制的兴起、南宋理学在湖南传播情况等经济和文化方面的内容。近代卷，作较大修改的是第四章第二节和第五章。其中，新增了"谭嗣同变法思想的特点"，对谭嗣同的变法思想进行了更深入的分析和探讨；改"民主革命思想的传播"这一标题为"近代文化的发展和民主革命思想的传播"，并新增"近代文化事业的发展"一部分，补充和加强了湖南近代文化史的内容。现代卷，增补的内容更多。特别是根据近几年来对湖南抗日战争史研究所取得的新的进展，在"国共合作抗日在湖南"一章，新增加了"日军暴行与湖南战时损失""群众的自卫反抗和各地抗日游击战的开展""抗日后期湖南经济的破产与崩溃"等三大节。此外，还为湖南的抗日文化运动及抗战前期的湖南经济等补充了一些新的材料。本卷的最后一章，原为"民国时期湖南社会生活的嬗变"，现改写为"科学技术、社会文化和社会生活"，加强了中华人民共和国成立前数十年间，湖南的文化和科学技术的发展史，大大扩展和丰富了本章的内容。

这次修改任务，原则上由原作者承担。但由于近十多年人员变动较大，有的辞世，有的调离，特别是古代卷和现代卷更为突出。古代卷，除黄启昌参与了宋代部分的修订工作外，其他所有章节的修订增补和全书统稿，都是由主编伍新福完成的。近代卷，各章节的修订均由原作者负责，而出于健康原因，主编刘泱泱委托刘云波负责全卷修订工作的组织和统稿。现代卷，主编宋斐夫已病故，受出版社委托，由萧栋梁负责主持全卷的修订工作，并由他完成了大部分章节的校订和增补任务，其中的第六章，因原作者已去世，是请唐伯固代为增补和改写的。经过修订，本书三卷的水平和质量肯定均有进一步的提升，但依然难言完美无缺，尚望业内人士和广大读者多加指正。

在本书的修订过程中，《湖湘文库》编委会和湖南人民出版社相关负责同志，特别是张光华、夏剑钦、熊志祁，以及一些同行专家学者，对本书各卷曾提出过不少修订意见和建议；湖南省社会科学院给予了人力物力的支持；湖南省博物馆、湖南省档案馆、湖南省文物考古所、湖南图书馆等单位为资料的查寻收集提供了许多方便和协助。谨在此一并表示衷心的谢意！

（《湖南通史》修订本，《湖湘文库》乙编首卷，湖南人民出版社，2008 年）

湖南古代历史发展概述

湖南作为中国的一部分，其历史发展必然遵循着中国史的某些共同的规律，全国的社会制度经济状况、文化形态的发展变迁，以及王朝兴衰、政权更替和战祸兵灾等等，无不给湖南以制约和影响。湖南地方史和中国史具有共性，是不可分割的。但由于所处的具体地区自然生态和人文环境的差异，以及一些特定的历史条件和主客观因素的不同，湖南历史的发展又有其鲜明的个性和特点。加强湖南地方史研究，多了解一些湖南地方史知识，对于更全面更具体地认识中国的国情和湖南的省情，作出科学决策和采取切合实际的措施，加快经济文化发展和"四化两型"社会建设，是很有帮助的。

一、湖南历史的开端

从考古资料看，人类大约出现于地质年代的第四纪早更新世初期，即距今400万~300万年。世界上出土的年代最早的人类化石，为云南省出土的元谋猿人，距今170万年左右。著名的北京猿人，距今约80万年。有了人，就有了历史。学术界通常将有文字记载以前的历史称为"史前史"，文字出现以后的历史叫"文明史"。按摩尔根的说法，史前史包括人类的"蒙昧"时代和"野蛮"时代。史前史实际上就是人类的原始社会史。

按考古学的分期，原始社会史可划分为旧石器时代和新石器时代。所谓旧石器，是指人类最初使用的最原始的生产工具，即以打击和锤击的方法制作的未经磨制加工的粗糙石器。旧石器时代是人类历史的最早的阶段，时间大致与地质上的更新世相当，即从300万年前左右，延续到距今1万年左右全新世开始。距今300万至100万年，为旧石器时代早期的最早阶段，相当于早更新世；距今100万年至10万年，为旧石器时代早期的中后阶段，相当于中更新世；距今10万至1万年，为旧石器时代中期和晚期，相当于晚更新世。此后人类社会就进入新石器时代。

20 世纪 80 年代中期以前，湖南的旧石器时代的文化考古还是一片空白，尚未发现任何旧石器时代的遗存，以至学术界长时期内一直以湖南境内发现的最早的新石器文化遗址——石门县皂市新石器文化遗址的年代，距今 7900 年至 7260 年左右，作为湖南人类活动和"史前"历史的开端。湖南旧石器文化考古的新发现，才填补了空白，由此人们的观念一新，湖南人类历史的开端，从新石器时代上推到了旧石器时代。

1987 年 5 月，在全省文物普查中，新晃县发现旧石器地点 8 处，采集到砍砸器、刮削器、尖状器、石片、石核等石制工具 100 余件。根据地层关系判断，其年代距今约 10 万~5 万年。这是在湖南境内最先发现的旧石器时代文化遗存。同年，省及地县文物普查队又相继在怀化、辰溪、黔阳、澧县、石门、津市、桑植等市县，发掘旧石器地点 30 多处，采集了石器标本数百件。这些石器，按出土的地层关系，早的应处于更新世中期，晚的则处于更新世晚期，分别属于旧石器时代的早中晚期。其上限至少应早于 10 万至 20 万年前，下限不晚于 1 万年前。至今，全省发现的旧石器文化遗址和地点 200 多处，出土的各种旧石器数以千计。遗址的分布以沅、澧二水流域为多，但在湘、资流域也有发现。其中年代最早的如浏阳市永安旧石器遗址，属中更新世晚期或晚更新世早期，距今约 20 万~15 万年。1992 年 12 月，在石门县燕儿洞旧石器文化遗址中发现一件人类右股骨残段化石。这在湖南更是前所未有的，填补了长时期以来湖南境内无人类化石的空白。考古界将留下这段股骨化石的古人类称之为"石门人"，其生存年代为晚更新世，距今在 2 万年以上。

从已发现的文化遗址和遗存来看，湖南境内在中更新世晚期和晚更新世早期，即旧石器时代早期的后段，距今 20 万年前左右，开始有人类栖息。这是湖南历史的上限。在这 10 万到 20 多万年的悠悠岁月中，湖南的古人类和原始先民们，以简陋粗糙的石器和棍棒为工具，采集野果，挖掘植物块根，猎取禽兽和鱼虾，过着穴居野处茹毛饮血的极其原始的生活。他们为战胜自然，求得自身的生存和发展，进行艰苦卓绝的斗争，克服今人已难想象的种种困难。也正是他们，为三湘四水的开拓和征服，为湖南古老文明的创造和发展，在湖南历史上迈出了最初的也是最为艰难的第一步。

二、行政建制沿革

湖南位于长江中游南岸，因大部处洞庭湖之南而得省名。湘江为境内最大河流，由南而北纵贯全境，故又简称为湘。按现在的行政区划，全省面积 21 万多平方公里，约占全国总面积的 4.6%，设置 14 个地（州）市，下辖 122 个县（市）区。

春秋战国以前，湖南属《禹贡》所划"九州"之一"荆州"地域。但这只是传说大禹治水后按天然山川河湖为标志划定的地理区划，而并非后来国家的行政管理区划。夏商西周二代一千多年间，湖南地区并没有进入中央王朝的版籍和行政管辖治理的范围。当地虽然未出现自己的国家政权，但实际上是处于一种相对独立的自主自为的状态。

自春秋时期开始，楚国势力日趋强盛，从北而南由西到东，逐步进入和最后据有了湖南全境，湖南正式成为楚国的一部分，而湖南的行政建制也由此始。楚国在湖南首先设置了黔中郡。据史料记载，楚威王（前 339—前 329）时，楚为"天下之强国"，"西有黔中巫郡"，"南有洞庭、苍梧"。[①] 又有记载，说秦孝公元年（前 361）时，"楚自汉中，南有巴、黔中"。[②] 楚设黔中郡的时间，应是在战国时期（前 475—前 221）的中期之前。《史记·苏秦列传·正义》注"西有黔中"云："今朗州，楚黔中郡，其故城在辰州西二十里。"今常德地区唐代为朗州，辰州治今沅陵县。沅陵城西窑头有大型遗址，考古界已初步确认为楚黔中郡故城遗址。可见，楚国所置黔中郡，是以澧水和沅水中下游为中心，其地域包括今天常德、张家界、益阳、怀化等市（地）和湘西自治州所辖县市，以及相邻的贵州部分地区。在史料中，黔中与洞庭苍梧列，说明楚黔中郡未包括洞庭苍

---

① 《战国策·楚策一》。
② 《史记·秦本纪》。

梧，即今岳阳和湘中湘南地区。这些地区当时可能也已设郡。楚在湖南境内，已设有若干县，如《史记·越王勾践世家》提及"长沙"、"竟陵"（今地待考）等邑；《鄂君启节》载有"鄅"（即酃，今炎陵县）等县邑。

秦灭楚和秦始皇统一六国后，分全国为 36 郡，于湖南先后置黔中郡和长沙郡。据新发现的里耶秦简记载，还有"洞庭郡"（郡治及辖地待考）。从此，湖南进入了中央封建王朝的直接统治和管辖之下，成为统一的中国的一部分。西汉于地方设部（州）、郡、县三级行政体制，并辅以分封制。全国分为 13 部（州），湖南属荆州刺史，置长沙国和桂阳、武陵、零陵三郡，下辖 46 县，其中有少数县错入相邻省区。此外，苍梧郡辖县中有二县又错入湖南境内。东汉时，湖南绝大部分仍属荆州，小部分属交州。长沙国改置长沙郡，仍设零陵、桂阳、武陵郡，郡下辖 38 县和 5 个侯国，交州苍梧郡有二县错入。

三国鼎立时，荆州被一分为二，曹魏得南郡以北，孙吴据南郡以南，南北均沿袭置荆州。湖南属南荆州，又一度以湘江和资水为界，长沙、桂阳二郡属孙吴，武陵、零陵二郡归刘备。公元 219 年以后，湖南全境均为孙吴所据有。孙权析长沙郡地增置衡阳、湘东二郡，析武陵北部置天门郡。孙浩时又析零陵郡添置昭陵郡。孙吴在湖南境内共置 8 郡。另，南郡（治今湖北江陵）、临贺（治今广西贺县）二郡有少部分地区错入湖南境内。以上 10 郡辖地在湖南境内者共置 61 县。

西晋统一后，全国共置 19 州 173 郡。湖南基本上属荆州地，置武陵、天门、长沙、衡阳、湘东、零陵、邵陵（昭陵改）、桂阳 8 郡，均为孙吴故郡。另，南平（南郡改）、临贺二郡地错入湖南境内。郡下属县在湖南者共 63 县。永嘉元年（307），曾析荆州之长沙、衡阳、湘东、邵陵、零陵、桂阳、建昌等郡置湘州，治临湘（今长沙市）。成帝咸和三年（328）省。这是长沙市历史上第一次成为大州（相当今天的省）的都城。

东晋时，析零陵郡地置营阳郡，治营浦（今道县）；陶侃任荆州刺史时又以郴县置平阳郡（包括今桂阳、嘉禾县地），治平阳（今桂阳县）。为安置流民，置南义阳侨郡，今安乡县地。

南北朝对峙时，湖南属南部各代王朝。南朝宋，又析荆州置湘州，增设郢州（治今武昌），湖南分属荆州、湘州、郢州，境内设 11 郡，其中 10 郡同东晋，另析长沙置巴陵郡，辖县六十。齐在湖南所设郡县基本沿袭宋制。梁所置州郡数目增加，但辖地进一步划小。属地在湖南境者，共 20 郡，分隶郢、湘、荆三州刺史。陈朝在湖南共置 19 郡 62 县，仍分隶湘、郢、荆州。同时北周势力南下，另置石门郡（原天门郡）、北衡州（治今桑植）。

隋统一南北后，初改地方为州县两级，废除诸郡。隋炀帝时又改州为郡，全国地方形成郡县两级。湖南境内共置 8 郡，即长沙、衡山（衡阳改）、桂阳、巴陵、零陵、武陵、澧阳（石门改）、沅陵，下辖 34 县。唐初，改郡为州，州设刺史。后又改州为郡。故唐代州郡常并称。唐太宗分天下为 10 道（后增至 13 道）。湖南地区分隶于江南西道（治今江西南昌）、黔中道（治今重庆市彭水县），共置 14 州（郡）56 县。另，唐代在周边少数民族地区设"羁縻州"，湖南境内有晃州（今新晃县一带）。

天宝（742—756）末年"安史之乱"爆发后，唐玄宗为抵挡叛军，在全国各地设置一大批防御使、团练使和观察使，后又多升为军政合一的节度使，发展成割据一方的藩镇。唐末全国共有藩镇近 50 个。同湖南地区有关的有 3 个观察节度使："湖南观察使和武安军节度使"，先驻衡州（今衡阳），后徙治潭州（今长沙）；"澧、朗、溆（州）都团练使和武贞军节度使"，治澧州（今澧县）；"黔州观察使和武泰军节度使"，先治辰州（今沅陵），后徙黔州（今重庆市彭水）。"湖南"之名，即由代宗广德二年（764）首置"湖南观察使"而始。

五代时期，马殷在湖南建立楚国，强盛时其辖地包括湖南全境及广东、广西和贵州的部分地区。楚王府设潭州（今长沙）。湖南境内置 13 州和桂阳监（治今桂阳县）。这是中国历史上第一次也是唯一的一次，在湖南境内以长沙为中心正式建立的独立的国家政权。马楚统治湖南 56 年。后周广顺元年（951），马楚败亡后，又由节度使周行逢主政湖南 7 年。

北宋重新统一全国后，分设 15 路（道改），后增至 26 路，各路置安抚使。湖南，初隶于江南道，后分属荆湖南路、荆湖北路。南路安抚使驻潭州（今长沙），北路安抚使驻江陵（今湖北江陵）。两宋时期，湖南境内置 12 州郡 3 军 59 县。其中，潭、衡、永、郴、道、邵 6 州，桂阳、茶陵、武冈 3 军，以及所属 37 县，隶荆湖南路；岳、鼎（治今常德）、澧、辰、沅（治今芷江）、靖（治今靖州）等 6 州，以及所属 23 县，隶荆湖北路。鼎州、邵州曾分别升置常德府和宝庆府。

元朝在地方设"行中书省"，简称"行省"，这是中国行省制之始。行省下设道路州（府）县各级。湖南的绝大部分地区属湖广行省，有一小部分隶四川省。湖广行省，先治鄂州（今武昌），后改治潭州（今长沙），又复迁鄂州。省下分置江南湖北道、岭北湖南道、岭南广西道、海南道。湖南地区分隶江南湖北道和岭北湖南道，共置 14 路 3 直隶州 47 县 12 州。此外，元在少数民族地区不设州县，而设宣抚司、安抚司、长官司等，并参用土官，可以世袭。这是中国土司制度之始。在湖南境内的土司有：湖广、思州安抚司所辖五寨、铜仁等处长官司（今凤凰和贵州铜仁等县地），麦著土村（今永顺古丈县地），会溪、施溶等处土巡检（今永顺县地），腊惹洞、驴迟洞（均今永顺地）；湖广新添葛蛮安抚司所辖南渭州（今永顺县地），白崖洞（今龙山县地），上桑直、下桑直（均今桑植县地）；永顺等处军民安抚司（令永顺县地），隶四川行省"诸部蛮夷"。

明代在地方行政管理体制方面基本上承袭元制，分全国为 13 省，各省设布政使。湖南属湖广省（治武昌）。省下改路为府，府领州县，部分直隶州属省，也领县。湖南地区置 7 府 8 州 56 县。明朝于各地分封藩王，朱元璋有 3 个儿子封于湖南地区，即潭王梓、珉庄王楩谷王穗。以后历代分封于湖南的朱氏藩王共计 48 人。在少数民族地区设土司，湖南境内共置 3 宣慰司 1 安抚司 3 土州 10 长官司 1 土舍，总计大小 18 个土司，集中在湖南西部地区。

清代，地方分为省道府（直隶州厅）和县（含散州散厅），并常设一方总督和巡抚。清初，湖南属湖广总督和湖广布政使司，总督、布政使均驻武昌。康熙三年（1664），分湖广右布政使驻长沙，为湖南单独建省之始。同年，移偏沅巡抚驻长沙。雍正元年（1723），改湖广右布政使司为湖南布政使司，又改偏沅巡抚为湖南巡抚。湖南作为省一级地方行政建制，进一步确立。据道光年间材料统计，湖南布政使司下辖长宝（治长沙）、岳常澧（治巴陵）、辰沅永靖（治凤凰）、衡永郴桂（治衡阳）等四道，长沙、宝庆、岳州、常德等9府，4直隶州5直隶厅63县。其中，凤凰、乾州（今吉首）、永绥（今花垣）、古丈坪（今古丈）4厅，永顺、保靖、桑植、龙山、永定（今张家界市）等5县，为康熙中叶至雍正年间"改土归流""开辟"湘西"苗疆"和废除永顺、保靖等土司后设置的。

三、居民和民族变迁

新石器时代湖南的先民和族群。据初步统计，目前湖南境内已发现新石器文化遗址达2000多处，分布范围很广，遍布全省各地区。生活遗址的大量增多和分布地域的扩大，说明新石器时代生活繁衍于湖南境内的先民人数，较旧石器时代已大有增加。当然具体人口数字现不得而知。同时，各地的新石器文化的内涵和风格往往各有特点，显示出不同程度的差异性。

根据现有资料，考古学界将湖南的新石器文化划分为澧水中下游和洞庭湖区，湘资水中游和湘中，沅水中上游和湘西区，以及湘东、湘南区。这种划分是地区性的，主要反映了地区文化差异。但在一定程度上也表现了不同族群和不同族系的某些区别，并且与后来所形成的不同民族也有一定渊源关系，特别是在新石器时代的晚期。如：新石器时代晚期即龙山文化时期，湖南大多数地区，特别是湘西北、湘北和湘中地区，其文化特征可归为长江中游的龙山文化同一文化范畴，与前期的屈家岭文化是一脉相承的，而同当时活跃于这一地域的"三苗"和"荆蛮"族群有着明显的关系；湘中部分地区和湘南所出现的以印纹硬陶为代表的文化遗存，则同华南和两广的新石器文化是一个范畴，考古界一致肯定与古越人族系有关；沅水中上游地区，不见鼎煮等三足器的文化遗存，与西南文化有明显联系，并同当地土著后来称之为"蛮濮"民族的族群有渊源关系。

传说中的尧、舜、禹三帝在位时期，即新石器时代中期（考古界所称屈家岭文化时期），湖南主要为"三苗"部落集团聚居地。据先秦文献记载，"三苗"是以蚩尤为首的"九黎"部落集团在同炎黄部落集团战争失败后，向南退却的成员在南方所形成的一个新的部落集团。其地域是"左洞庭右彭蠡（今鄱阳湖）"，即今湖南、湖北、江西，以及河南、安徽一部分地区。还有史料说，"三苗"曾"建国于长沙"，即以长沙为首都建立了国家。这虽不可信，但说明洞庭湖沿岸到长沙一带是当时"三苗"聚居与活动的中心地带。《史记·五帝本纪》载："三苗在江淮荆州数为乱"，因此遭到尧、舜、禹的多次征伐，结果"三苗"集团被打垮和瓦解，其中有一部分可能同中原华夏族人融合了或远徙他乡，但大部分依然留居长江中游和洞庭南北，只是暂避山林而已。

夏商和西周时期，"三苗"已不再见诸史籍。但商周之际，南方又出现了一个新的强大的部落集团，即史籍所载的"荆蛮"，或称"蛮荆"。所谓"荆蛮"和"蛮荆"，即指"荆州之蛮也"。据史籍记载，即今长江中游湖北湖南及邻近地区。而古荆州之域主要在荆山至衡山一带，这正是原"三苗"活动的中心地区。故学术界一般认为，"荆蛮"就是当年被瓦解的"三苗"部落成员的后裔在新的历史条件下，重新发展和形成的新的部落集团。"荆蛮"族人构成当时湖南的主要居民。由于势力日趋强盛，他们成为中原商周王朝多次大规模征伐的对象。此外，从考古发掘资料看，湘江资水以东地区和湘南，存在商周时期的大量越文化遗址和遗存，说明当时除"荆蛮"之外，古越人在湖南居民中占有相当大的比例。在沅水中上游和湘西地区，还存在既不同于"荆蛮"，又与越文化有别的文化遗存，说明商周时期同西南文化有关联的土著居民和族系，在该地区继续生存与发展。

西周以前一二千年中，湖南主要为"三苗""荆蛮"和古越人及其他土著族系所聚居。但中原族系，即炎黄部落和华夏族人，随着南征的军事行动或由于其他原因，也有部分南迁进入湖南的，不过因为人数不多，很快也就融入湖南境内土著"苗蛮""越夷"民族。流传下来的有关神话和传说，在某种程度上也反映了这种历史情况。如：由于同黄帝族争逐失败，部分炎帝族人被迫南迁，他们某一支系曾进入湖南，因而留下了炎帝陵及其相关传说；有关帝舜"南巡狩"，道死苍梧而葬于九嶷的传说，以及舜二妃自溺湘江、舜弟鼻和子叔均在湘南一带的传说，应是对帝舜南征"三苗"及其族人入湘的历史追忆和附会；还有在湖南境内的祝融峰、驩兜墓、禹王碑等遗迹和传说，同中原的祝融族、驩兜族人徙入湖南，以及大禹治水和征伐"三苗"曾进入湖南有着明显的联系。在湖南宁乡、长沙、湘潭等地发现和出土的大批商、西周的青铜器，有一部分明显具有中原风格，甚至同中原商周青铜器如出一范。考古界认为，其中有些就是南下的商人和周族成员带来的，有些器物（特别是中原未见的铜铙），应是当地铸造的，但同南下商周族人带来的技术也是分不开的。此外，在湖南还发掘了少数商人墓葬。这都证明，确有部分商人和周族成员迁移到了湖南境内。当然，他们也很快同占绝对优势的土著民族融合了。

楚国时期，即春秋战国时期，随着楚国的征服和军事政治势力在湖南的扩展，楚人和楚族逐步成为湖南境内的主要居民。湖南的楚人和楚族包括原居湖北荆山丹水和析水一带，作为"荆蛮"一部分的楚王族及其亲族成员，其中有王室宗亲贵族、南征将士及家属、派遣的地方官吏和楚灭国移民，以及随军而来的平民和商人；还有被南来楚人融合的湖南原土著的同属于"荆蛮"族系的居民，及部分古越人和"蛮濮"族成员。近几十年来，在湖南各地所发掘的楚人墓葬已达 4000 多座，遍布三湘四水，其数量和分布地域均远远超过古越人及其他土著族系。这证明，当时楚人和楚族在湖南居民中确实已逐步占据了优势和主导地位。

从已发掘的文化遗存和考古材料看，在春秋战国时期的湖南，人数和分布地域仅次于楚人而居第二位的是古越人。不过自春秋早期到战国晚期有着明显的变化。春秋早期和中期，越人墓葬广泛分布于整个湘江流域及资水中上游地区，即湘北、湘东、湘中和湘南各地，而以湘南地区最集中。春秋晚期和战国时期，随着楚国对湖南全境的征服，湘北、湘中地区，越人或被消灭，或被驱逼南迁，留居当地的土著越人已大大减少。反映在考古文化上，是这些地区越人墓葬的基本消失，代之而起的是遍布各地的楚墓。湘南地区则不同，在整个战国时期，仍然聚居着大量越族，构成当地居民的主体。如资兴县旧市所发掘的 84 座战国墓，其中 40 座是越人墓。在其他的楚墓中也多见越人文化的因素。

在湖南西部地区，澧水和沅水中上游，春秋战国时期，居住着土著"蛮濮"

民族及部分"巴人"。所谓"蛮"即原"荆蛮"中尚未同南下楚人融合的一些支系和族群,楚人统称之为"群蛮"。所谓"濮",由于支系和族群繁多,楚人统称为"百濮"。楚蚡冒、文王向沅水中游地区扩张时,名之曰"启濮""伐濮"和"开濮地",这说明这些地区,除"蛮"之外,当时居住着许多属于西南"濮"民族族系的居民。近一二十年来在湘西地区所发掘的春秋战国时期墓葬中,有一批带鬲的土坑竖穴墓,其形制和随葬器物不同于楚墓,很可能就是当地土著"蛮濮"民族的墓葬。湘西地区和相邻的黔东北出土大批中原和楚人遗物所未见的錞于,还出土一种形制和风格有别于楚式剑、越式剑的青铜短剑,考古界认为这些青铜器应是当地"蛮濮"族人的遗物。

所谓"巴人",相传最初起源于鄂西清江流域,周初建立巴子国。进入战国时期之后,受强大的楚国势力所逼,巴国势力逐步向西退缩,其中心地区由鄂西转至川东(今重庆涪陵一带)。由于湘西与鄂西川东邻,春秋时期可能即有零散巴人进入湘西地区。但巴人成批进入湘西(古称武陵五溪地区),是在战国后期秦灭巴之后。在湘西及相邻益阳等地出土的"巴式剑",以及一部分战国后期的带虎纽的錞于,应是巴人的文化遗物。此外,还发掘出少量的巴人墓。这说明,最迟在战国中后期确实有部分巴人,进入了湘西和古武陵五溪地区。

秦汉数百年间,中国境内统一的汉民族初步形成,作为秦汉统一的封建国家一部分的湖南,汉民族也自然成其主体的居民。但其主要成分不是中原的华夏族系,而是在春秋战国的500多年中已逐步华夏化的楚人和楚族。其中当然也包括秦汉时期,由于多种原因从中原和关中地区不断南下进入湖南的原华夏族系的成员。如秦始皇从关中征调50万大军"戍五岭",分为"五军",一军"塞镡城",一军"守九嶷"。镡城,今靖州会同黔阳通道等县地;嶷疑指九嶷山脉,今宁远兰山江华等县地。即五分之二来自关中的秦军驻屯在湖南境内,后来也就落籍于湖南了。又如,东汉永初二年(108),黄河流域"连年水旱灾异",故将一大批"饥困"百姓徙往荆州,即今湖南湖北一带。[①] 这无疑也大大增加了湖南汉民族

---

① 《后汉书》卷六二《樊宏传》。

的人口数。

此后的一千多年，汉族一直是湖南境内的主体民族，但其结构和成分曾多次发生变迁。特别是国家处于分裂战乱之际，或王朝统治动荡和新旧更替期间，变迁就更大。如从汉末三国鼎立到南北朝对峙的近 400 年间，大部分时间战乱频仍灾祸连年，因此北方和中原人口多逃亡江南，至西晋末年形成严重的"流民"问题。南朝萧梁时湘州刺史张缵任内招纳"流人"，结果"户口增益十余万"。①又如，唐朝"安史之乱"后，战乱频繁，引起北方人口大批南迁。"中原多故，襄、邓百姓及两京衣冠尽投江、湘，故荆南井邑，十倍其初。"② 宋金对峙时期，北方人口又大批南来，再次增加了湖南汉民族中北方人口的成分。"靖康之难"后"中原士民扶携南渡，几千万人，"移居有"膏腴之田弥亘数千里"的"荆湖、两浙"，③ 进入湖南地区应当不在少数。

湖南汉族人口最大的一次流动，发生在明朝初年，并且与以前历代由北而南流徙不同，此次主要是从东往西迁移，即史称"江西填湖广""湖广填四川"。原因是元末明初的连年战祸兵灾，使湖南大部分地区田园荒废，庐舍为墟，原有人口大量散亡，而流入当时局势相对稳定的四川的湖南人又特别多。据记载："历朝鼎革，荼毒生灵，惟元明之际为惨。"结果，湘潭一带的原居民，即土著仅剩下数户，"后之人多自豫章来"。④ 豫章，即指江西。醴陵县，"古老相传，土著亦仅存十八户，余皆无复存在"。后来的居民，均明初来自外省，"尤以江西为最多"。《永定乡土志》所载大庸（今张家界市永定区）38 大姓 60 始祖中，有 24 姓 33 始祖是明初从外省迁来的，而其中 20 始祖来自江西。沅陵县，"今所指土著十之九皆江西人"。⑤ 这使湖南汉族居民的成分和结构发生了一次根本性的变化，即原土著和宋元以前来自北方的汉族居民大部分或外迁或灭绝，代之是原籍江西（也包括江浙）的居民在湖南汉族人口中占据了优势地位。以至清代

① 《梁书》卷三四《张缵传》。
② 《旧唐书·地理志》。
③ 《文献通考》卷七《田赋考》。
④ 同治《醴陵县志》卷六。
⑤ 民国《沅陵县志》卷六。

湖南人撰修族谱，几乎所有的姓氏和家族都异口同声说自己祖籍江西某地。

从秦汉以迄明清，除占据优势的汉族居民之外，在湖南境内一直聚居着大量的其他民族居民。但在不同历史时期，其称谓结构及分布地域等也不断地发生变化。在两汉时期，湖南原以"蛮濮""夷越"等名相称的族群，常常被统称为"蛮"，由于所处地区不同，又常在"蛮"的前面冠以不同的地名。从史籍记载看，当时湖南境内主要有"武陵蛮"（又称"五溪蛮"）、"长沙蛮""零陵蛮""桂阳蛮"等。这是一些以郡名相称的族群。此外，还有不少冠以县或其他小地名的如"澧中蛮""溇中蛮""酉溪蛮""零阳蛮"等。"澧中"即澧水中游一带，"溇中"指澧水支流溇水地区，均属东汉充县，今桑植县张家界永定区慈利县等地。"酉溪"即酉水，沅水中游支流，经龙山永顺、保靖等地。这些地区两汉时均属武陵郡。零阳县包括今天慈利、石门、澧县、临澧等县地。又有记载："长沙蛮反叛，屯益阳"；"零陵蛮入长沙"；"武陵蛮六千余人寇江陵"。可见，两汉时湖南所属四大郡的地域内都有"蛮"族分布，而其中以武陵郡内又最为集中。他们甚至屯兵益阳攻入长沙，往北一直打到湖北江陵，其人数不少，势力是相当大的。

魏晋南北朝时期，"武陵蛮"和"五溪蛮""零陵蛮"，依然相当活跃，其范围内也还有"天门蛮""黔阳蛮""酉溪蛮"等局部地区性称呼。"长沙蛮"等称呼再未见诸记载，但对"蛮"又出现了一些新的称号，如"巴陵马营蛮""湘州蛮""衡阳蛮"等。"湘州蛮"应是原来的"长沙蛮"。"巴陵"即今岳阳、临湘等地，说明当时湘北也有"蛮夷"民族活动。早些年在桃源县漆河乡出土了两方银质印章和一方铜质印章，均为晋代"蛮夷率善邑君"印，可见当时桃源一带聚居着一支人数众多的"蛮夷"民族。从分布地域看，魏晋时"蛮夷"民族还一度有扩大的势头。特别值得重视的是，这一时期在"蛮夷"之外出现了另外一些新的族称。从史籍记载看，主要是在武陵郡境内有"僚"人，零陵、衡阳等地有"莫徭"。

"僚"可能同先秦时期的"濮"有渊源关系，"莫徭"一般认为即后来的瑶族。他们开始从"蛮"中区分出来，表明湖南境内的"蛮夷"族系居民，经不断演化变迁，已开始出现形成不同的各个单一民族的趋势。

隋唐五代时期，湖南境内土著少数民族从名称看主要分为"蛮""僚""仡僚""徭""夷蜑"等。又常以其活动地域，冠以地名。根据记载，如"武陵蛮""石门蛮""辰州蛮""锦州蛮""溪州蛮""叙州蛮""飞山蛮""武冈蛮僚""梅山蛮""桂阳监徭"、长沙郡"夷蜑"、朗溪"僚"等。据《隋书·地理志》载，"夷蜑"又名曰"莫徭"，也即"徭"。新出现的"仡僚"，也就是原"濮"人后裔"僚"。另有一种意见，认为"仡"与今天侗族的自称"干""金"（其意即峒、洞）相近，"仡僚"应为侗族先民，是古越人之后。唐朗溪县，今会同、靖州、通道等县地，武冈即今武冈、城步、新宁、绥宁、县地。这些地区至今仍为侗族主要聚居区之一，所以一般认为当时所称这些地方的"僚"显然应与侗族有渊源关系。梅山，指今天安化、新化等县地，唐属长沙郡地，所说的"蛮"，实际上也就是当时长沙郡的"莫徭"和"徭"。唐辰州治今沅陵，锦州治今麻阳，溪州治今龙山，叙州治今黔阳，飞山在今靖州自治县，所称的"蛮"，依旧是对这些地区土著民族的一种泛称，应包括今天这些地区土家族、苗族、侗族和瑶族的先民。从分布情况看，唐代湖南土著少数民族生活地域，较前已有所收缩，主要集中在湘西、湘南、以及部分湘中地区。

两宋时期，湖南土著少数民族分布范围大体与唐代相同，常被统称为"溪峒诸蛮"。宋王朝又曾按不同区域，划分为"北江诸蛮""南江诸蛮"等。"北江"指沅水中游及酉水以北，"南江"为沅水中上游及酉水以南。除此之外，史籍中以"蛮"相称的还有"梅山蛮""邵州蛮""辰州蛮""桂阳蛮"等。在继续统称"蛮"的同时，两宋对"徭"族的单独称呼更多，如"徭人""山徭"等。还有较多"峒丁""峒民"的记载，说明今天的侗族，继瑶族之后也在两宋时初步形成为一个单一民族。两宋史籍中还出现了"仡伶"，学术界一般认为它与原有的"仡僚""僚"有联系，均应归属于古越人之后和侗族的范畴。作为"蛮"族系统最重要组成部分的"苗"，从中区分出来成为一个单一的民族族称，也始于两宋。如：宋朱辅所著《溪蛮丛笑》，将"溪蛮"分为苗、徭、僚、仡伶、仡僚五种，并以苗为最盛；朱熹主持湖南地区军务时，招抚"苗蛮"后，在岳麓书院右侧特建"谕苗台"。对于两宋时出现的"土丁",有的认为是指土家族,说明今天的土家族作为一个单一民族也是在两宋时开始从"蛮"中区分出来的。

由于宋神宗熙宁五年(1072),首先"开梅山"设置安化新化、两县,并实行"变徭为汉"政策,这一地区的徭人或被迫南迁,或逐步同化;接着,又"恢拓""南江",先后设置沅州(治今芷江)、靖州(治今靖州县),以及渠阳、时竹等县(今会同、绥宁、城步等县地)加强对当地土著民族的统治,致使两宋时期湖南境内各土著少数民族所占地域较唐代又进一步收缩。

元明时期,湖南土著少数民族分布地区已主要局限于湘西,其次是湘南和湘西南。在史籍中往往仍被统称为"蛮"或"苗蛮""蛮僚"等,但单独记述"苗""徭""峒丁""山僚""土民",即今苗、瑶、侗、土家等民族的资料已见增多。

从元王朝开始,实行"以蛮治蛮",在唐宋羁縻州的基础上建立了统治少数民族的土司制度,至明代发展为大小十八土司,其地域主要包括今天张家界市和湘西自治州所属各市县。居民则以今天的土家族为主,其次是苗族。在以腊尔山为中心的方圆数百里左右的一块苗族聚居地,既未设置土司,又未派流官治理,逐步形成所谓"生苗"区。故对苗族开始有"生苗""熟苗"的不同称呼。此外,按其服饰习俗特征或居住地域,开始出现了"黑苗""红苗""花苗""镇篁苗""腊尔山苗""靖州苗""新宁苗""武冈苗"等名称。元明时期,湖南境内的少数民族的结构发生了一些新的变化,即除原土著的苗、瑶、侗、土家等民族之外,又有新的民族的某些族群进入湖南境内。根据史料记载,元初,一支以白族为"僰军"从云南北上长江中游一带,后有一部分落籍桑植,繁衍为今天湖南的白族。元太祖成吉思汗西征之后,西域"回回"(信奉伊斯兰教的中亚及我国新疆各族的统称)归附元王朝随征各地,其中"回回"人阿里孚等人被任遣至宝庆路(今邵阳市)等地为官,这是回族进入湖南之始。元末明初,大批"回回"从军追随朱元璋,称"达军",不少受派遣进入湖南,其后定居下来,成为湖南回族的主要来源。自明代以后经商入湘的回族人也不少。湖南的维吾尔族,也是源于元明。据《翦氏族谱》记载,其先祖哈勒为西域回部望族,从元太祖征战有功，封折冲将军，后东迁，历代仕元。明兴，其后人八十佐明太祖征伐，以功封荆襄都督镇南定国将军，并赐姓翦，后落籍常德桃源，子孙繁衍，即今湖南维吾尔族。

元明所形成的湖南民族结构和分布的这种格局，入清以后大体被沿袭下来，但也有所变化。首先，由于清王朝对湖南少数民族的多次军事镇压，特别是对苗民乾嘉起义的大规模军事镇压，少数民族人口长期增长缓慢，特别是受创伤最大的苗族人口甚至下降。其中有的被屠杀，也有被迫逃亡远徙他乡的。如今天仍聚居在湖北宣恩县的部分苗族和广西南丹县一带的田、唐等姓苗族，均是乾嘉起义失败后由湘西凤凰、永绥（今花垣）等地迁去的。其次，随着清王朝对"苗疆"的武力"开辟"和"改土归流"的实施，大批汉族官吏兵丁商人，以及一般平民百姓拥入少数民族地区，这些"客民"以各种手段逐步占据少数民族的土地，"客民"人数越来越多，当地原土著民族的生活地域日渐缩小。另一方面，这些"客民"带来了汉文化，客观上又促进了土著少数民族同汉族的交往和交流，各个少数民族不同程度地都开始了所谓"汉化"的过程。这也是清代以至近代，湖南居民和民族变迁的一种趋势。

四、经济和社会发展

从考古资料看，在旧石器和新石器时代，湖南先民们生产和生活状况与其他地区大体相类似。但有一点很可以让我们后人引以为荣，即至今仍作为农业大省的湖南和"鱼米之乡"的洞庭平原，很可能是我国水稻农业最早的发源地。在新石器时代早期的澧县彭头山遗址中，即发现了大颗粒植物种子和红烧土块中的稻谷壳痕迹，其年代距今9000～8000年左右。在与彭头山遗址相距不远的城头山古城发现了大面积的稻田遗址，其年代约距今7000～6000年，这是中国和全世界迄今所发现的年代最早的稻田。

湖南地区进入青铜器时代的时间晚于中原地区。湖南宁乡、岳阳、醴陵、湘乡、邵阳等地均出土了青铜器，其年代最早的属于商代中期。石门皂市商代中期的遗址中，还发现了铜块铜渣和熔铜炉坩埚以及附有铜渣的陶容器。这说明在商代中期（约公元前 13 世纪），湖南地区已能冶炼和铸制青铜器，从此湖南进入了青铜器时代。湖南最早的铁器，主要出土于长沙地区的楚墓，时代属春秋晚期。在常德德山和溆浦马田坪也曾出土春秋晚期的铁器。战国时期的铁器在湖南出土的数量大大增加，其分布地域则更加广泛。说明春秋晚期湖南地区已开始进入铁器时代，这在全国列居前茅。长沙杨家山一座楚墓出土了一柄钢剑，其年代属春秋晚期，将我国碳钢出现的时间从战国中晚期上推了二三百年。长沙窑岭一座战国墓曾出土了铁鼎，这又把我国铸铁的发明时间大大提前，比欧洲使用铸铁的时间要早 2000 多年。

从人类社会发展和中国历史发展的一般规律来看，青铜器的使用标志着进入了最早的有阶级和国家的社会，并且多数地区又首先是进入奴隶制社会。中国的中原古国亦如此。而我国学术界大多还认为，春秋战国之交铁器的出现，则促使中国历史实现了由奴隶制社会到封建社会的转变。但湖南地区却不同。在春秋时期以前作为湖南主体居民的"蛮""越"等民族，虽已制造和使用青铜器，却没有进入阶级社会，更没有产生奴隶制度，他们仍处于原始氏族部落阶段。春秋战国时期，湖南土著居民进入了铁器时代，他们在占有和统治湖南的楚人和楚国的影响下，逐步开始了封建化的过程，而又越过了奴隶制社会。至今在湖南境内战国以前的墓葬和遗址中，还从未发现有"人殉"等奴隶社会的典型现象，这应是有力的证明。湖南土著民族没有经历过奴隶制社会，他们是在楚秦以后才开始从原始氏族社会直接向封建社会的过渡。

秦汉以后，湖南同全国其他地区大体一致，经历了近 2000 年的漫长的封建社会。其经济文化和社会的发展，总的来说与全国水平大致相当，但也显示出不平衡性，有比较先进的领域，而在某些方面又比较落后。

两汉时期，铁制农具和其他铁制工具器物，在湖南境内更加普及，种类增多，并且出现了一些先秦时期所未见的新工具，如铁斧、铁锄、木柄铁口插等，还开始使用木制的耒耜。牛耕技术，最迟在东汉时已推广到湖南。农业生产力得到进一步提高。长沙马王堆 1 号汉墓出土的大量丝麻纺织品，最集中地反映了当时湖南，特别是长沙地区，麻的种植已相当普及，栽桑养蚕技术和丝麻纺织技术已达到相当高的水平，并使用了当时最先进的织布工具——梭子。当时湖南的漆器、瓷器生产也是比较先进的。

魏晋南北朝时期，同北方和中原地区相对而言，社会比较稳定。饱受战乱饥荒之苦的北方和中原百姓，纷纷涌向江南，使包括湖南在内的江南地区的劳动力得到补充，而且随之带来了一些较为先进的技术。同时偏安江左的王朝往往也采取某些有利于生产的措施。因此在这一时期，湖南农业生产和社会经济获得相当大的发展。耕地面积和灌溉面积扩大，如"溉田万顷"的长沙龟塘，就是魏晋时始修的。牛耕进一步推广，生产技术提高，粮食产量增加。湖南开始成为全国大米的重要产地和供应地。三国时"长沙好米"已名传北方和中原地区，曾得到魏文帝曹丕的称赞。南朝萧梁时，"湘州七郡"，"大艑所出，皆受万斛"。[①] 大艑即运米的大船，可见当时从湖南运出的大米数额之多。农业之外，纺织业、矿产开采造、纸和造船业等，也都有所发展。在湖南发掘的两晋以后的墓葬中，再未发现竹木简，说明纸已取代了简。东汉发明造纸术的蔡伦，就是耒阳人，两晋和南朝时耒阳一带已成为湖南乃至全国造纸业最发达的地区之一。"耒阳纸"开始有名。

隋唐五代，牛耕在湖南已相当普及，即使在山区也开始使用牛耕。柳宗元被贬为永州司马时，就曾作《牛赋》，对当地农夫牛耕情景作了一番描述。湖南各地又兴修了一批灌溉工程，如朗州（今常德）的白马渠等。粮食生产进一步增加，湖南及江南其他地区的大米更大量地北调。据《旧唐书·刘晏传》记载："潭、衡、桂阳，必多积谷……漕引潇湘、洞庭，万里几日，沧波挂席，西指长安，三秦之人，待此而饱；六军之众，待此可强。"可见湖南的谷米对于唐王朝是多么重要。从经济作物而言，湖南的茶叶生产获得了很大的发展。特别是五代马楚，大力鼓励农民种茶，"听民售茶北客"，即让农民自产自销，卖给北方客商，坐收茶税。马殷还特设"回图务"，主持同北方的"茶马交易"，即专门输出茶叶购回马匹。手工业方面最突出的，是瓷器生产的发展。唐代长沙铜官窑及

---

① 《梁书·元帝纪》。

其生产的釉下彩瓷器，名闻遐迩，产品曾远销西亚和东非。

两宋时，洞庭湖区开始围湖造田，山区也逐步得到开垦，并兴修和修复水利工程（如长沙龟塘的修复）。水稻的优良品种"占城稻"，传入湖南。后不断改良，培育了"象牙占""蓝田占""百日占"等新品种，并有早熟者，今统称之为粘稻，即粳稻。还推广了大小二麦。湖南农业生产有新的发展，成为全国的产粮重要基地，粮食大量外调。如神宗时，漕运畅通，每年从荆湖南路北运漕米达65万石，荆湖北路为35万石。宋代湖南的经济作物仍首推茶叶。北宋前期，江南每岁产茶叶1020万余斤，荆湖为247万余斤，居全国之首。湖南的柑橘生产，在宋代得到发展扩大，而产量最多的当时是洞庭湖地区。故史载："洞庭湖多柑橘""湖南产鼎柑"。[①]"鼎"即今常德。湖南的手工业在宋代不属全国先进之列，但也有所发展。由于有色金属矿产资源丰富，宋代湖南、金、银、铜、锡、铅、丹砂、水银等矿的开采和冶炼，已形成相当的规模。所设桂阳监，就是为主管银铜等矿的开采冶炼。麻丝纺织业也有发展。据《元丰九域志》和《宋史·地理志》所载，湖南每年向朝廷的"土贡"中，丝葛绫绢等麻丝织品就不少。

元明时期，湖南作为全国农业大省和产粮基地的地位，更加突出起来。宋代曾有"苏湖熟，天下足"之说，即粮食产量当时以长江下游及三角洲地区最多。到了明代后期，说法改成了"湖广熟，天下足"。说明两湖，特别是洞庭湖地区，已取代长江三角洲，成为全国主要粮食产地和供应地。湖南地区的棉花生产是在元明时期推广的。相应地，棉纺织业也得到了发展，棉布产量已不少，特别是岳阳、常德等地区。从景泰七年（1456）开始，朝廷甚至规定长沙府以棉布代大米，交送田赋。

经明末清初的战乱，湖南同全国其他省区一样，经济方面受到的破坏较大。清前期，农业生产和社会经济才逐步得到恢复和发展。鉴于长期的经验教训，权衡利弊，乾隆年间改变宋代以来的做法，明令禁止在洞庭湖区再围湖造田。但耕地面积，在清前期仍显著增加。如据史料统计，康熙二十四年（1685），湖南田

---

① ［南宋］赵彦卫《云麓曼钞》。

土共 13.8923 万顷 81 亩多，至乾隆三十一年（1766），增为 31.2287 万顷 98 亩多。① 80 年间耕地面积增加了一倍以上。耕作方法也有革新，特别是在湘中一些地区开始推广双季稻的种植。如醴陵县"田所宜惟稻，岁两熟，有早晚两种"。② 湘西湘南山区，桐油和茶油生产在清代得到了发展。茶叶产量有所增加，并形成某些优质名茶，如巴陵"君山茶"、永顺府属古丈等地的"峒茶"、九嶷山区的"嶷茶"等。自乾隆四十六年（1781）开始，君山茶正式成为贡品。手工业方面，比较突出的是，醴陵的瓷器生产在清代前期发展起来，醴陵瓷器在全国开始享有盛誉。由于解除私人开矿的禁令，湖南矿冶业在清前期获得发展，如靖州、会同一带的金矿，郴州、桂阳等地的银、锡、铅、铜等矿，长沙府安化等地的铁矿等，开采冶炼一度都较兴盛。但仍为土法开采，设备简陋，技术落后，因此成本高产量低。

五、文化发展与湖湘人才

楚秦以前，作为湖南主体居民的各土著民族，都没有形成和发展自己民族的文字，以文字表达和作为载体的文化和教育还无从谈起。由于楚人南来和楚国据有湖南，楚国的文字和文化也随之传入。在楚国统治时期，正是楚文化与原土著"蛮越"文化的交融和结合，使湖南文化开历史之先河，并首次出现了一个发展和兴盛的局面。

近几十年来，在长沙、临澧等地出土了大批书写有楚文字的竹简，长沙子弹库楚墓还出土了极其珍贵的《帛书》。说明最迟在战国时期，楚文字和中原的文献已传入湖南，而湖南地区的居民已开始学习和掌握楚文字和中原文化，因而促使湖南文化，特别是文学和艺术，获得明显的发展。《帛书》中的"乙篇"就是十分讲究押韵的散文。屈原的《楚辞》许多篇章均写作于湖南，都是根据他在沅湘间所见所闻的民间神话传说、民歌祭祀唱辞等加工而成的，其中所表现出的

---

① 《清文献通考》卷二《田赋》。
② 同治《醴陵县志》。

强烈的浪漫主义精神与中原文学的风格迥异，故可将《楚辞》视为战国时期湖南的文学作品。春秋战国时期湖南各地墓葬中所出土的大量乐器，如鼓、笙、瑟、铜铎、铜钟等，以及大批成套的吹奏乐俑，反映当时湖南地区的音乐艺术已达到相当高的水平。从所出土的大批彩绘漆器和帛画看，春秋战国时期湖南的绘画艺术也已有相当的发展。人物龙凤帛画、人物御龙帛画和十一月神帛画，构思诡异，立意新奇，线条流畅，笔法传神，堪称我国艺术珍品和国宝。

秦汉统一后，随着经济的发展，以及同中原地区联系和交流的加强，湖南文化在楚国的基础上获得进一步发展。长沙马王堆汉墓出土的一大批极为珍贵的文物和帛书中的各种古佚书医书天文学专著和地形图，"非衣画"和"仪仗图"等帛画，集中地表现了秦汉之际以长沙为中心的湖南地区文化科技和艺术发展状况，在许多方面代表了当时中国最先进的水平。此外，西汉初年贾谊任长沙王太傅，东汉名医张仲景曾任长沙太守，他们在文学和医学上的成就，同湖南这块土壤也都很有关系。由于文化的发展，秦汉时期湖南出现了一批最早见于史籍的历史名人，如出任交州刺史的西汉长沙罗宏，发明造纸术的东汉耒阳蔡伦，曾任洛阳令颇有政绩的东汉临湘祝良，以任桓帝出巡"护驾从事"而声誉显著的桂阳胡腾，献帝时举孝廉历迁尚书右仆射的零陵刘优，东汉末年任苍梧太守的长沙吴巨等。他们以自己的聪明才智和文治武功，为中华文明和中国历史的发展均做出了突出贡献。

魏晋南北朝时期，虽政治上长期分崩离析，战乱频仍，经济上也屡遭严重破坏，但在文化发展方面特别是在文学艺术上却有特殊的贡献。随着政治经济文化的重心逐步南移，湖南的文化发展也加快，培育出一批人才，在各个领域都取得了相应的成就。三国时著名文士刘巴，即湖南衡阳人。刘备入蜀称帝，刘巴累官尚书令。凡诸文皓策命，皆出巴手笔。其作文笔犀利，气势非凡，语言洗练，均堪称优秀散文作品。还有南朝澧州阴铿，博涉史传，学识渊广，精五言诗；与同代著名诗人何逊齐名，并称"阴何"。杜甫《解闷诗》诗云："颇学阴何苦用心。"又《与李十二白同寻范十隐居》诗云："李侯（即李白）有佳句，往往似阴铿。"可见其诗造诣之深及对唐诗影响之大。继诸葛亮出任刘蜀尚书令的湘乡蒋琬，仕于曹魏、累官尚书令两次封侯的长沙桓阶，东晋任吏部尚书拜太常和封临湘侯的澧县车胤等，均为将相之才，并在文学上也有很高的造诣。此外，撰有《更生论》《湘中记》等著作的东晋耒阳罗含，则是在全国颇有名气的玄学家和史地学家。魏晋之际，佛、道二教大致同时传入湖南，分别始建寺观于长沙岳麓山和南岳衡山，布教传道。从此成为湖南文化的一部分和影响其发展的一个重要因素。

隋唐五代是中国古代文学最兴盛的时期，而尤以唐诗最享盛名。湖南在文学方面也获得相当大的发展，特别是唐中叶以后，产生了一批在全国颇有名气的诗文作家。如宣宗大中四年（850）进士及第以散文著名的长沙刘蜕；工于五言，其诗作辑入《全唐诗》凡 3 卷 263 首的，澧州（今澧县）李群玉；益阳僧人齐己，以诗名，《全唐诗》收载其诗作 10 卷 800 余首。此外，还有胡曾、李宏皋、何仲举、欧阳彬等，在诗文方面也都有一定的成就。这一时期湖南的书法艺术有很大的发展，从其成就和在全国的地位而言，实际上超过了文学创作。唐代第一流的书法大师欧阳询、欧阳通父子和怀素僧人，均为湖南长沙人。他们创造了"欧体"和"狂草"，其传世墨迹及有关书法的著述，堪称中国书法艺术的瑰宝和极其珍贵的遗产。学术方面，也有一定成就，有些传世之作，如欧阳询的巨著《艺文类聚》（100 卷），收集和保存了隋唐以前许多珍贵的史料。唐代大诗人李白、杜甫，以及王昌龄、柳宗元、刘禹锡、韩愈、元结等，一批在中国历史上享有盛名的文人学士，以各种不同原因曾进入和生活于湖南，留下许多名篇佳句。他们在湖南这块沃土上吸取了营养，是湖南的山川风物和人文氛围激发了他们的灵感，而他们的创作活动又相应地对湖南文化的发展产生了深远的影响。

宋代是继盛唐之后，中国古代文化又一繁荣的时代。湖南文化事业也呈现出新的发展势头。首先是理学在湖南的兴起和发展。道州营道（今道县）人周敦颐，以其精湛的《太极图说》等哲学著述开中国理学之先河，成为理学的奠基人。后经胡安国、胡宏父子讲学南岳，张栻、朱熹会讲长沙，理学又再传入湖南，并在湖南形成理学一大流派——湖湘学。再就是书院教育的兴起。湖南书院兴于北宋，而大盛于南宋，史称全国"四大书院"，湖南占其二，即长沙岳麓书院和衡阳石鼓书院。还有湘潭碧泉书院、长沙城南书院等，在全国也都颇有名气。据初步统计，南宋时湖南各地共建有书院 51 所，数目仅次于江西、浙江，居全国第三位。

元明清时期，由于各级官学教育和书院教育的发展，湖南涌现了一批人才，通过科举登进士的人数大量增加。据初步统计，自明洪武十八年（1385），迄崇祯十六年（1643），共 82 场会试，湖南进士题名的举子达 541 人，其中状元、亚魁、探花各 1 人。清顺治九年（1652）至道光二十年（1840），共 75 榜，湖南成进士的有 441 人，中举的则达数千人。其中，有的官至高位，甚至主持朝政，对政局产生过重大影响，并又在文学等方面很有造诣；有的虽未登科举进入仕途，但在文学或学术领域做出了突出贡献，也堪称佼佼者。例如：

欧阳玄（1274—1358），浏阳人，元延祐二年（1315）进士。历官国子博士、翰林院待制兼国史院编修官翰林学士承旨和《宋史》《辽史》《金史》总裁官，为三史的修纂做出了突出的贡献。后拜翰林直学士，编修四朝实录。还奉诏修《经世大典》880 卷、《太平经国》212 卷等重要典籍。在诗文创作方面也颇有造诣。所著《圭斋文集》16 卷，辑入《四库全书》。《元诗选》录其古近体诗 42 首。

李东阳（1447—1516），茶陵人，18 岁登进士第，选庶吉士。累官太子少保、礼部尚书兼文渊阁大学士。主持修纂《大明会典》。告成后又进太子太保、户部尚书、谨身殿大学士。一生著述宏富，主要有《怀麓堂全集》100 卷，在清代多次重刻，并辑入《四库全书》。在诗作和散文方面均有很高的造诣。《明史·李东阳传》称："宰相李东阳主文柄，天下翕然宗之。"史上以他为首形成的"茶陵诗派"，曾活跃于中国诗坛。

周圣楷（约 1573—1644），湘潭人。年轻时即颇负才名，但为文不趋时尚，故屡试不第，遂绝意科举，专心学术。他才思激荡，学识渊博。历游楚中名胜古迹，搜集楚地古今传人胜事，撰就巨著《楚宝》和《湘水元夷》。另有诗文集《湖岳堂集》100 卷等著述。经明末兵燹，大多毁佚。传于世的《楚宝》，共 45 卷，"摘志之精，补志之缺"，取材广博'体例严谨'考证详审，具有很高的史料价值和学术价值。

王夫之（1619—1692），衡阳人。因晚年筑室石船山下，人称"船山先生"。他生活于明末清初的乱世，一直隐居林下，潜心著述。在极端艰苦的环境中，写下近百种著作，内容涉及哲学、政治、法律、军事、历史、文学、教育、伦理、人文、历算，以及佛道等等。最主要的代表作有《周易外传》《尚书引义》《读通鉴论》《张子正蒙注》《宋论》《黄书》等。他是中国历史上一位伟大的唯物主义思想家。

王文清（1688—1779），宁乡人。雍正二年（1724）成进士。历充三礼馆律吕、正义馆纂修官，授内阁中书科中书舍人，又例授奉直大夫，考录御史。后以父老请终养归乡。乾隆十三年（1748），修复岳麓书院，聘为山长，前后主持岳麓书院达 12 年之久。他学识渊博，学风务实，治学严谨，著述宏富。但大多未能刊行付梓，又毁于兵燹。现传世的有《锄经馀草》和《锄经续草》两本诗集，共收其诗作 2600 余首。此外，《湖南文征》收有《天文全图说》等文稿 24 篇。

陶澍（1779—1839），安化人。嘉庆五年（1800）举于乡，两年后成进士。先后任江南陕西道监察御史，迁户部吏部给事中。又累官川东道山西和福建按察使安徽巡抚两江总督兼江苏巡抚及两淮盐政。所历均除弊兴利，政绩斐然。特别是开辟上海至天津的海运，备受各方赞许。魏源曾评价这一举措，是"利国利民利官，为东南拯弊第一策"。其著述有《印心石屋诗文集》56 卷，《奏议》76 卷，《蜀輶日记》4 卷及《陶氏世谱》若干卷等。他务实的学风和思想对中国近代的一些杰出人物如魏源等均影响甚大。

（原以《湖湘文化渊源——湖南古代历史发展大观》辑入《湖湘文化论坛》，湖南大学出版社，2002 年。收入本文集时有所补充）

湖湘文化发展概论

——《湖南文化史》绪言

　　湖南文化，或称"湖湘"文化，属特定的地域文化。作为中华文明和中国文化的一部分，湖南文化与中原及全国其他地域文化会具有许多共性和共同元素；但作为一个相对独立的地域文化，又必然会有不少自己的特色。而这种特色，则是由湖南所处的自然地理生态环境和人文环境，以及特定的历史条件和历史发展进程所决定的。

　　湖南，地处长江中游南部，东经108°47′至114°15′，北纬24°39′至30°08′，属亚热带地区。东西直线距离最宽667公里，南北直线距离最长774公里，土地面积21.18万平方公里，占全国国土面积的2.2%，在目前全国31个省（区）市中居第10位。据2010年人口普查统计，全省人口为65683722人，占全国总人口的4.9%，居第7位。其中，除汉族外，还有土家、苗、侗、瑶、回、白、壮、维吾尔等少数民族657.53万多人，超过全省总人口的10%，为中国内地一个多民族聚居的省区。

　　湖南北部，为洞庭湖平原，与湖北为邻；东以幕阜山罗霄山脉，与江西交界；西为云贵高原边缘，与贵州、重庆接壤；南有五岭山脉横亘，与两广相衔接。全境东、南、西三面环山，南高北低，向中倾斜，朝北开口，形成特有的马蹄形状，自为一体。武陵山脉和雪峰山脉由西南向东北斜贯其间，又成为湘东与湘西两个部分的天然分野。湘中除南岳主峰海拔1290米之外，一般为波状起伏的丘陵和河谷盆地，海拔均为200~500米。北部以洞庭湖为中心，由冲积平原和浅丘平原组成滨湖盆地，海拔一般在50米以下。全境具有山地、丘陵、岗坡、谷地、平原等多种地貌类型，这也就形成了湖南自然资源的丰富和多样化。湖南水系发达，湘、资、沅、澧四水由南向北自西而东，纵贯全境，纳大小溪河5000余条，汇注于洞庭湖和长江，流域总面积为26.28万平方公里。气候属中亚热带季风湿润区，年平均气温为摄氏 17 度，年平均降雨量为 1300~1600 毫米，全年无霜期 260~300 天，年日照时数为 1300~1800 小时。这构成湖南气候温和湿润、四季分明、雨水充沛、光热资源丰富等特点，适宜农耕和各类动植物的生存成长。湖南地下矿藏也相当丰富，特别是有色金属和稀有金属在全国占有重要地位，素称"有色金属之乡"。正是这类自然地理特点和具体的生态环境，自古以来为湖南人的生产生活和历史文化的创造发展提供了空间和条件。

湖南的不同地区，所处的自然地理环境和生存条件的差异，直接导致各地区的生活方式和历史文化发展又各具特色。如湘北洞庭湖滨和湘、资、沅、澧四水下流平原与低丘地区，土地肥沃，雨量充足，水面宽阔，交通便利，农耕渔业发展条件优越，早在春秋时期即已成楚国粮仓，素有"鱼米之乡"的声誉，是典型的稻作农耕兼渔业的生产生活方式和文化类型；湘中和湘资二水中游地区，丘陵与河谷盆地相间，主要宜于稻谷农耕，但多种经济作物发展条件亦很优越，而由于地处湖南中部，自古以来即成为湖南政治经济和文化发展的中心；湘西、湘南和湘东山区，又是一种类型，这里山多田少，溪洞纵横，交通阻隔，且多为少数民族聚居地，靠山吃山，旱土作物和狩猎林木经济所占比重大，生产生活方式和历史文化都另具特色。

目前在湖南境内所发现的人类活动最早的遗迹，属 20 多万年前的旧石器时代。这可视为湖南历史的开端。湖南的先民们，同各地各民族的先民一样，曾经历了漫长的原始社会，从考古文化看，包括旧石器时代和新石器时代。在数十万年间，湖南先民创造了丰富的旧石器文化，并于距今约 1 万年前率先发明人工种植稻谷，进入新石器时代，开始原始农耕生活。在新石器时代的数千年中，先民们以简陋的生产工具同大自然作顽强斗争，艰难地开发三湘大地，创造和发展了原始文化与原始农耕文明，在某些方面还领先于全国，为中华文化与中华文明的最初缔造做出了贡献。

新石器时代末，即距今五六千年前，中国经历了"三皇""五帝"的传说时代。约公元前 21 世纪，大禹传位于子启，建立中国第一个世袭制的夏王朝；后在黄河中下游和中原地区，又先后建立商周两个王朝。公元前 770 年周平王东迁洛阳后，史称东周，进入春秋战国时期。在夏、商、西周三代，湖南虽被《禹贡》列入中国"九州"之"荆州"，中原王朝也多次"南巡""南征"，华夏炎黄族某些支系在不断南迁，但湖南全境大体仍处"要服"与"荒服"之列，为"蛮夷"民族聚居之地。在这一千多年间，湖南各土著族群从新石器时代逐步过渡到青铜器时代，创造了具有地方和民族特色的青铜文化。同时商周青铜器大量流入湖南，湖南文化的某些因素也进入北方和中原地区，中原文化和湖南本土文化已开始了交流的进程。

从西周末年和春秋时期开始，楚国兴起于南方，湖南逐步归入楚国的版图，设置黔中郡及临湘（长沙）、舞阳等县邑，此外还有罗子国、糜子国等封君属国，湖南开始有了正式的行政建制和行政管理体制。在此后的数百年间，楚人融合部分当地土著居民成为湖南境内的主体居民，楚文化在湖南获得了很大的发展。伟大爱国诗人屈原在沅湘间创作的大量诗篇，长沙楚墓出土的珍稀楚帛书帛画等，均充分显示了湖南楚文化的成就，对后来的湖湘文化乃至整个中华文化的发展，产生了重大影响。同时，在中原文化和楚文化的影响下，湖南土著的"蛮""濮"和"越""巴"各族，开始了原始氏族社会解体和进入封建化的过程，各族原有的民族文化也获得了新的发展，并与楚文化一道，共同构成秦汉后形成和发展起来的湖南古代文化之源。

自秦始皇统一六国和秦汉中央集权的封建帝国建立后，湖南各民族进入了祖国多民族的大家庭，三湘大地成为中国不可分割且极为重要的组成部分。秦在湖南置长沙、黔中、洞庭等郡及临湘（长沙）、罗、武、陵、益阳、湘南、郴、耒阳、零陵等县。两汉时，湖南分置长沙、武陵、桂阳、零陵 4 郡（国）。另有湘南、江华、江永等部分地区，属于苍梧郡。秦汉王朝，特别是两汉，政治上开创和初步发展了国家大一统的局面，全国统一的汉民族得以形成和发展，社会经济和思想文化空前繁荣，中国封建社会进入它最初的发展和兴盛时期，在中国历史发展中占有重要的地位。

在秦汉 400 多年间，由于国家的统一，南北交流的加强，湖南封建经济和文化同样获得显著发展。马王堆汉墓出土的数以千计的珍贵文物，充分反映了当时湖南和长沙地区经济社会和文化发展的水平。正是在此期间，湖南已"华夏化"的楚人及部分原土著居民与南下的华夏族人逐步融合，形成了湖南的汉民族；同时楚文化和土著民族文化与中原华夏文化及其他地域文化相互吸收与融合，在湖南开始形成自有特色的古代湖湘地域文化。以蔡伦、胡腾等为代表的湖南古代人才初露头角，以自己的聪明才智与文治武功，在中国历史发展中做出了贡献。而长沙国太傅贾谊、长沙太守张机，政绩斐然的桂阳太守卫飒、茨充等，这批早期入湘的中原和外籍名人，又积极促进和影响了湖南经济社会和文化的发展。

公元 220—589 年，中国经历了三国魏晋和南北朝时期。在这数百年间，国家大多处于分裂状态，政局动荡不安，战乱频仍，而北方和中原地区尤甚。但在国家和民族不断动荡变迁中，周边民族同中原民族、北方民族与南方诸族，相互间的接触交流与融合，却得到进一步加强，以汉族为主体的中华民族日益发展壮大，经济社会仍有新的发展，而文化科技方面的发展和成就更为突出。

在三国魏晋和南北朝时期，最初魏蜀吴争夺湖南四郡，又一度以资江为界，东部属吴，西部归蜀汉，而后湖南全境均归入孙吴。西晋曾短期统一，后则依次归于东晋和宋、齐、梁、陈诸王朝。这一时期，由于全国政治经济和文化重心的逐步南移和北方人口的南迁，湖南相对而言受战祸兵燹较小，社会比较安定，因此湖南经济得到进一步开发和发展，文化方面的发展和进步也较为突出。如，在湖南古代历史上产生了以桓阶、刘巴、蒋琬、黄盖等为代表的第一个人才群；出现了第一位史籍有载和作品传世的诗人阴铿、湖南最早的具有朴素唯物论和辩证观点的哲学家罗含，还有一批在中国思想文化史上颇有影响的"玄学"家、史地学家。道教、佛教也正是在这一时期传入湖南，深刻影响了湖湘古代文化的发展。

隋唐五代时期，虽历经农民大起义、安史之乱、藩镇割据以及五代十国的政权更替等，但李唐王朝所建立的全国统一的封建帝国曾维持了近 300 年。由于长期政治统一，国势强盛，经济社会和文化获得空前发展，特别是在盛唐时期，中国封建社会达到了高度繁荣的阶段，创造了中国古代文化一段特别辉煌的历史，对后世影响甚大，以至时至今日，海外仍多习称中国人为"唐人"。

　　湖南同全国大多数地区一样，在隋唐时期，随着经济社会的发展，古代湖湘文化也进入一个新的发展阶段。诸如欧阳询、欧阳通父子"欧体"书法的创造，湘籍僧人怀素"狂草"的成就，由欧阳询主纂的《艺文类聚》大型类书的问世，刘蜕、李群玉等人的诗词创作，长沙铜官窑瓷器釉下彩技术的发明，佛、道二教在湖南所得到的弘扬和发展等，无不显示出湖湘文化在中国古代传统文化中的地位和作用。当然毋庸讳言，与中原及东部地区比较，当时的湖南还存在差距，中原王朝仍视湖南为"蛮夷""瘴烟"之地，故常常将其作为朝廷"罪臣"贬谪之所。但湖南好比是"因祸得福"，王昌龄、元结、阳城、刘禹锡、柳宗元等都先后谪迁湖南各地为官；李白的"流放"地"夜郎"也处湘黔边，他两次历游湖湘；韩愈贬连州，与湘南邻连，他一度逗留于湖南；杜甫晚年失意落魂，湖南成其最后的归宿地。这样一批中国历史上最著名的大文豪以至"诗仙""诗圣"，集聚湖湘，与湖南都结下了不解之缘，他们在当地的"兴教""化俗"，及其诗文创作活动，对湖南文化的发展兴盛和风尚传统的演化提高，均产生了深远的影响。这在中国其他文化区域是极为少见的。

　　五代时期，马殷入据湖南，以潭州（今长沙）为首都建立楚国。这是湖南境内历史上唯一的以长沙为中心所建立的国家政权。在近 60 年间，马楚政权大体起到了"保境安民"的作用，加之经济方面采取了奖励农桑、注重水利、加强"茶马交易"等诸多措施，文化方面则组建"天策府"，广收人才等，这促使湖南的经济和文化在唐代的基础上能继续有新的发展。

　　两宋时期，是中国也是湖南古代文化发展的一个特别重要的时期。宋王朝在中国历史上虽然是相对弱势的王朝，特别是在北方有辽金政权与之对峙，长期相互争战，但它继五代十国分裂之后，重建了统一的中央集权政治，推行与民休息、劝课农桑等政策措施，还一度进行某些改革，这有利于经济和文化的发展。而在文化发展方面，还出现了一些繁荣的景象，如"宋词"继"唐诗"而兴起，欧阳修、苏东坡等一批诗文大家的涌现；"二程"、朱熹等名儒的出世与"理学"的创立和传播；留名后世的宋代"四大书院"与书院教育的推广发展等，均可圈可点。

在两宋时期，湖南随着各地经济得到进一步开发，发展速度加快，文化也呈现出前所未有的发展势头。湖南是宋代理学的最初策源地，其开山大师就是湖南道县的周敦颐；继之，胡安国、胡宏父子在湖南讲学传道，朱熹、张栻在湖南"会讲"和办学兴教，作为理学"南脉"的"湖湘学"开始兴起。书院大发展，"四大书院"中长沙岳麓、衡阳石鼓即据其二。在其他的文化领域，如文学、艺术、经学、史地学、宗教等，宋代湖南也均有足以称道的成就和贡献。此外，由于宋王朝"开梅山"治理"南北江诸蛮"，对湖南原土著民族地区进行开发，这些土著民族所保持的民族文化在宋代也开始引起关注。曾为官辰州（治所在今沅陵县）的朱辅就其所见所闻特撰写《溪蛮丛笑》一书，第一次系统记述了沅水中上游古"五溪"地区的民族风土人情。

元代，入主中原王朝的蒙古贵族统治者所奉行的民族歧视民族压迫，以及经济掠夺政策，对全国和湖南地区社会经济政治和文化的发展都产生了消极影响。但为了维持和巩固自己的统治，元世祖忽必烈在位时及元朝前期，采取了一系列加强中央集权、建立行省和完善地方行政体制、恢复和发展农业生产等政策措施，均有利于经济社会的发展。同时，元朝统治者并没有完全排斥中原传统文化，如对先朝的某些典章制度，对传统儒学和佛、道二教，以及科举选士等，基本上均加以继承利用，有的还有所发展完善，这对于中国古代文化的继续发展还是有利的。而元王朝统治地域空前扩大，南北大一统局面的形成与东西各民族交流的加强，更对湖南和全国经济文化的发展起了积极作用。在中国古代文化领域，诸如富有特色的"元曲"的产生和发展，堪与"唐诗""宋词"媲美；自然科学技术的发展更是元代的一大贡献；在佛、道二教继续得到发展的同时，西方基督教和伊斯兰教也开始在中国内地传播，促使中国文化的发展更为多元化。

古代湖南文化在元代数十年间也获得了新的发展。宋代列为"四大书院"的岳麓和石鼓书院得到恢复重建，再度兴盛；在文学、史学方面湖南培养了一批优秀人才，如翰林学士编修辽宋金三史的总裁官欧阳玄，即其中杰出代表；"工散曲"的冯子振，则是中国南方少有的著名词曲作家；曾世荣在中国传统医学方面的成就和贡献也足以称道。

　　明王朝继承了元朝的大一统局面，延续了近300年的统治。在长期相对稳定的政治环境中，明前期所采取与实行的加强中央集权、完善行省和地方军政体制、整顿吏治、奖励垦荒、劝课农桑、兴学重教等一系列政策措施，使中国封建社会的政治经济和文化都获得了新的发展。至明中后期，商品货币经济空前发展起来，在东南地区某些手工行业甚至出现了资本主义的萌芽。在文化领域，诸如各级官学和书院教育的大发展，取代宋"程朱理学"的"阳明学"（"心学"）的创立和传播，《大明会典》、历朝《实录》和《大明一统志》等大型典籍的编纂，宋谦、王祎、方孝孺、李东阳等人的经史著述和古文诗词成就等，在中国文化史上均占有重要地位。

　　元末明初的战乱曾造成湖南地区人口的大变迁。原汉唐以来的土著居民大量流失，江西、江浙等地人口大批迁入，史称"江西填湖南"。这些外地移民的进入，对于湖南经济的开发和文化多元化的发展影响甚大。近代学者谭其骧、林增平均已注意到"湖南人"的性格和湖南文化中这种"移民"因素。在明代，湖南人口和耕地面积都有较大增加，经济发展，特别是农业和粮食生产获得很大发展，以致在民间产生了"湖广熟，天下足"的谚语。文化领域，官学和书院教育较宋元更有发展，经过科举进入仕途的人才较宋元大为增多：刘三吾、茹瑺、夏原吉、李东阳、杨一清等一大批人才登上历史舞台，他们不仅是明代官高位显的政治人将，而且也都是明代湖南颇有成就的文学家、经史学者；湖南长沙等地和岳麓等书院，是明代大儒王阳明及王门弟子，传播和弘扬"阳明学"的重要场所；明代《实录》《会典》等典籍的编纂，无不汇注了湘籍人士的大量心血。进入明代后，道教趋于衰落，湖南与全国均如此，但佛教获得继续发展，伊斯兰教也开始在湖南传播。由于土司制度的实施，特别是对"苗疆"的武力镇压和"边墙"封锁，湖南一些少数民族聚居地区的经济文化发展受到消极影响。但在明代数百年间，随着宋元以来土家、苗、侗、瑶等单一民族的形成和发展，湖南境内这些民族各具特色的民族文化也继续得到承传和发展。

　　由满族建立的清王朝取代明王朝后，中国的经济社会和文化在明代逐步形成的那种发展势头一度受阻。但在清代的前中期，统治者还较有作为，特别是康熙、雍正和乾隆在位时，文治武功达到鼎盛时期，中国统一的多民族国家和封建的经济继续得到独立的发展。文化发展方面，大规模的"文字狱"曾产生了消极的影响，但整体上看满族统治者还是注重吸收和继承中国传统文化，推崇儒学，重视教育，所以中国古代文化再次获得新的发展，经历了它最后的繁荣时期。

在李自成、张献忠余部和南明势力的反抗，以及吴三桂的叛乱相继平定之后，湖南社会一直相对较安定，经济又有所发展，古代湖南文化也再次呈现某种兴盛繁荣的局面。各级儒学和书院的增修新建为数不少，各类义学的大量设置，尤其是雍正时湖南单独设立行省与湖南湖北乡试分闱之后，学校教育和科举业加速发展，湘籍进士举人大量增加。湖南的传统经学和以"经世致用"为主旨的"湖湘学"、史地学、古文诗词创作、书画艺术以及医学等，在清前中期均得到了发展。王夫之的哲学史学巨著主要都是在清前期完成的。此后，李文炤、王文清、陈鹏年、罗典、黄本骥、陶澍等一批湖南儒士名臣和汉学家、诗文作家、史地学者，以及画家秃残、医学家周学霆等，在清前中期相继闻名于世，他们的学术成就和传世作品无不促进了湖南文化的发展，为中国文化史做出了难能可贵的贡献。佛、道二教总体上已逐渐衰落，但南岳等地的名寺古刹和著名道观，入清后依然香火兴盛，出了一批高僧名道，以及在佛道学研究上作出成绩的世俗"居士"。清前中期湖南新建的清真寺不少，伊斯兰教获得相当大的发展；外来的天主教和基督教在清前期开始传入湖南。在少数民族聚居地区，清王朝实行"改土归流"，开拓"苗疆"，设置经制府县（厅），并普遍兴教办学，还实行某些优惠政策，土家苗、侗、瑶等民族的文化也有显著发展，同时习俗风化开始发生了某些新的变迁。

公元1840年，中英鸦片战争爆发。继之，是中英法第二次鸦片战争、中日甲午战争、"八国联军"入侵等。清政府与西方和日俄列强签订一系列不平等条约，割地赔款，丧权辱国。从此，中国独立发展的道路被阻断，一步步被半殖民地和殖民地化，中国社会开始由古代进入近代的转型时期。在清后期的数十年间，大规模的太平天国革命最终被镇压，义和团运动以失败告终，戊戌变法遭到扼杀，腐朽的清朝统治得以继续维持，但内外交困，危机四伏，国家民族濒临危亡关头；另外，资本主义列强经济势力和西方文化侵入，"洋务"和近代工业兴起，自给自足的封建经济逐步解体，中国经济社会和思想文化逐步向近代化的方向发展和演化。

由于地处中国内陆，湖南直接受列强侵略势力影响和进入近代化进程的时间，较东南沿海地区为晚。但近代湖南的历史发展却很有特点，而最为突出的是湖南前所未有近代人才群体的涌现，他们直接影响了湖南乃至中国历史的发展。一方面，湘军的勃兴，以所谓"中兴名臣"曾国藩、左宗棠、彭玉麟、胡林翼为代表的一大批湘军将才登上历史舞台，他们位高权重，以"忠义"相标榜，这更加重了湖南的保守和守旧的倾向。而这批湘军将才们多出身儒士，精通经史，工于诗文，在经学、文学、教育等方面都颇有成就和贡献；有的还注重向西方学习，率先投身"洋务"，这对湖南近代经济文化和社会思潮的发展都产生了很大影响。另一方面，湖湘学的经世思想传统与近代思潮相结合，最先出现了力主维新变革"师夷长技以制夷"的爱国思想家魏源，其后湖南涌现了谭嗣同、唐才常、陈天华、黄兴、宋教仁等一大批维新变法志士和民主革命先行者，致使戊戌变法前后湖南走在维新变法的最前列，成为全国"最富有朝气"的省份之一。而以谭嗣同为首的"六君子"惨遭杀害，更促使陈天华、唐才常和黄兴等湖南和中国革命志士毅然走上坚定的反清革命的道路，正是他们引领着湖南近代思想和文化发展的时代潮流。此外，王先谦、王闿运等政治上虽趋于保守，但亦属近代难得的人才，他们在传统经学、汉学和史地学等学科领域均有突出成绩。

宗教方面，清后期的湖南亦颇为人关注。随着与西方列强不平等条约的签订，西方传教士纷纷来华传教，进入湖南的传教士日益增多，天主教、基督教势力在湘迅速发展，加之部分传教士和教会人员仗势欺人，为非作歹，导致教群矛盾激化，全国各地不断发生反洋教和捣毁教会事件，史称"教案"。湖南是发生"教案"较多的地区。湖南所发生的"教案"，特别是周汉的反洋教斗争，在全国产生了相当大的影响。由于社会经济与思想文化领域近代化趋势的发展，各地各民族人们的社会生活方式和习俗风尚受到冲击和影响，也较快地发生了一些变迁与演化。这在清后期的湖南，同样也较为明显。

《湖南文化史》采用通史章节体例，按时代和朝代发展顺序，设置八大章，又可分为三大篇。第一、二章，自数十万年前湖南最初的人类文化遗迹至秦始皇统一六国，包括湖南的原始文化，商和西周的湖南青铜文化，先秦的湖南楚文化和土著"蛮越"文化，主要记述湖南地域文化最初的源头，阐明"湖湘"文化源远流长，可作为源流篇。第三章至第七章，起自秦汉统一国家建立发展，迄于由盛而衰的清王朝中期和"鸦片战争"前，按朝代发展顺序，分设"秦汉至南北朝""隋唐五代""两宋""元明""清代前中期"凡5大章，为湖南文化的古代篇。基本内容包含教育与人才、科技、工艺、经学、哲学、文学、艺术、史学、地学、宗教信仰、社会民情风俗等诸文化领域，系统记述湖南地域文化在古代的兴起发展和盛衰沿革的历史过程，全面介绍湖南古代各民族在各文化领域的成就和贡献，并阐明湖南古代文化的一些基本特质和精神，及其在中华文明发展史与中国古代文化史上的地位和作用。第八章从1840年鸦片战争爆发至1911年辛亥革命前夕，属于近代篇。该章不再按中国近代史传统划分时期，而是依据不同内容和不同领域，分节记述湖南近代文化的发展与演化历程，及其在各领域所取得的进展和成就。并在传统文化各领域之外特加设"近代思潮"一节，集中介绍与阐述在中国进入近代历史时期后，湖南社会和思想文化界近代思想与理论观念的形成发展与嬗变。此外，还增加了报刊图书出版和书局、戏剧与戏班等近代兴起的文化产业，这更能反映湖南近代文化发展的一些新的特点。

湖南文化源远流长，许多因素数千年来传承不绝。如湖南素以农业大省著称，为中国稻米的重要产地，农耕稻作文化特别丰富发达。而早在约1万年前道县玉蟾岩文化遗址即发现了人工培植的稻谷种子，湖南的先民已开始进入原始农耕生活，八九千年前澧县八十垱遗存的大量稻谷，六七千年前澧县城头山的稻谷稻田遗存，及骨耒骨耜的发现，更说明湖南已有成熟的原始农耕稻作文明，农业的发展古今一脉相承。又如，远古"苗蛮"先民蚩尤部落和先秦时期的"楚人"创立了"巫鬼教"，崇巫信鬼，而近代以来在湖南各地依然有大批民间巫师，汉族称"老司"，土家族称"梯玛"，苗族叫"巴代"，他们知识丰富，特别受人尊崇；湖南民间虔信鬼神，各类祭祀，经久不衰；湖南各地特别是少数民族地区，至今仍有大量遗存的"巫傩"文化等，这些都明显溯源于古"苗蛮"和"楚人"文化。还有，7000年前的黔阳高庙文化遗址，在国内首次出土了用于祭祀的有凤鸟太阳图饰的陶制神器。这种对凤鸟太阳的崇拜，乃是湖南和整个中华传统文化的重要元素，而湖南的高庙文化应是其最初的源头。正因如此，本书特将湖南文化史上溯到"史前"的原始时代与先秦时期，以阐明湖南文化之最初渊源。这突破了此前"文化史"的一般框架和范畴。

湖南系中国统一国家的有机组成部分，湖南文化自然也就是中华文明和中国文化的一部分。局部离不开整体，个性寓于共性。本书各章节，均首先概要介绍各相关时期全国历史和文化发展的基本状况，这构成湖南文化发展的历史背景和客观条件。而在具体文化事项的记述中，尤注意阐明湖南与全国及其他地区的关联和相互影响。如关于宋代理学的兴起及其在湖南的传播，从湖南的角度首先记述周敦颐的学术思想和成就，肯定其宋代理学开山大师的地位和作用；继之，对胡安国、胡宏父子在湖南的讲学及其学术思想，朱熹、张栻会讲岳麓，在湖南的办学布道，均作了较大篇幅的记述，充分肯定他们在道学"南脉"——"湖湘学"形成中的贡献和作用。而正是"湖湘学"与"闽学""伊洛"之学等相辅相成，共同构成了宋代的程朱"理学"。

湖南是一个以汉族为主体的多民族聚居地区，湖南文化是一体多元化及多层面的文化。本书重点阐述以汉民族为主要载体的中华传统文化，同时尽可能发掘和介绍土家苗、瑶、侗等湖南各土著少数民族的民族文化；在全面记述历代文化阶层在各文化领域的成就和建树之外，还着力搜集记述民间和社会大众的各类文化事项及在文化领域的创作与承传。诸如各民族民间口头文学、民间工艺、民间信仰崇拜、社会生活习俗、少数民族风情等内容，在书中均占有相当的篇幅，内容覆盖面较以往的各种文化史更加广泛。

本书在资料方面，钩沉发微广征博引，竭力收集运用各类历史文献资料；同时大量收集和使用了各种文物考古资料、口碑资料，还为各章节的相关内容选配近百幅文物和历代书画原物图片，以求图文并茂。

文化史的内容相当广博，且涉及多门学科领域，要真正撰写好一部系统全面的文化史并不容易。《湖南文化史》只能说是初具规模，完成了基础的铺垫工程。或由于资料的局限，或囿于作者自己的知识结构，挂一漏万，疏误难免，后来者定能进一步完善升华。

湖南土著民族先秦考源

自汉民族形成以来，湖南的主要居民是汉族。但古今变迁很大。目前湖南的汉族居民，绝大多数都是宋代以后，特别是明清之际，才从中原地区和邻近各省迁入的。所以，湖南的少数民族大多都称汉族为"客家"。在湖南的各个少数民族中，白族、回族、壮族、维吾尔族、满族等，也是宋代以后各个不同时期，以驻防屯垦、经商、宦游、移民等各种原因，逐步迁入的。真正堪称湖南土著民族的，实际上只有苗、瑶、侗、土家等民族。现特就这几个民族先秦时期的渊源初步进行一些探讨。

一、传说时代的"三苗"和"三苗国"

大约与尧、舜、禹三代同时，即距今四五千年左右，我国历史舞台上出现了一个庞大的部落集团——"三苗"和"三苗国"。

"三苗"，又称有苗，或称苗民，在先秦及秦汉以后诸典籍中多有记载。《尚书·虞书》载："窜三苗于三危。"孔安国传云："三苗，国名………为诸侯。"《尚书·虞书》又载"有苗弗率"，"苗民逆命"。《尚书·吕刑》载："苗民无辞于罚"，"三苗之民"。《帝王世纪》载："诸侯有苗氏。"《竹书纪年》载："有苗氏负固不服。"《汉书·地理志》颜师古注曰："三苗本有苗氏之族。"这些记载中的"苗民""有苗"，应是氏族部落的名称。古人的数字概念常以"三"为多，故所谓"三苗"，是说这一氏族部落集团包括了许多氏族胞族和部落。所谓"国""诸侯"，则是殷周时的概念，在尧舜时期，其时，仍然是指占据一定地域的部落集团。

关于"三苗"的来源，历史上即有不同的说法。如《尚书·吕刑》疏引韦昭注："三苗，炎帝之后。"《山海经·大荒北经》："颛顼生欢头，欢头生苗民。"即"苗民"为颛顼之裔。但记载最多的是说"三苗"为蚩尤"九黎"之后。《尚书·吕刑》孔颖达疏："三苗复九黎之恶，是异世同恶也。"《国语·楚语》注："三苗，九黎之后"，"三苗民复九黎之德"。《尚书·正义》（卷十九）孔颖达疏引郑玄云："苗民，即九黎之后。"孔颖达又传云："三苗之君习蚩尤之恶。"这些记载都肯定"三苗""苗民"同蚩尤"九黎"的关系十分密切，二者是一脉相承的。目前国内学术界大多数人均认为，"三苗"和"三苗国"，是以蚩尤为首的"九黎"部落集团，在同炎黄部落集团争逐失败后，向南退却，在不同时代和不同地域重新形成和发展起来的新的部落联盟。从民族源流看，"三苗"集团不同于以炎黄为代表的华夏集团。当然并不排除，在"三苗"集团的形成和发展过程中，有其他部落集团甚至炎黄集团的某些支系融入的可能。

例如，"欢头"族。据郭璞注："欢头，即驩兜，或作丹朱。"《山海经·海外南经》袁珂案曰："尧子丹朱不肖，尧以天下让诸舜，三苗之君同情丹朱，而非尧之所为，尧杀三苗之君，使后稷放帝朱于丹水，三苗余众，亦迁居丹水，以就丹朱。"这就是说，"欢头"族与"三苗"族在丹水一带结合起来组成了一个共同的部落集团，以抗帝尧。《史记·五帝本纪》云："三苗在江淮荆州数为乱……放驩兜于崇山以变南蛮。"这也说明"为乱"的三苗中包括了"欢头"族，后来"欢头"族变成了"南蛮"，即"三苗"集团的一部分。

关于"三苗"集团分布和活动地域，自春秋战国以来有不少记载。《韩非子》云："三苗之君不服者，衡山在南，岷江在北，左洞庭之波，右彭蠡之水。"《战国策·魏策》引吴起曰："昔者三苗之居，左彭蠡之波，右洞庭之水，汶山在其南，而衡山在其北。"《韩诗外传》：有苗氏，"衡山在南，汶山在北"。《史记·五帝本纪》："三苗在江淮、荆州数为乱。"《史记正义》："今江州、鄂州、岳州三苗之地也。"《尚书地理今释》："三苗，今湖广武昌、岳州二府，江西九江府也。"《通典·州郡十三》："潭州，古三苗之地"；"岳州，在苍梧之野，亦三苗国之地"。《名义考》："三苗建国在长沙，而所治则江南荆扬也"。这些引文中的"衡山"，郭璞认为即南岳，郝懿行说是河南之雉衡山，而乐史、顾祖禹则以为霍山即衡山，说法不一。洞庭彭蠡孰左孰右记载也常相反。说"三苗"以长沙为国都，也不太可靠。但根据以上记载，仍然可以肯定，当时的"三苗国"

大致处于江汉江淮流域和长江中游南北洞庭彭蠡二湖之间这一辽阔地域内，而湖南则是"三苗"集团分布和活动的重要地区。

湖南土著民族，特别是苗、瑶民族，追根溯源，同当年的"三苗"集团有密切联系。早在南宋时期，任职潭州的朱熹，曾作《记三苗》，就把当时湖南境内的苗、瑶民族，溯源于远古的"三苗"。其文云："在湖南见说，溪洞蛮瑶略有四种：曰僚、曰仡、曰伶，而其最轻捷者曰猫，岂三苗之遗民乎。古代字少而多通用，然则所谓三苗者亦当作猫字耳。"元明以后的官私著述肯定苗、瑶民族即古"三苗"后裔的就更多。

从地域看。苗族和瑶族今天均居住于湘西、湘西南和黔、桂、滇西南各省的崇山峻岭之中。但苗族流传的古歌和传说，都说苗族原来是居住在江湖平原和水边，是从洞庭湖沿江而上，迁徙到武陵五溪以至西南各地的。据瑶族所保存的古文献《过山榜》记载，瑶人"出世武昌府"，后因兵荒和天灾，坐船"过大海去找山源"。先来到桃源，后又"过山落户千家峒"，从千家峒再迁住广东、广西。湖南瑶族也有传说是从"南京"和江西迁来的。这都说明，苗瑶民族的先民原来是居住在长江中游洞庭湖和鄱阳湖（即古彭蠡）一带平原地区。这同"三苗"集团分布和活动的地域完全相吻合。

从文化习俗方面看，我们也不难找到苗、瑶民族和古"三苗"的相同或相似之处。如"髽首"。《淮南子·齐俗训》载："三苗髽首，羌人括领，中国冠笄，越人劗鬋"。这就是说，"三苗"的发式与华夏、羌、越等族都不同。据高诱注："髽，以枲束发也。""枲"即大麻的雄株，只开花，不结果，又叫"花麻"。"以枲束发"就是用麻掺合在头发中挽成髻。这种习俗在许多地区的苗、瑶妇女中一直到今天还保留着。又如，在属"三苗"文化遗存的屈家岭文化出土的文物中，有"陶祖"和"石祖"。这是祖先崇拜的一种形式。而苗族大型的祭祖仪式，即"吃牯脏"活动中，还保留有类似崇拜。在瑶族和湖南的苗族中，至今还有不少崇拜盘瓠（龙犬）的遗迹和遗俗，如瑶族还"盘王愿"，麻阳苗族的"盘瓠庙"等。在属于长江中游屈家岭文化和龙山文化范畴的怀化市高坎垄文化遗址中，近年来出土了一种犬形陶塑，考古学界认为这同犬图腾崇拜有关。

这说明，崇拜龙犬盘瓠的习俗早在"三苗"时代即已形成，在盘瓠崇拜上，今天的苗、瑶民族同古"三苗"是一脉相承的。

作为"三苗"部落联盟的成员驩兜族，在苗、瑶民族中也留有不少遗迹。如古代曾是苗族聚居地的湖南大庸（今张家界市地）有崇山。据记载："驩兜墓在崇山，舜放驩兜于此，死后，遂葬于山上。"①又载："崇山绝顶有巨垄，相传为驩兜冢。"②据传说，大庸的崇山还曾有"驩兜庙""驩兜鼎"等。在苗族聚居的花垣县，也有崇山，明代设崇山卫于此。在湘西苗族中姓石的这一支系，苗姓叫"仡欢"，其中大石的苗姓就叫"驩兜"，他们都直接奉驩兜为自己的祖先。

正因为苗、瑶民族与古"三苗"之间存在上述种种联系，把苗族和瑶族说成是"三苗之后"或"三苗之裔"，是不无道理的。苗、瑶民族最初先民的渊源完全可以追溯到"三苗"集团。

学术界还有这样一种观点，即认为"三苗"是由古越人构成的部落集团。这一观点当然很值得商榷，似难以为大多数人所接受。但可以肯定，"三苗"虽以苗、瑶集团先民为主体，然而同古越人确实也有一定的关系，"三苗"集团，至少包括了部分古越人。

越即粤，古代二字相通。古越人分布地区域很广，支系繁多，有扬越、于越、闽越、骆越等等，统称"百越"。在长江以南古越人从原始社会晚期开始，逐渐创造了以有段石锛、有肩石斧、有孔石铲、各种石镞和拍印的几何形纹饰陶器为代表的独特的文化，即越文化。湖南的湘江流域和资水下游，正广泛分布着具有越文化特点的新石器时代的遗址。经过正式发掘的有湘乡岱子坪下层、浏阳樟树潭下层、长沙月亮山、安仁何古山、株洲烟墩冲、衡山、金山岭等。烟墩冲遗址出土的有段石锛和石镞，何古山遗址出土的弓背形石锛，其形制与广东石峡遗址出土的十分接近。烟墩冲、金山岭等遗址出土的陶器多拍印纹饰，岱子坪下层和月亮山遗址出土的瓦状足盘形鼎、夹砂圆底小釜和有子口的盘罐，类似的器

---

① 万历《慈利县志》第十二。
② 同治《直隶澧州志·陵墓》。

形在广东石峡、江西樊城堆、筑卫城遗址中可以见到。还有很普通的二次葬，可能是古越人的一种特殊葬俗。这种初期的越文化，年代大致与属于"三苗"时代的屈家岭文化相当，而在屈家岭文化的南部类型遗址中，越文化与屈家岭文化往往呈交织和融会状态。例如，江西修水跑马岭遗址，既有屈家岭文化的因素，又有类似广东石峡文化的越文化特征。再从新石器时代越文化遗址的分布地域看，北达江汉和长江以南，以及洞庭湖地区和湘资中下游，即今湖北东南部、江西和湖南东南部地区，这同"三苗国"的地域亦相吻合。所以，我们由此肯定"三苗"集团包括有古越人，是完全有根据的。古越人为侗壮语系民族的先民，包括在"三苗"集团之内的这部分古越人很可能也就是湖南侗族的最初先民。至今湖南通道、靖州等地侗族仍说自己的祖先来自江西，这当然同宋元以后江西移民的大量涌入湖南有关，但也并不排除，在某种程度上反映了侗族世世代代流传下来的对自己民族渊源的朦胧的追忆。

二、殷商和西周时期的"荆蛮"

由于尧、舜、禹不断地大规模征伐，"窜三苗于三危""放驩兜于崇山""分北三苗"，"三苗"部落集团被打垮和瓦解了。禹传位启后，建立了我国第一个奴隶制王朝。在夏朝统治的五百年间，再未见到有关"三苗"和"三苗国"的记载。至商周之际，出现了一个新的庞大部落集团。

这就是史籍所载的"荆蛮""蛮荆"。有时又称"荆"，或"荆楚"。

所谓"蛮"，本是中原华夏族人对南方诸民族和部落的总称。《毛诗正义》云："蛮荆，荆州之蛮也。"可见，"荆蛮""蛮荆"，指的是分布于荆州地域之内的"蛮"。《禹贡》曰："荆及衡阳惟荆州"。《尚书·正义》载：荆州，"北据荆山，南及衡山之阳"。孔颖达疏曰："此州北界至荆之阳，其境过衡山也。"从这里所说的荆州范围看，主要是洞庭湖南北，即今湖北、湖南二省及与之邻近的河南、安徽、江西省的部分地区。这正是"左洞庭，右彭蠡""汶山在北，衡山在南"的"三苗"部落集团的主要活动和分布地区。这种地域上的吻合，反映了"荆蛮"与"三苗"之间的承续关系。很可能是"三苗"集团瓦解后，分布于荆州的广阔山泽和偏远地带的三苗"后裔"，经过数百年的较为和平的发展，势力又强盛起来，形成新的部落集团。由于从大范围看，"三苗"本属"南蛮"，"三苗""有苗"又常常被叫作"南蛮"，所以当这个新的部落集团同中原华夏族发生接触和冲突时，中原人不再把他们叫"三苗""有苗"，而以地命名，称之为"荆蛮""蛮荆"，是很自然的。其实，"荆蛮"的主体部分是"三苗"的后裔，依然是苗、瑶民族的先民。"荆蛮"是由"三苗"到后来的苗、瑶民族发展中的一个阶段。

从名称看，"苗"，古音读"毛"，"三苗国"又作"三毛国"，读音同"蛮"很相近，可以音转，把"三苗""有苗"的后裔统称为"蛮""荆蛮"，并不会使人感到突然。苗族现在大多数仍自称"蒙""目"或"模"，而瑶族大多数则称"勉""门"，二者发音很近的，又都同"蛮"可以音转。这也是一旁证，说明"三苗"——"荆蛮"——苗、瑶民族三者的联系是十分明显的，应该是前后承续和相继发展的关系。

由于"三苗"集团包括有部分古越人，作为"三苗"后裔和"三苗"的继承发展的"荆蛮"，除苗、瑶先民和楚人先民外，自然也仍包括有越人。所以在史籍中"蛮"也可称"越"，而"越"往往又包括在"荆蛮"之内。如《史记·吴泰伯世家》"索引"注："蛮者，闽也，南夷之名，蛮亦称越。"又《国语·郑语》韦昭注："荆蛮，芈姓之蛮。"《汉书·地理志》注引《世本》："越为芈姓。"把"荆蛮"仅仅局限为"芈姓"是不符合实际的，但"荆蛮"确实包括有芈姓氏族部落，也就包括有芈姓的古越人。《史记·楚世家》载：楚熊渠兴兵"伐庸、扬粤……皆在江上楚蛮之地"。这也明确地把"扬粤"（古越人的一支）包括在"楚蛮"集团之内。

商周时期，古越人发展了高度的印纹陶技术，并且创造了硬陶和釉陶，出现了原始青瓷。商周越文化最典型的代表是江西吴城遗址，考古界命名为吴城文化。属于越文化和具有吴城文化一系列因素的商周时期遗址，在湖南的湘江流域和资水下游有大量的发现。如较早的属商代晚期和西周初年的浏阳樟树潭上层、岳阳费家河、浏河、社港和宁乡炭河里，较晚的时代大致为西周时期的有汨罗狮子山、长沙杨家山、湘乡新坳、零陵菱角塘、酃县马道坡、安仁何古山上层等，更晚的时代处于两周之际的有衡阳市周子头遗址。出土的陶器，从纹饰到器形，都与广东、广西、江西等地商周诸越族遗址高度一致。在湘潭古塘桥，湘乡牛形山、团田，宁乡黄材，长沙金井、高桥、麻林，衡南胡家港，资兴旧市，祁东小米山等地还多处发现春秋早期中期以随葬铜器为主的墓葬。其中出土的"越式鼎"、扁茎无格短剑、人字断面削刀、人面纹和人形柄匕首、乐器钲等，与后来出现的这一地区的楚墓迥然不同，而与广东清远、广西恭城等地春秋越人墓相同，亦应属越人墓。

这说明，在湖南地区，商周时期，仍分布着大量越人，而新石器时代已粗具特点的越人文化，到商周时期获得了进一步的发展。从大范围看，湖南当时为"荆蛮"地域，湖南境内的越人也就当然构成"荆蛮"集团的一个组成部分。

殷商和西周时期，包括湖南在内的南方"荆蛮"集团，常常成为中央奴隶制王朝大规模"征伐"和掠夺的对象。据《竹书纪年》记载，早在成汤时，"商师征有洛，克之，遂征荆，荆降"。可见商朝军队在攻占"有洛"（今河南南部地区）之后，曾乘胜南下征伐"荆蛮"，一度迫使"荆蛮"归顺。至盘庚迁殷前，"殷道中衰，宫室不修，荆楚背叛"①。"荆蛮"可能摆脱了商朝的控制。武丁即位后，"挞彼殷武，奋伐荆楚，深入其阻，裒荆之旅"②。即武丁率军讨伐荆楚，深入其险阻之内，俘虏了大量荆楚的大众而归。随着殷商统治者对"荆蛮"征伐，中原王朝的政治经济军事势力和中原文化，开始伸进湖南等"荆蛮"地区。近年来在湖南石门皂市发掘了相当于二里岗上层的商代文化遗址，宁乡礼陵、常宁岳阳等地不断发现殷商的青铜器，如兽面纹铜卣大铜铙、人面方鼎、象尊、豕尊等等。正是在中原文化的影响下，自殷商末年以后，湖南等地"三苗"集团后裔——"荆蛮"中的楚人、越人等开始了向青铜时代的过渡。

在西周初年，由于商朝统治被推翻，"荆蛮"可能得到了一个发展的机会。

---

① 《毛诗正义》卷二十。
② 《毛诗正义》卷二十四。

故史曰："逮于周世，党众弥盛。"① 至西周中叶，"荆蛮"成为周朝南方的劲敌。从昭王开始，多次用兵南方，对"荆蛮"发动了大规模的战争。据记载："周昭王十六年，伐楚荆"；十九年，"丧六师于汉"；"周昭王末年……王南巡不返"。②又有记载云："昭王南巡狩，不返，卒于江上。"③ 看来，昭王"伐""荆蛮"并不顺利，最后自己也葬身南国。所谓卒于"江上"，有说为汉水，还值得考究。今湖南长沙至湘潭之间的湘江中有"昭潭"，岸边山峰曰"昭山"，据传说即当年昭王南征葬身之处。若依此说，则昭王最后一次南征，曾抵达洞庭湖以南和湘江中下游一带。此后，周穆王、宣王继续对南方的"荆蛮"发动战争，也曾深入湖南。如据记载："周穆王三十七年，王起六师，至于九江，伐楚。"④ 所谓"九江"，即洞庭。据诸家考证，沅、渐、沅、辰、溆、酉、澧、资、湘为"九江"，同归洞庭。⑤ 这都说明，湖南承袭"三苗国"之后，又是"荆蛮"集团分布和活动的腹心地区。

西周对南方"荆蛮"地区的多次用兵，客观上也促进了中原文化的南传和与南方土著文化的交流。近数十年来，在湖南境内出土了大批西周青铜器。如湘乡狗头坝遗址出土的周初兽面纹铜镜，湘潭花石洪家峭西周中期墓出土的铜钟等。湖南出土的青铜器上有几个族名徽记多次出现，如"凤""戈"，以及凤鸟。考古学界考证，这些青铜器可能是商末周初中原以"凤""戈"和凤鸟为族徽的氏族，一部分人南下带来的。⑥ 这说明，西周时期，不仅中原文化在继续传入湖南，而且某些华夏成员也开始南迁。中原文化同土著的"三苗""荆蛮"文化在西周数百年间的进一步交流融合，为湖南地区越人青铜文化的发展和楚文化的形成发展打下了基础。

过去不少人有一种误解，即认为"荆蛮"就是楚人楚国。其实，楚人并不

---

① 《后汉书·南蛮传》。
② 《古本竹书纪年·周纪》。
③ 《史记·周本纪》。
④ 方诗铭《古本竹书纪年辑证》，上海古籍出版社，1981 年。
⑤ ［宋］曾彦和《朱子文集》；乾隆《辰州府志》。
⑥ 何介钧《湖南商周时期古代文化的分区探索》，《湖南考古辑刊》1984 年第 2 期。

等于"荆蛮","蛮荆""荆楚"并不是楚国。从史实看,楚祖鬻熊周初建国于荆山地区,至武王文王,还地不过同,即地方仅方圆百里。商王朝大规模挞伐"荆蛮"时鬻熊的楚国还不存在,而西周时,这样小小的一个楚国根本不可能成为一再征讨的对象。而西周王朝历次征讨"荆蛮"所达到的地域也远远超过了当时的楚国范围,已深入到洞庭湖以南和湘江中下游。楚国的势力当时还完全没有达到这一地区。周昭王、穆王、宣王征伐的"楚"当然也不是鬻熊的楚国,而是"荆蛮"部落集团。当然商周对"荆蛮"的征伐,也并不是同楚人和楚国完全没有关系,因为楚人的先民本属"三苗"集团的一部分,其后裔自然也仍处于"荆蛮"集团之内。但看来,楚人是"荆蛮"中的比较先进的部分,所以较早地建立国家,较其他部分更快地进入了文明时代。而"荆蛮"集团中的大多数成员,包括"三苗"中蚩尤"九黎"和驩兜族后裔,以及部分越人,社会发展则较为缓慢,长期停滞在原始社会末期部落联盟的阶段。

三、春秋战国时期的湖南民族

公元前 770 年周平王东迁洛邑后,王室衰微,邦国林立,各诸侯争战不已,至公元前 221 年,始由秦统一全国。史称这 500 多年为春秋战国时期。在这数百年间,湖南民族发生了很大的变迁。

(一)楚人入湖南

春秋战国时期,楚国势力日益扩张,最后发展成雄踞大江南北争霸中原的赫赫大国,原"荆蛮"分布地区先后被纳入楚国的版图。

楚国势力进入湖南,首先是沿洞庭湖西部的路线,即由楚国政治经济中心和都城所在地枝江江陵一带,越长江,经松滋公安水路沿松滋河荆江,陆路逾天门山武陵山,进入洞庭湖西部和澧水沅水中下游地区。时间约始于春秋早中期。从考古材料看,至今湖南所发现的最早的楚墓和楚文化遗址,是在洞庭湖西部下游的澧县,时代为春秋中期。还有沅水中游麻阳和辰溪之间九曲湾铜矿遗址,经考古鉴定是春秋时期楚人的铜矿开采和冶炼。这都说明春秋时期楚国的势力和楚人已由西线进入了湖南。

楚国势力进入湖南的第二路线，是沿洞庭湖东部，进入现今岳阳长沙地区，而后再南伸，达五岭。其年代稍晚于西部路线。从史料看，楚文王（公元前689—前676年在位）徙罗子国于现今岳阳汨罗一带，为楚国势力由东部路线进入湖南之始。继而是楚成王时（公元前671—前626），征服南方"夷越"拓地"千里"。① 近几十年来，湖南考古工作者已在长沙、湘潭、湘乡、衡阳、资兴等地发掘了大批春秋晚期和战国初期的楚墓。这反映了楚国势力自春秋中叶以后，由北而南逐步进入洞庭湖东南部和湘江流域的史迹。

战国时，楚国势力向湖南又有两次大的扩张。一是楚悼王时（公元前401—前381）"吴起相悼王，南并蛮越，遂有洞庭、苍梧"。② 即从洞庭湖地区直达五岭南北，均进入楚国的版图。另一次，是楚威王时（公元前339—前329）遣大将庄蹻溯沅水而上，扩地黔中以西，进入现今贵州东南部，以至云南。近几年来，湖南地区以及广西恭城平乐、广东清远广宁等地，先后都发现了战国时期的楚墓群。出土器物与长沙楚墓，以及河南安徽楚墓的器物都有许多相同之处。这显然是战国时期，楚国和楚人进一步向南拓展的结果。

春秋战国时期，楚国势力由北而南逐步扩展，楚人大批进入湖南。正是进入湖南的楚人，同湖南部分土著"蛮越"民族以及殷商、西周进入湖南的华夏集团中某些氏族的融合，构成了后来湖南汉民族的最初先民。

（二）"蛮""濮"

春秋战国时期，楚人和楚国势力日益扩大，但在原"荆蛮"地区内同时仍存在其他民族的先民和氏族部落。其中势力最大的是"蛮""濮"。可能因其氏族部落众多，又称"群蛮"和"百濮"。"濮"实际上也属于"蛮"。故韦昭云："濮，蛮邑……叔熊逃难奔濮，而从蛮俗。"③ "蛮""濮"原本同楚人一起都包括在"荆蛮"集团之内，只是其发展落后于楚人。

从地域分布看，"蛮"和"濮"有一部分居住在长江以北江汉平原及邻近地

---

① 《史记·楚世家》。
② 《后汉书·南蛮传》。
③ 《国语·郑语》注。

区，他们错处于楚人和姬姓诸华夏小国之间。这一部分，最先为楚人所征服，进入楚国的版图。但其他大部分"蛮""濮"部落，由于殷商西周对"荆蛮"的一再征伐，已进一步向南流徙，主要聚居于长江以南、洞庭湖区以至整个湖南地区，特别是武陵山脉和澧水、沅水流域，以及湘中、湘南地区。随着楚人和楚国势力的扩展，这些"蛮""濮"部落也成为了征服的对象。

武陵山脉和澧水、沅水中下游地区，即今常德张家界怀化地区（市）和湘西自治州，"濮"部落最集中，所以春秋战国时期被称为"濮地"。据王鸣盛《尚书后案》载："百濮，西南夷……或曰湖广常德、辰州二府境。"辰州治今沅水中游的沅陵县，辖地包括湘西自治州永顺、保靖、古丈、吉首、凤凰、花垣、泸溪和怀化地区怀化、靖州、黔阳、麻阳、辰溪、溆浦、沅陵等县（市）。常德府治今常德市，辖地包括常德、桃源、汉寿、澧县、临澧、石门、慈利、永定等县（市）。考古发掘材料也证明，在楚人进入之前，这些地区聚居着另一不同的族群。如靖州自治县江东乡发现的一处春秋战国墓群，从已清理的四座墓中出土的器物地方特色十分鲜明，而与楚墓遗物明显不同。第一，陶器均夹砂，呈灰褐色，而楚墓出土的多为泥质灰陶；第二，陶壶为圈足，无盖，而楚墓出土的陶壶大多为圈足，有盖；第三，陶器组合为罐（壶）、豆，不见三足器，而战国楚墓则为鼎敦壶，多见三足器；第四，铜剑全系截锋短剑，未见楚式剑或越式剑。据此，考古学界认为，这批墓葬的主人肯定不是楚人，由于未见越人遗物，所以也不可能与越人有关，而很可能是"五溪蛮"的前身——濮人。[①] 近年来考古界在湘西地区出土了一些在楚人、越人和巴人文物中都从未见过的东西。例如，1976年保靖四方城出土了五件青铜剑，它们和楚式四山纹铜镜同出，时代当属战国。形制分为两种。其中一种，剑身和巴式剑略似，但有很宽的梯形剑格，剑上镂刻云纹、圆圈纹、菱形纹和涡纹等。另一种，为扁圆实心茎无格剑，茎上镂刻云雷纹、复线三角纹、折曲纹等。这类剑多见于贵州西汉早期墓中。考古界认为，出

---

① 舒向今《湖南怀化地区先秦文化特征》，中南民族大学学报（人文社会科学版），1991年第3期。

土这两种青铜剑的地点均属古"濮"人分布和活动地区，应为"濮"人的遗物。① 又据《逸周书》载："卜人贡丹砂。""卜人"即"濮"人。明清以前，向中原王朝所贡丹砂，主要出自辰州及相邻地区。故《通典》云"辰州贡丹砂"；《宋史·杜杲传》载"辰溪贡砂"；朱辅《溪蛮丛笑》："辰锦砂最良。麻阳即古锦州，旧隶辰郡。"李时珍曰："砂银生五溪丹砂穴中。"这也说明，楚人入五溪之前，"濮"人已居住在辰州、锦州，即沅水中游及其支流地区，并开采丹砂矿，向周王室进贡；而辰锦一带的朱砂水银矿的开采始自"濮"人，以后一直为当地居民延续下来。

楚国自蚡冒"启濮"和熊通"开濮地"，到平王"为舟师以伐濮"，对江汉以南至沅水流域的蛮濮集团多次进行"征伐"，楚国势力逐步深入湖南的"濮"地。近几年在沅水中游及其支流沿岸溆浦和古丈等县，已发掘出大批战国时期的楚人墓葬。但楚国的势力和楚人的活动，一般还仅局限于沿河流的交通线和据点上，而广阔的山区溪洞林莽间仍为"蛮""濮"族所聚居。这些"蛮濮"集团，秦汉以后则以"盘瓠之裔"见称，并构成"武陵五溪蛮"的重要部分，他们就是湖南苗、瑶民族的直接先民。至今湘西苗族中，带"濮"字音的姓氏支系祖先和英雄很多。如据湘西苗族《古老话》记载，苗族的祖先中有"阿濮透炭""阿濮透滩""阿濮朴僮""阿濮朴侬""阿濮布头"等；从苗姓"大芈"分出的十二支系中有"濮沙"，而"濮沙"又发展为"濮湾""濮较"二姓二支。在湘西苗族传说的先祖英雄和头人中，还有"濮柔""濮朗大列""阿濮仡偻芈"等。这些带"濮"字音的姓氏和名称，很可能同古代"濮"人部落集团有渊源关系。

（三）越人和越文化

春秋时期湖南境内依然分布着大量越人，并且创造了高度发达的青铜文化。1982 年在长沙县金井茶场发掘了一处越人墓地。出土青铜器共七件，其中有匕首和鼎，与中原同类器物相比有不少相似之处，但差别很大，尤其是鼎上所饰的曲折纹、变形夔纹和短直线纹等，既与中原的作风不同，又与楚器迥异，可以说

---

① 何介钧《从考古发现看先秦湖南境内的民族分布》，《求索》，1993 年第 4 期。

是南方土著民族独特的产物。出土的匕首,也与中原和楚的同类器物不同,有人像装饰。这类有人像装饰的匕首,曾多见于广东、广西的春秋墓葬中。经考古界认定,金井这批青铜器为春秋早期古越人的遗物。① 这证明长沙一带在楚人进入以前,仍为越人活动和分布的地区。此外,近几年来,湘江流域的平江、湘乡、衡南、资兴等地都有春秋时期的越式铜器出土。这都为春秋时期湖南古越人的分布提供了证据。

据史籍记载,楚人由东部路线进入湖南时,所遇上的确实也主要是"越",或称"扬越""夷越""蛮越"。《史记·楚世家》载:"当周夷王之时,王室微,诸侯或不朝,相伐,熊渠甚得江汉间民和。乃兴兵伐庸、杨粤,至于鄂。""杨粤",即"扬越"。"鄂"即今湖北鄂城县地,处武汉东南部长江以南。这可能是"扬越"分布的北界。又据记载:成王恽元年(677)"初即位,布德施惠结旧好于诸侯,使人献天子。天子赐胙曰:镇尔南方夷越之乱,无侵中国,于是楚地千里"②。据罗香林考证,"夷越"亦即"扬越"。这里楚所攻的越人,显然是长江和洞庭以南,"楚地千里"应主要是向湖南地区扩展。至战国中期,"吴起相悼王,南并蛮越,遂有洞庭苍梧"。又有记载: "吴起为楚悼王罢无能,废无用……南攻扬粤,北并陈蔡"。③ 吴起所攻的"扬越",已主要是在湖南境内。从春秋早中期至战国中期,楚国势力由北而南,先据有洞庭之野,最后达苍梧,即湖南南部九嶷山和南岭地区。而随着楚国和楚人势力向南步步扩展,古越人分布地域相应地逐步向南退缩,从北到南楚文化逐步代替了越文化。这在考古资料方面反映得十分明显。

先是在洞庭湖东北和湘江下游地区。例如:湘阴县凤南乡发现一处两周之际的遗址,出土的鬲盆罐,完全属于楚文化,而同时期风格迥异的越人遗址依然并存。又如,临湘陆城附近的长江岸边发现两个相距不到一里的遗址,一个属西周

---

① 湖南省博物馆《长沙县出土春秋时期越族青铜器》,《湖南考古辑刊》,1984 年第 2 期。

② 《国语·郑语》注。

③ 《后汉书·南蛮传》。

时期，出土大量印纹硬陶，是越文化遗址，另一个属春秋早中期，已不见硬陶，而出土夹砂红陶和红胎黑皮泥质陶鬲盆豆罐，显然已是楚文化遗址。继而是在湘江中游宁乡、长沙、湘潭、湘乡等地，自春秋中晚期以后，原来普遍存在的随葬铜器为主的越人墓消失了，代之以随葬陶鬲盆罐为组合的楚墓。在湘乡的新山里、大茅坪等地还多处发现楚墓直接叠压在越人墓上，或直接打破越人墓的情况。最后到战国中晚期，湖南和南岭地区出现了典型的楚墓（以陶鼎敦壶为主要组合），但同时也还有出土扁茎无格短剑（即"越式剑"）和印纹硬陶，而不出陶礼器鼎敦壶的越人墓。

自楚人占领湖南全境后，湘江流域和资水中下流的越人大部分处于被统治地位，逐步同化于楚人，少部分则进而向南退却，避处山区，即所谓"山越"。资兴旧市发掘的战国墓群中，仍有不少越人墓，而广东北部和广西北部战国中晚期的越人墓则更多。这些都是退处南部山区的越人墓。这部分越人很可能就成为了湖南、广西等地今天的侗族的直接先民。

（四）巴人和巴文化

《后汉书·南蛮传》载："巴郡南郡蛮，本有五姓，巴氏、樊氏、曋氏、相氏、郑氏，皆出于武落钟离山。其山有赤黑二穴，巴氏之子生于赤穴，四姓之子皆生黑穴，未有君长，俱事鬼神。乃共掷剑于石，约能中者奉以为君。巴氏务相乃独中之，众皆叹。又令各乘土船，约能浮者，当以为君。余姓悉沉，唯务相独浮。因共立之，是为廪君。乃乘土船从夷水至盐阳。盐水有神女，谓廪君曰：此地广大，鱼盐所出，愿留共君。廪君不许。盐神暮辄来取宿，旦即化为虫，与诸虫群飞，掩蔽日光，天地晦冥，积十余日。廪君思其便，因射杀之，天乃开朗。廪君于是君乎夷城，四姓皆臣之。廪君死，魂魄世为白虎。巴氏以虎饮人血，遂以人祠焉。"这是关于"廪君蛮"，即"巴人"的最早记载。武落山，一名难留山，在湖北长阳县。据《水经注》卷三十七载："佷山县（今长阳县）有石穴，昔巴蛮五姓共掷剑处。""夷水"，又名盐水，即清江。这说明，巴人最初分布和生活于今鄂西地区，《华阳国志·巴志》载：禹会诸侯行于会稽，"执玉帛者万国，巴、蜀往焉"。周武王伐纣，得"巴师"之助。"巴师勇锐，歌舞以凌，殷人前徒倒戈。"武王克殷后，封宗姬于巴，爵之以子。这就是"巴子国"。据《元和郡县图志》卷三十载，"施州"，春秋时为"巴国之界"。可见所谓"巴子国"，其地域最初包括了鄂西地区。

春秋战国之际，巴楚为邻国，双方有战有和。如，春秋鲁桓公九年"巴子使韩服告楚，请与邓为好"。"其后，巴师、楚师伐申，楚子惊巴师。"实际上是"巴叛楚，伐那处"。鲁庄公十八年，"巴伐楚，克之"。鲁文公十六年，"巴与秦、楚共灭庸"。襄公十八年，"巴人伐楚，败于鄀"。从此后，"楚主夏盟，秦擅西土"，①"那处"，今湖北荆门县东南。"鄀"，今湖北襄樊市北。可见春秋时"巴人"主要还活动于鄂西地区。随着楚国的强大，巴子国和巴人势力逐渐由鄂西退入川东。故《华阳国志·巴志》所载，战国时巴子国的地域，"东至鱼腹，西至棘道，北接汉中，南极黔涪"。"鱼腹"，重庆市奉节县；"棘道"，治今川宜宾市西南；"汉中"，今陕西汉中市；"黔涪"，指重庆市涪陵黔江一带。楚国所筑的著名"扞关"（一名江关、瞿塘关），亦位于奉节县长江北岸。战国时巴国的范围已完全局限于四川东部地区。

巴国的民族成份比较复杂。常璩说："其属有濮賨、苴、共、奴、獽、夷、蜑之蛮"②。所谓"賨""夷"，可能就是巴人。又南宋王象之说"涪州"（治今涪陵），"其俗有夏、巴、蛮、夷。夏则中夏之人，巴则廪君之后，蛮则盘瓠之种，夷则白虎之裔。巴夏居城廓，蛮夷居山谷"。③ "白虎之裔"，实际上也属"巴人"，即武落山"五姓"之后。正如楚国不单纯是"楚人"一样，巴国也不是仅有"巴人"。但巴子国居民无疑包括有巴人，并且最初应是以巴人为主体所建立的方国。由于周初封宗姬为"巴子"，故"廪君"巴氏和"宗姬"之后，即"巴""夏"，多居城廓，处优势地位，经济文化发展较快。

巴人进入湖南是在战国后期。唐梁载言《十道志》载："故老云，楚子灭巴，巴子兄弟五人，流入黔中，汉有天下，名曰酉、辰、巫、武、沅等五溪，各

① 《华阳国志·巴志》。
② 《华阳国志·巴志》。
③ 《舆地纪胜》卷一百七十四。

为一溪之长，故号五溪（蛮）。"唐李吉甫《元和郡县图志》卷三十："辰州，蛮戎所居也，其人皆盘瓠子孙。或曰：巴子兄弟立为五溪之长。"说"五溪蛮"以"巴子兄弟"为"长"，历史上找不到任何材料可以佐证。对于"巴子兄弟"流入黔中五溪，即今湘西地区，唐人也只是依据"故老"相传，并未多加考察。但一部分"巴人"在国灭之后，流入湘西地区，还是可能的。所谓"楚子灭巴"，应是指楚国占领巴国的国都枳。时间当在秦将白起攻占楚都郢之前，即公元前278年以前不久。史籍载"楚得枳而国亡"①。即楚占领巴都枳之后不久，秦就攻克了楚都郢。巴人流入五溪地区当然只能是在公元前278年前后，即战国后期。

巴人进入湖南，也就带来了不同于"蛮濮"族和越族文化的"巴文化"。根据四川发掘的大批巴人墓，巴文化的有代表性的文物是：柳叶形上有虎纹或手心纹的铜剑，两耳系或三耳系的铜矛，实心柄铜铎，巴式钟等。类似的文物近十年来，在湘西的沅水中下游和澧水中上游的战国墓中多有发现。1980年在溆浦大江中发掘了一座战国墓，从出土的铜铎、铜钟、錞于等器物的造型和纹饰看，与涪陵一带的巴人墓相同，考古界确定为"巴人墓"。在典型的楚人墓中往往也发现"巴式"特征的器物。如1985年7月发掘了益阳一座楚墓中，就出土有一种"巴式戈"。② 这反映了巴文化同楚文化的交织和对它的影响。至于虎钮錞于，湘西地区发现较多，考古界有些同志认为是巴人的遗物。但存在不同意见，有待进一步研究。因为，虎作为勇猛的象征，古代许多民族都用来作为纹饰，甘肃、陕西等地的一些商周铜戈、铜钺上都有虎纹，战国时期蜀兵器中虎纹更为常见。另外，在四川的"巴人墓"中很少出土过虎钮于，仅东川涪陵小田溪二号墓发现过一件。目前全国出土的七十余件錞于，地点主要集中在沅、澧二水流域，但其年代不少属战国中期以前，即巴人入五溪之前。所以学术界有一种意见，即湘西

① 《战国策·秦策》。
② 盛定国《益阳楚墓出土的"巴式""铜戈"》，《湖南考古辑刊》1984年第4期。

地区发现的虎钮錞于是"苗蛮"系统民族的遗物。①

说湘西地区发现的虎钮錞于一概都是巴人遗物显然不符合史实，但不能完全排除，其中也可能有属于"巴人"的。

战国后期巴文化在湖南的出现和对楚文化产生的影响，说明自战国后期部分"巴人"确实迁入了湖南。"巴子兄弟"流入五溪之说并非完全是无稽之谈。从此以后，关于湘西地区民族成份的史料中，确实也还有"巴人"的记载。如《三国志·吴书·黄盖传》载："武陵蛮"中有"巴、醴、由、诞邑侯君长"。这里所说的"巴"，应是指流入武陵五溪地区的"巴人"。这部分生活在湘西及邻近和川东鄂西地区的"巴人"，长期保存了"巴文化"的特色。正是他们同在其进入之前世居于这一地区的"蛮濮"族群文化上的相互影响渗透和融合，秦汉以后逐步形成了一个具有自己民族特征的民族，即今天的土家族。但其主体，是世居的土著"蛮夷"，或是流入"五溪"的"巴人"，目前学术界还存在着不同的意见，有待进一步研究。

（原刊《民族论坛》，1991 年第 4 期。收入本文集时作了修订）

---

① 童恩正《从出土文物看楚文化与南方诸民族的关系》，《湖南考古辑刊》1984 年第 3 期。

"五溪蛮"考释

东汉光武建国后，"五溪蛮"作为南方一支极其活跃的"蛮夷"势力，出现于历史舞台上。自此史不绝书。而研究南方各族的源流，往往同"五溪蛮"或多或少都有一定的联系。考究"五溪蛮"的有关问题，对于研究中国民族史和南方民族关系史，是非常必要的。

一、"五溪蛮"地域

"五溪蛮"，又称"武陵蛮"，或合称"武陵五溪蛮"。最早的记载见于南北朝宋人范晔《后汉书》中的马援、宋均和"南蛮"诸传。

汉兴，改秦黔中郡为武陵郡，治义陵（今湖南溆浦县），领义陵、沅陵（今湖南辰溪、吉首、凤凰、麻阳及贵阳、玉屏、镇远等县地）、镡成（今湖南黔阳、会同、靖县、通道及贵州黎平等县地）、酉阳（今永顺、龙山、古丈及重庆市黔江、彭水、贵州沿河、思南等县地）、孱陵（今湖南澧县、安乡、华容及湖北公安等县地）、索（今湖南汉寿、常德、沅江等县地）、临沅（今湖南常德、桃源等地）、充（今湖南张家界市永定区桑植县及湖北宣恩、来凤县地）、零阳（今湖南慈利、石门、澧县等县地）、很山（今湖北长阳、长乐等县地）等，共一十二县。东汉时，徙郡治于临沅，领县稍有变动：去很山，改索为汉寿，省无阳入辰阳镡成，另设沅南（即今桃源）、作唐（今安乡）等。

从现在的行政区划看，两汉时的武陵郡，以湖南的怀化地区、湘西自治州、张家界市各县和常德地区部分县为主体，包括了邻近的黔东、渝东及鄂西部分地区。这些地方，当时大部分居有"蛮夷"民族，故以郡为名，统称之为"武陵蛮"。"五溪蛮"则得名于武陵郡内的"五溪"。据北魏人郦道元《水经注》载：

"武陵有五溪……夹溪悉是蛮左所居，故谓此蛮，五溪蛮也。"①《荆州记》云："沅水出牂牁且兰县，至（武陵）郡界分为五溪，故云五溪蛮。"② 这说明，两汉时所谓有的"武陵蛮"主要指居于"五溪"地区的"蛮夷"，"武陵蛮"实际上就是"五溪蛮"。三国吴，析武陵郡设天门郡，西晋划作唐入南平部，南朝梁析辰阳、无阳等县置南阳郡。陈又析沅陵、酉阳等地置沅陵郡，析辰阳、贵州部分地区置夜郎郡。地域辽阔、"蛮夷"错居的武陵郡，实际上已不复存在。故从史志记载看，魏晋以前多使用"武陵蛮"或"武陵五溪蛮"的称呼，以后就不再冠以郡名，而统称"五溪蛮"了。自隋唐在武陵五溪地区分设辰、溪、锦奖、业、叙等各州，史籍中就更多地以辰州蛮、溪州蛮、锦州蛮……相称，作为一个历史民族集团和统一的"五溪蛮"也不复存在。

至于何谓"五溪"，历史上的说法不一。最早的解释出自《水经注》，谓"武陵的五溪为雄溪、樠溪、无溪、酉溪、辰溪"③。《宋书》将"无溪"写作"沅溪"，《南史》又改"无溪"为"武溪"。至宋代马端临著《文献通考》，对"五溪"的注释有较大变动，认为武陵五溪，"谓酉、辰、巫、武、沅等五溪也"④。《一统志》则又易"沅溪"为"潕溪"。明清以来在地理方志中对"五溪"更有不少具体的考释。如乾隆《湖南通志》（卷一七二）所载《渠阳边防考》云："湖北上游有五溪，《水经注》以为雄溪、樠溪、酉溪、潕溪、辰溪是也，土俗雄作熊，樠作朗，潕作武。今考诸地志杂书，盖其源，有出于酉阳石堤蛮界，流经辰州府城西为北江者，名酉溪；有出于铜仁蛮界，流经麻阳县城南为锦江者，名辰溪；有从湖南界城步县巫水出，流经关峡而下为若水洪江者，名雄溪；有出自镇远界流经沅州城西而下为盈口竹寨江者，名潕溪；有出于靖西南黎平府，流为亮寨江（即朗江，又名渠水——笔者）者，名樠溪。此五溪也，俱各下入于沅，大抵沅为五溪正脉。"其考还指出，沅水的支流除上述五溪外，尚有

---

① 《王氏合校水经注》卷三十七。
② 《后汉书》卷一百一十二，志二十二"注"。
③ 《王氏合校水经注》卷三十七。
④ 《文献通考》卷三百一十九。

龙溪、叙溪（即淑溪或序水）、桂溪等。而武溪并非潕溪，源于泸溪县西的武山，"即今镇箪蛮界之间，二水合流而下，至泸溪县治前入于沅者"为武溪，"去潕水绝远，源委各异"。《辰溪县志》（卷三十四）所载清乾隆辰溪人著《九江五溪考》云："考雄溪，一名熊溪，即今之洪江，上有二源，一为绥宁之双溪，即宝庆城步县巫水下游，一即绥宁莳竹水，至会同又合各溪为洪江，入沅。""由酉以达于沅者则古名橆溪，今讹为明溪者也，源出永顺土司贺虎山，与雄、淑、酉合为五溪。""五溪之外，有朗溪、武溪、龙溪、桂溪，合之则为九江。故《南史》及《荆州记》又有以雄、橆、辰、酉、武为五溪，而不及叙溪者。"

以上诸说中，辰、酉二水是共同的，对其源流的考释基本上也是正确的，分歧在于其他几溪如何确定。《文献通考》以"潕"代"沅"，大概是以为潕水即沅水也。其实，潕水只是沅水上游的另一条支流，源于贵州锦屏，入湖南新晃县，经芷县注入沅水。王先谦合校《水经注》时已指出，潕水不得称沅水。[①] 这是正确的。以沅水为五溪之一也不妥当，因为沅为正脉而非支流。雄溪的上游在城步县境内又叫巫水，《文献通考》取巫去雄，实际仍为一水。武溪二源发于花垣、凤凰之交的大小龙洞（明清属镇箪），分别经花垣、吉首和凤凰县境，合流入泸溪县汇入沅。定武溪为五溪之一比较切合实际，因为武溪流域实为五溪的核心地区，从古至今均为"苗蛮"所聚居。史籍中提到"五溪蛮"时，常常又称为"武溪蛮"是有道理的。淑水，又作叙水、序水，下游又曰龙潭河，源于溆浦县南界的鹿梁山，北流经溆浦县城，入于沅，流程短，《辰溪县志》和明《一统志》等书将溆列为五溪之一恐欠妥。至于橆溪是朗（亮寨）江，还是明溪之讹，现在还难以定论，但笔者倾向橆溪非明溪。因沅江的支流很多，明溪只是一条很小的支流，其流程很短，并紧靠西水和沅水，似乎无单独提出列为五溪之一的必要。综考各说，酉、辰之外，可能将武、巫、橆列入五溪为宜。但橆为渠水，而非明溪。

对于五溪的具体说法，尽管不太一致，但诸家均确定，五溪系指现今湖南省

---

① 《王氏合校水经注》卷三十七。

的沅水中上游及其几条主要支流。从大致范围来看，其地域应包括重庆市的酉阳、秀山，贵州的松桃、铜仁、镇远、黎平、锦屏，湖南的沅陵、永顺、古丈、龙山、保靖、花垣、吉首、泸溪、辰溪、麻阳、凤凰、溆浦、怀化、芷江、新晃、黔阳、会同、靖县、绥宁、城步等县市。与两汉武陵郡比较，除北界与西面不及外，其余基本上相符合。这一地区虽跨连湘、黔、川三省市，但山水相衔，构成一个自然地理区，故历史上统称"五溪"地区。所谓"五溪蛮"当然就是生活在这一地区的"蛮夷"。

五溪地区范围虽小于汉武陵郡，但依然是相当广阔的。从一些史料看，南北朝以前所说的"五溪蛮"，主要聚居于沅水中游，酉水下游和辰、武水的中下游，即现今沅陵、辰溪、古丈、泸溪、溆浦、麻阳、吉首、凤凰、花垣等县市境内。据记载，武陵"本名义陵，在辰阳县界，与夷相接，为所攻破"。光武时始徙治临沅。① 当时的辰阳包括现在沅陵、辰溪、溆浦、吉首、泸溪、花垣等县市。这些地方的"蛮夷"常常攻破义陵城，故迫使光武徙治。但临沅适处沅水下游，沅陵、泸溪、辰溪等沅水中游地区的"蛮夷"，沿江而下，直捣武陵郡新的治所，仍然十分方便。由渠帅相单程率领的"武陵蛮"，正是顺这条路线两度下攻临沅的。从光武遣将征讨"武陵五溪蛮"来看，也都是把沅陵以上沅水一段作军事活动中心和主攻方向。三国至南北朝时仍然如此。据《后汉书·马援传》记载，刘尚率万余人的队伍，"溯沅水入武溪击之"。由于轻敌深入，"山深水疾，舟船不得上。蛮民知尚粮少入远，又不晓道径，遂屯聚守险。尚食尽引军还。蛮沿路邀战。尚军大败，悉为所灭"。辰溪县城附近有"刘尚城"遗址，相传当年刘尚驻军所筑。继而，马援又是溯沅水而上，企图由壶头（即沅江清浪滩附近）经沅陵入武溪，认为这是"五溪蛮"的咽喉。结果兵阻壶头，马援染暑瘟病殁。后来监军宋均矫制调伏波司马吕种为"沅陵长"，"奉诏入虏营"，对"五溪蛮"进行招抚。

---

① 《后汉书》卷二十二"注"。

据近人考证，清浪滩南北岸尚留有数十座"伏波避暑室"遗址。① 三国时，刘备屯秭归，遣将马良抚谕"五溪蛮"，良沿沅水而上进至辰溪、溆浦，并率"蛮众"筑城于溆浦县南一百二十里处，俗称"诸葛城"。② 沅陵县西南酉水下游，有"潘承明垒"，世传为孙吴潘承明"讨五溪蛮，营军所筑也"；在酉水入沅处附近尚有"窦应明城"，传为南北朝时，"窦应明伐蛮所筑也"。③ 这些史实都证明，两汉至南北朝的"五溪蛮"，聚居的中心地区是在自沅陵而上至辰溪、溆浦一段沅水中游，以及其间的支流酉、武、辰水中下游一带；沅陵则为攻守必争的门户咽喉。

二、"五溪蛮"与盘瓠

关于"五溪蛮"与盘瓠的关系，史籍多有记载。《后汉书·南蛮传》云："昔高辛氏有犬戎之寇。帝患其侵暴，而征伐不克，乃访募天下有能得犬戎之将吴将军头者，赐黄金千镒，邑万家，又妻以少女。时帝有畜狗，其毛五彩，名曰盘瓠，下令之后，盘瓠遂衔人头造阙下。群臣怪而诊之，乃吴将军首也。帝不得已，乃以女配盘瓠。盘瓠得女，负而走入南山，止石室中。所处险绝，人迹不至……经三年，生子一十二人，六男六女。盘瓠死后，因自相夫妻……其后滋蔓，号曰蛮夷"，"今长沙武陵蛮是也"。据唐李贤注，所谓"南山"，即辰州泸溪县西的武山，上有盘瓠石室等遗迹。干宝《晋纪》曰："武陵、长沙、庐江郡夷，盘瓠之后也，杂处五溪之内。盘瓠凭山阻险，每常为害。糅杂鱼肉，叩槽而号，以祭盘瓠。俗称赤髀横裙，即其子孙。"④

范晔、干宝等人关于盘瓠的记载，均本于应劭《风俗通》。应劭，东汉汝南郡南顿县（今河南项城县地）人，生于世宦之家，祖父和父均拜武陵太守。由于长期生活于武陵地区，从小耳闻目睹，对这一地区内"蛮夷"风情他十分熟

---

① 民国《沅陵县志》卷三。
② 民国《溆浦县志》卷二十七。
③ 《王氏合校水经注》卷三十七。
④ 《后汉书·南蛮传》李贤注。

悉。应劭记载的盘瓠传说，现在看来当然荒诞不经，但绝非他自己胡造乱编的。当时武陵五溪"蛮夷"中显然广泛流行着关于盘瓠（或盘古）的传说和崇拜；这一地区的确生活着一个以盘瓠作图腾崇拜的民族集团。关于这一民族集团生活的地域范围，应劭虽未明确指出，但首先是指他所熟悉的武陵地区是毫无疑义的。自《后汉书》以后，各种典籍都更明确地认定，"武陵五溪蛮"属"盘瓠之后"，即属构成今天苗、瑶、畲诸族先民的"盘瓠蛮"。如《水经注》云："今武陵郡夷即盘瓠之种落也。"①《南史》（卷七十九）载："荆雍州蛮，盘瓠之后也。种落布在诸郡县，所在多深险。居武陵者……谓之五溪蛮。"《通典》（卷一八七）在述及南方夷时指出，"其在黔中、五溪、长沙间，则盘瓠之后"。《文献通考》（卷三二八）云："盘瓠种，长沙、五溪蛮皆是也。""长沙蛮"和"武陵五溪蛮"虽同属"盘瓠蛮"集团，但仔细考究一下，"武陵五溪蛮"主要是由苗族的先民组成的，"长沙蛮"则主要构成了瑶族的先民，故有些史志往往就直接称"武陵五溪蛮"为"武陵苗""五溪苗"。如同治《麻阳县志》载："东汉建武二十三年，武陵苗叛……后汉建兴三年，五溪苗反。"② 当然也有交错的情况。"武溪蛮"中的确包括有部分瑶族的先民，而"长沙蛮"也会有部分苗族的先民。（关于长沙蛮与武陵蛮的区别，另撰专文详论）

下面将史志记载和历史的遗存遗迹，以及现实的民族分布状况相互参证，考察一下。

《后汉书》李贤注，曾引《荆州记》如下记述："沅陵县居酉口，有上就、武阳二乡，唯此是盘瓠子孙……二乡在武溪之北。"③ 据考证，"上就、武阳二乡"，在酉水与沅水交汇地区，属现在的乌宿区。④ 至今这一带尚聚居着"瓦乡"人，其自称"果雄"，风俗语言和崇拜盘瓠与湘西苗族相同或相近。据传说，东汉"五溪蛮"首领相单程，就是沅陵县莲花池"瓦乡"人的祖先。人们对相单

---

① 《王氏合校水经注》卷三十七。
② 同治《麻阳县志》卷之一，附考。
③ 《后汉书》列传七十六。
④ 民国《沅陵县志》卷三十。

程被迫投降很不满，认为"姓相的是卖客"，故姓相的后来都改成姓向了。沅陵县内民间世代流传有这样一段顺口溜："辰州沅陵县，男降女不降，男降当春官，女儿挑制花衣裳。"姓向的首领投降后，可能被封为报春的"春官"。直至中华人民共和国成立初，每年冬春之交，沅陵"瓦乡"人姓向的男子，都要外出"送春""报春"，收取钱米。并且有一条不成文的规定，即除姓向的人之外，不许别的姓的人做这个工作。看来，这些自称"果雄"的"瓦乡"人就是当年为东汉"沅陵长"招谕归附中央王朝的"五溪蛮"后裔。这部分"瓦乡"人在方志中，有时就直接被称为"苗民"。如民国《沅陵县志》载："县西保平乡河棚、草塘一带皆与古丈毗连，老鱼塘、梨界与乾城接近，金溪、浦田与泸溪后乡毗连"，均为"苗地"。① 这些地区因属高寒山区，秋收较迟，故这些地方的苗民每岁旧历七月初，常有数百人来城郊，"充雇工助农家收获"。《水经注》记载："沅陵县西，有武溪，源出武山，与酉阳分山，水源石上盘瓠迹犹存矣。"② 查今泸溪县境内无武山。但武溪的源头今凤凰、吉首、花垣县（市）交界地区有腊尔山，而在明代设镇溪军民千户所之前，这一带地区名义上均属泸溪县管辖。武山可能就是指腊尔山。至今泸溪县城附近的上堡乡，还有辛女庙、辛女溪等遗迹。这证明关于盘瓠的传说和崇拜，历史上在这些地区曾经广泛流行。现在，泸溪县除苗族外，同沅陵一样也还有许多"瓦乡"人。

《明实录》记载了这样一件事：嘉靖二十二年（1543），麻阳知县朱崇方，"以勘事驭道辰溪，遇苗人，拘执之，收其所遗筐箦。苗愤怨，遂聚众窨崇方。后因追至麻阳城，围之"③。可见，直到明代，辰溪去麻阳沿路多为苗族居住；麻阳县令只有经越苗区，才可能遇上苗民带着筐箦，从事正常劳作。

麻阳县"古称苗疆"。④ 据县志载："麻之西北与镇溪、箪子坪相毗连，苗夷杂处"，"麻苗悍甚，盘踞冈岭，出入无时……陈天嘉三年（562）初置麻阳戍。

---

① 民国《沅陵县志》卷三十。
② 《王氏合校水经注》卷三十七。
③ 《明世宗实录》卷二百七十。
④ 同治《麻阳县志》卷十三。

兵势锐，苗俱，潜渡河，没入水者众。当时呼为麻潭，麻口其地也"。① 隋唐以后，麻阳逐步"开辟"，但苗民一直很多。《读史方舆纪要》载：麻阳县有岩门寨，"在县东北五十里岩门山下。自岩门寨以下，有苗寨凡五十四，错处县境"。至今麻阳县境内，尚有十多万自称"熟苗"的居民。风俗习惯多与凤凰泸溪一带苗族相同，有一部分还保留着苗语。一座完整的"盘瓠庙"现在还保存在麻阳县境内。其神堂供奉着三块石刻牌位。一是"四官神"，一是"新息侯"，中间一块石碑是"本祭盘瓠大王之位"。沿辰水（即锦河）两岸其他地方，所保留的盘瓠庙遗址还不少。很显然，麻阳古时确为苗区，现在所谓的"熟苗"，就是东汉崇敬盘瓠的"五溪蛮"的遗裔。

辰溪和溆浦两县，现在虽已无聚居的苗族，但却仍有与苗族同为一个族系的部分瑶族聚居。据《溆浦县志》（卷二十九）记载："溆居楚上游，山连溪间，境接仡僚。西南为牂牁门户，东北为洞庭喉舌。苗无生熟，相递为奸。城有圮修，而乘虚窃变者，不知几百年矣。"《辰溪县志》（卷十九）载，辰邑东南部，"世为瑶人所居"。隋唐以后，关于溆浦、辰溪苗、瑶族"叛乱"，遭到封建王朝镇压的记载很多。据记载："宋天禧二年（1018）蛮寇乱，辰州都巡检使李守元率兵讨之，入白雾团（今俗曰白雾头）……降其酋二百余人。""崇宁二年（1103），辰溪瑶叛，入溆，杀县令。"蔡京"乃重立赏格，斩一瑶酋给绢三百"。明嘉靖三十八年（1559），辰、溆交界处麻塘山瑶人沈亚当叛，贵州总兵石邦宪讨平之。天启元年（1621），辰溪县瑶人蒲前溪"作乱"，"将军林某奉命讨平之"。② 由于历史的变迁和统治阶级的不断镇压，辰溪、溆浦一带属于盘瓠集团的苗、瑶人数日益减少。民国初年统计，溆浦县尚有六洞瑶民近千户。而至今辰溪县还有罗子山"七姓瑶人"聚居地。

同沅陵、泸溪、辰溪、麻阳、溆浦相邻连，西部的凤凰、吉首、花垣、古丈、保靖等县市，南部的城步、靖县、绥宁等县，则至今仍为苗族聚居区或苗族

---

① 同治《麻阳县志》卷之一，附考。
② 民国《溆浦县志》卷四"纪事"。

较集中的地方，特别是辰武二水中上游，以腊尔山山脉为中心，包括贵州铜仁、松桃和湖南凤凰、吉首、花垣等县市，明代仍为"生苗"区，清代始设四厅。这些地区的重冈复岭中居住着数十万苗族人民。这些地方的苗族，千百年来口头一直流传着关于"奶夔爸苟"的传说，显然是一脉相承的。

根据以上事实，我们可以勾画出这样一幅轮廓：

以苗族先民为主体的"五溪蛮"，大概即洞庭、彭蠡间"三苗国"的一个民族集团。他们以盘瓠的传说和崇拜为自己一个重要特征。在东汉为汉族封建统治阶级所认识时，他们已移居沅陵至辰溪、溆浦一段沅水流域，以及酉、武、溆、辰等几条支流下游沿岸地区。由于中央王朝不断遣将武力征讨，其中一部分人受"招抚"归顺了朝廷，在沅、酉、武、辰之间的穷乡僻岭中定居下来，世代承袭，成为了今天沅陵、古丈、泸溪和辰溪一带自称"果雄"的"瓦乡"人和麻阳一带的"熟苗"。但还有大部分人，则被迫离乡背井，逐步沿沅水及酉、武、辰等水而上，继续向西向南迁徙。向西，有相当部分人在以腊尔山山脉为主的凤凰、吉首、花垣、松桃一带停留下来，生息繁衍，成为今天自称"果雄"的湘西自治州和松桃自治县的苗族（明清时亦称"红苗"）；向南，经溆浦、芷江、城步、绥宁、靖县、会同、新晃等地，有的沿途留居下来，成为上述各县今天的苗族，特别是在城步县形成湖南苗族的另一大聚居区；有的则进入黔东南和广西的大苗山。湘西苗族的"古歌"和"史诗"，都说苗人的祖先，原来住在"水乡"，由于人间出现了"魔鬼"，受难的苗人才被迫离开水乡，沿水边去"找地方"。先到了常德、桃源，后迁到沅陵、泸溪、浦市、辰溪和溆浦，有些支系留下来了，有的后来又继续迁徙。一支往麻阳、芷江方向，一支到吉首，一支到镇筸（凤凰），一支到吉卫（花垣），一支迁往铜仁、松桃、思南、印江等地。[①] 据笔者 1985 年广西大苗山实地考察，在黔桂的苗族故老相传，其祖先都是从湖南迁去的。可见，肯定"五溪蛮"是今天湘、黔、桂等省苗族发展的一个共同阶段，是符合历史实际的。

---

① 《民间文学资料》第 60 集。

三、"巴人"与"五溪蛮"

查阅史志，可发现这样的记载：楚子灭巴，巴子兄弟五人，流入黔中，各为一溪之长，故曰五溪。潘光旦先生即以此为据，说战国以前五溪地区已为"巴人"所聚居，"五溪蛮"非盘瓠集团，而是源于廪君的后代巴人。[1] 对于潘先生的观点，我国历史学界和民族学界多数人未敢苟同。但也有一定影响，特别是近几年有个别文章又重复了这一论点。[2] "五溪蛮"与"巴人"到底有什么关系，看来，仍有必要考辨一番。

"巴人"入五溪说，最早的记载是唐代才出现的。光绪《湖南通志》（卷八十一）所引唐梁载言《十道志》云："楚子灭巴，巴子兄弟五人，流入黔中。汉有天下，名曰酉、辰、巫、武、沅等五溪，各为一溪之长，故号五溪。"稍后，唐李吉甫的《元和郡县图志》（卷三十）载："谨按，辰州蛮戎所居也，其人皆盘瓠子孙。或曰：巴子兄弟立为五溪之长。"

宋人罗泌的《路史》、王应麟的《通鉴地理通释》等，亦有记载，内容大致相同。不过语气又有所改变，从"或曰"变成"故老相传"。

对于这些记载，我们不妨结合历史实际，进行一些分析。

唐宋以前，已有大量史籍涉及"武陵五溪蛮"和整个南方"蛮夷"，但都没有"巴子"入五溪之说。相反，一致肯定"武陵五溪蛮"为盘瓠集团。《十道志》以何为据，现不得而知。但此说确实难以置信。首先，其前提就是错误的。因为灭巴的是秦，而根本不是楚。其次，所谓汉有天下后，"巴子"五人在武陵郡境内各霸一溪的事实，也是根本不存在的。因为找不到任何一条文字的或口头的材料可以佐证。这样的说法，其可靠性当然就很值得怀疑了。大概李吉甫当时就看到了这一点，故在阐明"辰州蛮"为盘瓠子孙以后，将《十道志》之说作"或曰"处理，即列为质疑而备查的一条附录。宋以后就又变成含糊不清的"故老相传"了。如

---

[1]　潘光旦《湘西北的"土家"与古代的"巴人"》，载《中国民族问题研究集刊》，1995 年第四辑。

[2]　彭武一《土家族·巴人·盘瓠》，载《西南民族学院学报》，1982 年第 3 期。

果真正是民间"故老相传",虽不能全信,但也不可不信。令人不解的是,为什么巴子国被秦兼并后的数百年间都没有"相传",而到了唐宋以后突然才"传"起来呢?这样的"相传",看来只不过是数百年后的某些文人的"以讹传讹"而已。

另一方面,唐宋以来所产生的"巴人"入五溪说,都讲是"巴子"。所谓"巴子",就应是周初封于巴子国的姬姓子孙,或在巴子国居统治地位的王室宗族后代。他们并非"蛮夷",人数自然也极少。他们可以融合于"蛮夷"之中,但根本不可能成为"蛮夷"之祖。如果说所谓"巴子兄弟",指的是巴子国内的百姓,在灭国之际部分向外流徙,那倒是可能的。问题在于五溪地区当时是否可成为"巴人"大规模流徙的对象呢?显然是不可能的。春秋战国之际,巴同楚曾作为南方两大诸侯国,相互对峙,有战有和。五溪地区属楚黔中地,接近楚政治中心江陵,实际上是楚争霸中原,先同巴后同秦抗衡的后方。楚的经济政治军事势力,应在"南并蛮越"之前即已逐步进入五溪地区。如楚早在春秋初期就已在五溪中心地带的麻阳,建成了开采和冶炼铜的基地;距麻阳县城九十里的苞茅山,所产苞茅历来是楚子向周王室朝贡,用以缩酒的必需品。

近年来沿酉水中下游的两岸,发掘出了大批的楚墓群。此外,楚大夫屈原可以自由地溯沅江而上,深入五溪的核心辰溪和溆水,写下著名的《涉江》。这些都说明,五溪地区是楚国版图内重要辖地,"五溪蛮夷"早已是楚国多民族国家的重要组成部分。正因如此,秦国曾提出要换取楚的黔中地,以使楚失去依托。在这种情况下,在巴子国灭亡之前,其势力要向五溪地区发展根本不可能;巴子灭国时,"巴人",特别是其统治阶层,也不可能大批向五溪地区迁移,像入无人之境一样。认为巴子灭国之前,五溪地区就已成为以"巴人"为主的地区,完全不符合历史事实。根据记载,秦兼并巴子国时,也并未造成"巴人"大量流徙的情况。《后汉书》(列传八十六)载:"惠王并巴中,以巴氏为蛮夷君长,世尚秦女,其民爵比不更。"秦统治者对巴国的遗民,从巴子本身到老百姓,都采取绥抚笼络的政策,并且巴子还同秦王族建立了姻亲关系。在这种情况下又怎么会造成"巴子"兄弟入五溪呢?

从史料记载看,作为廪君之后的"巴人",与盘瓠之裔的"五溪蛮",大体的地理分界是清楚的。《后汉书·南蛮传》明确指出，盘瓠之后为"长沙武陵蛮"。从叙述范围来看，有时还包括溇中、澧中、零阳等地"蛮夷"。同时，详细记述了廪君的由来和活动地域。认为巴郡南郡蛮即廪君之后，"廪君蛮"最初出于武落钟离山，即今湖北长阳，后发展到川东地区，以涪陵等地为中心。明《湖广总志》（卷三十）记载，湖广"苗蛮"有二："自武陵而西，历恨山，连接荆夔裔境，为南郡巴巫诸蛮，出廪君；自武陵而南，历酉阳、沅、靖、奄及郴、桂，为武陵五溪诸蛮，出盘瓠。"这里是以武陵山脉为分界，大致山西北的长阳南郡巴郡为廪君之后"巴人"聚居的地域，山东南的武陵、长沙两郡，为盘瓠之裔的苗瑶集团生息场所。二者大体的地域范围一目了然。当然历史上常有某些变动，相互交错的情形也会不少。正如《通典》（卷一八七）所载："其在黔中、五溪、长沙间则为盘瓠之后，其在硖中、巴、梁间，则为廪君之后……或移徙交杂，亦不可得详焉。"特别是在两晋南北朝时期，南方各族十分活跃，势力都积极向外发展。据记载，南方"蛮夷"，"至晋刘石乱后，渐得北迁，陆浑以南，满于山谷"。此时，有相当部分属"盘瓠蛮"的苗瑶集团，又由南向北返回到了湖北荆襄一带，甚至河南南端。故《南史》（卷七十九）载："荆、雍州蛮，盘瓠之后也。"刘宋时荆州置南蛮校尉，雍州置宁蛮校尉。南朝时，荆州治江陵，唐为江陵郡；雍州治襄阳，唐为襄阳郡。可见，苗瑶集团当时已超出武陵、长沙郡的范围，而达长江以北和汉水流域了。同时，又出现了豫州蛮（或称西阳蛮）。《南史》（卷七十九）认为，"豫州蛮，廪君之后也"。当时豫州在汉水以东，武昌以北，河南南部一带。这一支"廪君蛮"大概是于东汉初由南郡被强迫迁至江夏地区的。南北朝时，势力大为发展，"种落炽盛……北接淮、汝，南极江汉"。这些北上东迁的"盘瓠蛮"和"廪君蛮"，后来都基本上融合到汉族里去了。

毋庸置疑，在基本上属"廪君蛮"的地区会有"盘瓠之裔"，在以"盘瓠蛮"为主的地方也会有"廪君之后"。如《文献通考》（卷三二一）记载：涪州，宋属夔州路。涪俗四种：曰夏、巴、蛮、夷。夏则中夏之人，巴则廪君之后，蛮则盘瓠之种，夷则白虎之裔。夏巴居城郭，蛮夷居山谷。涪州即涪陵，是廪君之后的"巴人"和巴子国的中心地区，曾有许多盘瓠蛮生活在城郭之外的山野峡谷之中。现今以湖南龙山永顺为中心的湘西土家族，其先民虽处五溪地区，但显然并不属崇拜盘瓠的苗瑶集团。相反，他们"射白虎""赶白虎"，不少地方"与巴渝同俗"。很可能他们就是同"廪君蛮"有亲缘关系的"白虎夷"之裔或另一支土著"蛮夷"族群；秦汉以后他们融合"巴人"等其他成分，唐末五代后开始形成今天的土家族。从历史的情况看，东汉出现的"武陵五溪蛮"可能包括了部分廪君系统和其他的蛮夷成分，特别是在酉水的中上游地区。但直到唐末五代以前，他们并未构成"五溪蛮"的重要部分，更不是主要部分。楚王马希范同据有溪州的彭士愁发生战争。彭氏失利，率溪、锦、奖三州"蛮夷"归楚盟誓时，《复溪州铜柱记》明确写道："盖闻牂牁接境，盘瓠遗风，因六子以分居，入五溪而聚族。"所谓"六子"显然就是指传说中的盘瓠之自相婚配的六男六女，即认为入五溪聚族而居的主要是盘瓠之裔，而不是什么"巴子兄弟"五人。

除"盘瓠蛮"和廪君之后的"巴人"外，"五溪蛮"还包括有别的民族成份。例如史载"酉溪蛮王"田头拟为荆州刺史沈庆之逼死，"头拟子田都走入僚中"，于是"蛮部大乱"。[①] 这证明，魏晋时酉溪一带除"蛮"外，还有"僚"。五溪地区的这部分"僚人"，可能就是战国以前的"百濮"和"濮人"的后裔，以后演化为湘西地区的"仡佬苗"。《老学庵笔记》载："辰、沅、靖州蛮有仡伶、有仡僚、有仡偒、有仡偻、有山傜。"一般认为，"仡伶"即今天侗族的先民。照此说法，"五溪蛮"中当然也包含着侗族先民的成分。

南北朝以前的"五溪蛮"，作为一个历史的民族集团，不可能是单一的，无疑包含有"廪君之后""濮人"之裔和侗族先民，更有一部分崇拜盘瓠的瑶族先民。但其主要部分，是崇拜盘瓠的苗族的先民。通过以上的考释，作出这样的结论，应该说是顺理成章的。

（原刊《中国社会科学未定稿》，1986 年第 24 期。收入本文集时作了修订）

---

① 光绪《湖南通志》卷八十三。

"长沙蛮"初考

东汉时，"长沙蛮"同"武陵蛮"一道出现于中国历史舞台上。最早的记载同样见之于范晔《后汉书》。范氏在书中转述了关于盘瓠的传说，认为长沙蛮和武陵蛮均属盘瓠之裔，并多次记载了"长沙蛮"的活动情况。但自东汉末年以后，"长沙蛮"一词却又从史籍中消失了。这支"蛮"族是否不存在了呢？显然并非如此。另外，"长沙蛮"与"武陵蛮"中的主要成分虽同属盘瓠集团，其实二者之间还是有区别的，他们分别属于不同民族的先民。笔者已撰有关于"武陵五溪蛮"的专文。这里拟再就"长沙蛮"的源流归属诸问题，初步作些考察。

一

所谓"长沙蛮"，应是因地为名的一个民族集团。"长沙"一词最早见于《史记·越王勾践世家》卷四十。楚威王时（前339—前329），齐国使者劝越王攻楚，提到"复雠、庞、长沙，楚之粟也；竟泽陵，楚之材也。越窥兵通无假之关，此四邑者不上贡事于郢矣"。当时长沙为邑，是楚国的粮食供应基地。楚国的邑（即县）比郡小，长沙属黔中郡，其范围虽不会太大，但至少应包括现今长沙及邻近的望城、浏阳、宁乡、湘潭、株洲等市县地。据《元和郡县图志》卷二十九载，秦灭楚后，"分黔中以南之沙乡为长沙郡，以统湘川"。湖南分属长沙、黔中两郡。长沙郡辖地除部分伸进江西省和湖北省外，主要包括现在长沙、衡阳、湘潭、株洲、岳阳、郴州、邵阳、零陵等地市。汉代先后封吴芮和刘发为长沙王，改长沙郡为国，辖地略小于秦长沙郡。据《汉书·地理志》载，包括临湘（今长沙、浏阳、望城等县市县）、罗（今湘阴、平江、汨罗、岳阳等县市）、连道（今湘乡市）、益阳（今益阳、宁乡、新化、安化等市县）、攸、酃（今衡阳市东）、蒸阳（今衡阳衡南县）、湘南（今湘潭、衡山等市县）、昭陵（今昭阳、邵东等市县）、容陵（今攸县地）、茶陵、下隽（今岳阳、临湘和湖北崇阳、通城等市县）、安成（今江西安福等县地）等十三县，治所在今长沙。基本地域是湖南省洞庭湖东南部和资江、湘江二水流域中下游。同武陵山脉大致平行的雪峰山脉，从东北至西南，由低到高纵贯其间，北端在今新化、安化和益阳县境，古称梅山。东汉废国复为长沙郡，辖地未变。故所谓"长沙蛮"，毫无疑义就是指秦汉长沙郡领域内的"蛮夷"族类。从《后汉书》的记载看，东汉"长沙蛮"活动地区，主要又是在雪峰山的北端，靠近现今长沙市的一些县市。如《后汉书》载："恒帝永寿三年（157），七月，长沙蛮叛，寇益阳"，十一月"屯益阳"；延熹三年（160），六月，"长沙蛮寇郡界，众至万余人"；同年十二月，荆州刺史度尚"讨长沙蛮，平之"。这是史籍中明确记载的长沙蛮的一次起义，规模相当大，坚持了二年多，起义者曾屯据益阳，进攻郡城长沙境界。当时的益阳县包括新化、安化二县地。显然这里所说的"长沙蛮"，很可能就是生活在安化、新化一带的梅山地区。

从东汉末年以后至三国魏晋一段，史籍中未见有"长沙蛮"这一称呼，但《南齐书·蛮传》出现了关于"湘州蛮"的记载。如："齐武帝永明三年（485），湘州蛮陈双、李答寇掠郡县。刺史吕安国讨之，不克。四年（486），刺史柳世隆督众征讨，乃平。"显然这是由于行政建制的变革，以"湘州蛮"取代了"长沙蛮"。其实，所指仍然是原来地区的同一民族集团。从三国开始，秦汉庞大的长沙郡几经变革范围已愈来愈小，原长沙蛮活动的地域已被分割。吴太平二年（257），分长沙东部都尉置湘东郡，分长沙西部都尉都置衡阳郡。宝鼎元年（266），又新置昭陵郡，将原来隶长沙郡的邵阳和益阳部分地区划归昭陵。在这种情况下，再使用"长沙蛮"的名称，当然已不适宜了。但西晋末年怀帝时（307—313），"分荆州湘中诸郡置湘州，南以五岭为界，北以洞庭为界"。这实际上又将洞庭湖东南部和整个湘中、湘南地区，即原秦汉的长沙郡，统辖起来了，其治所仍在长沙。西晋后的湘州，就相当于秦汉长沙郡，《南齐书》的"湘州蛮"，自然也就是原来活动于这一地区的"长沙蛮"。

《后汉书》在记载延熹三年（160）秋"长沙蛮寇掠郡界"的同时，提到"零陵蛮入长沙"。接着又记载，"五年（162）八月，零陵蛮叛"，再次"攻长沙"。这里所说的"零陵蛮",看来距长沙很近,还不是生活在现今湖南省的零陵地区九嶷山一带。东汉的零陵郡是从原长沙郡划分出来的,包括有湘乡、昭阳、蒸阳诸县。从现在行政区划看,湘乡与宁乡、湘潭为邻,昭阳即邵阳,蒸阳为衡阳,这些地区都位于雪峰山脉中段的东南麓和湘江中游。东汉的"零陵蛮",应是指活动在这些地区的"蛮夷"族,他们与"长沙蛮"应属同一民族集团,也可说本是"长沙蛮"的一部分。故当"长沙蛮"从雪峰山脉北端,顺资江而下,据益阳,攻长沙的同时,"零陵蛮"则从雪峰山脉的中段的东南麓和湘中,沿湘江北下,也直捣长沙。据《后汉书·南蛮传》记载,当湖南雪峰山脉的"长沙蛮"(包括"零陵蛮"),北上攻长沙时,西邻的武陵山脉和五溪地区的"武陵蛮",也向北涌进,"寇江陵南郡"。这实际成了东汉末年以后至南北朝,洞庭湖以南的整个盘瓠蛮集团北徙流潮的开端。

《宋书·本纪》载,南北朝宋武帝大明中,"桂阳蛮反,振武将军萧冲之讨之"。大明年号是从公元457年到464年。也就是说,自东汉永泰、延熹年间记载"长沙蛮"的活动以后三百年,出现了"桂阳蛮"。桂阳郡始设西汉初年,本为秦长沙郡一部分,位处湖南南部并包括广东省部分地区。从长沙郡的湘中地区,溯湘江而上,入湘江支流春陵水、耒水、洣水等,抵达桂阳郡地是十分方便的。所谓"桂阳蛮",可能是自东汉以后数百年间,逐步南迁的原"长沙蛮"的一部分。

南北朝时,湖南的最北部巴陵(今岳阳)一带也出现了"蛮"族的活动。据《梁书·安成康王秀传》记载:梁武帝天监七年(508)"巴陵马营蛮沿江寇害,后军司马高江产以郢州军伐之,不克,江产死之,蛮遂盛。荆州刺史萧秀遣防阁文炽率众讨之。燔其林木,绝其蹊径,蛮失其险,期岁而江路清。"这大概是盘瓠蛮集团向北倒徙时,"长沙蛮"(或"零陵蛮")的一支进入这些地区后的遗民。后来大多数融合到汉族中去了。

经过魏晋南北朝时期的大动荡大流徙之后,"长沙蛮"虽一度北涌,但在历代封建统治者的军事镇压下,大部分还是继续向南和向西迁徙。其中的主流至唐宋,抵达以湘南九疑山脉为中心的湘、桂、粤三省边界地区,构成了"桂阳蛮"

"零陵蛮""邵州蛮"等等。但还有一支则仍留居雪峰山北段的梅山一带，故唐宋史籍中出现了"梅山蛮"。

据《读史方舆纪要》卷八十载，唐乾宁四年（897），"邵州故蒋勋起兵，连梅山蛮寇湘潭"；五代梁末帝贞明四年（918），"梅山蛮寇邵州，楚将樊须击走之"。这是见诸史料的"梅山蛮"的最早的活动。自此以后，至宋熙宁五年（1072）宋王朝"开"梅山，近二百年间，关于"梅山蛮"记载很多。这证实"梅山蛮"为当时仍活跃于湘中地区的一支颇为强大的"蛮"族。从活动地域看，所谓"梅山蛮"实际就是唐宋以前的"长沙蛮""湘州蛮"直接后裔。《湖南通志》和《宝庆府志》等方志均载：包括新化、安化二县的梅山地区，唐末五代为"蛮"所据。这当然不能理解为这支"蛮"族，此时才从别的什么地方进入梅山而据有之。"梅山蛮"的祖先实际上早已栖息于梅山一带。这一点顾祖禹的记载是准确的。他认为，安化县，秦建郡县时属益阳县地，"自汉以后皆为梅山蛮地，宋初立五寨，熙宁六年（1073）始置安化县，属潭州"；新化县，"汉长沙国益阳县地，自晋以后，皆为蛮地"，熙宁五年（1072）始置新化县。① 既然自汉和晋开始，"梅山蛮"就居住在本属益阳县的安化、新化一带，那么东汉末年屯聚益阳，进攻长沙的"长沙蛮"和晋末"寇掠"郡县的"湘州蛮"，当然就是他们的先民。大概在唐末五代，中央封建王朝权力衰微之时，留居梅山的这支"蛮"族，获得了发展的机会。其势力一度大为增强，引起了汉族统治者的注意，因而"梅山蛮"就见诸史籍记载了。

通过以上考察，我们可以得出这样的结论，即东汉的"长沙蛮"是指生息和斗争于湖南雪峰山脉北段和资、湘流域中部的一支庞大的"蛮夷"部落，魏晋南北朝的"湘州蛮"和唐宋的"梅山蛮"是其后代在不同时代史家们所给予的不同的称呼。而其中一部分逐步融合到汉族中去，但有相当大的部分，则相继沿雪峰山脉和资湘二水南徙，成为唐宋以后的邵、永、贺、韶、柳、桂阳诸州县，即以九疑山为中心的今天湘桂粤边地区瑶族的先民。

---

① ［清］顾祖禹《读史方舆纪要》卷八十一。

二

范晔将"长沙蛮"和"武陵蛮"并提,列为盘瓠之裔,这是有历史依据的。但他未能进一步认识到二者的区别。据笔者考察,"武陵蛮"或"五溪蛮"中的"盘瓠之裔",主要成分为苗族先民,而"长沙蛮"的主要组成部分,则是今天瑶族的祖先。

不少史料说明,当年"长沙蛮"活动的长沙郡,及后来的湘州潭州,本有瑶人居住,这一带的"蛮夷"主要是瑶人。

《梁书·张缵传》载:"大同九年(543)张缵为使,持节都督湘、桂东、宁三州诸军事、湘州刺史。州界零陵、衡等郡,有莫徭蛮者,依山险为居;历攻不宾服,因此向化。""莫徭",就是瑶。这是史籍中关于徭族的最早记载,也是史籍中第一次证实,湘州,即长沙郡地域内居住的"蛮"族是瑶人。

《隋书·地理志》云:"长沙郡又有夷蜑,名曰莫徭。自云其先祖有功,尝免徭役,故以为名。"这时的长沙郡已大大小于秦汉时的长沙郡,仅统辖长沙、衡山、益阳、邵阳四县,即今天长沙、浏阳、醴陵、湘潭、衡山、湘乡、益阳、安化、新化诸市县地。《隋书》作者明确肯定,这些地方的"夷蜑"就叫"莫徭"。

唐代的李吉甫也认为,长沙郡(当时为潭州)的"蛮夷"为瑶人。《元和郡县图志》卷二十九有如下记载:"潭州,春秋时为黔中郡,秦并天下,为长沙郡,晋置湘州。"境内"有夷人,名徭,自言先祖有功,免徭役也"。

至宋代有关记载较多。如宋乐史《太平寰宇记》卷一一四载:潭州长沙郡,"有夷人曰莫徭,自言先祖有功,免于徭役,性犷悍,时谓难理"。宋代潭州长沙郡,领长沙、善化、宁乡、益阳、湘潭、湘乡、醴陵、浏阳、衡山诸县。这正是东汉"长沙蛮"和晋代"湘州蛮"活动的地方。宋马子严所撰《岳阳甲志》有这样一条材料:岳阳有"龙窖山,在巴陵北,山实峻极,上有雷洞,有石门之洞,山徭居之,自耕而食,自织而衣"。这说明,曾属秦汉长沙郡岳阳一带,直到宋代还有瑶人居住,大概他们就是"长沙蛮"北部的"遗民"。

清代史籍方志中证明"梅山蛮"为瑶人的材料就更多。道光《宝庆府志》在叙及宋熙宁间"开"梅山时，对梅山居民的民族成分有如下记载："故老相传，邑（指新化县）在宋初有生户、熟户，生户者邑西简开诸山峒傜也，熟户者内地民也。民避税多以田寄傜，后章子厚开梅山，民皆逃奔宁邵等县，而峒傜拒险，多被屠戮，其投诚者又或随部编伍而去……"这就是说，"梅山蛮"本属瑶人，宋初称"生户"。章惇"开梅山"时，瑶人曾据险抵抗，大部分被屠杀，有一部分则逃亡或随军而去，故设置新化县以后，瑶人已寥寥无几了。又顾祖禹《读史方舆纪要》卷八十载："安化县东七十里，有芙蓉山，旧名青羊山，与大沩山（今宁乡县境）相接"；东南七十里，又有"移风山"，"梅山傜人在此从化，因名"。乾隆《湖南通志》卷一百五十载有参与"开"梅山的安化县令吴致尧所撰《嘉应侯祠记》，叙云："熙宁五年（1072），中书检正章箬，以诏使至大沩山，策受方略，降诸傜酋。"使者"闻鼓声若持更柝，询诸耆老，得知五代时，有湘乡人王全，为马氏将校"，"曾与傜人战，被羽长驱，傜皆披靡"。后孤军深入，"外应不至"，战死。"开"梅山后，叙表其功，诏封嘉应侯，其祠即在大沩山。这都说明，"梅山蛮"就是梅山地区的瑶人，安化县及其同宁乡县相邻的大沩山一带，均为瑶人所居，"开"梅山时，这些瑶人归附了版籍。

同治《新化县志》卷二载："新化为宋梅山蛮地"，"梅山十峒为新化、安化二县之总名"，历代用兵"其境者凡三十有九"。可能正是由于不断被镇压屠杀，瑶民人数日趋减少。至明代，苗瑶仍"窃发"，故置"二巡司以防御"，其一"曰苏溪……以控扼石、马一二都之盗贼，奉家山之瑶人者也"。同上书卷十又载，新化清初有"瑶生"，"其入学者谓之瑶童"，至雍正十年（1732）"以诸瑶向化日久，改曰新生、新童"。这里是说，直至明清，新化县境内还居住有不少瑶民。距新化县奉家山三十里左右的隆回县小沙江区，现在有两个瑶族自治乡。据民间世代相传，这里的瑶族，就是从新化奉家山一带迁来的，故以奉姓为最多。溆浦县同小沙江交界的地区，至今亦有瑶族，很可能也是从新化迁去的。

由于瑶族的先民们在梅山地区生活的时间很长，从宋"开"梅山后才大规模向南迁徙，故至今瑶族人民的生活习俗不少同"梅山"有关。如湘粤桂的瑶族，都广泛奉行"梅山教"。瑶族巫歌中有这样的传说：梅山神名叫张五郎，出生于梅山的下洞，本为巫师，去向太上老君学法，得太上老君之女急急如律令见爱，传五雷掌、五雷火等，后急急如律令躲在伞里与张五郎同归，结为夫妻，故至今瑶族结婚，新娘还必须打伞。瑶族中还流传着这样一个传说，即宋朝皇帝派兵打开梅山之后，梅山三洞的三兄弟逃难前曾分竹子作为纪念，上洞分得竹兜，以后是打卦的（即作巫师），中洞分得竹竿，以驾船为生，下洞分得竹尖，是养湖鸭子的，现在湖南许多地方养湖鸭的人，都敬奉梅山神。

据以上史实可以清楚地看出，从东汉的"长沙蛮"到"湘州蛮""梅山蛮"，他们是一脉相承的，是"盘瓠蛮"中逐步分离出来的瑶人集团。这支瑶人集团曾长期活跃于雪峰山北段和湘中资湘流域，自南北朝，特别是宋"开"梅山以后，大部分逐步南迁，构成了今天分布于湘、桂、粤三省边境崇山峻岭中的瑶族。留居湘北、湘中的部分则大多与汉族融合在一起了，但也有长期保持了自己民族特色的，如现在新化、隆回，以及相邻的溆浦、辰溪的瑶族就是其遗民。

（原刊《中南民族学院学报》，1986 年第 4 期）

略论楚国对湖南的开拓

文物考古材料说明，湖南有不少新石器时代的文化遗址，并且是我国殷商西周青铜器的重要发现地。但整个看来，春秋以前湖南的发展，还是相对孤立的，还只是在某些点上产生了较先进的文明。湖南的大面积发展，湖南土著文化与中原及大江南北文化熔于一炉，而使湖南成为祖国多民族大家庭和共同历史文化传统的有机组成部分，始自于春秋战国时期，楚国越长江洞庭向南扩展，逐步实现对湖南的开拓。本文拟就这一开拓的大体过程及其后果，初步作些探讨。

一

从地理条件看，楚国势力进入湖南，首先是沿洞庭湖西部的路线。湖北荆襄地区和沿长江中游的枝江江陵一带，西周和春秋时一直为楚国政治经济中心和都城所在地。这一地区同湖南的洞庭湖西部地区为近邻，山水相连。由枝江江陵一带越江，经松滋（春秋战国的兹方）公安，水路沿松滋河荆江，陆路逾天门山武陵山（今枝柳铁路线），即进入了洞庭西部和澧水沅水中下游地区。楚国势力之南下，最先正是经过这条路线进入湖南，设置黔中郡，而后再向东向南扩展的。从近几十年湖南的考古发掘材料来看至今湖南所发现的最早的楚墓和楚文化遗址，不是洞庭湖东部和长沙地区，而是在洞庭湖西部澧水下游的澧县，时代为春秋中期，沅水中游麻阳和辰溪间的九曲湾古铜矿遗址，是春秋时期楚国铜矿的开采和冶炼地，也远早于长沙铜官山的楚人铜矿冶炼处，这类现象，看来绝不是偶然的。

商周以来，紧邻楚郢都地区的"江南"，包括后来楚黔中郡的中心和基本地域的洞庭西部和西南部聚居着许多"蛮夷"部落，史籍中统称"百濮"和"群蛮"。这些地方被称为"濮地"或"蛮夷地"。《明一统志》和《常德府志》均载，常德府"商周时为蛮蜑所居"。①《后汉书·南蛮传》云："秦昭王使白起伐楚，略取蛮夷，始置黔中郡。"把黔中概称为"蛮夷"地区，应是符合当时历史实际的，楚国势力进入湖南，据有黔中，又是同开"蛮夷"所居的"濮地"联系在一起的。

据《史记》记载，早在西周夷王时，楚子熊渠"兴兵伐庸、扬越，至于鄂"，设句亶、鄂、越章三王，"皆在江上楚蛮之地"②，即在枝江至武昌长江中游一线。这样，楚的领土就已直接同江南的"蛮夷"和"濮地"相邻了，楚同这些"蛮夷"开始直接发生了联系。"熊霜元年，周宣王初立。熊霜六年，卒，三弟争立。仲雪死；叔堪亡，避难于濮。"③ 杜预曰："建宁郡南有濮夷"。《正义》引《括地志》云："濮在楚西南。"④《国语·郑语》载："叔熊逃难于濮而蛮。"常昭注云："濮，蛮邑……叔熊逃难奔，濮而从蛮俗。"⑤ 这里所说的"濮"，是在建宁郡之南。建宁郡即今宜昌枝江以南，鄂西清江流域，而其南则正为湖南澧水和沅水的中下游。当时所称的"濮地"，显然就是这一地区。西周春秋与楚相邻的"濮"或"百濮"，实际是包括"濮人"在内的该地"蛮夷"的统称。也就是两汉时以"武陵蛮"和"五溪蛮"见诸于史册的"蛮夷"集团。熊霜的次子叔堪，亡命于"濮"，后来就同这些当地的"蛮夷"融合起来了。

这时楚国的主攻方向是越汉水，向东向北征服"诸姬"。但要北上东进，则必须于西南有一个稳定的后方。故在开拓了枝江至武昌一线长江中游的"夷蛮之地"后，从蚡冒开始，楚对"濮地"，即对洞庭西部黔中郡基本地域进行"开辟"。据记载，周平王之末，"秦、晋、齐、楚代兴"，"楚蚡冒于是乎始启濮"⑥。当然"启濮"并不一定就完全据有"濮地"，但至少说明，楚的政治军事势力已开始伸进湖南西北部，即后来楚黔中郡的基本地域。至楚武王，三十五年，"楚

---

① 同治《武陵县志》，嘉靖《常德府志》"沿革"。
② 《史记·楚世家》卷四十。
③ 同上。
④ 同上。
⑤ 《国语》卷十六。
⑥ 《史记·楚世家》卷四十。

伐隋";三十七年,熊通自立为武王,"与隋人盟而去,于是始开濮地而有之"。①这就不仅是"开濮",而且是"有之"。即距蚡冒数十年后,楚基本上完成了对湖南西部黔中郡基本地域的"开辟"。至于楚黔中郡创设于何时,目前缺乏直接的史料证明,尚有待进一步考究。但可以肯定的是,楚武王三十七年(公元前704)左右,即春秋早中期之交,楚国军事政治势力已正式从郢都的"江南"和洞庭湖西部进入了湖南,据有了黔中郡的中心地。

二

楚国势力沿洞庭湖东部,进入现今岳阳长沙地区,以达湘中,这是楚开拓湖南的第二条路线。但其年代晚于西部的路线。这与地理条件也有很大关系。湖南东部,距楚的政治中心较远,中间又隔着难于通行的云梦泽地。楚国只有在越汉水征服"诸姬",向东发展到相当程度时,才有可能在北向发展受阻,再折而南下,从洞庭湖东部进入湖南。

从史料看,最早的沿第二条路线南下的行动,是楚文王徙罗子国于洞庭东南的岳阳汨罗一带。据《左传·桓公十二年》杜予注:"罗,熊姓国,在宜城西山中,后徙南郡枝江县",文王迁都枝江,又远徙罗子于后来的岳州。《水经注》载:罗县,本罗子国,"故在襄阳宜城县西,楚文王移之于此"②。楚文王是公元前689年至前676年在位,即在武王"开濮地"数十年之后。这时,楚借助同姓罗子国,占有了现今岳阳汨罗一带地方。这可认为是楚国势力,第一次由洞庭东部路线进入湖南之始。

楚成王时期(公元前671—前626年),为楚国沿洞庭湖东部路线向南进一步扩张的重要阶段。据《史记·楚世家》载:"成王恽元年,初即位,布德施惠,结旧好于诸侯,使人献天子。天子赐胙曰:'镇尔南方夷越之乱,无侵中国。'于是楚地千里。"所谓"夷越",主要是指南方的古越族,或称"百越"。

---

① 《史记·楚世家》卷四十。
② 王先谦《合校水经注》卷三十八。

洞庭湖东南部和湖南的湘水流域，在春秋早期，楚人势力尚未进入之前，有不少越人散处其间。近几年来，湖南考古工作者已在长沙、湘潭、湘乡、衡南、资兴等地发掘和清理了七十余座春秋时期的越人墓葬。这些越人墓往往被后来的楚人墓所打破；如湘乡新塘冲属春秋早期的 2 号越人墓，被春秋晚期的楚墓所打破；资兴旧市春秋越人墓，为春秋末至战国初的楚墓所打破。① 这证明，楚国势力自春秋中叶以后，山北而南逐步进入了洞庭湖东南部和湘水流域，开发了湖南的东南部和中部地区，这同史籍所载，楚成王镇"夷越之乱"，"拓地千里"相吻合。

但看来，此时楚国对湖南这部分地区，尚有一点"鞭长莫及"之虑。故楚共王时（公元前 590—前 560 年），又曾对湖南用兵。即所谓"奄征南海，以属诸夏"②。据韦昭的说法，"南海"即"群蛮"所居的地方。主要应是指湖南地区。大概从此以后，楚国才进一步加强了对洞庭湖东南部和湖南中部一带的控制。

<h2 style="text-align:center">三</h2>

楚平王时期（公元前 528—前 516 年），即距成王百年之后的春秋末期，楚国势力向南获得了进一步的扩展。这一阶段，主要是沿沅水而上，将整个湘西，纳入黔中郡版籍。这就是《左传》所载，鲁昭公十九年（公元前 523 年），"楚子为舟师伐濮。"③ 楚国于春秋早期已"开濮地而有之"，平王此时"伐濮"，当然不会是原来的"濮地"了。从商周以后江南"濮""蛮"分布情况看，有一部分居住在紧靠枝江江陵一带和以临沅为中心的洞庭湖西部和澧沅下游地区。这一地区的"蛮夷"就是当时所称的"百濮"，经春秋早期楚国"开辟"后，变成了楚国的臣民。另外还有相当多的"蛮夷"生活于沅水中上游及其支流，即以隋唐辰州为中心的湘西和黔东北地区（秦汉以后称武陵五溪地区）。商周和春秋之际，这一地区的"蛮夷"亦被统称为"濮人"，这一地区也被列为"濮地"。清

<hr>

① 高至喜《湖南春秋战国时期的越楚文化》，湖南省博物馆，1984 年 6 月。
② 《国语·楚语》。
③ 《春秋左传正义》卷四十八。

初王鸣盛《尚书后案》载："百濮，西南夷……或曰：湖广常德、辰州二府境。"《逸周书》云："卜人贡丹砂"。当时所贡朱砂主要来自辰州，故《通典》云："辰州贡丹砂。"这都说明，辰州，即以现今沅陵县为中心的沅水中上游及其支流地区，早已是濮人居住的地方。楚平王时的"伐濮"，显然正是征伐这些地区的包括濮人在内的"蛮夷"。《常德府志》载：桃源县东北二十五里有采菱城，"其湖产菱，肉厚味甘，楚平王尝采之，有采菱亭。"① 《武陵县志》载：采菱城在"县西七里白马湖"。旧志又云："在桃源县东北二十五里。"② 据实地考察现今常德与桃源之间，茅草街附近有古城墙遗址，民间传说就是当年的平王采菱城。这证明楚平王时楚国已经以临沅（即常德）为基地进一步沿沅水而上，继续向西南发展：因是沿沅水而上，当然需借助"舟师"。以后楚威王时遣庄𫏋定黔中以西，也是率舟师溯沅水而上。至东汉初年，刘尚、马援讨伐"五溪蛮"也是由临沅溯沅水而上"击之"。看来，与楚平王的"伐濮"，方向路线都是一致的。经过平王的军事征讨，楚的势力应在沅水流域得到了进一步扩展。大概至此以后，沅水中上游，即整个湘西以至黔东，均进入了楚黔中的范围。正因如此，楚威王时才可能遣庄𫏋溯沅水而上扩地黔中以西，进入黔东南，以至云南；楚怀王时，楚大夫屈原也才可能徘徊于沅水中游，即今天常德至沅陵、辰溪和溆浦之间。

四

楚国势力向南方的最后一次扩展，对湖南开拓的完成，是在吴起相楚悼王时。战国以来，在七雄角逐中，楚国有得有失。楚悼王用吴起变法，国力增强以后，在北部大败魏国，同时向南进一步推进。史料记载："楚王素闻起贤，至则相楚，明法审令……于是南平百越。"③ 又云："吴起相悼王，南并蛮越，遂有洞

---

① 嘉靖《常德府志》卷三。
② 同治《武陵县志》卷六。
③ 《史记·孙子吴起列传》。

庭苍梧。"① 楚悼王是公元前 401 至前 381 年在位，即战国中期。此时楚国往南扩展的方向，主要是"百越"，即古越人居住的地方。当然也包括"蛮"的地域，故又称"蛮越"。这是楚国在成王征抚"夷越"之后，沿湘水进一步向南"开拓"的军事行动。经过这次进军，楚的疆域往洞庭之南扩展到苍梧。

这里所讲的"苍梧"，地理概念不太明确。但肯定不是指汉代的苍梧郡。据《后汉书》载，汉武帝所置苍梧郡，领广信、谢沐、临贺、高要、荔浦、封阳、富川、端溪、冯乘、猛陵、鄣平等上列十一城。《读史方舆纪要》说：汉苍梧郡即"今梧州、平乐二府及广东肇庆府之境"，而"广信，今梧州府治，苍梧县是也"②。很明显汉代苍梧郡是在岭南的两广之地，以今天广西梧州为中心。至今没有任何文字记载和考古材料证明，楚国的版图达到过这些地区。楚所达到的苍梧应该是泛指洞庭以南，并且主要是指五岭南北，九疑山区及邻近一带。即今湖南的宁远、兰山、江华、临武、绥宁、广西全州、桂林、广东连州和韶州等地。太史公曰：舜"南巡狩崩于苍梧之野，葬于江南九疑"。③ 今宁远县九疑山有舜帝墓。郦道元说：九疑山"盘基苍梧之野"。④ 顾祖禹引孔颖达云："九疑即苍梧山也。"《檀弓》云'舜葬于苍梧之野'，谓此。"⑤ 尽管对于九疑山是否就叫苍梧山，历史上有异议，但据以上记载，九疑山一带及两广邻近地区为秦汉前所谓的"苍梧之野"，是可以肯定的。考古材料证明，春秋时期，南岭以北的九疑山及衡阳以南地区，还主要为越文化的分布区。把"开拓"这一地区称之为平"百越"和"蛮越"是符合实际的。进入战国以后，情况发生了变化，在湘水上游及邻近的广东、广西地区，楚文化取代了越文化，近几年来，广西的恭城、平乐、广东的清远广宁等地，都发现了战国楚墓群，出土的器物与长沙楚墓，以及河南安徽楚墓的器物，有许多相同之处。这大概就是战国时，特别是吴起平"百

① 《后汉书·南蛮传》。
② 《读史方舆纪要》卷二。
③ 《史记·五帝本纪》。
④ 《合校水经注》卷三十八。
⑤ 《读史方舆纪要》卷七十五。

越"时，楚地向南扩展的结果。

楚对湖南的开拓，得助于由南而北的湘、资、沅、澧四水不小，春秋后期，以舟师溯沅水而上伐"濮"，将势力扩展到沅水中上游，控制了整个湘西，以至黔东。至战国中期，吴起"平百越"。主要是沿湘江而上，达湖南南部和西南部，以至广西、广东。楚国所留下的重要原始资料《鄂君启节》，有入湘资沅澧的路线。《鄂君启节》是公元前 323 年铸制的。这也说明，自吴起"平百越"之后，从北到南；由西到东，湖南全境均已在楚国军事政治经济势力范围之内。

五

从上述开拓过程看，楚国对湖南的开拓，首先是通过武力对当时遍布湖南的少数民族进行征服。如"开濮地""伐濮"、镇"夷越之乱"、"平百越"等。但由于湖南处于楚国达五岭两广和通西南的要冲，土地辽阔肥沃，自然资源丰富，一旦据有，不仅可成为战略要地，而且能变成楚国的重要经济区和物资供应地。因此，楚人入湖南后，其活动并不单纯停留在军事上。对于经济的开发，他们也是很注意的。随着楚国对湖南的开拓，湖南的经济确实也得到了明显的发展。

首先是农业生产的发展。从长沙、湘乡、澧县、常德、辰溪等地发掘的战国楚墓看，当时使用的农业生产工具有锄、镬、斧、铲、刀、削、锤、凿等，并且都是铁制的。这说明，战国时，铁制农具已在湖南各地普遍使用。由于生产力的提高和农业生产的发展，湖南很快成为了楚国的重要产粮区。齐国的使臣曾对越王勾践说："复雠、庞、长沙，楚之粟也；竟泽陵，楚之材也。越窥兵通无假之关，此四邑者不上贡事于郢矣。"① 这就是说，战国时楚国的粮食等物资供应，很大程度上依赖于湖南长沙及其邻近地区，如出兵截断它们同楚的联系，就会断绝了楚郢都的粮食来源。可见，当时湖南长沙及邻近地区农业生产已获得了相当大的发展。

其次是矿业和金属冶炼制造业的发展，从考古发掘的材料看，楚人进入湖南

---

① 《史记·越王勾践世家》

后，在湖南积极发展了铜矿的开采和冶炼业。九曲湾古铜矿遗址，共有矿井14处。考古工作者于1982年对其进行了部分勘查清理，发现了一批铁锤、铁凿、木牛、木瓢、木槌、藤篓等采掘工具，经科学测定，这里是春秋时楚人开采铜矿的遗址。① 在平江瓮江遗址的灰坑中，发现了大量铜器残片、铜熔块和铁斧等工具，据考古界考证，这里可能是春秋战国之际楚人的一处冶炼场所。② 另外，长沙附近的铜官山，相传也系楚国的铸铜处。楚国的青铜业在七国中是最发达的，而当时的湖南显然已成为楚国铜矿开采和冶炼铸造的重要基地。除青铜业外，楚国时湖南的铁器铸造和锻制也获得了相当的发展。1954年在长沙龙洞坡楚墓中出土了铁削。1976年在长沙杨家山65号楚墓中发现了一把钢剑。这是我国目前发现的最早的一把钢剑。同时出土的还有铁鼎、铁削等。经鉴定铁鼎为白口铸铁。在长沙火车新站工地楚墓中发现一件战国早期的铸铁鼎，经分析基本为亚共晶铸铁。③ 第三是手工业的发展，1957年在长沙左家塘44号战国楚墓中，出土了一批保存完好色形鲜艳的丝织物，有菱纹锦、矩纹锦、暗花对龙对凤纹锦、双色方格纹锦、几何填花文锦，以及绢和方孔纱等。④ 长沙烈士公园楚墓中发现了两件战国中期精美刺绣品，绣有龙凤图案，劲健有力。在长沙还先后出土了世界上著名的帛书、人物龙凤帛画、人物御龙帛画和最早的一支毛笔。⑤ 在湖南各地发掘的楚墓中，还有许多精致的漆木器。如湘乡牛形山一座楚墓中，保存较完整的漆木器有彩绘涡纹漆案、漆几、木雕彩绘虎座凤鼓架、木车模型等；临澧九澧1号楚墓中，出土遗物三百余件，而以漆木器为大宗，有彩绘虎座鸟鼓架、单虎鼓座、编钟架、车辕、屏风、镇墓兽、瑟等。其装饰除彩绘外，还使用了金箔贴花。⑥ 这些考古材料充分说明，楚国时的湖南，丝织、刺绣、漆木器制造等手工业都发展到了相当高的水平。

---

① 熊传新《麻阳县发现东周时期古铜矿的遗址》，载《湖南日报》，1982年5月19日。
② 高至喜《楚人在湖南的活动遗址概述》，载《文物》，1980年第10期。
③ 楚文化研究会《楚文化考古大事记》，文物出版社，1984年版。
④ 熊传新《长沙新发现的战国丝织物》，载《文物》，1975年第2期。
⑤ 楚文化研究会《楚文化考古大事记》，文物出版社，1984年版。
⑥ 同上。

最后，是商业的发展。随着农业、手工业生产的发展和各地区联系的加强，湖南的内外贸易日趋活跃。从《鄂君启节》的记载看，战国时楚国商人已沿湘、资、沅、澧四水，通达湖南各地，往返贸易。湖南的不少楚墓中，随葬品都有天平砝码。如中华人民共和国成立前在长沙出土了十个"钧益"砝码，总重量为499.21克，约当时的两斤。中华人民共和国成立后长沙左家公山15号墓又出土了天平砝码。天平的木杆还很完整，杆长27厘米，中间有一丝线提纽，杆两端系有两个铜盘。砝码大小共九个，最重的一个为4市两，最轻的为0.026两。重量依次相差约一倍，共重250.5克，也就是当时的一斤。常德德山楚墓的随葬品也有天平砝码。这说明，商品买卖已成为日常生活的重要内容，一些楚墓中还出土了玛瑙、玉器等，产地并不在湖南，显然是由外地输入的。可见，湖南境内各地之间、湖南与楚国其他地区之间，已存在广泛的商业往来。

总之，由于楚国对湖南的开拓和开发，湖南同大江南北和中原地区加强了联系，形成了一个有机的整体，促使湖南的经济在更大范围内得到加速发展。从湖南地区的历史发展看，楚国治下的数百年是一个重要的阶段；而作为楚国的一部分，湖南地区又为整个楚文化的创造和楚国历史的发展，做出了重大的贡献。

（原载《求索》，1986 年第 5 期）

"湖南人"的历史变迁

湖南是中国内地一个以汉族居民占多数，但还有土家苗、瑶、侗、回、白等民族聚居的多民族省区，其居民内部结构和民族关系的历史变迁相当大。笔者现仅就湖南境内的汉民族和各少数民族的源流、形成、发展及其分合演化的基本史实和本人的观点，作如下概述。

一、秦汉前湖南地区的居民和民族状况

（一）湖南地区的初民

早在旧石器时代已有人类栖息和生活于湖南境内。自 20 世纪 80 年代开始，湖南不断发现旧石器文化遗址，出土的旧石器，最早年代距今约 20 万~15 万年。1992 年在石门县燕儿洞遗址首次发现的"石门人"化石，距今约 2 万年以上。

距今 9000 年前左右，湖南开始进入新石器时代。目前湖南境内已发现新石器文化遗址 2000 多处，分布于全省各地。各地区的新石器文化的内涵和风格，开始出现地区差异性，在一定程度上表现了不同族群和不同族系的某些区别，并与后来所形成的不同民族已有一定的渊源关系。湖南大多数地区，特别是湘西北、湘北和湘中地区，同屈家岭文化直接相承的龙山文化，其文化特征同当时活跃于这一地区的"三苗"和"荆蛮"族群有着明显的关系；湘中部分地区和湘东、湘南所出现的以印纹硬陶为代表的文化遗存，则同华南、两广的新石器文化是一个范畴，考古界一致认为与古越人族系有关。

（二）湖南先楚时代的族群

传说中的尧、舜、禹在位时期，湖南主要为源于蚩尤"九黎"的"三苗"部落集团聚居地。后来建立楚国的楚人，及苗、瑶、侗等民族，同"三苗"都有渊源关系。

夏、商、西周三代，南方出现了一个新的强大的部落集团，史称"荆蛮"。

"荆蛮"主要源于"三苗"。"荆蛮"族群构成当时湖南的主要居民。此外，古越人在湖南的居民中也占有相当大的比重；在沅水中上游地区，还存在既不同于"荆蛮"，又有别于越人文化的，其他土著族群的文化遗存。

西周以前两三千年中，中原族系，即炎黄部落和华夏族人，随着南征的军事行动，或由于其他原因，也有部分南迁进入湖南的。不过因为人数不多，很快也就融合于湖南境内的土著民族，流传下来的有关神话和传说，在某种程度上也反映了这种历史情况。在湖南宁乡、长沙、湘潭等地发现和出土的大批商西周的青铜器，有一部分明显具有中原风格。其中，有些就是南下的商人和周族成员带来的，有些器物（特别是中原未见的铙），应是当地铸造的，但同南下的商周族人带来的技术还是分不开的。此外，在湖南还发掘了少数商人墓葬。最近在宁乡县炭河里发现了大型西周遗址。这都证明，确有部分商人和周族成员迁移到了湖南境内。

（三）楚国时代湖南民族结构

春秋战国时期，随着楚国的征服和军事政治势力在湖南的扩张，楚人和楚族逐步成为湖南境内的主要居民。湖南的楚人和楚族，主要是由两部分构成的。一部分，是发迹于湖北荆山丹水和析水一带，作为"三苗"和"荆蛮"一个主要支系的楚人，其中有楚王室宗亲、贵族、南征将士及家属、派遣的地方官吏和楚灭国移民，以及随军而来的平民和商人；另一部分，是与南来楚人融合的原湖南另一部分土著的但同样属于"三苗"和"荆蛮"族系的居民。此外，还融合了先已南下的部分华夏族成员和被征服的部分古越人和"蛮濮"族系成员。近几十年来，在湖南各地所发掘的楚人墓葬已达4000多座，遍布三湘四水，其数量和分布地域均远远超过古越人及其他土著族系。这证明，当时楚人和楚族在湖南居民中确实已逐步占据了优势和主导地位。

若按司马迁《史记》所编排的商周以前的帝王世系，楚人乃帝高阳之苗裔，而高阳为黄帝之孙昌意之子，楚人则属炎黄部落和中原华夏族系。对于这种传统观点，楚史和民族史学界现在已多持否定态度。楚人有自己独特的习俗，有自己民族的语言，即《孟子》所称的"南蛮鴃舌之人"，应是南方土著的"蛮夷"，原为"三苗"的一部分，后属"荆蛮"集团中的一个支系，只是他们较早接触到中原的华夏文化，比其他"蛮夷"发展更快些，在南方建立和发展起一个赫赫大国——楚国，并逐步"华夏化"，后来成为南方和湖南汉民族最初的主要来源和基本组成部分。

从已发掘的文化遗存和考古材料看，在春秋战国时期的湖南，人数和分布地域仅次于楚人而居第二位的是古越人。湘南地区在整个战国时期，仍然聚居着大量越族，构成当地居民的主体。如资兴县旧市所发掘的84座战国墓，其中40座是越人墓，而在其他楚墓中也多见古越人文化的因素。学术界大多认同这样的观点，即今天湘、桂、黔三省的侗、壮民族，主要就是由这些古越人的后裔演化而成的。

在湖南西部地区，澧水和沅水中上游，即史称的"武陵五溪"地区，春秋战国时期，居住着土著"蛮濮"民族及部分"巴人"。所谓"蛮"，即原"三苗"和"荆蛮"集团中尚未同南下楚人融合的一些支系和族群，楚人统称之为"群蛮"。"濮"，有时也称为"蛮"，由于支系和族群繁多，楚人统之为"百濮"。楚王蚡冒和楚文王向沅水中游地区扩张时，名之曰"启濮"、"伐濮"和"开濮地"，这说明当时这些地区，除"蛮"之外，还居住着许多属于西南"濮"人族系的居民。近一二十年来在湘西地区所发掘的春秋战国时期墓葬中，有一批带龛的土坑竖穴墓，其形制和随葬器物不同于楚墓，很可能就是当地土著"蛮濮"民族的墓葬。这些墓葬出土一种形制和风格均有别于楚式剑、越式剑的青铜短剑。湘西和相邻的黔东北地区，还出土大批中原和楚人的遗物中所未见的青铜錞于。考古界认为，这些青铜器应属当地"蛮濮"民族的遗物。今天自称"毕兹卡"（即"本土人"）的土家族、苗族、瑶族和仡佬（革佬）族，同"武陵五溪"的这些土著"蛮濮"族群，都有着直接的联系（一说今天的侗族也源于"濮"，可进一步研究）。

古代巴人，相传最初起源于鄂西清江流域，周初建立巴子国。进入战国时期之后，受强大的楚国势力所逼，巴国势力逐步向西退缩，其中心地由鄂西转至川东（今重庆市地）。由于湘西与鄂西、川东毗邻，春秋时期可能即有巴人进入湘西和武陵五溪地区。但巴人成批进入，应是在战国后期秦灭巴子国之后。在湘西及相邻的益阳等地出土的"巴式剑"，以及属战国后期的带虎钮的錞于，应是巴人的文化遗物。此外，在沅水中游还发掘出少量的巴人墓。这说明最迟在战国中后期，确实有部分巴人进入了湘西和武陵五溪地区。后来这部分巴人融合于当地土著"蛮"人部落，成为土家族的来源之一。

二、湖南汉民族的形成发展及其结构变迁

秦汉数百年间，中国境内主体民族统一的汉民族初步形成。在作为秦汉统一封建国家一部分的湖南，汉民族同样也逐步形成并成为湖南境内的主体居民。但湖南汉民族的主要成分，并不是中原的华夏族系，而是在春秋战国的500多年间已逐步"华夏化"的楚人和楚族。其中，当然也包括秦汉时期，由于多种原因，从中原和关中地区不断南下进入湖南的原华夏族系的成员。如秦始皇从关中征调50万大军"戍五岭"，分为"五军"，一军"塞"镡城，一军"守"九嶷。镡城，即今靖州、会同、黔阳、通道等县地；九嶷，指九嶷山，今宁远、蓝山、江华等县地。即五分之二的来自关中的秦军驻屯在湖南境内，后来落籍湖南的当不在少数。又如据《后汉书》记载，东汉永初二年（108），黄河流域"连年水旱灾异"，故将一大批"饥困"百姓徙往当时的荆州，即今湖南、湖北一带。正是这些相继进入湖南的北方和中原华夏族系成员，与已逐步"华夏化"的楚人，以及部分土著"蛮越"族成员相融合，形成了湖南境内的汉民族。而近几十年来所发掘的，遍布湖南各地形制和随葬器物均有别于楚墓的成千上万的汉墓，以及统一文字（秦篆汉隶）和统一货币（五铢钱）等在全境的通行，都说明汉民族和汉文化确实已在湖南占据了优势地位。

此后的1000多年，汉族一直是湖南境内的主体民族。但其结构和成分曾多次发生变迁，特别是国家处于分裂战乱之际，或王朝统治动荡和新旧更替期间，变迁就更大。从东汉末三国鼎立到南北朝对峙的近400年间，大部分时间战乱频仍灾祸连年，因此北方和中原人口多逃亡江南，至西晋末年形成严重的"流民"问题。据《梁书·张瓒传》记载，南朝萧梁时湘州（治今长沙市）刺史张瓒任

内，招纳"流人"，结果"户口增益十余万"。如南北朝的著名诗人阴铿，其祖本甘肃姑臧（今武威）人，就是在东晋末年辗转南下，后移居南平郡作唐县（今湖南安乡县），遂落籍湖南，繁衍子孙。

唐朝"安史之乱"后，战乱频繁，又引起北方人口大批南迁。据《旧唐书·地理志》记载："中原多故，襄、邓百姓及两京衣冠，尽投江、湘，故荆南井邑，十倍其初。""江、湘"，即当时的江州、湘州，今湖北、湖南。唐末五代，河南鄢陵人马殷率大军入据湖南，以长沙为中心建立楚国，实际上也是中原人进入湖南的一次移民浪潮。马氏楚国灭亡后，马氏家族及其亲信虽被强迫迁往金陵（今南京）等地，但这只能是当年进入湖南的 10 万兵将的一小部分，其中除横尸沙场者外，大部分后来都只能落籍湖南繁衍后代了。在马氏家族进入湖南的前后，还有一些大姓豪族也从境外徙入湖南。如马楚任命为天策府十八学士之一的廖匡图，其先世为虔州赣县（即今江西赣县）人，唐昭宗光化元年（898），举族 3000 多人迁入湖南，后落籍衡山。又如，天祐三年（906），吉州（今江西吉安市）刺史彭玕率所部及其族 1000 余人归附马楚，马殷以玕为郴州刺史，其弟瑊为辰州刺史。还有，与廖匡图同为天策府学士的徐仲雅，原籍陕西秦中，也是唐末五代移居长沙的，遂成为湖南长沙人。这都增加了湖南境内汉民族中的外来移民的成分。

宋金对峙时期，北方人口再次大批南徙，又大大增加了湖南汉民族中外来移民，特别是北方移民人口的成分。据《文献通考·田赋考》记载："靖康之难"后，"中原士民扶携南渡，几千万人"，移居"有膏腴之田弥亘数千里"的"荆湖、两浙"。"荆湖"即今湖北、湖南。当时进入湖南境内的应不在少数。如湖南汉族中的张姓，不少都源于唐末由长安（今西安市）南下避难于四川绵竹的国子监祭酒张琳。南宋时宰相张浚为绵竹张氏之后，张浚东下抗金，长期滞留湖南，卒葬衡山脚下，其墓在今宁乡官山。子张栻留居长沙并主讲岳麓书院多年，栻弟杓落籍于湖南宁乡龙塘。后张氏子孙在湖南繁衍，散居于宁乡、安化、益阳、新化、邵阳、祁阳、汉寿、沅陵、溆浦、泸溪等地。南宋灭亡后，在安化宁乡一带起兵抗元的张虎，即张栻的曾孙。张虎兵败被杀。其子张惟考遂隐居安化三洲，为今天当地张姓之祖。又如，南宋末年进士官至大理寺丞的杨大异，醴陵人，先世原籍弘农（今河南灵宝）人，避中原丧乱南迁，遂落籍湖南醴陵。

由于汉民族自魏晋以后的这类主要由北而南的不断迁徙，至宋元之际，在湖南境内汉民族居民中，南来的北方和中原人的成分显著增加，而原以楚人为主体的土著居民所占比例则大为减少。这是湖南汉民族内部结构的第一次大变迁。

湖南汉民族人口最大的一次流徙和内部结构又一次大变，发生在元明之际和明朝初年。与此前历代大多由北而南流动不同，这次主要是从东往西迁移，即史称的"江西填湖广，湖广填四川"。原因是元末明初的连年战祸兵灾，使湖南大部分地区田园荒废，庐舍为墟，原有人口大量散亡。而流入当时地广人稀的四川和湖南人又特别多。据嘉庆《湖南通志》记载："历朝鼎革、荼毒生灵，惟元明之际为惨。"结果湘中地区的湘潭（含今株洲）一带的原居民，即唐宋前的土著，仅剩下"数户"。"后之人多自豫章来。"① 豫章，即今江西省地。湘东的醴陵县，"古老相传，土著亦仅存十八户，余皆无复存在"。后来的居民，均为明初从外省迁来的，而"尤以江西为最多"。② 据同治《醴陵县志》统计，醴陵县境内明代从江西共迁入296族，而其中200族是洪武年间迁来的。湘西地区，据光绪《永定乡土志》所载：大庸（今张家界市永定区）38大姓60始祖中，有24姓33始祖是明初从外省迁来的，而其中20始祖来自江西。

明代所发生的人口大流动，导致湖南境内汉民族的成分和结构发生了一次根本性的变化，即原土著和宋元以前来自北方和中原的汉族居民，大部分或外迁，或灭绝，代之是原籍江西以及江浙地区的移民在湖南汉族人口中占据优势地位。从明清以来所撰修的谱牒看，现今湖南境内汉族各主要大姓，几乎都是说自己祖籍江西某地，或江苏某地，而且大多数都是明代移居湖南的。这应是可信和有据可考的。如以王夫之、王文清、王闿运、王先谦，即"湘学四王"为代表的湖南望族王姓为例：王夫之属衡阳王氏，其祖原籍江苏高邮，明永乐年间入湖南，

---

① 同治《醴陵县志》卷六。
② 同上。

落籍衡阳；王文清属宁乡王氏，系江西吉安王氏分支，其祖于永乐初以指挥使屯长沙卫（今宁乡铜瓦桥一带），遂落籍；王闿运属湘潭王氏，源出太原王氏，其祖元末避乱居江西赣州，两代后再徙湖南，始迁衡阳，再迁湘潭，后子孙繁衍于湘潭长沙各地；王先谦属长沙王氏，先世为江宁府（今南京）人。正德年间，有王沾者通判岳州府，遂留居湖南，落籍长沙城北福善坊，是为长沙王氏之祖。湖南王氏四大主要支派，两支来自江西，两支祖籍江苏，而均为明代迁入湖南。

清初湖南为李自成农民军余部和南明势力抗清的重要战场，后又有"三藩之乱"和吴三桂叛踞湖南。数十年战乱，再次使湖南的居民大批家破人亡和流离失所，造成湖南历史上汉民族又一次也是最后一次较大的流徙。但这次流徙与明初相同，主要也是由东而西，即江西等地居民迁入湖南，而湖南人又再次大批进入四川、贵州。故魏源依然称之为"江西填湖广，湖广填四川"。这进一步增加了湖南汉族中江西等地移民的比重。

明清之际，汉族除主要从东而西迁入湖南外，其中也有些支系和族群由南而北回徙，进入湖南。这主要是聚居于湘东和湘东酃县（现炎陵县）、桂东、汝城、茶陵、攸县各县，以及平江、浏阳等县市部分乡镇的"客家"人。如据1990年统计，酃县全县总人口为175759人，其中"客家"占60%，即10万以上。[1]"客家"为汉族中的一个重要支系和族群，唐宋时南迁，主要聚居于广东东南部。湖南酃县等地的"客家"，大多是明清之际从广东迁来的，少数来自福建。如酃县"客家"饶、乌、叶、伍等姓氏，都是康熙雍正年间从广东梅县迁来的。在酃县所调查的164支家族中，有60支是清代由广东迁来的"客家"，9支来自福建。又如浏阳县，原籍可考的"客家"39支，其中36支祖籍广东平远等地，清初迁入的有黄、刘、叶、邓、周等姓31支。他们聚居于东乡和南乡山区，一直保留了"客家"语言。[2]

自明清的大迁徙后，湖南汉民族内部结构基本稳定下来，在湖南的分布格局

---

[1] 酃县志编纂委员会《酃县志》，中国社会出版社，1994年。
[2] 湖南省浏阳市地方志编委会《浏阳县志》，中国城市出版社，1994年。

亦大体确立，此后再无什么大的变迁。与此相对应的，是近代湖南汉语的几大方言区的形成。湖南汉语现在分为四大方言："湘语"区，以湘中和湘、资二水中游地区为主、从长沙、湘潭、益阳，以至衡阳等各市县。这与扬雄《方言》中所称的"南楚""江湘""湘沅"方言区基本一致，应渊源于楚人和唐宋之前湖南土著汉族居民的语言。"西南官话"区，主要包括湘北、湘西和沅、澧二水中下游地区，从岳阳、常德、张家界、沅陵、吉首，至怀化、洪江、靖州等市县，以及湘南部分所谓"双语"（即土话与官话）区。这种"官话"，主要是由宋元以前历代的北方和中原移民所形成的，对所谓"湘语"亦产生很大影响。"赣语"区，主要是湖南的东部，由北而南的平江、浏阳、茶陵、攸县，以至资兴等各县市地区，此外在湘中、湘西也有分布点。这是直接由明清之际的江西移民所形成的。"客家话"，主要分布于酃县、桂东、汝城等县，以及茶陵、攸县、浏阳等县市部分乡镇。这是由广东北迁的"客家"人所形成的。当然这四大方言和湖南汉族内部主要支系区分，都只能是大体上的，交错混杂和相互影响的现象很多，而且虽属同一方言和同一支系，地域性差别也相当大。

三、湖南其他民族的形成发展及变迁

秦汉以后，在汉民族形成发展的同时，湖南境内的其他土著族群，也历经分合演化，相继形成和发展为各个单一的民族。现统称之为少数民族。但在不同的历史时期，其称谓结构及分布地域，变迁较大。

在两汉时期，先秦时原以"蛮濮""夷越""巴人"等名相称的族群，常常被统称之为"蛮"，且按所处地域的不同，又常在"蛮"之前冠以不同的地名。从史籍记载看，当时湖南境内主要有"武陵蛮"（又称"五溪蛮"）、"长沙蛮""零陵蛮""桂阳蛮"等。这是一些以郡名相称的族群。此外，还有不少冠以县邑或其他小地名的"蛮"。如"澧中蛮""溇中蛮""酉溪蛮""零阳蛮"等。如《后汉书·南蛮传》记载："长沙蛮反叛，屯益阳"；"零陵蛮入长沙"；"武陵蛮六千余人寇江陵"；荆州刺史度尚"击零陵、桂阳蛮夷"。可见当时湖南四大郡，包括湘资沅澧四水流域，都有"蛮夷"民族分布和聚居，而其中武陵郡内又最

为集中。他们甚至屯兵益阳攻入长沙，往北一直打到湖北江陵，其人数应相当多，势力颇为强大。此时的"蛮"，完全是地域性的族群称呼，实际上包括湖南土著的土家苗瑶侗等民族的先民。史籍将"武陵蛮""长沙蛮"，都说成是"盘瓠之裔"，不符合史实。

魏晋南北朝时期，"武陵蛮"和"五溪蛮""零陵蛮"，依然相当活跃，其范围内也还有"天门蛮""黔阳蛮""酉溪蛮"等局部地区性称呼。"长沙蛮"的称呼再未见诸记载，但同时对"蛮"又有了一些新的称号，如"巴陵马营蛮""湘州蛮""衡阳蛮"等。"巴陵"，即今岳阳临湘等地。说明当时湘北也有"蛮夷"族活动。西晋永嘉元年（307），始析荆州之长沙、衡阳等郡置湘州，治今长沙，所称"湘州蛮"，应即两汉时的"长沙蛮"。20 世纪 80 年代在桃源县漆家河乡出土了两方银质印章和一方铜质印章，均为西晋王朝颁发的"蛮夷率善邑君"印。说明当时桃源一带还聚居着一支人数众多的"蛮夷"民族。从分布与活动的范围看，魏晋南北朝时期以"蛮"相称的民族地域，远较后来的少数民族聚居区为宽。

除"蛮"和"蛮夷"的称呼外，魏晋南北朝时期，开始出现了一些新的族称。从史籍记载看，主要是在武陵郡境内有"僚"人，零陵衡阳一带有"莫徭"。学术界一般均认为，"僚"同先秦时代的"濮"有渊源关系，为后来仡佬（革佬）族先民。而"莫徭"，即今天的瑶族先民。这表明，"僚"（仡佬）和"莫徭"已从"蛮"中区分出来，开始了形成各个不同的单一民族的过程。

隋唐五代时期，湖南境内土著少数民族，从名称看主要分为"蛮""僚""仡僚""徭""夷蜑"等。但仍常以其活动地域，冠以地名相称。如"武陵蛮""石门蛮""辰州蛮""锦州蛮""溪州蛮""叙州蛮""飞山蛮""武冈蛮僚""梅山蛮""桂阳监徭"、长沙郡"夷蜑"、朗溪"僚"等。据《隋书·地理志》记载，"夷蜑"又名"莫徭"，也即"徭"。新出现的"仡僚"，也就是原"濮"人的后裔"僚"。另有一种意见，认为"仡"与今天侗族的自称"干""金"（其意为峒、洞）相近，"仡僚"应是侗族的先民，为古越人之后。唐代的朗溪县，为今会同、靖州、通道等县地；当时武冈，包括今天的武冈、城步、新宁、绥宁县地。这些地区至今仍为侗族主要聚居区之一。这些地区此时所称的"僚"，显然与"濮"和"仡佬"已没有关系，而是指侗族的先民。梅山，含今新化、安化等县地，唐属长沙郡地，所说的"蛮"，实际上也就是当时长沙郡的"莫傜"和"傜"。唐辰州治今沅陵，锦州治今麻阳，溪州治今龙山，叙州治今黔阳，飞山在今靖州自治县境，所称的"蛮"，依旧是对这些地区土著民族的一种泛称，应包括今天聚居于这些地区的土家族、苗族、侗族和瑶族的先民。从分布的情况看，隋唐时期，湖南土著少数民族生活与活动的地域，较前已有所收缩，主要集中于湘西湘南及部分湘中地区。

唐末五代，江西庐陵（今吉安）彭瑊，与其兄彭玕率部投奔湖南马殷，授为辰州刺史。后彭瑊战败当地土著"蛮酋"，占据溪州，马氏又授其为溪州刺史。彭氏家族及所率田、向诸姓部属和百艺工匠，遂落籍上、下溪州即今永顺、龙山、保靖诸县地及其附近地区。彭氏数百年的割据和封闭式的统治，促进了湖南土家族的形成和发展，而彭氏家族及其部属的部分后裔，逐步融合于当地土著"蛮"族，也就成为了今天土家族的另一个来源。

两宋时期，湖南土著少数民族，常被统称为"溪洞诸蛮"。宋王朝又曾按不同地域，将他们划分为"北江诸蛮""南江诸蛮"等。沅水的支流酉水又称北江，"北江"系指沅水中游及酉水流域地域。"南江"，指沅水中上游及其支流辰水、巫水等地区。除此之外，史籍中以"蛮"相称的还有"梅山蛮""邵州蛮""辰州蛮""桂阳蛮"等。在继续统称"蛮"的同时，两宋时对瑶族的单独称呼更加常见。如"傜人""山傜"等。还有较多的"峒丁""峒民""洞蛮"的记载，这成为后来侗族名称的由来。这说明继瑶族之后，侗族在两宋时也初步形成为一个单一的民族。在陆游《老学庵笔记》等两宋史籍中出现了"仡伶"称呼，学术界一般认为它应是侗族自称在历史上的一种汉译，为古越人之后。作为"蛮"族系最重要组成部分的"苗"，从中区分出来成为一个单一的民族族称，也始于两宋。在宋人朱辅所著《溪蛮丛笑》中，除蛮、傜、僚、仡伶、仡僚之外，已多次出现"苗"的称呼。叶钱的《溪蛮丛笑·序》第一次将"五溪蛮"分成五种："曰苗、曰傜、曰僮、曰僚、曰仡佬。"朱熹出任湖南安抚使时，招抚"苗蛮",特于岳麓书院右侧建"谕苗台"可见,"苗"作为一个特定族群的概念,当时已比较明确。两宋史籍中所出现的"土丁""土人"的称呼,虽含义较为广泛,还不是单独的民族性的称呼,但在古"五溪"地区应主要是指土家族的先民,表明自唐末五代溪州为彭氏家族割据之后,土家族作为一个单一民族,两宋时也开始在逐步形成。

由于宋神宗时(1068—1085),首先"开梅山",在"梅山蛮"地区设置安化、新化两县,并实行"变徭为汉"的政策,原聚居于这一地区的徭人,或被迫南迁,或逐步被同化。据道光《宝庆府志》记载:章惇开梅山,设置新化、安化二县后,"流亡渐复,而新著籍者,强半江右吉安人","而土户反寥寥"。即基本上就变成了以江西移民为主的汉族地区。继之,又"恢拓""南江诸蛮"地区,先后设置沅州(治今芷江)、靖州(治今县城),以及渠阳、时竹等县(今会同、绥宁、城步等县地),将当地土著"苗徭""蛮僚"民族重新纳入统一的经制州县管理之下,进一步强化统治。这都导致两宋时期,湖南境内各土著少数民族聚居和分布地区,较唐代又进一步有所收缩。

元明时期,湖南土著少数民族分布地区,已主要局限于湘西和沅澧水中上游;其次,是湘南和湘西南。在当时留下的文献中,往往被统称为"蛮",或"苗蛮""蛮僚"等,但单独记载"苗""徭""峒丁""山僚""土民""土蛮",即今苗、瑶、侗、土家等民族的资料日益增多。从元王朝开始,"以蛮治蛮",在唐宋羁縻州的基础上建立了统治少数民族的土司制度,至明代在湖南境内发展为大小18土司,即永顺、保靖、桑植三宣慰司,茅冈安抚司,南渭、施溶、上溪三土州,腊惹洞、麦著黄洞、驴迟洞、施溶溪、白崖洞、田家洞、上洞、下洞、五寨、筸子坪等十长官司,两江口土舍。其地域,主要包括今天张家界市和湘西自治州所属各市县。居民则以今天的土家族为主,其次为苗族。在以腊尔山为中心的湘西和湘黔边方圆数百里苗族聚居的区域内,既未设置土司,又未派流官治理,逐步形成一块独特的所谓"生苗"区。从此对苗族开始有"生苗""熟苗"的不同称呼。居住在"生苗"区内,不通汉语不习汉俗的苗族人,被称为"生苗";居住在土司或州县流官管辖区和苗汉杂居区,通汉语近汉俗的苗族人,被称为"熟苗"。

元明时期所形成的湖南民族结构和分布格局，入清后大体沿袭下来，但也有些变化。首先，由于清王朝对湖南少数民族的多次军事镇压，特别是对苗民乾嘉起义的大规模血腥镇压，少数民族人口增长缓慢，尤其是苗族。在清代 200 多年间，由于天灾人祸湖南少数民族外迁的也不少。如今天仍聚居于湖北宣恩的部分苗族和广西南丹一带的田、唐等姓苗族，都是乾嘉起义失败后从湘西凤凰、永绥（今花垣）等地迁去的。又如，自康熙到乾隆年间，从晃州（今新晃）经贵州迁往湖北宣恩、恩施、咸丰等地的侗族，达千人之多。同时，随着清王朝对"苗疆"的开辟和"改土归流"的实施，大批汉族官吏、兵丁、商人，以及一般平民百姓，拥入少数民族地区。这些"客民"，以各种手段逐步占据土著民族的土地，"客民"人数越来越多，原土著民族生活地域必然日趋缩小。如魏源《圣武记》记载：设厅之初，"永绥厅悬苗巢中，环城外寸地皆苗，不数十年，尽占为民地"。① 由于"客民"（汉人）的大批迁入，带来了汉文化，在另一方面，自然又加强了当地土著民族与汉族的交往和交流，促进了汉文化在少数民族地区的推广和普及，各少数民族不同程度地都开始了"汉化"的过程。这也是清代以来，湖南居民和民族变迁的一种趋势。

（原刊《民族论坛》，1991 年第 4 期。收入本集时作了修订）

---

① ［清］魏源《圣武记》。

历史上湖南对外交通述略

湖南，简称"湘"，或又以"湖湘""沅湘"概之。地处长江中游和洞庭湖之南，系中国南部内陆省区。东邻江西，南毗两广，西接黔川（今重庆市地），北界湖北。地势原本是北高南低。地壳中生代末期"燕山运动"，使"江南古陆"断陷而成为洞庭湖低洼区，而南部古南岭继续断裂上升，于是逐渐形成全省东、南、西三面环山，而朝北开口的马蹄（凹）形状，南高北低，湘、资、沅、澧四水，由南而北纵贯其间。湖南所处的地理位置，及其地形地貌，对于湖南对外交通路线和商道格局的形成发展，影响和制约甚大。

一

历史上湖南对外交通，主要是依靠水路，经沅、湘、资、澧四水，穿越洞庭，进入长江，然后东下或北上。

沿长江东下，直达浙江沿海，以通海外。唐代享誉中外的长沙湘江岸边的铜官窑瓷器，外销东南亚，远达西亚波斯，走的就是这条路线。从考古发掘看，国内沿江沿海重要口岸，如汉口、扬州、宁波、邗江，远至西沙群岛，都出土有铜官窑瓷器。国外，朝鲜、日本、东南亚，以至印度、伊朗等地也均有出土。宋代"占稻"品种传入湖南，宋末元初种植棉花和棉花纺织技术的传入推广，也都是从这条路线。"占稻"，或称"占城稻"，属早熟稻种，耐旱。原产于越南地区，约五代时传入广西。宋真宗大中祥符五年（1012），江浙一带大旱，官府遂遣人到福建取"占城稻"种籽三万斛，分给民间种植，并雕版印其种法，"揭榜于民"。由此，很快推广于长江中游地区，湖南也开始种"占稻"，并成为湖南"双季稻"的传统早稻品种。南宋末年，松江府（今上海地）黄道婆（1245—1330），流落海南岛崖州，学得植棉和棉花纺织技术。后返回故里，于当地教人种植棉花和纺纱织布。由此也逐步推广和传播于江南和湖南。进入近代，这条交通线和商道更为重要，特别是在湖南入长江的口岸岳阳，开辟为对外商埠之后，湖南的大宗商品如桐油，更是通过这条交通线，源源不断输往欧洲，以供造船业所需。

越洞庭过长江北上，主要是溯汉水枝江，经荆襄汉中抵中原地区，或西向入陕甘，以通中亚。这条通道和交通路线的开通，主要肇始于楚人南下和楚国对湖南地区的开拓。而楚人和楚国势力是从东西两条路南下进入湖南的。而西线又早于东线。

西线，自楚国郢都（今湖北江陵）一带，越长江南下，进入洞庭湖西部和澧水、沅水流域即湖南西部地区。春秋战国时期，这里为"蛮濮"民族聚居地。公元前822年，楚熊霜卒，"三弟争立"，"叔堪亡，避难于濮"。这是楚人南下进入濮地即湖南西部的最早文献记载。周平王末，楚蚡冒"始启濮"，楚人和楚国势力开始向南发展。公元前704年，楚熊通自立为武王，"于是开濮地而有之"。继而，楚平王又作"舟师以伐濮"。至楚宣王和威王时期（前369—前329），置黔中郡于沅水中游今沅陵县地，楚国拥有了整个湖南西部地区。楚国沿这条交通线和交通要道，设置军事据点，建立城池。据考古发掘，澧水流域，有石门古城堤遗址，澧县有白公城，还有宋玉城、申鸣城等。沅水流域，有常德司马错城、桃源楚王城、沅陵黔中郡城、溆浦义陵城等。楚国还在沅水中游今麻阳县地开采铜矿，建立了楚国在江南的重要铜矿开采和青铜冶炼基地。

东线，是从"鄂"地，即今武汉和湖北省中东部出发，南向过大江，穿东洞庭湖或沿其东岸南下，进入湘江流域，再溯湘江而上，抵湘中、湘南，最后达五岭山麓。楚熊渠，自江汉"兴兵伐庸、扬粤，至于鄂"。约公元前9世纪，楚国始据有"鄂"地。此后数百年间，楚人和楚国势力才沿长江入洞庭，逐步进入湖南。楚文王时期（前689—676），将楚属罗子自枝江迁罗县（今汨罗岳阳地），建罗子国，建立战略据点。这是楚人和楚国势力从东线进入湖南之始。至楚成王元年（前671），通过南下"镇夷越之乱"，于是"扩地千里"，即进入当时"夷越"族聚居的湘、资二水下中游地区。随后，楚庄王时期（前613—前590），又将其附属国麇子国的遗民，迁至麇城，即今岳阳市梅溪大村梅子市。公元前 385 年左右，吴起相楚悼王，"南并蛮越"，"遂有洞庭苍梧"。即沿东部路线，溯湘江和资水而上，南抵湘南和南岭一带，建制洞庭郡和苍梧郡。

湖南宜于水稻种植，自古盛产大米，自楚国和秦汉开始，即大量输出。而大米外运，主要就是靠四水，特别是湘江，由南而北，越洞庭长江，再溯汉水枝江，经荆襄和江汉平原，进入中原和关中。早在三国时，"长沙好米"之名已流传于北方和中原。魏文帝曹丕就曾将"长沙米"，与魏都邺城附近地区的"新城粳稻"比较优劣。西晋灭吴后，因杜预创导，还在江汉平原开通一条运河：北起夏水，达巴陵，"内泻长江之险，外通零桂之漕"。即打通了溯湘江而上，直抵桂阳零陵地区的漕运。南朝萧绎称帝后，有诏云："江湘委输，方船连轴。""方船"，即当时用来运粮的大船，又称"大艑"。又有史料记载："湘州七郡，大艑所出，皆出万斛。"湘州，西晋怀帝时期（307—313），分荆州置，治长沙。所辖长沙、衡阳、湘东、零陵、营阳、邵阳、天门等 7 郡，皆产大米。通过"江湘"外运的万斛大船，连绵不断。可见，通过境内四水，越洞庭长江外运大米数量之多！

湖南传统的经济作物则首推茶叶，栽培地域广，品种多，历史上亦为出口大宗。据记载，宋代前期荆湖（湖北、湖南）每岁市茶额，为 247 万余斤，仅次于"江南"（江苏、淮南、江西），居全国诸路的第二位。所产茶叶，主要也是越洞庭长江，经江汉和荆襄北上，再运往西北，称为"边销"。宋代在南方特设 6 个"榷茶务"。其中，湖北的江陵府"榷茶务"，除本府外即专门承办潭州（治今长沙）、鼎州（治今常德）、澧州（治今澧县）、岳州（治今岳阳）等地茶叶的"边销"。

二

湖南系中原和长江中下地区，西通云贵川南下两广的中介地。历史上，从北而南自东而西，开辟和形成了一些重要的交通线和通道。西向，主要有三条：

一是沿沅江而上，直达贵州，经贵州入滇。这是开辟最早，又最为重要的一条通道。战国时期，楚威王（前 339—前 329 在位）遣将军庄豪（或作庄蹻），率军伐夜郎，入滇，走的就是这一条通道。据记载，他率军行船至沅江上游（清水江）的牂柯（今福泉县地），才弃舟上岸步战，征服且兰夜郎，一直抵达云南，建立楚人的统治，史称"庄蹻王滇"。"楚雄"之名即与楚国有关。明代理学家王阳明，贬谪贵州龙场，也是溯沅水而上，中途曾停留沅水中游沅陵，结庐讲学布道。清初，清军取云贵也是走这条道线，破辰龙关取辰州（沅陵），再溯沅水而上，占据沅州（今怀化芷江），再进军贵州。林则徐，嘉庆二十四年（1819），充云南正考官，也是溯沅江而上，由沅州晃县（古属夜郎地），经沅江支流无水进贵州入滇。正由于这条路线和通道的重要性和战略地位，明初，于沅水上游设偏桥、清浪等卫，控黔、播之"咽喉"，为辰、沅之"藩屏"。万历二十八年（1600），又特设偏（桥）沅（州）巡抚于沅州（芷江）。这为湖南设巡抚之始。清康熙三年（1664），巡抚才移治长沙。沅江上游洪江古商城的形成，显然也就是依托这条交通线和通道。近代以来，洪江成为湘、黔两省的木材、烟叶、桐油等土特产品最大的集散地。有记载：清光绪二年（1876），洪江桐油，首次畅国际市场，居全国出口首位。

第二条，是由湘西北经沅江支流酉水，入川黔的交通线和通道。溯沅江而上，至沅陵酉口，再溯酉水西向，经古溪州（今古丈、永顺、保靖、龙山和花垣地），到酉阳，进入四川（今重庆市）境内，转经乌江（古亦称黔江）下游，至重庆市黔江彭水。再北上抵重庆，向西入四川腹地。这是历史上避开长江三峡天险，南部入川的最佳通道。秦取楚地，以沅陵为中心置黔中郡，走的应是这条路线；相传秦灭巴，"巴子"兄弟五人入五溪，走的也应是这条通道。酉水中游保靖县境有战国时的迁陵城遗址，从保靖西北向，溯酉水而上有龙山里耶古城遗址和数万枚窖藏的秦简，均与内地从湖南沿酉水入川的古道有关。迄清咸丰年间（1851—1861）石达开率太平军入川，1949年解放军四野大军进川，走的都是这条通道和路线。

第三条，是溯沅江而上，经渠水（雄水），由湘西南端通道县境入广西、贵州的路线和通道。这条路线和通道，应自古即有之。秦始皇遣50万大军"戍五岭"，其中一军10万人"塞镡城之岭"。古镡城，即渠水沿岸今靖州、通道、绥宁等县地。秦军戍守与扼控的就是这条通道。苗族历史上向西迁徙的三条路线，其中一条，也是溯沅水而上经渠水，从通道县地进入广西。有一部分苗族留居南丹、融水，以至西林、隆林，有一部分又沿都柳江北上，迁居溶江都匀等地。在乾嘉苗民起义遭到清军血腥镇压时，凤凰、永绥（今花垣）有田、唐二姓部分苗族，逃往广西南丹一带定居下来，依然是沿这条路线和通道迁徙的。通道县名的由来，也与这条古道有关。据记载，南宋徽宗崇宁二年（1103），置蒙罗县（今通道、绥宁地），遣使从蒙罗"经略"广西，"抚定"907峒，开通道路一千二百里，沟通湘、桂、黔道路。故将"蒙罗"改名"通道"。

<h3 style="text-align:center">三</h3>

南向，从湘南越南岭下两广，主要有两条通道。一是出零陵（永州）入粤西，为西线；一是出桂阳入粤北，为东线。西线，溯湘江而上，由零陵入粤的通道，开拓于秦代。据《史记》载：秦始皇"使尉屠睢将楼船之士，南攻百越"，又"使监禄，凿渠运粮，深入越"。秦征越"楼船"大军，沿湘江而上，至上游零陵（今永州）地区。为进入粤西，乃开凿渠道。监禄所凿渠道，史称"灵渠"，沟通湘江和漓江二水，而顺漓江而下，可抵番禺（今广州）。尉屠睢率"楼船"攻"百越"（"越"又作"粤"），这是由西线，溯湘江入两粤。西汉武帝征"南越"（又作"南粤"），遣归义、粤侯二人，"出零陵""下漓水"，也是走这条路线。从长沙马王堆汉墓出土的长沙国《驻军图》看，从长沙溯湘江而上至零陵之后，还另有一条通道，即沿湘江支流潇水南航，经现在的江华瑶族自治县，再溯沱江南抵广东界，越南岭，顺连江北江而下抵达番禺。《驻军图》中，在临粤界不远的地方，有一个标名为"龙里"的驻军地点，注明当时有108户，为一大村寨，今名回龙寨，处江华县东沱江上游。龙里之所以成为驻军要地，显然就是为了把守这条重要通道。

东线，由湘江支流耒水或舂陵水，达桂阳郴县，再经湟水和武水，进入粤北。这条水道的开辟和定型，始于两汉。据史载：西汉武帝元鼎五年（前112），"征南越"，在遣将出零陵，下漓水的同时，又遣伏波将军路博德，出桂阳，下湟水入粤。湟水，又名洭水光水，源出郴县，至广东连县境，汇连江北江，抵番禺。东线出桂阳郴县后，也可不走湟水，而下武水（或名武溪），南流穿骑田岭，经现在的广东乐昌县，至曲江县，汇始兴水（东江）北江，顺流达番禺入海。东汉建武年间（26—56），马援南征，就是沿这条路线进军的。《水经注》载：东汉桂阳有周府君庙，在"乐昌县西一百一十八里武溪上。武溪，惊湍激石，流数百里。昔马援南征，其门人辕寄生善吹笛，援为作歌和之，名曰《武溪深》"。马援的《武溪深》，历史上另一说，认为系马援征"五溪蛮"时所作，因为沅水支流"五溪"中也有一条名叫"武溪"。这可作进一步考证，但并不能否定马援当年由武水（武溪）穿越骑田岭入粤南征的史实。

从湖南入两广，除水路之外，东汉时期还开通了穿越五岭的陆路通道，史称"峤道"。《后汉书》《水经注》等史籍均有记载。东汉建武（25—56）初，卫飒迁桂阳太守，以郡地跨五岭南北，去郡远者"且千里"，"吏事往来，辄发民乘船"，"百姓苦之"，飒乃"凿山通道五百里"，沿途置传亭邮驿，"省役息劳"。这应是开辟"峤道"之始。东汉建初八年（83），郑弘任大司农，以南粤交趾七郡"贡献转运"，皆"泛海而至，风浪艰阻"，船多沉溺，奏请"开零陵、桂阳峤道"。于是，道路"夷通，至今为常路"。"峤"即"岭"也。越城岭又称"越城之峤"，萌渚岭又名"萌渚之峤"。"开零陵、桂阳峤道"，就是西出零陵，开凿越城岭，进入粤西；东出桂阳，凿通骑田岭，进入粤北。说"至今"成为"常路"，是指《水经注》作者郦道元在世的南北朝时，这两条"峤道"即已成为中原和长江中游地区，经湖南至两广与沿海的通途和要道。

（2022 年 6 月在与广西社科院"丝绸之路"调研组座谈时的发言）

第三编

理论与方法

试论马克思主义"社会形态"学说

按：20 世纪 80 年代初，我国学术界开展了一场关于马克思主义生产方式和社会形态学说的大讨论。部分学者对人类社会发展的"五种生产方式"和"五大社会形态"学说提出质疑，主张"三大社会形态"或三种、六种"生产方式"说。而另一部分学者，则加以反驳，认为必须坚持"五种生产方式"和"五大社会形态"学说。争论的一个核心问题，是奴隶社会是否为人类社会发展的一般必经阶段和独立的社会形态，以及如何看待马克思曾说过的"亚细亚生产方式"。与此相关的，从史学方法论的角度来看，是如何探究和处理人类社会发展的规律性和多样性的关系。《中国史研究》1981 年第 3 期，刊发了胡钟达《试论亚细亚生产方式兼评五种生产方式说》。此文对于前一种观点颇具代表性，发表后在学术界反响较大。本人读后亦受启发，但对其中的一些基本观点却难以苟同。于是重新思考了一些问题，并且从中西历史对比的角度，尽可能广泛采集和研究有关资料，相继撰写《试论马克思主义"社会形态"学说的几个问题》《略论奴隶制社会发展的规律与多样性——兼与胡钟达先生商榷》两篇文章，分别于《求索》杂志 1983 年第 2 期和《中国史研究》1984 年第 3 期发表。此后，又发表《关于"社会形态"讨论中的几个问题——再与胡钟达先生商榷》等文。这些文论针对当时讨论所涉及的一些主要问题，阐发了本人的观点，成一家之言，颇具代表性。《中国史研究动态》曾有综述。并获湖南省首届社会科学优秀论文奖。现辑入本集，除个别文字上的校订外，内容和观点均未作改动，供业内人士和读者们参考。学术界的这场讨论实际上直到近几年依然在继续。这关系到在新的历史时期，如何坚持和运用马克思主义唯物史观的一些基本原理，史学研究的理论与方法如何不断创新。当年本人所发表的一些观点和看法，对深入研讨和解决相关问题或仍有所助益。

近几年史学界有些同志发表文章，对"传统"的"五种社会形态"说提出质疑，主张代之以"三大形态""四大形态"，或以所谓"复线论""多元论"

取代社会发展的"单线论"。① 这些论点实际上大多是 20 世纪 30 和 50 年代论战中已出现过的旧观点。现在既然又提出来了，就有继续讨论的必要，因为这关系到历史研究如何以马克思主义理论作指导的问题。本文拟谈几点粗浅的意见。

一、"五种社会形态"说是马克思主义的基本原理

历史的发展是极其复杂并充满矛盾的，"但毕竟是有规律可循的统一过程"②。马克思主义社会形态学说正是揭示了人类社会历史发展的"统一过程"的基本线索和基本规律，因而为马克思主义史学奠定了基础。列宁在评论马克思的贡献时曾明确指出，马克思"确定了作为一定生产关系总和的社会经济形态的概念，确定了这种形态的发展是自然历史过程"，因此"第一次把社会学置于科学的基础上"。

马克思主义的中外史学家们，对于把人类社会发展概括为不同的形态，把社会形态及其发展更替的规律作为研究历史和分析社会现象的基础，一般不存在什么分歧。问题是，如何划分和概括人类历史上所经历的社会形态，如何具体解释不同社会形态的相互关系和更替规律。

经 20 世纪 30 年代的论争以后，在马克思主义史学中，一般都是将人类历史所经历的社会形态，按生产方式的变化，区分为原始社会、奴隶社会、封建社会、资本主义社会和以社会主义为第一阶段的共产主义社会。这即是"五种社会形态"学说，或称"五种生产方式"学说的基本点。30 年代末，斯大林在其《辩证唯物主义与历史唯物主义》一文中，曾作过系统的简明的概述。其文指出："随着社会生产力在历史上变更和发展，于是人们的生产关系、人们的经济关系，也与此相适应而变更和发展。历史上有五种基本生产关系：原始公社制的、奴隶制的、封建制的、资本主义的、社会主义的。"接着斯大林对每一种制

---

① 张广志《论奴隶制的历史地位》，《四川大学学报》1980 年第 2、3 期；陈平《社会经济结构的规律和社会演化模式》，《学习与探索》1981 年第 5 期；胡钟达《试论亚细亚生产方式兼评五种生产方式说》，《内蒙古大学学报》1982 年第 2 期。
② 中共中央马克思恩格斯列宁斯大林著作编译局编《列宁选集》第 2 卷，人民出版社，1960 年，第 586 页。

度下，生产力发展状况和生产关系的基本特征，进行了比较分析。① 有的同志提出，承认社会发展的"规律"，并不等于要坚持"五种生产方式"学说，并认为是斯大林把"五种生产方式"说"定于一尊"，似乎它是斯大林的"独创"，而马克思恩格斯并没有这种思想。这值得商榷。

的确，随着科学的发展和研究的深入，关于社会形态发展更替的学说，马克思和恩格斯的思想有一个发展过程。马克思、恩格斯的具体论述和提法，与后来的斯大林的表述也不尽相同。但若将马克思、恩格斯的有关论述，作全面综合的分析，即可看出，关于"五种社会形态"或"五种生产方式"的概念，及其发展更替的规律的基本思想完全是马克思和恩格斯所创立的。

19 世纪 40 年代，马克思和恩格斯在他们合著的《德意志意识形态》一书中，从生产资料所有制的角度，第一次阐述了人类历史发展的有机序列：由最早的部落所有制，发展到古代公社和国家所有制，再到封建所有制和现代私有制。并且分析了各种所有制下社会的基本特征。例如：在第一种所有制下，存在父权制酋长部落成员和奴隶，社会结构只局限于家庭的扩大，奴隶制"逐渐发展起来"；在第二种所有制下，不动产私有制发展，"公民和奴隶之间的阶级关系已经充分发展"，等等。② 马克思在 1847 年发表的《雇佣劳动与资本》讲演中指出："社会生产关系，是随着物质生产资料、生产力的变化和发展而变化和改变的。生产关系总合起来就构成为所谓社会关系，构成所谓社会，并且是构成为一个处于一定历史发展阶段上的社会、具有独特的特征的社会。古代社会、封建社会和资产阶级社会，都是这样的生产关系的总和。"③ 这就更明确地提出了生产关系总和构成社会形态的概念，并把古代社会、封建社会和资产阶级社会，确定为处于不同历史发展阶段上的各具特征的社会。

同年，恩格斯在《共产主义原理》一书中提到，"在不同的社会发展阶段上，劳动阶级的生活条件也各不相同"，"在古代，劳动者是主人的奴隶……在

---

① 斯大林《列宁主义问题》，人民出版社，1956 年，第 712—716 页。
② 马克思恩格斯《马克思恩格斯全集》第 3 卷，人民出版社，1977 年，第 25—26 页。
③ 同上第 6 卷，第 487 页。

中世纪，劳动者是土地占有者贵族的农奴……随着手工工场的发展，就渐渐地出现了受大资本家雇佣的手工工场工人"。① 恩格斯在这里从劳动者的生活条件和地位，进一步阐明了各社会形态的基本特点，并明确所谓"古代"社会，就是奴隶社会。1859 年，马克思在《政治经济学批判·序言》中，对社会发展的序列更作了系统的表述，指出"亚细亚的、古代的、封建的和现代资产阶级的生产方式，可以看作是社会经济形态演进的几个时代"②。将上述引文相互参照起来，可以看出，马克思和恩格斯早在 19 世纪四五十年代，已经创立了关于社会形态的学说，揭示了人类社会从古至今，由低级到高级发展的基本环节和模式，"五种社会形态"学说已具雏形。当然，由于受当时科学发展水平的限制，有些地方还不够确切不够完善。第一，由于对原始社会还缺乏了解，氏族的本质尚未揭露出来，人们还不知"父权制"之前存在"母系制"，故把已经出现奴隶父权制酋长的"部落所有制"时代作为人类最原始的时代；第二，虽然从印度等国的某些材料，当时已看到"东方"和"亚细亚"的某些不同于希腊罗马奴隶制社会的特点，但对广阔的东方古代世界，特别是中国古代社会，还缺乏必要的认识，因而使用"亚细亚"生产方式这一提法，将它介于原始社会和古代奴隶社会之间，未能形成东西方统一的"奴隶社会"的概念。后来，随着科学的发展，特别是摩尔根利用民族学和民俗学资料，对人类"史前史"，即原始氏族制度的研究所取得的成果以及欧美对"东方"的更多了解，有力地促进了马克思主义关于社会形态学说的发展。马克思和恩格斯在后期的著述中，再未使用"亚细亚生产方式"一词，并且恩格斯在 19 世纪 80 年代为《英国工人阶级状况》一书所写的序言中，明确提出："亚细亚的古代、古典的古代，阶级压迫的主要形式是奴隶制。"③ 这就形成了人类社会发展的统一的"奴隶制"形态的概念。1884 年，恩格斯为执行马克思的遗言，撰写了《家庭私有制和国家的起源》这一马克思主义的重要文献。在这一著作中，恩格斯凭借自己多年的研究，并吸收了摩尔根

---

① 《马克思恩格斯全集》第 4 卷，第 359—360 页。
② 同上第 13 卷，第 9 页。
③ 同上第 4 卷，第 258—259 页。

的成果，对人类的初级阶段，即原始氏族社会的发生发展和瓦解过程，作了充分论述，明确肯定：自原始氏族社会崩溃，进入阶级社会和"文明时代"以后，"奴隶制度是古代世界所固有的第一个剥削形式；继之而来的是中世纪的农奴制和近代的雇佣劳动制。这就是文明时代的三大时期所特有的三大奴役形式"①。这更全面更准确地揭示和表述了人类社会发展的基本进程和共同规律，即人类最初都经过了原始氏族公社阶段，原始氏族制度解体后，又相继经历了奴隶制、封建制和资本主义三个社会形态，最后人类社会必将进入共产主义的时代。这已是完整的马克思主义"五种社会形态"和"五种生产方式"发展更替的学说。

列宁在新的历史条件下继承和发展了马克思主义，对马克思、恩格斯创立的"五种社会形态"更替发展的学说，在《论国家》等有关论著中一再加以肯定，并作进一步阐明。列宁指出：人类社会从原始社会，经过奴隶社会，到封建社会和资本主义社会，是历史"发展的一般规律性、常规和次序"。并且特别强调："应该时刻注意到，社会从奴隶制的原始形式过渡到农奴制，最后又过渡到资本主义这一基本事实"，只有这样，才能正确评价一切政治学说，"认清它们的实质"。②

马克思主义的发展史证明，斯大林关于"五种生产方式"的论述，是完全符合马克思主义的。他只不过是在同各种机会主义流派的斗争中，维护了马克思主义的一般原理，并且基本上也只是对马克思、恩格斯、列宁所创建和发展的社会形态学说的简要概述而已。如果要说斯大林把"五种生产方式"说"定于一尊"的话，那么斯大林也是完全正确的，他做了一个马克思主义者所应该做的事情。

二、某些民族为什么能超越某个社会阶段跳跃式地发展

列宁曾经指出：无论过去或将来，每个时代都会有"脱离一般运动和运动的一般速度的各种倾向"③。马克思主义史学肯定五种社会形态更替发展的学说，

---

① 《马克思恩格斯全集》第4卷，第174页。
② 中共中央马克思恩格斯列宁斯大林编译局翻译《列宁全集》第4卷，人民出版社，1955年，第47页。
③ 《列宁全集》第21卷，第123页。

是从人类历史的一般发展规律和一般趋向来讲的，并不是说每个民族在历史上都会一步不差一个模式地依次经历过五种社会形态。某个民族某个地区可能缺乏某个环节，或跳跃式地超越某个阶段，或长期滞迟未能达到某一阶段，都是历史上常见的。否定世界历史发展具有共同规律和"五种社会形态"说的人，往往以此为据。我们应该对这种现象予以科学的说明。

五种生产方式中，对于奴隶制度争论最大。因为恰恰是马克思恩格斯作为封建社会典型的西欧日耳曼人所建立的国家，其封建制度是从日耳曼人的氏族部落制度的瓦解中形成的。这产生了两个问题：第一，原始氏族社会解体以后，奴隶制度是不是一般所必经的第一个剥削形态？第二，日耳曼人为什么能超越独立的奴隶制社会阶段，而由原始氏族社会直接进入封建社会？

生产力决定生产关系，奴隶制的产生和发展，是由一定的生产力水平所决定的。原始社会末期，人们所达到的生产力水平已使个人的劳动能有所剩余，因而产生了剥削的可能。但由于生产力仍然十分原始十分落后，为了从生产者身上榨取可怜的剩余产品，就只能采取极其野蛮极其残酷的原始剥削方式。把生产者当成牲畜和工具一样，加以占有和奴役的奴隶制度，正是这种条件下的产物。正如恩格斯所说的"人类是从野兽开始的，因此，为了摆脱野蛮状态，他们必需使用野蛮的，几乎是野兽般的手段，这毕竟是事实"。而"当人的劳动的生产率还非常低，除了必需的生活资料品能提供微少的剩余的时候……分工的最简单的完全自生的形式，正是奴隶制度"。[①] 从公元前四千年到前两千年，亚洲和北非大河流域产生了世界上最早的一批奴隶制国家。公元前两千年到前一千年，亚非其他地区和古希腊罗马，更多的大大小小的国家进入了奴隶制社会。整个古代世界历史的发展已经证明：各民族各地区原始社会瓦解，进入阶级社会的时间，虽有早有晚，但只要具有一定的生产力水平，就必然会产生奴隶制度，进入奴隶社会。其实，从日耳曼人来看，也是如此。当他们尚未进入罗马帝国领土的时候，据塔西佗记载，生产力有了一定的提高，例如耕地时重犁代替了原始的木犁，已能开

---

① 恩格斯《反杜林论》，人民出版社，1963 年，第 178—179 页。

采和冶炼金属，制造铁器，于是氏族制度开始解体，出现了私有财产和氏族贵族，开始了奴隶制的形成过程。塔西佗曾详细谈到"蛮族"（日耳曼人）中奴隶的状况：俘虏通常都被变成奴隶，同氏族部落成员有时也沦为奴隶。日耳曼人对待奴隶的态度要比罗马人温和些，奴隶往往作为家长制家庭的一员，人数也还不很多。① 实际上这正是早期奴隶制发生阶段的情况。可见，如果日耳曼人按照其自身的规律和趋势，独立地发展下去的话，进入奴隶社会显然也是必然之路。

从历史上看，有的民族之所以超越了奴隶社会这一阶段，而从原始社会解体就直接形成封建社会，一般都是在更先进的民族和国家的影响下发生的。日耳曼人正是如此。自恺撒征服高卢以后，日耳曼人就一直同罗马奴隶制帝国为邻，不断受到罗马文化的影响。当氏族部落制开始解体，出现了奴隶贵族和阶级分化的时候，他们更直接地大规模进入了西罗马帝国的领土，吸收和掌握了远比自己的水平更高的生产工具和生产技术。恩格斯研究证明："从 3 世纪开始，日益进步的金属工业一定普及到了整个日耳曼尼亚地区；到了民族大迁时代"，即"到了 5 世纪末，它已达到了相当高的水平"。② 据史料记载，7 至 8 世纪，即西欧开始封建化时期，法兰克人改进了罗马式的旧犁，使它更轻便，此外还有一种安装在轮子上的重犁，犁尖和犁齿都是用铁制成的，不仅能划开地面，而且能将泥土翻过来。农业中还使用装了带铁齿的三角形架子的耙，有大小镰刀，有用来打谷的链子。园艺业也发展起来了，园丁已掌握果树移枝嫁接技术，等等。③ 日耳曼显贵和领主们正是在这种生产力水平的条件下，放弃了奴隶制的剥削，转而寻求更灵活一点的剥削方式，因而打断了原来按自身规律发展的趋势，走上了封建化的道路。对于这一历史现象，马克思和恩格斯在《德意志意识形态》一书中已作过很好的论述。他们明确指出："定居下来的征服者，所采纳的社会制度形式，应当适应于他们面临的生产力发展水平"，西欧的封建主义"决不是现成的从德国搬去的"，它是入侵的"蛮族"（日耳曼人）在"被征服国家内遇到的生产力

---

① 科斯敏斯基《中世纪史》，生活·读书·新知三联书店，1957 年，第 41-43 页。
② 《马克思恩格斯全集》第 19 卷，第 520 页。
③ 波梁斯基《外国经济史》，三联书店，1958 年，第 65 页。

的影响"下发展起来的。①

一个民族一个国家,由于较进步的文化和更高的生产力的影响,超越某个社会发展阶段,跳跃式发展,不仅古代有过,而且近代以来也还不断发生。热带非洲不少原始的部落和部族,在西方殖民主义者入侵后,很快都被卷进了世界资本主义的旋涡,奴隶制、封建制都未能得到发展。我国东北原始森林中的鄂伦春族,中华人民共和国成立时尚处于原始氏族社会阶段,而西南地区以彝族为代表的一些少数民族,民主改革前尚在典型的奴隶制下生活。由于汉民族和国内其他民族先进的社会制度和先进文化的影响和帮助,他们从奴隶社会,越过封建社会和资本主义社会,而直接建立了新民主主义和社会主义制度。这些都是明显的实例,但都不能依此而否定了人类历史发展的一般规律性和"常规"。

三、如何看待各种社会形态的交错和并存现象

有的同志提出,马克思曾说过,原始社会解体时可以出现奴隶制,也可以产生农奴制,并由此得出结论,人类从原始社会进入阶级社会是"复线"的,而不是"单线"的,奴隶社会与封建社会是并列的形态,而非前后相继的两个发展阶段。这一观点似是而非。

马克思确实说过:"假如把人本身也作为土地的有机附属物而同土地一起加以夺取,那么,这也就是把他作为生产的条件之一而加以夺取,这样,便产生奴隶制和农奴制,而奴隶制和农奴制很快就败坏和改变一切共同体的原始形式。"②但我们应该注意到:第一,马克思在这里讲的是原始社会末期,一个部落对另一部落的征服结果,可以产生奴隶制也可以产生农奴制,并不等于说在同样条件下可以进入奴隶社会也可以进入封建社会;第二,当时马克思所认识到的作为征服产生农奴制的实例,一百多年来随着科学研究的深入,有许多已证明不是农奴制,而是另一种形式的奴隶制。例如,斯巴达人征服美塞尼亚所造成的"希洛"

---

① 《马克思恩格斯全集》第 1 卷,第 81 页。
② 《马克思恩格斯全集》第 46 卷,第 490 页。

人；在狄萨利亚平原，由于南迁的希腊部落对原居民的征服所造成的"帕涅斯特"人，当时都被看成农奴制，其实是奴隶制。

如果把生产者对土地所有者的人身依附关系都看成农奴制的话，在原始社会末期，的确曾经与奴隶制同时出现和产生。这不仅由于征服，更多的是由于公社成员内部贫富分化的结果。例如，古代中国负有"七十而助""百亩而彻"义务的殷商和西周村社成员，以及当时产生的"仆墉"和"附庸"；古希腊梭伦改革以前布满阿狄加田野的"六一汉"；古代两河流域为王室寺庙耕种土地的依附人"苏不路加尔"和"古鲁什"；古埃及因贫困破产而变成的，受王室贵族和僧侣奴役剥削的"麦尔特""王田农夫"等，都是这一类生产者。这类人身依附的生产者，往往不仅与奴隶制同时产生，而且与奴隶社会共始终。但都未能改变这些国家和地区所处的奴隶社会的性质。

在任何一种社会经济形态下，其内部的生产方式和经济成分绝对不可能是单一的。奴隶社会当然也不例外。问题并不在于原始社会末期可不可以产生农奴制成分，而是在于，在一般的正常情况下，农奴制的成分能否得到发展，能否进入封建社会。多种成分在一个社会形态内部长期并存是常见的，问题是要看哪一种生产关系，哪一种剥削形式起主导作用。因为社会性质是由起主导作用的生产关系所决定的。在正常情况下，原始社会末期虽然可以产生各种依附关系，但由于当时生产力发展水平所决定，只能是奴隶制度逐步发展起来，成为起主导作用的生产关系而进入奴隶社会。如果要使封建农奴制因素发展起来，直接进入封建社会，就必须借助于外界力量，即在更先进的文化的影响下，获得更高的生产力。进入西欧的日耳曼人的历史发展已充分证实了这一点。

要构成一个奴隶社会，自然奴隶制度应当起主导作用。但过去存在一种看法，即认为"主导作用"就是奴隶的劳动完全排斥和替代了自由民的劳动，甚至在人数上奴隶也要超过自由民。这是一种片面的观点。事实上，古代各奴隶制国家，只有雅典、埃及等几个小城邦在奴隶制度充分发展时，奴隶的人数才大致等于或超过自由民的人数，奴隶劳动才最广泛地被用于生产。但也并没有绝对排斥自由民的劳动。如恩格斯所指出的那样，正是自耕农民和独立的手工业者构成了希腊奴隶制城邦繁荣的基础。在奴隶制获得最大限度发展的罗马帝国里，完全鄙视劳动，不务正业，大量沦落为靠社会养活的流氓无产者的，一般都还只是罗马人，而罗马人在庞大的帝国内只不过占自由人口的极少数。罗马帝国时代奴隶制的大庄园一度遍布帝国各地，但自耕农和租田农民，以及像埃及"王田农夫"、意大利"科洛尼"之类的劳动者，仍然在帝国内特别是东部大量存在。

　　某种生产方式在一个国家的社会内部，或在世界范围内起主导作用，主要是指这种生产方式代表了历史发展的方向和总趋势，是指由于它的存在和发展决定和制约了其他并存的经济关系的发展。亚非一些古老大国，奴隶的人数和奴隶劳动往往并不占绝对优势，但因为奴隶制度的存在和发展，所以这些古代国家的专制统治者对本国广大自由、民下层的剥削被打上奴隶制的烙印，造成"尽人皆是"奴隶。奴隶制的存在和发展，使这些国家的自由民贫困破产，处境恶化，日益沦为奴隶，不断补充到奴隶的行列；也正是奴隶制的存在和发展，使得家长将妻子儿女也视为奴隶，可随意把他们投入奴隶市场或抵押为"债奴"，使家庭关系和社会其他关系都被罩上奴隶制的阴影。这就决定了这些国家的奴隶社会的性质。在梭伦改革前的希腊城邦，奴隶劳动对于自由民劳动也并不占优势，当时社会突出的阶级矛盾也还不是奴隶与奴隶主的矛盾，而是平民与贵族的矛盾，但从来没有人怀疑过古希腊主要城邦，从公元前 8 世纪开始已进入奴隶制社会。罗马帝国的后期，经过公元 3 世纪的全面危机，"科洛尼"隶农制广泛地流行起来，奴隶的数量和质量显著下降，从农业的经营方式来看，隶农制实际上已占优势，但从来没有人否认罗马仍旧是奴隶制大帝国。因为奴隶制度及其上层建筑依然存在，并且严重影响和阻碍隶农制的发展，甚至广大隶农的地位又在日趋恶化，同奴隶的地位越来越接近。这些都正是奴隶制度的主导作用的表现。

　　一个国家的社会内部如此，整个世界历史也是如此。由于种种原因，当亚非大河流域古国和地中海区域进入了奴隶社会的时候，在这些文明区的沿边及"新大陆"的许多部落部族都尚处于原始氏族公社阶段。公元前后几个世纪正值地中海区域形成奴隶制帝国，奴隶制度充分发达之际，古代中国却已开始形成了封建社会。这种社会形态的交错和并存现象，并不妨碍历史科学把公元前 4000 年至公元 5 世纪左右，划为世界历史发展的奴隶制时代。因为在这一大的时期内，奴隶制度是人类社会发展的主流和起主导作用的制度。中世纪封建社会和近代的资本主义时代也都是这样。例如，当尼德兰、英国、法国等少数几个国家资本主义发展起来，先后发生资产阶级革命以后，世界上大多数国家和民族都还处于封建社会阶段，有不少国家和民族甚至处于奴隶社会和原始社会阶段。但人们并不怀疑，最迟从 17 世纪开始，世界历史发展已经进入资本主义时代了。因为正是资本主义生产方式从此代表了人类社会发展的主流，很快地把世界各国和各民族都卷了进来，无论它自身当时处于什么样的社会发展阶段。

四、怎样理解一个社会形态内部的统一性和多样性

世界历史的发展，不仅有各个不同社会形态和不同生产方式的交错并存的复杂现象，而且由于种种条件的制约和影响，同一社会形态和同一生产方式，在不同国度、不同地区和不同民族，也会是千差万别的。马克思早就明确地指出了这一点：相同的经济基础，"可以由于无数不同的经验的事实、自然条件、种族关系、各种从外部发生作用的历史影响等等，而在现象上显示出无穷无尽的变异和程度差别"①。世界历史的发展证明，越往古追溯，这种变异和差别就会越大。因为，一方面，世界的整体性、世界各国各民族的联系是逐步形成和加强的，各地区各民族相互影响越古就越少；另一方面，在远古时代由于生产力水平的限制，人们对自然的依赖性就远比以后的时代强，受各地自然的影响也就越大。

如果说，我们今天建设社会主义，在不同国家都必然会带上自己不同民族不同历史的特点，根本不可能存在一个普遍适用的模式的话，那么，对于人类古代所经历的社会形态，我们就更不能要求整齐划一了。例如，奴隶社会，从占有奴隶的形式看，即使在古希腊就有斯巴达等城邦的国有奴隶，也有雅典、科林斯等城邦充分发达的私有奴隶；从剥削奴隶的方式来看，更是形形色色，有"家内奴隶"、古典的"劳动奴隶"、"授产奴隶""出租奴隶""希洛式奴隶""解放奴

---

① 《马克思恩格斯全集》第 25 卷，第 892 页。

隶"，等等。这些不同的形式和方式，无论在"古典"的希腊、罗马，还是在古代的"东方社会"，都曾存在过。当然某个时期，某个地区和国家，可能某种形式和方式最普遍最发展。而多种形式和方式在一个地区一个国家内部并存的现象，则也是常见的。奴隶社会的这种巨大变异和差别，并不能否定奴隶社会的统一性。这种统一性最根本的是由奴隶制生产方式、生产关系的共同本质所决定的。尽管占有奴隶、剥削奴隶的具体形式是多种多样的，但奴隶制度作为一个统一的生产方式、生产关系，都有着一个共同的本质，即作为生产者的奴隶的人身连同生产资料一起，被奴隶主完全占有。这就是恩格斯所指出的，奴隶制度"与其说是群众被剥夺了土地，不如说他们的人身被占有"①。从"授产"奴隶或"希洛式"奴隶来看，他们虽不同于古典的"劳动奴隶"，他们有自己的家庭，有某些财物和工具，但其人身、家庭和财物依然被主人完全占有，是属于奴隶主的财产，可以出卖，可以屠杀。在斯巴达，奴隶主私人虽不能出卖和任意屠杀希洛人，但对希洛人的生杀予夺之权只不过是形式上由个别奴隶主转归奴隶主集团和奴隶主国家机构统一执行罢了。正是在这一本质上，他们与古典"劳动奴隶"是相同的，而与封建社会的农奴有别。

封建社会亦如此。有的文章提出封建制度就是"采邑制 + 农奴制"，因此认为只有西欧才存在过封建社会。还有的同志，把西欧封建制度及其封建化道路看成是唯一"模式"，以其作标准来衡量中国封建社会。于是宣称：古代中国自奴隶社会瓦解后的一二千年中尚未完成"封建化"。从方法论来说，这些论点违背了历史发展的统一性和多样性的辩证统一的原理：一方面曲解了封建制度的实质，另一方面又抹杀了封建社会发展的多样性。

关于封建生产关系的特征，马克思曾经指出："土地所有者的收入（不论把它叫什么），即他所占有的可供支配的剩余产品，在这里是全部无酬剩余劳动被直接占有的正常的和主要的形式，而土地所有权就是这种占有的基础。"② 列宁也说过："这种经济制度的条件是农民对地主的人格依赖。如果地主没有直接支

---

① 《马克思恩格斯全集》第 4 卷，第 259 页。
② 同上第 25 卷，第 906 页。

配农民个人的权力，他就不可能强迫那些得到份地而自行经营的人来为他们做工。"① 可见，地主占有作为基本生产资料的土地，通过超经济手段剥削农民剩余劳动，农民作为直接生产者，处于对地主的人身依附关系中，被束缚于土地之上，还是不自由的人，但已不是直接被人身占有，这是封建生产关系的最本质的特征。但在这种共同本质的基础上，封建制度同样会由于各种条件不同而出现各种变异和差别。正如马克思所指出的，在封建制度下，"直接生产者是作为不自由的人出现的；这种不自由，可以从实行徭役劳动的农奴制减轻到单纯的代役租"②。这里马克思已明确肯定，同样是封建制度，同样是人身依附的"不自由的人"，但可以是农奴制下的农奴，也可以变成交租的农民。从马克思到列宁，经典作家们谁也没有讲过，只有农奴制才是封建制度。从历史事实来看，西欧各封建国家曾发展了典型的农奴制，但封建时代的后期各国先后都出现了地租从农奴的劳役到农民的代役租的转变，封建租佃关系得到了发展。在中国封建时代，土地私有和租田关系出现较早，并普遍流行，但也存在过类似农奴的有严格人身依附关系的"徒附""部曲"等等。这些因时因地的具体形式的多样化，并没有改变地主占有土地，农民被束缚于土地之上，依附于地主，封建生产关系的这一本质。17 世纪资产阶级革命前的西欧各国和秦汉以后至鸦片战争前的中国，都属封建社会是毋庸置疑的。至于中国和西欧的封建制度的发展，谁最典型最充分，则可以继续研究，倒不一定拘泥于马克思和恩格斯把中世纪西欧作典型的已有结论。

五种社会形态更替发展的学说，是对各具特点极其多样复杂的社会发展的本质的抽象和科学的概括。这一学说是世界历史发展的统一性和多样性的辩证统一，是马克思主义的基本原理。历史科学的发展已经证明，并且必将继续证明它的正确性。

（原刊《求索》，1983 年第 2 期。收入时稍作修订）

① 《列宁选集》第 3 卷，第 158 页。
② 《马克思恩格斯全集》第 25 卷，第 890 页。

略论奴隶社会发展的规律性与多样性

——兼与胡钟达先生商榷

20 世纪 60 年代初，一些外国学者再次挑起了关于"亚细亚生产方式"问题的争论。持续了一段时间，近几年国内又引起了反响。其争论的实质和要害，关系到如何根据历史发展的实际，重新检验和正确理解马克思主义关于"社会形态"的学说。其中，奴隶社会是不是一个独立的社会形态，是不是具有普遍意义的人类社会发展的一个阶段，是关键之一。目前围绕这个问题，许多同志的论述很有见地，但也有值得商榷的论点。本文拟就奴隶社会的有关问题，结合胡钟达同志《试论亚细亚生产方式兼评五种生产方式说》[①] 一文的某些观点，发表些粗浅看法。

一、奴隶社会是人类历史发展一般必经阶段，具有普遍意义

20 世纪 60 年代英国《今日马克思主义》杂志发表了一些文章，以斯拉夫俄国和日耳曼诸国未经过奴隶社会为据，宣称奴隶社会并非原始社会解体后一般必经的第一个阶级社会，个别人则完全否定奴隶社会的存在。[②] 国内也有人提出，奴隶社会只是希腊罗马等古代少数国家的一种特殊现象，并非普遍规律。胡钟达等同志亦持这种观点。这是值得商榷的。

从历史事实来看，古代世界不同地区的一大批国家和民族，在原始公社解体以后，都曾经或先或后经历了奴隶社会这一阶段。公元前四千年代到前两千年代，从东北非尼罗河流域，经西亚两河流域、南亚次大陆印度河和恒河流域、到中国黄河流域等大河流域地区，出现了世界上最早的一批古代国家。几十年来，

---

① 初刊于《中国史研究》1982 年第 3 期，重刊于《内蒙古大学学报》1983 年第 2 期。
② 郝镇华《外国学者论亚细亚生产方式》，中国社会科学出版社，1981 年。

中外史学家们依据不断发现的大量文献和考古资料进行研究，证明这批古代国家，由于具体的自然和历史条件的影响，长期残存着农村公社组织形式和公社所有制关系，但奴隶制关系均已产生和发展起来；奴隶劳动虽未完全排斥公社成员的劳动，但奴隶和奴隶主的阶级对立、奴隶制的剥削形式已影响和决定了整个社会的面貌。正因为有奴隶制的存在和发展，作为最高统治者的国王和统治阶级的国家，才得以残酷剥削和奴役公社成员，使其对公社成员的关系打上奴隶制的烙印，以致马克思称这些国家是"尽人皆是"的奴隶。正因为奴隶制的存在和发展，大批公社成员才破产，沦为债务奴隶，不断补充到奴隶队伍中去，各种形式的依附关系不断向奴隶制关系转化。这都是奴隶制生产方式已起主导作用的表现，决定了这些文明古国的奴隶社会性质。

公元前两千年代至前一千年代，大河流域的周围又有一系列的民族和地区进入了奴隶社会。从东到西包括大化改新前的日本，朝鲜半岛"三国"，印度支那的骆越，中亚伊朗高原，阿拉伯半岛也门和汉志地区，高加索和小亚细亚北非地中海沿岸都先后出现了奴隶社会和大大小小的一系列奴隶制国家。接着，就是古代希腊城邦和罗马世界奴隶社会的兴盛和繁荣。罗马帝国的建立，更把奴隶制度扩展到包括不列颠群岛在内的大部分欧洲。

如果说历史上人类的多数经历了奴隶社会才形成普遍规律的话，那么正是上述地区，其居民直到今天仍然是世界人口的大多数，在古代则更是人类生息繁衍的主要地区。列宁说，奴隶占有制社会，两千年前在"整个现代文明的欧洲""占有完全统治的地位。世界上其余各洲的绝大多数民族也都经过这个阶段"。①这一论断是大体符合历史事实的。

奴隶社会是一般必经的阶段和历史发展的普遍规律，还表现在无论哪一个民族，只要具备相应的条件，总是会产生奴隶制剥削方式。尽管产生的年代相距久远，甚至世界历史发展的主流已进入封建社会、资本主义社会以后，一些后进的民族还在各个不同地区，不断重演着奴隶社会的历史。这就是列宁所讲的"科学

① 《列宁全集》卷4，第45页。

的重复率"①。在我国民主改革前的西南地区，以凉山彝族为代表的一些少数民族，还实行奴隶制剥削方式，处于奴隶社会阶段。世界上其他地区亦不乏其例。例如，过去我国史学界了解甚少的广大西非黑人社会，据黑人学者和一些欧美学者研究，从公元初叶到西方殖民主义入侵前的一千多年中，这里形成了三个文明区，即塞内加尔河–尼日尔河中上游文明区，乍得湖盆地–毫萨族文明区、几内亚湾文明区。先后出现了加纳、马里、桑海、莫西、贝宁、达荷美等国和约鲁巴诸城邦。从社会性质来看，它们都属于奴隶社会。据史料反映，桑海帝国中心地带，稠密地分布着王室、大商人和僧侣的田庄，这些田庄都使用奴隶劳动。奴隶们在被称为"凡发"的头目监督下，数十或成百地在田里集体耕作。有一个僧侣就拥有六处田庄和二百九十户奴隶。平民当中也有占有奴隶一两百甚至四五百名的。在索尼王朝（公元 1337—1493 年），每个奴隶被迫耕种二百周（约合十五亩）土地，在矿山、手工作坊、商业活动中都大量使用奴隶劳动。阿斯基亚王朝取代索尼王朝时，不仅承袭了前朝的全部土地，而且据有其"二十四个奴隶部落"。

西非各国奴隶的主要来源是军事掠夺。如 15 世纪，一个将领出征南方地区，他每月从那里给自己的国王遣送一千个奴隶。② 今天欧洲的主要居民日耳曼人和斯拉夫人为什么能从原始社会解体以后，越过奴隶社会阶段，而进入中世纪封建社会呢？从马克思、恩格斯到近现代马克思主义史学工作者，对这个问题都作过深入研究，并给予了科学说明。一般均认为，侵入西罗马帝国领土的日耳曼人和同东罗马帝国为邻并也逐步进入其领土的斯拉夫人（包括俄罗斯人），从原始社会解体直接进入封建社会，只不过是特殊历史条件下所形成的特殊现象，并无普遍意义。我觉得这里有几个事实是值得重视的：第一，虽然这些民族所建立的国家，近代以来在世界历史上起了重大作用，但从整个人类看，特别是从古代的情况来看，这些民族和国家仍然只是少数，直至中世纪中叶以前都只是起了极其次

---

① 《列宁全集》第 1 卷，第 120 页。
② 宁骚《论古代西非社会史的几个问题》，《史学月刊》，1981 年第 6 期。

要的作用，根本不能代表世界历史的主流；第二，日耳曼人和斯拉夫人主要是在罗马帝国奴隶制度获得充分发展并已走向瓦解崩溃，封建主义生产方式已经萌芽和初步发展的基础上，建立自己的国家，向中世纪封建社会过渡的；最后，还应注意到，日耳曼人和斯拉夫人在其氏族部落制度按自身规律日趋瓦解时，也都出现了把战俘变成奴隶，使用和剥削奴隶的现象，进入了奴隶制度的形成过程。日耳曼人在塔西佗时代和瓦兰吉亚人入侵前的古罗斯国，以及伏尔加河下游的马扎尔人都是这样。后来，斯拉夫人和日耳曼人大规模向东西罗马迁徙，在更先进的文化影响下，才打断了自身按规律发展的过程，而转向封建化的道路。从其原来发展趋势来看，如果不受罗马帝国的影响，无疑是会使奴隶制度发展起来而形成奴隶社会的。

历史发展的动因最终决定于经济，社会生产力的水平和状况决定了整个社会结构和社会面貌。就是说，在一定的生产力状况下，就只能产生一定的生产关系，形成一定的经济形态。人类社会发展必然要产生奴隶制度，这是由人类已获得和达到的生产力水平所决定的。在生产力发展已造成剥削的可能，但生产力水平又依然十分原始和低下的情况下，最野蛮最残酷的人剥削人的制度，即把人当牲畜、物品占有和使用的奴隶制度的产生是不可避免的。正如恩格斯所指出："人类是从野兽开始的，因此，为了摆脱野蛮状态，他们必须使用野蛮的几乎是野兽般的手段，这毕竟是事实。""当人的劳动的生产率还非常低，除了必需的生活资料只能提供微少的剩余的时候。……分工的最简单的完全自发的形式，正是奴隶制度。"① 人类社会发展的历史已一再证明，马克思主义的这一论断是完全正确的。而日耳曼人等原始部落之所以能超越奴隶社会阶段，最根本的正是由于先进文化的影响，在其向国家和阶级社会转变时，已掌握和拥有远较奴隶制度产生和发展时为高的生产力。

胡钟达同志在《试论》中，不同意这种"传统"的看法，提出了一种见解，即认为日耳曼人进入西罗马帝国后所拥有的生产力不是高于，而是低于奴隶制发

---

① 恩格斯《反杜林论》，人民出版社，1970 年，第 178-179 页。

展和繁荣时期的水平，由此证明，生产关系必须适合于生产力发展水平的理论，对于说明日耳曼人超越奴隶社会这一现象是不适用的。首先，胡钟达同志的这一见解，是以自己这样的一种"理论"为依据的，即把生产力的高低与社会经济的繁荣与否等同起来。这是值得商榷的。因为所谓生产力是人们实践中所掌握的征服自然的能力，主要包括生产工具、生产对象和人使用工具的技术及能力。当然从总的发展趋势来看，生产力越进步，社会经济就会越发达。但在一定时期内社会经济能否发展和繁荣则是生产关系与生产力相互作用的结果，并且主要是反映生产关系方面的问题。当生产关系适合生产力水平时，经济就必然发展繁荣，反之则衰退萎缩。在某种生产方式下，生产力进步了，生产关系已不适应其发展，就会造成经济发展的停滞，出现危机和衰退，但不能说这时的生产力比经济发展和繁荣时期还低下。经济发生危机时，生产力会受到破坏，但人们所获得的生产能力、技术制造和使用工具的知识技术水平是客观存在的。并且在任何生产方式下，生产力总是在不断发展的；但并不是生产力越发展，当时的经济就一定越繁荣，由于生产关系的作用，都有其繁荣和衰退时期。例如，资本主义社会曾不断出现繁荣和衰退，20 世纪 80 年代的美国也出现了衰退和不景气，但我们绝不会说它今天经济衰退时的生产力比 18 世纪产业革命后经济繁荣和高涨时期的生产力还低下。

胡钟达同志的观点也完全不符合历史事实。公元 6 至 11 世纪即形成和确立封建制时期的日耳曼人所拥有的生产力，绝不低于古希腊罗马奴隶制形成和发展繁荣时期。以农业生产为例。据史料反映，加洛林王朝时代（公元 8 至 9 世纪）的西欧，普遍使用一种重犁，它安在轮子上，装有铁制的犁齿和犁头，用来翻开地面。同时还使用一种旧式犁，式样上近似罗马犁，但已改进，比较轻便，是由犁的连接杆和带有犁尖的柄构成的，用以划开地面，犁出一条深沟。农业中还广泛使用装有带铁齿的三角形架子的耙。除种植谷物和亚麻外，园艺业很发达，园丁已掌握移枝嫁接的技术。三圃制已很盛行，已广泛使用水磨。[①] 我们回过头来

---

① 波尔斯基《外国经济史》，三联书店，1958 年，第 65-69 页。

看看古希腊罗马。荷马时代和希西阿德时代（公元前 12 至前 7 世纪），希腊城邦流行的是休耕制，即一块田地分成两半，一半耕种，一半休耕。这是一种原始的耕作法。耕田时用两头牛拉一架木犁，用鹤嘴锄平地，用木锤打碎土块，磨面粉用杵臼或手磨。到色诺芬时代（公元前 5 至前 4 世纪），即希腊城邦奴隶制经济最繁荣的时期，据史料记载，农耕工具和技术方面与荷马时代大致差不多。当然生产力还是有所进步。如学会了造梯田，使用灰肥，开始有了轮耕制，但还很幼稚，只是把谷类和蔬菜轮作。[1] 公元前 1 世纪，由于利用了希腊城邦和希腊化时期的各种成就，罗马的生产力达到了奴隶社会所能达到的最高水平。农业方面开始出现了带轮的犁。据当时罗马作家老普林尼说，这种犁是不久前刚在利西阿发明出来的。普林尼还描写了一种"收割机"，有了带轮子的抽水器，水磨开始从小亚细亚传到西方来。公元 3 世纪以后，罗马帝国奴隶社会发生了全面的严重危机，生产力无疑遭到破坏，但已取得的生产工具和技术方面的进步依然存在。如 4 世纪中叶罗马一个作家巴拉底也谈到罗马的"收割机"，并且比普林尼描写得更详细，说明这种机械在罗马奴隶制经济完全衰落时仍在继续使用和改进。

事实证明，古希腊罗马奴隶社会的生产力是缓慢地不断地向前发展。而正是生产力的发展从根本上促进了奴隶制的衰落并为向封建制过渡准备了前提条件。日耳曼人在向封建社会过渡时，生产力发展虽较缓慢，但从其主要标志即生产工具和技术来看，已明显超过了奴隶制经济发展繁荣时代的希腊城邦的水平，同罗马经济繁荣时期相比也并不低。日耳曼人入主西欧后，不仅完全掌握了罗马帝国所获得的生产力发展的成果，并进一步有所完善和提高。如改良了罗马旧式犁，普遍实行三圃制等等。日耳曼人正是在这样的生产力水平上实现封建化，向封建社会过渡的。马克思主义关于生产关系一定要适合生产力发展水平的原理，对于从奴隶社会向封建社会过渡同样适用，奴隶社会与封建社会绝非建立在同一的生产力水平之上。

---

[1] 杜丹《古代世界经济生活》，商务印书馆，1953 年，第 36-37 页。

二、奴隶社会的发展是多样化的

奴隶社会是人类历史发展一般必经的阶段和普遍规律，但其发展的具体形式是多种多样的。马克思说过，相同的经济基础，"可以由无数不同的经验的事实，自然条件，种族关系，各种从外部发生作用的历史影响等等，而在现象上显示出无穷无尽的变异和程度差别"①。

马克思和恩格斯曾提到"家庭奴隶制"和"劳动奴隶制"两种奴隶制的概念。例如，恩格斯说：日耳曼人"还没有达到充分发展的奴隶制。既没有达到古代的劳动奴隶制，也没有达到东方的家庭奴隶制"②。显然，马克思主义创始人已看到"东方"奴隶制与古希腊罗马奴隶制存在很大差别，并非一个模式。所谓"东方"社会内部，又是千差万别的，除"亚细亚"形态外，还可分出"东亚"的、"西亚"的、"南亚"的和"非洲"的等类型的奴隶制。而所谓"古典"奴隶制的希腊世界，也有多种形式。例如，从剥削奴隶的具体方式来看，古代世界各国就存在下列各种不同的形式：

1. 家内奴隶。即把奴隶吸收到家长制家庭之内，成为家庭的一员和劳动助手。这是最初产生于原始社会末期的剥削和奴役奴隶的形式，各古代民族和国家的奴隶制度都是由此而发展起来的。

2. 供役奴隶。使奴隶从事主人家内或奴隶主集体的各种服役，以满足奴隶主阶级奢侈淫逸的生活需要。这包括婢妾奴仆以及厨师、家庭教师、歌女琴童等从事古代认为最低贱职业的人。古代罗马的角斗士也属这类奴隶。

3. 劳动奴隶。即奴隶被广泛地运用于生产的"典型"奴隶，其产品有的主要是供奴隶主生活所需，有的主要是为了交换。这种奴隶被当成工具和牲畜一样，成群地在庄园作坊矿山建筑工地，在监工头目监督之下劳动，有的甚至被套上木枷，戴上脚镣。这种剥削方式，一般被认为是剥削奴隶的最纯粹最典型的形

---

① 《马克思恩格斯全集》第 25 卷，第 892 页。
② 同上第 4 卷，第 153 页。

式。这种剥削奴隶的形式在古罗马时代的意大利和北非大庄园经济中获得了最充分的发展。但在被称为"古代东方"社会或"亚细亚"生产方式的古代亚非各国也都流行过。例如，两河流域南部，早在乌尔第三王朝时代（前 2113—前 2006 年），归王室所有的奴隶制庄园占有全国的耕地的 3/5，在这些大规模庄园及其附属作坊中，成千成百的奴隶被组成"劳动营"，在监工皮鞭下从事集体劳动。在古代中国，殷周时代用于"至田""逐鹿"、养马的"多羌""马羌"，亦均系这类奴隶。直至秦汉，农业和手工业中仍广泛使用这种"典型"奴隶。例如《史记》记载的，从事耕作的季布及其伙伴们，贾人犯令变成的"田僮"，就是这种奴隶。凉山彝族地区民主革命前的"呷西"，也应属这一类奴隶。

4. 希洛式奴隶。这种剥削奴隶的形式，一般是由于大规模的军事征服而形成的，即征服者将被征服居民变成奴隶，进行剥削，但不拆散其家庭，甚至保留原有的村社或氏族组织。这种剥削奴隶的形式，以古希腊斯巴达人征服美塞尼亚地区所造成的"希洛人"最为典型。希腊半岛上的狄萨利亚和克里特岛农业地区，也流行过这种剥削奴隶的形式。它在古代世界别的地区也都出现过。如古代中国，当周武王取代商纣以后，被征服的大批殷居民变成了这类奴隶，即史书上记载的"殷民六族""七族"，"怀姓九宗"等。又如公元前 8 世纪至前 7 世纪亚述帝国强盛时，曾把被征服地区的居民大批带走，分散安置在另一些地区，以大小不等的家族为单位，分配土地为亚述贵族耕种，造成了数量众多的"希洛式"奴隶。

5. "授产"奴隶。这种剥削奴隶的方式，是奴隶主给奴隶一块土地，或一份资金，由奴隶去从事农业、手工业和商业，而将一部分收获物或利润交给主人。这类奴隶有家庭，在经济上有一定的独立性，甚至可以保有某些财产，但他本人连同其家庭和财物，仍然被主人占有，是主人的财产。剥削奴隶的这种方式，一般是在奴隶社会后期，奴隶制度得到充分发展，并已开始出现危机的时候。它反映了奴隶劳动已不适应生产力的发展，奴隶主不得不改善一下奴隶的地位，变换剥削形式，以刺激奴隶对生产的兴趣。故这种方式实际是向隶农和农奴制的一种过渡。古希腊罗马奴隶社会繁荣时代即已出现了这种剥削奴隶的方式，到罗马帝国后期的"彼库里"更是一种典型的"授产"奴隶。当时罗马和意大利的大土地所有者将奴隶制庄园分成小块,交给奴隶耕种,征收一定收获物,这种奴隶称"彼库里"。后来"彼库里"与隶农日益合流,共同构成罗马奴隶社会内部的封建关系的因素。这类剥削奴隶的方式,在新王国时期和后期埃及,两河流域新巴比伦时代,古代中国春秋战国以后,都曾出现和流行过。例如,新巴比伦王国时,奴隶主往往让奴隶独立经营工商业,奴隶每年交身价的 1/5 作"年贡";有时,奴隶主贷款给奴隶作资金,而奴隶主坐收年利的百分之二十。[①] 我国凉山彝族民主改革前四个等级中的"阿加",分居分食,有家庭,显然也可称"授产"奴隶。

6. "解放"奴隶。这类奴隶同"授产"奴隶相近。即从事独立经营的"授产"奴隶,积蓄一定资财后可以赎身,成为"解放"奴隶,古罗马禁止贵族从事工商业,贵族奴隶主往往使用这种奴隶去代替自己经营工商业。这种"解放"奴隶在古代其他各国也存在过,一般是流行于奴隶社会后期。如公元 2 世纪的埃及,"解放"奴隶广泛流行,统治者在法令中规定:"被解放者在三十岁以上方为合法。"[②] 罗马共和国晚期,"解放"奴隶成风,屋大维曾加限制,如规定拥有一百个以上奴隶的,最多只能"解放"五分之一,主人年龄要在二十岁以上才有权"解放"奴隶,被"解放"者的年龄要在三十岁以上,等等。[③] 奴隶"解放"后实际仍受主人控制,并且还可以取消"解放"。按公元 57 年罗马元老院通过的法案,奴隶主在家里被杀,"解放"奴隶同样都要被处死。

7. 出租奴隶。即奴隶主蓄养大批奴隶,特别是有一技之长的奴隶,自己不直接使用,"出租"与别人,获取租金。这是剥削奴隶的一种最稳妥的方式。从承租奴隶的人来说,租进奴隶一般都是使用于生产劳动。古代希腊罗马曾广泛流行这种剥削奴隶的方式。如公元前 5 世纪雅典的将军尼西亚拥有一千个奴隶,租给造船主,每年收租金十至十二个他连特。另一个奴隶主西波尼克斯有七百个奴

---

① 刘家和主编《世界上古史》,吉林人民出版社,1979 年,第 343-344 页。
② 《世界上古史纲》编写组《世界上古史纲》上册,人民出版社,1979 年,第 334 页。
③ 《世界上古史》,第 343-344 页。

隶，租与矿主，每年收七个他连特租金。公元前 70 年做过罗马执政官的克拉苏，有五百个做木匠的奴隶，专门用来出租获利。古代世界其他地方也曾出现过这种剥削奴隶的形式。如新王国时期埃及，据文献记载也有奴隶主将奴隶出租的现象，并保存有租雇奴隶的契约。①

如果从奴隶的来源和占有形式来看，又可分成战俘奴隶、罪犯奴隶、市场奴隶、债务奴隶、家生奴隶，以及国有奴隶和私人所有的奴隶，等等。这里就不一一详述了。

剥削和占有奴隶的这些不同形式，有的是出现于奴隶社会发展过程的不同阶段，有的是并存于同一过程和同一阶段。一般说来，不同地区和国家的奴隶社会，这些不同的占有奴隶、使用奴隶的形式，都有可能存在。从历史事实来看，并不是某些形式专属"东方"，而另一些形式专属"古典"世界。在"古典"的希腊罗马有许多被称为"东方"式的剥削奴隶的方式，在"东方"社会里又有不少"古典"的剥削奴隶的形式。这就需要我们作具体分析。简单地把奴隶制度按地域划分为"古典"的希腊罗马奴隶制和"古代东方"奴隶制，是不符合历史情况的。当然，这并不排除，在某个国家和地区，剥削和占有奴隶的某种形式比较突出，或者以某种形式为主，或者缺少某一二种形式，这都是可能的。并且正是这种剥削和占有奴隶的具体形式的差别，决定了各地区各民族历史上奴隶制度和奴隶社会发展的多样性。

从剥削和占有奴隶的形式来看，奴隶制度和奴隶社会的发展是多种多样的，绝不是一二种形式所能概括的，更非只有一个模式。中外史学界，之所以有人否定"东方"各古代国家有过奴隶社会，究其原因，主要是把奴隶制度的发展简单化、公式化了。似乎世界上只能有一种模式，即所谓"古典"式的剥削"劳动奴隶"的奴隶制。只要不合这个模式的，就往往被排斥于奴隶制度和奴隶社会之外。我国史学界 20 世纪 50 年代对于"黑劳士"（即"希洛人"）身份的争论，其作用之一就是否定了这种把奴隶制度仅仅限于一种类型的、简单化公式化

① 《世界上古史纲》上册，第 301 页。

的偏向，肯定古代东方，包括古代中国，都经历过奴隶社会，只不过剥削和占有奴隶的具体形式不一样，各有其历史的和地方的特点而已。

胡钟达同志 1980 年在武汉讨论会上作学术报告，也还是说奴隶有不同类型，"古典"的奴隶外还有"授产"奴隶、"希洛式"奴隶，主张"黑劳士"是奴隶，而非农奴。但《试论》一文却又另持一说，把"希洛人"（即"黑劳士"）同"科洛尼"等都看成是封建"农奴"了，认为似乎只有古希腊罗马的"古典"的奴隶才是奴隶，只有存在这种奴隶才构成奴隶社会。个人的观点前后当然允许改变，但应该持科学的态度，应该以新的事实、新的材料为依据。遗憾的是，胡钟达同志以及其他否定奴隶社会为一般必经阶段的同志，把斯巴达"希洛人"狄萨利亚的"帕涅斯特人"等说成是"封建农奴"，把广大"东方"古国都排斥于奴隶社会之外，并没有拿出任何新的材料，而新提出的论点和论据，基本上都还是 20 世纪二三十年代就已被否定的马加尔学派的一些东西。

顺便提一下，胡钟达同志在把奴隶制"标准化"的同时，还为"封建制度"拟了一个统一的公式和模式，即认为"采邑制 + 农奴制"才是真正的封建制度。胡钟达同志用自己这个"公式"去套了一下"东方"各国，"发现"只有古代中国西周时，有点像"封建社会"，广大亚非国家都没有经历过"严格"意义的"封建社会"。这一观点也是完全站不住脚的。（因已超出本文所论范围，故不详谈，请参看笔者另一拙作《试论马克思主义"五种社会形态"学说的几个问题》载《求索》，1983 年第 2 期）

三、奴隶社会发展的统一性

奴隶制度的发展因时因地而异，形形色色，各具特点。但终究还是有规律可循的，还是有其共性和统一性。正因如此，奴隶制生产方式才构成了一个单独的社会发展阶段和社会经济形态。

奴隶制度发展的统一性和规律性，首先表现在奴隶制的具体形式虽多种多样，但却有共同的本质，即作为生产者的奴隶同生产资料一起被奴隶主完全占有。这就是恩格斯所说的：奴隶制度"与其说是群众被剥夺了土地，不如说他们的人身被占有"①。正是在这一点上，"授产奴隶""希洛人"和"古典"的"劳动奴隶"本质上是相同的。他们虽有家庭，被固定在一小块土地上，进行独立经营，但其人身连同家庭完全被主人占有，是主人的财产，可以出卖（"希洛人"为斯巴达国家所有，私人不能出卖），甚至可以屠杀，这与农奴就存在质的区别。这样的生产者仍然是奴隶，而不是农奴。否定奴隶制度和奴隶社会是普遍规律的人往往正是忽视了这一点。一看到生产者有家庭，有某些生产工具，就把他们统统排斥于奴隶之外，而定为封建"农奴"。当然过去有的同志为了证实古代中国、古代埃及等古代社会的奴隶制性质，无限扩大"奴隶"的概念，把受最高统治者和专制国家所奴役和剥削的公社成员，都看成奴隶，这也不妥。因为在专制国家中，公社成员虽受奴役和剥削，但终究还是自由民，不是人身被直接占有的奴隶。

胡钟达同志为论证其奴隶社会同封建社会"并行"发展论，极力想在奴隶和农奴之间画等号。他认为，从劳动者的地位身份来看，由奴隶到农奴只是所谓"部分质变"，而非完全"质变"。这一论点是值得商榷的。奴隶与农奴与受奴役和剥削的自由民，有时地位是比较接近的。二者可以转化和渗透。奴隶固定于土地之上可以逐渐变成隶农、农奴，而破产负债的自由民和地位日益恶化的隶农又会沦为奴隶。这说明二者有共性。但其质的区别是不能抹杀的。人身被完全占有和不同程度的人身依附关系不是一件事。至于说到根本"质变"，那么在任何一个剥削形态下，劳动者的地位都不可能实现这种"质变"。因为不仅奴隶与农奴有共性，就是奴隶与近代工人也有共性，他们都同样是受奴役和受剥削的对象。正因如此，恩格斯才把奴隶制、农奴制和近代雇佣制并列为"三大奴役形式"。从这一点讲，不仅从奴隶到农奴未发生"质变"，就是从奴隶到近代雇佣工人也未发生"质变"。如以此为据，我们不仅可以把奴隶制与农奴制并列起来，而且还可以把资本主义同封建制度同奴隶制度都并列起来，作为一个社会发展阶段，把人类社会发展的图式变成"原始社会—阶级社会—共产主义社会"。这样混淆

---

① 《马克思恩格斯全集》第 4 卷，第 259 页。

事物发展的阶段性，恐不是一种科学的方法。

奴隶制度发展的统一性和规律性，还表现在古代任何民族、任何地区的奴隶制度都有一个发生发展和没落瓦解的过程，绝不会永远停滞在某一个阶段上，并且这一发展过程具有不少的共同性，例如，古代各民族进入阶级社会，形成奴隶占有制，总是首先从把战俘变成奴隶开始的。而战俘奴隶（包括一切用武力掠夺的人口）一般都是构成奴隶的主要来源，每个奴隶社会的兴衰往往同这一来源的充裕或枯竭相联系。恩格斯曾指出，当生产已发展到如此程度——"使人的劳动力已能生产比简简单单维持劳动力所需要的数量更多的东西，维持大量劳动力所需的资料已经具备，运用这些劳动力的资料也已经具备了"，使"俘虏获得了一定的价值"，再不"简单地把他们杀了，更早还把他们吃了"，俘虏开始被保留下来，其劳动开始被使用，奴隶制度于是"被发现"了。① 因为，早在原始社会末期，各个部落即已把掠夺家畜奴隶的战争变成了"正常的职业"。进入"文明时代"以后，更是如此。无论是古埃及的法老、巴比伦和亚述的国王，还是雅典的将军和罗马的恺撒，发动侵略战争的一个主要目的，都是掠夺财富和奴隶。而每一次大的军事行动总是使成千上万的战俘被投入奴隶市场，加入奴隶行列。这就大大刺激了奴隶制度的兴盛和发展。例如，雅典将军西门在小亚南岸同波斯的一次海战中，就俘虏两万波斯人送到奴隶市场。公元前 238 年罗马在入侵撒丁岛时，掠获八万多撒丁人，投入奴隶市场后，导致奴价大跌，"像撒丁人一样便宜"后来竟成了一句谚语。至于恺撒征服高卢，据统计高卢居民被掠卖为奴的在百万人以上。源源不断的战俘奴隶流进罗马和意大利，遂使奴隶制度在罗马共和国末年和帝国初年，获得了最大的发展。而罗马帝国后期奴隶制度的深刻危机，其重要原因之一则是帝国再无力采取大规模军事行动，奴隶来源枯竭。两河流域奴隶制度最繁荣的时期，也正是在亚述帝国和新巴比伦王国大规模军事征服时期。如亚述帝国萨尔贡二世二次出征，就俘虏二万五千多以色列人，把他们变成了奴隶。在古代中国亦如此。商王朝对"羌方"的多次战争，致使"羌人"战

---

① 　恩格斯《反杜林论》，第 186 页。

俘成为商朝奴隶的主要来源之一。西周灭殷和伐"鬼方"战争，为西周奴隶主提供了大批奴隶来源。据记载，伐鬼方时，一次就俘获一万三千八十一人。① 春秋战国之际各诸侯国争战不已，更造成大量奴隶。据记载，"大国而攻小国"，"入其沟境……残其城郭"，其居民，"则系操而归，丈夫以为仆圉、胥靡，妇人以为舂酋"。② 当时大奴隶主、大商人拥有的奴隶动辄以千百计，甚至以万计，同战争的频繁是有很大关系的。

当然古代各国奴隶的来源，除战争俘虏外，还有罪犯债务人等等。特别是在专制统治比较强的地区，通过各种途径把本族和本国人民变成奴隶的现象均比较突出，而对于战俘奴隶的依赖不如雅典、罗马等少数禁止债务奴役的城邦那么大。但总的来看，把战俘变成奴隶，战俘来源的多寡关系到奴隶制度的盛衰，这是一般的规律。

又如，一般认为是古希腊罗马"发达"的奴隶制所具有的这样一些特征——私人奴隶数量的增加，奴隶商品化，奴隶劳动广泛用于生产和其他经济活动，"解放"奴隶，出卖奴隶，对奴隶剥削方式日趋灵活和多样化，等等，其实在亚非各国奴隶社会发展的一定阶段也都出现过。古代两河流域在苏美尔城邦和阿卡德王国时期，奴隶主要是国有，奴隶以"劳动营"形式大规模运用于王室经济和神庙土地上，私人奴隶很少。但到古巴比伦王国时期情况就开始变化了。大庄园土地分散了，奴隶集中劳动变成分散的小规模经营，除王室和神庙奴隶外，私有奴隶增加，出现了相当数量的中小奴隶主，一般占有三五个至数十个奴隶。奴隶的买卖活跃起来。从《汉穆拉比法典》的条文看出，奴隶价格平均是二十舍克勒银子，出现了租雇奴隶的现象。至新巴比伦王国时期，更出现了广占奴隶的经营工商业的私人大商号，奴隶买卖和抵押现象，奴隶独立经营作坊和店铺，奴隶赎身"解放"等等，都广泛流行起来了。在古代中国，国有奴隶（包括战俘和刑徒）一直占很大比例，殷周之际贵族和官吏所占有的奴隶一般都是由

---

① 《二十五祀盂鼎铭文》。
② 《墨子·天志下》。

国王赐予的，私有奴隶和奴隶商品化发展缓慢。但到春秋战国之后，情况也发生了很大变化，占有成千上万奴隶的奴隶主出现了。如吕不韦有"家僮万人"，嫪毐有僮数千人，等等。《史记》有"买臣妾马牛"的记载，《汉书》说秦"置奴婢之市，与牛马同栏"。可见奴隶买卖已很活跃。《汉书·张汤传》还有这样的记载：安世"家僮七百人皆有手技作事，内治产业"，因而"能殖其货"。可见，奴隶劳动不仅已大量使用于生产，而且是用于"殖其货"的商品生产了。

奴隶制度由低级到高级的发展，无论古代"东方"国家，或是"古典"的希腊罗马，又都是与土地公有（国有）到私有的发展、商品经济的发展和自由农民的破产相适应的。

罗马帝国时代，是地中海世界奴隶制度最充分发展的时代，同时也就是罗马和意大利商品货币经济最大发展，土地私有化加剧，地产日益集中于极少数土地所有者手中，流氓无产者挤满城市的时代。正如恩格斯所指出的，"要使奴隶劳动成为整个社会中占统治地位的生产方式，那就还需要生产贸易和财富积聚有更大的增长。在古代的自发的土地公有的公社中，奴隶制或是根本没有出现过，或是只起极其从属的作用。在最初的农民城市罗马，情形也是如此。而当罗马变成'世界城市'，意大利的地产日益集中于人数不多的非常富有的所有者阶级手里的时候，农民人口才被奴隶人口所排挤"[1]。

在古代中国，春秋战国之际是农村公社和"井田制"瓦解，土地私有制确立和发展，私人商业、手工业和商品货币经济十分活跃，城市空前繁荣的时代。如齐国的临淄，居民达七万，"甚富而实"，"车毂击，人肩摩，连衽成帷，举袂成幕，挥汗成雨"。[2] 金属铸币开始在各诸侯国广泛流行。正是私有制和商品经济的这种空前的发展，才出现了像吕不韦那样的经商致富，拥有上万奴隶的奴隶主。

古代两河流域的情况也很类似。苏美尔阿卡德时期，耕地的3/5归国王和神

---

① 恩格斯《反杜林论》，第158页。
② 《战国策·齐策一》。

庙所有，即所谓"国有"，手工业也是王室和神庙作坊占主导地位。到古巴比伦王国，土地私有制逐步发展起来。《汉穆拉比法典》正式承认了全权公民（阿维鲁）个人土地所有权，承认来自"父亲的产业"，保护私有土地。私人手工业和商品经济发展起来。《法典》提到的手工行业就有十个以上，如织布、冶金、木作、造船等等。这时奴隶制度也开始由低级向高级发展。新巴比伦王国时代的两河流域，城市工商业更是空前繁荣，与此相适应，这一地区的奴隶制度这时也达到了最发达的阶段。

当然，从家长制、奴隶制到劳动奴隶制，奴隶由充当家内服役和生产辅助力到大规模运用于生产，成为社会生产的基本承担者，这一过程在不同地区不同民族发展速度有快有慢，达到的程度有高有低，但总的都是循着这一趋势在前进的。过去那种认为"东方社会"永远停滞的观点，完全不符合历史实际。所有古代国家的奴隶制度不会都发展到最充分最典型的阶段，像古希腊罗马少数城邦和意大利本土那样，但这并不妨碍我们在人类历史发展中划出一个独立的奴隶社会阶段。其实进入资本主义社会以后也一样，近代资本主义发展最典型的只不过欧洲的英法等少数国家，但从来也不会有人以此为据，否定资本主义社会是人类社会发展的一般必经阶段。那种要求古代各民族各地区的奴隶制度都要发展到古希腊罗马少数奴隶制城邦那样的"典型"程度，才能被承认为奴隶社会，才能把奴隶制度看成人类社会发展的一个必经阶段的意见，是一种脱离实际的形而上学的观点。

四、关于研究奴隶社会史的方法论问题

关于"亚细亚生产方式"和奴隶社会问题的讨论，从方法论来看，首先是如何处理世界历史的多样性和统一性问题。

古代各文明民族是在生产力发展水平还相当低下，相互交往还十分困难的情况下，按各自的自然的和民族的特点，经过奴隶社会这一发展阶段的。特别是古代中国日本朝鲜，当时同印度西亚和地中海世界基本上是完全隔绝的，因而奴隶制度的发生发展更是完全独立的。这就不能不产生极大的多样性。但奴隶制度作

为人类社会所经历的一个基本形态，仍然是有其统一性，仍然是有规律可循的。各民族和各地区的历史发展的实际，已充分证明了这一点。

马克思主义经典作家始终都非常强调社会历史现象的多样性和复杂性，认为对具体问题作具体分析是马克思主义的精髓和活的灵魂，指出"每一种社会形式和思想形式，都有它的特殊的矛盾和特殊的本质"，"尤其重要的，成为我们认识事物的基础的东西，则是必须注意它的特殊点"。① 同时，又一再肯定，人类历史发展的统一性和规律性，强调"在特殊性中存在着普遍性，在个性中存在着共性"②。"对历史研究，尤其是对于个别时代和个别事变的历史研究如何重要，它丝毫不能改变这样一个事实：历史进程是受内在的一般规律支配的。"③

研究历史要以马克思主义作指导，就必须坚持马克思主义关于共性与个性、差别与规律的辩证统一的观点，既看到各民族各地区历史发展的极其多样性，又注意其中的统一性和规律性。以多样性否定统一性和规律性，或强调统一性和规律性，忽视和抹杀各民族各地区的历史发展的特点和多样性，都是片面的，都是违背马克思主义基本原理和历史事实的。

近几年有些同志努力吸收中外史学研究的新成果，破除过去传统的"东方社会"特殊论观点，探求东西方的统一性和共同发展规律，这是应该肯定的。但有的在强调统一性和共同规律的同时，似乎有勉强地要在"东方"与"西方"之间画等号的倾向。如认为从城邦到帝国，从民主到专制是东西方各国历史发展的"共同规律"，于是就勉为其难地非要到古代中国、古埃及和两河流域去寻找"城邦"阶段和"民主政治"。同时，又把雅典等希腊城邦在独特的历史条件下，得到充分发展的奴隶主民主政治制度与古代苏美尔城邦和古埃及"诺姆"所残存的某些原始社会末期的氏族部落民主制等同起来，这是值得商榷的。其实，古代大河流域以灌溉农业为基础的文明古国，一般均没有经历雅典罗马城邦那种民

---

① 《毛泽东选集》，人民出版社，1953 年，第 283-284 页。

② 同上第 308 页。

③ 中共中央马克思恩格斯列宁斯大林著作编译局编《马克思恩格斯选集》第 4 卷，人民出版社，1972 年，第 243 页。

主共和阶段，从原始社会成长起来的军事首领的个人权力，直接就向专制政权转化，专制统治在这些国家较早形成并长期延续，这是不可否认的，也没有必要去否认它。

另一种倾向，就是以世界历史发展的多样性否定统一性，以各民族各地区由于各种因素而造成的历史发展特点，而否定人类历史发展的共同规律。否定奴隶社会是人类历史发展的一个统一的、一般必经的阶段的观点，往往同这种倾向有关。我们承认：第一，并不是地球上一切民族一切国家都经历了奴隶社会这一阶段；第二，奴隶制度在各地区各民族之间存在很大差异。但是并不能因此就否定奴隶社会，否定奴隶制度是人类历史发展的一个有共同本质的独立的阶段。每一个社会运动都是极其复杂的，都是由多种因素多种矛盾促成的。我们只能看主流，看基本矛盾和基本趋向。这是决定事物性质的东西。正如列宁所指出的，无论过去或将来，每个时代都会有"脱离一般运动和运动的一般速度的各种倾向"①。某个民族和地区脱离了"一般运动"，跳跃式地发展，从古代到近现代，都是屡见不鲜的。世界上有的民族（包括凉山彝族）未经过封建社会、资本主义社会而直接进入了社会主义社会，有的民族一直到近现代还停留在原始社会阶段。世界上还有许多民族和国家并未经过典型的资本主义发展阶段。这些都并不能作为否认封建社会或资本主义社会是一般必经阶段的依据。任何社会形态，在不同民族和不同地区都会有差别，都会有自己的特点。例如，据列宁的分析，帝国主义就有德国容克地主的帝国主义、沙皇俄国的封建帝国主义、日本的军事帝国主义、还有法国的"食利息"的帝国主义，等等。任何人也都不会因为这种多样性，而否定帝国主义是资本主义的一个完整的独立的发展阶段，一个统一的世界历史时代。在人类远古的条件下，各地区各民族发展的差异会更大些，这是完全可以理解的。

另外，研讨"亚细亚生产方式"和奴隶社会的有关问题，还有一个如何正确对待和运用马克思主义经典作家的具体论述的问题。研究历史必须以马克思主

---

① 《列宁全集》第2卷，第123页。

义理论作指导，主要是指运用马克思主义立场、观点、方法作指导。但这同马克思主义经典作家的具体论述是分不开的。而经典作家们对某些具体历史事件、历史问题的具体论述，往往因、时间、地点条件的不同而出现差异。这就需要正确对待和全面理解。我觉得至少有这样三点应该考虑：第一，应从整体上，从基本思想和基本观点上学习和领会马克思主义，而不能完全拘泥于经典作家的某个具体提法、具体论点，甚至某一句话；第二，科学在发展，马克思主义在发展，马克思和恩格斯本人前期和后期在发展，从马克思恩格斯到列宁在发展，我们应该充分注意到这一发展过程；第三，从事实出发，实事求是地分析经典作家的论述及其观点和提法，切忌各取所需为我所用，以及毫无根据地加以推测假定。

马克思在前期著作（如《政治经济学批判序言》及有关通信）中提出"亚细亚"生产方式和"东方社会"，在后期著作中没有再提。恩格斯在前期的有关通信中曾表示过同意马克思的类似提法，但1884年出版的为执行马克思遗嘱所写成的《家庭、私有制和国家的起源》这一重要文献中却不提"亚细亚"生产方式，而是明确阐明了人类社会由原始社会，经奴隶社会到封建社会、资本主义社会这一共同规律。列宁作为马克思恩格斯的伟大继承者，在新的历史条件下发展了马克思主义，在其有关著述（如《论国家》）中也未把"亚细亚"生产方式作为人类社会发展的一个特定阶段，这些都是事实。对此，我们只能作具体的全面的分析。当然研究者可以有不同的理解，但一定要实事求是，要有根据，防止形而上学和主观片面性，更不能随心所欲，曲解原意。胡钟达同志在《试论》一文中采取了什么态度和做法呢？试举数例：

第一，为了"证明"马克思始终坚持"亚细亚"生产方式说，胡钟达同志引用了《资本论》中关于"地租"和"商业资本"的两段话（请看《试论》原文）。在引文和上下文中马克思并未提"亚细亚"生产方式，胡钟达同志却总括说：马克思在这里是"指出了亚细亚的古代的封建的三种生产方式"的共同性。马克思提到"直接的奴隶制、农奴制和政治的依附关系"，资本主义以前剩余产品的"主要占有者"，是"奴隶主，封建地主……"。在这里，马克思根本不是论述社会形态的更替，根本不是讲奴隶制和农奴制的关系。但胡钟达同志却认为

"在这里，他（指马克思——笔者）是把三种生产方式作为平行的同序列的社会经济形态来对待"。这样解释有什么根据呢？

第二，胡钟达同志提及恩格斯在《家庭、私有制和国家的起源》一书中，关于"文明时代三大时期"和"三大奴役形式"的论述。十分明显，恩格斯的论述不符合胡钟达同志的观点。于是，胡钟达同志对恩格斯的这一论述加了一番"注解"，说恩格斯讲的只是"自雅典梭伦改革（公元前 594 年）以来的西方社会"而不是对人类社会发展过程的一般论述，恩格斯只是讲奴隶制和农奴制时间上有先后，而并不是说经过奴隶制，然后才发展到农奴制。读者可以再看看恩格斯的"三大奴役形式"论述，其原意是不是像胡钟达同志这样解释的。

第三，列宁的《论国家》，深刻而通俗地阐述和发挥了马克思主义社会形态学说和国家学说，是伟大的马克思主义文献。但由于书中未提"亚细亚"形态，所以他说《论国家》是列宁逝世后才发表的"记录稿"，而列宁素来对"记录"不满意，论国家的报告记录一定也有问题，并告诉读者："我们应该估计到，列宁在论国家的讲演中连带论述的关于各种社会经济形态及其更替的问题，在措辞上，或至少在措辞的分寸上，可能是不尽合列宁的原意的。"应该指出：首先，关于社会各形态更替发展的学说，列宁不是随随便便"连带"讲的，而是把它作为马克思主义最基本的一个原理，作了精辟的阐明；第二，"措辞"上的"分寸"，根本不可能造成对一个社会形态的漏失；最后，说这篇报告记录不合原意，胡钟达同志无任何材料作根据。这样来"运用"马克思主义恐怕是欠妥当的。

（原刊《中国史研究》，1984 年第 2 期。）

关于历史研究中的规律性和多样性

——重读《家庭、私有制和国家的起源》

恩格斯的《家庭、私有制和国家的起源》是马克思主义的光辉的经典著作之一，列宁曾给予了很高的评价，认为它"每一句话都不是凭空说出，而都是根据大量的历史和政治材料写成的"并且特别强调，它为我们"提供了正确观察问题的方法"。① 本文拟从方法论的角度，就恩格斯在这一著作中所贯彻的历史研究中的多样性和规律性的辩证结合的思想，谈谈学习的体会。

一、揭示社会历史现象的本质和历史发展的规律性是历史科学的根本任务

列宁曾经说过，马克思以前的历史，"至多是积累了片断收集起来的未加分析的事实，描述了历史过程的个别方面"，而"没有摸到社会关系体系发展的客观规律性，没有看出物质生产发展程度是这种关系的根源"。只有马克思才指出了以科学态度研究历史的途径，即"把历史当作一个十分复杂并充满矛盾，但毕竟是有规律的统一过程来研究的途径"。② 能否揭示社会历史现象的本质和历史发展的客观规律，是人们对历史的认识能否变成科学的关键，是马克思主义史学与过去封建的和资产阶级的史学的根本区别。

作为马克思主义创始人之一的恩格斯，非常重视对社会历史的研究，而研究历史又总是为了揭示人类社会现象的本质和发展的规律。在这方面，《起源论》是一光辉典范。

恩格斯在这部著作中，首先运用历史的观察问题的方法，澄清了一个同整个

---

① 《列宁全集》第 4 卷，第 43—44 页。
② 同上第 2 卷，第 586 页。

社会和每个人都息息相关，但当时又被资产阶级学者弄得很混乱的问题，即家庭问题。资产阶级在宣传私有制的永恒性，美化资本主义的同时，竭力鼓吹资本主义制度下婚姻的"平等""自由"，美化资产阶级的所谓"一夫一妻"制家庭，把它说成是自古就有的最完美的永恒的家庭，极力诬蔑共产党人要"共妻"，要消灭"家庭"等等。恩格斯根据巴霍芬和摩尔根等人的研究成果，以及当时所能掌握的材料，正确指出，所谓"家庭"也有自己的发展史。在人类的童年，曾存在"杂乱"的性关系，那时也就无所谓家庭。在此基础上经过漫长的岁月，后来相继更替地出现了群婚、对偶婚、单偶婚（即一夫一妻制）。这三大婚姻形式是与人类发展的三个主要阶段，即蒙昧时代、野蛮时代、文明时代相适应的。与婚姻形式发展相伴随，人类历史上先后产生了血缘家庭、普那路亚家庭、对偶家庭和一夫一妻制家庭。由对偶婚家庭向一夫一妻制家庭过渡时，中间曾普遍出现过以父权统治和支配女奴隶为特征的家长制家庭。而所谓一夫一妻制是作为丈夫对妻子的奴役，男女两性的对抗和不平等而出现的。一夫一妻制从来就只是对女性而言的，它一直是以男性勾引别人的妻子即通奸和公开卖淫相补充的。历史上产生的一夫一妻制与性爱毫不相干，资本主义制度下男女的婚姻完全是权衡利害和买卖的婚姻。只有无产阶级才有典型的性爱和真正的一夫一妻制。恩格斯还在摩尔根研究的基础上，从自然选择原则的作用、人类生活资料生产的发展和社会制度的变革，阐明了各种婚姻家庭制度的相继更替和发展的原因。这就深刻地揭示了人类家庭史发展的基本脉络和规律，揭露了伴随"文明"时代而产生的一夫一妻制家庭的本质。

关于原始时代的社会组织状况和氏族的本质，在摩尔根《古代社会》发表以前，基本上还是一个未知领域。人们对于荷马史诗等史料中所反映的希腊罗马人的氏族关系感到迷惑不解。当时西方民族学和历史学界甚至流传着许多糊涂观念，如认为氏族是所谓家庭集团，有外婚部落和内婚部落，希腊罗马的父系制是最原始的形式，等等。摩尔根的伟大功绩之一，就是运用北美易洛魁人的实例，揭示了氏族的本源，证明了氏族制度在人类"史前"阶段的普遍性，以及由母系氏族到父系氏族发展的规律。恩格斯的《起源论》，充分肯定了摩尔根的这一贡献，并综合分析了自己所掌握的关于希腊人罗马人的氏族制度，以及克尔特人和德意志人的氏族制度的材料，对氏族的本源、氏族制度的发展规律，作了进一步的更深刻的阐明。恩格斯根据摩尔根的定义，并通过对拉丁语、希腊语、梵语等表示"氏族"一词的词根含义的分析对比，肯定所谓氏族，就是出自一个共同祖先有共同世系的稳定的内部不能通婚的血缘亲属团体。氏族也并非自有人类就有的，它产生于禁止兄弟姐妹之间的性关系的普那路亚婚（即群婚）。恩格斯并指出，在群婚阶段"家庭"根本不可能成为社会组织的基本单位，因为氏族内部禁止通婚，结成婚姻关系的男女双方必须分属不同的氏族。由于妇女在生产和生活中的重要地位，加以群婚和不稳定的个体婚造成只知其母，不知其父，故最初的氏族世系只能按母系计算。易洛魁人的母系制氏族是原始的形态，而希腊罗马人的父系制氏族是晚生的状态。即由母系到父系氏族，从母权制到父权制的发展，是普遍规律。同时，恩格斯和摩尔根研究证明，氏族是古代社会的基础，是人类原始时代的社会组织的基本单位。而"氏族一旦成为社会单位，那么差不多以不可克服的必然性（因为这是极其自然的），从这种单位中发展出氏族胞族及部落的全部组织"①。恩格斯就是这样，通过具体的多种材料的分析研究，以摩尔根发现的易洛魁人氏族这把钥匙，解开了希腊人和罗马人历史上的"哑谜"，"阐明了国家产生以前原始时代社会制度的基本特征"②。

列宁曾指出，国家问题是被资产阶级弄得最混乱的问题。早期资产阶级极力鼓吹平等博爱"社会契约"和"全民国家"，以掩盖国家的实质。19世纪后期，资产阶级又打出了"国家社会主义"和"全民福利国家"的旗号。工人运动内部的机会主义者也散布，通过改良实现所谓"自由国家"、"共同社会"和"经济公社"。为了彻底揭露资产阶级关于国家的超阶级性的虚伪理论和各种机会主义论调，对马克思主义国家学说加以全面的更深刻的论证，就要求从事物的本源上和历史的发展过程中进行考察，即必须从国家的起源、发生、发展的历史上给

①　《马克思恩格斯选集》第4卷，第92页。
②　同上第80页。

予科学的阐明。恩格斯的《起源论》，出色地完成了这一任务。恩格斯批判地继承了摩尔根的成果，并通过雅典、罗马、德意志人国家形成的具体过程，阐述了人类从原始氏族公社向阶级社会和国家过渡的普遍规律，揭示了国家是阶级和阶级斗争的产物，是阶级压迫工具的实质，具体剖析了怎样通过改造旧的氏族机构和增设新的机构而建立起国家机器的一般规律；精辟地概括了国家不同于氏族社会的两个基本特征：以地域划分居民和脱离民众的公共权力机构。针对摩尔根的缺陷，恩格斯还着重论述了国家形成过程的经济内容和经济条件。即社会的大分工怎样引起社会的大分裂，经济的发展和私有财产的出现如何破坏了氏族血缘关系的基础，最后"炸毁"氏族制度。恩格斯在《起源论》中所揭示的国家的实质，私有制和国家产生的基本规律和大体过程，至今仍然都是有效的。恩格斯通过历史的研究，进一步具体阐明和发展了马克思主义的唯物史观和国家学说。

二、只有从具体的多样性的历史研究中才能揭示社会现象的本质和历史发展的规律

恩格斯在《起源论》中，对于家庭氏族制度、私有制和国家等发展历史所作的一系列的本质的概括和规律的总结，并不是从什么简单的"公式"和固有的概念出发。相反，恩格斯充分估计到人类社会现象的特殊性，注意到各民族各地区历史发展的纷繁多姿和千差万别。他的每一个结论，他所作的任何本质和规律的抽象，都是从极其多样化的具体的历史的研究中得出来的。

例如，关于婚姻家庭制度发展的动力。按照唯物史观的一般原理，物质生活资料的生产和再生产是社会发展的决定性的推动力，作为人类自身生产和再生产形式的一定的婚姻家庭制度当然是受物质生活资料生产的发展和由此产生的一定的社会制度制约的。恩格斯在论及婚姻和家庭制度的发展时，并不是简单地套用这个一般原理，将错综复杂的事物简单化、公式化了事，而是把它们放在整个人类历史发展中，从其不同阶段的不同条件和特殊的情况出发，进行具体的分析。经过对"史前"历史的研究，恩格斯认为，在蒙昧时代，人类从"杂乱"性交中产生血缘家庭，再发展到普那路亚家庭，是在生物界普遍起作用的"自然选择原则"发挥了积极作用的结果。当野蛮时代，氏族产生以后，情况就有所变化。人类由普那路亚（即群婚）进一步发展到对偶婚家庭，一方面"自然选择原则"继续发挥了作用，但同时，"氏族在禁止血缘亲属结婚方面"，也起了积极的"推动作用"。① 人类向文明时代过渡，从对偶婚家庭到排他性的单偶即一夫一妻制家庭的发展，"自然选择"就完全失去推动作用，而需要新的推动力了。

"自然选择已经通过日益缩小婚姻关系的范围而完成了自己的使命，在这一方面，它再也没有事可做了。因此，如果没有新的社会的动力发生作用，那么，从成对配偶制中就没有任何根据产生新的家庭形式了。但是，这种动力开始发生作用了。"② 恩格斯具体分析了这种新的动力，指出，是物质生活资料生产的发展，家畜的驯养和繁殖，畜群私有制和奴隶制的出现，财富的增多和财产的继承，推动母权制向父权制的过渡和一夫一妻制的确立。所以一夫一妻制不是以"自然条件为基础"，而是以"经济条件为基础"的，是"以私有制对原始的自然长成的公有制的胜利为基础的第一个家庭形式"。③ 即权衡利害的以男性对女性的奴役为特征的一夫一妻制家庭是社会制度的产物，是私有制的产物。正是恩格斯对多样化的历史的这种具体分析，才正确地揭示了人类婚姻家庭历史的发展规律，揭示了资本主义的一夫一妻制的实质。

人类社会由低级向高级发展是必然的，在一定的条件下要经历某个阶段，各民族往往也是共同的。但是，所走的具体道路和所采取的具体方式却千差万别。就像我们今天向社会主义和共产主义发展是总的历史趋势，而各个民族各个国家会有不同的具体道路和方式一样，在远古时代，人类由原始社会进入阶级社会，从氏族公社制过渡到国家的道路和方式也会是多种多样的。恩格斯在《起源论》中就具体分析了三种不同的道路和方式。第一，雅典式。"在这里，国家是直接地和主要地从氏族社会本身发展起来的阶级对抗中产生的。"第二，罗马式。"在罗马，氏族社会变成了闭关自守的贵族，贵族的四周则是人数众多的站在这

---

① 《马克思恩格斯选集》第 4 卷，第 42 页。

② 同上，第 48 页。

③ 同上，第 60 页。

一社会之外的没有权利只有义务的平民；平民的胜利，炸毁了旧的氏族制度，并在它的废墟上而建立了国家。"第三，德意志式。"国家是作为征服外国广大领土的直接结果而产生的。"① 当然这只是三种"主要的"道路和方式，并且也只是依据当时所掌握的材料而言的。实际情况会更为复杂。尽管具体道路多种多样，但"国家决不是从外部强加于社会的一种力量"，"国家是社会在一定发展阶段上的产物"，"这种从社会中产生但又自居于社会之上并且日益同社会脱离的力量，就是国家"。② 恩格斯正是通过这种具体的多样性的研究分析，揭示了人类由原始社会进入阶级社会和国家的共同规律，揭示了国家形成的最基本的特征和实质。

按照人类社会发展的一般规律，各民族在一定时期一定条件下都可能产生某种社会现象，但其具体表现形式往往是各具特征的，绝不会是一个模式。正如马克思所说的，在主要条件相同的共同的经济基础上，"可以由于无数不同的经验的事实，自然条件，种族关系，各种从外部发生作用的历史影响等等，而现象上显示出无穷无尽的变异和程度差别"③。恩格斯的《起源论》在阐述一般规律和共同本质的时候，特别注意这一点。

例如恩格斯曾援引马克思的话说：从希腊人和罗马人那里"可以清楚地看到易洛魁人"④，这就是说希腊人罗马人的氏族与易洛魁人氏族有许多共同之处。但恩格斯同时又特别强调，希腊人和罗马人的氏族制与易洛魁人的氏族制并非一回事。他们相差整整两个时代，即易洛魁人在摩尔根研究的时候尚处于野蛮时代的低级阶段，而希腊人和罗马人带着氏族组织进入历史舞台时，已处于野蛮时代的高级阶段，到了文明时代的"门槛"边了。易洛魁人的氏族是原生的母系制的，而希腊罗马人的氏族是晚生的父权制的。

在论及胞族时，恩格斯不仅将易洛魁与希腊罗马人区别开来，而且认为希腊

---

① 《马克思恩格斯选集》第 4 卷，第 165—166 页。
② 同上。
③ 同上第 25 卷，第 892 页。
④ 同上第 4 卷，第 118 页。

人的胞族与罗马人的胞族也有差别。从社会职能来看，易洛魁人的胞族，仅限于共同的宗教活动、血亲复仇的权利和义务等，希腊人的胞族则还有作为军事单位和行使某些行政权的职能。罗马人的胞族同希腊人、易洛魁人的胞族比较，除具有以上一般共同特征外，罗马的"库里亚"（即胞族）有自己的宗教仪式、圣物和祭司，各库里亚的祭司们还组成罗马祭司团之一，以库里亚为单位组成库里亚大会，通过或否决一切法律，选举一切高级公职人员，宣战和最后批准死刑判决，而每个库里亚各有一票表决权。恩格斯正是从各个民族历史上这些各具特点的胞族中，抽出了共同的本质和规律：胞族是人类原始氏族制度发展的，一般具有的从氏族到部落的一个中间环节；它是由最初的氏族分裂成几个儿女氏族后又相互联合成的大的血缘集团和大氏族。

人类社会总的来看，是按照一般规律发展的，但往往会有脱离常规的例外。正如列宁所指出的："世界历史的发展是按着总规律进行的，这不仅丝毫不排斥在形式或顺序上有所不同的个别发展阶段，反而预定了要有这样的发展阶段。"① 恩格斯在《起源论》一书中，在阐述人类社会发展的一般规律的同时，从不忽视这种脱离常规的"例外"和不同于"总规律"的个别发展阶段。关于氏族制度的起源，恩格斯依据摩尔根研究的结果，肯定氏族"在绝大多数场合下，都是从普那路亚家庭中直接发生的"。但同时，也注意到澳大利亚的级别婚制度"也可以成为氏族的出发点"，因为澳大利亚人已有氏族但尚无普那路亚婚。② 关于氏族社会的组织结构，恩格斯说，一旦有了氏族，就会自然地必然地发展出胞族部落及全部氏族制度的系列。但恩格斯在这里也并不排斥例外和脱离总规律的个别发展阶段。他认为无论如何氏族是各原始民族的基本社会单位，这是共同的，但胞族，有的民族也可能是没有的，部落联盟也可能不是"到处都成立"③。恩格斯举了多立斯人的材料为例，证明他们中间有氏族和部落，但是没有胞族这个环节。

① 《列宁全集》第33卷，第432页。
② 《马克思恩格斯选集》第4卷，第35页。
③ 同上，第95页。

恩格斯的《起源论》，正是由于能够把人类社会历史，特别是原始社会史，作为十分具体的和极为多样化的对象进行研究，把各民族历史发展的统一性和多样性有机结合起来，所以能深刻地揭示社会历史发展的规律，科学阐明了被资产阶级学者弄得混乱不堪的原始时代的一系列问题，发展了马克思主义唯物史观，丰富了历史科学。

三、马克思主义史学是从具体到抽象和从抽象到具体的辩证统一

近来刊物上发表有这样一种言论，即认为我国早期的马克思主义史学家们，由于当时斗争的需要，研究历史是从具体到抽象，是侧重抽象和总结历史的规律，因而存在片面性。当前史学界应致力于从抽象上升为具体，并说这是史学研究的"根本任务"①，这值得商榷。其实，马克思主义史学从来就是从具体到抽象和从抽象到具体的辩证的统一。在这方面恩格斯的《起源论》堪称典范。恩格斯在考察研究家庭氏族私有制和国家等问题时，总是依据唯物史观，从具体的多样化的历史事实中抽象出一些本质的规律性的认识，同时又以这些本质的规律性的抽象，反过来去进一步考察和说明各民族的具体的千差万别的现象。例如，恩格斯根据巴霍芬和摩尔根提供的研究成果和大量的人类学民族学材料，阐明了这样一条共同的规律，即从杂婚群婚到一夫一妻制，从母权制到父权制，是一切文明民族所经历过的发展过程。人类普遍经历过群婚和母权制阶段。这当然是一种科学的抽象，或者说是从具体到抽象。但恩格斯并不到此止步。他又运用这一规律性的认识和科学的抽象，去广泛地进一步说明了许多资产阶级学者们为之迷惑不解的社会历史现象。征服高卢的恺撒曾说，当时布列吞人"每十个或十二个男子共妻，而且多半是兄弟和兄弟"。恩格斯认为，"这最好解释为群婚"，因为一个母亲一般不会有十多个儿子，而根据普那路亚婚所产生的亲属制度，"每一个男子的一切血统近的或远的兄弟都是他的兄弟"。② 不少民族实行的已是对偶

---

① 丁伟志《历史是多样性的统一》，《历史研究》，1983 年第 2 期。
② 《马克思恩格斯选集》第 4 卷，第 36 页。

婚或一夫一妻制，但却保存一些特别的习俗，如在一定的节日里各部落的男女可聚集在一起，进行不加区别的性交，而占有多妻的男性长者、酋长和巫师，在一定的节日里，必须让自己的妻子去和年轻的男子寻欢作乐。写有《人类婚姻史》一书的韦斯特马克，举了许多这样的实例，但他错误认为这是"动物所共有的交尾期的残余"①。恩格斯依据人类婚姻和家庭制度的普遍规律，断定这些习俗，以及亚洲欧洲一些民族，女子每年要到神庙献身和初夜权等陋规，都正是远古时代人类群婚的遗迹，正好说明文明时代的一夫一妻制是由蒙昧时代和野蛮时代的群婚制发展而来的。在塔西佗时代，德意志人已进入父权制阶段，社会的基本单位已是家长制家庭公社。但是据塔西佗记载，母亲的兄弟把他的外甥们看作是自己的儿子，一般人认为舅父和外甥之间的血缘关系，比父子之间的血缘关系更为密切和神圣，故要求人质时，往往是以姐妹的儿子为人质，而不是以自己的儿子为人质。此外，母方的兄弟还可以参加遗产的继承。恩格斯从母权制曾是一切民族所经历的普遍阶段的观点出发，对这些具体现象进行分析，认为这都是对已经消失的母权制的"回忆"，是母权制的残余。应该说，恩格斯在这里是在"从抽象上升到具体"。但是我们又可明显看出，这种"上升到具体"，即分析研究具体历史现象的时候，实际上又在做"抽象"的工作，二者有机地辩证地统一起来了。这是马克思主义经典作家所提供给我们的研究历史的唯一科学的方法。

列宁也为我们提供了这方面的范例。列宁在广泛研究欧美各国之后，得出了对帝国主义的最本质的共同的五大特征的认识。在这种对资本帝国主义的一般规律的认识指导下，列宁又具体研究和考察了俄国资本主义的发展史，具体剖析了俄国资本帝国主义社会的和历史的特点。而通过对具体的不同于西欧各国的俄国历史和现状的研究，又进一步加深和丰富了对资本帝国主义本质的认识；通过俄国这个具体的富有特点的国家又再现了西方资本帝国主义的一般规律。这就是"从具体到抽象"又"从抽象上升为具体"统一的全过程。

从马克思主义经典作家对历史的研究中，我们看到的，始终是"从具体到抽

---

① 《马克思恩格斯选集》第4卷，第46页。

象"和"从抽象上升为具体"的有机的辩证的结合。我国老一辈马克思主义史学家也是如此。他们努力运用马克思主义唯物史观,研究中国的历史,再具体到马克思主义关于人类社会历史发展的一般规律。这既是从具体到抽象,又是从抽象到具体的过程。不能说他们似乎只是从具体到抽象。的确,他们在研究中所得出的某些结论有一定片面性,他们还无法说明丰富的多种多样的中国历史问题。但这主要是由于当时条件的限制和史学本身发展的局限,在"从抽象上升为具体"时还具体化不够的问题。如果说老一辈马克思主义史学家们为了斗争的需要,有时有"矫枉过正"的话,那么我觉得当前我们也应防止这种偏向。总的来看,我国史学界从中国和世界各国历史研究中,所揭示的本质和规律不是太多,而是太少;在马克思主义唯物史观指导下,从极其丰富的多样化的历史研究中,总结历史的经验,揭示历史发展的规律性,现在是,永远是马克思主义史学研究的根本任务。

(原刊《湖南师院学报》(哲学社会科学版),1984 年第 5 期。收入本集时稍有修订)

关于"社会形态"讨论中的几个问题

——再与胡钟达先生商榷

20 世纪 80 年代,在史学界和理论界关于人类社会发展的多样性和统一性的讨论中,有人对马克思主义"五种生产方式"说,即五种社会形态发展更替的学说,提出了异议,因而引起了一场至今尚未见分晓的争论。在这场争论中,"以今日之我与昨日之我战"的胡钟达先生所发表的观点,颇有代表性。笔者曾撰文同胡先生进行过讨论。本文拟进一步阐明我的观点,并就胡先生《再评五种生产方式说》① 一文再进行一些商榷。这对于从理论和史实上澄清认识和辨明是非,促进研究的深入,或能有所裨益。

一、五种社会形态学说是马克思主义科学原理,而不是"假说"

胡钟达先生在《再评》中运用了"新"的概念,即马克思主义关于社会发展理论的所谓"层次"说。他认为,马克思恩格斯关于社会经济形态发展的学说,可以分为三个"层次":第一层次是原始共产主义社会—阶级社会—共产主义社会;第二层次是原始共产主义社会—阶级社会第一形态(人的依附关系为基础)—阶级社会第二形态,即资本主义社会(以物的依赖关系为基础)—社会主义和共产主义;第三层次,则是把第一形态的阶级社会再划分为奴隶社会和封建社会。胡先生说,第一层次和第二层次的划分"都是经过严密的科学论证的",而第三层次的划分"只能认为是科学上的假说"。这一论点很难成立,因为它不符合事实。

这里我们也不妨追溯一下马克思主义关于社会形态学说创立和发展的过程。众所周知,马克思恩格斯在建立马克思主义的过程中,最重要的贡献之一,就是

---

① 胡钟达《再评五种生产方式说》,载《历史研究》,1986 年第 1 期。

将唯物主义贯彻到底，论证了人类社会历史的发展虽是极其复杂并充满矛盾的过程，"但毕竟是有规律可循的统一过程"。揭示了这个"统一过程"的基本线索和基本规律，即社会形态（或叫生产方式）由低到高发展更替的学说。从此，历史学也才真正成为一门科学。这是马克思恩格斯一生花费了巨大精力进行科学的探求和研究才最后完成的。

早在 19 世纪 40 年代，马克思和恩格斯在《德意志意识形态》一书中，从生产资料所有制的角度，第一次阐述了人类历史发展的阶段性：由部落所有制发展到古代公社和国家所有制，再到封建所有制和现代私有制。① 马克思在 1847 年发表的《雇佣劳动与资本》的讲演中指："社会生产关系，是随着物质生产资料、生产力的变化和发展而变化和改变的。生产关系总和起来，就构成所谓社会关系，构成所谓社会。古代社会、封建社会和资产阶级社会，都是这样的生产关系的总和。"② 马克思第一次对前资本主义的阶级社会，进行了不同形态的划分。同年恩格斯在《共产主义原理》一书中提出："在不同历史发展阶段上，劳动阶级的生活条件也各不相同。""在古代，劳动者是主人的奴隶……在中世纪，劳动者是土地占有者贵族的农奴……随着手工工场的发展，就渐渐地出现了受大资本家雇佣的手工工场工人。"③ 在这里，恩格斯从劳动者的生活条件和地位，进一步阐明了各社会形态的基本特点，并明确了所谓"古代社会"就是奴隶社会。1859 年，马克思在《政治经济学批判·序言》中，对社会发展的序列，更作了系统的表述，指出："亚细亚的、古代的、封建的和现代资产阶级的生产方式，可以看作是社会经济形态演进的几个时代。"④

从上述材料已可看出，自 19 世纪 40 年代到 50 年代末，马克思和恩格斯随着自己研究和认识的逐步深入，已初步揭示了人类社会从古至今，由低级到高级发展的基本线索，"五种社会形态"学说已具雏形。当然，由于受当时科学发展

---

① 《马克思恩格斯全集》第 3 卷，第 25—27 页。
② 《马克思恩格斯选集》第 6 卷，第 487 页。
③ 同上第 4 卷，第 359—360 页。
④ 同上，第 359—360 页。

水平的限制，这一学说还存在不够完善的地方。第一，人们还不知道"父权制"以前存在"母系制"，故把"部落所有制"作为人类最原始的时代；第二，关于"亚细亚的"生产方式的提法不明确，尚未形成统一的"奴隶社会"的概念。

19世纪50年代以后，欧洲的科学获得进一步发展，人们对欧洲以外的世界，即对亚洲、美洲、非洲有了更多的认识。

1861年，巴霍芬的《母权论》出版；1870年出版了拉伯克的《文明的起源》；1877年，摩尔根的巨著《古代社会》问世；接着，1879年，科瓦列夫斯基《公社土地占有制，其解体的原因、进程和结果》一书出版；1881年，摩尔根又根据考古材料，写成了《北美土人的家庭和家庭生活》。此外，还有一系列其他著述出版问世。马克思恩格斯对于这些新的成果给予极大的关注，并以科学的态度仔细地广泛进行了阅读和深入研究。这一时期，他们特别注意的是加强对原始氏族社会和东方国家的研究。马克思在研究过程中做了大量笔记。如马克思于1879—1880年，对科瓦列夫斯基的著作做了详细"摘要"；同时还完成了《印度史编年稿》的撰写。1881—1882年，马克思又写了《摩尔根〈古代社会〉一书摘要》。1884年，恩格斯为执行马克思的遗言，撰写了《家庭、私有制和国家的起源》这一马克思主义重要文献。

正是在不断吸收新的科学成果和自己深入研究的基础上，马克思主义的创始人进一步完善和最后确立了关于人类社会形态发展更替的学说，即"五种生产方式"说。恩格斯于19世纪80年代为《英国工人阶级状况》一书所写序言中，明确指出："亚细亚的古代、古典的古代，阶级压迫的主要形式，是奴隶制。"[1]《家庭、私有制和国家的起源》一书中，恩格斯更系统地阐明了原始氏族社会以及原始氏族社会解体后人类所经历的几个社会形态，明确肯定：人类自进入"文明时代"，即进入阶级社会后，"奴隶制度是古代世界所固有的第一个剥削形式；继之而来的是中世纪的农奴制和近代的雇佣劳动制。这就是三大奴役形式"。[2]

---

① 《马克思恩格斯选集》第2卷，第83页。
② 同上第4卷，第258—259页。

经过这三个社会形态后，人类最终将进入共产主义时代。

从马克思恩格斯关于社会形态学说的形成过程，我们可以看出：第一，所谓三个"层次"的划分，根本不符合马克思主义创始人的本意，完全是胡先生强加于马克思恩格斯的。事实上，从三种所有制，到三种劳动者，最后到三大奴役形式，马克思恩格斯毕生都在致力于原始氏族社会解体后人类所经历的奴隶社会、封建社会、资本主义社会，这三大社会形态的基本特征及其发展更替和最后向共产主义社会过渡的规律的研究。从生产资料所有制的变更和生产劳动者地位的变化，将人类的"文明时代"，即阶级社会，划分为奴隶社会、封建社会和资本主义社会（胡先生称之为第三"层次"），正是马克思恩格斯超过前人的地方。正因这一划分才进一步揭示人类社会由低级向高级逐步发展更替的规律，也才更进一步揭露了资本主义制度的本质（现代的"奴役制"），为马克思主义唯物史观和科学社会主义奠定了基础。这种划分绝不是胡先生所说的同无产阶级革命"没有联系"和不必要的。

第二，三大奴役形式的划分和五种社会形态发展更替学说，特别是对奴隶社会的确定，是马克思恩格斯从 19 世纪 40 年代到 80 年代，通过几十年的研究所获得的成果，是在科学的基础上逐步形成和完善起来的马克思主义基本原理，而并不是什么"假说"。当然，关于社会形态学说如同整个马克思主义一样，主要是欧洲的产物。但我们应该注意到：马克思恩格斯所关注和研究的范围并不局限于欧洲，他们充分利用了当时欧洲人所能得到的关于世界其他地区和民族的知识，及时吸收这方面最新的研究成果和最新资料。同时，我们还应懂得，人类"只有在资本主义社会的自我批判已经开始的时候，才能理解封建社会、古代社会和东方社会"，"资本主义经济为古代经济等等提供了钥匙"。① 正因为马克思恩格斯身居欧洲，即处于当时世界最先进的地区，并对资本主义经济和资本主义社会进行了最深刻最科学的研究剖析和批判，这就掌握了解开古代（包括东方）社会之谜的钥匙，由此得出的关于人类古代社会的认识应是最科学的认识。由于

---

① 《马克思恩格斯选集》第 4 卷，第 172 页。

时代的限制，当然会有些局限性，但决不像胡钟达先生所说的，马克思恩格斯所见到的关于欧洲以外和东方世界的材料，以及依据这材料进行科学研究所得出的结论，都是些"只言片语"，都不可信。如果按照胡先生的观点进行逻辑推理，人们不禁会问：马克思主义还有没有普遍意义？或更直截了当地说：马克思主义适不适用于中国？这值得深思。

二、关于划分奴隶社会与封建社会的标志问题

胡钟达先生特别强调奴隶社会与封建社会没有必要进行区分，并且二者"不可分"。其主要论据之一，即认为从奴隶社会到封建社会的过渡并没有什么生产力发展的明显标志。他在 1983 年的文章中甚至断言，日耳曼人封建社会的生产力反不及奴隶制的希腊罗马的水平。笔者 1984 年的文章，已根据史实进行了论证：日耳曼人向封建社会过渡时期的生产力水平并不低于罗马时代；生产力决定生产关系的原理，对于奴隶社会向封建社会过渡，同样是适用的。这里不再赘述。

胡先生在《再评》中并没有对自己原来的观点补充什么新的材料，也未提出什么新的论据。他只是援引了一位西方史学家的一段话，即"人类的物质文化近二百年来发生了比先前五千年还要大的变化。18 世纪，人类实际上还过着和古代埃及和美索不达米亚同样方式的生活……"。以此来证明"产业革命"前的五千年中人类社会生产力没有什么变化，因此也就没有什么社会形态的更替，没有奴隶社会与封建社会的区分。

其实，胡先生引用西方史学家这段话，没有多大意义。因为对于资本主义曾造成社会生产力的前所未有的大发展，马克思主义创始人早在一百多年前就给予了充分的肯定。如《共产党宣言》明确指出："资产阶级在它不到一百年的阶级统治中所创造的生产力，比过去一切时代创造的全部生产力还要多，还要大。自然力的征服，机器的采用，化学在工业和农业中的应用，轮船的行驶……过去哪一个世纪能够料想到有这样的生产力潜伏在社会劳动里呢？"肯定资本主义时代生产力的迅速的巨大发展，或说数千年的奴隶社会和封建社会里生产力发展的滞

缓和生活方式变化不大，都只是相对而言。无论马克思主义者或者是西方史学家，谁也没有否认在前资本主义的数千年中，人类社会生产力发展虽极其缓慢，但仍然是在逐步发展变化。正因为生产力的逐步发展，人类社会在前资本主义的数千年中，才从原始氏族社会进入阶级社会，从奴隶制度过渡到封建制度，在封建社会里又才逐步产生资本主义。

至于说到明显标志，胡先生常举采集、农耕、铜器铁器的使用、蒸汽机的出现，等等。这当然是生产力发展的标志。但有两点必须看到：第一，这些虽是明显标志，但绝非唯一的标志：因为所谓生产力包括了生产工具、生产技术经验，以及使用生产工具的人三大因素，我们绝不能唯工具论；第二，生产关系必须适合生产力的发展并不是机械式的。人类社会形态的更替同生产工具的变革有联系，但并不完全一致，我们不能唯生产力论。如果说，奴隶社会向封建社会的过渡在生产力方面缺乏"明显标志"，那么人类社会进入资本主义时代也并没有这类标志。人所共知，蒸汽机的发明使用和"产业革命"，在欧洲是 18 世纪以后的事，但欧洲各封建国家向资本主义过渡，14 至 15 世纪即已开始。从世界发展的主导趋势看，至 17 世纪，人类社会已进入资本主义时代。按照胡先生的标准，这一过渡也是通不过的。如果这样，不仅奴隶社会与封建社会没有必要区分和不可分，就是封建社会与资本主义社会也不好分和不必分。要分就必须把过渡时期推后到 18 至 19 世纪。

胡钟达先生认为奴隶社会和封建社会不可分、不必分，还有一个论据，即"奴隶社会奴隶数量并不多，封建社会奴隶数量也不少"。其实，这并非关键所在。奴隶社会当然要有相当数量的奴隶，但如果说奴隶在数量上必须超过自由民，奴隶的劳动必须在各生产部门完全排斥自由民的劳动，那么，这种观点是极其片面的。封建社会有奴隶，有时候还比较多，但任何人也不会因有奴隶的存在而否定封建社会。这正如南北战争前的美国，大量奴隶充斥于各种植园，但谁也没有认为美国当时是奴隶社会，而不是资本主义社会。社会性质是由占主导地位的生产关系所决定的。而所谓主导地位，主要是指某一种生产方式在一个民族和国家的社会内部，或在世界范围内代表了历史发展的方向和总趋势。它的存在发展，决定和制约了其他并存的经济关系和各种社会关系的发展。亚非一些古国，奴隶的人数和奴隶劳动的确往往不占有绝对的优势。但正因为奴隶制度的存在和发展，这些古国的专制统治者对本国广大自由民下层和村社成员的剥削，也被打上了奴隶制的烙印，以致造成"尽人皆是"奴隶；奴隶制度的存在和发展，使得这些国家的自由民和村社成员贫困破产债台高筑后，大批地沦为债务奴隶，不断补充到奴隶行列中去；也正是奴隶制度的存在和发展，使得家长把妻子儿女也看成奴隶，使家庭关系和社会其他关系都罩上奴隶制的阴影。这也就决定了这些国家的奴隶社会的性质。胡先生在奴隶数量上大做文章，但却完全回避了问题的这一关键和实质。

三、关于奴隶与农奴的界限

胡钟达先生认为奴隶社会与封建社会不必分、不可分的另一个根据，就是奴隶与农奴的界限不清。奴隶与农奴确有关系，在三大奴役形式中，奴隶与农奴二者的地位的确比较接近。特别是奴隶制的某些形式，例如"授产奴隶""希洛人"，以及其他一些把人作为土地的"有机附属物"，一起加以夺取而产生的奴隶制形式，类似农奴制；而像俄国那种"最粗暴的农奴制"，同奴隶制并没有多大区别。但奴隶制与农奴制还是存在质的差别，奴隶与农奴的本质特征和界限是不能抹杀的。在这方面，马列主义创始人曾作过不少明确的论述。这里我们不妨重温一二。

恩格斯："在亚细亚古代和古典古代，阶级压迫的主要形式是奴隶制，即与其说是群众被剥夺了土地，不如说他们的人身被占有。""在中世纪，封建剥削的根源不是由于人民被剥夺而离开了土地，相反地，是由于他们占有土地而离不开它。农民虽保有自己的土地，但他们是作为农奴或依附农民被束缚在土地上，而且必须以劳动或产品的形式给地主进贡。"[①]

列宁："奴隶主和奴隶——是第一次大规模的阶级划分。前一集团不仅占有

---

① 《马克思恩格斯选集》第 4 卷，第 108—109 页。

一切生产资料（即土地和工具，尽管当时工具还十分简陋），并且还占有人。这个集团就叫奴隶主。从事劳动并把劳动果实交给别人的人则叫奴隶。""在历史上继这种形式之后的是另一种形式，即农奴制。""这时，社会基本上分为农奴主——地主和农奴制农民。人与人的关系的形式改变了。奴隶主把奴隶当作自己的财产，法律把这种观点固定下来，认为奴隶是一种完全被奴隶主占有的物品。农奴制农民仍然遭受阶级压迫，处于依附地位，但农奴主——地主不能把农民当作物品来占有了，而只有权占有农民的劳动并强迫他担任某种劳役。"①

从马列主义创始人的论述看，奴隶与农奴最本质的区别和最基本的界限，在于人身是否被占有。奴隶，被奴隶主作为物品和财产加以占有；农奴，被束缚于土地之上，处于依附地位，但农奴主和地主不能把农奴当作物品占有，而只有权占有其劳动。这种区分是符合历史实际的。当然历史现象和具体情况是十分复杂的，但是我们只要掌握了这一最本质的区别和最基本的界限，就不至于堕入迷雾，在任何情况下都可以对奴隶与农奴作出区分。就奴隶而言，各民族各地区的具体形式千差万别。古希腊有"典型奴隶"，也有"希洛人"式的奴隶，所谓"典型奴隶"中又有"劳动奴隶""授产奴隶""出租奴隶""解放奴隶"等。古代中国殷商和西周奴隶社会有"臣""妾""奚""仆""刍""皂""隶""牧""圉"，还有固着于土地、有家庭、从事农业生产的"氓""多羌"和"羌人"等。但他们共同的一点，就是人身被占有。再看农奴，在封建社会里，无论西欧和东方各国，农奴和依附农民也是多种多样的。从"塞尔夫""茅舍小农"，到"部曲""佃客""徒附"和一般租佃农民，情况各不相同。但他们共同的特征，是人身已不为农奴主和地主占有（或不完全占有），人身已是自由的，尽管程度不一。

胡钟达先生在《再评》中为证明奴隶与农奴之间界限划不清，提出两个具体论据。一是有无财产权，一是杀奴问题。

胡先生认为有无财产权是区别奴隶和农奴的一个重要标志，即农奴有财产

---

① 《列宁选集》第 4 卷，第 45-46 页。

权，而奴隶无财产权。根据这一"标志"，胡先生将"黑劳士"（希洛人）划为农奴，而否定其奴隶身份。其实，奴隶并不是绝对没有自己的财产。古希腊罗马的"典型奴隶"中有一类"授产奴隶"，他们代替主人经营手工业和商业，有自己的财产。胡先生也承认这类奴隶虽有财产，但仍然是奴隶。"希洛人"，以及类似的狄萨利亚的"皮涅特人"和克里特的"沃依克人"，还有因战争和征服而造成的所谓"种族奴隶"（如西周灭商后的"殷民六族""怀姓九宗"等），一般都有自己的家庭，有自己占有的部分生产工具和财物。胡先生却认为这类奴隶不是奴隶，而是农奴。用的是同一个"标志"，得出两个截然不同的结论。这是自相矛盾。关键并不在于形式上有无一定的财产，还是应该看人身是否被占有（或说人身是否自由）。无论"授产奴隶"，还是"希洛人"或"种族奴隶"，虽然有自己的家庭和财产，但其人身，包括其子女后代，永远都属于奴隶主所有（奴隶主个人或奴隶主集体、国家所有），因此都是奴隶，而不是农奴。

虐杀奴隶，的确是奴隶被奴隶主当作牲畜和物品一样占有的一种表现形式。穷奢极欲和凶残暴虐的奴隶主，以大批奴隶殉葬，任意虐杀奴隶，证明了奴隶制度的极端野蛮性。但生杀之权并非人身占有的唯一和不可或缺的标志，不能绝对化。

从历史事实看，奴隶制度愈发展，奴隶劳动愈广泛使用于生产，任意虐杀奴隶的现象就愈少。因为奴隶本身是奴隶主的财产，并且奴隶又可以创造和增加财产。古代东方奴隶制国家（包括我国的商周），以大批奴隶殉葬是较普遍的现象，而古典希腊、罗马却没有这种现象。这虽同奴隶来源是否充足有关系，但主要还是由奴隶制度发展和奴隶劳动使用的程度不同所决定的。

中国秦汉时代，虽仍存在相当数量的奴隶，但法律地位已开始发生变化，虐杀奴隶被认定为犯法行为。东汉光武帝甚至明确诏告天下："天地之性人为贵，其杀奴婢，不得减罪。"① 胡钟达先生援引了这一史实，并提到翦伯赞先生曾以此为据，证明两汉不是奴隶社会。本来这是正确的。但胡先生却又提出"在翦老

---

① 《后汉书·光武帝纪》。

肯定其为'奴隶社会'的罗马社会"也禁止虐杀奴隶，并引用公元 1 至 2 世纪古罗马执政者克劳狄、哈德良、安敦尼颁布的法律条文为据。其意图显然是要证明，古罗马也不是什么奴隶社会，而是同两汉一样属封建社会。其实，这并没有什么说服力。因为公元 1 世纪以后，古罗马共和制已经崩溃，进入了帝国时代。奴隶制度已从极盛走向衰落，很快就出现了公元 3 世纪的大危机，隶农制度向封建社会过渡的因素已产生和发展起来。正是在这种历史条件下，人们对于奴隶和奴隶制度的观念和态度开始发生了变化。在古典希腊时代，即奴隶制度的繁荣时代，从柏拉图到亚里士多德，无不认为奴隶不是人，而是物品，是工具，奴隶与主人的划分是自然的合理的。在公元前 4 世纪的阿里斯多芬的喜剧中，宣称主人可以任意虐待奴隶，鞭打、绞、杀、烧死、折断关节骨都可以。罗马共和时代，也是如此，奴隶完全被当成牲畜一样，特别是被迫相互残杀以供罗马奴隶主取乐的奴隶（称"角斗士"），命运更为悲惨。但当奴隶制度出现危机，日趋衰落瓦解时，情况就不一样了，特别是一些比较先进的思想家能站在时代的前列，起而反对奴隶制度。例如后期希腊的斯多葛学派，主张人人平等，包括奴隶在内，每个人都成为"世界公民"。

公元 1 世纪罗马帝国产生的早期基督教，进一步继承和发挥了斯多葛学派的思想，宣传人人平等，奴隶与奴隶主和自由民一样，可以参加教会，死后升天堂。公元 1 世纪的罗马哲学家辛尼加宣称，奴隶是人，是"共居者"和"朋友"，并认为奴隶制是反自然的。正是这种观念和态度的转变，促使奴隶在法律上的地位发生变化。可见，法律上禁止虐杀奴隶是奴隶制陷入危机，开始衰落瓦解和向封建社会过渡的产物，它对于奴隶社会并没有什么代表性和典型性。古罗马进入帝国时代以后，出现禁止虐杀奴隶的法律规定，并不能否定古罗马的奴隶社会性质。而进入封建社会后，禁止虐杀奴婢，于理于法均是极其自然的。中国的两汉时代，禁止杀奴，确实是由其封建社会的性质所决定的。翦老的观点完全正确。

（原刊《求索》，1991 年第 1 期。）

略论封建专制主义的基础

按：20 世纪 80 年代初，在人们对于造成"十年浩劫"的"文化大革命"及此前的一系列"左"倾错误进行反思时，得出一种共识，即中国历史上长期存在的封建专制主义的残余影响，乃是我们所犯错误的社会历史根源和思想根源之一。为此《人民日报》（如 1980 年 11 月 24 日版）等报刊相继发表有关文章，开展了对封建专制主义的研讨和批判。本人撰写了《略论封建专制主义的基础》一文，发表于《湘潭大学学报》1981 年第 2 期。此文运用中外历史比较研究的方法，深层次地探讨和剖析了中国封建社会经济结构的一些基本特点，角度新颖，对于如何肃清封建专制主义的流毒和影响，颇有参考价值。现按当时所发表的原文，收入本文集。

为了肃清封建主义的流毒和影响，有必要进一步加深对封建主义的认识。这里我从中外对比的角度，就封建专制主义的基础问题作些剖析。

一

专制主义作为一种政体、一种国家的政治统治形式，在奴隶制社会、封建社会和资本主义社会都存在过。但综观中外历史，在资本主义国家，虽有过拿破仑的帝制、希特勒和墨索里尼的法西斯专政，但个人专制独裁并不是常规。在奴隶制社会，专制主义比较普遍，但也并非都是专制统治，在古典希腊的雅典城邦，曾开放了一朵奇特的民主政治的鲜花。在封建社会却不然，专制统治不仅是常规，而且没有什么例外。封建社会同专制主义可说是结下了不解之缘。当然专制的具体形式、程度的强弱、范围的大小可以有差别。例如，有中央高度集权的专制统治，也有诸侯方伯的独立王国的集权专制，还有皇权旁落的日本幕府式的专制政体。但是，从来没有出现什么"民主"政治和共和国。两千年的中国封建社会、上千年的西欧中世纪、显赫一时的庞大的阿拉伯帝国、奥斯曼土耳其世界、漫长的印度封建时代，都是如此。

社会的经济结构，是"法律的和政治的上层建筑竖立其上的""现实基础"①，"任何时候，我们总是要在生产条件的所有者同直接生产者的直接关系中……为任何当时的独特的国家形式，找出最深的秘密，找出隐蔽的基础。"②对于封建社会上层建筑的这一现象，应该从封建社会的经济关系和经济结构中去寻找说明。正是封建社会所特有的经济结构为专制主义提供了现实的基础。

封建社会与资本主义和奴隶制社会都不同，土地是社会最基本的生产资料和最主要的财富。这是封建社会经济结构的特点之一。

封建土地所有制是封建生产关系的核心，封建统治阶级对土地的占有可采取不同的形式：封建国有、王室所有、领主制、地主私有等等。但土地被封建地主阶级所占有，而广大生产者没有土地，或只有少量土地，这一点则是共同的。由于土地是社会的基本生产资料和主要财富，所以占有土地，就占有了社会最基本的生产手段，拥有了社会主要的财富。同时，占有土地，也就自然控制了人口和劳动力，因为广大人口都是依赖土地生活，同作为基本生产资料的土地不可分割地结合在一起。这种土地所有权，就是地主阶级政治统治和各种特权的物质基础。就像在资本主义社会，统治和命令权来自资本一样，"在封建时代，军事上、诉讼上的裁决权，是土地所有权的属性"③。

为什么从土地所有权产生的政治统治的形式是专制，而从资本产生的政治统治一般却是民主与共和呢？土地这一财富，有一种相对稳定的性质。它不像资本、货币和商品那么变化莫测。资本家在市场旋涡中命运无常。但对于地主阶级来说，土地这种财富却是比较可靠的。因此同土地所有权相适应的地主阶级的经济和政治地位也具有相对的稳定性和凝固性。地主阶级和农民阶级个别成员的地位当然会有升降，但一般都不是因经济上的风云变幻，而往往是由于政治原因。如通过仕途和军功的晋升，皇帝及权臣的恩怨和好恶，农民起来造反，等等。正

---

① 《马克思恩格斯选集》第 2 卷，第 82 页。
② 《马克思恩格斯全集》第 25 卷，第 891—892 页。
③ 卡尔·马克思《资本论》第 1 卷，人民出版社，1975 年，第 398 页。

是这些因素促使封建地主阶级趋于保守，使世代相袭的专制主义和官僚体制易于形成和巩固。

在封建社会，同封建土地所有制相伴随的是强烈的人身依附关系。这是封建社会经济结构的另一特点。

在奴隶制度下，作为基本生产者的奴隶根本不被当成人。奴隶主像占有其他生产工具和牲畜一样，完全占有奴隶。这里谈不上什么依附关系。在自由民当中，随着贫富分化曾出现和存在保护人和被保护人的关系，但并未发展成为社会的主导关系。在资本主义社会，商品、金钱关系代替了一切其他关系，"平等""自由"的契约和雇佣制成为主导的生产关系，人身依附更不起什么重要作用了。但在封建社会却不然。整个封建制生产关系，正是由于依附关系的产生、发展而逐步形成的。在西欧封建化过程中，随着封建领主土地所有制的形成，"委身式"庇护制广泛流行，自由农民委身于领主变成农奴，中小土地所有者和小领主投靠大领主而成为附庸。于是，农奴与领主，附庸与诸侯，封臣与封君，自下而上形成一套人身依附的制度。中国也差不多。自进入封建社会后，封建国家和皇帝通过直接占有大量土地，在"授田""均田"等形式下直接控制了大批依附性的"公民""编户"。同时，徙附、部曲、佃客、宾客和"恩荫"制度曾广泛发展。西晋政府就规定，官吏可按品级的高低占田、占佃客及"荫"衣食客和"荫"亲属，"多者及九族，少者三世"①。这样，不仅造成大批农民依附于豪门贵族和官僚，而且地主阶级内部也层层依附。如东汉的"宾客"，大多数是依附农民，但也有的"宾客"本人是官吏，自己拥有"宾客""荫户"，但他们又都是大将军窦宪的"宾客"。

在整个中国封建时代，土地占有的具体形式、统治者的政策措施不断地有所变化，特别是在明清之际，资本主义有所萌芽，但农民被束缚于土地之上，对地主的人身依附关系却始终存在。宋代的"田客"，"非时不得起移"，经"主人发

---

① 《晋书》卷六十。

遣"，"方许别住"。① 直到清代还存在这类情况。曲阜孔府皇帝钦赐的佃户，称"实在户"，世世代代不能离开，为孔府耕种土地。在中国封建社会，佃农对地主的人身依附的确不如西欧农奴对领主那样强烈。但由于宗族关系和宗法制的长期存在，人身依附关系往往同宗族关系和宗法制结合起来，渗透到社会各个方面，从而使这种依附关系变得更加牢固。

经济上的依附必然导致政治上的控制和从属。从统治阶级来看，由于人身依附关系存在，大批徙附、部曲、佃户、宾客和荫户，构成了政治和军事势力的源泉，为其谋取政治统治，集中权力，独断专行，提供了物质基础。如东汉的豪族耿纯就曾率"宗族宾客二千余人"投奔刘秀，成了开国元勋。从被统治阶级和广大劳动人民来说，这种人身依附，培植了忍耐和服从的习性，造就了"顺民"。以这种人身依附关系为特征的封建经济结构，成为专制统治赖以产生和存在的基础，是极其自然的。

封建社会经济结构的第三个特点，是自给自足的自然经济占绝对优势。

在前资本主义社会，从本质上说都是自然经济占优势。但自给自足的自然经济的色彩，封建制社会比奴隶制社会却更强烈。这并不奇怪。从生产力发展水平来看，奴隶制社会当然比封建制社会低，生产力不发展到一定水平，封建剥削不可能取代奴隶制剥削。但是，由于残酷的奴隶制度，把成千上万的奴隶像牲畜一样投入生产，造成社会劳动的强制性分工。一方面自由民和奴隶主脱离生产劳动，为满足其物质生活欲望需要各种产品，另一方面使用奴隶劳动的农庄和手工作坊生产大量剩余产品，主人又不可能全部用来自己消费，这就引起交换的必要，促进商品经济的发展。因此，商品生产和商品货币关系，在奴隶制社会往往比依附农民劳动和个体小生产为基础的封建社会更发达。而当奴隶制度充分发展，像古罗马帝国那样，最后陷入危机时，往往呈现奴隶制的大经济瓦解，商业停滞，城市凋敝，整个社会经济向自然经济蜕变的趋势。正是自然经济成分的加强，构成了奴隶制向封建制过渡的一个新的起点。

---

① 《宋会要·食货》。

中国古代由奴隶制向封建制社会的转变，具有自己的特点，但是在我国两千多年的封建社会发展中，自给自足的自然经济始终占绝对优势。土地是主要财富。商业资本有所发展的清代，商人们还认为："凡置产业，自当以田地为上。"① 封建国家和封建地主的租税贡赋，主要是搜刮食物。《红楼梦》第五十三回，庄头乌进孝向贾府缴租的单子，所列就包括从猪、羊、鸭、鹅、熊掌、海味到谷米、柴炭、各种干果等大量实物。全国绝大多数居民就像蜜蜂同蜂窝结合一样，同土地紧紧连接在一起，千家万户辛苦劳作，简单再生产，年复一年地进行着。国以农为本，民以食为天。

同这种闭塞落后的自然经济相联系的封建地主阶级，政治上必然是因循守旧、故步自封的。直到近代，当资本主义商品货币关系高度发展起来，自由竞争、平等交易造成了一个面向世界、敢冒风险、到处奔波钻营的资产阶级以后，西欧各国才迎来了政治上的开放，产生了资产阶级的民主自由的"共和国"。在古希腊时代的雅典城邦奴隶主民主政治之所以能获得最充分发展，也是同当时工商业的发展、商品货币关系的发达，造就了一个政治上开放的工商业奴隶主阶层分不开的。可以说，封建地主阶级，是前不如工商业奴隶主，后不及资产阶级。

这种封闭的自然经济更造成了一个保守的愚昧落后的被剥削阶级——自给自足的小生产者。他们守土为业，靠天吃饭，男耕女织，勤俭度日。除在一些特殊情况下不得不铤而走险起来造反外，通常只要能维持其简单再生产，能延续生命和子孙的繁衍，"一张犁耙一头牛，老婆孩子热炕头"，他们就心满意足了。因此，他们"安土重迁"，见识短浅。为保持一个比较安定的生活，减轻地方官和地主老爷所加的祸害，他们盼望一个好皇帝；平时由于"天高皇帝远"，无可奈何，他们希望能出一个"包青天"，有个好官，能"为民请命"就行了。只要商品生产不发展，这种自给自足的广大农村和小生产者不被卷进市场的旋涡，他们就自然构成了专制主义的牢靠的基础。中国历代封建统治者均要"扬本抑末"，限制商业的发展，不是没有道理的。

---

① 《履园丛话》卷七《产业》，南开大学历史系《中国古代史》，1973 年。

二

同西欧各国及其他地区相比，中国封建社会所处的具体历史条件是不同的。首先，进入封建社会的基础不同。奴隶制度在中国并未像在希腊、罗马世界那样充分地发展。奴隶没有被大规模用于商品生产，古代的像牲畜一样被驱使的奴隶劳动，并未完全排斥自由人的劳动。在农业和手工业生产中，自由人和半自由人的劳动始终占相当比重。因此，中国在由奴隶制向封建制转变之际，社会经济并未像西罗马帝国末年那样，因奴隶制度的危机而全面衰退，在封建社会之初也没有出现西欧中世纪的那种"黑暗"时代。其次，中国由奴隶制向封建制的转变，完全是社会内部自然变革的结果。这也不同于西欧。春秋战国时期，新旧交替也有流血和暴力、变法和反变法，斗争很激烈，但并未受外来暴力的干涉，没有发生西欧那种日耳曼蛮族的入侵和征服。中国古代的文明没有中断，从奴隶社会到封建社会，政治、经济、文化思想的发展是连续性的，所以在中国的封建社会里没有西欧中世纪国家中的那些原始性。再次，中国整个封建社会的发展也是连续性的。虽有王朝的更替，也有分裂割据，但封建社会的中国作为一个独立的一脉相承的国家实体始终存在。两千年发展中，也曾有落后的少数民族入主中原，特别是蒙元王朝和清王朝，对社会发展曾起了某些延缓作用，但不久都是中原高度发展的文化同化了内迁的少数民族，而华夏民族传统文化历经数千年而不衰。这在世界上是少有的。最后，地大物博，自成一统。一个中国就等于几个西欧，并且内部山水相连，即使在远古时代，东西南北交往也并不太困难，再加自然界中宝藏无限，农、林、牧、渔和各种手工业都获得高度发展，什么东西都可以解决。中国就是"天下"。这些具体历史条件，造成中国封建社会的经济结构中的某些独有的特点，致使中央集权的封建专制主义在中国长期延续，特别根深蒂固。

第一，土地私有发展较早，地主土地所有制自始至终占主导地位。土地从公有、国有到私有的发展，是世界各民族从原始社会进入阶级社会以后共同的规律。但中国的封建社会与西欧中世纪不同。中国在进入封建社会之前，已经历了近两千年的奴隶社会，私有经济已得到一定发展。奴隶制社会晚期，西周末年即已出现私田和土地交换的现象。厉王时代的"散氏盘"铭文记载，矢国为散国所败，用两块田去向散国赔偿。"鬲比盨"铭文记载，章氏用八邑去向鬲比换田，良氏用五邑换田。春秋之际，晋国于公元前645年"作爰田"，即把一部分公田赏赐给军功贵族和士兵作私田。鲁国于公元前594年"初税亩"，正式宣布废除井田制，承认私田的合法性，一律征收田税。战国时期秦商勒等变法更明确规定，土地可以买卖。此后土地私有制继续发展。在整个中国封建社会，国有土地、王室直接支配的土地虽然以"公田""屯田""官庄"等形式继续存在，但土地制度的主导形式一直是地主土地私有制。在西欧，由于日耳曼人是带着马克和土地公有制进入原西罗马帝国领土的，向封建化过渡的基础，虽有罗马帝国晚期所造成的某些条件（如隶农制，自然经济的加强等），但主要是马克制度和占有份地的法兰克自由农民。因此，土地最初是国有的，是由国王支配的。以后实行采邑制，从采邑又发展成领主土地所有制。土地归各级领主占有，但仍不能买卖。土地所有权被凝固起来，而大小领主的权势也是稳定的，加以"特恩权"的实行，享有行政、司法和军事特权的大庄园经济发展的结果导致地方诸侯坐大，王权衰微，影响了中央集权专制统治的建立。中国封建社会在地主土地私有制条件下，土地所有权没有僵化，变动性较大，地主的土地往往分散各地，自给自足的大庄园得不到发展，更没有西欧那种"特恩权"，地主没有直接掌握行政和司法权，无权设立法庭、建立军队，这些权力一般是同土地所有权分离的，而由各级封建官府掌握。大小地主要实现对农民的剥削和统治，只得依赖于官府衙门。即使是官僚地主和恶霸横行乡里，鱼肉人民，也都是同官府勾结起来干的。正是在这种条件下，中国封建社会很早就建立起中央集权的专制主义统治，王朝虽有更替，但以皇权为中心的专制统治却总是世代相袭，经久不衰。

第二，中国封建社会人身依附关系是强烈的，地主和农民、封建统治阶级与被统治阶级，对立是十分尖锐的，但阶级结构并不像中世纪西欧那样僵化和凝固。在中国封建时代，地主和农民、统治者和被统治者，作为对立的阶级，不可调和，泾渭分明，但其个别成员可以转化，可以上升或下降，各阶级内部的组成亦可以变化。小亭长刘邦和少时流浪当和尚的朱元璋可以建立王朝,君临四方,成为封建地主阶级之首和全国最高统治者。用一句俗话说:"成者为王,败者为寇。"这是中国历史上常见的事。至于布衣当宰相,穷秀才金榜题名,平民老百姓当上各级官吏的事,也是有的。广大农民贫困破产,啼饥号寒,但其中也有能发财致富,跻身于地主阶级之列的。中国封建社会的经济和阶级结构显示出一种比较灵活的性质。特别是当地主与农民矛盾激化,爆发大规模农民起义之后,生产关系经过一场战争往往更会得到一定程度的调整。正是这种结构的灵活性,可以说明为什么中国封建社会大大小小农民起义不断,但封建制度和专制主义统治能延续两千多年。西欧却不然。落后的日耳曼人带着氏族部落制度进入西欧,随着阶级分化,形成贵族和自由农民,很快就转化为封建领主和农奴。因此,血缘关系的纽带和氏族制残余在社会关系各方面影响很大,并演化为僵死的血统论。西欧封建社会更看重出身和门第,贵族与农奴的鸿沟不可逾越。王位必须归王族。当然也有王朝更替之事,如法兰克王国加洛林王朝取代墨洛温王朝,以后在法国,加佩王朝又代替加洛林王朝。但只有显赫的名门贵族才能染指王位,而从来没有出自平民下层和农奴的人,通过战争和暴力,夺得王位,建立王朝的。从中央到地方各级官职也都是由大小封建领主和贵族们所垄断。贵族世世代代永远是贵族,落魄了也是贵族。农奴则永世是农奴。甚至认为贵族的血和农奴的血也是不同的。这种僵硬、凝固的社会结构,根本没有什么回旋的余地。当 14 世纪英、法农民大规模起义爆发,封建农奴制度很快就被冲垮了,致使西欧封建制度和专制主义发展比中国晚,但却更早地瓦解崩溃了。

第三,中国在进入封建社会时,工商业是比较发达的,但自然经济仍一直占主导地位,并且由于种种不同于西欧的具体原因,造成商品货币关系和资本主义萌芽姗姗来迟,自然经济的瓦解过程十分缓慢。这除了历代封建王朝通过"官工""官商"垄断工商业和一贯实行的"重农抑商"政策起了阻碍作用之外,同我国地大物博,数千年自成一体,形成一种内向的传统也有很大关系。由于物产丰富,传统的工艺和农业的发达,以及二者的有机结合,大多数时期又都是"天下"一统,互通有无,一切生活所需,从老百姓的粗茶淡饭,到封建统治阶级和皇家的山珍海味，绫罗绸缎，都应有尽有。这不能不阻碍中国人及早走向世界，阻碍商品经济和资本主义的发展，因而使中国封建主义和专制制度能获得牢固的基础。这方面同西欧的差别是明显的。日耳曼人统治下的西欧，经济长期是原始的和落后的。名门贵族最多也只能穿上粗糙的麻布衣。但通过"十字军"东侵接触到东方的文明之后，封建领主和骑士们生活水平大大提高，对东方各国精巧的工艺品、奢侈品、棉丝织物和香料等的需求大增，这对于西欧各国的贸易和航海事业的迅速发展起了有力的推动作用。资产阶级用火和剑实现资本原始积累的结果，使西欧各国自然经济迅速解体，资本主义的生产发展起来。

正是上述中国封建社会经济结构上所独有的特点，使中央集权封建专制主义统治在中国不仅建立很早，发展十分完备，并且一直延续了两千年，具有相当的稳定性和顽固性。

三

资产阶级和资本主义在反封建方面曾起过非常革命的作用。正如马克思所指出的："只有工业资产阶级的统治才能除掉封建社会的物质根蒂。"[1] 近代以来，世界历史发展已充分证明，凡是资本主义发展较充分，资产阶级革命较彻底的地方，封建主义残余比较少，政治上就比较开放，民主传统就比较多，例如美国、法国和英国等。反之，凡资本主义发展较落后，资产阶级革命不彻底的国家，往往成为政治上的专制独裁统治的温床。第二次世界大战前德、意、日等国的法西斯专制独裁和军国主义的形成就是很好的例证。战前，这三个国家资本主义的发展都是比较落后的，并且资产阶级反封建的革命都不彻底。德国 19 世纪中叶，通过改革的方式，容克地主逐渐向资产阶级转化，走上资本主义发展的道路。意大利 19 世纪 50—60 年代，经过民族战争实现统一，逐渐由封建主义向资本主义转化，没有按照现代资本主义的典范改组国民生产，也没有消灭封建制度的残余。日本从封建社会向资本主义转变，是通过 1868 年的"明治维新"实现的，

---

① 《马克思恩格斯选集》第 1 卷，第 402 页。

它保留了封建土地关系，保留了家族制度和天皇制。德国是"军阀、容克的"帝国主义国家，意大利是"贫困的"帝国主义，日本是军事封建的帝国主义。正是这样一些国家为军国主义和法西斯主义的专制独裁的建立提供了土壤和条件。十月革命后的苏联，为什么会给国际共产主义运动提供那种个人高度集权专制的政治样板，斯大林逝世后又进而蜕化为社会帝国主义，看来同革命前俄国资本主义的不发达、资产阶级革命不彻底、工业资产阶级未完成消除封建社会的"物质根蒂"的任务是有很大关系的。

我国既有两千年的封建专制主义的传统，近代以来资本主义发展又先天不足，资产阶级十分软弱，辛亥革命推翻了皇帝，但未能完成反封建的任务，直到中华人民共和国成立前仍是个半殖民地半封建的社会，自给自足的自然经济占统治地位，全国是小生产者的汪洋大海。在这样的历史条件下进入社会主义，在政治、经济、思想文化各方面会存在大量的封建主义的残余是不足为怪的。问题是，中华人民共和国成立三十年来，我们对此认识不足，放松了反封建的斗争，致使封建专制主义残余不仅没有肃清，反而有所滋长、泛滥，侵蚀到党和国家的肌体内。正因如此，我们在批判资本主义的同时，必须重视对封建主义的批判。而最根本的是要努力发展社会主义商品生产，加速实现"四化"，以现代化大生产代替手工劳动和小生产，改造经济结构，改革党和国家领导体制，扩大和发扬社会主义民主，提高整个中华民族的文化科学水平，开发民智，创造高度的物质文明和精神文明。只有如此，才能最后肃清封建专制主义的残余，建立起一个真正民主的现代化的社会主义国家。这是从剖析历史上封建专制主义赖以产生和存在的基础，所应得出的现实结论。

（原刊《湘潭大学学报》，1981 年第 2 期。收入时作了修订）

略论社会历史发展的动力

按：20 世纪 70 年代末，我国在政治上开始"解放思想""拨乱反正"后，学术界对以前形成的甚至长期占主导地位的某些传统观点，也进行了质疑，重新进行审视和探究，由此引发了一场大讨论。这对于中国学术领域突破长期被禁锢的思想，在新形势下推动学术研究的发展和繁荣，产生了积极的影响。而如何看待和评价阶级斗争理论和阶级斗争的历史作用、生产斗争与阶级斗争的关系，人类社会历史发展的根本动力究竟是什么，乃是当时争论的焦点问题。本人作为一名专业史学工作者，曾撰文积极参与了这场学术讨论。在《新湘评论》1979 年 12 月刊发的《略论社会历史发展的动力》一文中，我阐发了自己的一些基本观点，颇具代表性。《红旗》杂志编辑出版的《史学理论与方法》一书，予以著录推荐。现收入本集，并按原稿补充了当年刊发时所作的某些删节。

近来思想解放的浪潮，在史学领域也激起了波澜。刘泽华、王连升二同志首先冲破多年来形成的传统观点，对社会历史发展动力的问题，提出了不同的看法，于是在史学界引起了一场激烈的争论。从已发表的文章来看，分歧主要集中于：人类社会历史发展的动力到底是什么，生产斗争与阶级斗争是什么关系，如何理解阶级斗争在阶级社会以及在社会主义历史阶段的地位和作用。这都是关系到马克思主义和唯物史观的基本理论问题，很有必要继续深入讨论。这里我本着"百家争鸣"的精神，发表一些个人的看法，以就教于同志们。

一、生产斗争是人类社会历史发展的根本动力

社会历史发展的决定性因素是精神还是物质，这是历史唯物主义和历史唯心主义的根本分歧。马克思主义产生以前的历史学，一般都把社会的发展和历史的创造归结为个人的动机，归结为某种思想、"先验"理论和意志的实现，或宗教观念的发展演化和神的推动。近代以来，西方史学家们在搜集整理历史资料和研

究历史个别事件方面，做了大量有益的工作。但他们未能对人类社会历史的发展予以科学的说明。19 世纪的朗克学派，认为欧洲是世界历史的中心，欧洲的历史是法兰西、德意志、意大利、西班牙、英吉利和斯堪的纳维亚六大民族相互竞争，自然调节，不断达到权力均衡的历史。20 世纪初产生的形态学派，则认为世界历史就是一些各具特色的文化和文明的盛衰、生死的历史。即所谓希腊的美型文化、罗马的法律型文化、塞姆人的宗教型文化、中国的实用型文化和西欧的科学型文化，等等。汤因比则进一步把历史分成二十多个文明，什么西欧基督教文明、东方的东正教文明、阿拉伯的穆斯林文明，等等。并认为是"挑战"与"反映"、"行动"与"反行动"等，创造和推动这些文明的发展；某一文明如果失去了对挑战的反映，那就会衰亡了。当达尔文发表自然生存竞争理论之后，一些西方学者又把"生存竞争"学说套用到社会历史发展上，把历史的发展单纯归为动物般的生存竞争，把历史说成是各种族民族的竞争，优胜劣败的历史。而日耳曼人则是最优胜的民族，过去和将来都应是世界历史的主宰。这些唯心史观的不同表述，有着一个共同点，就是都离开了历史发展的活生生的物质基础，用某种精神的东西、某种思想形式，来解释历史。正如列宁所说的，"以往一切历史理论，至多是考察了人们历史活动的思想动机，而没有考究产生这些动机的原因，没有发现社会关系体系发展的客观规律性，没有看出物质生产发展过程是这种关系的根源"①。

马克思主义的唯物史观，才把对社会历史的研究奠定在科学的基础之上。唯物史观揭示了一个普遍的真理，即生活资料的生产和再生产是一切社会存在和发展的决定因素，生产活动是人类第一个历史活动，是一切历史的基础。人要创造历史，首先得解决吃住穿等，要使人类能生活和繁衍下去，就必须生产，必须同大自然进行斗争，获取满足这些生活需要的资料。而在人们进行生产斗争的过程中，"满足第一个需要的本身"，又引起新的需要，旧的矛盾解决了，又会出现新的矛盾。这就促使人类不断提高征服自然的能力，不断改进工具，也就不断创

---

① 《列宁选集》第 21 卷，第 36 页。

造出新的生产力。而随着生产力的发展，人们的相互关系、整个社会关系也就不断发展、改变，这就推动社会历史的前进。"随着新生产力的获得，人们改变自己的生产方式。随着生产方式的改变，人们也就会改变自己的一切社会关系。手推磨产生的是封建主为首的社会，蒸汽磨产生的是工业资本家为首的社会。"①就是说，社会发展的决定性因素是物质，而不是精神；推动社会历史发展和前进的是物质力量，是发展生产力的斗争，即生产斗争，而不是什么"先验"的思想观念和神的旨意。运用这种观点来考察历史，被唯心主义者头足倒置的人类社会历史才被再颠倒过来，历史的发展及其规律性才有了被科学说明的可能。

有的同志认为，社会历史发展的动力，应该是生产力的发展，而不是生产斗争，并说不能把生产力和生产斗争、生产活动两个不同范畴的概念混淆起来。当然，生产力与生产斗争是有区别的，但把生产力的发展与生产斗争割裂开来，也欠妥当。生产力确实是最活跃、最革命的因素，生产力的发展，特别是生产力的重大飞跃，如弓箭的制造、铜器的使用、冶铁术的发明、蒸汽动力的利用等等，都无不引发生产关系和社会性质的变革。但是我们知道，所谓生产力的发展，包括生产工具的改造，生产者经验、技能的积累提高等，这些无疑都是人类实践活动的结果。只有通过人类的生产斗争实践，生产力才能获得提高和发展。若说生产力的发展是动力，还只是看到事物的表层，并未抓住最基础、最本质的东西。如果生产力的发展是动力，那么生产斗争、人类的生产实践就应是动力的动力了。

社会的发展是由社会内部矛盾决定的，而生产力与生产关系的矛盾是人类社会的基本矛盾。因此，有的同志以此为据，提出社会历史发展的根本动力应是生产力与生产关系的矛盾运动。这一观点有一定道理。因为人类社会的确是在生产力与生产关系、经济基础和上层建筑的基本矛盾的运动中发展的。但问题在于它们之所以构成矛盾，之所以不断运动和发展，还有其最根本的动因，还有一个最基础、最普遍的矛盾在决定、制约和推动着它们运动和发展，这就是人类的生产

---

① 《马克思恩格斯选集》第 1 卷，第 108 页。

斗争，即人和自然界的矛盾，人类不断满足物质生活需要所引起的矛盾。正是这一矛盾，正是人类的生产斗争，促使生产工具不断改进和生产力不断发展，导致生产力和生产关系的矛盾运动。

有的同志可能会提出，强调生产斗争是社会历史发展的根本动力，是不是会否定生产关系和上层建筑的作用呢？正确回答这个问题，首先要对生产斗争有一个完整的理解。我们所讲的生产斗争，包括生产力和生产关系两个方面。生产从来都是社会的生产，是在一定的人与人之间的关系即生产关系中进行的。生产斗争一方面要解决人同自然界的矛盾，另一方面要处理人们相互间的关系。人类在生产中不仅影响着自然界，而且也互相影响着。生产是"把社会的生产力和人们的生产关系两者都包含在内的"，是"两者在物质资料生产过程中的统一"。① 正如我们今天以生产为中心，并不等于只抓生产工具和生产技术，同时必须对生产的经营管理和相关制度等，进行相应的调整改革。其次，我们提生产斗争是"根本动力"，并不等于说生产斗争可以不受任何限制和影响，无论在任何时候、任何情况下都能顺利地进行。生产既然是社会的生产，是在一定的生产关系中进行的，它能否顺利开展，它推动社会生产力发展的程度，当然要受生产关系和各种社会因素的影响。特别是当生产关系和上层建筑不适应生产力发展，成了生产发展的桎梏时，生产斗争更会受到严重阻碍，甚至会给生产带来大破坏。历史上，当奴隶制度没落时，西欧罗马帝国境内出现社会经济崩溃，工商业普遍衰落，城市荒废，即是证明。不看到生产关系和上层建筑的这种反作用，也不是历史唯物主义者。当这种情况出现时，就要靠阶级斗争和变革，甚至以暴力革命来改变旧的生产关系和上层建筑，为生产的发展扫除障碍。所以强调生产斗争是根本动力，与肯定生产关系和上层建筑的反作用是一致的。

二、阶级斗争是阶级社会发展的强大动力，但非"唯一动力"

马克思主义经典作家们都一再强调，在阶级社会中阶级斗争是社会历史发展

---

① 斯大林《列宁主义问题》，人民出版社，1956年，第708页。

的"强大动力""实际动力"和"巨大杠杆",这无疑是正确的。但是,阶级斗争不能代替生产斗争这个根本动力,更不是什么"唯一动力"。这是因为:

(1)阶级斗争归根到底是受生产斗争制约的。马克思在给约·魏德迈的一封信中指出,阶级的存在同生产发展的一定阶段相联系。这就告诉我们,阶级和阶级斗争的存在和发展是受生产斗争制约的。生产斗争的这种制约作用,首先表现在阶级和阶级斗争是在生产力发展到一定水平才产生,而生产力的大发展又为最后消灭阶级和阶级斗争创造了条件。正因为如此,我们可以说,在人类历史长河中,生产斗争是本源,是永恒存在的,而阶级斗争只不过是派生的、短暂的现象。阶级斗争只存在于阶级社会,进入阶级社会之前的数百万年间和进入共产主义实现"大同"世界之后,都是不存在的。其次,还表现在阶级社会中所发生的阶级斗争的性质、结局及其历史作用的大小,又往往决定于生产力发展所达到的水平。例如,在西欧,封建社会初期自由农民被农奴化的过程中,农民曾多次进行反抗斗争。但在当时生产力水平很低、自然经济完全占统治地位的情况下,农民的阶级斗争只不过争得"惯例",即把封建剥削限制在当时生产状况所允许的范围内,它并不能阻止农奴化过程和封建依附关系的继续发展,最后封建制度还是确立起来。公元 11 世纪以后,情况就不同了。由于西欧各国生产的迅速发展,城市兴起,工商业和货币经济日趋繁荣,只有这个时候,农民起义才促进了劳役地租和实物地租向货币地租的转化,农民赎取人身自由,从而促进了封建农奴制度在英、法等国的瓦解,并加速了统一的民族国家的形成。但是在德国,由于"农业远远落后在英国和尼德兰之后,工业远远落后在意大利、佛来西和英国之后",各地经济发展不平衡,国内"没有一个城市像英国的伦敦一样发展成全国工商业的中心"。① 在这种条件下,发生于 16 世纪的德国农民战争,虽然规模远远超过英、法,但却未能促进国家的统一。相反,农民战争失败后,德国更加四分五裂。如恩格斯所指出的,德国农民战争的重要结果是德国分裂的加深。

(2)阶级斗争的历史作用仍然要通过生产斗争才能最终地体现出来。阶级

---

① 《马克思恩格斯全集》第 7 卷,第 387 页。

斗争可以解放生产力，为社会生产的发展开辟道路。但是，并不是被剥削被压迫阶级的任何一种反抗斗争，都能直接推动社会生产的发展。要把在阶级斗争推动下被解放了的生产力从可能变为现实，还得靠千百万劳动者进行不间断的生产斗争才能获得。我们在历史上常常可以看到，经过大规模农民战争，一方面是封建生产关系和上层建筑的某些腐朽环节受到冲击，封建剥削关系有所松弛，一部分农民解脱了人身依附；另一方面呈现在人们眼前的又是"田园荒芜""庐舍为墟"，经济残破的局面。我国西汉初年和唐朝建立后都是这种情景。只是经过高祖、文景和贞观、开元，几十年时间的休养生息，才分别出现"稻米流脂粟米白，公私仓廪俱丰实"的繁荣景象。毫无疑问，秦末和隋末的农民大起义摧毁了腐朽的旧王朝，冲击了生产关系和上层建筑中不适应生产发展的环节，对于生产力的提高和生产的发展起到了积极的推动作用。但是，如果没有战争之后的广大劳动者的辛勤劳动，在比较安定和宽松条件下进行生产斗争，也是不会出现这种局面的。试看东汉末年的黄巾起义和唐末的黄巢起义，规模之大，时间之长，在中国历史上都是少有的。但是，这两次起义失败之后，出现的是国家的分裂割据，缺乏一个安定的生产环境，结果经济就未能得到恢复和发展。同样的，奴隶制社会中，奴隶们为了反抗奴隶主的剥削奴役，破坏生产工具；近代工人阶级，在自发斗争阶段，捣毁机器等反抗斗争，无疑都是正义的。但不能说它们解放了生产力和推动了生产的发展。

（3）在阶级社会里，阶级斗争在一定条件下可以推动社会历史的前进，但生产斗争依然在发挥着根本动力的作用。特别是在某一生产关系还具有一定的生命力，生产力还在继续发展的情况下，生产斗争这种直接动力的作用就更为突出。例如，公元前5世纪古希腊的雅典城邦，自由民内部平民与贵族的矛盾基本得到解决，而奴隶与奴隶主的矛盾尚未激化，斗争处于相对沉寂时，奴隶制经济曾获得迅速发展，工商业空前繁荣，经历了它的黄金时代。古代罗马奴隶制经济繁荣的时代，也是在奴隶主统治相对稳定，奴隶起义反抗相对缓和的帝国初期的二百多年间。这时，阶级斗争并没有明显地体现出动力作用，而是生产斗争发挥了决定性作用。又如中世纪的欧洲，在急风暴雨的阶级斗争中实现了由奴隶制到封建制的转变之后，曾经历几百年的城市凋敝、经济衰退的"黑暗"时代。直到 11 和 12 世纪，封建制度最后确立，社会比较安定，阶级斗争相对缓和，经过广大农民和其他劳动者的辛勤劳动，生产工具和生产技术才有了显著改进，城市兴起，工商业繁荣，封建社会经济发展出现了飞跃。近二十年来，在资本主义世界的主要国家，劳资的对立和各种社会矛盾斗争虽依然存在，但相对较为缓和，并未发生什么大的社会变革或革命，而这些国家的社会经济和文化科学都获得迅速发展。这种发展，主要就是靠生产斗争和科学实验，靠生产技术上的不断发明、发现和取得新的突破来实现的，而并非阶级斗争的推动。

三、在社会主义历史阶段，阶级斗争动力作用日益消失，生产斗争更是直接的动力

社会主义社会是从阶级社会到无阶级社会的过渡阶段。在社会主义制度下，生产力和生产关系、经济基础与上层建筑的矛盾，可以通过内部的调节不断缓解和解决。因此，在社会主义历史阶段，在生产资料所有制社会主义改造完成之后，阶级斗争在阶级社会所具有的那种"杠杆"和动力作用就会日趋弱化，生产斗争作为社会历史发展的最主要、最直接的动力就越来越突出。只有正确认识阶级斗争和生产斗争在发挥动力作用方面的这一变化，才能制定和执行正确的路线和方针政策，推动社会主义事业的不断前进。中华人民共和国成立三十年来的正、反两个方面的经验教训，反复证明了这一点。中华人民共和国成立初期，在中共七届二中全会精神指引下，思想比较明确，坚定不移地把党的工作重心由农村转到城市，从战争转到抓生产和经济建设方面来，各方面都成绩显著。当时，虽为完成民主革命遗留的任务，开展土地改革等大规模政治运动和阶级斗争，但丝毫没有放松经济恢复和建设工作，没有忽视工农业生产。因而保证了在极其困难复杂的条件下，不仅获得了各项政治运动的胜利，而且在恢复和发展国民经济方面也取得了巨大成就。20 世纪 60 年代初期，在国民经济发展遇到严重挫折的情况下，也不是靠抓阶级斗争，而是靠执行"调整、巩固、充实、提高"的正确方针，靠党的一系列正确、宽松的政策，调动了广大人民群众的积极性，才使

工农业生产得到迅速恢复和发展，国民经济又重新出现蓬勃发展的局面。此后，由于对国内外阶级斗争形势、对党内状况作了不切实际的估计，把阶级斗争强调到不恰当的地位，致使过去曾经犯过的"左"的错误又有新的发展。"文化大革命"中，林彪和"四人帮"更是疯狂推行极"左"路线，把阶级斗争搞得无限扩大化。结果，造成政治动乱，经济停滞，出现一场史无前例的浩劫。这一教训是极其深刻的。事实告诉我们，在社会主义历史阶段，虽然还存在阶级斗争，还会有曲折，但从整个发展趋势来看，阶级斗争不是越来越尖锐，而是日趋缓和。我们面临的主要任务是发展社会生产力。在这个新的历史条件下，阶级斗争不仅不是什么"唯一动力"，而且它的动力作用也将随着阶级的逐步消亡和阶级斗争的日趋缓和而处于逐步消灭的过程中，生产斗争已成了最主要的直接的动力。这是社会历史发展的客观规律。中共十一届三中全会、全国人大二次会议和最近叶剑英同志的国庆三十周年讲话，全面地总结了中华人民共和国成立三十年来正、反两方面的经验教训，科学地分析了我国目前的实际情况，明确指出，我国阶级关系已发生根本变化，大规模的阶级斗争已经结束，号召全党和全国人民实行工作重点转移，全力发展生产，同心同德搞"四化"。这反映了全国人民的心愿和我国社会主义社会发展的客观实际。同时对于我们从理论上和实践上正确认识和理解社会主义历史阶段社会发展的动力问题，具有重大的指导意义。

（原刊《新湘评论》，1979 年第 12 期。收入时作了修订）

关于历史上爱国主义的几个问题

按：20 世纪 80 年代中期，国内重新掀起爱国主义宣传教育的热潮，在社会各界和广大群众中收到很好的效果，对史学的研究和教学起了积极的促进作用。但在实践中也提出了一些有待学术界重新深入研究和正确解决的问题，诸如怎样看待历史上"忠君"与"爱国"、国家的统一与分裂，如何处理好爱国主义与民族主义、民族矛盾与阶级矛盾的关系，如何评价岳飞、文天祥等历史人物，等等。本人特撰写《关于历史上爱国主义的几个问题》一文参与讨论。其中《爱国与忠君》一节，由《光明日报》于 1984 年 7 月 22 日发表，中国社会科学院收入《中国史研究》论文集。此后又相继发表了《略论苗族爱国主义历史传统》（《吉首大学学报》1985 年第 1 期）等文章。在这些著文中本人就有关问题阐发了自己的观点和看法。现将《关于历史上爱国主义的几个问题》的全文，辑入本文集，供参考。

中华民族在数千年的历史发展中，创造了光辉灿烂的文明，为自己的独立、自由和生存、发展进行了无数伟大的斗争，涌现出许许多多的杰出人物。这为我们今天进行爱国主义传统教育，提供了取之不尽的材料源泉。近几年开展的爱国主义宣传教育，正在收到明显的效果，并有力地推动了历史研究和教学工作。但在实践中，也提出了一些有待讨论解决的问题。本文拟就其中几个主要问题发表些看法，以作引玉之砖。

一、如何认识爱国主义的阶级性

有的同志提出，讲爱国主义，首先必须搞清楚爱的是什么"国"，是谁来"爱"。这就明确肯定，爱国主义是有阶级性的。有的文章则认为，爱国主义在阶级社会中虽然会打上阶级的烙印，但对本国的疆土、语言、文化、生活条件和历史传统的热爱，是世代相承的，是各个时代不同阶级所共有的。这就是说，爱国主义是超越阶级的、各个阶级所共有的一种感情。看来仁者见仁，智者见智。

在论及中国历史之前，我想先举大家所熟悉的近代以来世界历史上的一二事例，可能对问题的解决不无裨益。

由于各资本帝国主义国家的争夺，人类的一场浩劫——第一次世界大战爆发了！英、法、德、意、俄等国资产阶级政府，都宣称是为了国家、民族利益而战。第二国际各社会民主党头目绝大多数均坚决站在自己的"祖国"一边，大喊大叫"保卫祖国"。这时，伟大的无产阶级革命导师列宁和布尔什维克，却采取了相反的态度。他们及时揭露这场战争的非正义性，批判了第二国际的错误立场；发表宣言，明确提出，俄国的工人阶级和共产党人不是去支持本国政府进行这场战争，而相反地，应使沙皇政府在战争中失败，变帝国主义战争为国内战争。历史已经证明，列宁是完全正确的，是最坚定的爱国主义者和国际主义者，而各国资产阶级政府和第二国际机会主义者的"保卫祖国"，只不过是一场骗局，其实是他们出卖和背叛了自己国家和民族的利益。

第二次世界大战中有这样一个小故事。1942 年，正当德寇在狂热的"大日耳曼"民族情绪鼓动下，大举东进时，慕尼黑大学出现了一个化名"白玫瑰"的地下反战组织。该组织的领导人是二十四岁的汉斯·绍尔和妹妹索菲·绍尔。他们冒着生命危险，在一些爱国教授和同学的支持下，秘密印发传单，书写标语，揭露希特勒法西斯战争罪行，同时还与德军中的反战活动组织者进行联系，拟组织更大规模的抵抗运动。希特勒当局惊恐万状，立即成立"特别委员会"，进行大搜捕。1943 年 2 月 18 日，绍尔兄妹不幸被捕。五天后，纳粹法庭以"叛国"罪，将绍尔兄妹处以绞刑。绍尔兄妹的英雄行为，代表了受法西斯侵略奴役的各国人民的利益。他们不愧为日耳曼民族的优秀儿女，可敬佩的爱国主义者。但是，在希特勒之类的法西斯分子看来，他们却是"背叛"祖国的人。

从这里可以看出，是"保卫祖国"还是出卖国家和民族利益，是"爱国"还是"叛国"，由于阶级立场不同，各自所代表的阶级、阶层利益不同，观念是截然相反的。应当肯定，我们所讲的爱国主义有其阶级的和时代的内容，作为一种政治和道德观念，爱国主义具有鲜明的阶级性。当然本人并不否认，各个时代的各个不同阶级、阶层的人，会有爱自己生长的土地、人民，爱自己民族的历史和文化的某种共同感情。没有这种共通点，就很难全面解释历史上的某些现象。如封建统治阶级和统治集团中也能产生像岳飞、文天祥、林则徐等这些堪称伟大的爱国者和民族英雄。而当处于国家存亡、民族生死攸关的时刻，各个不同社会阶级、阶层，除少数卖国贼之外，能在一定程度上表现出一致对外的精神。从古至今，历史上不乏其例。但这有一个前提，即统治阶级和统治集团的人要做到这一点，就必须在不同程度上（或暂时地）超脱本阶级本集团的局限，自觉或不自觉地转到广大人民群众一边来，抛弃偏见，真正以国家和民族利益为重。这可以有口皆碑的民族英雄为例。正是黄河南北、中原广大地区人民对金王朝贵族掠夺和屠杀政策的坚决抵抗，造就了岳飞这一民族英雄，而岳飞也正是在一定程度上依靠和凭借了这一群众性抵抗运动，并且同黄河南北由著名的梁兴等人自发组织的民兵义勇结合，才谱写了可歌可泣的悲壮的爱国抗金史篇。

各阶级和各个不同利益集团的人对国土、人民等所共有的"感情"，往往会受其阶级的、集团的利益所制约。由于统治阶级和统治集团的一己私利的局限和偏见，慈禧面对人民反抗和西方列强入侵，可公然宣言："宁赠友邦，勿予家奴！"即宁愿将国土、主权拱手交给外国侵略者，也不甘心让受压迫受奴役的人民推翻其统治。当然像这种人在统治阶级和统治集团内部也只能是少数。但我们所肯定的历史上的爱国主义者和民族英雄，有时也难完全摆脱其阶级、阶层的偏见和私利。王夫之的爱国爱民的情感是无可置疑的，但对于起义的农民，即使他们已转向联明抗清后，他也仍坚持不与苟同的态度。当钟相、杨幺起义，威胁到腐朽的南宋王朝的统治时，同入侵金兵作殊死战斗的岳飞，也会调转枪头，对起义军进行坚决镇压。

这些情况均可说明，历史上所有的"爱国者"，都有其阶级的和时代的局限性及烙印。我们所要加以宣扬和继承的爱国主义，是指具有人民性和民主性的优良历史传统，对本国土地、人民、历史和文化的爱恋之情，可以是社会各阶级、各集团所共有的，但往往是受其阶级性和政治立场所制约的，只有摆脱本阶级、本集团的一己私利和偏见，这种共同的热爱祖国的感情才会得以坚持和发扬。

二、爱国与忠君的关系

不少同志援引列宁这样一句话："爱国主义就是千百年来巩固起来的，对自己祖国的一种深厚的感情。"因此说，爱国就是指爱"祖国"，而"祖国"与"国家政权"是两个不同的概念。本人认为，指出这一区别是完全正确的。我们所要继承和发扬的爱国主义传统，确实主要是对祖国的"最深厚的感情"，而绝不是狭隘地宣传对某一"政权"和作为专政与管理机构的"国家"的爱和忠。但历史现象是复杂的。"祖国"与"国家政权"、国家与当局，有区别，但往往又是联系在一起的。这在中国封建时代就集中地反映在爱国与忠君的相互关系上。一方面，占统治地位的封建阶级和君王，常以整个国家和百姓的利益的最高代表者自居；另一方面，人们又总是将统治人物，从氏族部落的酋长到封建专制君主，看成"祖国"和民族这个共同体的化身，把爱国和忠君联系在一起。我国历史上最早的一位伟大爱国主义者屈原，他身处逆境，忧国忧民，实堪敬佩。但他念念不忘楚王，时常期待获得楚王的恩信，被召回宫廷，重整朝纲，振兴楚国。在屈原的思想中，爱国和忠君就是掺糅一体的。岳飞投军奔赴抗金前线时，母亲在其背上特刺下"精忠报国"四个大字。在这里，岳飞母子也是把"忠君"同"爱国"联系起来的。这种情况就要求我们对古代的爱国传统与忠君的关系，作出具体的历史唯物主义的分析。

应该看到，"忠君"往往是古代历史上爱国主义的局限性的一种表现。但对"忠君"本身亦似难一概而论，简单地予以否定。毫无疑问，资产阶级政府是代表资产阶级的，古代的封建帝王是代表封建地主和封建贵族的。但所执行的具体政策，在历史上所起的作用，在各国之间、各政府之间、各帝王之间，还是有差别的。毛泽东当年曾提出，要何干之在其书中证明："民族抵抗与民族投降两条路线的谁对谁错"，"而把南北朝、南宋、明末、清末一班民族投降主义者痛斥一番，把那些民族抵抗主义者赞扬一番"。同时，注意不要把"那些'兼弱攻昧''好大喜功'的侵略政策"，同"积极抵抗政策混同起来"。这就说明，历代封建王朝的政策，有抵抗与投降、防御与侵略、正义与非正义等区别。根据历代统治者和君主们所实行的不同政策和所起的不同作用，我认为可将历史上爱国与忠君的关系，大体分成这样两类情况：

第一类，君主和国家政权当局，政治比较清明，执行的政策与国家和民族利益基本一致，客观上同社会发展趋势相适应的时候；或自己的国家处于被侵略的一方，君主和当局可作为一面旗帜，用以组织和维系全国人民进行正义斗争的时候，热爱祖国与维护国家政权，爱国与忠君，可以有某种程度的一致性。这时，爱国者势必忠君，而奸臣必然卖国和背叛民族利益。屈原、岳飞等属于前者，而屈膝辱国以讨秦国欢心的楚令尹子兰，坚持投降、一意主和的秦桧之流，则属后者。文天祥、陆秀夫等在宋帝被俘，败退南方一隅时，接连拥立十一岁的赵㬎和八岁的赵昺做皇帝，以坚持抵抗，而最后陆秀夫背着赵昺投海赴难，以免宋主受辱。这表面看来是忠君的行为，实质上充满了高尚的民族气节和爱国精神。

近代也是如此。面临西方列强侵略，国家危亡之时，光绪皇帝试图摆脱慈禧的控制，欲励志图强。此时康有为等人支持光绪皇帝，通过光绪进行变法维新，这是应该肯定的爱国行为。而人们都谴责背叛和出卖了光绪皇帝与康有为的袁世凯。忠和奸，在这里也是同爱国和卖国联系在一起的。

在这类情况下，爱国者的忠君当然也有消极因素，但这只是历史时代的必然产物，我们不应多加非议而苛求于古人。至于岳飞那样甘愿屈死而保忠节的"愚忠"，在任何情况下却都是毫无必要的，不值得效法。

第二类，君主和国家政权当局，政治腐败，所推行的政策，违背国家和民族的根本利益，倒行逆施，阻碍社会历史的发展，或者"好大喜功""兼弱攻昧"，发动侵略和非正义战争。这时，热爱祖国与维护现政权，爱国与忠君，完全是对立的；宣扬忠君，坚持维护现政权，就毫无积极意义，甚至是反动的了。在这种情况下，只有以国家和民族的根本利益为重，站在正义的一边，同本国的统治者和政权当局作坚决斗争的人，才是真正的爱国主义者。陈胜在号召和发动反秦起义时曾慷慨陈词："今亡亦死，举大计亦死，等死，死国可乎？"[①] 在秦王朝暴政

---

① 《史记》卷四八《陈涉世家》。

统治下，广大劳动者已无生路，因此铤而走险，决心要"死国"，即为推翻秦二世的统治、夺取政权而作殊死战斗。秦末以陈胜、吴广为代表的起义农民，正是对现存最高统治者表现了这种大无畏的反抗精神，而堪称为伟大爱国主义者和革命英雄。正如列宁和布尔什维克，坚决主张使自己的沙皇政府在战争中失败，把帝国主义战争转变为国内战争，是真正的爱国主义者一样，发出"时日曷丧，予及汝皆亡"①的诅咒、希望暴虐的夏桀垮台的夏朝国人，武王伐纣时在前线倒戈而促使商纣灭亡的商国奴隶，也都应被予以充分的肯定。这是他们对本国最高统治和国家政权当局的叛逆，但这也正是他们真正的爱国感情的激发。从古至今，时代不同，但这种精神在进步的人类中是一脉相承的。

三、怎样看待历史上的统一和分裂

关于古代爱国主义传统的评价，常常涉及国家的统一和分裂问题。在一般情况下，统一总比分裂好。因为政治上的统一，无疑会有利于社会经济和文化的发展，有利于各民族友好往来和联系的加强。作为一个爱国者，他应该是统一行动的支持者和统一的维护者。但这并不等于说，对待统一的态度是区分爱国与否的主要标准或试金石。我们不能单纯从表面形式上看待统一和分裂，而应研究其具体背景和具体内容。国家统一的实现，可以通过各种方式，而各民族的"平等联合"当然是大家都希望的。但从实际情况看，以和平的、"平等联合"的方式实现多民族国家的统一，在古代历史上是没有的。相反，中外历史上任何统一的强大王朝和帝国的建立，无不是凭借武力，通过战争方式实现的。在这里统一与兼并实际上是一回事。同时，我们肯定历史上的统一事业，是因为它在客观上符合各民族人民的愿望和历史发展要求。但就进行统一事业的封建统治者来说，无论秦皇、汉武，还是成吉思汗、朱元璋和多尔衮，其主观上的目的和动机，往往只不过是为了扩大和巩固自己的统治，剔除异己，为自己一姓子孙"创基立业"，建立"家天下"。这就难免引起各种反抗和激烈的争夺。在这种情况下，正义性

---

① 《尚书》卷八《商书·汤誓》。

并不一定是在最后完成了统一事业的胜利者一方。更不能简单地说反抗就是反对统一，就是逆历史潮流而动。因为弱者、失败者与被兼并者所反抗的，往往并非统一和联合，而是强者的不平等的欺压、强迫和杀戮。正因如此，我们高度赞扬楚国屈原坚持抗秦的爱国主义精神，而绝不会将"爱国主义"的桂冠带到辅助秦始皇歼灭六国实现统一的李斯、白起和王翦的头上。同样，抗辽的阿骨打应是女真族的英雄，但入侵中原的金兀术却不能说是民族英雄和爱国者。如将领兵入关、占据中原，建立大清帝国的实际领导者多尔衮当成民族英雄恐欠妥，而坚持国家统一，坚决镇压分裂势力和叛乱者的康熙皇帝，却体现了某些爱国精神。标准只有一个，即看谁站在正义的一方。

对于中国历史上的分裂，也应作具体的历史的分析，不能一概而论。今天的中国和历史的"中国"是不可分割的，但历史的"中国"并不等于今天的中国。今天我们统一的多民族的国家是在历史上逐步形成和发展起来的。我们的祖国在数千年的历史长河中，从文明的发展来看始终是一脉相承的，国家的统一是主导的方面，但也有分裂，有诸大小国的并立，还有二三个政权共处。在这种历史条件下，所谓"爱国"，当然就不能只是像今天一样，爱统一的中华人民共和国。在春秋战国时，可以爱秦国，也可以爱楚国，还可以爱自己小小的随国、吕国等。在三国鼎立时代，可以爱孙吴，可以爱曹魏，也可以爱蜀汉。在宋、辽、金政权并存时，也可以爱各自的国家。以往封建史学有一种观念，似乎只有爱汉民族所建立的国家，只有忠于某一姓王朝，才算是爱国。实际上这是大民族主义的、封建的"正统"观念，必须予以清除。当然，说可以各爱各的国家和政权，并不是讲可以不分是非，不区别正义与非正义，将站在自己国家的一方都笼统地叫"爱国"。什么是值得我们肯定的，要继承和发扬的优良的爱国传统，标准也只有一个，即坚持为正义而斗争。

从我国古代的情况看，国家的分裂，统一局面的破坏，一般都首先是由某中央王朝的政治腐败、中央集权削弱而造成的。在这种情况下，往往出现一些性质不同的"分裂"。

在中原王朝衰落之际，有的地方（特别是边远地区），有的民族，常常被弃之不顾。在兵燹四起、战乱频仍的情况下，这样的地区和民族自成一体，积聚力量，保境安民，暂时形成独立的政权。但当国家安定，新的中央王朝建立和稳定之后，它们又恢复了同中原王朝的关系。例如，秦始皇统一全国后，岭南一带已置郡县，正式进入中国版籍。至秦末，朝政腐败，战乱不断，赵佗在岭南建立起自己的独立政权南越王国。这在当时对于维护岭南地区的安定和保障当地百姓生活，是有积极作用的。当汉高祖平定全国后，赵佗即接受汉王朝册封，又回归和进入中央王朝的管辖之下。对这种暂时的分裂割据，是不应加以指责的。

另一种分裂，是统治阶级内部各集团和各政治势力，乘中央王权衰微，或农民大起义推倒旧王朝之机，拥军自雄，割据一方，称"王"建"国"。如唐末农民起义后，所出现的"五代十国"。它们的建立者，或是农民起义的叛徒，或是靠镇压农民起义发家的地方军阀，或是各地拥兵割据的藩镇节度使。他们大多在政治经济方面并没有什么建树，有的只不过是凭借武力聚敛钱财，相互争夺；有的则苟安于一隅，骄奢淫逸。他们的割据统治，往往更加深了人民的痛苦和灾难。对于这样的分裂，当然应持否定的态度。

历史上的农民起义和少数民族起义，往往自封将帅，称王建国，甚至在较长时间内保持了自己的独立政权，摆脱中央王朝的控制和统治。这根本不能混同为破坏国家统一的分裂行为。如清代先后所发生的三大苗民起义，即黔东南的雍乾苗民起义、湘黔"苗疆"的乾嘉起义和黔、滇、川苗族张秀眉等领导的咸同大起义，都曾拥立自己的"苗王"，建立政权，张秀眉在黔东南"苗疆"建立的根据地，还一度摆脱清王朝的统治，坚持了十余年的斗争。这些起义都是为反抗封建王朝的统治和压迫、剥削。他们的称王建政，实质上只不过是树起一面反抗清王朝残酷统治的斗争大旗。苗族人民反对的是压迫和剥削，并不是反对各民族的统一与联合。这几次大起义都是正义的，理应被充以肯定。相反，清王朝的血腥镇压屠杀，则是应当受到谴责的非正义的行为。

四、爱国传统与民族团结

有的同志有一种意见，即认为在进行爱国主义宣传教育时，应多讲近代以来的反帝国主义侵略的斗争事迹和林则徐、邓世昌、龚自珍、魏源等爱国人士和民族英雄，要少讲岳飞、文天祥，否则会挑起民族矛盾，破坏民族关系。这有一定道理，但存在片面性。

近代以来，中国遭到西方列强和帝国主义的野蛮侵略和掠夺，广大人民群众、无数进步人士和革命家，为国家领土主权和民族的存亡，进行了英勇的斗争，甚至抛头颅，洒热血。这种代表整个中华民族利益，反抗外国侵略的历史人物，当然是民族英雄，应该大加赞扬。多利用这方面的材料进行爱国主义教育，是很有意义的。但近代以来的各种人物所体现出的高尚的爱国精神和民族气节，并非无源之水、无本之木，而是深深扎根于中华各族人民数千年的历史发展之中的，是对古代的各民族人民的爱国精神和民族气节的继承和发展。毛泽东曾说过："在中华民族的几千年的历史中，产生了很多的民族英雄和革命领袖"，中华民族"是一个有光荣的革命传统和优秀的历史遗产的民族"。并且他还强调：宣传和赞扬南宋以来那些坚持抵抗的民族英雄，对于当时伟大的抗日战争是会有很大帮助的。事实也确如此。正是岳飞那种誓死抵抗外族入侵，为实现"还我河山"而浴血奋战的爱国激情和战斗精神，鼓舞着一批又一批的志士仁人和革命者，共赴国难，杀奔疆场。正是以身殉国，"留取丹心照汗青"的文天祥，成为了无数忠贞不二、视死如归的革命前辈所崇敬的榜样。在全国人民为中华强崛起而奋斗的今天，古代爱国者和民族英雄所体现的优良的民族精神和历史传统，仍然是我们必须很好加以继承和发扬的，我们不应割断历史。

我们的国家自古就是一个多民族的国家，数千年历史发展中各民族之间，有和睦相处，也有兵戎相见，关系比较复杂。在宣传历史上的爱国主义时的确应考虑到今天的各民族的关系，注意是否有利于今天国内各民族的团结的传统和相关的民族英雄。但关键是在于对历史上的爱国传统和相关的民族英雄，要有一个正确的认识和态度，而不是简单的少讲或多讲的问题。

国家同民族分不开，爱国总是以一定的民族感情为基础的。由于中国历史上拥有"天下"，在中原建立王朝的绝大多数是汉族人，所以一大批爱国者和民族英雄都出自汉民族。这是客观事实。我们可以、也应该宣扬他们的事迹和精神，以继承其优良的传统。但对他们所表现出来的大汉族主义和狭隘的民族偏激情绪，也要注意采取批判的态度，加以扬弃和剔除。如像反元和反清斗争中，一些人所表现出来的那种民族偏见和偏激情绪，把蒙古族人和满族人视为"异族"，称之为"鞑虏"，而笼统加以排斥，就是我们应当加以否定的。

同时，汉族之外的其他民族，无论古代，还是近代，也都有自己的优良的爱国传统和民族英雄。过去有所忽视，现在我们应加强这方面的研究和宣传。例如：苗族，历史上虽长期处于被统治、被压迫的地位，但他们世世代代却从来不自外于"中国"。他们关心国家的前途命运，积极参与国内政治和各类重大事件，同汉族和华夏诸民族一道，共同抵抗外来侵略，维护国家领土主权和整个中华民族的利益。早在宋代，岳飞抗金时，其麾下骁将杨再兴，即湖南城步（一说新宁）苗族首领。他归附朝廷，随岳飞抗金，大战小商桥，又曾单骑直捣金兵营盘，使金兀术闻风丧胆，最后中乱箭阵亡。元朝末年，由"苗帅"杨完者率领的湖广"苗军"，北上"勤王"，转战数千里，后归附朱元璋，为明王朝的建立做出了贡献。明代嘉靖年间，当海外"倭寇"侵犯江浙和福建沿海地区时，由苗族和土家族组成的湖广永顺、保清宣慰司"土兵"，奉调远征，大败"倭寇"于王江泾等地，立下赫赫战功。进入近代后，八国联军进攻津京，湘西苗族（一说土家族）将领罗荣光，率领苗族和土家族子弟兵，坚守大沽口，给侵略军以沉重打击，最后与炮台共存亡，以身殉国。当法国侵略军由越南侵扰和掠夺中国疆土时，苗族首领项崇周组织和率领苗族义军予以坚决抗击，维护云南一带边疆，保卫了祖国的领土。中法战争中，已致仕归乡的苗族将领杨岳斌，又"奉旨"在家乡乾州（今吉首）等地征召苗族、土家族子弟，组成"乾军"十二营，奔赴福建，渡海援台抗法。直到现代，抗日战争前夕，湘西苗民发动"革屯"起义，为革除屯田制度进行斗争。而当"七七事变"日本侵略军大举进攻，全国掀起抗日高潮之时，苗民"革屯军"主动打出"抗日"的旗帜，上书湖南省主席何键要求上前线，"尽人民一分子的责任"。后受改编成军，开赴前线，参与"长沙会战"等多次战斗，苗族子弟血洒沙场，为抗日斗争做了贡献。历史证明，苗族是一个富于爱国传统的民族。在历史上为国家和民族利益而斗争所表现出的大无畏气概和英勇献身的精神，是值得我们永远继承和发扬的；而诸如杨再兴、杨完者、罗荣光、项崇周等苗族优秀的代表人物，不仅是值得深深敬仰的苗族英雄，也堪称中华民族的英雄和爱国者！

现代的民族是古代民族的发展，但古代的民族并不等于今天的民族。我国历史上的民族区分和民族关系，往往并不符合于现代的民族和民族关系。古代在中国版图之内的不少民族后来消失了，同时又不断形成和产生许多新的民族。在这种情况下，很难说指责了历史上某个民族的侵扰与掠夺行为，反对他们所发动的非正义的战争，或肯定某一民族和某政权所进行的正义战争，颂扬其爱国精神和民族英雄，就会伤害今天的另一民族的感情。例如，曾活跃于中国大漠南北广大地区的匈奴族，秦汉之际不断侵扰和掠夺中原地区。我们谴责匈奴族的侵扰，而肯定两汉王朝对匈奴进行的抗击战争的正义性。这对于今天的汉族同西北和北方兄弟民族的关系根本就不会带来什么消极影响。因为当时的匈奴族后来有相当大的一部同汉民族融合变成汉族的一部分了，而另外一部分在历史上几经变迁，不断分化与融合，演化为中亚和我国西北其他民族的组成部分。实际上当年的匈奴族可说是今天汉族和其他民族的共同先民。又如，在宋、辽、金、西夏诸政权先后并存的时代，以宋王朝为代表的汉民族同契丹族、女真族、党项族的矛盾十分尖锐，相互不断进行战争。他们之间当然会有正义和非正义之分，我们肯定阿骨打的抗辽，肯定岳飞的抗金，赞扬他们所体现的爱国精神和民族气节。这也很难讲会影响到今天哪一民族与哪一民族的关系。因为所讲的契丹族、女真族、党项族等，均已在历史上消失，其中大部分都与汉民族融合了；契丹族后代和阿骨打子孙，今天绝大多数都成了地道的汉族成员。今天的少数民族中，有的可能同历史上的这些民族有关系，如满族与女真族就有血缘关系。但元明以后的满族也并非当年与宋对抗的金国女真族的直接后裔。如果认为宣传历史上的爱国主义和民族英雄，就会影响今天的民族关系，这往往只能是由于缺乏历史知识而引起的误解。

当然，历史上的民族矛盾和民族斗争，直接与今天各民族之间的关系相连的情况也是存在的。在这种情况下宣扬爱国传统，关键在于基本立场和观点的统

一。基于正确的立场和观点，就不可能影响民族关系，相反只会加强各民族的
团结。

　　第一，我们应有这样一个概念，即我们的祖国是一个统一的多民族的大家
庭。凡是古代历史上曾经出现过的民族，不论已经融合消失，或是发展成了今天
的某个民族，只要是在今天的中国范围之内，就都是一个大家庭中的兄弟。今天
包括汉族在内的五十六个民族，虽都有自己发展的历史，相互也有过矛盾和斗
争，但在长期交往、交流和接触过程中，已经结成了"你中有我，我中有你"
的谁也离不开谁的亲密关系，已经凝聚成中华民族这个不可分割的整体。所以，
历史上不管是在哪一个政权之下，是哪一个民族所体现和发扬的爱国精神和优良
斗争传统，现在都已是我们各民族的共同财富，是我们祖国的光辉的历史遗产。
现在应该是从中华民族的整体出发，而不再仅仅是从汉族或满族、蒙古族、回
族、壮族和苗族、瑶族等某一个民族的角度，来宣传继承这些财富和遗产。基于
这一观点，所以岳飞、文天祥等是汉民族的英雄，成吉思汗是蒙古族的英雄，多
尔衮是满族的英雄，苗民起义的领袖吴八月、石柳邓、张秀眉等是苗族的英雄，
但又都堪称整个中华民族的英雄。

　　第二，各民族都有自己的英雄，但怎样才能称为民族英雄，也应有一个共同
的标准，绝不能各持一端。本人同意这样的提法：民族英雄是在民族矛盾和民族
斗争激化的历史条件下，站在正义的一方，为反抗民族压迫，维护国家和民族利
益而斗争的优秀人物。这就是说，维护本国和本民族的利益有一个前提，就是站
在斗争双方的正义的一方，要为的是反抗民族压迫。这就将那种狭隘地为本民族
一己私利和眼前某些局部利益，而不顾大局，以邻为壑，损害别的民族利益，甚
至出卖其他民族和整个中华民族根本利益的人，排除在民族"英雄"之外了！

　　根据这一标准，真正的民族英雄，不论是祖国大家庭中哪一个民族的英雄，
他就不仅代表本民族，而且还代表了当时处于对立一方的民族的根本利益。因为
历史上的所谓民族矛盾，实际上主要是上层统治者挑起和制造的。所谓反抗民族
压迫，主要是反抗居统治地位的民族或发动不义战争的民族的统治者和统治阶
级，而并不是笼统地反对其整个民族。例如：清代乾嘉苗民起义时，以"逐客

民，复故地"为号召，民族矛盾和民族斗争的色彩十分浓厚。但起义苗民的矛头所向，主要是满汉官吏和进入苗区、平时欺凌盘剥苗民，强占苗民土地的驻防营兵、汉人百户和奸商。据记载，起义时各苗寨的汉人百户"无一幸免"。但进入苗区与苗民杂居共处的汉族平民百姓，实际上并未被加害和驱赶。相反，有不少汉族民众也积极参与这次起义，与苗族同胞共同抗击前来镇压的官军。作为这次起义的领袖，吴八月、石柳邓等，既是苗族人民值得骄傲的英雄，实际上也是当地汉族平民和劳动者的根本利益的代表。有人认为，凡是民族英雄，就只能代表和维护自己一方民族的利益，而损害另一方民族的利益。这未免太绝对化，也并不符合历史实际。如果真是如此，这样的人就不能称之为民族英雄。综上所述，只要我们能从中华民族的整体的立场出发，从支持正义者一方的立场出发，摆脱狭隘的民族主义情绪，遵循唯物史观，实事求是分析历史具体情况，评价历史人物，共同总结历史经验教训，共同吸收祖国大家庭中各个民族的优良传统，把它们汇聚到整个中华民族的民族精神中去，宣传历史上的真正的爱国者和民族英雄，就只会增强各民族的团结，振奋中华民族精神。

（撰于1984年，其中《爱国与忠君》一节，原刊《光明日报》1984年7月22日。全文收入本集时作了修订）

试论毛泽东研究历史的唯物辩证法思想

毛泽东与马克思、恩格斯、列宁等革命导师一样，为了把握社会历史的发展方向以指导革命运动，毕生都十分重视研究历史。他具有渊博的历史知识，在其著作中论及一系列中外历史问题、历史事件和历史人物。这些论述贯彻和阐发了深刻的唯物辩证法思想。这是毛泽东留下的一份宝贵财富，值得很好地研究和学习。

马克思主义的唯物史观使历史学变成了真正的科学。但"唯物主义历史观及其在现代的无产阶级和资产阶级之间的阶级斗争上的特别应用，只有借助于辩证法才有可能"①。列宁在谈到马克思、恩格斯的贡献时曾指出："把唯物辩证法应用于历史、自然科学、哲学以及工人阶级的政策和策略，这就是马克思和恩格斯最为注意的事情，这就是他们做了最重要最新颖的贡献的地方，这就是他们在革命思想史上英明地迈进的一步。"② 在领导中国革命的几十年斗争实践中，毛泽东也特别注意运用唯物辩证法观察社会，研究历史和现状，从而制定了正确的路线、方针、政策和策略，引导中国革命，通过艰苦曲折的斗争，不断走向胜利。本文拟就毛泽东如何在历史研究领域运用和发挥唯物辩证法，进行初步的探讨。

一

辩证法首先就是发展论。从辩证法来看，一切事物都处于永恒的运动之中，人类社会总是在不断发展和变化的。历史上不存在任何亘古不变的事物，发展和变化也不存在什么千篇一律的模式。一切依时间、地点、条件为转移。正如恩格斯所说的："历史同认识一样，永远不会把人类的某种完美的理想状态看作尽善

---

① 《马克思恩格斯选集》第 3 卷，第 378 页。
② 《列宁选集》第 19 卷，第 558 页。

尽美的；完善的社会、完美的'国家'是只有在幻想中才能存在的东西；反之，历史上依次更替的一切社会制度都只是人类社会由低级到高级的无穷发展进程中的一些暂时阶段。每一个阶段都是必然的，因此，对它所由发生的时代和条件说来，都有它存在的理由；但是对它自己内部逐渐发展起来的新的、更高的条件来说，它就变成过时的和没有存在的理由了。"① 这种依据"发展论"，把人类的历史看作一个由低级到高级发展过程的观点，恩格斯称之为"历史的观点"，列宁称之为"历史主义"。② 这是研究历史的一个最基本的观点。斯大林曾说，如果没有"历史观点"，"历史科学就会无法存在和发展"。③

毛泽东在历史研究领域，创造性地坚持和运用了唯物辩证法这一基本观点。他一再指出，"今天的中国是历史的中国的一个发展，我们是马克思主义的历史主义者，我们不应当割断历史"；强调"给历史以一定的科学的地位"，"尊重历史的辩证法的发展"。④

所谓"历史观点"或"历史主义"最基本的一个要求，就是在分析社会历史现象时，应从当时的条件出发，即列宁所说的，"把问题提到一定的历史范围之内"，作出全面的历史的评价。⑤ 毛泽东十分重视这一点。例如，对于剥削制度这一社会历史现象，毛泽东是这样分析的："现在看来，奴隶制度、封建制度、资本主义制度都不好，其实它们在历史上都曾经比原始公社制度要进步。这些制度开始时是进步的，但到后来就不行了，所以就有别的制度来代替了。"⑥ 同样，历史上的奴隶主阶级、封建地主阶级等剥削阶级，也并不是一开始就是反动的。毛泽东认为，"在它们取得统治权力以前和取得统治权力以后的一段时间内"，曾经"是生气勃勃的，是革命者，是先进者"，只是到后来，由于社会的发展，它们的对立面奴隶阶级、农民阶级、无产阶级的力量逐步壮大，并同它们进行斗

---

① 《马克思恩格斯选集》第 4 卷，第 212—213 页。
② 《马克思恩格斯选集》第 3 卷，第 421 页；《列宁选集》第 13 卷，第 279 页。
③ 《列宁主义问题》，第 695 页。
④ 毛泽东《毛泽东选集》四卷合订本，人民出版社，1964 年，第 522，704 页。
⑤ 《列宁选集》第 20 卷，第 401 页。
⑥ 毛泽东《毛泽东选集》第 5 卷，第 128 页。

争，它们才逐步向反面转化，"化为反动派，化为落后的人们"。①

对于资产阶级和资产阶级的民主、自由，毛泽东也并不因我们要革资产阶级的命，而简单予以否定。讲到"宪法"时，毛泽东曾有如下议论："民国元年的《中华民国临时约法》，在那个时期是一个比较好的东西；当然是不完全的、有缺点的，是资产阶级性质的，但它带有革命性、民主性"；"英国也好，法国也好，美国也好，资产阶级都有过革命时期，宪法就是他们在那个时候开始搞起来的"；"我们对资产阶级民主不能一笔抹杀，说他们的宪法在历史上没有地位"。当然，这种历史的肯定，并不是颂古非今，不是要引导人们向后看，而是要向前看。所以，毛泽东接着又指出，"我们的宪法是新的社会主义类型，不同于资产阶级类型。我们的宪法就是比他们革命时期的宪法也进步得多。我们优越于他们"。②

对于历史人物也是如此。毛泽东总是从当时的历史条件出发，实事求是地臧否历史上各种类型的人物。毛泽东认为鲁迅和孔夫子都是"圣人"，但他们是不同历史时代的"圣人"，"孔夫子是封建社会的圣人，鲁迅则是现代中国的圣人"。③ 对孙中山，毛泽东曾一再给予很高的评价，称他为"伟大的革命先行者"，历史地肯定他在历史上不同时期，同改良派作斗争，领导辛亥革命，把旧三民主义发展为新三民主义的"丰功伟绩"；同时也明确指出，"像很多站在正面指导时代潮流的伟大历史人物大都有他们的缺点一样，孙先生也有他的缺点方面。这是要从历史条件加以说明，使人理解，不可以苛求于前人的"。④

据有关人士回忆，毛泽东数十年中曾反复阅读"二十四史"。他高度评价了《南史·陈庆之传》，"感到为之神往"。读《新唐书·徐有功传》时，他觉得"命系庖厨，何足惜哉"的说法不当。认为在中国历史上像岳飞、文天祥、杨虎城、闻一多等人，为民族利益不顾个人的安危、不惜牺牲自己的生命，他们"以

---

① 《毛泽东选集》四卷合订本，第 1190 页。
② 《毛泽东选集》第 5 卷，第 127 页。
③ 毛泽东《论鲁迅》，载《人民日报》，1981 年 9 月 22 日。
④ 《毛泽东选集》第 5 卷，第 311—312 页。

身殉志，不亦伟乎"！在读《李义府传》《杨再思传》和《刘幽求传》时，在有关内容处曾有如下批语：李义府"笑里藏刀"，杨再思"佞人"，刘幽求"能伸不能屈"。① 毛泽东对历史人物的这些评价都是实事求是的，体现了历史主义观点和深刻的辩证法。

　　既然一切依时间、地点和条件为转移，那么由于各种条件的差异，各个民族和国家的历史发展必然各具特点。正如马克思在《资本论》中所指出的，相同的经济基础，"由于无数不同的经验的事实，自然条件，种族关系，各种从外部发生作用的历史影响等等，而在现象上显示无穷无尽的变异和程度差别"。② 列宁也曾指出，"世界历史的发展是按着总规律进行的，这不仅丝毫不排斥在形式上或顺序上有所不同的个别发展阶段，反而预定了要有这样的发展阶段"，并且他以俄国为例，认为俄国是个介于"文明国家"与"东方各国"之间的国家，"所以俄国能够而且应该表现出某些特点"，使俄国革命"显得有别于以前西欧各国的革命"。③ 人类历史发展有着共同的规律，但各民族、各地区历史发展又各具自己的特点，普遍性寓于个性之中。所以要坚持马克思主义的"历史观点"或"历史主义"，在承认人类历史的由低级到高级不断发展的同时，还应充分注意这种发展的多样性。对具体问题作具体分析。列宁认为，这是"马克思主义的真髓和活的灵魂"。④

　　为了把马克思主义的一般原理同中国革命的具体实践相结合，毛泽东十分注意把握马克思主义的这一"真髓和活的灵魂"。他分析社会历史问题，总是在肯定社会发展的共同规律的同时，重点着力于阐明每一社会过程，每一发展阶段的特殊矛盾和个性，从发展变化的多样性中，揭示其规律性和共性。例如，人们所熟悉的，毛泽东在《中国革命和中国共产党》这一著作中，对中国社会发展所作的精辟分析，即是这样。他首先肯定，中华民族的发展同世界上别的许多民族

---

① 忻中《毛泽东读书生活纪实》，载《社会科学战线》，1981 年第 4 期。
② 《马克思恩格斯全集》第 25 卷，第 892 页。
③ 《列宁全集》第 4 卷，第 45—46 页。
④ 同上第 31 卷，第 144 页。

一样，"曾经经过了若干年的无阶级的原始公社的生活"，进入阶级社会以后，又"经过奴隶社会、封建社会"而"直到现在"。① 然后着重剖析和论述，在人类社会发展普遍规律作用下，中国封建社会发展变化的一些基本特点，如：中国封建社会的发展迟缓和长期延续，中央集权的封建专制主义政权的牢固统治和"四权"的结合，中国封建社会农民起义和农民战争规模之大为"世界历史上所仅见"②；1840 年以后中国社会向资本主义独立发展的道路被打断，逐步向半殖民地半封建社会的转化等等。对于中国近代半殖民地半封建社会，毛泽东则更作了详尽的分析。认为，外国帝国主义的侵略和国内封建主义相结合，因而造成了中国近代社会发展的一些基本特点。即第一，封建社会的自然经济基础被破坏了，但地主对农民的封建剥削制度依然存在，并占优势；第二，民族资本主义有了某些发展，但还软弱，没有变成社会经济的主要形式，并且大部分同外国帝国主义和国内封建主义有或多或少的联系；第三，皇帝和贵族的专制政权被推翻了，但代之而起的是军阀官僚统治、大地主和大资产阶级联盟专政；第四，帝国主义对中国财政经济命脉和政治军事力量的操纵；第五，许多帝国主义的统治或半统治、使中国长期不能统一，各地区的发展极不平衡；第六，处于帝国主义和封建主义双重压迫下的中国人民，贫困和不自由的程度是世界所少见的。③

毛泽东对中国社会发展的这些分析是完全符合历史实际的，不仅为指导中国革命，制定正确的路线、方针、政策提供了理论依据，而且极大地丰富了马克思主义的历史学宝库。

二

辩证法认为，"从低级到高级的发展过程，不是通过现象和谐地开展，而是通过对象、现象本身固有矛盾的揭露，通过在这些矛盾基础上活动的对立趋势的

---

① 《毛泽东选集》四卷合订本，第 616 页。
② 同上，第 619 页。
③ 同上，第 624–625 页。

'斗争'进行的"①。所谓发展，就是矛盾运动，就是对立面的统一和斗争。自然界和人类社会一切事物都有矛盾着的两个方面，对立面的既统一又斗争，推动着事物的发展。列宁认为这种对立面的统一的学说是辩证法的核心，但是"需要说明和发挥"②。

毛泽东的哲学著作《矛盾论》，正是紧紧抓住了辩证法的核心，从矛盾的普遍性和特殊性、主要矛盾和次要矛盾、斗争性和同一性、矛盾的转化等方面，对对立面统一的学说作了充分的阐明，在列宁的基础上进一步丰富和发展了马克思主义的唯物辩证法。

根据对立统一学说，研究社会历史，揭示其发展的规律，就要深入研究和把握社会的各种矛盾（生产力和生产关系、经济基础和上层建筑的矛盾，各阶级之间的矛盾，等等），要研究和把握这些矛盾在社会发展的各阶段中的不同变化和具体表现。毛泽东在一系列论著中，对中国社会，特别是对中国近代社会的矛盾曾作了精辟分析。他明确指出，帝国主义和中华民族的矛盾，封建主义和人民大众的矛盾，是近代中国社会的两对主要矛盾，而帝国主义和中华民族的矛盾，又是"最主要的矛盾"。此外，还有资产阶级和无产阶级的矛盾，反动统治阶级内部各阶层各集团之间的矛盾，等等。正是这些矛盾的斗争及其尖锐化，造成日益发展的革命运动，推动近代中国社会历史的发展。在中国近代百余年的历史发展的各个阶段，这些矛盾又是在不断发展变化的，"其主要矛盾和非主要矛盾的关系呈现着复杂的情况"。对此，毛泽东作了具体的分析和说明。认为 1840 年鸦片战争、1894 年中日战争、1900 年义和团运动和 1937 年开始的抗日战争，这些历史时期，由于帝国主义发动侵略战争，国内各阶级，除极少数叛国分子外，能暂时团结起来，以民族战争去反对帝国主义的侵略，因此，帝国主义与中国这个国家和民族的矛盾构成主要矛盾，而国内的各种矛盾，包括封建主义同人民大众之间的矛盾，"都暂时地降到次要和服从的地位"。但当帝国主义不是用战争，而

① 斯大林《列宁主义问题》，外国文书籍出版局，1946 年，第 633 页。
② 列宁《黑格尔〈逻辑学〉一书摘要》，人民出版社，1971 年，第 160 页。

是用政治、经济、文化等形式进行压迫时，国内反动统治阶级就会向帝国主义投降，结成同盟，共同压迫人民大众。这时，人民大众往往以国内战争等形式去反对帝国主义与反动统治阶级的压迫与剥削，内部矛盾就会特别尖锐起来。辛亥革命时期，第一次国内革命战争、土地革命战争时期，都是如此。也还有这样的情况，即外国帝国主义同国内反动派完全公开地站在一个极端，人民大众则站在另一个极端，两对主要矛盾就结合起来，"成为一个主要矛盾，而规定或影响其他矛盾的发展状态"。例如，1927 年蒋介石叛变革命的时候就是这样。①

实践证明，正是毛泽东对近代中国社会矛盾的这种辩证的科学的分析揭示了历史发展的规律性，及时排除了"左"和右的错误倾向的干扰，把握了革命的正确方向。

毛泽东还一再指出，"事物都是一分为二的"②；"一分为二，这是普遍现象。这就是辩证法"③。"中国的东西也好，外国的东西也好，都是可以分析的，有好的，有不好的"，"总是有两点"，"形而上学是一点论"。④ 坚持辩证法，运用对立统一的学说研究历史，就应该坚持"一分为二"和"两点论"的观点，应该从多方面看问题，既要看到主要的方面，也不能忽视次要的方面，既要看到正面，也要看到反面，要防止和克服好就绝对好、坏就绝对坏的片面观点。这也就是列宁所说的，必须把握、研究事物的"一切方面，一切联系和'中介'"，要力求做到"全面性"，"防止僵化"。⑤ 在这方面，我们看看毛泽东对历史问题的一些具体论述，是很有启发性的。

例如，对辛亥革命，毛泽东从早期发表的《民众的大联合》，到 20 世纪 50 年代的《纪念孙中山先生》等一系列论著，总是鲜明地指出辛亥革命的阶级的和历史的局限性，同时又充分肯定其历史功绩，对它成功的方面作出全面评价，并从当时的历史条件对失败的原因进行科学分析。毛泽东认为，辛亥革命是"胜

① 《毛泽东选集》四卷合订本，第 308-309 页。
② 毛泽东《关于接班人的谈话》，载《毛主席论教育革命》，1964 年 6 月。
③ 毛泽东《在莫斯科社会主义国家共产党和工人党代表会议上的讲话》，1957 年。
④ 《毛泽东选集》第 5 卷，第 320 页。
⑤ 《列宁选集》第 32 卷，第 83 页。

利了，但它又失败了"！"把皇帝赶跑，这是胜利的地方"，是"丰功伟绩"。但它"只把一个皇帝赶跑"，帝国主义和封建主义在中国的压迫统治依然如故，这是它"失败的地方"。① 关于辛亥革命失败的原因，毛泽东在《民众的大联合》一文中即已指出，是单纯依靠新军和哥老会，没有广泛发动群众，没有"民众的联合"②。在 1926 年又进一步分析，认为多数党员（指当时的同盟会会员）没有认清革命的反帝国主义本质，"革命的口号变成简单的'排满'；党的组织和内容是极其简单，作战的队伍是极其孤弱"，以致最后失败。但这又是历史条件造成的。因为当时，国内"没有有组织的工农群众"，"没有代表无产阶级利益的中国共产党"，而同盟会成分庞杂，只有会党、侨工、小资产阶级和中产阶级的"集合体"；国际上，又只有"压迫阶级反革命的联合，没有被压迫阶级革命的联合，只有资产阶级的国家"，"没有国际的援助"，等等。③ 毛泽东还曾指出，辛亥革命是"不成熟的资产阶级革命"，"那样的结局是不可避免的"。④

对于中国历史上的农民起义和农民战争的评价，毛泽东也始终坚持"一分为二"和"两点论"的观点。他认为，在中国封建社会，只有这种农民起义和农民战争，才是推动历史发展的真正动力。因为，"每一次较大的农民起义和农民战争的结果，都打击了当时的封建统治，因而也就多少推动了社会生产力的发展"。他明确肯定，"吾国自秦以来二千余年推动社会向前进步者主要是农民战争"。同时又指出，由于当时还没有新的生产力和新的生产关系，没有新的阶级力量和先进政党，历次农民起义和农民战争最后"总是陷于失败"，成为地主、贵族"改朝换代"的工具。⑤

外国资本主义、帝国主义对中国的侵略，当然给中华民族带来了灾难，阻碍

---

① 《毛泽东选集》四卷合订本，第 552 页。

② 马克思、恩格斯、列宁、斯大林著作研究会编辑部《马克思主义研究参考资料》，1981 年第 6 期。

③ 毛泽东《国民党右派分离的原因及其对于革命前途的影响》，载《政治周刊》，1926 年第 4 期。

④ 毛泽东《毛泽东同志给郭沫若同志的信》，载《教学与研究》，1981 年第 6 期。

⑤ 《毛泽东选集》四卷合订本，第 619 页；《毛泽东给李鼎铭的一封信》，载《教学与研究》，1981 年第 6 期。

了中国社会的正常发展，这也是中国近代以来贫困落后的一个基本原因。但"在一定的条件下，坏的东西可以引出好的结果"①。毛泽东在论及这一历史现象时，也总是从多方面看问题，坚持"两点论"。毛泽东关于外国资本主义入侵对中国近代社会经济发展的影响所作的分析，很有代表性。他认为，一方面是破坏了中国自给自足的自然经济的基础，促进了城乡商品经济的发展，因而对中国社会向资本主义发展造成了"某些客观条件和可能"，"促进了这种发展"；但"还有和这个变化同时存在而阻碍这个变化的另一个方面"，即帝国主义列强侵入中国的目的，是要把中国变成他们的半殖民地和殖民地，因而采取一系列"军事的、政治的、经济的和文化的压迫手段"，他们同中国封建势力相勾结，压抑阻碍中国民族资本主义的发展。② 毛泽东还深刻分析，西方资产阶级和帝国主义把中国变成半殖民地和殖民地的同时，又"给自己准备了灭亡的条件"。"为了侵略的必要，帝国主义给中国造成了买办制度，造成了官僚资本"，造成了少数为帝国主义服务的"洋奴"，同时也"造成了帝国主义的对立物"：民族工业和民族资产阶级，中国的无产阶级，"新式的大小知识分子"。这是帝国主义替自己造成的"掘墓人"。正是帝国主义的侵略和压迫，使这些中国人革命精神发扬起来，从斗争中团结起来。帝国主义的侵略引起了中国的革命。③

对历史人物的评价，毛泽东也很注意坚持"两点论"，既充分肯定他们的历史地位和历史作用，同时也常指出他们的弱点和不足。例如，毛泽东称孔夫子为封建社会的"圣人"，肯定他办学的成绩，"教出了许多有才干的学生，这件事是很出名的"。但同时多次指出，他"不大注意人民的经济生活"，轻视农业劳动，"没有自我批评的精神"，"很有些恶霸作风，法西斯气味"。④ 对斯大林，毛泽东坚持"三七开"，一再肯定他是伟大的马克思主义者，同时也明确指出，他肃反扩大化，不承认社会主义社会存在矛盾，片面强调发展重工业，忽视农业等

---

① 《毛泽东选集》第 5 卷，第 397 页。
② 《毛泽东选集》四卷合订本，第 620-622 页。
③ 同上，第 1488-1490 页。
④ 《毛泽东选集》第 5 卷，第 113，257 页。

缺点和错误。即使是反面人物，毛泽东也不是简单否定，而是注意从他们身上总结必要的经验教训。"坏事有个教育作用，有个借鉴作用"，所以张国焘、高岗、饶漱石"是我们的教员"，而蒋介石在国内来说是"最好的教员"。①

对待历史文化遗产，毛泽东一再强调，"从孔夫子到孙中山，我们应当给以总结，承继这一份珍贵的遗产"②。并且还指出，"中国的长期封建社会中，创造了灿烂的古代文化"，其中有封建统治阶级腐朽的东西，也有优秀的人民文化和多少带有民主性和革命性的东西。③"世界上的各个民族都有自己的历史，都有自己的长处和短处。历史上的东西，有精华，有糟粕"，"要把它整理出来"。④这些论述也都无不体现了"一分为二"的辩证法的观点。

三

恩格斯曾经指出，自然界和历史上所显露出来的辩证的发展，就是"经过一切迂回曲折和暂时退步而由低级到高级的前进运动的因果联系"，"人类历史不仅有上升的过程，而且也有下降的过程"。⑤ 列宁认为，"无论过去或将来，每个新时代都有个别的、局部的，时而前进时而后退的运动"；"历史活动不是涅瓦大街的人行道"。⑥

历史是不断向前发展的，但发展的道路是曲折的。毛泽东继承和发展了唯物辩证法这一思想。他在《矛盾论》中指出，"新陈代谢是宇宙间普遍的永远不可抵抗的规律。依事物本身的性质和条件，经过不同的飞跃形式，一事物转化为他事物，就是新陈代谢的过程。任何事物的内部都有其新旧两个方面的矛盾，形成一系列的曲折的斗争。斗争的结果，新的方面由小变大，上升为支配的东西；旧

---

① 《毛泽东选集》四卷合订本，第298-299页。
② 同上，第522页。
③ 同上，第700-701页。
④ 毛泽东《同音乐工作者的谈话》，人民出版社，1979年。
⑤ 《马克思恩格斯选集》第4卷，第213，219页。
⑥ 《列宁全集》第21卷，第123页；第28卷，第49页。

的方面则由大变小，变成逐步归于灭亡的东西"①。毛泽东在这里依据对立统一的学说，科学地概括和阐发了事物发展的"新陈代谢"的规律。同时，他也曾一再指出：前途是光明的，道路是曲折的。"历史走一点回头路，有点回归，这还是很可能的。"②

在领导中国革命的长期斗争实践中，毛泽东正是运用这一观点考察各种复杂的社会和历史现象，因而能看清事物的本质和主流，拨开迷雾，认识和把握历史的规律，将革命不断引向胜利。例如，毛泽东在《论联合政府》一书中，曾就中国共产党同国民党的关系，"走着曲折道路的历史"，作了深入的辩证的剖析。1924 年，由于中国共产党和国际共产主义运动的发展，孙中山接受了中国共产党的建议，制定"三大政策"，实现了两党的合作和民族统一战线。1926 年至1927 年，举行了胜利的北伐，全国革命出现前所未有的大好形势。但 1927 年春夏之交，"国民党当局的叛卖性的反人民的'清党'政策和屠杀政策"，破坏了两党的合作和统一战线，"从此以后，内战代替了团结，独裁代替了民主，黑暗的中国代替了光明的中国"。历史的发展出现了曲折和暂时的倒退。但共产党人和中国人民并没有"被吓倒，被征服，被杀绝，而是继续战斗，高举武装反抗的大旗，建立工农红军，开辟根据地，进行艰苦、曲折的斗争"。1935 年胜利地完成二万五千里长征，革命又出现了一个新的局面。1937 年，全国人民抗日运动高涨，国民党当局被迫停止内战，接受共产党的抗日主张，再次实现了国共合作，建立起抗日民族统一战线。尽管如此，蒋介石仍然没有放弃反共的政策，因此，毛泽东预言，"战争将是长期的，必然要遇到许多艰难困苦；但是由于中国人民的努力，最后胜利必归中国人民"。③ 正是毛泽东这种对历史发展的深刻的辩证的分析，为党指明了前进的道路，引导中国人民通过艰难曲折的斗争，最后取得了抗日战争的胜利，同时革命的武装力量和革命根据地也获得了壮大发展。

历史发展之所以走曲折的道路，首先是因为新生事物的成长不可能是一帆风

---

① 《毛泽东选集》四卷合订本，第 311 页。
② 《毛泽东选集》第 5 卷，第 353 页。
③ 《毛泽东选集》四卷合订本，第 936-939 页。

顺的。"历史上新的正确的东西，在开始的时候常常得不到多数人承认，只能在斗争中曲折地发展。"① 这一点，毛泽东曾以哥白尼关于太阳系的学说、达尔文的进化论和马克思主义在历史上的遭遇为例，作过很好的说明。

历史发展之所以走曲折的道路，还因为"在人类历史上，凡属将要灭亡的反动势力，总是要向革命势力进行最后挣扎的"②。毛泽东认为第一次世界大战的历史即可证明。在 1916 年，德国已面临"日益困难，众叛亲离、土崩瓦解"的局势，但德国皇太子困兽犹斗，集中数十万最精锐的部队，向法国凡尔登连续发动数次大的进攻，双方死伤六十万人之多。接着，英、法联军沿索姆河推进，历时三个月才前进七英里，双方死伤更在百万人左右。致使英、法阵线方面，"以为德军仍极强大"，看不到自己的胜利即将到来。③

毛泽东还曾以同样的观点分析了中国近代以来的革命史，进一步说明即使是"反动的、落后的、腐朽的阶级，在面临人民的决死斗争的时候，也还有这样的两重性"，即还有要"吃人"的"真老虎"的一面。中国人民为了推翻三大敌人的反动统治，就走了"许多弯弯曲曲的道路"，"花了一百多年的时间，死了大概几千万人之多，才取得 1949 年的胜利"。④

尽管道路是曲折的，但前途是光明的。根据"新陈代谢"规律，历史终究要冲破一切阻力向前发展，新生事物总是要成长，而反动、腐朽的势力最终逃不脱灭亡的厄运。毛泽东曾经讲过，"孙中山力量很小，清朝的官员看不起他。他多次起义总是失败"。但最后，还是孙中山推翻了貌似强大的清朝。⑤ "我们在 1921 年刚刚建党的时候，只有几十个人，那样渺小，后来发展起来，居然把国内的强大敌人给打倒了。"⑥ 历史上一切"号称强大"的反动派，如希特勒、俄

---

① 《毛泽东选集》第 5 卷，第 388 页。
② 《毛泽东选集》四卷合订本，第 855 页。
③ 同上，第 840 页。
④ 同上，第 1088 页。
⑤ 《毛泽东选集》第 5 卷，第 289 页。
⑥ 同上，第 142 页。

国沙皇、中国的蒋介石，最后统统都被人民打倒了。①

正是基于对中外历史的这种科学的分析和考察，毛泽东提出了"一切反动派都是纸老虎"这一名言，创造性地概括出了"斗争，失败，再斗争，再失败，再斗争，直至胜利"和"捣乱，失败，再捣乱，再失败，直至灭亡"这样两条人民和反动派各自不同的历史发展"逻辑"。② 毛泽东一再指出，"不论在自然界和在社会上，一切新生力量，就其性质来说，从来就是不可战胜的。而一切旧势力，不管它们的数量如何庞大，总是要被消灭的"。③ "看起来，反动派的样子是可怕的，但是实际上并没有什么了不起的力量。从长远的观点看问题，真正强大的力量不是属于反动派，而是属于人民"④；"一时的后退现象，不能代替总的历史规律"⑤。所以，我们看问题，要看本质，要看主流，坚决站在新生事物一边。我们研究中国近代史，就应该"去研究过去历史中压迫中国人民的敌人是些什么人"，"研究自从 1840 年鸦片战争以来的一百多年中，中国发生了一些什么向着旧的社会经济形态及其上层建筑（政治、文化等等）作斗争的新的社会经济形态，新的阶级力量，新的人物和新的思想"。⑥

毛泽东的这些论述十分深刻，具有强大的生命力。

四

毛泽东根据历史唯物论的基本原理，坚持和运用唯物辩证法，对中外历史，特别是对中国近百年来的历史中的一系列问题，进行了科学的分析和论述，并从理论上作出了诸如"两点论""新陈代谢""两个逻辑"以及"一切反动派都是纸老虎"等新的科学概括。这是毛泽东对马克思主义史学理论和历史科学的重要贡献。

---

① 《毛泽东选集》第 5 卷，第 499 页。
② 《毛泽东选集》四卷合订本，第 1375–1376 页。
③ 《毛泽东选集》第 5 卷，第 142 页。
④ 《毛泽东选集》四卷合订本，第 1091 页。
⑤ 同上，第 253 页。
⑥ 《毛泽东选集》第 5 卷，第 46–47 页。

毛泽东所正确发挥的唯物辩证法思想，既是宇宙观，又是方法论。在历史研究中坚持以毛泽东思想作指导，就是要坚持以毛泽东的科学的宇宙观和方法论作指导。当然，毛泽东对于具体历史问题的论断，也有不符合辩证法的地方，特别是在晚年。例如，过分肯定秦始皇，对秦始皇"焚书坑儒"等政策措施的分析，背离了"两点论"的原则；全盘否定封建统治者经过农民起义打击后有可能实行某些"调节"和"让步"，等等。对此，我们必须采取实事求是的态度。我们应该从整体上，从基本观点和方法论上研究和学习毛泽东的历史观和史学思想。不能再像在极"左"思潮影响下那样，只注意从经典著作中寻章摘句。把马、恩、列、斯和毛泽东对于一些具体历史问题的具体论述，甚至包括个别明显不确切、不科学的论点，奉之为历百世而不殆的"金科玉律"，把历史研究等同于替经典作家的个别论点做注脚功夫；或者像恩格斯所说的那样，用历史唯物主义的"套语"。来把自己相当贫乏的历史知识，尽速构成系统，而后自豪地欣赏自己的功业。① 这类做法不仅糟蹋了历史科学，同时也糟蹋了马列主义、毛泽东思想。

马克思、恩格斯把辩证唯物主义运用于社会历史的考察，创立了科学的历史观。像达尔文的进化论"第一次把生物学放在完全科学的基础上"一样，马克思和恩格斯的历史观"第一次把社会学置于科学的基础上"，它是"唯一的科学的历史观"。② 但也正如马克思和恩格斯自己一再申明的那样，他们的历史观是"进行研究工作的指南"，而不是"套语"和"标签"，不是"一种用以按黑格尔学派方式构造体系的手段"。③ 如果不把唯物主义方法"当作研究历史的指导线索，而把它当作现成的公式，将历史的事实宰割和剪裁得适合于它，那么唯物主义的方法就变成和它相反的东西了"④。列宁也曾指出，如果忽视这一点，"就会把马克思主义变成一种片面的、畸形的、僵死的东西"，就会"破坏它的根本理

---

① 恩格斯《致康施米特》，载《马克思恩格斯文选》两卷集，外国文书籍出版局，1955年，第488页。

② 《列宁全集》第1卷，第122页。

③ 《马克思恩格斯文选》两卷集，第488页。

④ 恩格斯《给保尔·爱因斯特的信》，载《马克思恩格斯论艺术》，人民文学出版社，1960年，第22页。

论基础——辩证法"①。

我们现在既要继续清除"左"的影响，反对把马列主义、毛泽东思想当成"公式""套语"，糟蹋历史科学，同时也要克服和防止否认马克思主义在历史学中所起的革命性作用，离开马克思主义理论指导，把历史学引向歧途。要做到这一点，从认识论和方法论上来说，关键是多学一点唯物辩证法，注意从观点和方法上，从其科学体系上，学习和运用马列主义、毛泽东思想，学习和运用毛泽东的科学的历史观，特别是他分析历史的深刻的辩证法思想，以指导历史研究，在新的历史时期推进我国史学的发展繁荣。

（原刊《益阳师专学报》，1984 年第 2 期。收入本集时作了修订）

---

① 《列宁全集》第 17 卷，第 22 页。

王先谦生平及其在史学方面的贡献

一、生平事略

王先谦，字益吾，号葵园，长沙人，清道光二十二年（1842）生。父载之，工诗文，授徒为业，家境清贫。幼年时，从大兄会庭学。咸丰七年（1857），入县学。翌年，应乡试未中。咸丰十一年，父病逝。因"糊口无资"，先后三次从军和应募军营。同治三年（1864），中乡举。四年，成进士，选翰林院庶吉士。七年，授职编修。九年，简放云南乡试副考官。历补国史馆、功臣馆纂修，充实录馆协修，简放江西恩科乡试正考官。又历补国史馆总纂，实录馆集修兼总校，左中允，司经局洗马。光绪五年（1879），升补日讲起居注官、翰林院侍读，右春坊右庶子。八月，继蒋良骐《东华录》编纂《乾隆朝东华续录》一百二十卷，刻成。六年，转补左春坊左庶子。十年闰五月，嘉庆以下和雍正以上《东华录》全部刻成，共五百一十卷。十一年六月，补授国子监祭酒。光绪十二年（1886），督学江苏，任内奏请于江阴南菁书院设局刊书，仿阮元《皇清经解》，广收"遗文秘帙"，编辑《皇清经解续编》一千四百三十卷。十四年六月，刊成。八月，告假回籍修墓。十五年二月，以病奏请开缺，筑宅省城长沙古荷花池前居住，再未复起，时年四十八岁。

解职初，主讲思贤讲舍。光绪十七年（1891）二月，城南书院院长王楷病卒，王先谦应聘移主城南书院。五月，所撰《荀子集解》二十卷刊成。十八年七月，《合校水经注》四十卷问世。二十年，开始主讲岳麓书院。

光绪二十四年（1898），戊戌变法运动兴起，湖南巡抚陈宝箴同黄遵宪、熊希龄等人创办时务学堂，培养维新人才，特聘梁启超为总教习。梁启超等以学堂、报馆为阵地，积极提倡和宣传西方民权、平等学说，阐发"素王改制"的改良主义思想，湖南省风气为之一振。先谦始而旁观，继而邀约叶德辉等人上书陈宝箴，请对学堂、报馆加以"整顿摒斥，以端教术"。并与岳麓斋长宾凤阳等"在学宫传集同人，商立议约，厘正学术"①，即以岳麓书院为据点，同"新学""新政"抗衡。

光绪二十六年（1900）二月，所著《汉书补注》一百卷付梓。其自撰《年谱》说："自通籍后，钻研班书，日有所述，中间虽时复作辍，心光目力实专注于此。兹以两年之力，剞劂告成，了此大愿。"是年，唐才常自立军计划在安徽、湖北、湖南等省起义。汪镕谋起事于长沙，镕兄汪鉴，告密于王先谦，并开列了参与者的姓名。"凡与镕有连者，悉罗列无遗。"王先谦将名单上呈巡抚俞廉三，于是"缇骑四出"，"大索党人"。汪镕知事败，服药自尽。先后被屠杀者百余人。

光绪二十八年（1902）所撰《日本源流考》二十二卷刻就。继之，又刊行《尚书孔传参正》三十六卷。三十年，湖南粤汉铁路废约自办运动形成高潮。王先谦同张雨珊等人约集诸绅，上书督抚，"力请废约"。翌年，得朝旨废约。初改绅商"合股自办"，后变为"官督商办"，成立"湖南粤汉铁路总公司"，王先谦为名誉总理。三十四年，湖广总督陈夔龙奏呈王先谦所著《尚书孔传参正》《汉书补注》《荀子集解》和《日本源流考》四书。经南书房审阅，奉谕赏给王先谦内阁学士衔。

宣统二年（1910），湖南岁荒，长沙发生"抢米"风潮。初，王先谦等士绅曾上书湖南巡抚岑春蓂，要求禁运谷米出口，发仓平粜。岑不允，反提出劝募绅捐，先办义粜。双方发生矛盾。风潮被武装镇压后，岑上折奏参王先谦倡首"梗议"募劝绅捐，"迁延"平粜，遂酿成事变。同年奉旨，王先谦被降五级调用。同年，完成《五洲地理志略》三十六卷，附图一册。1911年，武昌首义，辛亥革命爆发，王先谦携家离开省城。先避居平江县农村，后移居长沙东乡凉塘。1917年病逝。时年七十六。

他在最后几年中，"值流离奔走之际，孤心独力，未一辍业"，留下不少著述。1911年，整理其父遗稿《诗义标准》，成书一百十四卷。1915年，撰《后

---

① 王先谦《王祭酒年谱》，岳麓书社，1986年。

汉书集解》一百二十卷告成。同年，又完成《元史拾补》十卷。1916 年，即去世前一年，所撰《外国通鉴》三十三卷付梓。

近人李肖聃论及王先谦时说："长沙学阁，季清巨儒，著书满家，门庭广大……综兹四部，集诸一身。纂述鸿编，发扬巨业。其名驰于域外，其书传于寰中。"① 这当然不无过誉之词，但王先谦确为晚清一位博学识广、著述宏富的巨儒和经史学家。

二、政治观点和政治立场

王先谦生活的时代，正值清朝晚期，国内封建制度和清王朝统治日趋腐朽、衰落，西方列强侵略势力步步紧逼，中华民族的危机急剧加深。同时，国内反帝反封建的斗争此起彼伏，全国人民在斗争中日益觉醒，一批先进的知识分子力图振兴自强，奔走呼号，不断探索和寻求救国救民的道路。而少数顽固守旧分子，则竭力想挽救和维护清王朝的统治，死死地维护腐朽的封建制度。新、旧两种势力开展了一场决死的斗争。正是这种客观形势和历史条件，影响和制约着王先谦的社会政治观点和立场的形成和发展。

光绪五年（1879），出使俄国全权大使崇厚，慑于沙皇政府的压力和讹诈，擅自签订了丧权辱国的《交收伊犁条约》，割让大片领土给俄国。消息传来，举国上下舆论哗然，群情激愤，纷纷谴责沙俄的侵略罪行，要求严惩崇厚。王先谦于十二月初九日上《敬陈管见折》，申言"祖宗疆土，不可尺寸与人"，请"严惩使臣，明示俄国以决不迁就"。并进一步指出"惟俄人阴谋叵测，既不允其所求，彼必多方窥伺"。但"边衅非示弱能弭"，"务期弊革利兴，战守足恃，根本深固"。他建议："申谕关外诸军，秣马厉兵，示以必战"；加强东三省的备御；与蒙古各部"联络防维"，以免"乘虚直入"；"切实经理"海防船政，以防俄人"由海道来犯"。② 面对帝国主义的侵略野心，王先谦表现了一个中国知识分子应

---

① 钱基博、李肖聃《近百年湖南学风·湘学略》，岳麓书社，1985 年。
② 《王祭酒年谱》卷上。

有的爱国精神和民族气节。第二年四月二十九日，王先谦又奏《会议防俄未尽事宜折》，力主"精求船械之利"，以求"自强"。现将其折摘引如下：

"从来讲求应敌，惟明敌所以屈我之理。始得我所以制敌之法，中国幅员数万里。为丑夷所前却，乃至束手下心，徒以夷有船而我无船，彼能远击，我不能近斗，彼能横行，我不能直追，望洋兴嗟，势成坐困。故必从船政讲求，方有捍患之策。"

"至机器局制造军械，煤铁多购洋产，经理必用洋人，而谓内地一切皆不可用，其实洋人即用中国之煤铁……况和局非可长恃。设迂闭关罢市之时，洋产洋人皆不能为我用。将复从何措手？可否饬下南北洋大臣，通盘筹画，逐渐转移。务令此事确有把握。二三年后毫不借助外洋，方足以收自强之效。"

以后在《致俞中丞》和《复毕永年》书札中，王先谦还有这样一些议论：

"何以强？曰先富。何以富？曰经商。然今日之商务非为国计也，销洋货而已。"

"奇技巧工，从前所应屏除。今日断宜倡导。民开其智，而后国藏其富。我之物可达于远，而后彼之货自阻于行也。"

"今之要务，在朝，以明刑为亟；在野，以讲工艺为先。政刑举而民不偷，工艺兴而国可活。"

"中土工艺不兴，终无自立之日。"①

王先谦的这些观点，实际上同近代以来魏源等人"师夷之长技以制夷"，以及洋务派的"求富""求强"的思想，是一脉相通的，有一定的积极意义。但时至清末，仍不触及社会政治变革，而把希望还完全寄托在清朝统治者身上，就显得有些不合时宜了！

光绪十一年（1885），慈禧太后为满足其奢侈淫逸的生活需求，不惜劳民伤财，欲在北京兴"三海"工程。王先谦于六月二十三日，即补授国子监祭酒后不数日，上《奏三海工程请暂行停罢折》，其奏折云："方今军事甫定，防务尚

① 王先谦《虚受堂书札》卷一。

殷，国帑竭于上，民生蹙于下。"并言："今两江、两湖、两广大水成灾，为数十年所未有。自臣乡来者言，湖南省城西关外，水与屋齐，城内半通舟楫。男女露处，啼号惨动心目。常、澧一带淹毙万余人。各省灾民流离道路，情形大略相同。"故请停"三海"工程，认为若以"捐修三海之金钱，广赈灾区，全活民命，岂不较台沼游观更为愉快耶！"①

光绪十四年（1888），鉴于太监李莲英恃太后的宠幸，揽权非为，王先谦特上奏折，请求惩戒，以防后患。疏云："宦寺之患，自古为昭。""太监李莲英，秉性奸回，肆无忌惮，其平日秽声劣迹，不敢形诸奏牍……该太监夸张恩遇，大肆招摇，致太监'篦小李'之名，倾动中外，惊骇物听，此即其不安本分之证明。

从以上这两件事来看，王先谦的出发点，当然都是为了维护清王朝的统治。但在当时那种贪墨阿谀成风，吏治极端腐败的情况下，他能够多少体察民情，不趋炎附势、同流合污，并冒着风险，进行直谏的精神，是应当予以肯定的。

在前半生的仕途中，王先谦看来很想有所作为。据记载："先谦历典云南、江西、浙江乡试，搜罗人才，不遗余力。既莅江苏，先奏设书局"又"广筹经费"，拔取各县才士，入南菁书院。他亲自"督教之，诱掖奖劝，成就人材甚多"。② 但为时不久，王先谦突然告假回籍。据他自己说，是"在苏学任内，以家遭多难，儿女夭折，万念灰绝，决计归田"③。可能不尽如此。湖南提学使李宝泉在叙及王先谦生平时曾说："特简督学江苏之命，秩满。抗疏论事，不报。遂移籍归里。"④ 大概鉴于清王朝政事日非，并已积重难返，自己的直言诤谏，如石沉大海，官场上前途未可乐观，故知难而退。这应是王先谦盛年早离仕途的主要原因。

作为一个以"正统"儒士自谓的封建文人，王先谦一直是忠于清王朝的。

---

① 《王祭酒年谱》卷中。
② 《清史稿》卷482，《列传》269。
③ 《虚受堂书札》卷一。
④ 《王祭酒年谱》卷下。

他曾要求"自强",主张独立发展本国工商业,也讲过向西方学习,以及"变法""革新"之类的话,并且专门撰写了《日本源流考》等介绍外国的著述。居家期间,还曾与人集股,创设宝善成制造公司等。但这一切都是以不触动清王朝封建统治为前提的。

王先谦曾提出所谓"西学"与"西教"两个概念,认为二者有区别。"所谓西学者,今日地球大通,各国往来,朝廷不能不讲译学。""故声光化电及一切制造矿学,皆当开通风气,力造精能。国家以西学导中人,亦是于万难之中求自全之策。"但朝廷采"西学","非命人从西教也"。而所谓"西教",王先谦认为,即康有为、梁启超等用以"惑人"的"平等""民权"等等。这是"无父无君之邪说"。"康、梁谬托西教以行其邪一说,真中国之巨蠹","无异叛逆","此岂可党者乎?"① 可见,王先谦认为自己虽讲"西学",但与主张"西教"的康有为、梁启超是有根本区别的,绝不可为伍。正是出于这样的立场观点,当戊戌变法运动兴起后,王先谦坚决地站到了康、梁的对立面,成为了顽固的反对派人物。

对于群众的革命运动,王先谦则更为仇视。光绪二十六年(1900)义和团起义爆发后,他曾切齿大骂义和团"焚烧教堂使馆""杀天主教民",认为是"自来未有之惨变"。② 当自立军谋划起义时,他得知消息,竟告密于巡抚俞廉三,使大批革命者遭到屠杀。这充分暴露了王先谦政治上反动的一面,为其一生留下了严重的污点!

三、史学方面的贡献

王先谦的著述,广涉子、集、经、史四部,但成果最多、贡献最大的,还是首推史学。李肖聃把王夫之、王文清、王先谦、王闿运合称为湖南明清"四王",其评价是:"船山于《易》尤精,九溪考古最悉,葵园长于史学,湘绮号曰儒宗。"③ 这一评价是符合实际的。

---

① 《虚受堂书札》卷一。
② 《王祭酒年谱》卷中。
③ 《近百年湖南学风·湘学略》。

论及王先谦在史学方面的贡献，一般都首先推崇其巨著《东华录》。这是清代一种大型编年体史书，共有三部。最早一部是乾隆中叶蒋良骐编的《东华录》，从清开国前的天女传始，至雍正十三年止，凡三十二卷。第二部就是王先谦的《东华录》，包括乾隆朝一百二十卷，嘉庆、道光、咸丰、同治四朝，三百一十卷，以及雍正以上各朝二百卷。从天命朝开始，至同治十三年止，共计六百三十卷。后来朱寿朋编《光绪朝东华录》，以续王氏《东华录》。

王氏《东华录》，乾隆以下各朝系新的，用以继蒋氏《东华录》。

雍正以上各朝，则是因"病蒋氏简略"而补充修订的。从包括的时代范围和收集的资料看，王录当然远远超过了蒋录。但由于个人见识和观点的局限，蒋氏《东华录》中原有的某些重要史实却为王氏所疏漏。学术界早已有人指出："如顺治间言官因论圈地、逃人等弊政而获谴者。蒋有而王无。康熙间，陆清献论捐纳不可开而获谴，李光地因夺情犯清议。御史彭鹏两疏痛纠之……皆蒋录有之，而王录无。"[①] 正因如此，王氏《东华录》的内容虽较蒋氏《东华录》丰富得多，但并不能完全取代它，二者可互为补充。

从整体内容看，王先谦《东华录》远不能同卷帙浩繁的清代历朝《实录》相比，但王录有自己独到之处。王氏充分利用在国史馆、实录馆任职的有利条件，除《实录》外，还广泛采集了他所能看到的，诸如《圣训》《本纪》《会典》《方略》《大臣列传》等官修史书和朝廷档案文献，所以在某些方面往往又补充了《实录》的不足。如雍正帝办曾静一案，《实录》的记载就不如王氏《东华录》详细；王录有咸丰年间铸造大钱事的记载，而《实录》则缺如。多年来，学术界把王氏《东华录》与《清实录》并列，作为治清史的基本史料书，是不无道理的。就像王氏《东华录》不能完全取代蒋氏《东华录》一样，《清实录》也代替不了王氏《东华录》。王录至今仍不失为一部有相当价值的史籍。

王先谦治史的一个基本特点，是将乾嘉学派的考据方法运用于史学。从这方面看，《合校水经注》《汉书补注》《后汉书集解》《元史拾补》等著作，比《东

---

① 孟林《读清实录商榷》，载《明清史论著集刊》，中华书局，1959年。

华录》更有代表性。现以《合校水经注》和《汉书补注》为例，试作些释评。

《水经》，是一部记述我国古代河流水道的地理学专著，共载河流一百三十七条，原书已失传，成书年代应为两汉以后魏晋之际。南北朝时原本尚存世，北魏郦道元为之作注，补充河道及支流一千二百五十二条，称《水经注》，流传至今。郦道元注《水经》的原则是"因水以证地，而即地以存古"。① 故郦氏《水经注》不仅是一部珍贵的历史地理著作，而且也可作为一部很有史料价值的史籍。

王先谦说："余耽此三十年，足迹所至，必以自随。考按志乘，稽合源流，依注绘图，参列今地，兼思补证各史关涉水地事迹及经注未备各水，为之作疏"，并"用官校宋本，参合诸家，辑为一编"。② 可见他校注《水经注》是用力甚勤的。所谓"官校宋本"，即官本，系清代四库全书馆从明《永乐大典》中所保存的宋代《水经注》原文，排比而成的，乾隆三十九年（1774）刊行。王先谦所参合的"诸家"，据其序和书中注文来看，主要是赵本，即乾隆年间赵一清的校注本。赵本，成书于乾隆十九年（1754），实际上比官本早，但至乾隆五十年（1785）始刊行于世。王先谦对赵本评价很高，认为"赵氏覃精极思，旁搜广证，合契古籍，情理宜然"；"书中增补删改多至七千余字"，而"按语中其订正各条明注本文之下，并非尽出《大典》，是纂修时或旁考群书，或独伸己见，亦未尝隐而不言也"。③ 实际上王先谦认为赵本超过了官本。其次，参证了朱本，即明代朱谋㙔的笺注；孙本，即清孙星衍校注本。孙星衍自己认为，他的校本有数十条与戴东原校注本相合，但其与戴不同者不敢附和也。看来孙本弥补了戴东原校注本的不足。此外，还参合了卢文弨的校本、董佑诚《郦书图说》、丁履恒《游水疏证》，以及谢钟英的《洛泾二水补》等。至于全祖望的校本，王先谦认为其"伪造抉摘、罅漏至数十事"，未加采用。④ 依据王先谦的"例略"，经合校后，官本与朱、赵本相同者列为正文，不合者作"异文"，以双行小字标注于正

① 王先谦《合校水经注·序》。
② 同上。
③ 同上。
④ 《合校水经注·序》。

文之下。这些标注的"异文",据初步估算,其字数为正文字数的两倍。王先谦所加的这些"异文"校注,无论从历史地理学,还是从史学的角度看,都是有价值的。它不仅勘订了正文的不少疏误,而且保存了丰富的史料。

《汉书》,东汉班固撰,为我国第一部纪传体断代史。唐以前注解《汉书》的有二十三家。《汉书》文字比《史记》精简,也更深奥难懂。因此各家解释,往往各执一词。唐代颜师古综合各种注本,为《汉书》作注。"颜注发明驳正,度越曩哲,非仰人鼻息者也。"① 经颜注后,意见基本统一了,但"文字舛伪"仍不少,故自宋以后又有各种刊误本。如收有张佖《校说六条》的宋余靖景佑刊误本,宋庆元年间刘之问的建安本,明南监本,汲古阁本等。清乾隆初年英武殿校刊《汉书》采用南监本。王先谦认为,南监本"注文刊落甚多",而汲古本"注文完足","又于艺文志、张良、司马相如、东方朔、扬雄、贾谊传后,附以张佖《校说六条》"。故《汉书补注》是以汲古阁本为主,"详载文字异同,备录诸人考证"。② 根据王先谦的《补注序例》所列,他补注时所"备录"的,有萧该、刘敞、刘攽、刘奉世、吴仁杰、王应麟、张照、励宗万、陈浩、齐召南、顾炎武、何焯、全祖望、王鸣盛、钱大昕、钱大昭、洪亮吉、段玉裁等,共计四十七人的考证。中华书局《影印说明》云:"王先谦的《汉书补注》为目前《汉书》之最佳注本。它不但资料丰富,而且考证也较翔实。"这一评价比较公允。《汉书补注》不仅广收诸家考证,互相参订,而且大量补充了自己的研究成果,其学术价值和史料价值确实是比较高的。

王先谦治史也并不完全局限于对古代史籍的考订。在他一生中,特别是晚年,还以相当多的精力和时间,从事对世界有关历史和地理的研究。这方面留下的著述,如《日本源流考》《外国通鉴》《五洲地理志略》等,虽不算精深之作,但所表现出来的那种"放眼世界"和"西为中用"的精神,是值得肯定的。由于作者长于考据,其中也不无独到之处和有价值的内容。如《日本源流考》,从

① 《王祭酒年谱》卷中。
② 王先谦《前汉书补注序例》。

第一代天皇神武建国大和，即东周惠王十年（前667）始，迄明治二十六年，即清光绪十九年（1893）止，以编年体形式，记载了日本122个天皇共2560年的历史。这是我国学者所撰的第一部编年体日本通史。王先谦编纂这本书，确实是花了很大精力的，督抚们奏上此书后，南书房的文士们曾有如下评价："《日本源流考》二十二卷，于彼国治乱得失，政事、学术皆能窥见本源，而以编年之体，旁搜官私记载，用能择精语详。"① 王先谦自己说，他"采历代史传暨杂家记载，参证日本群籍，稽合中东年表"。②《日本源流考》不仅充分利用了我国正史及其他有关古籍中关于日本的材料，而且尽可能采集了当时所能看到的中日学者的有关著述，如日本的《和汉年契》《日本外史》，黄遵宪的《日本国志》等等。王先谦以中日史籍相互参订、印证，并加了不少按语，阐述自己的观点。例如，关于日本国名的沿革，王氏按曰："和、倭音同字变，大和即大倭矣。"③"日本神武始都大和，后自称其文为和，与汉对举，如史称'和汉年契'是也。推举其故，别无论说，疑大和即大倭之同音变字。此必先为大倭，而后改大和，以恶其旧名，或有之。改倭为日本，诸史并未特书。其开国未久，懿道名大日本彦相友，孝安名曰日本足彦国押人，孝灵名大日本根子彦太……皆周汉之世，即以日本为文，则亦非至唐而始。"④ 他认为，大和国就是倭国，而日本之称，早在汉朝以前就有了，并非自我国唐代开始，这不失为一种有参考价值的见解。又如，据《宋史》载，神武天皇元年值甲寅，"当周僖王时"。王氏按曰："僖王即釐王，釐蓬王时无甲寅。僖当作惠。"⑤ 即神武元年甲寅，应是东周惠王十年。这一类考证，也是很有价值的。

关于撰写《日本源流考》一书的目的很清楚，就是试图总结日本的历史经验，仿效日本的榜样，以求自强。王先谦认为，日本"改制之后，弹精工艺，并心一力，遂分西国利权之重，而开东方风气之先。积富成强，操之有要。此我中

① 《王祭酒年谱》卷中。
② 同上。
③ 王先谦《日本源流考》卷一。
④ 同上卷二十二。
⑤ 同上卷一。

土所急宜仿效者"①。他也确实着力去探求日本历史发展的某些特点，力图总结出某些可供借鉴的经验。如，他认为日本"变法之始倍难于他邦"，原因有三：一是"大将军擅权，国王守府，君民瞹隔"；二是"封建日久，诸国纷坛，不相统一"；三是"游侠成风，政令拂众，辄被狙刺"。但日本变法，后来还是"行之如转圜流水"，取得速效，考其原因也有二点。其一，日本"地悬海中，事简民朴。其先规制取则李唐，安德而后，权移霸幕，王朝无政焉。德川氏偃武三百年，人士涵濡宋学。晓然于尊王之义，日思蹐幕府而定一尊。乘德川积弱之势，借口攘斥西人，责以归政，耸动群藩，纳上户土。亿兆一心，拱戴王室。于是英杰在位，审时制宜，朝廷规模悉由创立。倾一国之人，乘方新之气，日皇皇焉。惟国制之图，其前无所因，故后并不得谓之变。非我中国每事拘牵旧章，沮格群议者比也"。其二，"考其内政所施，惟力课农桑，广兴工艺，为得利之实，而以官金资助商会。知保商即以裕国，从而维持附益之。斯得西法之精者也"。而"我中国，塞聪蔽明，百务苟且"。②

王先谦认为，日本明治维新，首先是因为受宋明理学的影响，出于"尊王之义"，"而定一尊"；同时，只谈力课农桑、广兴工艺，而撇开明治维新中各项政治、经济制度的改革，显然不合历史事实。但说到日本"前无所因"，善于学习外国的新事物，而中国"每事拘牵旧章"，即几千年来的封建制度的包袱太多，过于保守，"百务苟且"，倒也有些道理。

据王先谦自撰《年谱》载，光绪三十一年（1905）即"有编辑《外国通管》《五洲地理志略》二书之举"。后者刊于宣统二年（1910），而前者成书于他去世的前一年。可见，王先谦晚年仍关注对世界的研究，把大量的心血都倾注在这两本书上了，这两本书广泛采集了中外各家学者的有关著述，比较集中地反映了当时的研究水平，据初步统计，编撰《五洲地理志略》时直接和间接征引的中外图书典籍，即有八十八种之多。这在当时也还有些史料价值。若论观点，《五洲

---

① 《虚受堂书札》卷一。
② 《日本源流考·序》。

地理志略》序言很有代表性。其序云：

"五洲环列，人虽其中，饮食衣服男女同也，其异者，亚洲喜土著，而畏远游，惟无俚者不然，欧人则行商徙居，莫不意轻数万里。是故无欧人必无美、非、澳三洲，无三洲通地球不通。故欧人者今世界之枢纽也，亚洲礼仪之邦，中华最古。数千年来圣君贤佐，汲汲孜孜，惟以养民为务……欧人则所趋在利，所尚在气，夺人地，夷人国，以殖吾民。而彼民之生计有无，弗问也。明明灭人国，美其名曰保护……虽穷兵如拿破仑伏尸百万，流血千里，而民无怨毒其上之心，其异趣也……

"西人为学，以象数为体，工商为用，军旅为辅，其于文字历史近之矣。百家杂出，各以术鸣，而道之大原或未之知也……故乡土之念轻，仁让之意微，故争竞之情炽。非诗书不能和柔其血气，非道德无以澡雪其性天。此盖候之千百年后者矣！"

王先谦看到了西方资本主义列强的某些特征，揭露和谴责其殖民侵略的暴行，同时也察觉了中国和亚洲人同"欧人"的某些差别。但这都只是表面的，他无法认识资本主义的本质，不能看到中国和亚洲落后的根本原因。而试图以生活习性和情趣爱好的不同，来予以说明。甚至认为西方列强的富于侵略、"争竞"，是由于缺乏"诗书""道德"，未知"道之大原"所致，等等。这显然是一些历史唯心主义的陈旧观点。

总的来说，王先谦作为一个史学家，他长于考据。在史学上的最大成就，是对我国一些重要史籍的校注和考订，为我们留下了至今仍有价值的著作。他对世界的历史也很关注，曾花了不少精力和时间去进行研究，在这方面的著述也反映了当时所达到的水平。至于史学观，就整体看，基本上仍然是唯心主义的，但某些具体论断也并非一无可取。

（原刊《湖南大学学报》，1987 年第 1 期）

略论吕振羽在民族史研究领域的贡献

近日，我重读了吕振羽的《中国民族简史》。该书完稿于 1947 年，次年由光华书店在哈尔滨出版发行。此书是吕老多年研究中国民族史的结晶，是我国一部较早的以马克思主义观点作指导撰写的中国民族史专著。在当时，它反映了中国民族史研究所达到的最高学术水平，并具有重要的社会价值和现实意义，至今亦不失为研究中国民族问题和民族历史的一本较好的参考书。

20 世纪三四十年代，我国有一批史学家涉足于中国民族史的研究，撰写和出版了一批较系统全面的阐述中国民族史的专著。如吕思勉《中国民族史》、宋文炳《中国民族史》、林惠祥《中国民族史》、王桐龄《中国民族史》等。这些著作，依据当时所能收集到的资料，对汉民族的源流、形成和发展，对我国境内古代的及近代的各少数民族源流、演变和基本状况，以及各民族之间的关系，从不同角度进行了不同程度的阐述，均不无独到之处，具有开拓作用。但比较而言，吕振羽的《中国民族简史》（以下称《简史》），却有诸家所未能具有的某些特点，在理论、资料运用和具体史实阐述方面，都有新的发展。

一

在理论指导和方法论上。第一，《简史》坚持以马克思主义为指导，在我国率先运用马克思主义唯物史观和民族理论研究民族史。如关于人类社会发展的规律性，《简史》明确肯定："世界人类……并非同一个祖先；但其由猿到人和其以后社会发展的过程，却是一致的，有其共同的规律性的——虽则又都有其各自的一些特殊性。这是马列主义从全人类历史事实所得出的一元论的结论。"在这里吕老坚持了人类社会发展的规律性与特殊性、共性与个性的辩证统一。又如关于人种和民族的关系，《简史》认为："在长期历史过程中，中国各民族都不断杂入世界其他民族血液，世界其他民族也不断吸取中国民族的血液；中国各民族相互间的血统混合与同化，更有着一个长期的立体交流的过程，所以斯大林规定民族诸特征时，不提及血统。"《简史》还明确指出，希特勒的"所谓纯洁优秀的亚利安血统"，日本法西斯主义者"夸张的所谓纯洁优秀的大和民族血统"，是与"人类起源及民族形成的历史逻辑，根本不相符的……今日全世界各民族除去最原始的部族外，都是杂种。所以恩格斯说，只有部族以下是同血统的组织，部族联盟便可以由不同血统的部族所组成。因此，谁说他的民族不是杂种，那便是说他们还是最原始群团"。吕老坚持了马克思主义的民族观，严格区分了"种族"与"民族"，旗帜鲜明地反对纯血统论和种族优劣论。

第二，《简史》以解决新民主主义革命中的民族问题作为自己的立足点和出发点，把历史和现实有机地结合起来。这是在 20 世纪三四十年代同类著作中所独有的，至今仍是难能可贵的。

《简史》开宗明义即说："在中国民族民主革命阶段中，要解决的国内问题，主要是两个：一是土地问题，一是民族问题。""现抗战胜利结束，进到和平民主事业的斗争，国内民族问题，立即就要全面地提到行动日程上，我们应同时展开这个问题的研究工作。"并强调指出："中国民族问题，从来还没有系统地研究过"，大汉族主义者只承认汉族是一个民族，国内其他民族都被说成是所谓"宗支"或"宗族"；"中国境内究竟有多少民族，他们的起源、历史过程以及现状怎样，法西斯大汉族主义者是完全无知的"。所以"解脱神学和假科学的羁绊，揭露法西斯主义者的大汉族主义阴谋，科学地解答这个问题，以推进并达成国内民族问题的合理解决，是中国马列主义者的责任"。《简史》自始至终贯穿着这一指导思想。

一方面，历史地和实事求是地力求科学阐明我国汉民族和其他兄弟民族的起源、形成发展过程及演化的历史；另一方面，则纵贯古今，对每一个民族不仅阐发其历史发展，而且分析研讨其现状及面临的任务。吕老对实地调查的民俗学资料、口碑资料和地下发掘的考古资料十分重视，强调活材料与地下发掘资料、文献记载相互参证，以弥补文献资料之不足，纠正其失实和讹误，从方法论上为我们研究民族史指出了正确的途径。

二

在对于具体史实和重要问题的分析、阐述方面，《简史》亦多有独到之处，达到了当时的新的高度，而且不少观点至今依然是正确的，很有参考价值。

关于中国人种问题。近代以来，关于中国人种的来源有各种不同的观点，如巴比伦说、埃及说、印度说、印度支那说、中亚说、新疆说、土耳其说、蒙古说、土著说，等等。国内学者一般持土著说，其他各说多出自外国学者。持土著说者，大多认为中国人种属蒙古利亚种，个别学者（如吕思勉）曾提到汉族来源之一的百越族系属马来人种，但并未将马来人作为中国人种主要来源之一。吕老在20世纪30年代的著作中（如《中国原始社会史》），也忽略了马来人种这个来源，并把一些马来人种系统的民族，误列入蒙古人种的系统。《简史》根据30年代以来公布的考古资料，特别是"北京人""河套人""爪哇人"等化石和遗址发掘材料，纠正了这一片面性，明确提出蒙古人和马来人是中国人种的两个主要来源，认为"中国人种的第二个主要成分是马来人种"。老还就风俗和体质特征进行了分析，指出："今日两广、福建、滇南许多汉人的面貌、体质，也还显然可以看出其具备马来系人种的一些特征来，其他西南、东南各省许多汉人的面貌、体质，也多少还有那些特征存在。"这是"由于继续南去的汉人，不断与原住当地的马来系各族混血的结果"。至于马来人种系统的民族，在《简史》中不仅包括百越族，而且还包括苗瑶族系，认为"一方面可以确说，苗族（实际包括西南其他一些少数民族）是马来系的一个民族，同时在今日的苗族里面，已或多或少有蒙古系血统的混合；一面又可以确说，今日西南汉族，特别是两广汉族，曾与苗族等马来系民族有长期的血统混合过程"。《简史》的这些分析，比当时同类著作都更为全面一些。关于苗瑶民族属马来人种的观点则值得商榷。因为自40年代以来数十年间中外人类学民族学者的研究，均认为苗瑶民族从人种上看主要应属蒙古人种，仅部分混合了马来人种。

关于汉民族的形成及其同其他少数民族的关系。《简史》坚决反对从大汉族主义的立场出发，片面强调汉族的纯粹性，夸张汉族"独有的同化力"，对汉族的起源、形成和发展进行了历史的、实事求是的分析。认为夏族与商族的融合构成华夏族的骨干；同时又先后有苗、戎、狄、夷、蛮等不同族系的成分融合于华夏族之中，成为华夏族的构成部分。所以，从华夏族本身的构成考察，也并不是什么"本支百世"的"文王子孙"。秦汉以后，华夏族称为汉族，又经历魏晋、隋唐、宋元明清，一次又一次的民族大融合，汉族不断获得了发展。

《简史》认为，各民族的同化和文化交流是相互的。在历史长河中，"汉族吸收了他族的不少文化成分，同化了他族的不少人口；因此，并不如中国法西斯大汉族主义所说：汉族善于同化他族，而不被他族同化，汉族文化全是'固有'的，没有外来成分，只有他族'沐浴'汉族文化。也不如他们所说，汉族的人种血液不是多元的，而是单元的"。历史发展中"汉族同化他族的人口多，被他族同化的人口少"，并不是由于汉族文化的"博大性"和"同化力"，而是因为进入内地的周边少数民族"在经济、政治、军事、文化、人口各方面的总和力量，远较汉族为小"。吕老还认为，所谓"同化"的本身，"自是一种社会的历史的过程"，封建买办阶级对各民族实行大汉族主义，"推行同化政策"，是"完全不符合人类历史发展法则的"。

关于中国各民族的起源问题。吕老特别反对把中国国内的不同民族都说成是"炎黄子孙"，认为此说是"大汉族主义的又一个重要根据"。称中国人为"华夏子孙""炎黄子孙"，确实不科学，不切实际。我国现有 56 个民族，绝非都出自炎黄部落和华夏族系。就是汉族，虽以炎黄和华夏族为主体，但在历史上也不断融合了许多不同的族系，甚至不同的人种。《简史》对中国各个民族的起源和形成的分析是符合历史实际的，其结论也大体正确。例如，吕老认为满族是蒙古人种通古斯族的一支，其起源和形成是由鲜卑氏，到肃慎、挹娄，到勿吉、靺鞨、渤海，再到女真，最后从女真发展为满族。又如，认为回族，主要来源是突厥人的一支，并非"炎黄"派演的"宗支"。突厥族原信仰佛教，后伊斯兰教逐步传入，至元朝伊斯兰教成为突厥族的宗教。同时，开始称为回族。吕老还认为，"自伊斯兰教在突厥族占有绝对支配地位后，来华落居的波斯人、阿富汗人、阿拉伯人、其他皈依伊斯兰教的各种'色目人'以及集团前来的萨马尔罕人，在伊斯兰教的强力纽带下，都与突厥族合流，而形成回族。从这时和以后入教的汉人，皈依回教的其他种族人口，也都被吸收在回族里面，但并不能因此就说回族只是所谓'宗教团体'；事实上，他们是以原来的突厥族为主导，其他不过是借宗教的助力同化于他们，在突厥族民族特点的基础上，又形成一些由宗教所赋予的特点"。这些都是很有见地的论断，至今仍可成我国回族来源之一说。

关于少数民族的历史地位和历史作用的问题。《简史》肯定，汉族人口众多，"是中华民族的主要部分"，是中华五千年文明的"主要创造者"。但同时强调："不容否认，中国境内其他兄弟民族，对于过去中国文化的创造也都直接间接或多或少有其不朽的贡献。"对于中国各少数民族在近代以来反帝反封的革命斗争中，特别是在抗日战争中的爱国热情和斗争精神，吕老在《简史》里给予了高度的评价。

同汉族比较而言，我国各少数民族的社会发展是相对落后的。对于这种现象，以往的文人学者多从大汉族主义立场出发，不能给予正确的说明。《简史》在这方面所阐发的观点，也是值得充分肯定的。例如，论及苗族社会发展时，《简史》认为："苗族的历史发展过程，由于长期和北方民族的斗争，特别自殷周以后，对大民族主义侵略斗争的不断失败，生存空间不断被占夺，生产不断被损害，居住地区不断被分割，人口不断被杀害与同化，便滞迟了，歪曲了。现在他们居住的地区，率皆为自然条件较坏之山谷岩阿间……"这正是苗族社会经济、文化发展落后的根本原因。吕老深怀感情地说："人类都是优秀的，苗族也是优秀人类的一部分。但由于长期遭受大民族主义的毒害，衰落到七零八落，人们反转而来轻视这种优秀的人类，正是大民族主义的一种表现。"

云贵高原的彝、傈、哈尼等民族，多居住在自然条件恶劣的高山上，长期过着刀耕火种的生活。有些资产阶级学者认为，由于他们来自西藏高原，喜欢凉爽的高山，只知广种法，而不知人工灌溉和牛耕，所以山地最"适合"他们居住。《简史》对这种观点给予了有力的批驳。吕老明确指出："是由于大民族主义的迫害，特别是汉族皇朝、军阀、巨商、豪绅不断侵占其土地、财产，一步步把他们从较好的地区，挤到高山上，并使之停滞在粗放的农业生产状态下，所以他们曾不断反抗与叛乱……"吕老认为："只要人们放弃大民族主义的观点，拿点人类的良心出来，问题就会明白的。"

由于时代的局限性和当时研究条件的种种限制，《简史》难免存在一些不足之处。例如，对于入主中原建立王朝统治的五胡十六国、辽、金、元、清的历史地位和作用，否定过多，未能更全面地予以评价。又如《简史》在坚持人类历史发展一元论的同时，又主张从猿到人的转化是分别在不同地区各自实现的，即人类起源的多中心、多元化，这也值得商榷。还有，对国内各民族的划分不够准确，如把瑶族归为苗族的一部分等等。但总的看来，吕老对中国民族史的研究，起了奠基作用、开拓作用，而有许多问题是需我们后一辈继续努力，才能逐步解决的。

（原刊《吕振羽研究文集》，中国社会科学出版社，1993 年）